# Datenverarbeitung in sozialen Netzwerken

Inauguraldissertation zur Erlangung
des akademischen Grades eines Doktors der Rechte durch die
Juristische Fakultät der Ruhr-Universität Bochum

Dekan: Prof. Dr. Stefan Huster
Erstgutachter: Prof. Dr. Georg Borges
Zweitgutachter: Jun.-Prof. Dr. Frank Rosenkranz
Tag der mündlichen Prüfung: 16. Juli 2018

# Datenverarbeitung in sozialen Netzwerken

Alexander Golland

Fachmedien Recht und Wirtschaft | dfv Mediengruppe | Frankfurt am Main

**Bibliografische Information Der Deutschen Nationalbibliothek**

Die Deutsche Nationalbibliothek verzeichnet diese Publikation in der Deutschen Nationalbibliografie; detaillierte bibliografische Daten sind im Internet über http://dnb.de abrufbar.

ISBN 978-3-8005-1682-7

dfv Mediengruppe

© 2019 Deutscher Fachverlag GmbH, Fachmedien Recht und Wirtschaft, Frankfurt am Main

Das Werk einschließlich aller seiner Teile ist urheberrechtlich geschützt. Jede Verwertung außerhalb der engen Grenzen des Urheberrechtsgesetzes ist ohne Zustimmung des Verlages unzulässig und strafbar. Das gilt insbesondere für Vervielfältigungen, Bearbeitungen, Übersetzungen, Mikroverfilmungen und die Einspeicherung und Verarbeitung in elektronischen Systemen.

Druck: WIRmachenDRUCK GmbH, Backnang

Printed in Germany

# Vorwort

Nie hat der Datenschutz die öffentliche Diskussion derart belebt wie im Jahr 2018. Obwohl die Datenschutz-Grundverordnung gegenüber der Datenschutzrichtlinie kaum bahnbrechende Neuerungen einführt, markiert ihr Geltungsbeginn zugleich den Zeitpunkt, in welchem Unternehmen und Behörden, Politik und Wissenschaft plötzlich in eine tiefe Auseinandersetzung mit grundlegenden Fragen der Schutzbedürftigkeit personenbezogener Daten gestürzt wurden. Diese Sensibilisierung für das Thema treibt auch irrwitzige Blüten: In Fotoalben eines Kindergartens wurden Gesichter geschwärzt, in Wien sollten 220.000 Mieter den Namen an ihrem Klingelschild verlieren, und die EU-Kommission schaltete sich bei der Frage ein, wie ein Wunschzettel am Weihnachtsbaum der fränkischen Stadt Roth auszusehen hat. Derlei Mythenbildung schadet dem öffentlichen Ansehen des Datenschutzes erheblich und scheint das Resultat jahrzehntelanger Ignoranz eines sich durch Vollzugsdefizite auszeichnenden Rechtsgebietes zu sein.

Soziale Netzwerke, inzwischen seit über einem Jahrzehnt aus dem Alltag nicht mehr wegzudenken, sind qua natura mit dem Themenkomplex „Privatsphäre & Datenschutz" verknüpft. Es vergeht keine Sekunde, in der nicht abertausende Statusupdates, Kommentare und Nachrichten rund um den Globus abgesendet werden. Den Betreibern dieser Dienste vertrauen wir bereitwillig zahlreiche Informationen an, die häufig nicht einmal unsere engsten Freunde kennen. Zugleich sind wir aber auch selbst Verarbeiter, die Daten über unsere Erlebnisse, unsere Gedanken und anderes in sozialen Netzwerken publizieren. Die rechtspolitische Diskussion von sozialen Netzwerken ist geprägt von einem dichotomischen Weltbild: Auf der einen Seite die „bösen Datensammler", auf der anderen Seite die harmlosen Internetnutzer. Dazwischen stand lange Zeit ein scheinbar anachronistisches Datenschutzrecht, welches mit der Datenschutz-Grundverordnung grundlegend reformiert wurde.

Die Nutzer werden in dieser Diskussion meist nicht in den Fokus genommen. Dabei sind sie es, die durch ihre – zum Teil unbewussten oder nicht hinterfragten – Handlungen dazu beitragen, dass die Daten von den Internetgiganten der heutigen Zeit überhaupt gesammelt werden können. Auch wenn das Datenschutzrecht eine Ausnahme für rein privates Handeln macht: Datenschutz beginnt nicht dort, wo das Kind längst in den Brunnen gefallen ist, sondern dort, wo ein Nutzer durch Eingabe fremder Daten erstmals in die informationelle Selbstbestimmung eines anderen eingreift. Das Erkennen der Reichweite des eigenen Handelns setzt freilich eine Datenumgangskompetenz voraus, die vielen Nutzern fehlt.

Die bisherige Diskussion gleicht jedoch, auch soweit explizit soziale Netzwerke beleuchtet werden, einem Stochern in Nebel: Welches Recht auf wen Anwendung findet, wer für welche Tätigkeiten der Verantwortliche ist, und unter welchen Bedingungen eine Verarbeitung rechtmäßig möglich ist, wird regelmäßig pauschal – mit unterschiedlichen Ergebnissen – beantwortet. Eine differenzierte Auseinandersetzung anhand von beteiligten Akteuren, Funktionen und typischen Einsatzszenarien fehlt bislang. Daneben stellen sich infolge der Datenschutzreform zahlreiche weitere, neue Fragen. Marktortprinzip, Kopplungsverbot, Joint Controllership, Privacy by Default, Data Portability: Dies sind einige Schlagworte, die im Zusammenhang mit der Datenschutz-Grundverordnung und sozialen Netzwerken häufig fallen. Die vorliegende Arbeit analysiert die Handlungen von Netzwerkbetreibern, Fansite-Betreibern und Nutzern in sozialen Netzwerken und versucht, gleichermaßen Voraussetzungen wie praxistaugliche Lösungen für eine rechtmäßige Verarbeitung unter Geltung der Datenschutz-Grundverordnung aufzuzeigen.

Im wesentlichen Schaffenszeitraum des vorliegenden Werkes existierte noch keine Gesetzeskommentierung zur Datenschutz-Grundverordnung. In der Zwischenzeit hat sich dies gewandelt; eine beinahe unüberschaubare Zahl an Kommentaren und Handbüchern zum neuen Datenschutzrecht füllen Universitäts- und Kanzleibibliotheken, und auch deutscher und europäischer Gesetzgeber arbeiten weiter am „Flickenteppich Datenschutz", der in den kommenden Jahren weiter für intensive Diskussionen sorgen wird. Für die vorliegende Druckfassung konnte der Gesetzes- und Literaturstand zum Sommer 2018 Berücksichtigung finden.

Mein Dank gilt zunächst meinem Doktorvater, Herrn Prof. Dr. Georg Borges, der Anregungen zu dem Thema gab und durch seine konstruktiven Denkanstöße wesentlich zur Qualität dieser Arbeit beitrug. Auch danke ich Herrn Jun.-Prof. Dr. Frank Rosenkranz für die zügige Erstellung des Zweitgutachtens. Ferner bedanke ich mich bei meinen ehemaligen Arbeitskollegen aus GC 7/29, die durch zahlreiche juristische und nicht-juristische Diskussionen zur Vollendung dieser Arbeit beigetragen haben. Darüber hinaus möchte ich – ohne an dieser Stelle einzelne Personen hervorzuheben – alten und neuen Kontakten danken, welche mich in schwierigen Situationen der letzten Zeit in verschiedener Hinsicht unterstützten.

Besonderer Dank gilt schließlich meinen Eltern, Dagmar und Klaus Golland, die in jeder erdenklichen Art und Weise meine Ausbildung nachdrücklich gefördert haben, und ohne die ein solches Werk wie das Vorliegende nicht möglich gewesen wäre. Ihnen ist diese Arbeit gewidmet.

Düsseldorf, im November 2018 Alexander Golland

# Inhaltsübersicht

Inhaltsverzeichnis ... IX
Abkürzungsverzeichnis ... XIX

§ 1  Einleitung ... 1

**Kap. 1 Grundlagen sozialer Netzwerke und rechtlicher Rahmen** .. 10
§ 2  Die Nutzung sozialer Netzwerke ... 10
§ 3  Normative Grundlagen des Datenschutzrechts ... 30

**Kap. 2 Schutzbereich der Datenschutz-Grundverordnung** ... 47
§ 4  Die Verarbeitung personenbezogener Daten ... 47
§ 5  Territorialer Geltungsanspruch der DSGVO ... 95

**Kap. 3 Verantwortlichkeit für den Datenumgang in sozialen Netzwerken** ... 116
§ 6  Der „für die Verarbeitung Verantwortliche" in der DSGVO ... 116
§ 7  Verantwortlichkeit für die durch den Nutzer initiierten Handlungen ... 134
§ 8  Verantwortlichkeit für die durch den Fansite-Betreiber initiierten Handlungen ... 168
§ 9  Verantwortlichkeit für die durch den Netzwerkbetreiber initiierten Handlungen ... 176

**Kap. 4 Zulässigkeit des Datenumgangs in sozialen Netzwerken** ... 184
§ 10  Grundlagen der Rechtmäßigkeit des Datenumgangs ... 184
§ 11  Verantwortungsbereich des Nutzers ... 220
§ 12  Verantwortungsbereich des Fansite-Betreibers ... 255
§ 13  Verantwortungsbereich des Netzwerkbetreibers ... 258
§ 14  Die Interessenabwägung nach Art. 6 Abs. 1 Satz 1 lit. f DSGVO. Versuch einer Entscheidungsmatrix ... 298

**Kap. 5 Weitere Anforderungen mit spezifischer Relevanz für soziale Netzwerke** ............................... 305

§ 15 Gebot der Datenminimierung ........................... 305
§ 16 Datenübertragbarkeit. ................................ 315
§ 17 Datenlöschung ...................................... 321

**Kap. 6 Zusammenfassung der Ergebnisse und Ausblick** .......... 333

Literaturverzeichnis ...................................... XXV
Lebenslauf .............................................. LVIII

# Inhaltsverzeichnis

| | |
|---|---|
| Abkürzungsverzeichnis | XXI |
| § 1 Einleitung | 1 |
| I. Soziale Netzwerke – das Ende der Privatsphäre? | 2 |
| II. Gegenstand und Gang der Untersuchung | 6 |
| **Kap. 1 Grundlagen sozialer Netzwerke und rechtlicher Rahmen** | **10** |
| § 2 Die Nutzung sozialer Netzwerke | 10 |
| I. Definition des sozialen Netzwerks | 10 |
| II. Arten sozialer Netzwerke | 11 |
| III. Beteiligte und Funktionen | 12 |
| 1. Natürliche Person als Nutzer | 13 |
| a) Profilseite | 13 |
| b) Kontakte | 15 |
| c) Statusupdates und Verlinkungen | 16 |
| d) Kommentare, vereinfachte Nutzerreaktionen, Weiterverbreitung fremder Beiträge | 16 |
| e) Gruppen und Veranstaltungen | 17 |
| f) Nachrichten | 17 |
| 2. Fansite-Betreiber | 18 |
| a) Grundlagen | 18 |
| b) Funktionen | 18 |
| c) Motivation | 19 |
| 3. Netzwerk-Betreiber | 19 |
| a) Betrieb des sozialen Netzwerks | 19 |
| b) Wertschöpfungsmodelle | 20 |
| c) Datensammlung außerhalb des Netzwerks | 22 |
| IV. Motive und Risiken der privaten Nutzung sozialer Netzwerke | 22 |
| 1. Nutzungsmotivation | 22 |
| 2. Nutzungsrisiken | 24 |
| a) Preisgabe von Daten | 25 |
| b) Social Engineering, Angriffe und Data Breaches | 26 |
| c) Emotionales Befinden | 28 |
| § 3 Normative Grundlagen des Datenschutzrechts | 30 |
| I. Verfassungsrechtliche Vorgaben | 30 |
| II. Bundesdatenschutzgesetz und Datenschutz-Grundverordnung | 31 |
| 1. Geschichte des Bundesdatenschutzgesetzes | 31 |
| 2. Die Europäische Datenschutz-Grundverordnung | 32 |
| 3. Reformbedarf in Deutschland | 35 |
| III. Exkurs: Spezialgesetzlicher Datenschutz | 36 |

| | | |
|---|---|---|
| 1. | Das dreistufige Schichtenmodell des deutschen Datenschutzrechts vor Geltung der DSGVO........ | 36 |
| 2. | Telekommunikationsrecht..................... | 37 |
| | a) Anwendbarkeit des TKG.................. | 38 |
| | b) Soziale Netzwerke als Kommunikationsdienste. | 38 |
| | c) Verbleibender Regelungsumfang der DSGVO .. | 40 |
| | d) Ergebnis.............................. | 41 |
| 3. | Telemedienrecht ........................... | 42 |
| | a) Problemstellung......................... | 42 |
| | b) Vorrang der DSGVO..................... | 43 |
| | c) Ergebnis............................... | 46 |

**Kap. 2 Schutzbereich der Datenschutz-Grundverordnung.**....... 47

**§ 4 Die Verarbeitung personenbezogener Daten.**................ 47

| | | |
|---|---|---|
| I. | Verarbeitung ..................................... | 47 |
| II. | Der Begriff des „personenbezogenen Datums".......... | 48 |
| | 1. Informationen .............................. | 49 |
| | 2. Personenbezug.............................. | 50 |
| | 3. Identifizierbarkeit der Person ................. | 51 |
| |    a) Identifiziert oder identifizierbar.............. | 52 |
| |    b) Grenzen der abstrakten Identifizierbarkeit ..... | 53 |
| |       aa) Problemstellung ..................... | 53 |
| |       bb) Stellungnahme ...................... | 55 |
| |    c) Perspektive der Identifizierbarkeit............ | 56 |
| |       aa) Ausgangspunkt: Wortlaut des Erwägungsgrunds 26......................... | 56 |
| |       bb) Streitstand......................... | 56 |
| |       cc) Stellungnahme ...................... | 60 |
| |    d) Berücksichtigungsfähigkeit weiterer Erkenntnismöglichkeiten ......................... | 61 |
| |       aa) Wissen Dritter....................... | 61 |
| |       bb) Beschaffung von Zusatzwissen über das Internet ........................... | 62 |
| |       cc) Künftige Erkenntnismöglichkeiten........ | 64 |
| | 4. Zusammenfassung: Personenbezug von Daten...... | 65 |
| III. | Personenbezug typischer in sozialen Netzwerken anfallenden Daten ................................ | 66 |
| | 1. Erfordernis der Gesamtbetrachtung.............. | 66 |
| | 2. (Nutzer-)Name.............................. | 67 |
| |    a) Der bürgerliche Name .................... | 67 |
| |    b) Virtuelle Identitäten als Schutzobjekt der DSGVO............................... | 68 |
| |       aa) Mittelbarer Schutz von Nutzernamen...... | 69 |
| |       bb) Unmittelbarer Schutz von Nutzernamen.... | 70 |

|  |  | cc) Auswirkungen der Relativität des Personenbezugs | 72 |
|---|---|---|---|
|  | 3. | Statusupdates, Kommentare, Nachrichten, vereinfachte Kommunikation und Verlinkungen | 73 |
|  |  | a) Betrachtete Vorgänge | 74 |
|  |  | b) Personenbezug der Daten auf Interaktionsebene | 74 |
|  |  | c) Personenbezug der Daten auf semantischer Ebene | 75 |
|  |  | d) Personenbezug von Daten im Falle inkongruenter Kontaktkreise mit Schnittmengen | 76 |
|  | 4. | Kontakte, Gruppen und Veranstaltungen, Fansites | 77 |
|  | 5. | Lichtbilder | 78 |
|  | 6. | Verlinkungen | 79 |
|  | 7. | Geodaten | 80 |
|  | 8. | IP-Adressen | 80 |
| IV. | Die Datenverarbeitung zu privaten und familiären Zwecken | | 81 |
|  | 1. | Anwendbarkeit und der „für die Verarbeitung Verantwortliche" | 81 |
|  | 2. | Die private Datenverarbeitung durch den Nutzer | 82 |
|  |  | a) Die „Lindqvist"-Entscheidung des EuGH | 83 |
|  |  | b) Kriterien der Ausnahmeregelung | 84 |
|  |  | aa) Datenverarbeitung zu persönlich-familiären Zwecken | 84 |
|  |  | (1) Natürliche Personen | 85 |
|  |  | (2) Keine beruflich-kommerzielle Tätigkeit | 85 |
|  |  | (3) Weitere Ansichten in der Literatur | 87 |
|  |  | (a) Keine Anwendung in sozialen Netzwerken | 87 |
|  |  | (b) Differenzierung nach sensiblen/nicht-sensiblen Daten | 88 |
|  |  | (c) Differenzierung nach eigenen/fremden Daten | 89 |
|  |  | (d) Ausschluss von politischen Zwecken | 89 |
|  |  | bb) Datenverarbeitung im persönlich-familiären Umfeld | 90 |
|  |  | (1) Stand der Diskussion | 90 |
|  |  | (2) Bestimmung einer Obergrenze | 91 |
|  |  | (3) Schlussfolgerung | 93 |
|  | 3. | Privilegierte Datenverarbeitungsvorgänge | 94 |
| § 5 | Territorialer Geltungsanspruch der DSGVO | | 95 |
| I. | Das Regelungskonzept des Art. 3 DSGVO | | 96 |
|  | 1. | Das Verhältnis von Abs. 1 zu Abs. 2 | 96 |

| | | | |
|---|---|---|---|
| | | 2. Die inkongruenten Anknüpfungspunkte der Niederlassung im Rahmen des Art. 3 DSGVO............ | 97 |
| | | 3. Zwischenergebnis........................... | 98 |
| | II. | Die datenschutzrechtlich relevante Niederlassung...... | 99 |
| | | 1. Bestimmung der Niederlassung................. | 100 |
| | |     a) Die „Weltimmo"-Entscheidung des EuGH..... | 101 |
| | |     b) Dogmatische Verortung und Folgerungen...... | 102 |
| | |     c) Zwischenergebnis....................... | 104 |
| | | 2. Das Betreiben der Datenverarbeitung............ | 104 |
| | | 3. Niederlassungen der Beteiligten in sozialen Netzwerken................................ | 106 |
| | |     a) Netzwerkbetreiber....................... | 106 |
| | |     b) Nutzer und Fansite-Betreiber................ | 107 |
| | III. | Die Ausrichtung auf EU-Bürger................... | 108 |
| | | 1. Betroffene in der Union....................... | 108 |
| | | 2. Adressierte Zwecke.......................... | 110 |
| | |     a) Anbieten von Waren oder Dienstleistungen.... | 110 |
| | |     b) Verhaltensbeobachtung................... | 112 |
| | | 3. Die Ausrichtung bei sozialen Netzwerken......... | 112 |
| | IV. | Möglichkeit der Rechtswahl?..................... | 114 |
| | V. | Zusammenfassung............................. | 115 |

**Kap. 3 Verantwortlichkeit für den Datenumgang in sozialen Netzwerken** ............................................. 116

§ 6 Der „für die Verarbeitung Verantwortliche" in der DSGVO...... 116
    I. Bestimmung des für die Verarbeitung Verantwortlichen.. 117
        1. Anknüpfungspunkt.......................... 117
        2. Entscheidung über Zwecke und Mittel der Datenverarbeitung............................... 119
        3. Rechtsträgerprinzip.......................... 119
    II. Das Konstrukt der „Gemeinsamen Verantwortlichkeit".. 120
        1. Getrennte Betrachtung der jeweiligen Datenverarbeitungsvorgänge........................ 121
        2. Gemeinsame Entscheidung über Zwecke und Mittel der Datenverarbeitung....................... 122
            a) Die Bedeutung des Art. 26 DSGVO.......... 122
            b) Anforderungen an die gemeinsame Entscheidung 124
                aa) Entscheidung über Mittel............... 124
                bb) Entscheidung über Zwecke.............. 125
            c) Parallelverantwortlichkeit .................. 126
        3. Stellungnahme.............................. 127
    III. Keine Verantwortlichkeit des Auftragsverarbeiters...... 129
    IV. Keine Begründung einer datenschutzrechtlichen Verantwortlichkeit durch „Störerhaftung"................. 132

§ 7 Verantwortlichkeit für die durch den Nutzer initiierten
Handlungen.................................... 134
   I. Registrierung................................ 134
      1. Maßgebliche Fallgruppe ..................... 134
      2. Eingabe der Daten......................... 134
         a) Die Grenzziehung zwischen „Erhebung" und
           „Offenlegung"......................... 134
         b) Fallgruppen der Dateneingabe.............. 137
           aa) Vorüberlegungen..................... 137
           bb) Parallele Verantwortlichkeit von Nutzer und
              Betreiber........................... 138
           cc) Eingabeszenarien .................... 138
              (1) Registrierung ohne personenbezogene
                  Daten ......................... 139
              (2) Registrierung mit eigenen Daten ...... 139
              (3) Registrierung mit fremden Daten
                  („Identitätsmissbrauch") ............ 140
      3. Speicherung der eingegebenen Daten............. 142
      4. Anzeige der eingegebenen Daten ............... 143
         a) Unaufgeforderte Anzeige bei anderen Nutzern .. 143
         b) Erhalt personenbezogener Daten auf Anfrage... 144
         c) Kein Erheben durch den Betroffenen oder Über-
           mitteln an den Betroffenen ................ 145
         d) Zwischenergebnis ...................... 145
      5. Zusammenfassung: Datenschutzrechtliche Verant-
        wortlichkeit bei Registrierung in einem sozialen
        Netzwerk................................ 146
   II. Ausfüllen des Profils........................... 146
      1. Maßgebliche Fallgruppe ..................... 146
      2. Eingabe der Daten......................... 147
      3. Speicherung der Profildaten ................... 148
      4. Offenlegung............................. 148
      5. Besonderheiten beim Identitätsmissbrauch......... 149
      6. Zusammenfassung: Datenschutzrechtliche Verant-
        wortlichkeit beim Ausfüllen des Profils ........... 150
   III. Statusupdates und Weiterverbreitung fremder Beiträge .. 150
      1. Maßgebliche Fallgruppen .................... 150
      2. Eingabe der Daten......................... 151
      3. Speicherung............................. 152
         a) Verantwortlichkeit des Nutzers ............. 152
         b) Verantwortlichkeit des Netzwerkbetreibers..... 152
         c) Geltendmachung von Betroffenenrechten bei
           paralleler Verantwortlichkeit ............... 153
      4. Offenlegung............................. 155

Inhaltsverzeichnis

|   |   | 5. | Privilegierung des Nutzers............................ | 156 |
|---|---|---|---|---|
|   |   | 6. | Zusammenfassung: Datenverarbeitungsvorgänge bei Statusupdates und Weiterverbreitung fremder Beiträge............................................................... | 157 |
|   | IV. | Kommentare, vereinfachte Nutzerreaktionen und Beiträge in Gruppen und Veranstaltungen............. | | 157 |
|   |   | 1. | Maßgebliche Fallgruppen............................... | 157 |
|   |   | 2. | Eingabe der Daten......................................... | 158 |
|   |   |   | a) Übermittlung des agierenden Nutzers......... | 158 |
|   |   |   | b) Erhebung des administrierenden Nutzers...... | 159 |
|   |   |   | aa) Grundsatz............................................. | 159 |
|   |   |   | bb) Ausnahme: Erfragen von Informationen ... | 159 |
|   |   |   | cc) Rückausnahme: Zusendung nicht erfragter Informationen über unbeteiligte Dritte..... | 160 |
|   |   | 3. | Speicherung................................................... | 161 |
|   |   |   | a) Verantwortlichkeit des Netzwerkbetreibers..... | 161 |
|   |   |   | b) Verantwortlichkeit des agierenden Nutzers..... | 161 |
|   |   |   | c) Verantwortlichkeit des administrierenden Nutzers....................................................... | 161 |
|   |   | 4. | Offenlegung.................................................. | 162 |
|   |   |   | a) Parallele Verantwortlichkeit von Netzwerkbetreiber und Nutzern..................... | 162 |
|   |   |   | b) Anwendbarkeit des Haushaltsprivilegs......... | 163 |
|   |   |   | c) Problem der Änderung des Adressatenkreises... | 163 |
|   |   |   | aa) Ausschluss des agierenden Nutzers ........ | 163 |
|   |   |   | bb) Erweiterung durch den administrierenden Nutzer..................................................... | 164 |
|   |   | 5. | Zusammenfassung: Datenschutzrechtliche Verantwortlichkeit für Kommentare und ähnliche Handlungen................................................... | 165 |
|   | V. | Nachrichten................................................................ | | 165 |
|   |   | 1. | Maßgebliche Fallgruppe................................. | 165 |
|   |   | 2. | Eingabe der Daten......................................... | 165 |
|   |   | 3. | Speichern...................................................... | 166 |
|   |   | 4. | Offenlegung.................................................. | 166 |
|   | VI. | Übersicht: Die Verantwortlichkeit für die durch den Nutzer ausgelösten Datenverarbeitungsvorgänge........ | | 167 |
| § 8 | Verantwortlichkeit für die durch den Fansite-Betreiber initiierten Handlungen................................................................... | | | 168 |
|   | I. | Aufruf der Fansite...................................................... | | 168 |
|   |   | 1. | Grundsatz....................................................... | 168 |
|   |   | 2. | Erhebung und Speicherung von Nutzerdaten........ | 168 |
|   | II. | Statusupdates............................................................. | | 170 |
|   | III. | Beiträge anderer Nutzer auf der Fansite..................... | | 171 |

| | IV. | Nachrichten | 172 |
|---|---|---|---|
| | V. | Reichweitenanalyse | 172 |
| | | 1. Zurverfügungstellung von Analysetools | 173 |
| | |    a) Erheben und Speichern | 173 |
| | |    b) Aggregieren als Datenverarbeitungsvorgang? | 173 |
| | | 2. Nutzung des Tools durch Fansite-Betreiber | 174 |
| | VI. | Übersicht: Die Verantwortlichkeit für die Datenverarbeitung im Zusammenhang mit Fansites | 175 |

§ 9 Verantwortlichkeit für die durch den Netzwerkbetreiber initiierten Handlungen ... 176
   I. Personalisierte Werbung und Social-Media-Analysen ... 176
      1. Profilbildung ... 176
      2. Social-Media-Analysen ... 177
      3. Verantwortungsverteilung ... 178
   II. Empfehlungen des Netzwerkbetreibers ... 178
      1. Vorschläge zu Gruppen, Veranstaltungen, Fansites ... 178
      2. Kontaktvorschläge ... 179
   III. Schattenprofile ... 180
      1. Verarbeitungsvorgänge beim Einsatz von Social Plugins ... 180
      2. Verarbeitungsvorgänge beim Auslesen von Adressbüchern ... 181
      3. Weitere Verarbeitungsvorgänge ... 182
   IV. Zusammenfassung: Die originären Verarbeitungsvorgänge des Netzwerkbetreibers ... 183

**Kap. 4 Zulässigkeit des Datenumgangs in sozialen Netzwerken** ... 184
§ 10 Grundlagen der Rechtmäßigkeit des Datenumgangs ... 184
   I. Das Verbot mit Erlaubnisvorbehalt ... 184
   II. Die Rechtfertigungstatbestände im Einzelnen ... 185
      1. Einwilligung (Art. 6 Abs. 1 Satz 1 lit. a DSGVO) ... 186
         a) Informiertheit ... 187
         b) Freiwilligkeit ... 188
         c) Einwilligungsfähigkeit ... 191
         d) Form der Einwilligung ... 192
         e) Widerruflichkeit ... 193
      2. Verarbeitung im Rahmen eines Vertragsverhältnisses (Art. 6 Abs. 1 Satz 1 lit. b DSGVO) ... 194
      3. Wahrnehmung eines berechtigten Interesses (Art. 6 Abs. 1 Satz 1 lit. f DSGVO) ... 196
         a) Interessenabwägung ... 196
         b) Prüfungsmaßstab ... 198
            aa) Problemstellung ... 198
            bb) Mögliche Lösungsansätze ... 199
               (1) Subjektive Rechtmäßigkeitsprüfung ... 199

|  |  |  |  |  |
|---|---|---|---|---|
|  |  |  | (2) Objektive Rechtmäßigkeitsprüfung.... | 201 |
|  |  |  | cc) Stellungnahme | 202 |
|  |  | c) | Die Rechtfertigung aus Gründen der Meinungs- und Informationsfreiheit (Art. 17 Abs. 3 lit. a DSGVO) | 204 |
|  | 4. | Weitere Zulässigkeitstatbestände des Art. 6 DSGVO | | 205 |
|  | III. | Die Verarbeitung „besonderer Kategorien personenbezogener Daten" | | 205 |
|  |  | 1. | Problemstellung | 206 |
|  |  | 2. | Lösungsansätze und Kritik | 208 |
|  |  |  | a) Lösungsansätze | 208 |
|  |  |  | b) Kritik | 209 |
|  |  |  | c) Stufenkonzept zur Bestimmung der Sensibilität von Daten | 210 |
|  |  |  | aa) Erste Stufe: unmittelbare Sensibilität | 210 |
|  |  |  | bb) Zweite Stufe: Verwendungskontext | 211 |
|  |  |  | cc) Dritte Stufe: Sensibilitätsprognose | 211 |
|  |  |  | d) Zusammenfassung: Sensibilität personenbezogener Daten | 213 |
|  |  | 3. | Die Zulässigkeit der Verarbeitung sensibler Daten... | 213 |
|  |  |  | a) Anforderungen an die Einwilligung | 213 |
|  |  |  | b) Schutz lebenswichtiger Interessen | 214 |
|  |  |  | c) Offensichtliches Veröffentlichen durch den Betroffenen | 215 |
|  |  |  | aa) Das Merkmal der „Öffentlichkeit" | 215 |
|  |  |  | bb) Quelle der Informationen | 216 |
|  |  |  | cc) Öffentlich gemacht haben oder öffentlich machen | 216 |
|  |  |  | dd) Offensichtlichkeit | 217 |
|  |  |  | d) Weitere Zulässigkeitstatbestände | 217 |
|  | IV. | Rechtsfolgen unrechtmäßiger Datenverarbeitung | | 218 |
| § 11 | Verantwortungsbereich des Nutzers | | | 220 |
|  | I. | Die Interessenabwägung nach Art. 6 Abs. 1 Satz 1 lit. f DSGVO als zentraler Rechtfertigungstatbestand im Nutzer-Betroffenen-Verhältnis | | 220 |
|  |  | 1. | Beschränkung auf personenbezogene Daten Dritter.. | 220 |
|  |  | 2. | Fragliche Praxistauglichkeit der Einwilligung im Nutzer-Betroffenen-Verhältnis | 221 |
|  |  |  | a) Keine Rechtfertigung bei netzwerkfremden Betroffenen | 221 |
|  |  |  | b) Ausnahme bei Betroffenem als Nutzer desselben Netzwerks | 222 |

|       |                                                                                   |     |
|-------|-----------------------------------------------------------------------------------|-----|
|       | 3. Keine vertragsrechtliche Grundlage im Nutzer-Betroffenen-Verhältnis.           | 223 |
|       | 4. Zwischenergebnis                                                               | 223 |
| II.   | Abruf von Daten anderer Nutzer                                                    | 224 |
|       | 1. Konkludente Einwilligung in die Anzeige?                                       | 225 |
|       | 2. Interessenabwägung                                                             | 226 |
|       |    a) Geschützte Interessen                                        | 226 |
|       |       aa) Interessen des datenerhebenden Nutzers    | 227 |
|       |       bb) Entgegenstehende Interessen des Betroffenen | 227 |
|       |         (1) Art. 7 GRCh                   | 228 |
|       |         (2) Art. 8 Abs. 1 GRCh            | 230 |
|       |    b) Abwägung                                                     | 232 |
|       | 3. Zwischenergebnis                                                               | 234 |
| III.  | Registrierung und Ausfüllen des Profils                                           | 234 |
| IV.   | Statusupdates und Weiterverbreiten fremder Beiträge                               | 236 |
|       | 1. Kriterien ohne Wertungsmöglichkeit                                             | 237 |
|       | 2. Kriterien mit Wertungsmöglichkeit                                              | 239 |
|       |    a) Eingriffsintensität nach dem Sphärenmodell                   | 239 |
|       |    b) Personen des öffentlichen Lebens                             | 240 |
|       |    c) Adressaten der Veröffentlichung                              | 241 |
|       |    d) Kontakt zwischen Nutzer und Betroffenem                      | 241 |
|       |    e) „Versuch" einer Einwilligung: Die schlichte Erlaubnis        | 243 |
|       |    f) Alter des Betroffenen                                        | 244 |
|       | 3. Zwischenergebnis                                                               | 245 |
| V.    | Kommentare, vereinfachte Nutzerreaktionen, Verfassen von Beiträgen in Gruppen o. ä. | 247 |
|       | 1. Betrachtete Fallgruppen                                                        | 247 |
|       | 2. Bestimmung der Rechtmäßigkeit der Verarbeitung des agierenden Nutzers          | 247 |
|       | 3. Bestimmung der Rechtmäßigkeit der Verarbeitung des administrierenden Nutzers   | 248 |
|       |    a) Personenbezogene Daten des agierenden oder administrierenden Nutzers | 248 |
|       |    b) Personenbezogene Daten über Dritte                           | 249 |
|       | 4. Zwischenergebnis                                                               | 251 |
| VI.   | Nachrichten                                                                       | 251 |
|       | 1. Die Kommunikation über Kommunikationsbeteiligte                                | 251 |
|       | 2. Die Kommunikation über Dritte                                                  | 253 |
|       | 3. Zwischenergebnis                                                               | 253 |
| VII.  | Zusammenfassung: Der Datenumgang durch den privaten Nutzer                        | 253 |
| § 12  | Verantwortungsbereich des Fansite-Betreibers                                      | 255 |

XVII

|  |  |  |  |
|---|---|---|---|
| | I. | Statusupdates | 255 |
| | II. | Beiträge anderer Nutzer | 256 |
| | III. | Nachrichten | 256 |
| § 13 | | Verantwortungsbereich des Netzwerkbetreibers | 258 |
| | I. | Registrierung des Nutzers | 258 |
| | | 1. Erforderlichkeit zur Vertragsabwicklung | 258 |
| | | 2. Weitere Zulässigkeitstatbestände | 259 |
| | | 3. Zwischenergebnis | 260 |
| | II. | Ausfüllen des Profils | 260 |
| | | 1. Einwilligung | 260 |
| | | a) Auswirkungen des Kopplungsverbots des Art. 7 Abs. 4 DSGVO | 261 |
| | | aa) Anwendbarkeit des Kopplungsverbots auf Netzwerkbetreiber | 261 |
| | | bb) Einschränkung bei Einwilligung im Rahmen der Leistungsbeschreibung? | 262 |
| | | cc) Einschränkung auf Monopolisten? | 263 |
| | | dd) Reichweite des Kopplungsverbots | 266 |
| | | b) Einwilligungserklärung | 266 |
| | | 2. Vertragserfüllung | 268 |
| | | 3. Interessenabwägung | 269 |
| | | 4. Verarbeitung sensibler Daten | 269 |
| | | 5. Zwischenergebnis | 270 |
| | III. | Statusupdates, Nutzerreaktionen, Beiträge in Gruppen/ Veranstaltungen/Fansites, Nachrichten | 270 |
| | | 1. Nutzer ist alleiniger Betroffener | 270 |
| | | 2. Datenverarbeitung betrifft (auch) Dritte | 271 |
| | IV. | Besonderheiten bei der Verarbeitung von Daten Minderjähriger | 272 |
| | | 1. Die Einwilligung des Minderjährigen | 272 |
| | | a) Angebot an Minderjährige | 273 |
| | | b) Feststellung des Alters | 274 |
| | | c) Einholung von Einwilligung oder Zustimmung des Trägers der elterlichen Sorge | 276 |
| | | d) Reichweite der Zustimmung des gesetzlichen Vertreters zur Datenverarbeitung eines Minderjährigen | 278 |
| | | e) Zwischenergebnis | 280 |
| | | 2. Durchführung eines Vertrages mit einem Minderjährigen | 280 |
| | | a) Problemstellung | 280 |
| | | b) Lediglich rechtlich vorteilhaftes Geschäft? | 282 |
| | | c) Der „Taschengeldparagraph": § 110 BGB | 283 |
| | | d) Zwischenergebnis | 286 |

|  |  | 3. Die Interessenabwägung bei minderjährigen Nutzern | 286 |
|---|---|---|---|
|  |  | 4. Zwischenergebnis | 287 |
|  | V. | Empfehlungen | 287 |
|  | VI. | Analysen des Netzwerkbetreibers und personenbezogene Werbung | 289 |
|  |  | 1. Interessenprofile und Art. 22 DSGVO | 289 |
|  |  | 2. Problemstellung | 290 |
|  |  | 3. Ökonomische Implikationen dieses Problems | 292 |
|  |  | 4. Alternativzugang als Lösung des Monetarisierungsdilemmas | 293 |
|  |  | 5. Zwischenergebnis | 294 |
|  | VII. | Schattenprofile | 294 |
|  | VIII. | Zusammenfassung: Der Datenumgang durch den Betreiber des sozialen Netzwerks | 296 |
| § 14 | Die Interessenabwägung nach Art. 6 Abs. 1 Satz 1 lit. f DSGVO. Versuch einer Entscheidungsmatrix | | 298 |
|  | I. | Vorschlag eines Abwägungsmodells | 298 |
|  | II. | Ausgewählte Anwendungsbeispiele | 301 |
|  | Vorgehen und Hinweise | | 303 |

**Kap. 5 Weitere Anforderungen mit spezifischer Relevanz für soziale Netzwerke** ... 305

| § 15 | Gebot der Datenminimierung | | 305 |
|---|---|---|---|
|  | I. | Klarnamenspflicht | 306 |
|  | II. | Privacy by Default | 309 |
|  |  | 1. Nudging als behavioristische Ausgangsthese | 310 |
|  |  | 2. Privatsphäreeinstellungen in sozialen Netzwerken | 311 |
|  |  | 3. Pflichten aus Art. 25 Abs. 2 DSGVO | 312 |
|  | III. | Zwischenergebnis | 314 |
| § 16 | Datenübertragbarkeit | | 315 |
|  | I. | Umfang der zu übermittelnden Daten | 315 |
|  | II. | Technische Realisierbarkeit | 318 |
|  | III. | Zwischenergebnis | 320 |
| § 17 | Datenlöschung | | 321 |
|  | I. | Die Löschpflicht nach Art. 17 Abs. 1 DSGVO | 321 |
|  | II. | Löschung bei mehreren Betroffenen | 323 |
|  | III. | Informationspflicht des Verantwortlichen („Recht auf Vergessenwerden") | 326 |
|  |  | 1. Öffentlich gemachte Daten | 327 |
|  |  | 2. Angemessenheit der Maßnahmen | 328 |
|  |  | 3. Adressaten der Information | 330 |
|  | IV. | Zwischenergebnis | 331 |

**Kap. 6 Zusammenfassung der Ergebnisse und Ausblick** ... 333

Inhaltsverzeichnis

Literaturverzeichnis .......................................... XXV
Lebenslauf ................................................. LVIII

# Abkürzungsverzeichnis

| | |
|---|---|
| a. A. | andere Ansicht |
| a. E. | am Ende |
| a. F. | alte Fassung |
| Abb. | Abbildung |
| Abs. | Absatz |
| AEUV | Vertrag über die Arbeitsweise der Europäischen Union |
| AfP | Zeitschrift für Medien- und Kommunikationsrecht |
| AGB | Allgemeine Geschäftsbedingungen |
| Art. | Artikel |
| Aufl. | Auflage |
| BayLDA | Bayerisches Landesamt für Datenschutzaufsicht |
| BB | Betriebsberater (Zeitschrift) |
| BBK | NWB Rechnungswesen – BBK: Buchführung, Bilanzierung und Kostenrechnung (Zeitschrift) |
| BDSG | Bundesdatenschutzgesetz |
| Begr. | Begründer |
| Beschl. | Beschluss |
| BfDI | Die Bundesbeauftragte für den Datenschutz und die Informationsfreiheit |
| BGB | Bürgerliches Gesetzbuch |
| BGH | Bundesgerichtshof |
| BGHZ | Entscheidungen des Bundesgerichtshofs in Zivilsachen |
| BITKOM | Bundesverband Informationswirtschaft, Telekommunikation und neue Medien e. V. |
| BKartA | Bundeskartellamt |
| BlnDSB | Berliner Beauftragte für Datenschutz und Informationsfreiheit |
| BMI | Bundesministerium des Innern |
| BRD | Bundesrepublik Deutschland |
| BRJ | Bonner Rechtsjournal (Zeitschrift) |
| BSI | Bundesamt für Sicherheit in der Informationstechnik |
| bspw. | beispielsweise |
| BT-Drucks. | Bundestags-Drucksache |
| BVerfG | Bundesverfassungsgericht |
| BVerfGE | Entscheidungen des Bundesverfassungsgerichts |
| bzw. | beziehungsweise |
| CCZ | Corporate Compliance Zeitschrift |
| CR | Computer und Recht (Zeitschrift) |
| CRi | Computer Law Review International (Zeitschrift) |
| DB | Der Betrieb |
| DJT | Deutscher Juristentag |
| Dok. | Dokument |
| DP | Deutsche Polizei (Zeitschrift) |
| Drucks. | Drucksache |
| DS-RL | Datenschutz-Richtlinie |
| DSB | Datenschutz-Berater (Zeitschrift) |
| DSGVO | Datenschutz-Grundverordnung |
| DSRITB | Deutsche Stiftung für Recht und Informatik – Tagungsband |

Abkürzungsverzeichnis

| | |
|---|---|
| DuD | Datenschutz und Datensicherheit (Zeitschrift) |
| DVBl | Deutsches Verwaltungsblatt (Zeitschrift) |
| EDV | Elektronische Datenverarbeitung |
| EG | Europäische Gemeinschaft |
| EGBGB | Einführungsgesetz zum Bürgerlichen Gesetzbuch |
| EL | Ergänzungslieferung |
| etc. | et cetera |
| ESR | European Sociological Review (Zeitschrift) |
| EU | Europäische Union |
| EuGH | Europäischer Gerichtshof |
| EuGRZ | Europäische Grundrechte-Zeitschrift |
| EuZW | Europäische Zeitschrift für Wirtschaftsrecht |
| EWR | Europäischer Wirtschaftsraum |
| e. V. | eingetragener Verein |
| f. | folgender/folgende |
| ff. | folgende |
| Fn. | Fußnote |
| gem. | gemäß |
| gen. | genannt |
| GG | Grundgesetz für die Bundesrepublik Deutschland |
| ggf. | gegebenenfalls |
| GRCh | Charta der Grundrechte der Europäischen Union |
| GRUR | Gewerblicher Rechtsschutz und Urheberrecht (Zeitschrift) |
| GRUR-Prax | Gewerblicher Rechtsschutz und Urheberrecht. Praxis im Immaterialgüter- und Wettbewerbsrecht (Zeitschrift) |
| h. M. | herrschende Meinung |
| HarvLRev | Harvard Law Review (Zeitschrift) |
| HGB | Handelsgesetzbuch |
| HmbBfDI | Der Hamburgische Beauftragte für Datenschutz und Informationsfreiheit |
| Hrsg. | Herausgeber |
| hrsg. | herausgegeben |
| i. E. | im Ergebnis |
| i. d. F. | in der Fassung |
| i. S. d. | im Sinne des/der |
| i. S. v. | im Sinne von/vom |
| i. V. m. | in Verbindung mit |
| IP | Internet Protocol |
| IT | Informationstechnik |
| ITRB | Der IT-Rechtsberater (Zeitschrift) |
| J. Legal Stud. | The Journal of Legal Studies (Zeitschrift) |
| JA | Juristische Arbeitsblätter (Zeitschrift) |
| JCMC | Journal of Computer-Mediated Communication |
| JMStV | Jugendmedienschutzstaatsvertrag |
| JZ | JuristenZeitung |
| K&R | Kommunikation und Recht (Zeitschrift) |
| Kap. | Kapitel |
| KOM | Kommission |
| KritV | Kritische Vierteljahresschrift für Gesetzgebung und Rechtswissenschaft (Zeitschrift) |

| | |
|---|---|
| KUG | Kunsturhebergesetz |
| L&CP | Law and Contemporary Problems (Zeitschrift) |
| LDA | Landesbeauftragte für den Datenschutz und für das Recht auf Akteneinsicht |
| LAG | Landesarbeitsgericht |
| LG | Landgericht |
| MDStV | Mediendienstestaatsvertrag |
| MMR | Multimedia und Recht (Zeitschrift) |
| MR-Int | Medien und Recht International (Zeitschrift) |
| NJ | Neue Justiz (Zeitschrift) |
| NJOZ | Neue Juristische Online-Zeitschrift |
| NJW | Neue Juristische Wochenschrift |
| NJW-RR | Neue Juristische Wochenschrift – Rechtsprechungs-Report |
| Nr. | Nummer |
| NVwZ | Neue Zeitschrift für Verwaltungsrecht |
| NVwZ-Extra | Neue Zeitschrift für Verwaltungsrecht – Extra |
| NZA | Neue Zeitschrift für Arbeitsrecht |
| PAuswG | Gesetz über Personalausweise und den elektronischen Identitätsnachweis (Personalausweisgesetz) |
| PinG | Privacy in Germany (Zeitschrift) |
| PK | Praxiskommentar |
| PLOS ONE | Public Library of Science ONE (Online-Zeitschrift) |
| PM | Preventive Medicine (Zeitschrift) |
| PNAS | Proceedings of the National Academy of Sciences of the United States of America (Zeitschrift) |
| OLG | Oberlandesgericht |
| OVG | Oberverwaltungsgericht |
| RdA | Recht der Arbeit (Zeitschrift) |
| RDV | Recht der Datenverarbeitung (Zeitschrift) |
| RGZ | Entscheidungen des Reichsgerichts in Zivilsachen |
| RL | Richtlinie |
| Rn. | Randnummer |
| Rom I-VO | Verordnung über das auf vertragliche Schuldverhältnisse anzuwendende Recht |
| Rs. | Rechtssache |
| s. | siehe |
| S. | Seite |
| Slg. | Sammlung der Rechtsprechung des Gerichtshofes und des Gerichts Erster Instanz |
| sog. | sogenannte/sogenannter |
| TDDSG | Teledienstedatenschutzgesetz |
| TKG | Telekommunikationsgesetz |
| TMG | Telemediengesetz |
| u. a. | unter anderem |
| u. U. | unter Umständen |
| ULD | Unabhängiges Landesamt für Datenschutz Schleswig-Holstein |
| UrhG | Urheberrechtsgesetz |
| Urt. | Urteil |
| US | United States |

Abkürzungsverzeichnis

| | |
|---|---|
| USA | United States of America |
| UWG | Gesetz gegen den unlauteren Wettbewerb |
| v. | von/vom |
| v. a. | vor allem |
| VBlBW | Verwaltungsblätter für Baden-Württemberg (Zeitschrift) |
| VG | Verwaltungsgericht |
| vgl. | vergleiche |
| VO | Verordnung |
| VuR | Verbraucher und Recht (Zeitschrift) |
| WP | Working Paper |
| wrp | Wettbewerb in Recht und Praxis (Zeitschrift) |
| WuW | Wirtschaft und Wettbewerb (Zeitschrift) |
| z. B. | zum Beispiel |
| ZBB | Zeitschrift für Bankrecht und Bankwirtschaft |
| ZD | Zeitschrift für Datenschutz |
| zit. | zitiert |
| ZUM | Zeitschrift für Urheber- und Medienrecht |

# § 1 Einleitung

„Was wir durch über unsere Gesellschaft, ja über die Welt, in der wir leben, wissen, wissen wir durch die Massenmedien."[1] – Diesen Satz stellte Niklas Luhmann, selbst Jurist, einer seiner zentralen Monographien voran. Als er dies Mitte der 1990er-Jahre schrieb, stand das Internet[2] noch am Anfang seiner Entwicklung. Heute bilden soziale Netzwerke einen zentralen Bestandteil der Massenmedien. Die Generation der 14- bis 29-Jährigen – die sogenannten „Digital Natives" – verbringt schon lange mehr Zeit mit dem Internet als mit Zeitungen, Büchern und dem Fernsehen zusammengenommen.[3] Seit der Verbreitung des Internets und (mobiler) internetfähiger Endgeräte hat sich auch die Art zu kommunizieren, und mit ihr das gesellschaftliche Leben, grundlegend verändert.[4] Es bedarf weder Geld noch Mühen, um auch die entferntesten Freunde virtuell zu treffen; nur wenige Tastendrücke und schon senkt sich an jedem beliebigen Ort der Schleier heimeliger Vertrautheit tief herab. Diese scheinbar positive Aussicht lockt seit über einem Jahrzehnt Nutzer gleichermaßen weltweit[5] wie in Deutschland[6] an. Bereits im Jahr 2013 waren zwei Drittel der Deutschen – generationsübergreifend – in sozialen Netzwerken aktiv; im Bereich der unter 30-Jährigen sind es über 90 %.[7] Bis heute sind diese Zahlen stark gestiegen – inzwischen sind 87 % der Deutschen in sozialen Netzwerken aktiv; der durchschnittliche Internetnutzer nutzt gleich drei Netzwerke parallel.[8]

---

1 *Luhmann*, Die Realität der Massenmedien, S. 9.
2 Zur Entwicklung des Internets und seiner Dienste *Borges*, Verträge im elektronischen Geschäftsverkehr, S. 9 ff.; *Sieber*, in: Hoeren/Sieber/Holznagel, Multimedia-Recht, Kap. 1 Rn. 1 ff.; *Tanenbaum/Wetherall*, Computer Networks, S. 1 ff.
3 *van Eimeren/Frees*, Media Perspektiven 2013, 358, 371.
4 Im Jahr 2017 nutzten 81 % der Bundesbürger das Internet, bei den 18-24-Jährigen liegt der Anteil der Nutzer bei 99 %, *Statista*, Anteil der Internetnutzer in Deutschland in den Jahren 2001 bis 2017, abrufbar unter http://de.statista.com/statistik/daten/studie/13070/ (Stand: 9/2018). Fast die Hälfte aller Bundesbürger nutzte 2014 das Internet zur Interaktion mit Behörden, *OECD*, Government at a glance 2015, S. 155. Zum Einfluss sozialer Netzwerke auf die Meinungsbildung *Machill/Beiler/Krüger*, Das neue Gesicht der Öffentlichkeit, S. 72 ff.
5 Allein das amerikanische soziale Netzwerk „Facebook" hatte im zweiten Quartal 2018 fast 2,3 Milliarden aktive Nutzer, d. h. solche, die das Netzwerk im letzten Monat nutzten, *Statista*, Anteil der aktiven Nutzer von Facebook, abrufbar unter http://de.statista.com/statistik/daten/studie/37545/ (Stand: 9/2018).
6 In Deutschland existieren 26 Mio. aktive Facebook-Nutzer, *Statista*, Anzahl der monatlich aktiven Facebook-Nutzer in Deutschland, abrufbar unter http://de.statista.com/statistik/daten/studie/370860/ (Stand: 9/2018).
7 *BITKOM*, Soziale Netzwerke 2013, S. 7.
8 *BITKOM*, Social-Media-Trends 2018, S. 2 f.

§ 1 Einleitung

Hinzu kommt die ortsunabhängige Verfügbarkeit sozialer Netzwerke.[9] Das Smartphone fungiert als Eintrittstor in eine virtuelle Welt, in welcher der gesamte Bekanntenkreis jederzeit nur einen Steinwurf entfernt scheint. In dieser virtuellen Welt ist das echte Leben abgeschottet, es entstehen persönliche Öffentlichkeiten.[10] Um die Menschen zurück in die Realität zu holen, gibt es sogar Städte in Deutschland, die Fußgängerampeln in den Boden einlassen, weil die Nutzer ihre Augen zu keiner Sekunde vom Smartphone abwenden.[11] Soziale Netzwerke sind im heutigen Alltag omnipräsent, und die Ablehnung der Nutzung solcher lässt sich leicht als anachronistisches Verhalten interpretieren.

Andererseits verwundert es nicht, dass zahlreiche Kritiker diesen Entwicklungen mit mannigfaltiger Skepsis begegnen.[12] So kritisiert *Bauman* etwa, das soziale Leben habe sich in ein elektronisches verwandelt und spiele sich mehr zwischen Computern und Handys ab als zwischen Menschen.[13] Die zunächst als Bereicherung wahrgenommene Kontaktmöglichkeit geriert sich als ein in Isolation uferndes Substitut, dessen Bedeutung sich mit jedem Nutzer und jeder Nutzung vergrößert. Kritikern zufolge ginge mit dem ständigen, virtuellen Kontakt mit „Freunden" ein Verlust für die Privatsphäre einher – ein Wort, das *Prantl* zufolge aus einer Zeit stammt, in der die Telefone noch Tischfernsprecher hießen.[14] Ist der Einzelne vielleicht am Ende von den Freunden abgeschotteter als er es sein will, und zugleich weniger abgeschottet von der Welt als es die empfundene Privatsphäre suggeriert?

## I. Soziale Netzwerke – das Ende der Privatsphäre?

Die dargestellten Folgen im Lebensstil vieler Menschen mögen auch auf die unablässige Informationsflut zurückzuführen sein, die Nachteile für viele Bereiche des Lebens kolportiert.[15] Die weltweite exponentiell steigende Datenmenge zeigt sich nicht nur in analogen Medien – so soll nach Einschätzung von *Ramonet* ein einziges Exemplar der Sonntagsausgabe der New York Times mehr

---

9 Rund 1,7 Milliarden Menschen nutzten Facebook im Jahr 2016 auf mobilen Endgeräten, *Statista*, Monatlich aktive mobile Nutzer von Facebook, abrufbar unter http://de.statista.com/statistik/daten/studie/223264/ (Stand: 9/2018), davon 20 Mio. Deutsche, *Statista*, Anzahl der mobilen Nutzer von Facebook in Deutschland, abrufbar unter http://de.statista.com/statistik/daten/studie/380630/ (Stand: 9/2018).
10 Vgl. *Schmidt*, in: Ziegler/Wälti, Wahl-Probleme der Demokratie, S. 140.
11 http://www.sueddeutsche.de/bayern/verkehrssicherheit-augsburg-fuehrt-boden-ampeln-fuer-handynutzer-ein-1.2958002 (Stand: 9/2018).
12 *Bauman*, Leben als Konsum, S. 8 f., konstatiert, soziale Netzwerke würden „sich mit der Geschwindigkeit einer hochansteckenden Krankheit" ausbreiten, was dazu führe, dass der Begriff des Netzes den der Gesellschaft ablöse; ähnlich *Eco*, der von einem „Krebsgeschwür am Leib der Gesellschaft" spricht, zit. nach *Pötzl*, Spiegel Special 3/2007, 52, 55; siehe auch *Martini/Fritzsche*, NVwZ-Extra 2015, Nr. 21, 1, die von einer „Abrissbirne informationeller Selbstbestimmung" sprechen.
13 *Bauman*, Leben als Konsum, S. 9.
14 *Prantl*, DuD 2016, 347, 348 f.
15 *Eriksen*, Die Tyrannei des Augenblicks, S. 161 f.

Informationen enthalten, als ein gebildeter Mensch des 18. Jahrhunderts in seinem gesamten Leben konsumierte[16] – sondern auch und vor allem an digitalen Datenflüssen.[17] Während das Internet 1993 lediglich 1 % der weltweiten Informationsflüsse ausmachte, wird der Anteil für das Jahr 2007 auf 97 % beziffert.[18] Diese Entwicklung wird begünstigt durch die sinkenden relativen Kosten für das Management der Daten.[19]

Ein Grund für das exponentielle Wachstum der im Internet verarbeiteten Datenmengen liegt auch im sogenannten „Web 2.0". Dieses 2005 von *O'Reilly* geprägte Schlagwort[20] bezeichnet den Umstand, dass inzwischen jeder Internetnutzer selbst ohne größeren Aufwand eigene Inhalte im Internet publizieren kann. Aus dem bloßen Konsumenten wird ein „Prosument". Das sich aus „Konsument" und „Produzent" zusammengesetzte Kofferwort bezeichnet die das Web 2.0 kennzeichnende Wandlung zum Inhalte generierenden Nutzer.[21] Dazu werden – neben sozialen Netzwerken – unter anderem Blogs, Podcasts und Wikis gezählt.[22] Soziale Netzwerke gelten als das zentrale Element des Web 2.0.[23] Sie geben den Nutzern die Möglichkeit, auf einfache Art und Weise ihre Inhalte, unabhängig davon, ob es sich um Bilder, Videos oder Texte handelt, global zu publizieren. Um Selbstdarstellung zu betreiben und sich mit Freunden zu vernetzen, die diese Inhalte wahrnehmen,[24] werden eine ganze Reihe von Informationen dem Betreiber übermittelt, noch bevor die designierten Nutzer mit ihren Freunden über die Plattform interagieren.[25] Auf Seiten der Betreiber werden die eingegebenen und aus der Nutzerinteraktion generierten Daten zur Monetarisierung des jeweiligen Diensts, etwa durch Platzierung von (personalisierter) Werbung, verwendet.[26]

---

16 *Ramonet*, Die Kommunikationsfalle, S. 167.
17 Siehe *Statista*, Prognose zum weltweit generierten Datenvolumen, abrufbar unter http://de.statista.com/statistik/daten/studie/267974/ (Stand: 9/2018).
18 *Hilbert/López*, Science 60 (2011), 60, 62.
19 *IDC*, The Digital Universe Decade, S. 13. Ein Grund für die Kostensenkung liegt in der Virtualisierungstechnik des Cloud Computing, welche gegenüber einer eigenen IT-Infrastruktur die Möglichkeit bietet, bedarfsabhängig fremde IT-Ressourcen zu nutzen, *Konferenz der Datenschutzbeauftragten des Bundes und der Länder*, Orientierungshilfe Cloud Computing, S. 4; *Brennscheidt*, Cloud Computing und Datenschutz, S. 21; *Gaul/Koehler*, BB 2011, 2229; *Krcmar*, in: Borges/Meents, Rechtshandbuch Cloud Computing, § 1 Rn. 4, 25; *Niemann/Hennrich*, CR 2010, 686; *Niemann/Paul*, K&R 2009, 444; *Schulz/Rosenkranz*, ITRB 2009, 232, 233; *Weiss*, in: Hilber, Cloud Computing, Teil 1 A Rn. 2 f.
20 *O'Reilly*, What Is Web 2.0, abrufbar unter http://www.oreilly.com/pub/a/web2/archive/what-is-web-20.html (Stand: 9/2018).
21 Nutzergenerierte Inhalte liegen vor, wenn die fraglichen Inhalte publiziert worden sind (1.), eine Schöpfungsleistung vorliegt (2.) und es sich nicht um eine professionell betriebene, profitorientierte Leistung handelt (3.), *OECD*, Participative web: user-created content, S. 8.
22 *Klingebiel*, Rechtsprobleme des Web 2.0, S. 11 ff.
23 *Karg/Fahl*, K&R 2011, 453.
24 Ausführlich zu den Nutzungsmotiven siehe unten Kap. 1 § 2 IV. 1.
25 *ENISA*, Study on data collection and storage, S. 19 ff.
26 Zu den Geschäftsmodellen siehe unten Kap. 1 § 2 III. 3. b).

## § 1 Einleitung

Wie groß der Datenfundus ist, hängt maßgeblich von den jeweiligen Nutzern ab. Unter Inkaufnahme negativer Folgen oder schlicht aus Gedankenlosigkeit[27] werden auch äußerst private Aspekte des eigenen Lebens ins Internet gestellt.[28] Dies nicht nur von Erwachsenen, sondern auch von Jugendlichen und sogar Kindern.[29] Der ehemalige Bundesbeauftragte für Datenschutz und Informationsfreiheit *Schaar* spricht von „elektronischem Exhibitionismus".[30] Zugleich stuft die große Mehrheit der Nutzer die Wahrung ihrer Privatsphäre durch Unternehmen als wichtig ein.[31] Zahlreiche Nutzer, die sich vorgeblich um Privatsphäre sorgen, zeigen jedoch keine Unterschiede in ihrem Offenbarungsverhalten, sobald es um Handlungen in sozialen Netzwerken geht.[32] Kritiker folgern hieraus, die heutige Gesellschaft beseitige die Grenzen zwischen Öffentlichem und Privatem und verkläre es zu Tugend und Pflicht, alles Private öffentlich zur Schau zu stellen.[33] Gerade bei den Digital Natives, unter denen soziale Netzwerke die größte Verbreitung finden, herrscht ein geringeres Bewusstsein für Datenschutz und Datensicherheit.[34] Angesichts dessen wird Datenschutz zum Teil als Bildungsaufgabe des digitalen Zeitalters begriffen und gefordert, dass das Verständnis von Begriffen wie Privatsphäre, Selbstbestimmung und Öffentlichkeit gelehrt und erlernt werden müsse.[35] Fest steht jedoch: Mit der zunehmenden Verlagerung des Lebens in das Internet setzen sich die Nutzer neuen Gefahren aus.[36] Phänomene wie Stalking, Cybergrooming und ein verringertes Wohlbefinden sind nur einige der Risiken, mit denen sich Nutzer sozialer Netzwerke heutzutage konfrontiert sehen.[37]

---

27 Ein bekanntes Beispiel ist das der Lehramtsanwärterin Stacy Snyder, der nach bestandener Prüfung die Erteilung der Lehrbefugnis seitens der Universität mit der Begründung verweigert wurde, ein Jahre zuvor bei MySpace hochgeladenes Foto mit der Beschreibung „Drunken Pirate", welches sie mit einem Plastikbecher und einem Piratenhut zeigte, ermutige Schüler zum ungesetzlichen Alkoholkonsum, zit. nach *Mayer-Schönberger,* Delete, S. 1 f.
28 Ein Extrem stellt die Post-Privacy-Bewegung dar, die sich gegen Datenschutz wendet und das Ende jeglicher Privatsphäre proklamiert, grundlegend dazu *Heller,* Post-Privacy, S. 47 ff.; kritisch hierzu *Hoofnagle,* in: Dix/Franßen/Kloepfer/Schaar/Schoch/dgif, Informationsfreiheit und Informationsrecht 2011, S. 19 ff.; *Karg,* DuD 2013, 75, 76 f.
29 So wird allein Facebook von über der Hälfte der 12-14-Jährigen regelmäßig genutzt, *BITKOM,* Jung und vernetzt, S. 28; *Leven/Schneekloth,* in: Shell Deutschland, Jugend 2015, S. 134.
30 Zit. nach *Pötzl,* Einfallstor in die Privatsphäre, Spiegel Special 3/2007, 52, 55; ähnlich *Heckmann,* K&R 2010, 770, 773 („Exhibitionismus trifft Voyeurismus").
31 *ENISA,* Study on monetising privacy, S. 34.
32 Dies wird als das „Privacy-Paradox" bezeichnet, siehe dazu *Niemann/Schenk,* in: Schenk/Niemann/Reinmann/Roßnagel, Digitale Privatsphäre, S. 250 ff.
33 *Bauman,* Leben als Konsum, S. 10; siehe auch *Mallmann,* Zielfunktionen des Datenschutzes, S. 34, der bereits 1977 konstatierte, die Bereitschaft zur Offenlegung privater Bereiche habe in den letzten Jahrzehnten zugenommen.
34 *BITKOM,* Soziale Netzwerke 2013, S. 7, 40.
35 *Wagner,* DuD 2012, 83, 84 f.; *Worms/Gusy,* DuD 2012, 92, 99.
36 *Meyer,* Identität und virtuelle Identität, S. 20.
37 Ausführlich zu den Risiken der Nutzung siehe unten Kap. 1 § 2 IV. 2.

§ 1 Einleitung

Das Datenschutzrecht wurde Jahrzehnte in der öffentlichen Diskussion vernachlässigt.[38] Mit dem Aufkommen des Web 2.0, der umfassenden Datenverarbeitung durch Private und den dadurch entstehenden Gefahren für die informationelle Selbstbestimmung nahm die Diskussion jedoch Fahrt auf: Sorglosigkeit beim Umgang mit den eigenen Daten, Rücksichtslosigkeit beim Umgang mit fremden Daten[39] – dies scheint für viele Internetnutzer eine probate Handlungsmaxime zu sein. Für einen Aufschrei in der breiten Gesellschaft dauerte es noch bis zum Jahre 2013. Die NSA-Enthüllungen von Edward Snowden[40] beantworten einen Teil der zu Beginn aufgeworfenen Frage: Wenn wir uns im Internet bewegen, ist unser Verhalten alles andere als „privat". Dies führte in den letzten Jahren – vor allem in dem von einem orwellschen Impetus getriebenen Europa – zu einer Schärfung des Bewusstseins für den Umgang mit eigenen Daten.[41] Insbesondere das amerikanische Netzwerk „Facebook" steht regelmäßig aufgrund datenschutzrechtlicher Bedenken in der Kritik. Manche entschließen sich sogar, gerichtlich gegen die „Datensammler" vorzugehen. In Deutschland hat sich vor allem das Unabhängige Landeszentrum für Datenschutz Schleswig-Holstein (ULD) durch seine Anstrengungen gegen die Facebook Inc. und ihre Tochterunternehmen hervorgetan.[42] Auf europäischer Ebene fand die Initiative „Europe vs. Facebook" um den Österreicher Max Schrems große Beachtung.[43]

Inzwischen wenden sich vereinzelt Nutzer aufgrund der Datenschutzverstöße von sozialen Netzwerken ab. Auch wegen zahlreicher öffentlichkeitswirksamer Vorfälle der letzten Jahre – als aktuelles Beispiel sei der Skandal um Facebook und Cambridge Analytica[44] genannt – konnte Datenschutz zum Qualitätskriterium und Wettbewerbsvorteil gegenüber Konkurrenten[45] avancieren. Soziale Netzwerke haben ihren Zenit jedoch längst nicht überschritten: Selbst nach den Snowden-Veröffentlichungen stieg entgegen einer Prognose[46] die Zahl der Nutzer von sozialen Netzwerken sowohl weltweit als auch in Deutschland kontinuierlich an.[47] Damit sind die Fragen, inwieweit die Datenschutz-Grundverordnung in der Lage ist, die datenschutzrechtlichen Herausforderungen sozialer

---

38 Von einem „Schattendasein" sprechend *Erd,* DSRITB 2010, 253, 257.
39 Dies kritisierend *Heckmann,* K&R 2010, 770, 772.
40 Ein aufbereitetes Archiv der sog. „NSA-Files" findet sich unter http://www.theguardian.com/us-news/the-nsa-files/ (Stand: 9/2018).
41 Lediglich 24 % der europäischen und 19 % der deutschen Internetnutzer vertrauen Anbietern von Internetportalen (Suchmaschinen, soziale Netzwerke, E-Mail-Dienste) hinsichtlich des Schutzes ihrer personenbezogenen Daten, *Eurobarometer,* Special Eurobarometer 431, Data Protection Report, S. 66.
42 Siehe den Überblick unter https://www.datenschutzzentrum.de/facebook/ (Stand: 9/2018).
43 Im Urteil zu der entsprechenden Rechtssache Rs. C-362/14 erklärte der EuGH die Safe-Harbor-Entscheidung der Kommission für ungültig, EuGH, NJW 2015, 3151.
44 Siehe https://www.theguardian.com/news/series/cambridge-analytica-files (Stand: 9/2018).
45 Vgl. *Bäumler,* in: Bäumler/v.Mutius, Datenschutz als Wettbewerbsvorteil, S.11; *Müller,* in: Bäumler/v.Mutius, Datenschutz als Wettbewerbsvorteil, S.25; *Golland,* DSB 2014, 213, 215; *Hoeren,* DuD 1996, 542, 544; *Schwenke,* Individualisierung und Datenschutz, S.274.
46 *BITKOM,* Soziale Netzwerke 2013, S.44.
47 Siehe für das Netzwerk Facebook die Nachweise in Fn.5 und Fn.6.

§ 1 Einleitung

Netzwerke zu lösen, welche Vorgaben für die verschiedenen Beteiligten gelten, insbesondere unter welchen Bedingungen die Datenverarbeitung rechtmäßig erfolgen kann, mehr denn je von hoher Relevanz.

## II. Gegenstand und Gang der Untersuchung

In Bezug auf die Nutzung sozialer Netzwerke stellen sich zahlreiche Fragen im Bereich des Vertrags-[48] und Arbeitsrechts,[49] des Persönlichkeitsrechts,[50] des Urheber-[51] und Wettbewerbsrechts,[52] des Strafrechts,[53] sowie des Datenschutzrechts. Die vorliegende Untersuchung befasst sich mit letztgenanntem Rechtsgebiet. Bei der Nutzung sozialer Netzwerke werden, sowohl durch die rein privat agierenden Nutzer, wie auch durch Fansite- und Netzwerkbetreiber, in hohem Maße personenbezogene Daten verarbeitet. Dies betrifft nicht nur eigene Daten, sondern auch die Verarbeitung der Daten Dritter, die zum Teil selbst Nutzer, zum Teil jedoch völlig unbeteiligt sind. Die vorliegende Untersuchung gilt den zentralen datenschutzrechtlichen Fragen, die sich nach Inkrafttreten der Datenschutz-Grundverordnung (DSGVO)[54] spezifisch im Bereich der Nutzung sozialer Netzwerke stellen.

Der auf der als Datenschutzrichtlinie (DS-RL)[55] fußende rechtliche Rahmen war starker Kritik ausgesetzt, da er den Herausforderungen des Web 2.0 mit Big Data, sozialen Netzwerken und ähnlichen Herausforderungen nicht gewachsen sei.[56] Dieser wurde jüngst durch die DSGVO umfassend reformiert, welche ei-

---

48 Siehe etwa *Bräutigam/v. Sonnleithner*, in: Hornung/Müller-Terpitz, Rechtshandbuch Social Media, Kap. 3 Rn. 1 ff.
49 *Bayreuther*, in: Hornung/Müller-Terpitz, Rechtshandbuch Social Media, Kap. 8 Rn. 1 ff.; *Fülbier/Wahlers*, in: Splittgerber, Rechtsfragen Social Media, Kap. 7 Rn. 1 ff.
50 Siehe etwa *Rockstroh*, in: Splittgerber, Rechtsfragen Social Media, Kap. 4 Rn. 248 ff.; *Müller-Terpitz,* in: Hornung/Müller-Terpitz, Rechtshandbuch Social Media, Kap. 6 Rn. 1 ff.
51 Siehe etwa *Rockstroh,* in: Splittgerber, Rechtsfragen Social Media, Kap. 4 Rn. 1 ff.
52 Siehe etwa *Katko/Kaiser,* in: Splittgerber, Rechtsfragen Social Media, Kap. 5 Rn. 1 ff.
53 Siehe etwa *Esser,* in: Hornung/Müller-Terpitz, Rechtshandbuch Social Media, Kap. 7 Rn. 1 ff.
54 Verordnung des Europäischen Parlaments und des Rates zum Schutz natürlicher Personen bei der Verarbeitung personenbezogener Daten und zum freien Datenverkehr (Datenschutz-Grundverordnung), Abl. EU Nr. L 119 vom 04.05.2016, S. 1.
55 Richtlinie 95/46/EG des Europäischen Parlaments und des Rates vom 24. Oktober 1995 zum Schutz natürlicher Personen bei der Verarbeitung personenbezogener Daten und zum freien Datenverkehr, Abl. EG Nr. L 281 vom 23.11.1995, S. 31.
56 Vgl. nur die Begründung zum Entwurf des Vorschlags der Europäischen Kommission der Datenschutz-Grundverordnung vom 25.01.2012, KOM(2012) 11 endgültig, 2012/0011 (COD) (im Folgenden: „Kommissionsentwurf"), S. 4, sowie Erwägungsgrund 7 der DSGVO. Kritik übten etwa *Albrecht/Jotzo,* Datenschutzrecht der EU, Teil 1 Rn. 5 (DS-RL schütze „nicht mehr ausreichend vor den Risiken des aktuellen digitalen Umfelds"); *Gennen/Kremer,* ITRB 2011, 59, 63 (weder Gesetz noch Rechtsprechung „spiegeln die Realität im Mitmachinternet wieder"); *Härting,* BB 2012, 459, 460 („Instrumentarien des Datenschutzrechts sind nicht internettauglich"); *Hornung,* in: Hornung/Müller-Terpitz, Rechtshandbuch Social Media, Kap. 4 Rn. 67 (Datenschutzrecht müsse „dringend an die Besonderheiten von Internet und Social Media angepasst werden"); *Jandt/Roßnagel,* ZD 2011, 160, 165 sowie *Jandt/Roßnagel,* in: Schenk/Niemann/

nige Passagen aufweist, die explizit auf die Herausforderungen sozialer Netzwerke Bezug nehmen.[57] Von Kritikern wird vertreten, dass die Verarbeitung von Daten in sozialen Netzwerken unter der DSGVO nicht anders zu beurteilen sei als unter der DS-RL, auf der das Bundesdatenschutzgesetz (BDSG) seit seiner Reform von 2001 beruhte.[58] Die vorliegende Arbeit befasst sich mit der zentralen Frage, wie sich soziale Netzwerke in das Regelungsregime der DSGVO einfügen und unter welchen Umständen die Verarbeitung personenbezogener Daten rechtmäßig erfolgen kann. Sie beleuchtet gleichermaßen Betreiber- wie Nutzerseite und soll auf die Interaktion der Beteiligten innerhalb zentraler sozialer Netzwerke im engeren Sinne[59] beschränkt werden.

Die Untersuchung ist in fünf Kapitel gegliedert. Einleitend werden die Grundlagen sozialer Netzwerke, einschließlich der Nutzungsmotive und Risiken, vermittelt und die Regelungsmaterie der DSGVO skizziert.[60] Dieses Kapitel widmet sich ferner den normativen Grundlagen des Datenschutzrechts. Es wird mit einer Untersuchung der Abgrenzung zu bereichsspezifischen nationalen Datenschutzvorschriften sowie deren Fortgeltung nach Inkrafttreten der DSGVO abgeschlossen.[61]

Das zweite Kapitel beleuchtet Fragen der Anwendbarkeit der DSGVO.[62] Es ist in den Aspekt der sachlichen Anwendbarkeit und den der räumlichen Anwendbarkeit untergliedert. Zunächst stellt sich die Frage, welche Daten einen hinreichenden, die sachliche Anwendbarkeit des europäischen Datenschutzrechts auslösenden Personenbezug aufweisen. Darüber hinaus ist zu fragen, inwieweit

---

Reinmann/Roßnagel, Digitale Privatsphäre, S. 375 („Regelungsdefizite"); *Kalabis/Selzer*, DuD 2012, 670 (Erfordernis einer „Grunderneuerung"); *Karg/Fahl*, K&R 2011, 453, 458 („wenig passende Regelungen"); *Konferenz der Datenschutzbeauftragten des Bundes und der Länder*, Datenschutzrecht für das 21. Jahrhundert, S. 24 („Datenschutzrecht muss internetfähig sein"); *Martini*, in: Paal/Pauly, DS-GVO/BDSG, Art. 26 Rn. 41 („wird dem arbeitsteiligen Zusammenwirken in sozialen Netzwerken […] kaum gerecht"); *Prantl*, DuD 2016, 34, 348 („Datenschutzgesetz […] hat nie eine Transformation ins 21. Jahrhundert erfahren"); *Roßnagel*, in: Roßnagel/Sommerlatte/Winand, Digitale Visionen, S. 159 („Schutzprogramm läuft leer"); *Roßnagel/Nebel/Richter*, ZD 2015, 455, 460 („Unterkomplexität" und „mangelnde Praxistauglichkeit"); *Schneider*, ITRB 2012, 180, 181 („größte Gefahrenkomplexe [kaum] in den Griff zu bekommen"); *Spiecker gen. Döhmann*, AnwBl 2011, 256, 257 („Vorschriften erfassen den Problembereich nur unzureichend"); *Weichert*, in: Däubler/Klebe/Wedde/Weichert, BDSG, Einl. Rn. 65 („bleibt hinter Technik und gesellschaftlicher Realität zurück").
57 Erwägungsgrund 18 sowie Art. 26 DSGVO; siehe ferner Erwägungsgrund 55 des Kommissionsentwurfs sowie Erwägungsgrund 55 des Beschlusses des Europäischen Parlaments vom 12.03.2014 im Rahmen der ersten Lesung, 2012/0011 (COD), 7427/1/14, REV 1 (im Folgenden: „Parlamentsentwurf").
58 So etwa *Keppeler*, MMR 2015, 779; *Leucker*, PinG 2015, 195, 198 f.; *Martini/Fritzsche*, NVwZ-Extra 2015, Nr. 21, 1, 16; *Roßnagel*, DuD 2016, 561, 564 f.; *Roßnagel/Nebel/Richter*, ZD 2015, 455, 460.
59 Zur Differenzierung zwischen den verschiedenen Arten sozialer Netzwerke siehe unten Kap. 1 § 2 II.
60 Siehe unten Kap. 1 § 2.
61 Siehe unten Kap. 1 § 3.
62 Siehe unten Kap. 2 § 4 und Kap. 2 § 5.

private Nutzer bei der Nutzung sozialer Netzwerke dem Datenschutzrecht unterliegen. In weiten Teilen der Bevölkerung herrscht derzeit noch ein mangelndes Bewusstsein für Datenschutz; in sozialen Netzwerken werden in hohem Maße eigene und fremde Daten einem breiten Nutzerkreis zugänglich gemacht. Hier ist die Klärung der Reichweite des sogenannten Haushaltsprivilegs geboten. In räumlicher Hinsicht erstreckt sich die Untersuchung insbesondere auf die Problematik der Nutzung sozialer Netzwerke ausländischer Betreiber. Durch die Rechtsprechung des EuGH und die Einführung des Marktortprinzips hat der datenschutzrechtliche Rahmen hier einen beachtlichen Wandel vollzogen.

Ein Schwerpunkt der Untersuchung befasst sich mit der Frage, welche datenschutzrelevanten Handlungen bei der Interaktion über das soziale Netzwerk und mit dem Netzwerk stattfinden und wer für die entsprechenden Vorgänge datenschutzrechtlich verantwortlich ist.[63] Gerade in komplexen Web 2.0-Strukturen wie sozialen Netzwerken, in deren Rahmen verschiedene Akteure auf unterschiedliche Weise miteinander interagieren, tendieren weite Teile der datenschutzrechtlichen Literatur dazu, die datenschutzrechtliche Verantwortlichkeit pauschal einem oder mehreren Beteiligten zuzuschreiben. Da die Verantwortlichkeit bestimmt, wer Adressat der Pflichten aus der DSGVO ist, handelt es sich um eine essentielle Fragestellung, die eine differenzierte Auseinandersetzung erforderlich macht. Daher wird hier geklärt, welche Verantwortlichkeiten welchen der Beteiligten treffen.

Im anschließenden Kapitel wird ausführlich die Rechtmäßigkeit der Verarbeitungsvorgänge behandelt.[64] Diese knüpft unmittelbar an die Verantwortlichkeit an, da jeder Beteiligte innerhalb seines Verantwortungsbereichs die Rechtmäßigkeit der Verarbeitung zu gewährleisten hat. Obwohl die Rechtfertigungstatbestände trotz Novellierung des europäischen Datenschutzrechts weitgehend identisch bleiben, bedürfen einige Neuregelungen genauerer Untersuchung. Bei der Rechtmäßigkeit ist danach zu differenzieren, welcher Beteiligte für die Verarbeitung verantwortlich ist und in welchem Verhältnis er zum Betroffenen steht. Dabei stellt sich die zentrale, jedoch kaum untersuchte Frage, unter welchen Bedingungen die Datenverarbeitung von Daten Dritter – sei es durch den Netzwerkbetreiber oder durch den Nutzer – zulässig ist. Besondere Bedeutung kommt hier den Abwägungstatbeständen zu, da im Wege der Datenschutznovelle die Praktikabilität der Einwilligung sinkt. Auch soweit dieser Aspekt unter der Geltung des damaligen BDSG beleuchtet wurde, erschöpft sich die Kasuistik in der bloßen Feststellung, dass bestimmte Interessen gegeneinander abzuwägen sind; eine differenzierte Auseinandersetzung fehlt bislang.

Die Beteiligten treffen jedoch nicht nur Anforderungen aus dem Rechtmäßigkeitsprinzip. Daher werden im darauffolgenden, vierten Kapitel weitere datenschutzrechtliche Grundsätze und Anforderungen, die spezifische Relevanz im

---

63 Siehe unten Kap. 3 § 6 bis Kap. 3 § 9.
64 Siehe unten Kap. 4 § 10 bis Kap. 4 § 14.

Rahmen sozialer Netzwerke entfalten, dargestellt.[65] Einige dieser Grundsätze, etwa das vieldiskutierte „Recht auf Vergessenwerden", waren bereits in ähnlicher Form im BDSG geregelt und bedürfen nach der Datenschutzreform einer Würdigung im Lichte der DSGVO. Andere Pflichten – insbesondere die neuen Verpflichtungen zur Datenübertragbarkeit sowie zu Privacy by Default – wurden gerade im Hinblick auf soziale Netzwerke durch die DSGVO eingeführt.

Das letzte Kapitel fasst die untersuchungsgegenständlichen Anforderungen der DSGVO an die verschiedenen Akteure in sozialen Netzwerken zusammen, und schließt mit einem Fazit, welches die Datenschutzreform kritisch würdigt, ab.[66]

---

65 Siehe unten Kap. 5 § 15 bis Kap. 5 § 17.
66 Siehe unten Kap. 6.

# Kap. 1 Grundlagen sozialer Netzwerke und rechtlicher Rahmen

## § 2 Die Nutzung sozialer Netzwerke

Als Teil des Web 2.0 ermöglichen soziale Netzwerke ihren Nutzern, miteinander in Kontakt zu treten. Den Grundstein sozialer Netzwerke legten die bereits Anfang der 1990er Jahre entstandenen und äußerst minimalistisch anmutenden Usenet-Groups. Mit der Verbreitung des Internets und der Vergrößerung der Übertragungskapazitäten entstanden Foren. Deren Funktionalität ist jedoch nicht mit der eines solchen Dienstes vergleichbar, der heutzutage als soziales Netzwerk bezeichnet wird. Als erste Plattform, welches die Funktionen aufweist, die der heutigen Definition der Social Networking Sites entspricht (dazu unten I.), gilt der 1997 gegründete und 2013 abgeschaltete Dienst SixDegrees.com.[67] Einen großen Beliebtheitssprung erlebten soziale Netzwerke mehrere Jahre nach der Jahrtausendwende: Einige der größten und bis heute aktuellen Social Networking Sites wurden in den Jahren 2003 bis 2005 gegründet.[68] Innerhalb dieser Social Networking Sites ist in technischer Hinsicht zwischen zentralen und dezentralen Netzwerken zu differenzieren (dazu unten II.). Sodann werden die maßgeblichen Akteure und ihre Möglichkeiten zur Nutzung von Social Networking Sites beleuchtet (dazu unten III.). Zuletzt wird der Blick auf die Motivation natürlicher Personen zur Nutzung sozialer Netzwerke sowie auf die mit der Nutzung verbundenen Risiken gerichtet (dazu unten IV.).

### I. Definition des sozialen Netzwerks

Der Begriff des sozialen Netzwerks entstammt der Soziologie. Nach der soziologischen Standarddefinition ist dies ein Netzwerk, welches aus einem oder mehreren Akteuren besteht und den entsprechenden Verbindungen zwischen jenen Akteuren.[69] Um diese weite Definition auf die sozialen Netzwerke im Kontext des Web 2.0, d.h. auf sog. Social Networking Sites[70] zu beschränken, werden letztere als webbasierte Dienste definiert, die es dem Einzelnen erlauben, innerhalb eines geschlossenen Systems ein öffentliches oder halb-öffentliches Profil zu erstellen (1), eine Liste mit anderen Nutzern zu erzeugen, mit denen sie in Verbindung stehen (2) und die Liste ihrer Verbindungen sowie die von anderen Nutzern innerhalb desselben Systems erstellten Listen anzuzeigen (3).[71] Als Kennzeichen von sozialen Netzwerken im engeren Sinne gelten gemeinhin die

---

[67] *Boyd/Ellison,* JCMC 13 (2008), 210, 214.
[68] Darunter Facebook, LinkedIn, MySpace, studiVZ/meinVZ und Xing.
[69] Grundlegend *Wasserman/Faust,* Social Network Analysis, S. 20.
[70] Soweit im Folgenden nicht weiter differenziert, werden mit „soziale Netzwerke" soziale Netzwerke im engeren Sinne respektive Social Network Sites bezeichnet.
[71] Grundlegend *Boyd/Ellison,* JCMC 13 (2008), 210, 211. Etwas weiter die Definition der *Art.-29-Datenschutzgruppe,* WP 163, S. 5, die soziale Netzwerke als „Kommunikationsplattformen,

§ 2 Die Nutzung sozialer Netzwerke

Möglichkeit zur Erstellung eines persönlichen Profils, das Führen und Verwalten einer Kontaktliste bzw. eines Adressbuchs sowie die Funktion, selbstgenerierte Inhalte wie Nachrichten, Bilder u. a. zu veröffentlichen.[72]

Neben diesen sozialen Netzwerken, bei denen die vorgenannten Charakteristika kumulativ vorliegen, gibt es Plattformen, die einzelne Funktionen sozialer Netzwerke aufweisen, aber einen Fokus auf spezifische nutzergenerierte Inhalte haben. Dazu zählen Blog-Plattformen (Blogger, Blogspot, Tumblr), Plattformen zum Austausch von Nachrichten (Snapchat, Twitter, WeChat), Videos (Dailymotion, Vimeo, YouTube), Bildern (Flickr, Instagram, Pinterest) oder Audioinhalten (last.fm, spotify).[73] Ihr Funktionsumfang ist gegenüber demjenigen von Social Network Sites zum Teil deutlich beschränkt; datenschutzrechtliche Fragen stellen sich daher nur insoweit, wie die entsprechenden Funktionen in den jeweiligen Dienst technisch implementiert wurden. Ein Teil der in der vorliegenden Arbeit untersuchten Fragen kann daher auch auf die zuletzt genannten Plattformen übertragen werden.

### II. Arten sozialer Netzwerke

Innerhalb der sozialen Netzwerke ist in technischer Hinsicht zwischen zentralen und dezentralen sozialen Netzwerken zu differenzieren. Zentrale soziale Netzwerke sind Netzwerke, die von einer einzelnen, zentralen Stelle, zumeist einem (ggf. konzernangehörigen) Unternehmen administriert werden. Bei den bekanntesten[74] sozialen Netzwerken – etwa Facebook, Google+, QZone (vor allem in China verbreitet), MySpace, LinkedIn, Odnoklassniki (v. a. Russland), Stay-Friends (v. a. Deutschland), vk.com (v. a. Russland), Xing (v. a. Deutschland) und die inzwischen geschlossenen VZ-Netzwerke (v. a. Deutschland) – handelt es sich um zentrale soziale Netzwerke.

Das „Gegenmodell" stellen dezentrale soziale Netzwerke dar. Die Grundlage für die Kommunikation mittels dezentraler Netze wurde durch das US-amerikanische Militär bereits in den 1960er Jahren geschaffen.[75] Dezentrale soziale Netzwerke stellen ein relativ neues Phänomen dar, welches sich nicht in der Breite etablieren konnte. Sie haben, im Gegensatz zu zentralen sozialen Netzwerken,

---

die es dem Nutzer ermöglichen, sich Netzwerken von Gleichgesinnten anzuschließen oder solche zu schaffen" definiert.
72 *Achtruth*, Der rechtliche Schutz bei der Nutzung von Social Networks, S. 7; *Art.-29-Datenschutzgruppe*, WP 163, S. 5; *Kneidinger*, Facebook und Co., S. 51; *Niemann/Scholz*, in: Peters/Kersten/Wolfenstetter, Innovativer Datenschutz, S. 110 f.; *Richter/Koch*, in: Bichler et al., Multikonferenz Wirtschaftsinformatik 2008, S. 1240.
73 Vgl. die Darstellung bei *Hohlfeld/Godulla,* in: Hornung/Müller-Terpitz, Rechtshandbuch Social Media, Kap. 2 Rn. 24.
74 Vgl. etwa die Darstellungen von *Fraunhofer SIT,* Privatsphärenschutz, S. 59 ff.; *Hohlfeld/Godulla,* in: Hornung/Müller-Terpitz, Rechtshandbuch Social Media, Kap. 2 Rn. 21 ff.; *Klein*, in: Splittgerber, Rechtsfragen Social Media, Kap. 1 Rn. 9 ff.; *Lichtnecker,* GRUR 2013, 135.
75 *Baran*, On Distributed Communication, passim.

keinen einzelnen Betreiber. Jeder Nutzer ist mit einem Betreiber verbunden und kann auch selbst Betreiber sein, jedoch ist nicht jeder Nutzer auch Betreiber.[76] Das bekannteste dezentrale soziale Netzwerk ist Mastodon;[77] weitere Beispiele sind Diaspora, Friendica und identi.ca. Die mangelnde Durchsetzung dezentraler sozialer Netzwerke wird auf die mangelnde „soziale Gravitation"[78] – die Anziehungskraft, die eine Plattform auf Nutzer ausübt – zurückgeführt, welche aus der fehlenden zentralen Suchfunktion resultiere.[79] Diese soziale Gravitation macht sich auch in der Häufigkeit und Dauer der Nutzung vergleichbarer Netzwerke bemerkbar: In den Jahren 2010 bis 2012 verloren die VZ-Netzwerke sowohl an Häufigkeit wie an durchschnittlicher Verweildauer ihrer Nutzer, während der Konkurrent Facebook zulegte.[80] Dezentrale soziale Netzwerke haben auf dem Markt der sozialen Netzwerke bis heute allenfalls geringe Relevanz.[81]

Ferner lassen sich soziale Netzwerke unterscheiden in berufsorientierte Netzwerke und eher freizeitorientierte Netzwerke.[82] Dabei ist es nicht unüblich, in einem Netzwerk mit beruflichem Fokus rein private Kontakte, beispielsweise Familie oder Freunde, als Kontakte aufzunehmen; selbiges Phänomen gilt auch umgekehrt. Die Grenzen zwischen privat und beruflich verlaufen hierbei fließend.

### III. Beteiligte und Funktionen

Im Rahmen sozialer Netzwerke werden zahlreiche datenschutzrelevante Vorgänge durch mehrere Beteiligte vollzogen. Unter datenschutzrechtlichen Gesichtspunkten ist es unerlässlich, zunächst die tatsächlichen Handlungen in sozialen Netzwerken den einzelnen Beteiligten zuzuordnen, da die Verantwortung an den jeweiligen datenschutzrelevanten Vorgang anknüpft und somit auch für die an eine unerlaubte Datenverarbeitung anknüpfenden Rechtsfolgen, etwa die Haftung gegenüber dem Betroffenen oder Sanktionen der Aufsichtsbehörden, ent-

---

76 Siehe die Skizze bei *Baran*, On Distributed Communication, S. 2.
77 Informationen finden sich unter https://mastodon.social (Stand: 9/2018).
78 Der Begriff der „sozialen Gravitation" geht zurück auf einen 1983 erschienenen von Beitrag von *Vollmer*, in: Hondrich/Vollmer, Bedürfnisse im Wandel, S. 124 ff.; im Kontext sozialer Netzwerke wurde der Begriff geprägt von *Seemann*, Das neue Spiel, S. 108.
79 *Seemann*, zitiert nach http://www.golem.de/news/das-soziale-netzwerk-der-zukunft-wie-facebook-nur-besser-1405-106310.html (Stand: 9/2018). Nach *Leven/Schneekloth*, in: Shell Deutschland, Jugend 2015, S. 129, sieht die Mehrheit der Jugendlichen und Heranwachsenden einen faktischen Zwang zur Mitgliedschaft bei sozialen Netzwerken.
80 Siehe http://www.futurebiz.de/artikel/facebook-vs-vz-netzwerke-verweildauer-im-vergleich/ (Stand: 9/2018) und http://meedia.de/2012/09/26/social-network-charts-google-vor-twitter/ (Stand: 9/2018).
81 Im Jahr 2018 verzeichnete Mastodon insgesamt etwa 1,1 Mio. Nutzer; Nutzungsstatistiken zu den beliebtesten Servern finden sich unter https://mnm.social/ (Stand: 9/2018).
82 *Forst*, NZA 2010, 427, 428.

scheidend ist. Im Folgenden werden die wichtigsten Funktionen sozialer Netzwerke, aufgeschlüsselt nach dem unmittelbar Handelnden, dargestellt.[83]

### 1. Natürliche Person als Nutzer

Der Nutzer ist derjenige, der die Dienste des sozialen Netzwerks in Anspruch nimmt.[84] Um die Funktionen des Netzwerks vollumfänglich nutzen zu können, ist es bei allen sozialen Netzwerken erforderlich, durch Registrierung ein Profil anzulegen.[85] Hierbei werden in der Regel soziographische Daten wie Name, Geburtsdatum, Staatsangehörigkeit erfragt.[86] Ferner wird eine E-Mail-Adresse benötigt. Der Netzwerkbetreiber verlangt außerdem regelmäßig die Angabe des Realnamens.[87] Da eine Überprüfung der Angaben eines Nutzers bei der Anmeldung i. d. R. nicht stattfindet,[88] bleibt eine Nutzung unter Angabe eines falschen oder fiktionalen Namens zunächst[89] faktisch möglich. Nach der Registrierung erhält der Nutzer eine E-Mail, in der er dazu aufgefordert wird, einen Link anzuklicken, wodurch die Registrierung abgeschlossen wird.[90] Nach der Registrierung ist es möglich, das Netzwerk zu nutzen.

a) Profilseite

Der Nutzer erhält mit der Registrierung eine Profilseite. Im Folgenden kann er dieses Profil ausfüllen. Dazu zählt, je nach Netzwerk etwa die Ergänzung eines Profilbilds, von Geburts- und Wohnort, Ausbildung und Arbeitsstelle, sexueller Orientierung, religiöser und politischer Überzeugung sowie Interessen.[91] Abbildung 1 gibt anhand von vier untersuchten Netzwerken wieder, welche Daten angegeben werden müssen oder können. Einige Netzwerke stellen auch Freitextfelder zur Verfügung, in denen z. B. Lebensmotto, ein Zitat oder eine Selbstbeschreibung eingetragen werden kann.

Während die Sichtbarkeit von Name und Profilbild in der Regel nicht beschränkbar ist, können hinsichtlich der weiteren Angaben Einschränkungen durch ent-

---

83 Eine ausführliche Darstellung der verschiedenen Funktionen von Facebook, StudiVZ, Xing u. a. findet sich bei *Kreitmair,* Social Web 2.0, S. 17 ff.
84 Vgl. die Definitionen bei *Konferenz der Datenschutzbeauftragten des Bundes und der Länder,* Orientierungshilfe Soziale Netzwerke, S. 4.
85 *Redeker,* IT-Recht, Rn. 1172.
86 *Fraunhofer SIT,* Privatsphärenschutz, S. 73.
87 *Fraunhofer SIT,* Privatsphärenschutz, S. 73; *Karg/Fahl,* K&R 2011, 453, 455.
88 *Meyer,* Identität und virtuelle Identität, S. 41; *Redeker,* IT-Recht, Rn. 1172.
89 Teilweise werden jedoch Nutzerkonten seitens des Netzwerkbetreibers im Nachhinein gesperrt, wenn Nutzer der Aufforderung zur Angabe ihres Klarnamens nicht nachgekommen sind, *Ziebarth,* ZD 2013, 375, 376.
90 Dieses sog. Double-Opt-In-Verfahren schützt den Nutzer vor der Anmeldung durch einen Dritten unter Verwendung der E-Mail-Adresse des Nutzers; siehe dazu *Tscherwinka,* in: König/Stahl/Wiegand, Soziale Medien, S. 220 f.
91 *Karg/Fahl,* K&R 2011, 453, 455. Zur Verarbeitung besonderer personenbezogener Daten siehe unten Kap. 4 § 10 III.

## Kap. 1 Grundlagen sozialer Netzwerke und rechtlicher Rahmen

sprechende Privatsphäreeinstellungen erfolgen. Der Umfang der Privatsphäreeinstellungen divergiert stark.[92] Im Wesentlichen lassen sich hier vier rechtlich relevante Einstellungen unterscheiden: Die Sichtbarkeit der Daten wird nicht beschränkt, sodass sich die Daten für jede Person abrufen lassen (netzwerkübergreifende Sichtbarkeit), die Daten lassen sich nur durch andere Nutzer desselben Netzwerks abrufen (netzwerkinterne Sichtbarkeit), die Daten lassen sich nur für Kontakte oder einen Teil dieser abrufen (beschränkte Sichtbarkeit) sowie die Daten lassen sich durch keinen Nutzer außer der eigenen Person abrufen (Unsichtbarkeit). Diese Konfiguration bestimmt den Adressatenkreis und hat sowohl Einfluss auf der Ebene der Anwendbarkeit der DSGVO,[93] als auch auf Rechtfertigungsebene.[94]

| Anbieter | Facebook | Google+[95] | LinkedIn | Xing |
|---|---|---|---|---|
| Name | ja | ja | ja | ja |
| E-Mail-Adresse | ja | ja | ja | ja |
| Geburtsdatum | ja | ja | optional | optional |
| Geschlecht | ja | ja | nein | nein |
| Profilbild | optional | optional | optional | optional |
| Land | optional | optional | optional | optional |
| Wohnort | optional | optional | optional | optional |
| Adressdetails | optional | optional | optional | optional |
| Kontaktdaten (z. B. Telefon) | optional | optional | optional | optional |
| Namenstag | optional | nein | nein | nein |
| Sexuelle Orientierung | optional | nein | nein | nein |
| Beziehungsstatus | optional | optional | nein | nein |
| Sprachen | optional | nein | optional | optional |
| Religiöse Überzeugung | optional | nein | nein | nein |
| Politische Orientierung | optional | nein | nein | nein |
| Ausbildung | optional | optional | optional | optional |

---

92 Eine umfassende Übersicht zu den Privatsphäreeinstellungen in verschiedenen Netzwerken findet sich bei *Fraunhofer SIT*, Privatsphärenschutz, S. 75 ff.
93 Siehe unten Kap. 2 § 4 IV. 2. b) bb).
94 Siehe unten Kap. 4 § 10 III. 3. c), Kap. 4 § 11 II. 2, Kap. 4 § 11 IV. 1, Kap. 4 § 11 IV. 2. c) und Kap. 4 § 14 I.

| Anbieter | Facebook | Google+[95] | LinkedIn | Xing |
|---|---|---|---|---|
| Arbeitgeber | optional | optional | optional | optional |
| Beruf | optional | optional | optional | optional |
| (Ehren-)Ämter/ Organisationen | nein | nein | optional | optional |
| Veröffentlichungen | nein | nein | optional | optional |

*Abbildung 1: Profildaten in ausgewählten sozialen Netzwerken*

b) Kontakte

Für den Nutzer ist es nach der Registrierung auch möglich, Kontakte hinzuzufügen.[96] Dies kann über die zentrale Suchfunktion des Netzwerks geschehen. In den meisten sozialen Netzwerken werden den Nutzern auch auf Basis ihrer bisherigen Kontakte und/oder Angaben weitere Kontaktvorschläge unterbreitet. Werden neue Kontakte hinzugefügt, so wird dies, je nach Netzwerk und Privatsphäreeinstellungen der beteiligten Nutzer, anderen Nutzern angezeigt. Vereinzelt wird auch eine weitere Möglichkeit angeboten: Der Einsatz eines Tools, welches das eigene E-Mail-Adressbuch durchsucht und auf Basis der gefundenen E-Mail-Korrespondenz dem Nutzer Kontaktvorschläge unterbreitet.[97] Dabei teilt der Nutzer dem Netzwerkbetreiber seine E-Mail-Adresse(n) samt zugehörigem Passwort mit. Im Anschluss werden dem Nutzer diejenigen Kontakte angezeigt, mit denen er in E-Mail-Korrespondenz steht und die bereits im Netzwerk registriert sind, sodass er sich mit diesen verbinden kann. Darüber hinaus wurden von einigen Netzwerken automatisch Einladungs-E-Mails an diejenigen Kontakte, die nicht im Netzwerk registriert sind, versendet. Die Bedeutung derartiger Tools schwindet jedoch: Nach Urteilen des Berliner Landgerichts und Kammergerichts,[98] welche später höchstrichterlich bestätigt wurden,[99] haben zahlreiche soziale Netzwerke diese Funktionalität eingestellt.

---

95 Zur Registrierung bei Google+ ist zwingend eine Google-E-Mail-Adresse anzulegen. Die für Google+ anzugebenden Daten sind z.T. bereits im Rahmen der Registrierung bei Google anzugeben.
96 Die Zahl der Kontakte natürlicher Personen ist teilweise durch den Betreiber des Netzwerks beschränkt. Beispielsweise benötigen natürliche Personen mit mehr als 5.000 Kontakten bei Facebook eine sog. Fansite, dazu *Hoffmann/Schulz/Brackmann*, ZD 2013, 122, 123; zu Fansites im Allgemeinen siehe unten Kap. 1 § 2 III. 2.
97 Bekannt war vor allem der sog. „Friend-Finder" von Facebook, siehe dazu *Caspar*, DuD 2013, 767, 771; *Gennen/Kremer*, ITRB 2011, 59, 61 f.
98 *KG Berlin*, K&R 2014, 280, das die Versendung von E-Mails durch Facebook nach Betätigen des Buttons „Freunde finden" als datenschutzrechtlich unzulässig und wettbewerbswidrig einstufte. Damit bestätigte es das Urteil der Vorinstanz des LG Berlin, K&R 2012, 300, in dessen Folge die Beklagte die Funktionalität so geändert hatte, dass die Einladungs-E-Mails an Nichtmitglieder erst durch explizite Bestätigung des Nutzers und nicht vollständig automatisiert versendet werden, *Meyer*, K&R 2012, 309, 310.
99 BGH, GRUR 2016, 946.

## c) Statusupdates und Verlinkungen

Auf der Startseite des sozialen Netzwerks und/oder der Seite des eigenen Profils kann der Nutzer nun Beiträge – im Folgenden als Statusupdates bezeichnet – verfassen. Die eingestellten Statusupdates werden anschließend auf der eigenen Profilseite angezeigt und können ggf. durch andere Nutzer abgerufen werden.[100] Inhaltlich sind derartigen Statusupdates keine Grenzen gesetzt; der Nutzer kann jegliche Information mitteilen: Es können sowohl reine Sachdaten, als auch Informationen über die eigene Person oder andere Personen des Netzwerks oder aber gänzlich unbeteiligte, außenstehende Personen, die nicht Teil des Netzwerks sind, mitgeteilt werden. Statusupdates ermöglichen es, größere Zahlen von Personen zu erreichen und bieten eine Möglichkeit zur Publikation selbstgenerierter Inhalte.[101] Von dieser One-to-many-Kommunikation machen über 80 % der Nutzer wenigstens einmal in der Woche Gebrauch.[102] Der Nutzer kann, je nach Netzwerk, seine Statusupdates mit Bildern ergänzen, andere Personen verlinken oder mit seinen Standortdaten versehen.[103]

Bei Statusupdates hat der Nutzer in der Regel entscheidenden Einfluss auf die Zahl der Adressaten: Je nach Größe des Kontaktkreises und der entsprechenden Privatsphäre-Einstellung des Nutzers kann er die Sichtbarkeit seiner Statusupdates niemandem oder nur wenigen Einzelpersonen zugänglich machen, seine gesamten Kontaktkreise oder Teile davon adressieren.[104] Soweit der Nutzer seine Beiträge unbeschränkt veröffentlicht, kann jeder Nutzer des Netzwerks, unabhängig von der Nähe des Kontakts, diesen Beitrag wahrnehmen.

## d) Kommentare, vereinfachte Nutzerreaktionen, Weiterverbreitung fremder Beiträge

Der Nutzer hat auch die Möglichkeit, auf fremde Statusupdates zu reagieren. Statusupdates bieten insofern mehrere Möglichkeiten der Reaktion. Zum einen die Bekundung des Wohlgefallens ohne eigene Stellungnahme (im Folgenden: „vereinfachte Nutzerreaktionen"),[105] zweitens die Äußerung mit eigener Stellungnahme (im Folgenden: „Kommentar") und drittens die Weiterverbreitung,[106] bei der der ursprüngliche (fremde) Beitrag wie ein eigenes Statusupdate verbreitet wird.

---

100 Die bekannteste Ausprägung dieser Funktion ist wohl Facebooks „Timeline", im deutschsprachigen Raum als „Chronik" bezeichnet.
101 Z.B. Bilder oder Tagebucheinträge, Musik- und Videoclips oder Links zu anderen Websites, *Art.-29-Datenschutzgruppe*, WP 163, S. 5.
102 *Niemann/Schenk*, in: Schenk/Niemann/Reinmann/Roßnagel, Digitale Privatsphäre, S. 210 f.
103 Dasselbe kann, je nach Netzwerk, auch für Kommentare, Beiträge in Gruppen oder Veranstaltungen entsprechend gelten.
104 Die Einstellungsmöglichkeiten entsprechen den unter Kap. 1 § 2 III. 1. a) geschilderten.
105 Die Bezeichnungen für diese Funktion variieren, so heißt es bei Facebook und Twitter „Gefällt mir", bei Google+ „+1", bei Xing „Interessant".
106 Bei Facebook und Google+ „Teilen", bei Twitter „Retweeten", bei Xing „Weiterempfehlen".

Interagiert der Nutzer mit einem fremden Beitrag im Wege eines Kommentars oder einer vereinfachten Nutzerreaktion, so erbt diese Handlung die Privatsphäre-Einstellungen des Beitrags. Kommentiert etwa A den Beitrag des B, der auf dessen Kontakte beschränkt ist, so sehen lediglich die Kontakte des B, was A geschrieben hat. A selbst hat keinen Einfluss auf die Sichtbarkeit seines Kommentars. Endet dann die Verbindung zwischen A und B (z. B. durch Beenden der „Freundschaft"), so kann auch A seinen eigenen Kommentar nicht mehr einsehen. Im letztgenannten Fall, der Weiterverbreitung, kommt einschränkend die Privatsphäreeinstellung des Weiterverbreitenden hinzu. Ein durch A auf die Kontakte von A beschränkter Beitrag, der von B an die Kontakte von B weiterverbreitet wird, wird somit nur für A, B und die gemeinsamen Kontakte von A und B sichtbar. Dies bedeutet zugleich, dass die Zahl der adressierten Personen variabel ist, indem etwa komplett neue Kontakte hinzukommen oder – im Falle der Weiterverbreitung – neue Kontakte des jeweils anderen erschlossen werden.

e) Gruppen und Veranstaltungen

Innerhalb eines sozialen Netzwerks besteht die Möglichkeit, sich zu Interessengruppen und ähnlichen Verbindungen (im Folgenden: „Gruppen") zusammenzuschließen. Einige Netzwerke bieten auch die Möglichkeit, Veranstaltungen zu erstellen. Letztere sind anlassbezogene Seiten mit Veranstaltungsteilnehmern; in der Funktionalität unterscheiden sie sich jedoch nicht wesentlich von den Gruppen mit ihren Mitgliedern. Innerhalb von Gruppen oder Veranstaltungen können Beiträge verfasst werden. Beiträge in Gruppen und Veranstaltungen sind vergleichbar mit Statusupdates, sodass die dortigen Ausführungen entsprechend gelten.

Im Gegensatz zu Statusupdates ist bei Beiträgen in Gruppen und Veranstaltungen die Sichtbarkeit der Beiträge nicht durch den einzelnen Nutzer konfigurierbar. Der Beitrag erbt die Sichtbarkeitseinstellungen der Gruppe bzw. der Veranstaltung. Jene wiederum werden festgelegt durch den jeweiligen Administrator, was i. d. R. der Gruppengründer bzw. der Veranstalter ist. Die Reichweite eines Beitrags richtet sich daher primär nach der Einstellung des Gruppen- oder Veranstaltungsadministrators, sekundär nach der Größe der Gruppe bzw. der Veranstaltung.

f) Nachrichten

Statusupdates und Beiträge sind nicht die einzigen Möglichkeiten mit anderen Nutzern zu kommunizieren. Sämtliche soziale Netzwerke verfügen auch über Möglichkeiten der bilateralen Kommunikation. Einzelne Nutzer können über diese Nachrichtenfunktion, vergleichbar mit einem privaten Chat, einzelnen anderen Nutzern Nachrichten zukommen lassen. Deren Inhalte sind stets nur durch den jeweiligen Adressaten einsehbar.

## 2. Fansite-Betreiber

### a) Grundlagen

Fansites sind Seiten innerhalb eines sozialen Netzwerks, auf denen Informationen über Personen des öffentlichen Lebens, Unternehmen oder gemeinsame Interessen abrufbar sind.[107] Diese Fansites können sowohl von natürlichen Personen als auch von juristischen Personen als professionelle Nutzer des Netzwerks administriert werden. Die derzeit beliebteste Fansite, mit weit über 100 Mio. Fans, ist die Facebook-Fanpage des Fußballers Christiano Ronaldo; unter den beliebtesten Produktmarken ist es die des zum Facebook-Konkurrenten Google gehörende Facebook-Fanpage des Online-Videoportals YouTube.[108] Einer Studie zufolge wird mittelfristig nur jedes zehnte Großunternehmen auf Social-Media-Aktivitäten verzichten.[109] Interessenbezogene Fansites werden, im Gegensatz zu den vorgenannten Fansites über Unternehmen oder Personen des öffentlichen Lebens, häufig von natürlichen Personen als Hobby betrieben.

### b) Funktionen

Dem Fansite-Administrator werden prinzipiell die gleichen Funktionen zur Verfügung gestellt wie auch dem „normalen" Nutzer: Es besteht die Möglichkeit, Nachrichten zu empfangen und zu schreiben sowie Statusupdates zu veröffentlichen und so mit den jeweiligen Interessenten in Interaktion zu treten.[110] Die Beiträge werden dann auf der Fansite angezeigt. Nutzer, die ihr Interesse bekundet haben,[111] können sich diese Statusupdates, ebenso wie Statusupdates ihrer Kontakte, auf ihrer individuellen Startseite anzeigen lassen. In der weit überwiegenden Mehrheit der Netzwerke stellt der Netzwerkbetreiber den Betreibern von Fansites Analysetools zur Verfügung, mit deren Nutzung diese Erkenntnisse über die Reichweite der eigenen Statusupdates erlangen und ähnliche Statistiken abrufen können.[112] Des Weiteren lassen sich, je nach Netzwerk, auch Daten über die Herkunft, den Wohnort, die Sprache, das Geschlecht, das Alter und die Onlinezeiten der erreichten Nutzer anzeigen.

---

107 *Martini/Fritzsche*, NVwZ-Extra 2015, Nr. 21, 1, 2 f.
108 Siehe http://fanpagelist.com/category/top_users/ (Stand: 9/2018); bei der Betrachtung wurden jeweils die eigenen Fansites des Netzwerkbetreibers außer Acht gelassen.
109 *PwC*, Bereit für Social Media?, S. 7.
110 Dazu bereits oben Kap. 1 § 2 III. 1.
111 Die Begrifflichkeiten für diese Funktion divergieren; die vom Nutzer dafür zu betätigende Schaltfläche wird mit mehrheitlich mit „Folgen" betitelt; so etwa die Bezeichnung bei Google+, LinkedIn, Xing; bei Facebook trägt die Schaltfläche den Titel „Gefällt mir".
112 Zu dem Tool „Facebook Insights", welches den Administratoren von auf Facebook gehosteten Fansites Einsichten gewährt *Arbeitskreis des AK I „Staatsrecht und Verwaltung"*, Ergebnisbericht zum Datenschutz in sozialen Netzwerken, S. 9; *Karg/Thomsen*, DuD 2012, 729, 731 f.; *ULD*, Reichweitenanalyse durch Facebook, S. 12 ff.

## c) Motivation

Im Gegensatz zur klassischen Marketing-Kommunikation, die auf dem Sender-Empfänger-Prinzip basiert, können Fansite-Betreiber mittels Fansites im direkten Dialog mit Menschen kommunizieren.[113] Aufgrund der hohen Verbreitung von sozialen Netzwerken ist es möglich, kostengünstig und ohne Einsatz von konventionellen Werbemethoden eine Vielzahl möglicher Interessenten zu erreichen.[114] Interessenten kommen freiwillig auf den Fansite-Betreiber zu und können mit Informationen versorgt werden, ohne dass die diffizilen Anforderungen einer Newsletterregistrierung zu beachten wären.[115] Dieses sog. Social-Media-Marketing wird von Unternehmen, Politikern, Prominenten usw. gleichermaßen eingesetzt, um Interessenten, Wähler und Fans zu erreichen und kann zu einer Steigerung der Bekanntheit der Produkte und Dienstleistungen, der Besucherzahlen der eigenen Website oder der Reputation führen sowie Nutzer in ihren Konsumentscheidungen beeinflussen.[116]

Über die unmittelbaren Rückmeldungen der Nutzer sowie im Wege der ihm zur Verfügung gestellten Analysetools erhält der Fansite-Betreiber für das Social-Media-Marketing wichtige Informationen über die Nutzer, z.B. die Zahl der erreichten Nutzer und die Zahl der Interaktionen mit eigenen Beiträgen. Auf dieser Basis kann der Fansite-Betreiber seine Produktstrategie oder den Fokus der mit Werbung adressierten Kundschaft auf bestimmte Nutzergruppen ausrichten und so die Effizienz der Werbemaßnahmen maximieren. Auch der Direktvertrieb von Waren oder Dienstleistungen über soziale Netzwerke ist denkbar und wird bereits von einigen Fansite-Betreibern durchgeführt. Sie erhalten dadurch neben dem eigenen Online-Shop und den konventionellen Marketplaces[117] einen weiteren Absatzkanal.

### 3. Netzwerk-Betreiber

#### a) Betrieb des sozialen Netzwerks

Zentrale soziale Netzwerke werden durch einen Betreiber administriert. Dabei handelt es sich in der Regel um eine juristische Person, die die wesentlichen organisatorischen und technischen Bestandteile eines sozialen Netzwerks bereitstellt, den Dienst ermöglicht, der als Plattform für die eingangs genannten Nutzerhandlungen[118] dient und Umfang und Bedingungen der Nutzung festlegt.[119]

---

113 *Schwartmann/Ohr*, Recht der sozialen Medien, Rn. 2; ähnlich *Klein*, in: Splittgerber, Rechtsfragen Social Media, Kap. 1 Rn. 3, 6 („auf Augenhöhe kommunizieren").
114 *Lichtnecker*, GRUR 2013, 135, 136.
115 *Lichtnecker*, GRUR 2013, 135, 136.
116 Vgl. *Lichtnecker*, GRUR 2013, 135, 136; *Venzke*, DuD 2011, 387.
117 Beispielhaft seien hier Alibaba (abrufbar unter http://www.alibaba.com), Amazon (abrufbar unter https://sellercentral.amazon.com), eBay (abrufbar unter http://www.ebay.com) genannt (jeweils Stand: 9/2018).
118 Siehe dazu oben Kap. 1 § 2 III. 1.
119 *Konferenz der Datenschutzbeauftragten des Bundes und der Länder*, Orientierungshilfe Soziale Netzwerke, S. 4.

Kap. 1 Grundlagen sozialer Netzwerke und rechtlicher Rahmen

Sowohl beim Ausfüllen und Aktualisieren des Profils, als auch beim Verfassen eines Beitrags als Statusupdate, in einer Interessengruppe oder als Kommentar, werden neben den – je nach individueller Einstellung – adressierten Personen stets auch dem Betreiber des sozialen Netzwerks diese Informationen zur Verfügung gestellt. Derartige Daten können genutzt werden, um dem Nutzer Empfehlungen für interessante Kontakte, Veranstaltungen oder Gruppen zu unterbreiten sowie dem Fansite-Betreiber Nutzerinformationen zu seiner Fansite zur Verfügung zu stellen.

b) Wertschöpfungsmodelle

Um den Betrieb des sozialen Netzwerks profitabel zu gestalten, existieren prinzipiell mehrere Geschäftsmodelle: Zum einen das Anbieten des Diensts gegen Entgelt, zum anderen die Vermarktung von Werbeflächen an Werbetreibende.[120] Letzteres ist der Regelfall.[121] Eine Mischform stellt das sogenannte „Freemium"-Modell dar, bei dem die Basisdienstleistungen unentgeltlich angeboten werden, darüberhinausgehende Dienstleistungen jedoch kostenpflichtig sind.[122]

Soweit die Plattform ganz oder teilweise durch Werbung finanziert wird, ist – aus datenschutzrechtlicher Sicht – im Wesentlichen zwischen kontextbezogener, segmentbezogener und verhaltensbezogener Werbung zu differenzieren. Alle drei Arten sind in gewissem Sinne „personalisierte" Werbung. Kontextbezogene Werbung wird auf Grundlage des angezeigten Webseiteninhalts geschaltet.[123] Ruft der Nutzer beispielsweise die Website eines KFZ-Händlers auf, liegt nah, Werbung für eine Autoversicherung zu schalten, da der Nutzer augenscheinlich eine Investition in ein neues KFZ erwägt.

Die segmentbezogene Werbung stellt auf die Angaben des Nutzers und daraus resultierende Zugehörigkeit zu einer Zielgruppe ab.[124] Auf welcher Seite die Werbung angezeigt wird, ist letztlich beliebig, da das Produkt oder die Dienstleistung einzig auf die Zugehörigkeit zu einer bestimmten, werberelevanten Zielgruppe abstellt. Gibt der Nutzer beispielsweise an, dass er weiblich, zwischen 14 und 40 und in einer Beziehung ist, könnte Werbung für Anti-Baby-Pillen geschaltet werden.

---

120 *Art.-29-Datenschutzgruppe,* WP 163, S. 5; *Konferenz der Datenschutzbeauftragten des Bundes und der Länder,* Orientierungshilfe Soziale Netzwerke, S. 8; *Maisch,* Informationelle Selbstbestimmung in Netzwerken, S. 166.
121 *Art.-29-Datenschutzgruppe,* WP 163, S. 5; *Bräutigam/v. Sonnleithner,* in: Hornung/Müller-Terpitz, HhccRechtshandbuch Social Media, Kap. 3 Rn. 17; implizit auch *Erd,* NVwZ 2011, 19; *Redeker,* IT-Recht, Rn. 1175.
122 *Bräutigam/v. Sonnleithner,* in: Hornung/Müller-Terpitz, HhccRechtshandbuch Social Media, Kap. 3 Rn. 12; *Kampert,* Datenschutz in sozialen Online-Netzwerken, S. 11.
123 *Art.-29-Datenschutzgruppe,* WP 163, S. 11.
124 *Art.-29-Datenschutzgruppe,* WP 163, S. 11.

Bei verhaltensbezogener Werbung – sog. Online Behavioral Advertising[125] – werden darüber hinaus Aktivitäten, die der Nutzer über einen gewissen Zeitraum an den Tag legt, analysiert.[126] In Bezug auf werbefinanzierte Plattformen birgt die Möglichkeit personenbezogener Werbung Vorteile, da die Adressaten eher dazu geneigt sind, die beworbenen Produkte und Dienstleistungen zu konsumieren. Je präziser die Werbeansprache auf die wirklichen Interessen des Empfängers abgestimmt ist, desto höher ist sein Konsumbedürfnis.[127] Die Platzierung solcher Werbung erfordert die Bildung von Werbeprofilen aus den vorhandenen Daten über Nutzer als Interessenten.[128] Profilbildung bezeichnet das Zusammenführen einer Vielzahl von einzelnen personenbezogenen Daten mit dem Zweck, über die Persönlichkeit einer natürlichen Person ein möglichst detailliertes und realitätsgetreues Bild zu erhalten.[129]

Aufgrund der großen Informationsmengen, die Nutzer von sozialen Netzwerken über ihre Interessen veröffentlichen, sind Betreiber sozialer Netzwerke in der Lage, Werbetreibenden die Platzierung zielgerichteter Werbemaßnahmen zu ermöglichen.[130] Soziale Netzwerke bieten mit der Vielzahl an Daten eine gute Ausgangslage für die Big-Data-Analysen[131] und die entsprechende Profilbildung. Soziographische Angaben können dabei ebenso wie Interessen und Aktivitäten einfließen.[132] Fortentwickelt wurde diese Form der Werbung durch das Location Based Advertising,[133] welches nicht nur nutzer- sondern auch ortsbezogene Werbung erlaubt, und optimiert durch das Real Time Advertising,[134] welches die Gewinnspanne des Werbungschaltenden vergrößert. Die Analyse dieser Daten erlaubt umfangreiche und sehr detaillierte Aussagen über die Nutzer, die

---

125 Teilweise auch als Behavioural Targeting bezeichnet. Zu Begriff und Funktionsweise siehe *Art.-29-Datenschutzgruppe,* WP 171, S. 5 ff.
126 *Art.-29-Datenschutzgruppe,* WP 163, S. 11.
127 *Hess/Schreiner,* DuD 2012, 105, 106; *Maisch,* Informationelle Selbstbestimmung in Netzwerken, S. 167; von einem „höheren Wirkungsgrad" sprechend *Piltz,* Soziale Netzwerke im Internet, S. 182 f.
128 *Art.-29-Datenschutzgruppe,* WP 171, Fn. 4.
129 *Born,* Schadensersatz bei Datenschutzverstößen, S. 9; *Schwenke,* Individualisierung und Datenschutz, S. 163; *Wittig,* RDV 2000, 59.
130 *Art.-29-Datenschutzgruppe,* WP 163, S. 5; *Bräutigam/v. Sonnleithner,* in: Hornung/Müller-Terpitz, Rechtshandbuch Social Media, Kap. 3 Rn. 15 ff.; *Konferenz der Datenschutzbeauftragten des Bundes und der Länder,* Orientierungshilfe Soziale Netzwerke, S. 8; *Stegbauer,* in Weyer, Soziale Netzwerke, S. 254.
131 So ist der Betrieb eines sozialen Netzwerks ein typisches Beispiel für die Herausforderung der Vereinbarkeit von Big Data und der Einhaltung datenschutzrechtlicher Vorgaben, vgl. *Ohrtmann/Schwiering,* NJW 2014, 2984, 2987; *Ulbricht,* in: Dorschel, Praxishandbuch Big Data, S. 241.
132 *Art.-29-Datenschutzgruppe,* WP 163, S. 11; *Konferenz der Datenschutzbeauftragten des Bundes und der Länder,* Orientierungshilfe Soziale Netzwerke, S. 8.
133 Siehe dazu *Arning/Moos,* ZD 2014, 126, 129 ff.; kritisch *Maier/Ossoinig,* VuR 2015, 330, 331, die vor der lückenlosen Nachvollziehbar des Alltags des Nutzers warnen. Zum Personenbezug von Geodaten siehe unten Kap. 2 § 4 III. 6.
134 Siehe dazu *Arning/Moos,* ZD 2014, 242.

über die willentlich und bewusst angegebenen Informationen hinausgehen.[135] Daher wird die Bildung solcher Persönlichkeitsprofile gemeinhin als Gefahr für die informationelle Selbstbestimmung betrachtet.[136]

Eine weitere Einnahmequelle neben der Werbung sind Social-Media-Analysen, insbesondere die Markt- und Trendforschung. Die Analyse der zahlreichen Inhalte und des Nutzungsverhaltens in einem sozialen Netzwerk erlaubt es, neue Erkenntnisse etwa im Hinblick auf Marktforschung, Produktgestaltung oder Vertrieb zu gewinnen.[137] Mittels Big-Data-Analysen sind Betreiber sozialer Netzwerk in der Lage, Trends zu erkennen und Zukunftsprognosen zu treffen.[138] Auch derartige Erkenntnisse lassen sich verwerten. So beschäftigt etwa Facebook ein „Data Science Team",[139] welches sich derartigen Untersuchungen widmet. Soziale Netzwerke sind zudem eine wichtige Quelle für statistische Massenerhebungen.[140]

c) Datensammlung außerhalb des Netzwerks

Neben der Profilbildung über aktive Nutzer des Netzwerks werden teilweise auch Profile über Nutzer angelegt, die nicht oder noch nicht Teil des Netzwerks sind (sog. „Schattenprofile").[141] Entschließt sich diese Person zur Registrierung im Netzwerk, kann ihm auch ohne die Angabe weiterer Interessen bereits personalisierte Werbung angezeigt werden. Teilweise wird hierbei auch auf Daten zurückgegriffen, die über Internetangebote außerhalb des Netzwerks erhoben werden, z. B. über sog. „Social Plug-Ins".[142]

### IV. Motive und Risiken der privaten Nutzung sozialer Netzwerke

*1. Nutzungsmotivation*

Die Motive, soziale Netzwerke zu nutzen, sind vielschichtig. Dabei werden hauptsächlich vier verschiedene Dimensionen der Motive zur Nutzung des sozialer Netzwerke herausgestellt: Diese sind die „allgemeine Information" (Trends,

---

135 *Konferenz der Datenschutzbeauftragten des Bundes und der Länder,* Orientierungshilfe Soziale Netzwerke, S. 32.
136 So etwa *Born,* Schadensersatz bei Datenschutzverstößen, S. 17 ff.; *Hornung,* in: Hornung/Müller-Terpitz, Rechtshandbuch Social Media, Kap. 4 Rn. 2 f.; zu den einzelnen Risiken siehe unten Kap. 1 § 2 IV. 2; unklar *Schwenke,* Individualisierung und Datenschutz, S. 127 ff., der einerseits feststellt, dass Profilbildung kein grundrechtliches Problem darstelle, andererseits eine Einschränkung der freien Willensbildung und -ausübung des Betroffenen konstatiert.
137 *Scheffler,* in: König/Stahl/Wiegand, Soziale Medien, S. 17 ff.; *Ulbricht,* in: Dorschel, Praxishandbuch Big Data, S. 241.
138 *Reichert,* Die Macht der Vielen, S. 68 f.
139 Siehe https://www.facebook.com/data/ (Stand: 9/2018).
140 *Reichert,* Die Macht der Vielen, S. 68.
141 *Karg,* DuD 2013, 75, 76; *Karg/Fahl,* K&R 2011, 453.
142 *Karg/Fahl,* K&R 2011, 453, 454. Eine Darstellung der Datenverarbeitung über Social-Plugins findet sich bei *ULD,* Reichweitenanalyse durch Facebook, S. 3 ff.

hilfreiche Informationen, neue Musik oder Filme), die „soziale Information" (Information über Geschehnisse oder Personen im eigenen persönlichen Umfeld), „Zeitvertreib" und „soziale Kontaktpflege" (Unterhaltung, Kontakt mit alten Freunden).[143] Eine umfassende Nutzungsstudie von *Niemann/Schenk,* die die Nutzung von sozialen Netzwerken in Abhängigkeit von Alter, Geschlecht und Schulbildung untersucht haben, erkennt neben den vorgenannten Nutzungsmotiven auch „Selbstdarstellung" (Meinung mitteilen, Aufmerksamkeit bekommen), „Eskapismus" (Ablenkung, Vergessen des Alltags) und „Zugehörigkeit" (Verbundenheit mit anderen) als zentrale Nutzungsmotive.[144] Teilweise wird die Unterhaltung als Hauptmotivation zur Nutzung derartiger Plattformen betrachtet,[145] teils die soziale Kontaktpflege.[146] So geben 73 % der Nutzer an, sich mit Freunden austauschen und in Kontakt bleiben zu wollen.[147] Die Studien kommen jedoch darin überein, dass dies die beiden zentralen Motive zur Nutzung sozialer Netzwerke sind.[148]

Signifikante Unterschiede gibt es vor allem in Hinblick auf Alter und Schulbildung. So zeigen sich über alle Motivindizes höhere Zustimmungswerte bei Minderjährigen und bei Nicht-Gymnasiasten.[149] Anders gesagt: Je jünger und je schlechter gebildet, desto höher die Nutzungsmotivation. Über die Hälfte der zur sogenannten „Unterschicht" zählenden 12- bis 25-Jährigen stimmt etwa der Aussage zu, es sei notwendig, bei sozialen Netzwerken dabei zu sein, um mitzubekommen, was im persönlichen Umfeld geschieht[150] und formuliert damit einen faktischen Nutzungszwang. Dies schlägt sich auch im Durchschnittsalter nieder: Die erste Anmeldung in einem sozialen Netzwerk erfolgt mit durchschnittlich 12,7 Jahren.[151]

Vereinzelt wird auch die Selbstdarstellung als wesentliche Motivation betrachtet.[152] Inwieweit die Nutzer dazu neigen, sich eine virtuelle Identität zuzulegen, die gängigen Attraktivitätsnormen entspricht und der Selbstdarstellungs- vor-

---

143 *Niemann/Schenk,* in: Schenk/Niemann/Reinmann/Roßnagel, Digitale Privatsphäre, S. 195; für das Netzwerk Facebook auch *Haider,* Facebook – Eine Nutzertypologie, S. 40.
144 *Niemann/Schenk,* in: Schenk/Niemann/Reinmann/Roßnagel, Digitale Privatsphäre, S. 195.
145 *Niemann/Schenk,* in: Schenk/Niemann/Reinmann/Roßnagel, Digitale Privatsphäre, S. 195 ff.
146 *Haider,* Facebook – Eine Nutzertypologie, S. 59; gestützt wird dies auch durch *BITKOM,* Soziale Netzwerke 2013, S. 29.
147 *BITKOM,* Soziale Netzwerke 2013, S. 3.
148 So auch die Feststellung von *Niemann/Schenk,* in: Schenk/Niemann/Reinmann/Roßnagel, Digitale Privatsphäre, S. 198.
149 *Niemann/Schenk,* in: Schenk/Niemann/Reinmann/Roßnagel, Digitale Privatsphäre, S. 197 f.; zu einem ähnlichen Ergebnis kommen auch *Leven/Schneekloth,* in: Shell Deutschland, Jugend 2015, S. 134.
150 *Leven/Schneekloth,* in: Shell Deutschland, Jugend 2015, S. 129; ebenso für die Gruppe der 14- bis 17-Jährigen, *Calmbach/Borgstedt/Borchard/Thomas/Flaig,* Wie ticken Jugendliche 2016?, S. 218 f.
151 *Caspar,* DuD 2013, 767, 769. Nach *BITKOM,* Jung und vernetzt, S. 28, beginnt die Nutzung sozialer Netzwerke mit 10 bis 11 Jahren; der Anteil der Facebook-Nutzer in dieser Kohorte beträgt 9 %.
152 *Lerch/Krause/Hotho/Roßnagel/Stumme,* MMR 2010, 454, 457.

nehmlich eine Selbstidealisierungsfunktion zukommt, wird jedoch unterschiedlich beurteilt.[153] Eng mit der eigenen Darstellung verknüpft ist die Aussicht, sich mit Freunden zu vernetzen, die diese Inhalte wahrnehmen. Dies liefert einen zusätzlichen Anreiz.[154] Ein wichtiges Element stellen auch Interessengruppen dar. So werden Freundschaften und Bekanntschaften nicht aufgrund örtlicher Nähe geschlossen, sondern aufgrund gemeinsamer Interessen.[155] Die Pflege dieser Kontakte mittels sozialer Netzwerke erfordert nur einen minimalen Aufwand.[156]

Eine weitere Motivation könnte darin liegen, besonders einfach Inhalte produzieren und verbreiten zu können. Anders als in anderen Diensten des Internets, einschließlich denen des sogenannten Web 2.0, sind 57 % der Nutzer von sozialen Netzwerken als Produzenten zu betrachten.[157] Ihre Tätigkeit erschöpft sich nicht nur darin, fremde Inhalte zu kommentieren oder anderweitig zu bewerten, sondern originär eigene Inhalte zu veröffentlichen. Lediglich 12 % sind als reine Konsumenten („Lurker") zu qualifizieren.[158]

Darüber hinaus haben soziale Netzwerke auch die Funktion, über das Tagesgeschehen zu informieren.[159] Eine solche Motivation weisen 38 % der Nutzer von sozialen Netzwerken auf;[160] unter den 16- bis 18-Jährigen stellen soziale Netzwerke die wichtigste Nachrichtenquelle dar.[161] Damit treten soziale Netzwerke in Konkurrenz mit Printmedien und Fernsehen,[162] wobei auch die parallele Nutzung mehrerer Medien ein verbreitetes Phänomen ist.[163]

*2. Nutzungsrisiken*

Soziale Netzwerke bieten nicht nur Vorteile; ihre Nutzung ist mit erheblichen Risiken behaftet. Gerade im Bereich sozialer Netzwerke drohen neben üblichen IT-Sicherheitsrisiken etwa Verletzungen des Schutzes personenbezogener Da-

---

153 *Haider*, Facebook – eine Nutzertypologie, S. 17 f.
154 *Karg/Fahl*, K&R 2011, 453.
155 *Haider*, Facebook – Eine Nutzertypologie, S. 17.
156 *Niemann/Schenk*, in: Schenk/Niemann/Reinmann/Roßnagel, Digitale Privatsphäre, S. 32.
157 *Niemann/Schenk*, in: Schenk/Niemann/Reinmann/Roßnagel, Digitale Privatsphäre, S. 136 ff., wobei ihr Anteil unter den 15-24-Jährigen überproportional hoch ist.
158 *Niemann/Schenk*, in: Schenk/Niemann/Reinmann/Roßnagel, Digitale Privatsphäre, S. 136 f.
159 *Pfeiffer*, in: König/Stahl/Wiegand, Soziale Medien, S. 127 ff.; *van Eimeren/Frees*, Media Perspektiven 2013, 358, 364.
160 *BITKOM*, Soziale Netzwerke 2013, S. 29.
161 In dieser Altersgruppe nutzen zwei Drittel soziale Netzwerke, um sich über das Tagesgeschehen zu informieren, *BITKOM*, Jung und vernetzt, S. 19.
162 So weisen die einen Großteil ihrer Zeit auf sozialen Netzwerken verbringenden Internetnutzer einen geringeren Fernseh- und Zeitungskonsum auf, siehe *van Eimeren/Frees*, Media Perspektiven 2013, 358, 359.
163 *Schwartmann/Ohr*, Recht der sozialen Medien, Rn. 17. So nutzen etwa 40 % der Internetnutzer regelmäßig Internet und Fernsehen parallel, siehe *Busemann/Tippelt*, Media Perspektiven 2014, 408, 410; *Interrogare*, Mobile Barometer, S. 3; *Statista*, Entwicklung der Parallelnutzung von Internet und Fernsehen bis 2016, abrufbar unter https://de.statista.com/statistik/daten/studie/209512/ (Stand: 9/2018).

ten, Identitätsdiebstahl und -missbrauch sowie sog. soziale Gefahren (z. B. Stalking oder Mobbing).[164]

a) Preisgabe von Daten

Ein wesentliches Problem ist die freiwillige und unfreiwillige Preisgabe von Daten. Das durch soziale Netzwerke vollzogene Öffentlichmachen des Alltags führt zu einer Abstumpfung hinsichtlich des Empfindens von Privatsphäre, sodass die Grenze zwischen Privatem und Öffentlichem zunehmend aufgeweicht wird. Insbesondere die sog. „Digital Natives" produzieren nicht nur mehr Content, sondern geben auch mehr Informationen über sich im Netzwerk sowie auch öffentlich preis.[165] Die Sorgen, die sich Nutzer um ihre Privatsphäre machen, sind jedoch altersunabhängig.[166] Häufig mangelt es schlicht an der kognitiven Fähigkeit, die Folgen und Risiken des eigenen virtuellen Handelns einschätzen zu können. Nutzer sind sich nicht bewusst, welche mitunter sehr intimen Informationen über sie einsehbar sind. Verstärkt wird dieser Effekt dadurch, dass die Verbreitung sozialer Netzwerke aufgrund der Nutzungsmotivation bei jungen und bei schlecht gebildeten Menschen besonders hoch ist.[167] So geben unter den Digital Natives 75 % ihren kompletten bürgerlichen Namen an und immerhin etwa ein Fünftel speichern intime Informationen wie sexuelle Orientierung, Religion und politische Einstellung in ihrem Profil.[168] Auch hier zeigt sich unter den schlecht Gebildeten eine starke Neigung, intime Informationen zu veröffentlichen.[169] Etwa 26 % der Nutzer beschränken die Sichtbarkeit ihrer Profilinformationen nicht, sondern geben sie für alle Nutzer des Netzwerks frei, wobei erneut besonders junge und besonders schlecht gebildete Personen herausstechen.[170]

Die – freiwillige oder unfreiwillige – Preisgabe personenbezogener Daten kann weitreichende Folgen haben, etwa in beruflicher Hinsicht, wenn der potentielle Arbeitgeber über seinen Bewerber recherchiert. Heutzutage informiert sich ein Großteil der Arbeitgeber über ihre Bewerber in sozialen Netzwerken.[171] Ein weiteres Phänomen, was mit der unbewussten Reichweite scheinbar privater Informationen zusammenhängt, hat unter dem Stichwort der sogenannten „Face-

---
164 Siehe den Überblick bei *ENISA*, Recommendations for Online Social Networks, S. 8 ff.
165 *Niemann/Schenk*, in: Schenk/Niemann/Reinmann/Roßnagel, Digitale Privatsphäre, S. 143 f., 146 ff.
166 *Niemann/Schenk*, in: Schenk/Niemann/Reinmann/Roßnagel, Digitale Privatsphäre, S. 154.
167 Siehe oben Kap. 1 § 2 IV. 1.
168 *Niemann/Schenk*, in: Schenk/Niemann/Reinmann/Roßnagel, Digitale Privatsphäre, S. 200.
169 *Niemann/Schenk*, in: Schenk/Niemann/Reinmann/Roßnagel, Digitale Privatsphäre, S. 204 f.
170 *Niemann/Schenk*, in: Schenk/Niemann/Reinmann/Roßnagel, Digitale Privatsphäre, S. 221 ff.
171 *Forst*, NZA 2010, 427, 428; *Heckmann*, in: Heckmann, jurisPK-Internetrecht, Kap. 9 Rn. 531; *Kort*, DuD 2012, 722; *Oberwetter*, NJW 2011, 417; *Worms/Gusy*, DuD 2012, 92, 93; implizit auch *Ernst*, NJW 2011, 1712; vgl. auch das Beispiel in Fn. 27. Dies veranlasste den deutschen Gesetzgeber, in dem Entwurf eines Gesetzes zur Regelung des Beschäftigtendatenschutzes (BT-Drucks. 17/4230) in einem novellierten § 32 Abs. 6 BDSG eine Sonderregelung zur Erhebung von Daten über soziale Netzwerke zu treffen.

book-Partys" Berühmtheit erlangt. Besonders bekannt in Deutschland wurde der Fall eines 16-jährigen Mädchens, welches anlässlich ihrer Geburtstagsfeier im Juni 2011 eine Veranstaltung erstellt hatte, deren Sichtbarkeit sie versehentlich auf „öffentlich" stellte. In der Folge kam es zu erheblichen Sachschäden im Wohnumfeld des Elternhauses. Obwohl die Party abgesagt wurde, erschienen 1.600 Jugendliche.[172]

Die Vermischung von Privatheit und Öffentlichkeit zeigt sich seit jeher darin, dass Internetnutzer Kontakte erschließen, die ihnen im „echten Leben" nicht bekannt sind. Die Angaben zum Anteil der faktisch Unbekannten sind äußerst inhomogen; für das Netzwerk „Facebook" wurde festgestellt, dass jedenfalls die Mehrheit der Benutzer sämtliche Kontakte bereits persönlich getroffen hat.[173] Fakt ist jedoch, dass die Hemmschwelle, Fremde als Freunde zu betrachten, im Internet relativ niedrig ist.[174] Was unter dem Gesichtspunkt des Sozialkapitals Vorteile bringen kann, hat jedoch auch seine Schattenseiten. Insbesondere Kinder und Jugendliche sind gefährdet, wenn sie Vertrauen zu ihnen de facto unbekannten Personen aufbauen. Ein bekanntes Problem ist das sogenannte „Cybergrooming". Hierbei soll zunächst über das Internet argloses Vertrauen aufgebaut werden, um dann Straftaten wie die Anfertigung kinderpornografischer Aufnahmen oder sexuellen Missbrauch an Minderjährigen zu verüben. Etwa die Hälfte der weiblichen minderjährigen Internetnutzer wurde bereits Opfer hiervon.[175]

Von dem sorglosen Umgang mit Daten ist nicht nur der Nutzer selbst betroffen, sondern auch Dritte, wenn deren Daten durch den Nutzer verarbeitet werden. So korrespondiert die Sorglosigkeit beim Selbstschutz nicht selten mit der Rücksichtslosigkeit bei der Verarbeitung von Daten Dritter, d.h. einer Datenverarbeitung ohne Wissen und Wollen des Dritten.[176] Auch derjenige, der gar nicht Mitglied eines sozialen Netzwerks ist, läuft Gefahr, dass seine Daten in einem sozialen Netzwerk veröffentlicht werden.

b) Social Engineering, Angriffe und Data Breaches

Ein wesentliches Risiko ist das „Social Engineering". Bereits 2007 führte Sicherheitssoftwarehersteller Sophos ein Experiment durch und fügte mit einem nichtssagenden Profil namens „Freddi Staur" und einem Plastikfrosch als Profilbild andere Nutzer hinzu. 41% der Nutzer nahmen die Kontaktanfrage an und gaben ihre Daten für „Freddi Staur" frei, obwohl sie keinerlei Information

---

172 *Supp*, Spiegel 30/2011, 55; eine Übersicht über derartige Fälle findet sich bei https://de.wikipedia.org/wiki/Kritik_an_Facebook#Facebook-Partys (Stand: 9/2018).
173 *Haider*, Facebook – Eine Nutzertypologie, S. 44; zu einem ähnlichen Ergebnis kommt eine vom schweizerischen LINK Institut durchgeführte Studie, siehe *Statista*, Wie viele Facebook-Freunde, die Sie nicht persönlich kennen, haben Sie?, abrufbar unter http://de.statista.com/statistik/daten/studie/469262/ (Stand: 9/2018).
174 Siehe sogleich unten Kap. 1 § 2 IV. 2. b).
175 *Rüdiger*, DP 2012, Heft 2, 29.
176 *Heckmann*, K&R 2010, 770, 772; *Heckmann*, NJW 2012, 2631; *Maisch*, Informationelle Selbstbestimmung in Netzwerken, S. 170.

hatten, wer sich dahinter verbirgt.[177] Eine Wiederholung dieses Experiments führte gar zu einem Ergebnis von 43,5 %.[178] Sowohl das Versenden von Kontaktanfragen wie auch das Bestätigen des Kontakts sind Handlungen, die spontan und ohne längeres Nachdenken durchgeführt werden.[179] Die so gewonnenen Daten, etwa Name, Adressdaten, Geburtsdatum, E-Mail-Adressen und Bilder des Profilinhabers, können für bösartige Zwecke missbraucht werden. Dieser sog. Identitätsmissbrauch[180] dient dazu, im Rahmen von Anschlussdelikten Dritte oder den Profilinhaber selbst zu schädigen. Der Nachweis der Freundschaft zwischen dem Profilinhaber und der fremden Person kann zudem vertrauensbildende Wirkung haben, die ein Täter zur gezielten Recherche über Kontakte des Profilinhabers, zu deren Täuschung oder zur Ausspähung weiterer Informationen verwenden kann (sog. Social Engineering). Social Engineering bezeichnet Techniken der Beeinflussung von Menschen, die insbesondere dazu eingesetzt werden, um unberechtigt an Daten oder Informationen zu gelangen oder ein regelwidriges Verhalten zu bewirken.[181] Der Hauptfall des Social Engineerings ist das Phishing.[182]

Hinzu kommt die technische Verwundbarkeit des Netzwerks selbst. Data Breaches sind in heutigen Zeiten keine Seltenheit.[183] So gelang es einem russischen Hacker, rund 360 Mio. Accounts des Netzwerks MySpace zu hacken.[184] In Deutschland erregte 2009 der Fall des sozialen Netzwerks schülerVZ Aufsehen, bei dem durch eine Sicherheitslücke Daten von mehr als einer Million Nutzern, zumeist Minderjährige, erbeutet werden konnten.[185] Soweit das Netzwerk besondere Authentifizierungsverfahren wie OpenID unterstützt, erhöht sich die

---

177 Siehe https://www.sophos.com/en-us/press-office/press-releases/2007/08/facebook.aspx (Stand: 9/2018).
178 Siehe https://nakedsecurity.sophos.com/2009/12/06/facebook-id-probe-2009/ (Stand: 9/2018).
179 *Niemann/Schenk,* in: Schenk/Niemann/Reinmann/Roßnagel, Digitale Privatsphäre, S. 229.
180 Grundlegend zum Begriff *Borges/Schwenk/Stuckenberg/Wegener,* Identitätsdiebstahl und Identitätsmissbrauch, S. 9 f.; nach *Achtruth,* Der rechtliche Schutz bei der Nutzung von Social Networks, S. 219, soll der Identitätsmissbrauch in sozialen Netzwerken „keinen Bestand" haben, weil die Nutzung eines sozialen Netzwerks unter fremdem Namen für den Identitätsmissbrauchenden „kaum Sinn macht" (sic!), da seine wahre Identität von anderen nicht erkannt werden würde. Gerade darin liegt aber der Zweck des Identitätsmissbrauchs, siehe *Borges/Schwenk/ Stuckenberg/Wegener,* Identitätsdiebstahl und Identitätsmissbrauch, S. 10 ff.
181 *Fox,* DuD 2013, 318; umfassend hierzu *Lardschneider,* DuD 2008, 574 ff.
182 *Borges/Schwenk/Stuckenberg/Wegener,* Identitätsdiebstahl und Identitätsmissbrauch, S. 96 f. Beim Phishing versucht der Angreifer, über gefälschte Webseiten oder E-Mails an Daten eines anderen Internetnutzers zu gelangen, indem dessen Gutgläubigkeit ausgenutzt wird, um anschließend einen Identitätsmissbrauch, etwa Banküberweisungen unter falscher Identität, zu begehen, ausführlich dazu *Borges,* in: Derleder/Knops/Bamberger, Bankrecht-Handbuch, § 9 Rn. 132 ff.; *Borges,* NJW 2012, 2385; *Borges,* Rechtsfragen des elektronischen Identitätsnachweises, S. 116 ff.; allgemein zum Phishing *Borges/Schwenk/Stuckenberg/Wegener,* Identitätsdiebstahl und Identitätsmissbrauch, S. 25 ff.; *Kohler,* in: Borges/Schwenk, Daten- und Identitätsschutz im Cloud Computing, S. 126 f.
183 Eine interaktive Übersicht über bekanntgewordene Data Breaches bietet http://www.informationisbeautiful.net/visualizations/worlds-biggest-data-breaches-hacks/ (Stand: 9/2018).
184 https://thehackernews.com/2016/06/myspace-passwords-leaked.html (Stand: 9/2018).
185 https://netzpolitik.org/2009/datenleck-bei-schuelervz/ (Stand: 9/2018).

Zahl der Angriffsvektoren.[186] Die Sicherheit der Privatsphäre des Einzelnen steht und fällt daher auch mit der Sicherheit des Netzwerks selbst.

c) Emotionales Befinden

Neben dieser gesamtgesellschaftlichen Entwicklung ergeben sich jedoch auch individuelle Auswirkungen. Eine negative Form der Kommunikation über das Internet ist das Phänomen des Cybermobbings.[187] Dies bezeichnet die langfristige und systematische Ausübung feindseliger Handlungen, insbesondere verbale Gewalt, Erpressung und Bedrohung, unter Nutzung von Informations- und Kommunikationstechnologien.[188] In sozialen Netzwerken kann dies durchgeführt werden, indem private Nachrichten oder Bilder öffentlich gemacht werden oder das Profil des Opfers mit negativen Kommentaren versehen wird.[189] Im Gegensatz zum „analogen" Mobbing kann Cybermobbing anonym sowie zeit- und ortsunabhängig durchgeführt werden.[190] In diesem Bereich existieren zahlreiche Studien; die Opferquoten reichen von 2 bis 72 %.[191] Ausgehend vom arithmetischen Mittel dieser Studien ist anzunehmen, dass etwa 21 % der Jugendlichen und Heranwachsenden bereits Opfer des Cybermobbings wurden.[192]

Während Mobbing immer die Ausübung feindseliger Handlungen durch andere Personen voraussetzt, gibt es auch andere Effekte, die unabhängig von anderen Akteuren eintreten. Die Zahl der Studien, die die psychischen und sozialen Auswirkungen der Nutzung sozialer Netzwerke untersuchen, ist schier unüberschaubar. So existieren etwa mehrere Studien, die sich mit dem Zusammenhang zwischen der Nutzung sozialer Netzwerke und dem subjektiven Wohlbefinden befassen.[193] Der Faktor des subjektiven Wohlbefindens bezeichnet das selbst wahrgenommene Gefühl des Glücks im Leben oder der Zufriedenheit mit dem Leben.[194] Die Grundaussage dieser Studien ist stets dieselbe: Je mehr Zeit Menschen mit sozialen Netzwerken verbringen, desto niedriger ist ihr subjektives

---

186 Zu Angriffen auf OpenID *Maisch,* Informationelle Selbstbestimmung in Netzwerken, S. 176 ff.; teilweise werden auch vergleichbare Dienste von Netzwerkbetreibern selbst angeboten, siehe etwa zu „Facebook-Login" *Moser-Knierim,* K&R 2013, 263 ff.
187 Im angloamerikanischen Raum vornehmlich als „Cyberbullying" bezeichnet, so etwa *ENISA,* Recommendations for Online Social Networks, S. 15.
188 *Wampfler,* Facebook, Blogs und Wikis, S. 71 f.; ähnlich *Kipker/Voskamp,* DuD 2013, 787, 788.
189 *Wampfler,* Facebook, Blogs und Wikis, S. 72.
190 *Wampfler,* Facebook, Blogs und Wikis, S. 73.
191 Siehe die Übersicht bei http://cyberbullying.org/cyberbullying-research-2013-update (Stand: 9/2018).
192 http://cyberbullying.org/cyberbullying-research-2013-update (Stand: 9/2018); für Schüler in Deutschland beziffern *Kipker/Voskamp,* DuD 2013, 787, 788, den Opferanteil auf „rund ein Drittel".
193 Etwa *Chou/Edge,* Cyberpsychology, Behavior, and Social Networking 15 (2012), Heft 2, 117; *Kross/Verduyn/Demiralp/Park/Lee/Lin/Shablack/Jonides/Ybarra,* PLOS ONE 8 (2013), 8; *Lin/Sidani/Shensa/Radovic/Miller/Colditz/Hoffman/Giles/Primack,* Depression and Anxiety 33 (2016), 323; *Sagioglu/Greitemeyer,* Computers in Human Behavior 35 (2014), 359.
194 *Myers,* Psychologie, S. 516 f.; grundlegend *Diener,* Psychological Bulletin 95 (1984), 542, 543 ff.

Wohlbefinden.[195] Auch wurde schon eine Korrelation zwischen Schlafstörungen und der Nutzung von sozialen Netzwerken[196] sowie zwischen Internetabhängigkeit und der Nutzung sozialer Netzwerke[197] festgestellt. Die Gefahren gehen jedoch teilweise auch vom Betreiber selbst aus. So führte Facebook eine Studie durch, in der nachwiesen wurde, dass eine „emotionale Ansteckungsgefahr" existiert und Emotionen auch ohne direkte Interaktion zwischen den Beteiligten übertragen werden können.[198] Dabei wurde das emotionale Befinden der Nutzer – ohne Einwilligung der beteiligten 689.003 Facebook-Nutzer – mittels Newsfeed manipuliert.[199]

Diese Studien zeigen über den unmittelbaren akademischen Mehrwert hinaus, wie stark auf die Nutzer durch Netzwerkbetreiber eingewirkt werden kann. Eine effektive Regulierung sozialer Netzwerke ist daher von erheblicher gesellschaftspolitischer Bedeutung.

---

195 Siehe die Nachweise in Fn. 193.
196 *Levenson/Shensa/Sidani/Colditz/Primack*, PM 85 (2016), 36.
197 *Lönnqvist/große Deters*, Computers in Human Behavior 55 (2016), 172, 174 ff.
198 *Kramer/Guillory/Hancock*, PNAS 111 (2014), 8788 ff.; allgemein zur Gefühlsanalyse durch Facebook https://www.datenschutzzentrum.de/artikel/1127-Ich-weiss,-wie-Du-Dich-letzten-Sommer-gefuehlt-hast-Gruselig-Gefuehlsanalyse-in-sozialen-Medien.html (Stand: 9/2018).
199 Siehe http://www.theatlantic.com/technology/archive/2014/06/everything-we-know-about-facebooks-secret-mood-manipulation-experiment/373648/ (Stand: 9/2018).

## § 3 Normative Grundlagen des Datenschutzrechts

Der rechtliche Rahmen von sozialen Netzwerken ist in hohem Maße durch Normen verschiedener Rechtsbereiche determiniert. In datenschutzrechtlicher Hinsicht sind nach Ablösung des BDSG vor allem Normen der DSGVO relevant. Soziale Netzwerke waren zur Zeit der Geltung des BDSG aufgrund fragwürdiger Datenschutzbestimmungen, Gefahren für das informationelle Selbstbestimmungsrecht und deren Folgen starker Kritik ausgesetzt.[200] Daneben sind auch die bereichsspezifischen Anforderungen des Telemediengesetzes (TMG) und des Telekommunikationsgesetzes (TKG) relevant.

### I. Verfassungsrechtliche Vorgaben

Privatheit ist die zentrale Kategorie liberalen Gesellschaftsverständnisses.[201] Der Schutz der Privatheit des Einzelnen manifestierte sich zunächst im US-amerikanischen Raum als „Right to Privacy"[202] als Ausprägung des Deliktsrechts. Die zweite Hälfte des 19. Jahrhunderts wurde gar als „golden age of privacy"[203] bezeichnet.

In Deutschland etablierte sich der Privatsphäreschutz – ebenfalls zunächst im Deliktsrecht – erst in der Mitte des 20. Jahrhunderts. So wurde das bis heute nicht kodifizierte[204] Allgemeine Persönlichkeitsrecht im Jahre 1954 durch den BGH anerkannt.[205] Das Allgemeine Persönlichkeitsrecht gewährleistet den Schutz der eigenen persönlichen Lebenssphäre[206] und weist insofern Parallelen zum „Right to Privacy" des US-amerikanischen Deliktsrechts auf. „Privacy" bzw. Privatheit im deliktsrechtlichen Verständnis unterscheidet sich jedoch wesentlich vom europäischen Datenschutzrecht. Datenschutz im europäischen Verständnis dient dem Schutz des Einzelnen vor solchen Beeinträchtigungen,

---

200 Siehe etwa *Art.-29-Datenschutzgruppe*, WP 163, S. 4; *Bauer*, MMR 2008, 435; *Caspar*, Die Bedeutung der Einwilligung, passim; *Caspar*, DuD 2013, 767; *ENISA*, Recommendations for Online Social Networks, S. 6; *Erd*, NVwZ 2011, 19, 21 f.; *Ernst*, NJW 2011, 1712; *Fox*, DuD 2009, 53; *Gennen/Kremer*, ITRB 2011, 59, 60 ff.; *Härting/Schätzle*, ITRB 2010, 39, 40; *Jandt/Roßnagel*, MMR 2011, 637; *Kipker/Voskamp*, DuD 2012, 737; *Konferenz der Datenschutzbeauftragten des Bundes und der Länder*, Entschließung Datenschutz bei sozialen Netzwerken; *Lerch/Krause/Hotho/Roßnagel/Stumme*, MMR 2010, 454; *Schneider*, ITRB 2011, 10; *Reimer*, DuD 2009, 624; *ULD*, Soziale Netzwerke, S. 8 ff.
201 *Mallmann*, Zielfunktionen des Datenschutzes, S. 17.
202 Grundlegend *Warren/Brandeis*, HarvLRev 4 (1890), Nr. 5, 193 ff.; eine deutschsprachige Übersetzung findet sich bei *Warren/Brandeis*, DuD 2012, S. 755 ff.
203 *Shils*, L&CP 31 (1966), Nr. 2, 288, 292 f.
204 Eine Kodifizierung wurde in den auf das BGH-Urteil folgenden Jahren gefordert (siehe dazu den Entwurf eines Gesetzes zur Neuordnung des zivilrechtlichen Persönlichkeits- und Ehrenschutzes, BT-Drucks. 3/1237), jedoch nie umgesetzt.
205 BGHZ 13, 334; grundlegend zum Allgemeinen Persönlichkeitsrecht *Hubmann*, Das Persönlichkeitsrecht, passim.
206 Die Reichweite ist indes umstritten, siehe ausführlich *Hager*, in: Staudinger, BGB, § 823 Rn. C 15 ff.; *Rixecker*, in: MüKo-BGB, Anh. § 12 Rn. 1 ff.

§ 3 Normative Grundlagen des Datenschutzrechts

die aus dem Umgang mit dessen Daten resultieren.[207] Als der BGH dem Allgemeinen Persönlichkeitsrecht deliktsrechtlichen Schutz zuschrieb, war ein derartiger (grundrechtlicher) Schutz nicht ersichtlich.

Mit dem Volkszählungsurteil des Bundesverfassungsgerichts vom 15. Dezember 1983[208] wurde der Datenschutz auf die Ebene des Grundgesetzes emporgehoben. Anlass für dieses Urteil waren zahlreiche Verfassungsbeschwerden gegen die nach dem Volkszählungsgesetz[209] für das Frühjahr 1983 geplante Volkszählung in Form einer Totalerhebung. Mit diesem Grundsatzurteil erkannte das BVerfG das Grundrecht auf informationelle Selbstbestimmung als Ausfluss des Allgemeinen Persönlichkeitsrechts an.[210] Der Begriff des „informationellen Selbstbestimmungsrechts" seinerseits geht zurück auf das Gutachten „Grundlagen des Datenschutzes", welches 1971 unter der Leitung von *Steinmüller* erarbeitet wurde.[211] Dieses Recht auf informationelle Selbstbestimmung beinhaltet nach der Rechtsprechung des BVerfG die Befugnis des Einzelnen, über die Preisgabe und Verwendung seiner persönlichen Daten grundsätzlich selbst zu bestimmen.[212] Dies ist bis heute das zentrale Anliegen der Datenschutzgesetze.

## II. Bundesdatenschutzgesetz und Datenschutz-Grundverordnung

Die Geschichte des Datenschutzes in Deutschland ist nicht nur geprägt von verfassungsrechtlichen Vorgaben, sondern ist auch ein Zeugnis der gegenseitigen Beeinflussung von Landes-, Bundes- und Europarecht über Jahrzehnte. Deutsches Datenschutzrecht wurde auf diese Weise zu einem zentralen Reformgegenstand der inter- und supranationalen Harmonisierungsbestrebungen auf dem Gebiet des Privatsphäreschutzes, aber zugleich zu einem wichtigen Impulsgeber.[213]

### 1. Geschichte des Bundesdatenschutzgesetzes

Vor Inkrafttreten des BDSG gab es einige landesspezifische Regelungen, insbesondere das Landesdatenschutzgesetz des Landes Hessen vom 7. Oktober 1970

---

207 Vgl. § 1 Abs. 1 BDSG 1977; Erwägungsgrund 1 der DSGVO.
208 BVerfGE 65, 1.
209 Gesetz über eine Volks-, Berufs-, Wohnungs- und Arbeitsstättenzählung (Volkszählungsgesetz 1983) vom 25. März 1982, BGBl. 1982, Teil I S. 369.
210 BVerfGE 65, 1, 42 ff.
211 BT-Drucks. VI/3826, S. 5 ff.
212 Grundlegend BVerfGE 65, 1, 43 sowie etwa BVerfGE 78, 77, 84; BVerfGE 80, 367, 373 BVerfGE 113, 29, 46; BVerfGE 115, 166, 188; BVerfGE 117, 202, 228; BVerfGE 118, 168, 184; BVerfGE 120, 274, 312; BVerfGE 130, 151, 183.
213 Ausführlich zur Geschichte des deutschen und europäischen Datenschutzrechts *Kühling/Raab,* in: Kühling/Buchner, DS-GVO/BDSG, Einf. Rn. 37 ff.; *Taeger/Schmidt,* in: Taeger/Gabel, DS-GVO, Einl. Rn. 1 ff.; *v. Lewinski,* in: Auernhammer, DSGVO/BDSG, Einf. Rn. 1 ff.

(HDSG), welches das erste formelle Datenschutzgesetz weltweit bildete.[214] Dieses sollte nach seiner in § 1 Abs. 1 Nr. 1 HDSG normierten Zwecksetzung dem Schutz des Rechts des Einzelnen, selbst über die Preisgabe und Verwendung seiner Daten zu bestimmen, dienen.

Das BDSG stammt in seiner ursprünglichen Fassung vom 27. Januar 1977[215] und trat am 1. Januar 1978 in Kraft. Seit dem Volkszählungsurteil des BVerfG galt das BDSG als einfachgesetzliche Ausprägung des Grundrechts auf informationelle Selbstbestimmung.[216] Das BDSG verwirklichte nicht nur den Schutz des Einzelnen vor dem Staat, sondern adressierte neben dem öffentlichen Sektor auch den privaten Sektor. Durch das Volkszählungsurteil des BVerfG war der Gesetzgeber mit der Neufassung des BDSG beauftragt. Diese Neufassung setzte er mit dem Gesetz zur Fortentwicklung der Datenverarbeitung und des Datenschutzes[217] um. Das BDSG 1990 trat am 1. Juni 1991 in Kraft. Das BDSG in seiner zuletzt geltenden Fassung beruht im Wesentlichen auf der DS-RL, welche nach Erwägungsgrund 10 die Gewährleistung des bereits 1950 in Art. 8 der Europäischen Menschenrechtskonvention[218] normierten Rechts auf Privatsphäre sicherstellen sollte. Eine nationale Umsetzung erfuhr die Datenschutzrichtlinie im Jahr 2001 durch das Gesetz zur Änderung des Bundesdatenschutzgesetzes und anderer Gesetze.[219]

DS-RL und das durch diese beeinflusste BDSG fußten im Wesentlichen auf dem Stand von 1995, einer Zeit, in der ein Großteil der Haushalte noch nicht über einen Internetzugang verfügte und Phänomene wie soziale Netzwerke, die in Ihrer Funktion eine weite Verbreitung von Breitbandinternet voraussetzen, noch undenkbar erschienen. Dementsprechend wurden Stimmen laut, die Technik eile dem Recht voran: Das Datenschutzrecht hatte nach weit verbreiteter Auffassung eine Reform nötig.[220]

*2. Die Europäische Datenschutz-Grundverordnung*

Auf europäischer Ebene wurde der Schutz der personenbezogenen Daten – im Gegensatz zum deutschen Gesetzgeber, der kein eigenständiges Datenschutz-Grundrecht in das Grundgesetz einfügte – in Art. 8 der Grundrechte-Charta

---

214 *Gola/Klug/Körffer*, in: Gola/Schomerus, BDSG, Einl. Rn. 1; *Simitis*, in: Simitis, BDSG, Einl. Rn. 50; *Weichert*, in: Däubler/Klebe/Wedde/Weichert, BDSG, Einl. Rn. 4.
215 Gesetz zum Schutz vor Mißbrauch personenbezogener Daten bei der Datenverarbeitung (Bundesdatenschutzgesetz – BDSG) vom 27. Januar 1977, BGBl. 1977, Teil I S. 201.
216 *Gola/Klug/Körffer*, in: Gola/Schomerus, BDSG, § 1 Rn. 6; *Hornung*, in: Hornung/Müller-Terpitz, Rechtshandbuch Social Media, Kap. 4 Rn. 1; *Simitis*, in: Simitis, BDSG, § 1 Rn. 28.
217 Gesetz zur Fortentwicklung der Datenverarbeitung und des Datenschutzes vom 20. Dezember 1990, BGBl. 1990, Teil I S. 2954.
218 In Deutschland umgesetzt durch das Gesetz über die Konvention zum Schutze der Menschenrechte und Grundfreiheiten vom 7. August 1952, BGBl. 1952, Teil II S. 685.
219 Gesetz zur Änderung des Bundesdatenschutzgesetzes und anderer Gesetze vom 23. Mai 2001, BGBl. 2001, Teil I S. 904.
220 Vgl. die Nachweise in Fn. 56.

(GRCh)[221] aufgenommen. Diese Bestimmung wurde wortgleich in Art. 286 Abs. 1 des EG-Vertrags bzw. des heute geltenden Art. 16 Abs. 1 Vertrag über die Arbeitsweise der Europäischen Union (AEUV) übernommen. Art. 16 Abs. 2 AEUV bildet zugleich die Kompetenzgrundlage für den Erlass der heutigen Datenschutz-Grundverordnung.[222] Am 25. Januar 2012 hat die Europäische Kommission Entwürfe für zwei neue Rechtsakte veröffentlicht: Zum einen den Entwurf einer Richtlinie des Europäischen Parlaments und des Rates zum Schutz natürlicher Personen bei der Verarbeitung personenbezogener Daten durch die zuständigen Behörden zum Zwecke der Verhütung, Aufdeckung, Untersuchung oder Verfolgung von Straftaten oder der Strafvollstreckung sowie zum freien Datenverkehr,[223] zum anderen den Vorschlag für eine Verordnung des Europäischen Parlaments und des Rates zum Schutz natürlicher Personen bei der Verarbeitung personenbezogener Daten und zum freien Datenverkehr (Datenschutz-Grundverordnung).[224] Der Zweck der DSGVO ist in Art. 1 DS-GVO normiert. Dessen Abs. 1 betont das Ziel des Schutzes der Privatsphäre natürlicher Personen bei der Verarbeitung personenbezogener Daten, während Abs. 2 den vorangegangenen Abs. 1 unter expliziter Inbezugnahme auf Grundrechte und Grundfreiheiten paraphrasiert.

Die DSGVO wurde am 14. April 2016 durch das EU-Parlament verabschiedet und trat nach ihrem Art. 91 Abs. 1 zwanzig Tage nach ihrer Veröffentlichung im Amtsblatt, also am 24. Mai 2016, in Kraft. Für die Datenverarbeitung im Zusammenhang mit sozialen Netzwerken bildet die DSGVO die wichtigste Rechtsquelle. Die Entstehungsgeschichte ist gekennzeichnet von einer intensiven rechtspolitischen Diskussion beginnend mit der Veröffentlichung des ersten Entwurfs der Kommission, welcher in zahlreichen Aspekten kritisiert wurde.[225]

---

221 Charta der Grundrechte der Europäischen Union, ABl. EG Nr. C 364 vom 18.12.2000, S. 1.
222 *Albrecht/Jotzo*, Datenschutzrecht der EU, Teil 1 Rn. 20; *Roßnagel*, in: Roßnagel, Europäische Datenschutz-Grundverordnung, § 2 Rn. 28; die Gesetzgebungskompetenz des europäischen Gesetzgebers bezweifelnd *Giesen*, CR 2012, 550, 554; *Ronellenfitsch*, DuD 2012, 561 ff.
223 KOM (2012) 10 endgültig.
224 KOM (2012) 11 endgültig.
225 Siehe etwa *Abel*, DSB 2012, 8 ff.; *Buchholtz*, AöR 140 (2015), 121, 135; *Dehmel/Hullen*, ZD 2013, 147 ff.; *Eckhardt*, CR 2012, 195 ff.; *Eckhardt/Kramer*, DuD 2013, 287, 291; *Eckhardt/Kramer/Mester*, DuD 2013, 623, 626 ff.; *Felixberger*, DSB 2012, 80; *Franzen*, DuD 2012, 322 ff.; *Giesen*, CR 2012, 550 ff.; *Giurgiu*, CCZ 2012, 226, 229 f.; *Gliss*, DSB 2012, 84; *Gola*, EuZW 2012, 332 ff.; *Gola/Schulz*, ZD 2013, 475 ff.; *Götz*, DuD 2013, 631, 636 f.; *Härting*, BB 2012, 459 ff.; *Herrmann*, ZD 2012, 49, 50; *Hornung*, ZD 2012, 99 ff.; *Hornung/Hofmann*, JZ 2013, 163, 166 ff.; *Hornung/Sädtler*, CR 2012, 638, 645; *Jandt/Kieselmann/Wacker*, DuD 2013, 235, 237 f.; *Jaspers*, DuD 2012, 517 ff.; *Kipker/Voskamp*, DuD 2012, 737 ff.; *Kramer*, DuD 2013, 380, 381; *Kramer*, DSB 2012, 57 ff.; *Kühling*, EuZW 2014, 527, 530; *Lang*, K&R 2012, 145 ff.; *Nebel/Richter*, ZD 2013, 407 ff.; *Ronellenfitsch*, DuD 2012, 561 ff.; *Roßnagel/Richter/Nebel*, ZD 2013, 103, 104 ff.; *Schneider*, ITRB 2012, 180 ff.; *Schneider/Härting*, ZD 2012, 199 ff.; *Schultze-Melling*, ZD 2012, 97 f.; *Reimer*, DuD 2012, 139 f.; *Wieczorek*, DuD 2013, 644, 647 ff.; *Wybitul/Fladung*, BB 2012, 509 ff.; *Wybitul/Rauer*, ZD 2012, 160, 164.

### Kap. 1 Grundlagen sozialer Netzwerke und rechtlicher Rahmen

Auch die weiteren Entwürfe – von Parlamentsentwurf über Ratsentwurf[226] – bis hin zur endgültigen Fassung wurden überwiegend kritisch aufgenommen.[227] Gemäß Art. 99 Abs. 2 DSGVO gilt sie seit dem 25. Mai 2018. Da es sich um eine Verordnung handelt, wirkt sie nach Art. 288 Abs. 2 AEUV unmittelbar und direkt; es bedarf keines Umsetzungsakts.[228] Die DSGVO hat sowohl die DS-RL,[229] als auch das BDSG als unmittelbar geltendes Recht in weiten Teilen[230] abgelöst. Die DSGVO beruht weitgehend auf der DS-RL, die durch das BDSG beeinflusst wurde.[231] Einzelne Normen der DSGVO haben Parallelvorschriften im bisherigen BDSG, ohne dass diese bereits in der DS-RL angelegt waren. So findet sich etwa das in § 11 BDSG a. F. detailliert geregelte Konzept der Auftragsdatenverarbeitung sehr ähnlich in Art. 28 DSGVO.[232] Auch der in § 9a BDSG a. F. angelegte Datenschutzaudit findet sich in konkretisierter Form als Zertifizierung in Art. 42 DSGVO.[233] Die DSGVO brachte aber auch zahlreiche Reformen, einschließlich Vorschriften ohne äquivalente Vorgängerregelungen, etwa das Recht auf Datenübertragbarkeit.[234] Die DSGVO ist zudem das erste formelle Gesetz, welches spezifisch den Datenschutz in sozialen Netzwerken regeln soll. So werden in den Erwägungsgründen 17 und 55 soziale Netzwerke ausdrücklich erwähnt; auch Normen wie etwa das in Art. 2 Abs. 2 lit. c DSGVO neu formulierte „Haushaltsprivileg", das in Art. 17 DSGVO normierte „Recht auf Vergessenwerden" und Art. 25 DSGVO („Datenschutz durch Technikgestaltung und durch datenschutzfreundliche Voreinstellungen") lassen

---

226 Zum Parlamentsentwurf *Härting*, CR 2014, 528, 529 ff.; *Schneider/Härting*, CR 2014, 306 ff.; zum Ratsentwurf *Roßnagel/Nebel/Richter*, ZD 2015, 455, 460; *Schneider/Härting*, CR 2014, 306 ff.
227 Siehe etwa *Bergt*, CR 2016, 670 ff.; *Buchner*, DuD 2016, 155 ff.; *Dammann*, ZD 2016, 307, 308 ff.; *Jülicher/Röttgen/v. Schönfeld*, ZD 2016, 358 ff.; *Kugelmann*, DuD 2016, 566, 567 ff.; *Kühling/Martini*, EuZW 2016, 448 ff.; 566, *Piltz*, K&R 2016, 557 ff.; *Piltz*, K&R 2016, 629, 630 ff.; *Pollmann/Kipker*, DuD 2016, 378 ff.; *Prantl*, DuD 2016, 347, 348; *Richter*, DuD 2016, 581 , 584 ff.; *Roßnagel*, DuD 2016, 561, 564 f.; *Schantz*, NJW 2016, 1841 ff.; kritisch zu allen drei in den Trilog eingegangen Entwürfen auch *Gola/Lepperhoff*, ZD 2016, 9, 11 f.; *Gola/Schulz*, K&R 2015, 609, 611 ff.; *Härting/Schneider*, CR 2015, 819 ff.; *Keppeler*, MMR 2015, 779, 780 ff.; *Leucker*, PinG 2015, 195 ff.
228 In Bezug auf die DSGVO *Albrecht/Jotzo*, Datenschutzrecht der EU, Teil 1 Rn. 25; allgemein *Geismann*, in: von der Groeben/Schwarze/Hatje, Europäisches Unionsrecht, Art. 288 AEUV Rn. 35; *Nettesheim*, in: Grabitz/Hilf/Nettesheim, Recht der EU, Art. 288 AEUV Rn. 101; *Ruffert*, in: Calliess/Ruffert, EUV/AEUV, Art. 288 AEUV Rn. 20; *Schroeder*, in: Streinz, EUV/AEUV, Art. 288 AEUV Rn. 58.
229 Siehe Art. 94 Abs. 1 DSGVO.
230 So fanden sich etwa die strafrechtlichen Sanktionen des § 44 BDSG a. F. nicht in der DSGVO wieder, was zu einer subsidiären Anwendbarkeit des nationalen Rechts führt, *Faust/Spittka/Wybitul*, ZD 2016, 120, 123; allgemein zur Weitergeltung des BDSG *Barlag*, in: Roßnagel, Europäische Datenschutz-Grundverordnung, § 3 Rn. 27 ff.
231 So zum Kommissionsentwurf *Dehmel/Hullen*, ZD 2013, 147.
232 *Martini*, in: Paal/Pauly, DS-GVO/BDSG, Art. 28 Rn. 79; *Plath*, in: Plath, DSGVO/BDSG, Art. 28 Rn. 2.
233 *v. Braunmühl*, in: Plath, DSGVO/BDSG, Art. 42 Rn. 1 f.; *Paal*, in: Paal/Pauly, DS-GVO/BDSG, Art. 42 Rn. 3.
234 Dazu siehe unten Kap. 5 § 16.

eine Ausrichtung auf das Web 2.0 und dessen Dienste, insbesondere soziale Netzwerke, erkennen.

## 3. Reformbedarf in Deutschland

Grundsätzlich genießen europäische Verordnungen einen uneingeschränkten Anwendungsvorrang vor mitgliedstaatlichem Recht.[235] Innerhalb des europäischen Sekundärrechts sind Kollisionen nach den Grundsätzen „lex posterior derogat legi priori" und „lex specialis derogat legi generali" aufzulösen.[236] Die DSGVO enthält (vor allem) in den Art. 89 ff. DSGVO zahlreiche Öffnungsklauseln. Im Falle einschlägiger Öffnungsklauseln sind die mitgliedstaatlichen Vorschriften trotz grundsätzlichen Anwendungsvorrangs der DSGVO weiter anwendbar.[237] Auf diese Weise verbleiben den Mitgliedstaaten einzelne Ausgestaltungsspielräume.

Um das deutsche Datenschutzrecht an die Neuregelungen der DSGVO anzupassen und verbleibende Spielräume zu nutzen, hat das BMI zunächst einen Entwurf eines Allgemeinen Bundesdatenschutzgesetzes (ABDSG-E) vorgelegt, welcher sehr kritisch aufgenommen wurde.[238] Der deutsche Gesetzgeber hat im Jahr 2017 mit Art. 1 des Datenschutz-Anpassungs- und Umsetzungsgesetz EU[239] ein neues BDSG erlassen, welches ebenfalls aufgrund seiner legistischen Qualität in der Kritik steht.[240] Im Bund wird zudem ein sogenanntes „Omnibus-Gesetz" vorbereitet, mit dem bundesrechtliche Datenschutzregelungen an die EU-DSGVO angepasst werden sollen. Dieses zweite Datenschutz-Anpassungs- und Umsetzungsgesetz EU liegt derzeit im Entwurfsstadium vor.[241] Nach dem umfangreichen, 533-seitigen Referentenentwurf vom 21. Juni 2018 sind Ände-

---

235 In Bezug auf die DSGVO *Albrecht/Jotzo*, Datenschutzrecht der EU, Teil 1 Rn. 25; *Roßnagel*, in: Roßnagel, Europäische Datenschutz-Grundverordnung, § 2 Rn. 5; allgemein *Nettesheim*, in: Grabitz/Hilf/Nettesheim, Recht der EU, Art. 288 AEUV Rn. 102; *Ruffert*, in: Calliess/Ruffert, EUV/AEUV, Art. 288 AEUV Rn. 20; *Schroeder*, in: Streinz, EUV/AEUV, Art. 288 AEUV Rn. 59.
236 *Geismann*, in: von der Groeben/Schwarze/Hatje, Europäisches Unionsrecht, Art. 288 AEUV Rn. 30; *Nettesheim*, in: Grabitz/Hilf/Nettesheim, Recht der EU, Art. 288 AEUV Rn. 228; *Ruffert*, in: Calliess/Ruffert, EUV/AEUV, Art. 288 AEUV Rn. 13.
237 *Roßnagel*, in: Roßnagel, Europäische Datenschutz-Grundverordnung, § 2 Rn. 18.
238 Siehe etwa *Moos*, K&R 2016, Heft 10, I sowie die Stellungnahmen des BMJV, abrufbar unter https://netzpolitik.org/wp-upload/2016/09/BMJV_Stellungnahme_DSAnpUG_EU.pdf, der *BfDI*, abrufbar unter https://netzpolitik.org/wp-upload/2016/09/BfDI_Stellungnahme_DSAnpUG_EU.pdf sowie des ehemaligen BfDI *Schaar*, abrufbar unter https://www.eaid-berlin.de/?p=1309 (jeweils Stand: 9/2018).
239 Gesetz zur Anpassung des Datenschutzrechts an die Verordnung (EU) 2016/679 und zur Umsetzung der Richtlinie (EU) 2016/680 (Datenschutz-Anpassungs- und -Umsetzungsgesetz EU - DSAnpUG-EU) vom 30.6.2017, BGBl. I 2017, S. 2097.
240 *v. Lewinski*, in: Auernhammer, DSGVO/BDSG, Art. 94 Rn. 8; kritisch zum Regierungsentwurf des BDSG 2018 etwa *Roßnagel*, DuD 2017, 277, 279 ff.
241 Entwurf eines Zweiten Gesetzes zur Anpassung des Datenschutzrechts an die Verordnung (EU) 2016/679 und zur Umsetzung der Richtlinie (EU) 2016/680 (Zweites Datenschutz-Anpassungs- und Umsetzungsgesetz EU – 2. DSAnpUG-EU).

rungen an insgesamt 152 Bundesgesetzen geplant. Je nach Person und Einsatzszenario können auch weitere Gesetze, etwa das Kunsturhebergesetz (KUG)[242] oder kirchliche Datenschutzvorschriften[243], neben oder statt der DSGVO anwendbar sein. Auf Bundes- und Landesebene existieren mehrere Hundert weitere Gesetze, die datenschutzbezogene Regelungen enthalten.

Es ist zu konstatieren, dass die Beibehaltung respektive erst nach dem 25. Mai 2018 erfolgte Änderung von Gesetzen zu erheblicher Rechtsunsicherheit bei allen Beteiligten führte.[244] Insbesondere waren Verarbeiter dazu gehalten, eine umfangreiche Doppelprüfung durchzuführen, da dieser der – um sicher unionsrechtskonform verarbeiten zu können – neben der Vereinbarkeit seiner Verarbeitung mit der DSGVO und dem möglicherweise anwendbaren nationalen Recht auch die Konformität der nationalen Rechtsnorm mit dem Unionsrecht prüfen musste.[245] Vorzugswürdig wäre insoweit eine zweistufige Übergangsfrist zur Einführung der DSGVO gewesen: In einem ersten Schritt hätten zunächst die Mitgliedstaaten als nationale Gesetzgeber und Errichter der unabhängigen Datenschutzaufsichtsbehörden adressiert werden können; in einem zweiten Übergangszeitraum hätten sich dann die primären Adressaten des Datenschutzrechts gleichzeitig sowohl auf die EU-DSGVO, als auch auf die angepassten nationalen Regelungen vorbereiten können.[246]

### III. Exkurs: Spezialgesetzlicher Datenschutz

Die vorliegende Arbeit befasst sich allein mit sozialen Netzwerken unter dem Gesichtspunkt der DSGVO. Relevanz für die Datenverarbeitung in sozialen Netzwerken hat vor allem die Öffnungsklausel in Art. 95 DSGVO; darüber hinaus auch Art. 6 Abs. 2 DSGVO, der in bestimmten Fällen des Art. 6 Abs. 1 DSGVO die Beibehaltung oder Einführung einzelstaatlicher Vorschriften zur Konkretisierung jener DSGVO-Vorschriften zulässt.

*1. Das dreistufige Schichtenmodell des deutschen Datenschutzrechts vor Geltung der DSGVO*

Im Bereich der sozialen Netzwerke stellt sich vor allem die Frage nach der Anwendbarkeit des Telekommunikationsgesetzes (TKG) und des Teleme-

---

242 Zum Verhältnis von DSGVO und KUG *Klein,* Personenbilder im Spannungsfeld von DSGVO/KUG, S. 137 ff.; *Ziebarth/Elsaß,* ZUM 2018, 578 ff.
243 Zum Verhältnis von kirchlichem zu weltlichem Datenschutz nach Geltung der DSGVO und nach Reform der kirchlichen Datenschutzgesetze *Ehmann/Kranig,* in: Ehmann/Selmayr, DS-GVO, Art. 91 Rn. 19 ff.; *Gola,* in: Gola, DS-GVO, Art. 91 Rn. 10 ff.; *Golland,* DSB 2018, 179 ff.; *Golland,* RDV 2018, 8 ff.; *Golland,* in: Golland/Koglin, Kirchliches Datenschutzrecht, S. 9 ff; *Hense,* BRJ 2018, 37 ff.
244 Vgl. den Überblick bei *Golland,* in: Taeger/Gabel, DSGVO, Art. 99 Rn. 8 ff.
245 *Golland,* in: Taeger/Gabel, DSGVO, Art. 94 Rn. 10.
246 *Golland,* in: Taeger/Gabel, DSGVO, Art. 99 Rn. 11.

diengesetzes (TMG).[247] Bis zum Inkrafttreten der DSGVO folgte das deutsche Datenschutzrecht im Bereich von Online-Diensten einem dreistufigen Schichtenmodell:[248] Die rechtliche Bewertung des Datentransports richtete sich nach dem TKG; das Anbieter-Nutzer-Verhältnis bei Telemedien regelte das TMG.[249] Kamen die beiden Gesetze nicht zur Anwendung oder regelten sie den zu bewertenden Sachverhalt nicht, blieb der Rückgriff auf das damalige BDSG eröffnet.[250] Die letztgenannte, dem BDSG a.f. zugeordnete Schicht wird auch als Bedeutungs- und Inhaltsebene bezeichnet.[251] Hier besteht eine auffällige Parallele zu dem ISO/OSI-Referenzmodell[252], dessen Schichten 1-4 dem reinen Telekommunikationsvorgang dienen, während die Schichten 5-7 inhaltsbezogene Elemente aufweisen.[253] Während das TMG einerseits dem BDSG nach § 1 Abs. 3 Satz 1 BDSG a.F. vorging,[254] erklärte es sich andererseits selbst nach § 1 Abs. 1 Satz 1 TMG für Telekommunikationsdienste unanwendbar.

*2. Telekommunikationsrecht*

Eine zentrale Funktion von sozialen Netzwerken liegt in den den unmittelbaren Austausch von Nutzern ermöglichenden Nachrichtensystemen.[255] Für Individualkommunikation gelten die bereichsspezifischen Datenschutzvorschriften der §§ 91 ff. TKG. Soweit diese Normen auch nach Inkrafttreten der DSGVO gelten und die Nachrichtenfunktion als Telekommunikationsdienst i.S.d. § 3 Nr. 24 TKG qualifiziert wird, bilden die bereichsspezifischen Vorschriften der §§ 91 ff. TKG einen weiteren Bestandteil des datenschutzrechtlichen Rahmens.

---

247 *Splittgerber,* in: Splittgerber, Rechtsfragen Social Media, Kap. 3 Rn. 5.
248 *Brandenburg/Leuthner,* ZD 2014, 617, 618; *Ernst,* NJOZ 2010, 1917, 1918; *Heckmann,* in: Heckmann, jurisPK-Internetrecht, Kap. 9 Rn. 44; *Schaar,* MMR 2001, 644, 645; *Splittgerber,* in: Splittgerber, Rechtsfragen Social Media, Kap. 3 Rn. 5; die Dreiteilung als „überkommen" kritisierend *Spindler,* Persönlichkeitsschutz im Internet, S. 117.
249 *Brandenburg/Leuthner,* ZD 2014, 617, 618; *Schaar,* MMR 2001, 644, 645; ähnlich in Bezug auf soziale Netzwerke *Splittgerber,* in: Splittgerber, Rechtsfragen Social Media, Kap. 3 Rn. 6.
250 *Brandenburg/Leuthner,* ZD 2014, 617, 618.
251 *Heckmann,* in: Heckmann, jurisPK-Internetrecht, Kap. 9 Rn. 44; *Splittgerber,* in: Splittgerber, Rechtsfragen Social Media, Kap. 3 Rn. 6.
252 Open System Interconnection – Basic Reference Model ISO/IEC 7498–1:1994; umfassend hierzu *Tanenbaum/Wetherall,* Computer Networks, S. 41 ff.
253 *Schneider,* ZD 2014, 231, 235; *Schütz,* in: Geppert/Schütz, Beck'scher TKG-Kommentar, § 6 Rn. 36 ff.
254 § 1 Abs. 3 Satz 1 BDSG: „Soweit andere Rechtsvorschriften des Bundes auf personenbezogene Daten einschließlich deren Veröffentlichung anzuwenden sind, gehen sie den Vorschriften dieses Gesetzes vor."
255 Dazu siehe oben Kap. 1 § 2 III. 1.

Kap. 1 Grundlagen sozialer Netzwerke und rechtlicher Rahmen

a) Anwendbarkeit des TKG

Art. 95 DSGVO entbindet nationale Umsetzungen der – zeitlich vor der DS-GVO erlassenen – Richtlinie 2002/58/EG[256] vom Anwendungsvorrang der Verordnung.[257] Der Anwendungsbereich der erwähnten Richtlinie ist auf elektronische Kommunikationsdienste beschränkt. Nach Art. 2 lit. c Halbsatz 1 RL 2002/21/EG[258] sind dies Dienste, die gewöhnlich gegen Entgelt erbracht werden und die ganz oder überwiegend in der Übertragung von Signalen über elektronische Kommunikationsnetze bestehen. Art. 2 lit. c Halbsatz 1 RL 2002/21/EG und die Legaldefinition des § 3 Nr. 24 TKG, entsprechen sich weitgehend.[259] Für Dienste, die die Voraussetzungen des § 3 Nr. 24 TKG erfüllen, bleiben die Datenschutzvorschriften der §§ 91 ff. TKG auch nach dem Inkrafttreten der DSGVO folglich anwendbar.[260]

b) Soziale Netzwerke als Kommunikationsdienste

Soziale Netzwerke setzen sich aus einer Vielzahl von Teilangeboten zusammen.[261] Inwieweit Betreiber sozialer Netzwerke als Telekommunikationsdiensteanbieter qualifiziert werden können, ist bislang nicht geklärt. Nachrichten in sozialen Netzwerken sind mit dem Empfang und Versand von E-Mails vergleichbar.[262] Nach einhelliger Meinung unterliegen E-Mail-Übertragungsdienste als Telekommunikationsdienste i. S. d. § 3 Nr. 24 TKG dem telekommunikationsrechtlichen Datenschutz.[263] Im Unterschied zu den vorgenannten Diensten ist

---

256 Richtlinie 2002/58/EG des Europäischen Parlaments und des Rates vom 12. Juli 2002 über die Verarbeitung personenbezogener Daten und den Schutz der Privatsphäre in der elektronischen Kommunikation (Datenschutzrichtlinie für elektronische Kommunikation), Abl. EG Nr. L 201 vom 31.07.2002, S. 31; häufig auch als „ePrivacy-Richtlinie" bezeichnet.
257 Ausführlich zum Verhältnis der DSGVO zur Richtlinie 2002/58/EG *Böhm*, in: Gierschmann/Schlender/Stentzel/Veil, DS-GVO, Art. 95 Rn. 18 ff.; *Golland*, in: Taeger/Gabel, DSGVO, Art. 95 Rn. 4 ff.; *Klabunde/Selmayr*, in: Ehmann/Selmayr, DS-GVO, Art. 95 Rn. 8 ff.; *Kühling/Raab*, in: Kühling/Buchner, DS-GVO/BDSG, Art. 95 Rn. 5 ff.
Zum Verhältnis der DSGVO zu den auf der Richtlinie 2002/58/EG basierenden nationalen Rechtsakten ausführlich *Golland*, in: Taeger/Gabel, DSGVO, Art. 95 Rn. 16 ff.; *Richter*, in: Schwartmann/Jaspers/Thüsing/Kugelmann, DS-GVO/BDSG, Art. 95 Rn. 8 ff.
258 Richtlinie 2002/21/EG des Europäischen Parlaments und des Rates vom 7. März 2002 über einen gemeinsamen Rechtsrahmen für elektronische Kommunikationsnetze und -dienste (Rahmenrichtlinie), Abl. EG Nr. L 108 vom 24.04.2002, S. 33.
259 *Ricke*, in: Spindler/Schuster, Recht der elektronischen Medien, § 3 TKG, Rn. 43; *Schütz*, in: Geppert/Schütz, Beck'scher TKG-Kommentar, § 3 Rn. 78.
260 *Buchner*, DuD 2016, 155, 161; ebenso *Keppeler*, MMR 2015, 779, 781, der die §§ 91 ff. TKG allerdings dann für unanwendbar hält, wenn der nationale Gesetzgeber in seiner Umsetzung von der RL 2002/58/EG abweicht; ebenso *Nebel/Richter*, ZD 2012, 407, die jedoch einzelne Vorschriften, die nicht auf der RL 2002/58/EG beruhen, von dem grundsätzlichen Anwendungsvorrang der §§ 91 ff. TKG ausnehmen wollen.
261 *Karg/Fahl*, K&R 2011, 453, 456.
262 *Kampert*, Datenschutz in sozialen Online-Netzwerken, S. 45; *Karg/Fahl*, K&R 2011, 453, 457.
263 *Büttgen*, in: Geppert/Schütz, Beck'scher TKG-Kommentar, § 91 Rn. 17; *Müller-Broich*, TMG, § 11 Rn. 7; *Munz*, in: Taeger/Gabel, BDSG, § 91 TKG Rn. 7; *Redeker*, IT-Recht, Rn. 1101; *Säcker*, in: Säcker, TKG, § 3 Rn. 72 f.

bei sozialen Netzwerken die Nachrichtenfunktion jedoch nur eine – wenngleich essentielle Funktion sozialer Netzwerke – von mehreren. Daneben werden jedoch auch weitere Funktionen angeboten, sodass es sich um ein gemischtes Angebot handelt.[264]

Ein Teil der Literatur nimmt in den Fällen von Mischdiensten eine Betrachtung des Schwerpunkts des Gesamtdiensts vor.[265] Zwar stellt die Nachrichten- bzw. Chatfunktion einen essentiellen Bestandteil eines sozialen Netzwerks dar, ein Überwiegen kann aufgrund der mannigfaltigen Funktionen, die im Rahmen von sozialen Netzwerken zur Verfügung gestellt werden, nicht angenommen werden.[266] Aufgrund der untergeordneten Funktion im Gesamtdienst „Soziales Netzwerk" wäre eine Anwendung des TKG in diesem Bereich abzulehnen.

Die Gegenmeinung betrachtet den Dienst funktional und nimmt eine – soweit mögliche – gedankliche Aufspaltung des Dienstes vor: Auf die Funktionen, die die Merkmale eines TK-Diensts erfüllen, soll das TKG Anwendung finden; hinsichtlich der übrigen Teile bestimmt sich das anwendbare Datenschutzrecht nach den auf den jeweiligen Teil anzuwendenden Vorschriften.[267] Nur soweit ein Teil nicht isolierbar ist, kommt es auf eine Schwerpunktbetrachtung an.[268] Demnach wäre auf die Verarbeitung von Telekommunikationsdaten bei Nutzung der Chat- und Nachrichtenfunktion das TKG anwendbar; hinsichtlich der weiteren Funktionen die DSGVO sowie ggf. das TMG[269]. Diese Differenzierung ergibt in technischer Hinsicht Sinn: Die Einbindung der Nachrichtenfunktion erfolgt regelmäßig per XMPP-Protokoll,[270] sodass eine systemübergreifende Nutzung dieser Funktionen, etwa durch Instant-Messaging-Clients mit XMPP-Unterstützung[271] oder eigenentwickelte Messaging-Anwendungen[272], möglich wird. Eine Authentisierung des Nutzers erfolgt gegenüber dem jeweiligen XMPP-Server, einer Anmeldung auf der Plattform über das entsprechende Web-Interface bedarf es nicht zwingend.[273] XMPP und HTTP sind vielmehr unterschiedliche

---

264 *Achtruth,* Der rechtliche Schutz bei der Nutzung von Social Networks, S. 44.
265 Vertreten etwa von *Schütz,* in: Geppert/Schütz, Beck'scher TKG-Kommentar, § 3 Rn. 78.
266 Zu den dem Nutzer angebotenen Funktionen siehe oben Kap. 1 § 2 III. 1.
267 *Braun,* in: Geppert/Schütz, Beck'scher TKG-Kommentar, § 91 Rn. 9; *Heckmann,* in: Heckmann, jurisPK-Internetrecht, Kap. 1 Rn. 36, 64; *Karg/Fahl,* K&R 2011, 453, 456; *Kremer,* CR 2012, 438, 441; *Kremer,* RDV 2014, 240, 247; *Munz,* in: Taeger/Gabel, BDSG, § 91 TKG Rn. 7; *Säcker,* in: Säcker, TKG, § 3 Rn. 62 f.; *Schreibauer,* in: Auernhammer, DSGVO/BDSG, Vor §§ 11 ff. TMG Rn. 7; implizit *Moos,* in: Taeger/Gabel, BDSG, Einführung TMG Rn. 5.
268 *Heckmann,* in: Heckmann, jurisPK-Internetrecht, Kap. 1 Rn. 64; *Karg/Fahl,* K&R 2011, 453, 456.
269 Dazu sogleich unten Kap. 1 § 3 III. 3.
270 Kurz für „Extensible Messaging and Presence Protocol", siehe https://de.wikipedia.org/wiki/Extensible_Messaging_and_Presence_Protocol (Stand: 9/2018). Beispielsweise wurde die Chat-Funktion bei Facebook, Google+ und den VZ-Netzwerken per XMPP realisiert.
271 Bekannte Windows-Clients sind z. B. Digsby, Pidgin, Skype, Trillian.
272 Z. B. Facebook Messenger oder Google Hangouts.
273 Konzeptionell sieht das XMPP-Protokoll eine serverübergreifende Kommunikation vor. In sozialen Netzwerken wird die Kommunikation auf netzwerkangehörige XMPP-Server, die nicht dem übergreifenden XMPP-Server-Verbund angehören, beschränkt und so eine Abschottung

Protokolle auf der TCP/IP-Schicht der Anwendungen.[274] Dasselbe gilt für das Verhältnis von XMPP zu den für E-Mail genutzten Protokollen SMTP, POP3, IMAP und SMAP.[275] Insofern wird zurecht von einer technischen Vergleichbarkeit des von ebenfalls auf XMPP basierenden Messengern wie WhatsApp und E-Mail-Diensten ausgegangen.[276] Jedenfalls seien derartige serverbasierte Messenger auch rechtlich wie E-Mail-Dienste zu behandeln.[277]

Die Nachrichtenfunktion ist, soweit sie – wie bei zentralen sozialen Netzwerken üblich[278] – über Server des Betreibers des sozialen Netzwerks und nicht direkt zwischen Nutzern abläuft, damit vergleichbar mit über entsprechende Server versendeten E-Mails[279] oder mit serverbasierten Messengern. Die Implementierung eines solchen Diensts im sozialen Netzwerk stellt sich also als ein „Dienst im Dienst" dar, zu dem die Plattform lediglich den Zugang vermittelt. Gründe für eine unterschiedliche rechtliche Behandlung trotz technisch identischer Abläufe bestehen, wie dargelegt, nicht. Letztere Ansicht ist demnach vorzugswürdig.

c) Verbleibender Regelungsumfang der DSGVO

Umfasst vom Anwendungsbereich des TKG sind Bestandsdaten i. S. d. § 3 Nr. 3 TKG zur Abwicklung der Leistung, wie Name, Anschrift und Rechnungsdaten[280] sowie Verkehrsdaten i. S. d. § 3 Nr. 30 TKG wie Absender, Empfänger, Zeitpunkt und Dauer der Kommunikation[281]. Bei sozialen Netzwerken sind dies in erster Linie Datum, Uhrzeit, Absender und Empfänger einer Nachricht.[282] Der telekommunikationsrechtliche Datenschutz überlagert die DSGVO in ihrem Schutzbereich jedoch lediglich hinsichtlich der Verarbeitung von Kommunikationsdaten. Hinsichtlich dieser Daten sind die §§ 91 ff. TKG auch nach Inkrafttreten der DSGVO anwendbar.

---

gegenüber nicht-netzwerkangehörigen XMPP-Nutzern erzeugt. Voraussetzung ist daher, unabhängig vom genutzten Client, ein Nutzerkonto bei dem jeweiligen Netzwerk. Siehe dazu https://wiki.ubuntuusers.de/XMPP/#Funktionsweise (Stand: 9/2018).

274 Zum protocol stack „TCP/IP" *Borges,* Verträge im elektronischen Geschäftsverkehr, S. 15.
275 Zu den für E-Mail genutzten Protokollen siehe https://de.wikipedia.org/wiki/E-Mail#Zustellung_einer_E-Mail:_beteiligte_Server_und_Protokolle (Stand: 9/2018).
276 *Schneider,* ZD 2014, 231, 232.
277 *Schneider,* ZD 2014, 231, 236 ff., wobei dies nicht für softwarebasierte Messenger gelten soll; implizit auch für den zu XMPP kompatiblen Messenger „Skype" LAG Hamm, AnwBl 2013, 17 Rn. 179.
278 Siehe oben Kap. 1 § 2 II.
279 *Schneider,* ZD 2014, 231, 236.
280 *Büttgen,* in: Geppert/Schütz, Beck'scher TKG-Kommentar, § 3 Rn. 8 f.; *Säcker,* in: Säcker, TKG, § 3 Rn. 9.
281 *Braun,* in: Geppert/Schütz, Beck'scher TKG-Kommentar, § 3 Rn. 93; *Säcker,* in: Säcker, TKG, § 3 Rn. 89.
282 *Karg/Fahl,* K&R 2011, 453, 457.

Für die eigentlichen Inhalte der Kommunikation, d.h. auf Bedeutungsebene, ist die DSGVO allein anwendbar.[283] Darüber hinaus stellen aber auch Datum, Uhrzeit, Absender und Empfänger Inhaltsdaten dar, soweit sie dem Empfänger ebenfalls übermittelt werden und mit dem Nachrichteninhalt direkt verknüpft sind.[284] Das Fernmeldegeheimnis greift dann nicht mehr ein, wenn eine Chatnachricht beim Empfänger angekommen ist.[285] Bei sozialen Netzwerken werden dem Empfänger auch erwähnte Daten i.d.R. mit der Nachricht übermittelt. Diese Daten sind lediglich Inhalte und Umstände einer abgeschlossenen Kommunikation und unterfallen nach Abschluss dieser nicht dem Telekommunikationsdatenschutz.[286] Dies führt zur Anwendbarkeit der allgemeinen datenschutzrechtlichen Vorgaben,[287] d.h. der DSGVO.

d) Ergebnis

Auf die Nachrichten- bzw. Chatfunktion in sozialen Netzwerken findet das TKG prinzipiell Anwendung.[288] Dies mag sich in Zukunft ändern, wenn die ePrivacy-Richtlinie durch die im Gesetzgebungsprozess befindliche ePrivacy-Verordnung[289] abgelöst und – als Verordnung – unmittelbare anwendbar sein wird. Der Nachrichteninhalt wie auch erwähnte Begleitinformationen, die dem Empfänger der Nachrichten übermittelt werden, unterfallen hingegen der DSGVO. Die ePrivacy-Verordnung ist jedoch infolge eines intensiven rechtspolitischen Diskurses Gegenstand anhaltender Diskussionen im Rat; mit einem Geltungsbeginn vor dem Jahr 2021 kann nicht gerechnet werden.[290]

---

283 So hinsichtlich der Anwendbarkeit von TKG und BDSG auf Nachrichten in sozialen Netzwerken *Karg/Fahl*, K&R 2011, 453, 457; in Bezug auf die Inhalte von via Messenger übertragenen Nachrichten auch *Schneider*, ZD 2014, 231, 233.
284 *Karg/Fahl*, K&R 2011, 453, 457.
285 *Scheben/Klos*, CCZ 2013, 88, 93.
286 So für abgespeicherte Chat-Protokolle LAG Hamm, AnwBl 2013, 17 Rn. 179; zustimmend *Scheben/Klos*, CCZ 2013, 88, 92.
287 So in Hinblick auf das BDSG *Scheben/Klos*, CCZ 2013, 88, 92.
288 *Moos*, in: Taeger/Gabel, BDSG, § 11 TMG Rn. 35; *Redeker*, IT-Recht, Rn. 1176; implizit auch *Splittgerber*, in: Splittgerber, Rechtsfragen Social Media, Kap. 3 Rn. 6 f.; offen gelassen von *Kampert*, Datenschutz in sozialen Online-Netzwerken; ebenso *Schneider*, ZD 2014, 231, 237; a.A. *Achtruth*, Der rechtliche Schutz bei der Nutzung von Social Networks, S. 44; *Spindler*, Persönlichkeitsschutz im Internet, S. 117.
289 Verordnung des Europäischen Parlaments und des Rates über die Achtung des Privatlebens und den Schutz personenbezogener Daten in der elektronischen Kommunikation und zur Aufhebung der Richtlinie 2002/58/EG (Verordnung über Privatsphäre und elektronische Kommunikation), COM/2017/010 final - 2017/03 (COD).
290 *Golland*, in: Taeger/Gabel, DSGVO, Art. 95 Rn. 26; *Golland/Ohrtmann*, Die ePrivacy-Verordnung: Stand der Gesetzgebung und Ausblick, abrufbar unter https://www.pwc.de/de/newsletter/it-security-news/eprivacy-verordnung-stand-der-gesetzgebung-und-ausblick.html (Stand: 9/2018).

## 3. Telemedienrecht

Die Frage der Anwendbarkeit des TMG hingegen ist nicht nur für die Betreiber sozialer Netzwerke, sondern auch für die Betreiber von Fansites relevant: Diensteanbieter ist nach der Legaldefinition des § 2 Nr. 1 Halbsatz 1 TMG jede natürliche oder juristische Person, die eigene oder fremde Telemedien zur Nutzung bereithält oder den Zugang zur Nutzung vermittelt. Die Betreiber sozialer Netzwerke bieten Telemedien an und sind daher als Diensteanbieter i. S. d. § 2 Nr. 1 TMG zu qualifizieren.[291] Selbiges gilt auch für die letztgenannten Fansite-Betreiber.[292] Der „normale" Nutzer, der zu persönlichen Zwecken eine Profilseite in einem sozialen Netzwerk betreibt, ist jedoch kein Anbieter von Telemedien, da die wesentlichen Vorgaben bei der Nutzung des Diensts, einschließlich der thematischen Ausrichtung und Gestaltung des Auftritts des Nutzers, vom Netzwerkbetreiber ausgehen.[293] Soweit die Datenschutzregelungen des TMG auch nach Inkrafttreten der DSGVO als vorrangig betrachtet werden können, griffe in dessen Anwendungsbereich für Netzwerk- und Fansite-Betreiber der bereichsspezifische Datenschutz nach §§ 11 15a TMG.

### a) Problemstellung

Wurden bei der Inanspruchnahme von Telemedien personenbezogene Daten verarbeitet, z. B. bei Eingaben des Nutzers auf einer Website, stellte sich die Frage, ob diese Vorgänge dem Regelungsbereich des TMG oder dem des damaligen BDSG zuzuordnen waren. Die Abgrenzung von Inhaltsdaten einerseits, die dem BDSG a. F. unterfielen, und Bestands- und Nutzungsdaten andererseits, die dem TMG unterfielen, bereitete im Rahmen von Web 2.0-Anwendungen erhebliche Probleme.[294] Insbesondere im Bereich sozialer Netzwerke war völlig unklar, welche Daten in welchem Verhältnis welchem Regelungsregime unterfielen.[295] Die Datenschutzvorschriften des TMG sind ausweislich des § 11 Abs. 1 TMG nur im Verhältnis zwischen Betreiber und Nutzer anwendbar. Soweit Daten Dritter verarbeitet werden, d. h. Nutzer und Betroffener nicht personenidentisch

---

291 *Achtruth,* Der rechtliche Schutz bei der Nutzung von Social Networks, S. 45; *Kampert,* Datenschutz in sozialen Online-Netzwerken, S. 36; *Karg/Fahl,* K&R 2011, 453, 456; *Splittgerber,* in: Splittgerber, Rechtsfragen Social Media, Kap. 3 Rn. 6; implizit auch *Martini/Fritzsche,* NVwZ-Extra 2015, Nr. 21, 1, 2; *Nebel/Richter,* ZD 2012, 407, 410, die von einer Anwendbarkeit des TMG auf Netzwerkbetreiber ausgehen.
292 OVG Schleswig-Holstein, CR 2014, 801; VG Schleswig, K&R 2013, 824, 825; *Martini/Fritzsche,* NVwZ-Extra 2015, Nr. 21, 1, 4; *Micklitz/Schirmbacher,* in: Spindler/Schuster, Recht der elektronischen Medien, § 5 TMG Rn. 7; *Moos,* in: Taeger/Gabel, BDSG, Einführung TMG Rn. 5; *Splittgerber,* in: Splittgerber, Rechtsfragen Social Media, Kap. 3 Rn. 7.
293 *Jandt/Roßnagel,* ZD 2011, 160, 162; *Jandt/Roßnagel,* in: Schenk/Niemann/Reinmann/Roßnagel, Digitale Privatsphäre, S. 350; ohne nähere Begründung auch *Föhlisch,* in: Hoeren/Sieber/Holznagel, Multimedia-Recht, Teil 13.4 Rn. 53; *Ricke,* in: Spindler/Schuster, Recht der elektronischen Medien, § 2 TMG Rn. 1.
294 *Boos/Kroschwald/Wicker,* ZD 2013, 205, 209; *Schüßler,* DSRITB 2010, 233, 241 f.
295 Ausführlich dazu *Achtruth,* Der rechtliche Schutz bei der Nutzung von Social Networks, S. 79 ff.; *Kampert,* Datenschutz in sozialen Online-Netzwerken, S. 37 ff.

§ 3 Normative Grundlagen des Datenschutzrechts

sind – was im Bereich sozialer Netzwerke mehr Regelfall als Ausnahme ist[296] – findet das TMG daher keine Anwendung. In dieser Konstellation, die bei Entstehung des TMG nicht berücksichtigt wurde,[297] war das BDSG a.F. subsidiär anzuwenden.[298] Eine solche zu erheblichen Abgrenzungsschwierigkeiten führende Differenzierung zwischen Nutzungs- und Inhaltsdaten vermag nicht zu überzeugen, da einheitliche Sachverhalte verschiedenen Regelungsregimes unterworfen werden.[299] Zudem werden in sozialen Netzwerken Profildaten, die nicht zur Abwicklung des Vertragsverhältnisses mit dem Nutzer erforderlich sind, etwa Name, Alter, Wohnort etc., anderen Nutzern übermittelt.[300] Als Lösung wurde teils dazu tendiert, die im Rahmen von sozialen Netzwerken übermittelten Profildaten überwiegend dem BDSG a.F. zu unterstellen, da diese lediglich im Rahmen der Nutzung übermittelt werden würden, teils dazu tendiert, die Daten überwiegend dem TMG zu unterstellen, da die Erbringung eines solchen Diensts ohne Übermittlung dieser Daten überhaupt nicht möglich wäre.[301] Auch die Behandlung von Datenschutzverstößen warf Probleme auf, da vergleichbare Datenschutzverstöße mit unterschiedlichen Sanktionen bewehrt waren.[302]

Zu Recht wurde die Sinnhaftigkeit dieser künstlichen Grenzziehung zwischen Bestands-, Nutzungs- und Inhaltsdaten im Bereich sozialer Netzwerke zur Zeit der Geltung von TMG und damaligem BDSG angezweifelt,[303] von *Buchner* gar als „willkürlich"[304] bezeichnet.

b) Vorrang der DSGVO

Nach Inkrafttreten der DSGVO stellt sich jedoch die Frage, ob diese eine Sperrwirkung gegenüber den datenschutzrechtlichen Vorschriften der §§ 11 ff. TMG entfaltet. Der DSGVO lässt sich nicht unmittelbar entnehmen, wie sich das

---

296 *Kampert*, Datenschutz in sozialen Online-Netzwerken, S. 54.
297 *Jandt*, MMR 2006, 652, 656.
298 *Müller-Broich*, TMG, § 11 Rn. 3; explizit für soziale Netzwerke *Maisch*, Informationelle Selbstbestimmung in Netzwerken, S. 90.
299 *Buchner*, DuD 2012, 767; *Karg/Fahl*, K&R 2011, 453, 458, die wegen der hieraus resultierenden Rechtsunsicherheit ein Tätigwerden des Gesetzgebers forderten; ähnlich *Boos/Kroschwald/Wicker*, ZD 2013, 205, 209, die von systemwidrigen Ergebnissen sprechen; implizit auch *Redeker*, IT-Recht, Rn. 1175, der nicht zwischen BDSG a.F. und TMG differenziert.
300 Zu den einzelnen datenschutzrelevanten Vorgängen siehe unten Kap. 3 § 7 bis Kap. 3 § 9.
301 Erstgenannte Ansicht wird vertreten von *Karg/Fahl*, K&R 2011, 453, 458 unter Verweis auf *Spindler/Nink*; zweitgenannte Ansicht wird vertreten von *Spindler/Nink*, in: Spindler/Schuster, Recht der elektronischen Medien, § 15 TMG Rn. 7 unter Verweis auf *Karg/Fahl*. Bereits dieses gegenseitige Missverständnis skizziert die Problematik der Grenzziehung. Für eine Anwendung des TMG auch *Schüßler*, DSRITB 2010, 233, 242; für eine Anwendung des BDSG *Kampert*, Datenschutz in sozialen Online-Netzwerken, S. 44; *Piltz*, Soziale Netzwerke im Internet, S. 68; wohl auch *Achtruth*, Der rechtliche Schutz bei der Nutzung von Social Networks, S. 83.
302 So lässt § 43 Abs. 3 BDSG ein Bußgeld zu, welches im Einzelfall 300.000 Euro übersteigen kann, § 16 Abs. 3 TMG sieht dagegen eine Deckelung auf 50.000 Euro vor, siehe dazu *Keppeler*, MMR 2015, 779, 781.
303 *Spiecker gen. Döhmann*, K&R 2012, 717, 725, wonach die Unterscheidung zwischen Telemediendiensten und sonstigen Diensten quasi folgenlos sei.
304 *Buchner*, DuD 2012, 767.

Kap. 1 Grundlagen sozialer Netzwerke und rechtlicher Rahmen

durch sie errichtete Regelungsregime zum telemedienrechtlichen Datenschutz verhält. Im Gegensatz zu den datenschutzrechtlichen Vorschriften des TKG[305] sowie den Vorschriften des zweiten und dritten Abschnitts des TMG[306] basieren die Vorschriften der §§ 11 ff. TMG auf einer Zusammenführung der Vorschriften des MDStV und des TDDSG[307] und stellen damit rein nationales Recht dar. Da die DSGVO als europäischer Sekundärrechtsakt Anwendungsvorrang vor den nationalen Vorschriften des TMG genießt,[308] kommt es für die Anwendung des TMG auf die Existenz entsprechender Öffnungsklauseln an.

Aus Art. 95 DSGVO kann kein „Anwendungsvorrang" des TMG hergeleitet werden, da weder das TMG selbst, noch dessen Gesetzgebungsmaterialien die RL 2002/58/EG referenzieren. Darüber hinaus erstreckt sich der Anwendungsbereich der RL 2002/58/EG überwiegend auf elektronische Kommunikationsdienste i. S. v. Art. 3 Abs. 1 RL 2002/58/EG. Dabei handelt es sich im Wesentlichen um Telekommunikationsdienste i. S. d. § 3 Nr. 24 TKG.[309] Gerade für diese soll das TMG jedoch nach § 1 Abs. 1 Halbsatz 2 TMG nicht gelten. Eine Anwendung der §§ 11 ff. TMG auf Grundlage des Art. 95 DSGVO ist daher abzulehnen.[310]

Als einschlägige Öffnungsklausel kommt hier Art. 6 Abs. 2 DSGVO in Betracht. Nach dieser Vorschrift können die Mitgliedstaaten „spezifischere Bestimmungen in Bezug auf die Verarbeitung zur Erfüllung von Art. 6 Abs. 1 Satz 1 lit. c und e DSGVO beibehalten, indem sie Anforderungen für die Verarbeitung sowie sonstige Maßnahmen präziser bestimmen, um eine rechtmäßig und nach Treu und Glauben erfolgende Verarbeitung zu gewährleisten". Art. 6 Abs. 1 Satz 1 lit. c DSGVO erfasst rechtliche Verpflichtungen, die keine vertraglichen oder vorvertraglichen Pflichten gegenüber dem Betroffenen sind,[311] letztere werden vielmehr von Art. 6 Abs. 1 Satz 1 lit. b DSGVO erfasst. Die Datenschutzvorschriften der §§ 11 ff. TMG greifen jedoch nur im Anbieter-Nutzer-Verhältnis.[312]

---

305 Dazu siehe oben Kap. 1 § 3 III. 2. a).
306 Diese basieren weitestgehend auf der Richtlinie 2000/31/EG des Europäischen Parlaments und des Rates vom 8. Juni 2000 über bestimmte rechtliche Aspekte der Dienste der Informationsgesellschaft, insbesondere des elektronischen Geschäftsverkehrs, im Binnenmarkt („Richtlinie über den elektronischen Geschäftsverkehr"), Abl. EG Nr. L 178 vom 17.07.2000, S. 1; häufig auch als „eCommerce-Richtlinie" bezeichnet.
307 Ausführlich *Schulz*, in: Roßnagel, TMG, § 11 Rn. 4 ff.; ebenso *Spindler/Nink*, in: Spindler/Schuster, Recht der elektronischen Medien, § 11 Rn. 1; *Müller-Broich*, TMG, § 11 Rn. 1.
308 Zum grundsätzlichen Anwendungsvorrang der DSGVO oben Kap. 1 § 3 II. 2.
309 Siehe dazu oben Kap. 1 § 3 III. 2. a)
310 *Geminn/Richter,* in: Roßnagel, Europäische Datenschutz-Grundverordnung, § 4 Rn. 267; *Marosi*, DSRITB 2016, 435, 447; ebenso zum identischen Art. 89 des Ratsentwurfs *Keppeler,* MMR 2015, 779, 781; zum Kommissionsentwurf *Gola/Schulz,* ZD 2013, 475, 477; *Nebel/Richter,* ZD 2012, 407, 408.
311 *Heberlein,* in: Ehmann/Selmayr, DS-GVO, Art. 6 Rn. 15; *Kramer*, in: Auernhammer, DSGVO/BDSG, Art. 6 Rn. 20; *Reimer,* in: Sydow, DSGVO, Art. 6 Rn. 24; *Taeger*, in: Taeger/Gabel, DS-GVO, Art. 6 Rn. 66. Die Einordnung von Tarifverträgen ist umstritten, siehe hierzu *Frenzel,* in: Paal/Pauly, DS-GVO/BDSG, Art. 6 Rn. 16.
312 Siehe bereits oben Kap. 1 § 3 III. 3. a).

Durch Registrierung schließt der Nutzer mit dem Anbieter des sozialen Netzwerks einen entsprechenden Nutzungsvertrag.[313] Datenverarbeitungen in einem Vertragsverhältnis können jedoch gerade nicht nach Art. 6 Abs. 1 Satz 1 lit. c DSGVO gerechtfertigt werden.[314] Gemeint sind mit Art. 6 Abs. 1 Satz 1 lit. c DSGVO vielmehr Pflichten, die aus einzelstaatlichen oder gemeinschaftsrechtlichen Vorschriften folgen,[315] wozu etwa Regelungen des Gewerbe-, Arbeits-, Sozial- und Gefahrenabwehrrechts zählen.[316]

Demgegenüber erfasst Art. 6 Abs. 2 i. V. m. Abs. 1 Satz 1 lit. e DSGVO einzelstaatliche Vorschriften zur Datenverarbeitung bei Wahrnehmung einer im öffentlichen Interesse liegenden Aufgabe oder in Ausübung öffentlicher Gewalt. Während sich die zweite Alternative auf öffentliche Stellen bezieht, bezieht sich die erste Alternative auf die Datenverarbeitung durch Private.[317] Diese Vorschrift, die sich in vergleichbarer Form bereits in Art. 7 lit. e DS-RL fand, erfasst Fälle, in denen eine öffentliche Aufgabe oder die Ausübung öffentlicher Gewalt dem Verantwortlichen übertragen wurde.[318] Erforderlich ist, dass ein Privater als Beliehener zu einem im öffentlichen Interesse liegenden Zweck tätig wird.[319] Im rein privatrechtlichen Kontext der Beteiligten in sozialen Netzwerken ist eine solche Beleihung nicht denkbar.[320] Zudem nennen die Erwägungsgründe 45 Satz 6 und 46 Satz 3 als öffentliche Interessen beispielhaft gesundheitliche Zwecke, soziale Sicherheit, Gesundheitsfürsorge und humanitäre Zwecke. Ein grundsätzliches öffentliches Interesse an der TMG-Datenverarbeitung besteht dagegen nicht.[321] Zudem muss die Vorschrift, um nicht die vereinheitlichende Wirkung der DSGVO auszuhöhlen, eng ausgelegt werden.[322]

Art. 6 Abs. 2 DSGVO findet daher in den hier untersuchten Konstellationen keine Anwendung. Dafür spricht auch das Urteil des EuGH in der Rechtssache „Breyer": Da der EuGH die Vereinbarkeit von § 15 TMG mit der DS-RL le-

---

313 Zur Vertragstypologie *Bräutigam/v. Sonnleithner*, in: Hornung/Müller-Terpitz, Rechtshandbuch Social Media, Rn. 14 ff.; *Redeker*, in: Hoeren/Sieber/Holznagel, Multimedia-Recht, Teil 12 Rn. 419 ff.; *Redeker*, IT-Recht, Rn. 1173 ff.
314 I. E. auch *Marosi*, DSRITB 2016, 435, 448.
315 In Bezug auf den gleichlautenden Art. 7 lit. c DS-RL *Ehmann/Helfrich*, EG-Datenschutzrichtlinie, Art. 7 Rn. 22; von „klassischen Staatsaufgaben" sprechend *Albrecht/Jotzo*, Datenschutzrecht der EU, Teil 3 Rn. 47.
316 *Frenzel*, in: Paal/Pauly, DS-GVO/BDSG, Art. 6 Rn. 17 mit zahlreichen Beispielen.
317 *Schaller*, in: Roßnagel, Europäische Datenschutz-Grundverordnung, § 4 Rn. 11.
318 *Frenzel*, in: Paal/Pauly, DS-GVO/BDSG, Art. 6 Rn. 23; in Bezug auf Art. 7 lit. e DS-RL *Dammann/Simitis*, EG-Datenschutzrichtlinie, Art. 7 Rn. 10; *Ehmann/Helfrich*, EG-Datenschutzrichtlinie, Art. 7 Rn. 25.
319 *Frenzel*, in: Paal/Pauly, DS-GVO/BDSG, Art. 6 Rn. 24 f.; in Bezug auf Art. 7 lit. e DS-RL *Ehmann/Helfrich*, EG-Datenschutzrichtlinie, Art. 7 Rn. 25; ähnlich *Dammann/Simitis*, EG-Datenschutzrichtlinie, Art. 7 Rn. 10, die eine Aufgabenübertragung durch einen Verwaltungsrechtsakt fordern.
320 So i. E. auch *Marosi*, DSRITB 2016, 435, 448, der eine Anwendung der §§ 11 ff. TMG lediglich auf öffentliche Stellen für möglich hält.
321 So zum Ratsentwurf *Keppeler*, MMR 2015, 779, 781.
322 So zum Ratsentwurf *Keppeler*, MMR 2015, 779, 781.

diglich anhand des Art. 7 lit. f DS-RL – dem heutigen Art. 6 Abs. 1 Satz 1 lit. f DSGVO – prüft,[323] nimmt er implizit vorweg, dass § 15 TMG keine mitgliedstaatliche Vorschrift zur Umsetzung von Art. 7 lit. c und e DS-RL darstellt. Da die Äußerungen des EuGH zum Verhältnis von § 15 TMG zur DS-RL auch auf die übrigen datenschutzrechtlichen Vorschriften des TMG übertragen werden können[324] und die Art. 7 lit. c und e DS-RL den in Art. 6 Abs. 2 DSGVO referenzierten Art. 6 Abs. 1 Satz 1 lit. c und e DSGVO inhaltlich entsprechen, spricht auch das Urteil des EuGH für eine Nichtanwendbarkeit der §§ 11 ff. DSGVO auf Grundlage des Art. 6 Abs. 2 DSGVO. Darüber hinaus würde eine bereichsspezifische Regulierung des Onlinebereichs dem Anspruch der DSGVO widersprechen, Datenschutz technologieneutral, wie es Erwägungsgrund 15 vorsieht, zu gewährleisten.[325] Im Ergebnis ist eine Anwendung der §§ 11 ff. TMG im Kontext der vorliegenden Untersuchung abzulehnen.[326]

c) Ergebnis

Soweit Telemediendienste erbracht werden, werden die Vorschriften der §§ 11 ff. TMG durch die Vorschriften der DSGVO verdrängt. Dies erscheint im Hinblick auf die Rechtsvereinheitlichung begrüßenswert. Die ehemalige, dem deutschen Datenschutzrecht inhärente und problematische Differenzierung zwischen Bestands- und Nutzungsdaten einerseits und Inhaltsdaten auf der anderen Seite ist somit obsolet. Die Verarbeitung von zuvor vom BDSG erfassten Inhaltsdaten wie auch die Verarbeitung der vom TMG erfassten Nutzungs- und Bestandsdaten richtet sich damit allein nach der DSGVO.

---

323 EuGH, NJW 2016, 3579 Rn. 54 ff.
324 *Eckhardt,* CR 2016, 786, 790; *Kring/Marosi,* K&R 2016, 773, 776.
325 *Buchner,* DuD 2016, 155, 161.
326 Vgl. *Buchner,* DuD 2016, 155, 161; *Marosi,* DSRITB 2016, 435, 449 (mit Ausnahme des § 13 Abs. 5 TMG); *Schantz,* NJW 2016, 1841, 1841 f.; ohne nähere Begründung *Eckhardt,* CR 2016, 786, 790; implizit *Härting,* DSGVO, Rn. 421; *Kampert,* Datenschutz in sozialen Online-Netzwerken, S. 223 und *Schleipfer,* ZD 2017, 460, 462, die von einer Anwendung der DSGVO auf Nutzungs- und Bestandsdaten ausgehen; zum Ratsentwurf bereits *Roßnagel/Richter/Nebel,* ZD 2013, 103 f.; *Keppeler,* MMR 2015, 779, 781; i. E. auch *Gemmn/Richter,* in: Roßnagel, Europäische Datenschutz-Grundverordnung, § 4 Rn. 270, die die §§ 11 ff. TMG nur in den – vorliegend nicht einschlägigen – Ausnahmen des Art. 6 Abs. 1 Satz 1 lit. c und e DSGVO anwenden wollen; wohl auch *Voigt/Skistims,* BB 2016, 2834, die eine Aufhebung der §§ 11 ff. TMG fordern.

# Kap. 2 Schutzbereich der Datenschutz-Grundverordnung

Der wesentliche datenschutzrechtliche Rechtsrahmen in sozialen Netzwerken wird durch die europäische Datenschutz-Grundverordnung vorgegeben. Schutzsubjekte des Datenschutzes sind, anders als der Begriff „Datenschutz" es vermuten lässt, nicht die Daten, sondern die Betroffenen als natürliche Personen, deren Grundrechte und Grundfreiheiten durch die Preisgabe von Daten gefährdet werden können.[327] Der Anwendungsbereich der DSGVO gliedert sich in einen sachlichen Anwendungsbereich (dazu sogleich § 4) und einen räumlichen Anwendungsbereich (dazu unten § 5).

## § 4 Die Verarbeitung personenbezogener Daten

Dreh- und Angelpunkt jedes datenschutzrechtlichen Normenkatalogs ist die Verarbeitung personenbezogener Daten. Nur wenn Daten verarbeitet werden (dazu unten I.) und diese personenbezogen sind (dazu unten II.), greifen die datenschutzrechtlichen Bestimmungen. In sozialen Netzwerken werden zahlreiche Daten von Nutzern eingegeben; auch fallen zahlreiche Daten durch die Nutzung des Netzwerks an. Daher wird im Anschluss untersucht, welche typischerweise verarbeiteten Daten Personenbezug aufweisen (dazu unten III.). Der letzte Abschnitt des Kapitels befasst sich mit der Frage, unter welchen Umständen die Datenverarbeitung vom sachlichen Anwendungsbereich der DSGVO ausgenommen ist (dazu unten IV.).

In sachlicher Hinsicht gilt die Datenschutz-Grundverordnung nach Art. 2 Abs. 1 DSGVO „für die ganz oder teilweise automatisierte Verarbeitung personenbezogener Daten sowie für die nichtautomatisierte Verarbeitung personenbezogener Daten, die in einem Dateisystem gespeichert sind oder gespeichert werden sollen". Art. 2 Abs. 1 DSGVO entspricht damit inhaltlich Art. 3 Abs. 1 DS-RL. Auch die Definition der Verarbeitung in Art. 4 Nr. 2 DSGVO sowie die der personenbezogenen Daten in Art. 4 Nr. 1 DSGVO entsprechen weitgehend den Definitionen in Art. 2 lit. a, b DS-RL. Für den sachlichen Anwendungsbereich ergeben sich daher keine wesentlichen Änderungen im Vergleich zum vor Inkrafttreten der DSGVO geltenden Recht.

### I. Verarbeitung

Das europäische Datenschutzrecht kennt – im Gegensatz zum BDSG a. F.[328] – nur einen datenschutzrechtlich relevanten Vorgang: Die Verarbeitung, welche

---
327 Vgl. Erwägungsgrund 2 der DSGVO.
328 Das BDSG a. F. verwendete einen engen Verarbeitungsbegriff und differenzierte zwischen Verarbeitung, Erhebung und Nutzung, *Gola/Klug/Körffer*, in: Gola/Schomerus, BDSG, § 3 Rn. 1,

in Art. 4 Nr. 2 DSGVO als „jeder mit oder ohne Hilfe automatisierter Verfahren ausgeführte Vorgang oder jede solche Vorgangsreihe im Zusammenhang mit personenbezogenen Daten wie das Erheben, das Erfassen, die Organisation, das Ordnen, die Speicherung, die Anpassung oder Veränderung, das Auslesen, das Abfragen, die Verwendung, die Weitergabe durch Übermittlung, Verbreitung oder eine andere Form der Bereitstellung, den Abgleich oder die Verknüpfung, die Einschränkung, das Löschen oder die Vernichtung" definiert wird. Die einzelnen Begrifflichkeiten werden, anders als in § 3 Abs. 3 bis 5 BDSG a. F., nicht weiter definiert.[329] Der umfassende Verarbeitungsbegriff des europäischen Datenschutzrechts bezeichnet letztlich jeden Umgang[330] mit personenbezogenen Daten.[331] Im Kontext sozialer Netzwerke sind demnach sämtliche Vorgänge, sofern diese personenbezogene Daten betreffen, etwa die Verarbeitung in Zusammenhang mit dem Ausfüllen eines Profils, einem Statusupdate oder der Verlinkung anderer Mitglieder, grundsätzlich erfasst.[332]

## II. Der Begriff des „personenbezogenen Datums"

Regelungsobjekt und Schutzgut des Datenschutzes sind personenbezogene Daten. Personenbezogene Daten sind nach der Legaldefinition des Art. 4 Nr. 1 Halbsatz 1 DSGVO alle Informationen, die sich auf eine identifizierte oder identifizierbare natürliche Person beziehen. Die hinter den personenbezogenen Daten stehende Person wird als „betroffene Person" oder kurz als „Betroffener" bezeichnet. Nach Erwägungsgrund 27 Satz 1 der DSGVO soll die DSGVO nicht für verstorbene Personen gelten.[333] Werden Daten einer verstorbenen Person ver-

---

15; *Scheja,* in: Leupold/Glossner, Anwaltshandbuch IT-Recht, Teil 4 Rn. 41; *Weichert,* in: Däubler/Klebe/Wedde/Weichert, BDSG, § 3 Rn. 28 f.
329 Hierzu kritisch *Eckhardt/Kramer,* DuD 2013, 287, 290; von einer Entbehrlichkeit der Definition sprechend *Gola,* in: Gola, DS-GVO, Art. 4 Rn. 30.
330 Der Begriff des Datenumgangs kann mit Blick auf die in § 1 Abs. 1 BDSG a. F. normierte Zwecksetzung als Oberbegriff für sämtliche Datenverarbeitungsvorgänge (*Schmitz,* in: Gierschmann/Säugling, BDSG, § 3 Rn. 57) und somit als Synonym zum Begriff der Verarbeitung i. S. d. Art. 4 Nr. 2 DSGVO verstanden werden.
331 *Arning/Rothkegel,* in: Taeger/Gabel, DSGVO, Art. 4 Rn. 53; *Herbst,* in: Kühling/Buchner, DS-GVO/BDSG, Art. 4 Nr. 2 Rn. 3; *Plath,* in: Plath, DSGVO/BDSG, Art. 4 Rn. 4; vgl. zur DS-RL *Ehmann/Helfrich,* EG-Datenschutzrichtlinie, Art. 2 Rn. 28.
332 Zu den relevanten Vorgängen im Einzelnen unter Kap. 3 § 7 bis Kap. 3 § 9.
333 Nicht geregelt ist, ob das ungeborene Leben durch die DSGVO geschützt wird. Nach der hier vertretenen Ansicht unterfallen potentiell personenbezogene Daten, d. h. solche, bei denen absehbar ist, dass zukünftig ein Bezug zu einer identifizierbaren natürlichen Person herstellbar sein wird, dem Schutzbereich (siehe dazu unten Kap. 2 § 4 II. 3. d) cc)). Konsequenterweise muss dies auch dann gelten, wenn absehbar ist, dass sich die Daten auf eine zukünftig lebende Person beziehen. Denkbar sind diese – seltenen – Fälle etwa dann, wenn ein in einem sozialen Netzwerk ein Ultraschallbild des Kindes durch die Mutter verbreitet wird; a. A. aber offenbar *Ernst,* in: Paal/Pauly, DS-GVO/BDSG, Art. 4 Rn. 4; *Klar/Kühling,* in: Kühling/Buchner, DS-GVO/BDSG, Art. 4 Nr. 1 Rn. 7; offengelassen von *Arning/Rothkegel,* in: Taeger/Gabel, DS-GVO, Art. 4 Rn. 21 und *Ziebarth,* in: Sydow, DSGVO, Art. 4 Rn. 12.

arbeitet, ist sie datenschutzrechtlich nicht schutzwürdig.[334] Verstirbt eine Person, können ihre Daten daher (datenschutzrechtlich) unbeschränkt in einem sozialen Netzwerk verarbeitet werden. Abstufungen innerhalb des Schutzguts „personenbezogene Daten" kennt das Datenschutzrecht nicht, sodass „gleichsam das Backen und der Verzehr von Brot über den Umgang mit einzelnen Mehlkörnern oder Brotkrümeln"[335] geregelt werden. Der europäische Gesetzgeber hielt jedoch am Begriff des personenbezogenen Datums fest.[336]

## 1. Informationen

Vorausgesetzt wird nach Art. 4 Nr. 1 DSGVO zunächst eine Information. Das BDSG a. F. sprach, abweichend von Art. 2 lit. a DS-RL, noch von „Einzelangaben". Bei Einzelangaben sollte es sich um Informationen handeln, die sich auf eine bestimmte einzelne natürliche Person beziehen oder geeignet sind, einen Bezug zu selbiger herzustellen.[337] Letztlich umfasst der Begriff der „Angabe" jede Information,[338] sodass sich hier keine Unterschiede zur Rechtslage nach dem BDSG a. F. ergeben. Die Information muss weder wahr noch bewiesen sein.[339] Damit kommt diesem terminologischen Unterschied keine inhaltliche Bedeutung zu. Erfasst werden sämtliche Informationen unabhängig vom Informationsträger,[340] sodass auch die in sozialen Netzwerken regelmäßig an-

---

334 So auch die h. M. in der Literatur, siehe *Arning/Rothkegel*, in: Taeger/Gabel, DSGVO, Art. 4 Rn. 18; *Ernst*, in: Paal/Pauly, DS-GVO/BDSG, Art. 4 Rn. 4; *Klar/Kühling*, in: Kühling/Buchner, DS-GVO/BDSG, Art. 4 Nr. 1 Rn. 5; *Schreiber*, in: Plath, DSGVO/BDSG, Art. 4 Rn. 5; zur Rechtslage nach dem BDSG a. F. *Dammann*, in: Simitis, BDSG, § 3 Rn. 17; *Gola/Klug/Körffer*, in: Gola/Schomerus, BDSG, § 3 Rn. 12; *Schaffland/Wiltfang*, BDSG, § 3 Rn. 3; *Weichert*, in: Däubler/Klebe/Wedde/Weichert, BDSG, § 3 Rn. 4.
A. A. *Bergmann/Möhrle/Herb*, BDSG, § 3 Rn. 5; *Culmsee*, DSRITB 2013, 413, 417; *Heinemann/Heinemann*, DuD 2013, 242, 245; *Martini*, JZ 2012, 1145, 1148.
335 In Bezug auf das BDSG a. F. *Schneider*, AnwBl 2011, 233, 235.
336 Kritisch siehe *Buchholtz*, AöR 140 (2015), 121, 136; *Buchholtz*, ZD 2015, 570, 573, wonach es „nicht interessengerecht" sei, jedem personenbezogenen Datum den gleichen Schutz zuzusprechen. Anscheinend übersieht die Verfasserin dabei Art. 9 DSGVO sowie die Abwägungstatbestände, insbesondere Art. 6 Abs. 1 Satz 1 lit. f DSGVO (siehe dazu unten Kap. 4 § 10 II. 3 sowie ausführlich zu den einzelnen Abwägungskriterien unten Kap. 4 § 11 IV. 2) und den risikobasierten Ansatz, der etwa in Bezug auf Datensicherheit in Art. 32 DSGVO zum Ausdruck kommt: Siehe dazu auch *Schneider/Härting*, CR 2014, 306, 308, die die Differenzierungsmöglichkeiten der DSGVO nicht für ausreichend erachten.
337 Vgl. zu § 3 BDSG a. F. *Gola/Klug/Körffer*, in: Gola/Schomerus, BDSG, § 3 Rn. 3.
338 *Arning/Rothkegel*, in: Taeger/Gabel, DSGVO, Art. 4 Rn. 5; vgl. zu § 3 BDSG a. F. *Dammann*, in: Simitis, BDSG, § 3 Rn. 5; ebenso in Auslegung der DS-RL *Art.-29-Datenschutzgruppe*, WP 136, S. 7.
339 *Klabunde*, in: Ehmann/Selmayr, DS-GVO; Art. 4 Rn. 7; *Ziebarth*, in: Sydow, DSGVO, Art. 4 Rn. 41; zur DS-RL *Art.-29-Datenschutzgruppe*, WP 136, S. 7. *Schucan*, Datenbanken und Persönlichkeitsschutz, S. 110 f. fordert aus dem Umstand, dass bei der Verarbeitung von personenbezogenen Daten beeinflussende Informationen vermieden werden sollten.
340 Erwägungsgrund 15 der DSGVO; siehe auch *Arning/Rothkegel*, in: Taeger/Gabel, DSGVO, Art. 4 Rn. 7; vgl. zur DS-RL *Art.-29-Datenschutzgruppe*, WP 136, S. 8; zum BDSG a. F. *Dammann*, in: Simitis, BDSG, § 3 Rn. 4.

fallenden Bild- und Tonaufnahmen als Medium personenbezogener Daten fungieren können.

## 2. Personenbezug

Ausweislich des Wortlauts von Art. 4 Nr. 1 DSGVO muss sich die Information auf eine natürliche Person „beziehen". Nach Ansicht der *Art.-29-Datenschutzgruppe*[341] kann sich ein solcher Bezug von Informationen auf eine Person aus drei Elementen ergeben: Durch ein sogenanntes Inhaltselement (es handelt sich um eine Information über die Person), ein sogenanntes Zweckelement (es handelt sich um eine Information, die dazu verwendet werden kann, eine Person in einer bestimmten Weise zu beurteilen, zu behandeln, ihre Stellung oder ihr Verhalten zu beeinflussen) oder ein sogenanntes Ergebniselement (es handelt sich um eine Information, deren Verwendung sich auf die Rechte und Interessen einer Person auswirken).[342] Die Elemente können kumulativ vorliegen,[343] es ist jedoch ausreichend, wenn eines der genannten Elemente vorliegt.[344]

Anonyme Daten[345] und anonymisierte Daten[346] sind vom Anwendungsbereich der DSGVO nicht erfasst.[347] Anonyme Daten haben keinen Personenbezug. Unter diesen Oberbegriff der anonymen Daten fallen zum einen Sachdaten, zum anderen sog. Sammeldaten oder -angaben. Sachdaten sind Informationen, denen eine exklusive Zuordnung zu einer Person fehlt.[348] Isoliert verarbeitete Sachdaten unterfallen nicht dem Anwendungsbereich des DSGVO.[349] Sachdaten erhalten erst dann Personenbezug, wenn sie die Sache identifizieren und die Person-Sach-Beziehung charakterisieren,[350] d. h. wenn sie mit einer Person verknüpft sind oder die Verknüpfung intendiert wird.[351] Charakterisierend für den

---

341 Ersetzt zum 25. Mai 2018 durch den gem. Art. 68 DSGVO eingerichteten Europäischen Datenschutzausschuss.
342 *Art.-29-Datenschutzgruppe*, WP 136, S. 11 ff.
343 *Art.-29-Datenschutzgruppe*, WP 136, S. 14.
344 *Art.-29-Datenschutzgruppe*, WP 136, S. 11, 13.
345 Erwägungsgrund 26 Satz 5 Halbsatz 1 der DSGVO.
346 Erwägungsgrund 26 Satz 5 Halbsatz 2 der DSGVO; *Ziebarth*, in: Sydow, DSGVO, Art. 4 Rn. 24; zu § 3 Abs. 1 BDSG a. F. bereits *Gola/Klug/Körffer*, in: Gola/Schomerus, BDSG, § 3 Rn. 3; *Weichert*, in: Däubler/Klebe/Wedde/Weichert, BDSG, § 3 Rn. 13.
347 A. A. *Boehme-Neßler*, NVwZ 2014, 825, 827; *Giesen*, CR 2012, 550, 551; *Giesen*, in: Stiftung Datenschutz, Zukunft der informationellen Selbstbestimmung, S. 26, wonach ausnahmslos alle Daten personenbezogen sind.
348 *Klar/Kühling*, in: Kühling/Buchner, DS-GVO/BDSG, Art. 4 Nr. 1 Rn. 12; zum BDSG a. F. bereits *Dammann*, in: Simitis, BDSG, § 3 Rn. 57; *Karg*, DuD 2015, 520, 522.
349 *Ernst*, in: Paal/Pauly, DS-GVO/BDSG, Art. 4 Rn. 6; *Klar/Kühling*, in: Kühling/Buchner, DS-GVO/BDSG, Art. 4 Nr. 1 Rn. 12; vgl. zum BDSG a. F. *Dammann*, in: Simitis, BDSG, § 3 Rn. 59; ohne nähere Begründung auch *Gola/Klug/Körffer*, in: Gola/Schomerus, BDSG, § 3 Rn. 3.
350 *Klar/Kühling*, in: Kühling/Buchner, DS-GVO/BDSG, Art. 4 Nr. 1 Rn. 13; vgl. zum BDSG a. F. *Dammann*, in: Simitis, BDSG, § 3 Rn. 59 f.
351 *Dammann*, in: Simitis, BDSG, § 3 Rn. 59; treffend *Karg*, DuD 2015, 520, 521, der feststellt, dass „nicht der Inhalt des Datums, sondern die Verbindung zur Person die rechtliche Schutzwirkung auslöst".

Personenbezug ist also ein dem Datum innewohnender Zuweisungsgehalt von Sachinformation zu einer natürlichen Person. Beispielsweise handelt es sich bei der Aussage „Das Auto ist blau." um ein reines Sachdatum; die Aussage „Das blaue Auto gehört Person X." weist hingegen die erforderliche Referenz und damit Personenbezug auf. Ferner handelt es sich bei Sammelangaben, d. h. Angaben über Personengruppen, grundsätzlich nicht um personenbezogene Daten.[352]

Anonymisierte Daten sind solche, bei denen der Personenbezug irreversibel entfernt wurde.[353] Diese sind ihrerseits abzugrenzen von pseudonymisierten Daten. Pseudonymisierte Daten unterfallen dem sachlichen Anwendungsbereich der DSGVO.[354] Kennzeichnend für pseudonymisierte Daten ist die Existenz von Zuordnungsfunktionen bzw. Zuordnungsschlüsseln, mit deren Kenntnis sich ein Personenbezug herstellen lässt.[355]

### 3. Identifizierbarkeit der Person

Vom Anwendungsbereich der DSGVO erfasst sind nur die Daten, die sich auf eine identifizierte oder identifizierbare natürliche Person beziehen. Art. 4 Nr. 1 Halbsatz 2 DSGVO führt dazu aus, dass Identifizierbarkeit dann vorliegt, wenn die natürliche Person direkt oder indirekt identifiziert werden kann. Sowohl die Vorgängerregelung in Art. 2 lit. a DS-RL als auch Art. 4 Nr. 1 DSGVO sprechen in der englischen Originalsprache von „identified or identifiable natural person". Das in § 3 Abs. 1 BDSG a. F. verwendete Begriffspaar „bestimmt/bestimmbar" entspricht daher inhaltlich dem in der DSGVO verwendeten „identifiziert/

---

352 *Kühling/Klar,* in: Kühling/Buchner, DS-GVO/BDSG, Art. 4 Nr. 1 Rn. 15; ebenso Umkehrschluss aus *Gola,* in: Gola, DS-GVO, Art. 4 Rn. 7; für den Bereich sozialer Netzwerke *Splittgerber,* in: Splittgerber, Praxishandbuch Rechtsfragen Social Media, Kap. 3 Rn. 34; allgemein zum BDSG a. F. *Gola/Klug/Körffer,* in: Gola/Schomerus, BDSG, § 3 Rn. 3; ausführlich dazu siehe unten Kap. 2 § 4 II. 3. b).
353 Vgl. Erwägungsgrund 26 Satz 5 Halbsatz 2 der DSGVO.
354 Siehe Erwägungsgrund 26 Satz 1 der DSGVO; siehe auch *Klabunde,* in: Ehmann/Selmayr, DS-GVO, Art. 4 Rn. 15 („keine Wirkung auf den Personenbezug"); *Ziebarth,* in: Sydow, DSGVO, Art. 4 Rn. 29. Dies ergibt sich ferner aus Art. 6 Abs. 4 lit. e, Art. 25 Abs. 1, Art. 32 Abs. 1 lit. a DSGVO, die die Pseudonymisierung als Maßnahme zum Schutz personenbezogener Daten vorsehen; a. A. zu BDSG und TDDSG *Yildirim,* Datenschutz im eGovernment, S. 155 ff., wonach auch auf pseudonyme Daten das Datenschutzrecht nicht anzuwenden sei.
355 *Borges,* in: Borges/Meents, Rechtshandbuch Cloud Computing, § 6 Rn. 32 f.; *Härting,* NJW 2013, 2065, 2066 f.; *Jandt/Roßnagel,* in: Schenk/Niemann/Reinmann/Roßnagel, Digitale Privatsphäre, S. 343 f.; *Karg,* DuD 2015, 520, 521; *Kroschwald,* ZD 2014, 75, 77; *Roßnagel,* in: Roßnagel/Banzhaf/Grimm, Datenschutz im eCommerce, S. 151; *Stiemerling/Hartung,* CR 2012, 60, 63. Auch die Verschlüsselung führt lediglich zur Pseudonymisierung und lässt den Personenbezug – zumindest für den Inhaber des Schlüssels – nicht entfallen, *Borges,* in: Borges/Meents, Rechtshandbuch Cloud Computing, § 6 Rn. 35; *Brennscheidt,* Cloud Computing und Datenschutz 52 f.; *Knopp,* DuD 2015, 528, 529; *Kroschwald,* ZD 2014, 75, 77; *Stiemerling/Hartung,* CR 2012, 60, 64.

identifizierbar",[356] das nunmehr lediglich sprachlich an die Originalsprache angepasst wurde.

Zunächst ist zu klären, was die Unterschiede zwischen „identifiziert" und „identifizierbar" sind. Hinsichtlich der Identifizierbarkeit ist zuvorderst relevant, ob die Information überhaupt abstrakt die Bestimmung einer natürlichen Person ermöglicht. Sofern das betreffende Datum abstrakt geeignet ist, eine Person zu identifizieren, stellt sich die Frage, auf wessen Perspektive dabei abzustellen ist, d.h. wer über die Möglichkeit, das abstrakt zur Identifizierung geeignete Datum einer natürlichen Person zuordnen zu können, verfügen muss. Zuletzt ist zu beurteilen, ob und in welchem Umfang weitere Informationen berücksichtigt werden müssen.

a) Identifiziert oder identifizierbar

Identifiziert bzw. bestimmt ist eine natürliche Person, wenn feststeht, dass sich die Daten auf diese Person beziehen.[357] Daten beziehen sich auf eine bestimmte Person, wenn die Identität der Person unmittelbar aus der Information selbst folgt, d.h. wenn die Information ein Identifikationsmerkmal enthält, das eine eindeutige Identifikation erlaubt (z.B. Name).[358] Voraussetzung dieser Feststellung und damit der Bestimmtheit ist ein sicherer Schluss auf die Identität der Person.[359] Die Bestimmtheit ist somit Ergebnis eines Bestimmungsprocederes, dessen Erfolg seinerseits die Bestimmbarkeit voraussetzt. Entscheidend für die Frage, ob ein personenbezogenes Datum vorliegt, ist daher vielmehr die Bestimmbarkeit.[360] Die Bestimmbarkeit setzt voraus, dass grundsätzlich die Möglichkeit besteht, die Identität durch Verknüpfung mit weiteren Informationen festzustellen.[361] Diese Bestimmbarkeit bzw. – nach dem heute maßgeblichen Wortlaut – Identifizierbarkeit entscheidet letztlich über Anwendbarkeit und Nichtanwendbarkeit des Datenschutzrechts.[362]

---

356 *Ernst,* in: Paal/Pauly, DS-GVO/BDSG, Art. 4 Rn. 3; *Klabunde,* in: Ehmann/Selmayr, DS-GVO, Art. 4 Rn. 12; *Schreiber,* in: Plath, DSGVO/BDSG, Art. 4 Rn. 6.
357 Art.-29-Datenschutzgruppe, WP 136, S. 14; *Klar/Kühling,* in: Kühling/Buchner, DS-GVO/BDSG, Art. 4 Nr. 1 Rn. 18; *Ziebarth,* in: Sydow, DSGVO, Art. 4 Rn. 14. Zum BDSG a. F. bereits *Dammann,* in: Simitis, BDSG, § 3 Rn. 22; teilweise wurde vertreten, dies sei der Fall, wenn die Daten mit dem Namen des Betroffenen verbunden seien, *Gola/Klug/Körffer,* in: Gola/Schomerus, BDSG, § 3 Rn. 10.
358 *Klar/Kühling,* in: Kühling/Buchner, DS-GVO/BDSG, Art. 4 Nr. 1 Rn. 18; vgl. zum BDSG a. F. *Buchner,* in: Taeger/Gabel, BDSG, § 3 Rn. 11; *Gola/Schomerus,* BDSG, § 3 Rn. 10; *Schwenke,* Individualisierung und Datenschutz, S. 96 f. Zum Personenbezug von Namen im Kontext sozialer Netzwerke siehe unten Kap. 2 § 4 III. 1.
359 *Borges,* in: Borges/Meents, Rechtshandbuch Cloud Computing, § 6 Rn. 17.
360 Art.-29-Datenschutzgruppe, WP 136, S. 14; *Borges,* in: Borges/Meents, Rechtshandbuch Cloud Computing, § 6 Rn. 17.
361 *Klar/Kühling,* in: Kühling/Buchner, DS-GVO/BDSG, Art. 4 Nr. 1 Rn. 19; *Ziebarth,* in: Sydow, DSGVO, Art. 4 Rn. 17; zum BDSG a. F. bereits *Borges,* in: Borges/Meents, Rechtshandbuch Cloud Computing, § 6 Rn. 18; *Buchner,* in: Taeger/Gabel, BDSG, § 3 Rn. 11; zur DS-RL Art.-29-Datenschutzgruppe, WP 136, S. 14.
362 *Schwenke,* Individualisierung und Datenschutz, S. 97.

Die Identifizierbarkeit lässt sich nicht isoliert betrachten, sondern nur im Kontext der ebenfalls zur Verfügung stehenden Daten.[363] Daraus folgt zugleich, dass es sich bei der Bestimmung des Personenbezugs stets nur um eine Momentaufnahme handeln kann, da ein nicht-personenbezogenes Datum durch später hinzukommende Daten zu einem personenbezogenen Datum werden kann.[364] Personenbeziehbarkeit liegt folglich dann vor, wenn zum jeweiligen Zeitpunkt der Betrachtung das Datum im Kontext der übrigen zur Verfügung stehenden Daten Informationen über eine natürliche Person vermittelt.

b) Grenzen der abstrakten Identifizierbarkeit

Es stellt sich jedoch zunächst die Frage, wann überhaupt eine Person abstrakt identifizierbar ist, d. h. das Kriterium der „Identifizierbarkeit" – unabhängig von der eingenommenen Perspektive – erfüllt ist. Ausweislich des Art. 4 Nr. 1 Halbsatz 2 DSGVO wird eine Person als identifizierbar angesehen, wenn sie direkt oder indirekt, insbesondere mittels Zuordnung zu einer Kennung wie einem Namen, zu einer Kennnummer, zu Standortdaten, zu einer Online-Kennung oder zu einem oder mehreren besonderen Merkmalen bestimmt werden kann, die Ausdruck ihrer physischen, physiologischen, genetischen, psychischen, wirtschaftlichen, kulturellen oder sozialen Identität sind.

aa) Problemstellung

Terminologisch impliziert der Begriff „identifizierbar", dass – im Gegensatz zu „identifiziert" – eine hinreichende Wahrscheinlichkeit der Bestimmung der natürlichen Person anhand der zur Verfügung stehenden Informationen möglich ist. Die *Art.-29-Datenschutzgruppe* setzt für die Identifizierbarkeit eine „Singularisierung" der betroffenen Person voraus.[365] Eine besondere Bedeutung kommt dieser Ansicht zu, da sich der europäische Gesetzgeber diese zu eigen machte und in der englischen Fassung des Erwägungsgrund 26 Satz 3 – im Deutschen mit „Aussondern" übersetzt – maßgeblich auf diese abstellt. Nach der *Art.-29-Datenschutzgruppe* könne die Singularisierung anhand vielfältiger Faktoren erfolgen; eines Namens bedürfe es nicht.[366] Wann eine solche Singularisierung vorliegt, ist unklar. Weitgehend Einigkeit bestehend dahingehend, dass aggregierte Daten, d. h. Daten über Personengruppen, grds. keinen Perso-

---

363 Ähnlich *Schwenke,* Individualisierung und Datenschutz, S. 97; *Ziebarth,* in: Sydow, DSGVO, Art. 4 Rn. 21.
364 Zur Kategorie potentiell personenbezogener Daten siehe unten Kap. 2 § 4 II. 3. d) cc).
365 *Art.-29-Datenschutzgruppe,* WP 136, S. 16.
366 *Art.-29-Datenschutzgruppe,* WP 136, S. 16 f.

nenbezug aufweisen.³⁶⁷ Die Menge der Subjekte muss dabei so groß sein, dass Rückschlüsse auf einzelne Subjekte ausgeschlossen sind.³⁶⁸

Wo die Grenze zwischen hinreichender Singularisierung und aggregierten Daten verläuft, wurde – soweit ersichtlich – bislang nicht eingehend untersucht. Teilweise wird geäußert, eine Aggregierung ließe den Personenbezug dann entfallen, wenn es sich um Angaben über mindestens drei Personen handele.³⁶⁹ Implizit äußern auch *Forgó/Krügel*, dass eine Angabe über eine abstrakt beschriebene Person nicht die Bestimmbarkeit auslöse, wenn die Beschreibung auf drei Personen zutreffe.³⁷⁰ In Hinblick auf soziale Netzwerke äußert *Splittgerber*, dass eine Angabe über eine Gruppe von drei bis fünf Personen nicht dem BDSG a. F. unterliege³⁷¹ und zieht somit unausgesprochen eine ähnliche Grenze.

Der Grad der Identifizierbarkeit ist von Wahrscheinlichkeitsaussagen zu unterscheiden. Ersteres betrifft die Frage, wie wahrscheinlich es ist, dass der Betroffene auf Basis der zur Verfügung stehenden Informationen identifiziert werden kann. Wahrscheinlichkeitsaussagen stellen den umgekehrten Fall dar: Hier ist der Betroffene bestimmt, allerdings ist unklar, wie wahrscheinlich die in Rede stehende Information zutrifft. Wahrscheinlichkeitsaussagen unterfallen stets der DSGVO.³⁷² Der Unterschied soll anhand eines Beispiels verdeutlicht werden: Ein Schüler verfasst in einem sozialen Netzwerk ein Statusupdate mit dem Inhalt „In meiner Klasse sind fünf heimliche Raucher." Hier mag die Information zutreffend sein; die heimlich rauchenden Personen sind anhand dieser Aussage jedoch nicht bestimmbar, da eine Schulklasse i. d. R. 15-30 Schüler umfasst. Schreibt er dagegen „Mein Mitschüler Max raucht wahrscheinlich.", so ist die Person bestimmbar, der Wahrheitsgehalt der Aussage ist hingegen offen. Während es sich in ersterem Fall um kein personenbezogenes Datum handelt, so liegt in dem zweiten Fall – unabhängig von der Richtigkeit der Aussage – ein

---

367 *Klar/Kühling,* in: Kühling/Buchner, DS-GVO/BDSG, Art. 4 Nr. 1 Rn. 15; *Ziebarth,* in: Sydow, DSGVO, Art. 4 Rn. 27; zum BDSG a. F. *Dammann,* in: Simitis, BDSG, § 3 Rn. 14; *Helfrich,* in: Hoeren/Sieber/Holznagel, Multimedia-Recht, Teil 16.1 Rn. 29; *Maisch,* Informationelle Selbstbestimmung in Netzwerken, S. 70; *Schwenke,* Individualisierung und Datenschutz, S. 93 f.; *Weichert,* ZD 2013, 251, 258; wohl auch *Kroschwald,* Informationelle Selbstbestimmung in der Cloud, S. 73, der die Merkmalsaggregation als Anonymisierungsmethode nennt.
368 *Dammann,* in: Simitis, BDSG, § 3 Rn. 14; *Schwenke,* Individualisierung und Datenschutz, S. 94; wohl auch *Gola/Klug/Körffer,* in: Gola/Schomerus, BDSG, § 3 Rn. 3 (Angaben dürfen nicht auf die Einzelperson „durchschlagen"); *Weichert,* ZD 2013, 251, 258.
369 *Ziebarth,* in: Sydow, DSGVO, Art. 4 Fn. 53; *Dammann,* in: Simitis, BDSG, § 3 Rn. 14; *Maisch,* Informationelle Selbstbestimmung in Netzwerken, Fn. 273.
370 *Forgó/Krügel,* MMR 2010, 17, 21.
371 *Splittgerber,* in: Splittgerber, Praxishandbuch Rechtsfragen Social Media, Kap. 3 Rn. 34.
372 Etwa die Aussage, eine Person mit einer bestimmten genetischen Disposition werde in fünf Jahren mit 50-prozentiger Wahrscheinlichkeit an einer Krankheit leiden (zit. nach *Weichert,* in: Däubler/Klebe/Wedde/Weichert, BDSG, § 3 Rn. 18) kann sich ex post als wahr oder unwahr herausstellen. Die DSGVO schützt jedoch gleichermaßen wahre wie unwahre Daten, wie Art. 5 Abs. 1 lit. d DSGVO sowie der Berichtigungsanspruch in Art. 16 DSGVO zeigen. Daher ist die DSGVO konsequenterweise auf Wahrscheinlichkeitsaussagen anzuwenden; so i. E. auch *Klar/Kühling,* in: Kühling/Buchner, DS-GVO/BDSG, Art. 4 Nr. 1 Rn. 10; *Ziebarth,* in: Sydow, DSGVO, Art. 4 Rn. 41.

personenbezogenes Datum vor. Besteht die Schulklasse im eingangs erwähnten Beispiel nur aus fünf Schülern, so hat auch die erste Aussage Personenbezug, da jeder Schüler dieser Klasse des heimlichen Rauchens bezichtigt wird. Entscheidend für den Personenbezug ist daher auch die Bezugsgruppe, d. h. der Kontext, der die möglichen Betroffenen definiert.

Letztlich bestimmt sich also die abstrakte Identifizierbarkeit, unabhängig von der eingenommenen Perspektive, danach, wie hoch die Wahrscheinlichkeit der erfolgreichen Zuordnung zu einer Person ist.[373] Insoweit bleibt festzuhalten, dass die Literatur nach bisherigem Verständnis eine Wahrscheinlichkeit von einem Drittel nicht genügen lässt.[374]

bb) Stellungnahme

In den hier thematisierten Fällen des „mehrdeutig-zweifelhaften Personenbezugs"[375] erscheint es überzeugend, den Personenbezug abzulehnen. Das Kriterium der „Singularisierung" ist insoweit wörtlich auszulegen. Würde bei Daten, die gleichermaßen auf mehrere Personen zutreffen, ein Personenbezug angenommen werden, hätten diese nicht einen, sondern mehrere Betroffene. Der Verarbeiter wäre daher dem Grunde nach nicht nur gegenüber einem Betroffenen verantwortlich, sondern auch den übrigen Personen, die der jeweiligen Bezugsgruppe angehören. Dies würde u. a. Informationspflichten nach Artt. 13, 14 DSGVO auslösen, denen der Verantwortliche nicht genügen könnte, da er häufig nicht wissen wird, welche Personen der Bezugsgruppe angehören. Die Anforderungen an die abstrakte Identifizierbarkeit sind daher hoch anzusetzen. Erforderlich ist, dass eine einzelne Person aufgrund aller zur Verfügung stehenden Daten bestimmt werden kann. Ist eine solche Singularisierung nicht möglich, handelt es sich bei den aggregierten Daten um Sammeldaten, sodass kein Personenbezug vorliegt.

Eine Ausnahme muss dann gelten, wenn die aggregierte Information deckungsgleich mit der Information über die Einzelperson, die die Grundlage der aggregierten Daten bildet, ist. Dies ist der Fall, wenn über eine Personengruppe, deren einzelne Mitglieder identifizierbar sind, eine Information vorliegt, die auf alle gleichermaßen zutrifft, da dann die mit der Aggregierung verbundene Anonymisierungswirkung nicht eintritt;[376] in dem Beispiel „In meiner Klasse sind fünf heimliche Raucher." also dann, wenn die Klasse nur aus fünf identifizierbaren Personen besteht.

---

373 *Roßnagel,* in: Roßnagel/Banzhaf/Grimm, Datenschutz im eCommerce, S. 150; ähnlich *Scholz,* Datenschutz beim Internet-Einkauf, S. 187, der hier die Grenze zwischen anonymen Daten und „faktisch anonymen Daten" zieht.
374 Siehe die Nachweise in Fn. 370 und 371.
375 *Saeltzer,* DuD 2004, 218, 222 f.
376 So auch *Klar/Kühling,* in: Kühling/Buchner, DS-GVO/BDSG, Art. 4 Nr. 1 Rn. 16.

### c) Perspektive der Identifizierbarkeit

Eine andere Frage ist die der Perspektive der Identifizierbarkeit. Bei dieser Frage, die teilweise als einzig entscheidendes Kriterium der Bestimmbarkeit bezeichnet wird,[377] wird auf zwei scheinbar gegenläufige Ansichten abgestellt, nämlich ob der Personenbezug aus der Sicht des jeweiligen Verarbeiters zu bestimmen ist (sog. relativer oder subjektiver Personenbezug) oder aus Sicht einer beliebigen Stelle (sog. absoluter oder objektiver Personenbezug). Dieser bedeutende Streit[378] hat durch die Reform des Datenschutzrechts neuen Aufwind erhalten.

#### aa) Ausgangspunkt: Wortlaut des Erwägungsgrunds 26

Nach Erwägungsgrund 26 Satz 3 der DSGVO sollen bei der Feststellung, ob eine Person bestimmbar ist, alle Mittel berücksichtigt werden, die vernünftigerweise entweder von dem Verantwortlichen für die Verarbeitung oder von einem Dritten eingesetzt werden könnten, um die betreffende Person zu bestimmen. Hierzu führt Satz 4 weiter aus, dass bei dieser Feststellung, alle objektiven Faktoren, wie die Kosten der Identifizierung und der dafür erforderliche Zeitaufwand, herangezogen werden sollten, wobei die zum Zeitpunkt der Verarbeitung verfügbare Technologie und technologische Entwicklungen zu berücksichtigen sind. Auch unter Berücksichtigung des Erwägungsgrunds 26 lässt sich der DS-GVO nicht eindeutig entnehmen, ob diese ein relatives oder absolutes Verständnis des Personenbezugs zugrunde legt.[379] Die DSGVO folgt damit der DS-RL, sodass sich der Streit um den Personenbezug damit gleichsam wie unter Geltung der DS-RL geriert.

#### bb) Streitstand

In dem Streit um die einzunehmende Perspektive bei der Bestimmung des Personenbezugs werden im Wesentlichen zwei verschiedene Ansätze vertreten: Nach der wohl herrschenden Ansicht kommt es auf die Kenntnisse, Mittel und Möglichkeiten der datenverarbeitenden Stelle an (relativer oder subjektiver Begriff des Personenbezugs).[380] Ob im konkreten Fall ein Personenbezug vorliegt, ist

---

377 *Buchner*, in: Taeger/Gabel, BDSG, § 3 Rn. 11; *Tinnefeld*, in: Roßnagel, Handbuch Datenschutzrecht, Kap. 4.1, Rn. 22.
378 Dem Streit wird mit *Bergt* sogar ein eigener Chronist zugeordnet, siehe *Keppeler*, CR 2016, 360, 361.
379 So auch *Eckhardt/Kramer*, DuD 2013, 287, 288; *Eckhardt/Kramer/Mester*, DuD 2013, 623, 627 f.; *Härting*, DSGVO, Rn. 281, 285; *Klar/Kühling*, in: Kühling/Buchner, DS-GVO/BDSG, Art. 4 Nr. 1 Rn. 26; *Kroschwald*, Informationelle Selbstbestimmung in der Cloud, S. 463 f.; *Piltz*, K&R 2016, 557, 561; *Schantz*, NJW 2016, 1841, 1843; *Spindler*, DB 2016, 937 f.; *Werkmeister/Brandt*, CR 2016, 233, 235; a. A. *Albrecht/Jotzo*, Datenschutzrecht der EU, Teil 3 Rn. 3, die die Formulierung als Entscheidung für den absoluten Begriff des Personenbezugs interpretieren; zum gleichlautenden Ratsentwurf *Buchner*, DuD 2016, 155, 156; *Dehmel/Hullen*, ZD 2013, 147, 148.
380 In Hinblick auf die DSGVO etwa vertreten von *Barlag*, in: Roßnagel, Europäische Datenschutz-Grundverordnung, § 3 Rn. 9; *Buchholtz/Stentzel*, in: Gierschmann/Schlender/Stentzel/Veil, DS-GVO, Art. 4 Nr. 1 Rn. 10 ff.; *Eßer*, in: Auernhammer, DSGVO/BDSG, Art. 4 Rn. 15;

§ 4 Die Verarbeitung personenbezogener Daten

hiernach für jede datenverarbeitende Stelle individuell zu beurteilen. Personenbezug liegt demnach vor, wenn die datenverarbeitende Stelle[381] über Mittel verfügt, den Personenbezug herzustellen. Demgegenüber stellt die Gegenansicht[382] darauf ab, ob überhaupt jemand den Personenbezug herstellen kann (absoluter oder objektiver Begriff des Personenbezugs). Hiernach reicht es aus, wenn irgendeine Stelle über die Mittel verfügt. Auf das jeweilige, für den Verarbeiter erreichbare Zusatzwissen, kommt es dann nicht mehr an.[383] In der Praxis hat sich keine einheitliche Linie durchgesetzt. Den Datenschutzbehörden wird beinahe

---

*Gola,* in: Gola, DS-GVO, Art. 4 Rn. 17; *Hofmann/Johannes,* ZD 2017, 221, 225; *Klar/Kühling,* in: Kühling/Buchner, DS-GVO/BDSG, Art. 4 Nr. 1 Rn. 26; *Kroschwald,* Informationelle Selbstbestimmung in der Cloud, S. 463; *Werkmeister/Brandt,* CR 2016, 233, 235; i. E. wohl auch *Schwartmann/Mühlenbeck,* in: Schwartmann/Jaspers/Thüsing/Kugelmann, DS-GVO/BDSG, Art. 4 Rn. 28 und *Ziebarth,* in: Sydow, DSGVO, Art. 4 Rn. 40; in Hinblick auf das BDSG vertreten etwa von *Bergmann/Möhrle/Herb,* BDSG, § 3 Rn. 32; *Borges,* in: Borges/Meents, Rechtshandbuch Cloud Computing, § 6 Rn. 22; *Brink/Eckhardt,* ZD 2015, 205, 210 f.; *Buchner,* in: Taeger/Gabel, BDSG, § 3 Rn. 13; *Dammann,* in: Simitis, BDSG, § 3 Rn. 32; *Dehmel/Hullen,* ZD 2013, 147, 148; *Eckhardt,* CR 2011, 339, 342 ff.; *Gola/Klug/Körffer,* in: Gola/Schomerus, BDSG, § 3 Rn. 10, *Kaulartz,* CR 2016, 474, 479; *Kirchberg-Lennartz/Weber,* DuD 2010, 479, 480; *Kühling/Klar,* NJW 2013, 3611, 3615; *Kühling/Seidel/Sivridis,* Datenschutzrecht, Rn. 220; *Kroschwald,* ZD 2014, 75, 76; *Krüger/Maucher,* MMR 2011, 433, 439; *Lerch/Krause/Hotho/Roßnagel/Stumme,* MMR 2010, 454, 456; *Meyerdierks,* MMR 2009, 8, 13; *Moos,* Datenschutzrecht, S. 23 f.; *Moos,* K&R 2008, 137, 139; *Nink/Pohle,* MMR 2015, 563, 566; *Polenz,* in: Kilian/Heussen, Computerrecht, Rn. 68; *Redeker,* IT-Recht, Rn. 935; *Roßnagel,* in: Roßnagel/Banzhaf/Grimm, Datenschutz im eCommerce, S. 150; *Roßnagel/Scholz,* MMR 2000, 721, 723; *Saeltzer,* DuD 2004, 218, 221; *Schefzig,* K&R 2014, 772, 773 f.; *Scholz,* Datenschutz beim Internet-Einkauf, S. 185; *Schwartmann/Ohr,* Recht der sozialen Medien, Rn. 72; *Schwenke,* Individualisierung und Datenschutz, S. 98; *Spindler,* Persönlichkeitsschutz im Internet, S. 116; *Spindler/Nink,* in: Spindler/Schuster, Recht der elektronischen Medien, § 11 TMG Rn. 5a; *Stiemerling/Lachenmann,* ZD 2014, 133, 134; *Tinnefeld,* in: Roßnagel, Handbuch Datenschutzrecht, Kap. 4.1, Rn. 22; *Tscherwinka,* in: König/Stahl/Wiegand, Soziale Medien, S. 200; *Zeidler/Brüggemann,* CR 2014, 248, 254; wohl auch *Arning/Forgó/Krügel,* DuD 2006, 700, 702; *Bergmann/Möhrle/Herb,* BDSG, § 3 Rn. 20 ff., 145.; *Knopp,* DuD 2015, 527, 529.

381 Literatur und Rechtsprechung sprechen hier regelmäßig von der „verantwortlichen Stelle". Dieser Terminus ist im Zusammenhang der Bestimmbarkeit irreführend, da die Qualifikation als Verantwortlicher i. S. d. Art. 4 Nr. 7 DSGVO bzw. § 3 Abs. 8 BDSG a. F. zunächst voraussetzt, dass eine datenschutzrechtliche Verantwortlichkeit (dazu siehe unten Kap. 3) besteht. Eine solche kommt aber nur dann in Betracht, wenn das Datenschutzrecht Anwendung findet. Dieses findet aber wiederum nur Anwendung, wenn personenbezogene Daten verarbeitet werden. Soweit also im Rahmen der Bestimmbarkeit von der „verantwortlichen Stelle" gesprochen wird, wird das Ergebnis (nämlich Personenbezug) implizit vorweggenommen.

382 Vertreten von *Albrecht/Jotzo,* Datenschutzrecht der EU, Teil 3 Rn. 3; *Brennscheidt,* Cloud Computing und Datenschutz, S. 51; *Klabunde,* in: Ehmann/Selmayr, DS-GVO, Art. 4 Rn. 13; *Lutz,* DuD 2012, 584, 587; *Pahlen-Brandt,* DuD 2008, 34; *Pahlen-Brandt,* K&R 2008, 288; *Plath,* in: Plath, DSGVO/BDSG, Art. 4 Rn. 8; *Specht,* Ökonomisierung der informationellen Selbstbestimmung, S. 32; *Specht/Müller-Riemenschneider,* ZD 2014, 71, 74; wohl auch *Breyer,* ZD 2014, 400, 404 f.; *Forgó/Krügel,* MMR 2010, 17, 18; *Krügel,* ZD 2017, 455, 456.

383 Vereinzelt wird, weitergehend, gar behauptet, jede Information habe per se Personenbezug, siehe die Nachweise in Fn. 347.

traditionell eine absolute Sichtweise zugeschrieben,[384] in der nationalen Rechtsprechung werden beide Ansichten vertreten.[385]
Dieses scheinbar dichotomische Verhältnis der beiden Ansätze wird jedoch dadurch zerstört, dass – von wenigen Ausnahmen abgesehen[386] – beide Ansätze im Wege des Umgangs des zu berücksichtigenden Zusatzwissens sich jeweils einschränken und es so zu einer Annäherung dieser beiden Extreme kommt. Eine Grenze zwischen relativem und absolutem Personenbezug ist kaum auszumachen. So gehen etwa *Forgó/Krügel* von einem objektiven Ansatz aus, wollen aber in „geschlossenen Netzwerken" nur auf die Sicht der jeweiligen datenverarbeitenden Stelle abstellen,[387] dagegen geht etwa *Buchner* von einem relativen Ansatz aus, will jedoch das verfügbare Zusatzwissen objektiv bestimmen.[388] Wie nah sich die nominellen Gegenpole „relativer Personenbezug" einerseits und „absoluter Personenbezug" andererseits stehen, zeigt der Umstand, dass die Ansicht von *Weichert*[389] vom BGH sowohl für den relativen, als auch für den absoluten Personenbezug zitiert wird.[390] Die weit überwiegende Zahl der Ansichten ist vielmehr als „vermittelnde Ansicht" zu qualifizieren. Diese sind inzwischen quasi unüberschaubar und differenzieren anhand unterschiedlichster Kriterien.[391] Letztlich gehen die vermittelnden Ansichten von einem relativen oder objektiven Personenbezug aus, relativieren die jeweilige Ansicht jedoch in Hinblick auf das bei der Bestimmung des Personenbezugs zu berücksichtigende Wissen. Dies ist jedoch mehr eine Frage, in welchem Umfang weitere Erkenntnisse, insbesondere solches Wissen, was nicht im Datenbestand der jeweils betrachteten Stelle vorhanden ist, berücksichtigt werden kann und weniger eine Frage der Perspektive. In der Praxis kommen diese Theorien weitgehend zu vergleichbaren Ergebnissen, weil letztlich alle Ansichten darauf abstellen, ob der Aufwand, das zur Identifizierung des Betroffenen erforderliche Zusatzwissen einzusetzen, noch verhältnismäßig ist.[392] Eine pauschale Betrachtung verbietet sich hier, da die finanziellen und technischen Möglichkeiten und somit auch die Zumutbarkeit des Einsatzes selbiger stark divergieren. Beispielsweise dürften

---

384 So etwa *Bergt*, ZD 2015, 365, 368; *Borges*, in: Borges/Meents, Rechtshandbuch Cloud Computing, § 6 Rn. 20; *Conrad*, in: Auer-Reinsdorff/Conrad, IT- und Datenschutzrecht, § 34 Rn. 124; *Eckhardt/Kramer/Mester*, DuD 2013, 623, 627; *Moos*, K&R 2017, 566, 568; *Stiemerling/Hartung*, CR 2012, 60, 63; *Voigt/Alich*, NJW 2011, 3541, 3542.
385 Für einen relativen Personenbezug OLG Hamburg, CR 2011, 126, 126 f.; LG Berlin, CR 2013, 471, 473; LG Frankenthal, MMR 2008, 687, 689; LG Wuppertal, MMR 2011, 65, 66; für einen absoluten Personenbezug LG Düsseldorf, MMR 2016, 328 Rn. 53; VG Wiesbaden, MMR 2009, 428, 432; AG Berlin-Mitte, ZUM 2008, 83, 84.
386 Eine rein absolute Sichtweise wird, soweit ersichtlich, nur von *Pahlen-Brandt* vertreten, siehe *Pahlen-Brandt*, DuD 2008, 34; *Pahlen-Brandt*, K&R 2008, 288.
387 *Forgó/Krügel*, MMR 2010, 17, 18.
388 *Buchner*, in: Taeger/Gabel, BDSG, § 3 Rn. 13.
389 Siehe *Weichert*, in: Däubler/Klebe/Wedde/Weichert, BDSG, § 3 Rn. 13, 15; *Weichert*, VuR 2009, 323; *Weichert*, DuD 2010, 679.
390 BGH, NJW 2015, 368 Rn. 24 f.
391 Ein strukturierter Überblick findet sich bei *Bergt*, ZD 2015, 365 ff.
392 *Bergt*, ZD 2015, 365, 368.

die zumutbaren Möglichkeiten eines Nutzers eines sozialen Netzwerks hinter denen eines Großkonzerns, der ein solches Netzwerk betreibt, zurückbleiben. Im Jahr 2014 hat der BGH die Frage der Perspektive des Personenbezugs dem EuGH zur Klärung vorgelegt.[393] Die Schlussanträge des Generalanwalts in dieser Rechtssache wurden teils als absoluter Personenbezug,[394] teils als relativer Personenbezug[395] interpretiert. Die Unklarheiten in der Interpretation gehen wohl darauf zurück, dass der Generalanwalt seine Schlussanträge auf die – nicht ganz eindeutige – Ansicht der *Art.-29-Datenschutzgruppe*[396] stützt,[397] sodass eine eindeutige Interpretation schwierig ist. Mit Urteil vom 19. Oktober 2016[398] bezog nun auch der EuGH Stellung. Das Gericht entschied, dass die dynamische IP-Adresse für den Diensteanbieter ein personenbezogenes Datum darstellt, wenn er über Mittel verfügt, die es ihm erlauben, die betreffende Person anhand der Zusatzinformationen, über die der Internetzugangsanbieter dieser Person verfügt, zu bestimmen.[399] Das Wissen Dritter ist demnach in gewissem Maße berücksichtigungsfähig, der Personenbezug selbst wird jedoch aus Sicht der betrachteten datenverarbeitenden Stelle bestimmt. Der EuGH spricht sich demnach für einen relativen Personenbezug aus.[400]

Einzelne Ansichten entziehen sich diesem Schema. *Kampert* lehnt sowohl den relativen als auch den absoluten Personenbezug ab.[401] Nach seiner Ansicht soll der Personenbezug situationsabhängig danach zu bestimmen sein, wie viele Stellen mit den Daten umgehen: Geht nur eine einzelne Stelle mit den Daten um, so ist nur auf die Sicht dieser Stelle abzustellen; geht eine begrenzte Zahl von Stellen mit den Daten um, so ist jedes Wissen, was insgesamt diesen Stellen zur Verfügung steht, relevant; geht eine unüberschaubare oder unbegrenzte Zahl an Stellen mit den Daten um, ist jedes weltweit verfügbare Wissen relevant.[402] Begründet wird diese Ansicht damit, dass das Bild eines unbekannten Dritten, wenn dieser weder für Nutzer noch für den Betreiber identifizierbar ist, keiner datenschutzrechtlichen Einschränkung unterliege und unbegrenzt über soziale Netzwerke verbreitet werden könnte, was die informationelle Selbstbestimmung

---

393 BGH, NJW 2015, 368.
394 *Keppeler,* CR 2016, 360, 363.
395 *Kaulartz,* CR 2016, 474, 479.
396 *Art.-29-Datenschutzgruppe,* WP 136, S. 20 ff., die bei IP-Adressen einen objektiven, sonst jedoch einen tendenziell relativen Ansatz verfolgt.
397 Schlussanträge des Generalanwalts *Sánchez-Bordona* in der Rechtssache C-582/14 Rn. 72, Fn. 16.
398 EuGH, NJW 2016, 3579.
399 EuGH, NJW 2016, 3579 Rn. 49.
400 So auch *Eckhardt,* CR 2016, 786, 787 f.; *Golland/Kriegesmann,* PinG 2017, 45, 48; *Kartheuser,* ITRB 2016, 267; *Moos,* K&R 2017, 566, 568; *Nink,* CR 2016, 794; *Voigt/Skistims,* BB 2016, 2834; wohl auch *Ziebarth,* in: Sydow, DSGVO, Art. 4 Rn. 37.
401 *Kampert,* Datenschutz in sozialen Online-Netzwerken, S. 55.
402 *Kampert,* Datenschutz in sozialen Online-Netzwerken, S. 57.

## Kap. 2 Schutzbereich der Datenschutz-Grundverordnung

des Betroffenen beeinträchtigen würde, für die es aber nachrangig sei, wer die Daten dem Betroffenen zuordnen könne.[403]

### cc) Stellungnahme

Die Zugrundelegung eines rein absoluten Verständnisses des Personenbezugs geht weit über das Ziel des Datenschutzrechts hinaus.[404] Die damit verbundene Ausweitung des Anwendungsbereichs würde letztlich dazu führen, dass sich jede Information einer Person zuordnen ließe und der Anwendungsbereich des Datenschutzrechts uferlos wäre.[405] Dies würde den Datenverkehr unverhältnismäßig stark einschränken, da jeder Datenverarbeiter bei jeder Datenverarbeitung davon ausgehen müsste, sämtliche Bestimmungen der DSGVO einhalten zu müssen. Außerdem ist nicht nachzuvollziehen, wie er als Verantwortlicher seinen Pflichten – z. B. den Informationspflichten nach Artt. 13, 14 DSGVO – nachkommen soll, wenn der Betroffene nach absolutem Verständnis des Personenbezugs zwar identifizierbar ist, er de facto aber nicht über die nötigen Mittel zur Identifizierung verfügt. Auch der Entscheidung des EuGH kommt besondere Bedeutung zu: Dass der europäische Gesetzgeber in Kenntnis der stark umstrittenen Rechtslage und trotz lauter Forderungen nach einer Klarstellung[406] an einer derart elementaren Anwendungsvoraussetzung des Datenschutzrechts nahezu wortgleich festhält, deutet darauf hin, dass dieser die Klärung der Frage der Rechtsprechung überlassen wollte. Diesem Auftrag kam der EuGH nunmehr nach, indem er sich für den relativen Personenbezug aussprach.

Auch *Kamperts* Ansicht ist abzulehnen. Zwar stellt dieser selbst fest, dass bei einer unüberschaubaren Zahl an datenverarbeitenden Stellen seine Ansicht einen Gleichlauf mit dem absoluten Personenbezug bedeutet.[407] Rein faktisch tut sie das aber auch schon bei wenigen oder gar einer einzigen Stelle, da die Stelle, die die Daten erhält, nicht wissen kann, wie vielen anderen Stellen die Daten ebenfalls zugänglich sind. Daher wird sie, um Datenschutzverstöße und etwaige, damit verbundene Bußgelder zu vermeiden, davon ausgehen müssen, dass die Daten ebenfalls anderen Stellen zur Verfügung stehen und irgendjemand in der Lage ist, die Daten dem Betroffenen zuzuordnen. De facto bedeutet dies stets einen – nach hier vertretener Auffassung abzulehnenden – absoluten Personenbezug.

Der Personenbezug ist daher relativ zu bestimmen. Daraus folgt, dass Perspektive der Bestimmbarkeit die der datenverarbeitenden Stelle ist. Im Internet werden regelmäßig Pseudonyme in Form von Nutzernamen verwendet. Aus der hier ver-

---

403 *Kampert*, Datenschutz in sozialen Online-Netzwerken, S. 55.
404 *Borges*, in: Borges/Meents, Rechtshandbuch Cloud Computing, § 6 Rn. 22.
405 *Eckhardt/Kramer*, DuD 2013, 287, 288.
406 *Eckhardt/Kramer*, DuD 2013, 287, 288; *Konferenz der Datenschutzbeauftragten des Bundes und der Länder*, Datenschutzrechtliche Kernpunkte für die Trilogverhandlungen zur DSGVO, S. 4; *Spindler*, Persönlichkeitsschutz im Internet, S. 116; siehe auch *Karg*, ZD 2012, 255, 259 f., der eine Abkehr von der Rechtsfigur des personenbezogenen Datums vorschlägt.
407 *Kampert*, Datenschutz in sozialen Online-Netzwerken, S. 57.

tretenen Ansicht folgt für den Personenbezug von Pseudonymen, dass diese aus Sicht desjenigen, der die Zuordnungsfunktion kennt, pseudonymisierte Daten darstellen, aus Sicht anderer hingegen anonymisierte Daten vorliegen können, die folglich nicht dem Anwendungsbereich der DSGVO unterliegen. Wissen, das bei anderen Stellen vorhanden ist, ist nicht stets berücksichtigungsfähig, sondern nur in den Fällen, in denen dieses Wissen tatsächlich durch die datenverarbeitende Stelle erlangt werden kann (dazu sogleich).

d) Berücksichtigungsfähigkeit weiterer Erkenntnismöglichkeiten

Nach Erwägungsgrund 26 Satz 3 sollten bei der Feststellung, ob eine Person identifizierbar ist, alle Mittel berücksichtigt werden, die nach allgemeinem Ermessen wahrscheinlich zur Identifizierung genutzt werden. Maßgeblich dafür, was nach allgemeinem Ermessen wahrscheinlich genutzt wird, sind die Kosten für die Identifizierung sowie der dafür erforderliche Zeitaufwand.[408] In diesem Zusammenhang wird insbesondere diskutiert, inwieweit Zusatzwissen, das rechtswidrig erlangt werden kann, berücksichtigungsfähig ist.[409]

aa) Wissen Dritter

Dem vorgenannten Erwägungsgrund lässt sich ausdrücklich entnehmen, dass auch das Wissen Dritter zu berücksichtigen ist. Wie dargestellt, steht dies nicht im Widerspruch zur Annahme eines relativen Personenbezugs, sondern soll den faktischen Zugriffsmöglichkeiten der datenverarbeitenden Stelle Rechnung tragen.

Insoweit ist das bereits erwähnte Urteil des EuGH vom 19. Oktober 2016 zum Personenbezug dynamischer IP-Adressen[410] von besonderem Interesse: Das Gericht entschied, dass das Wissen Dritter in gewissem Maße berücksichtigungsfähig ist, wobei entscheidend ist, ob die datenverarbeitende Stelle vernünftigerweise auf die Zusatzinformationen des Dritten zurückgreifen kann.[411] Dies ist nach Ansicht des EuGH nicht der Fall, wenn der Informationsbeschaffung ein gesetzliches Verbot entgegensteht.[412] Der EuGH ließ dabei offen, ob bereits das

---

408 Erwägungsgrund 26 Satz 4 der DSGVO.
409 Für eine Berücksichtigung auch rechtswidrig erlangten Zusatzwissens *Breyer*, ZD 2014, 400, 403; *Pahlen-Brandt*, K&R 2008, 288, 290; *Redeker*, IT-Recht, Rn. 935; *Weichert*, in: Däubler/Klebe/Wedde/Weichert, BDSG, § 3 Rn. 15; *Weichert*, ZD 2013, 251, 258; dagegen *Arning/Forgó/Krügel*, DuD 2006, 700, 704 f.; *Brink/Eckhardt*, ZD 2015, 205, 211; *Krüger/Maucher*, MMR 2011, 433, 437 f.; *Kühling/Klar*, NJW 2013, 3611, 3613; *Meyerdierks*, MMR 2009, 8, 11 f.; *Specht/Müller-Riemenschneider*, ZD 2014, 71, 74; differenzierend *Dammann*, in: Simitis, BDSG, § 3 Rn. 26, 28; *Kroschwald*, ZD 2014, 75, 76 f., die nur bei ausreichender Pönalisierung eine Berücksichtigungsfähigkeit annehmen. Einen Überblick zu dieser Fragestellung bietet *Borges*, in: Borges/Meents, Rechtshandbuch Cloud Computing, § 6 Rn. 29 f.
410 EuGH, NJW 2016, 3579.
411 EuGH, NJW 2016, 3579 Rn. 45 f.
412 EuGH, NJW 2016, 3579 Rn. 46. Ein solches Verbot stellt in Deutschland etwa das Fernmeldegeheimnis dar, siehe in Bezug auf § 95 Abs. 1 Satz 3 TKG auch den entsprechenden Vorlagebeschluss des BGH, MMR 2015, 131 Rn. 32.

bloße Bestehen einer Ausnahme genügt, oder ob diese tatbestandlich einschlägig sein muss. Überzeugend scheint jedoch letztere Deutung, da anderenfalls jedes Datum, bei dem ein Auskunftsanspruch denkbar wäre, als ein Personenbezogenes zu behandeln wäre, was im Ergebnis auf den – vom EuGH abgelehnten[413] – absoluten Personenbezug hinausliefe; zudem ist, solange die Tatbestandsvoraussetzungen nicht vorliegen, eine Identifizierung des Betroffenen – jedenfalls aus Sicht des vermeintlichen Auskunftsanspruchsinhabers – nicht möglich.[414] Daher reicht das bloße Bestehen einer Ausnahme nicht aus; vielmehr ist entscheidend, ob die Ausnahme von der Verbotsnorm einschlägig ist.[415]

Darüber hinaus ist im Bereich von sozialen Netzwerken insbesondere denkbar, dass der betroffene Nutzer lediglich aus Sicht eines Tochterunternehmens oder eines anderen Tochterunternehmens desselben Mutterkonzerns identifizierbar ist. Die Unternehmensstruktur eines Konzerns ist für Außenstehende regelmäßig schwer nachvollziehbar, sodass auch ein „Verstecken" hinter Tochtergesellschaften und anderen Ausgründungen möglich wäre. Einige Betreiber haben ausgegliederte Tochtergesellschaften, etwa für die Daten europäischer Nutzer. Dem Netzwerkbetreiber wäre es ohne großen Aufwand möglich, sei es qua Beherrschungsvertrag, aufgrund faktischer Kontrolle des anderen Unternehmens oder weil beide Unternehmen dem gleichen Konzern angehören, die zur Identifizierbarkeit erforderlichen Daten zu erlangen. Um diesen Gefahren Rechnung zu tragen, ist das Wissen, das über Tochtergesellschaften oder mittels anderen konzerninternen Datenaustauschs faktisch erlangt werden kann, als berücksichtigungsfähiges Wissen Dritter einzustufen.

bb) Beschaffung von Zusatzwissen über das Internet

Berücksichtigt werden müssen auch alle öffentlich zugänglichen Informationen, etwa Informationen, die über das Internet auffindbar sind.[416] Dazu zählt z.B. das Wissen, welches im Wege einer Suchmaschinenanfrage akquiriert werden kann.[417] Dies gilt auch, soweit der Betroffene die Informationen selbst in Umlauf gesetzt hat.[418]

Die Berücksichtigungsfähigkeit von Informationen aus sozialen Netzwerken ist differenziert zu betrachten. Zutreffend schlägt *Maisch* hier ein Stufenmodell vor: Zunächst sind Informationen, die jedermann, etwa im Wege einer Suchmaschinenrecherche auffinden und einsehen kann, als allgemein zugängliche

---

413 Siehe oben Kap. 2 § 4 II. 3. c) bb).
414 *Golland/Kriegesmann,* PinG 2017, 45, 48.
415 *Golland/Kriegesmann,* PinG 2017, 45, 48; so wohl auch die Rezeption des EuGH-Urteils durch den BGH, ZD 2017, 424 Rn. 26.
416 *Klar/Kühling,* in: Kühling/Buchner, DS-GVO/BDSG, Art. 4 Nr. 1 Rn. 27; um BDSG a.F. *Dammann,* in: Simitis, BDSG, § 3 Rn. 26.
417 Zum BDSG a.F. *Maisch,* Informationelle Selbstbestimmung in Netzwerken, S. 73; *Splittgerber,* in: Splittgerber, Rechtsfragen Social Media, Kap. 3 Rn. 78.
418 *Ernst,* in: Paal/Pauly, DS-GVO/BDSG, Art. 4 Rn. 11; zum BDSG a.F. *Dammann,* in: Simitis, BDSG, § 3 Rn. 30 mit dem Beispiel sozialer Netzwerke.

§ 4 Die Verarbeitung personenbezogener Daten

Daten stets berücksichtigungsfähig (1. Ebene).[419] Auch umfasst sind die Daten, die registrierten und eingeloggten Mitgliedern zugänglich sind, sofern die Nutzung des jeweiligen sozialen Netzwerks unentgeltlich erfolgt und die Registrierung jedermann offensteht, da in diesen Fällen das Registrierungserfordernis nur geringen Aufwand verursacht (2. Ebene).[420] Daten, bei denen eine Registrierung an bestimmte, selektierende Voraussetzungen gekoppelt ist,[421] etwa die Mitgliedschaft in einer Vereinigung für Hochbegabte,[422] werden regelmäßig den verhältnismäßigen Aufwand übersteigen und daher nicht berücksichtigungsfähig sein. Bei Daten, die in einem prinzipiell jedermann zugänglichen Netzwerk vom Nutzer lediglich den eigenen Kontakten zugänglich gemacht werden (3. Ebene), hängt die Beurteilung, inwieweit diese als öffentlich zugänglich zu betrachten sind, vom Aufwand der Herbeiführung einer Kommunikationsbeziehung zur Zielperson und somit vom Einzelfall ab.[423] Auch wenn die Hemmschwelle, Fremde als Kontakte aufzunehmen, mitunter relativ niedrig ist, ist der Anteil der faktisch Unbekannten unter den Kontakten verhältnismäßig gering.[424] Daher wird im Regelfall zumindest dann, wenn die Kontaktanfrage einer Bestätigung des Kontaktanfrageempfängers bedarf, davon auszugehen sein, dass diese Informationen nicht leicht zugänglich sind und somit nicht zum berücksichtigungsfähigen Zusatzwissen zählen.

Der Anwendungsbereich dieses Stufenmodells ist jedoch nicht ubiquitär: Es kann nur Anwendung finden, soweit es um die Perspektive von Nutzern desselben Netzwerks, Nutzern eines fremden Netzwerks oder Betreibern eines anderen sozialen Netzwerks als jenem, in dem die in Rede stehenden Daten auffindbar sind, geht. Da der Betreiber des jeweiligen Netzwerks als die datenverarbeitende Stelle[425] über Zugriff auf alle diese Daten verfügt, sind alle der vorgenannten Daten – einschließlich derer, deren Sichtbarkeit für Dritte durch den Nutzer stark beschränkt wurde – berücksichtigungsfähig. Beispielsweise sind Informationen des Nutzers X, die im Netzwerk Y nur für seine Kontakte zugänglich sind, aus Perspektive des Betreibers des Netzwerks Z nicht berücksichtigungsfähig; aus

---

419 *Jandt/Roßnagel*, in: Schenk/Niemann/Reinmann/Roßnagel, Digitale Privatsphäre, S. 362; *Maisch*, Informationelle Selbstbestimmung in Netzwerken, S. 74; *Tscherwinka*, in: König/Stahl/Wiegand, Soziale Medien, S. 209.
420 *Jandt/Roßnagel*, in: Schenk/Niemann/Reinmann/Roßnagel, Digitale Privatsphäre, S. 362; *Maisch*, Informationelle Selbstbestimmung in Netzwerken, S. 74; *Venzke-Caprarese*, DuD 2013, 775, 777; i. E. auch *Splittgerber*, in: Splittgerber, Rechtsfragen Social Media, Kap. 3 Rn. 78; *Ulbricht*, in: Dorschel, Praxishandbuch Big Data, S. 241.
421 *Moos*, MMR 2006, 718, 719 spricht hierbei von einer „qualitativen Auswahl des Adressatenkreises".
422 Z.B. das soziale Netzwerk von Mensa in Deutschland e. V., abrufbar unter https://mmceting.org (Stand: 9/2018).
423 *Maisch*, Informationelle Selbstbestimmung in Netzwerken, S. 75; siehe auch *Splittgerber*, in: Splittgerber, Rechtsfragen Social Media, Kap. 3 Rn. 78; *Weichert*, ZD 2013, 251, 257; die bei Einschränkung des Adressatenkreises annehmen, es handele sich nicht um öffentlich zugängliche Daten.
424 Siehe oben Kap. 1 § 2 IV. 2. b).
425 Dazu im Einzelnen unter Kap. 3.

Perspektive des Betreibers des Netzwerks Y hingegen genauso berücksichtigungsfähig wie für die Kontakte des X.

cc) Künftige Erkenntnismöglichkeiten

Von besonderer Relevanz für den Bereich der sozialen Netzwerke ist die Frage, ob auch künftige Erkenntnisse als Zusatzwissen Berücksichtigung finden. Damit würde sich Datenschutz auf potentiell personenbezogene Daten erstrecken und somit einen Vorfeldschutz des informationellen Selbstbestimmungsrechts bieten. Eine Registrierung mit einem erdachten Namen und Geburtsdatum sowie einer außerhalb des sozialen Netzwerks nicht genutzten E-Mail-Adresse, die nicht den Namen enthält, macht den Betroffenen aus Sicht des Betreibers des sozialen Netzwerks i.d.R. nicht identifizierbar.[426] Auch Daten wie das Geschlecht oder der Wohnort sind nur eingeschränkt geeignet, eine Singularisierung des Betroffenen zu ermöglichen. Allerdings liegt es in der Natur sozialer Netzwerke, Daten über einen längeren Zeitraum zu sammeln.[427] Damit steigt die Wahrscheinlichkeit, dass diese Angaben – früher oder später – einer einzelnen Person zugeordnet werden können und somit personenbezogen sind. Auch von der *Art.-29-Datenschutzgruppe*[428] und in Teilen der Literatur[429] wird ein solcher, präventiver Schutz befürwortet. Diese Ansicht ist auch mit Erwägungsgrund 26 Satz 4 vereinbar, wonach bei der Bestimmung der Identifizierbarkeit auch zukünftige technologische Entwicklungen Berücksichtigung finden sollen.

Der Verarbeiter muss sich also einer Prognose zukünftiger Entwicklungen in Hinblick auf den Personenbezug bedienen. Hierbei stellt sich die Frage, von welchen in der Zukunft liegenden Prozessen der Verarbeiter ausgehen muss. So würde das Erfordernis, jegliche Entwicklungen zu antizipieren, den Verarbeiter unangemessen belasten, da theoretisch jede Information, die gegenwärtig keinen Personenbezug aufweist, aufgrund einer Zusatzinformation zu einem personenbezogenen Datum werden kann.[430] Der Verarbeiter wäre damit genötigt, per se jedes Datum wie ein personenbezogenes zu behandeln.[431] Soweit diese Frage explizit erörtert wird, wird einschränkend verlangt, Daten als potentiell personenbezogene Daten nur dann dem Datenschutzrecht zu unterwerfen, wenn sich die künftige Erkenntnismöglichkeit derart konkretisiert, dass für den Verarbeiter offensichtlich ist, dass der Personenbezug demnächst mit verhältnismäßigem

---
426 Ausführlich zum Personenbezug bei Namen unten Kap. 2 § 4 III. 2.
427 *Achtruth,* Der rechtliche Schutz bei der Nutzung von Social Networks, S. 31.
428 Art. 29-Datenschutzgruppe, WP 136, S. 18.
429 *Borges,* in: Borges/Meents, Rechtshandbuch Cloud Computing, § 6 Rn. 37 ff.; *Brink/Eckhardt,* ZD 2015, 205, 210 f.; *Dammann,* in: Simitis, BDSG, § 3 Rn. 36 f.; *Ernst,* in: Paal/Pauly, DS-GVO/BDSG, Art. 4 Rn. 12; *Roßnagel,* in: Roßnagel/Sommerlatte/Winand, Digitale Visionen, S. 154; *Roßnagel/Nebel/Richter,* ZD 2015, 455, 456; *Schantz,* NJW 2016, 1841, 1843; *Schefzig,* K&R 2014, 772, 775; *Spindler,* Persönlichkeitsschutz im Internet, S. 116; *Ziebarth,* in: Sydow, DSGVO, Art. 4 Rn. 40.
430 *Borges,* in: Borges/Meents, Rechtshandbuch Cloud Computing, § 6 Rn. 37, 42.
431 So *Dammann,* in: Simitis, BDSG, § 3 Rn. 38, der bei jeder Art von Unsicherheiten des Personenbezugs das BDSG für anwendbar hält.

Aufwand möglich sei.[432] Meldet sich ein Nutzer bei einem sozialen Netzwerk an, so stellt dies i.d.R. erst den Beginn seiner Nutzung dar. Auch wenn dieser nicht aufgrund der im Rahmen der Registrierung angegebenen Daten identifizierbar ist, ist davon auszugehen, dass sich in der Folgezeit seine Nutzung intensivieren und die Menge der Daten, die den Personenbezug verdichten und somit eine Singularisierung herbeiführen kann, steigt. Daher wird der Netzwerkbetreiber bei einer neuen Anmeldung unter einem Namen, der die Identifizierung des Betroffenen nicht zulässt, regelmäßig einen künftigen Personenbezug unterstellen müssen.

Problematisch ist auch die Festlegung des zu betrachtenden Prognosezeitraums. Teils wird dabei vorgeschlagen, die Prognose habe sich am voraussichtlichen Zeitraum der Datenverarbeitung zu orientieren.[433] Wie lange ein soziales Netzwerk vom Einzelnen genutzt wird, hängt jedoch vor allem von der Frage ab, wie lange es den Nutzer binden kann. Dies kann der Netzwerkbetreiber im Vorfeld nicht abschätzen. Daher ist das Risiko der Identifizierung durch den Verantwortlichen während der Verarbeitung regelmäßig neu zu bewerten.[434] Dies muss nicht zwingend zu einer gesteigerten Erwartung des Personenbezugs führen, vielmehr ist auch die gegenteilige Entwicklung denkbar. Nutzt ein nicht-identifizierbarer Nutzer das soziale Netzwerk über einen längeren Zeitraum nicht, kann davon ausgegangen werden, dass er auch künftig das Netzwerk nicht mehr nutzt, sodass die Wahrscheinlichkeit einer künftigen Identifizierung sinkt.

*4. Zusammenfassung: Personenbezug von Daten*

Ausgenommen vom sachlichen Anwendungsbereich der DSGVO sind zunächst anonyme und anonymisierte Daten einschließlich reiner Sachdaten. Demgegenüber weisen sämtliche Daten Personenbezug auf, die eine natürliche Person betreffen. Hierzu zählen auch solche Sachdaten, die zu einer oder mehreren Personen referenzieren. Die ferner erforderliche Identifizierbarkeit liegt dann vor, wenn die Schnittmenge der Informationen eine zutreffende Bestimmung einer einzelnen natürlichen Person, d.h. ab einer Wahrscheinlichkeit von 50 Prozent, erlaubt. Treffen die Informationen gleichermaßen auf zwei oder mehr Personen zu, liegen sog. Sammeldaten vor, die, ebenso wie anonyme Daten, grundsätzlich nicht vom Anwendungsbereich der DSGVO erfasst sind. Bei der Frage, ob eine solche Identifikation die notwendige Wahrscheinlichkeitsschwelle erreicht, ist auf die Möglichkeiten der jeweiligen datenverarbeitenden Stelle zu rekurrieren (relativer Personenbezug).

Dabei sind über das Internet erlangte Erkenntnisse sowie Erkenntnisse Dritter insofern zu berücksichtigen, wie dieses Zusatzwissen unter Berücksichtigung eines angemessenen zeitlichen und finanziellen Aufwands akquiriert werden

---
432 *Borges*, in: Borges/Meents, Rechtshandbuch Cloud Computing, § 6 Rn. 42.
433 Art. 29-Datenschutzgruppe, WP 136, S. 18; *Roßnagel,* ZD 2013, 562, 563.
434 *Borges,* in: Borges/Meents, Rechtshandbuch Cloud Computing, § 6 Rn. 40.

kann. Auch Daten, die für sich genommen (noch) keinen Personenbezug aufweisen, sind vom Schutzbereich der DSGVO insoweit erfasst, wie nach vernünftiger Prognose der datenverarbeitenden Stelle ein Personenbezug künftig herstellbar ist.

### III. Personenbezug typischer in sozialen Netzwerken anfallenden Daten

Bei der Interaktion mit Internetdiensten werden zahlreiche Verbindungs-, Nutzungs[435] und Inhaltsdaten übertragen.[436] Ein großes Streitthema war in der Vergangenheit der Personenbezug von IP-Adressen.[437] Demgegenüber setzen sich die vorliegend zu untersuchenden Inhaltsdaten aus allen freiwilligen Angaben des Nutzers eines sozialen Netzwerks zusammen.[438] Im Folgenden soll dargestellt werden, welche Daten typischerweise bei der Nutzerinteraktion anfallen und inwieweit diese einen Personenbezug aufweisen und somit vom Schutzbereich der DSGVO erfasst sind.

#### 1. Erfordernis der Gesamtbetrachtung

Die Nutzer eines sozialen Netzwerks sollen i.d.R. bei der Registrierung ihren Vor- und Nachnamen angeben.[439] Die Möglichkeiten, über den Namen hinaus im Profil personenbezogene Daten anzugeben, differenzieren nach Ausrichtung und Ausgestaltung des Netzwerks. Es können etwa E-Mail-Adresse, Geschlecht, Wohnort, Geburtsdatum oder Arbeitgeber erfragt werden. Teilweise ist auch die Angabe besonderer Arten personenbezogener Daten i.S.d. Art. 9 DSGVO,[440] etwa sexuelle Orientierung, Religion und politische Anschauung, möglich.[441]

Einzeln, für sich genommen, haben derartige Daten häufig keinen Personenbezug. Regelmäßig ergibt sich der Personenbezug aus der Gesamtheit der Daten, die der Nutzer in seinem Profil, in Statusupdates oder anderweitig angibt. Sofern aufgrund einer Angabe oder mehreren Angaben aus der Sicht des Verarbeiters eine Identifikation des Betroffenen möglich ist und somit ein Personenbezug hergestellt werden kann, stellt auch jedes weitere Datum, welches mit den Identifikationsdaten verknüpft werden kann, ein personenbezogenes Datum dar.[442] Ist für den Verarbeitenden eine Bestimmung der natürlichen Person beispiels-

---

435 Ein Überblick zu den bei Websiteinteraktionen an den Diensteanbieter übertragenen Verbindungs- und Nutzungsdaten findet sich bei *Stiemerling/Lachenmann*, ZD 2014, 133, 135 f.
436 Eine entsprechende Aufzählung der bei der Nutzung sozialer Netzwerke anfallender – möglicherweise – personenbezogener Daten findet sich bei *Karg/Fahl*, K&R 2011, 453, 455; *Splittgerber*, in: Splittgerber, Rechtsfragen Social Media, Kap. 3 Rn. 33.
437 Dazu sogleich Kap. 2 § 4 III. 8.
438 *ULD*, Reichweitenanalyse durch Facebook, S. 19.
439 Siehe Kap. 1 § 2 III. 1 sowie Fn. 87.
440 Siehe unten Kap. 4 § 10 II. 3. c).
441 Siehe oben Kap. 1 § 2 III. 1. a).
442 Vgl. zum BDSG a.F. *Dammann*, in: Simitis, BDSG, § 3 Rn. 59; *Roßnagel*, in: Roßnagel/Sommerlatte/Winand, Digitale Visionen, S. 153.

weise bereits aufgrund von Name und Wohnort möglich, so hat auch das hinzugespeicherte Geburtsdatum Personenbezug. Umgekehrt kann sich das Hinzuspeichern des Geburtsdatums erst den Personenbezug konstituieren, wenn z. B. zahlreiche Namensträger mit verschiedenen Geburtsdaten in derselben Stadt existieren. In diesem Fall kann durch das Hinzuspeichern nicht nur der Personenbezug des Geburtsdatums begründet werden, sondern auch der des Namens sowie des Wohnorts. Auch wenn der Nutzer zunächst anonym handelt, ist sozialen Netzwerken aufgrund der durch die Nutzer betriebenen Selbstdarstellung die Gefahr der späteren Aufdeckung immanent.[443]

Daher hat stets eine Gesamtbetrachtung anhand aller dem jeweiligen Beteiligten zum jeweiligen Zeitpunkt zugänglichen Daten zu erfolgen. So sind bei der Frage des – relativ zu bestimmenden – Personenbezugs alle dem Netzwerkbetreiber zugänglichen Informationen zu berücksichtigen. Ist der Nutzer identifizierbar, sind auch alle weiteren Informationen, die dem Nutzer zugeordnet werden können, personenbezogen. Dasselbe gilt entsprechend für Dritte, etwa andere Nutzer des Netzwerks. Allerdings stehen Dritten aufgrund der Sichtbarkeitseinstellungen häufig weniger Informationen als dem Netzwerkbetreiber zur Verfügung.

*2. (Nutzer-)Name*

Der Name ist in der westlichen Kultur das meistgenutzte Erkennungsmerkmal einer Person.[444] Häufig verlangt der Netzwerkbetreiber die Angabe des echten Namens. Dies war unter dem Stichwort „Klarnamenszwang" Gegenstand mehrerer Rechtsstreite[445] und wurde breit in der datenschutzrechtlichen Literatur[446] diskutiert.[447] Die Angabe des echten Namens kann aber dazu dienen, die Auffindbarkeit des Nutzers durch andere Nutzer desselben Netzwerks zu erleichtern sowie Verknüpfungen zu ebenfalls registrierten Familienangehörigen herzustellen. Aus Betreibersicht können so mehr Daten für die Platzierung individueller Werbung bei den Angehörigen des Nutzers verwendet werden.

a) Der bürgerliche Name

Zunächst wird untersucht, inwieweit der bürgerliche Name isoliert betrachtet Personenbezug aufweist. Der kontextfreie bürgerliche Name ist – auch bei nur einem einzigen Namensträger – kein personenbezogenes Datum, da dieser keine Aussage über die Verhältnisse des Namensträgers enthält.[448] Der Name enthält

---
443 *Niemann/Scholz*, in: Niemann/Kersten/Wolfenstetter, Innovativer Datenschutz, S. 118.
444 *Schild*, in: Wolff/Brink, BDSG, § 3 Rn. 18.
445 OVG Schleswig-Holstein, NJW 2013, 1977; OVG Hamburg, ZD 2016, 450; siehe auch die jeweiligen Vorinstanzen VG Schleswig, K&R 2013, 280; VG Hamburg, K&R 2016, 290.
446 *Bender*, K&R 2013, 218; *Hornung*, in: Hornung/Müller-Terpitz, Rechtshandbuch Social Media, Kap. 3 Rn. 93 ff.; *Schnabel/Freund*, CR 2010, 718; *Stadler*, ZD 2011, 57 ff.; *Splittgerber*, in: Splittgerber, Rechtsfragen Social Media, Kap. 3 Rn. 35 ff.; *Ziebarth*, ZD 2013, 375 ff.
447 Zur Zulässigkeit einer Klarnamenspflicht siehe unten Kap. 5 § 15 I.
448 *Dammann*, in: Simitis, BDSG, § 3 Rn. 61.

seinen Personenbezug erst durch einen Zuweisungsgehalt der namensnennenden Aussage.[449] So liegt etwa bei der bloßen Nennung des Namens („X.") noch keine Angabe über den Träger des Namens vor, dagegen bei der Aussage „Person X ist 1,82 m groß." oder bei der Aussage „Das ist X!" in Anwesenheit des X schon, da dadurch weitere anwesende Personen den Namen mit der Größe des X bzw. dessen Aussehen verknüpfen können. Darüber hinaus können Vornamen regelmäßig Angaben über das Geschlecht des Namensträgers und somit über persönliche Verhältnisse vermitteln.[450] Auch ist denkbar, dass durch Angabe des Namens auf die Nationalität oder die Religion des Betroffenen geschlossen werden kann.

Ist eine natürliche Person bei einem sozialen Netzwerk mit ihrem bürgerlichen Namen registriert, wird es sich in der Regel um ein personenbezogenes Datum handeln, da allein die durch die Angabe des bürgerlichen Namens im Netzwerk kolportierte Information der Aussage „Person X unterhält einen Account im Netzwerk Y." entspricht und somit eine Information über die sachlichen oder persönlichen Verhältnisse selbiger Person darstellt. Soweit es sich um einen einzelnen Namensträger handelt, stellt die Angabe des bürgerlichen Namens bei einer Registrierung in einem sozialen Netzwerk – unabhängig davon, ob der Vorname weitere Informationen über Geschlecht, Nationalität oder Religion vermittelt – ein personenbezogenes Datum dar. Der sachliche Anwendungsbereich der DSGVO ist damit eröffnet.

Existieren hingegen mehrere Träger desselben bürgerlichen Namens, so kann – jedenfalls allein anhand des Namens – keine natürliche Person bestimmt werden. Die Information ist dann nicht mehr einer individuellen Person zuordenbar, sondern lediglich der Teilmenge einer Vielzahl natürlicher Personen. Bei einer Vielzahl von möglichen Bezugsobjekten ist der sachliche Anwendungsbereich der DSGVO jedenfalls nicht allein auf Grundlage des bürgerlichen Namens eröffnet, da eine einzelne Information, die gleichermaßen auf mehrere Personen zutrifft, für sich betrachtet keinen Personenbezug aufweist.[451] Demnach weisen Namen, bei denen mehrere Namensträger existieren, isoliert betrachtet keinen Personenbezug auf.[452] In diesen Fällen kommt nur eine Identifizierung mittels weiterer Angaben in Betracht.

b) Virtuelle Identitäten als Schutzobjekt der DSGVO

Während die Frage, ob Personenbezug bei Angabe eines Namens vorliegt, relativ eindeutig zu beantworten ist, ist die Bestimmung des Personenbezugs bei Nutzern, die unter einer virtuellen Identität agieren, etwa mit einem erdachten Nutzernamen, problematisch. Zunächst kommt – aufgrund des Erfordernisses einer Gesamtbetrachtung – eine Identifizierbarkeit durch weitere Angaben im

---

449 Vgl. oben Kap. 2 § 4 II. 2.
450 Vgl. *Dammann,* in: Simitis, BDSG, § 3 Rn. 61.
451 Siehe oben Kap. 2 § 4 II. 3. b).
452 So für häufig vorkommende Familiennamen auch *Art.-29-Datenschutzgruppe,* WP 136, S. 15.

Profil im Betracht. Davon abgesehen stellt sich jedoch die Frage, ob und unter welchen Umständen Nutzernamen auch ohne eine Verknüpfung mit weiteren, die Identifizierung ermöglichenden Daten, einen (unmittelbaren) Schutz durch die DSGVO genießen. Diese beiden Möglichkeiten des Personenbezugs werden im Folgenden als „mittelbarer Schutz" bzw. „unmittelbarer Schutz" von Nutzernamen bezeichnet.

aa) Mittelbarer Schutz von Nutzernamen

Im Rahmen des mittelbaren Schutzes von Identitäten ist für die Frage, ob der jeweils gewählte Nutzername ein personenbezogenes Datum ist, die Berücksichtigung der weiteren Angaben entscheidend.[453] Ein einziges personenbezogenes Datum reicht aus, um den Personenbezug aller weiteren über die Person gesammelten Informationen herzustellen.[454] Ein Nutzername wird also dann zum personenbezogenen Datum, wenn die datenverarbeitende Stelle über weitere Kenntnisse verfügt, die eine Bestimmung des Betroffenen ermöglichen. Dies sind insbesondere die im Nutzerprofil angegebenen Daten sowie solche, die im Wege der Interaktion mit anderen Nutzern entstehen und so eine „Enttarnung" des Nutzers ermöglichen.[455] Aber auch weitere über das Internet und u. U. über (andere) soziale Netzwerke abrufbare Informationen müssen berücksichtigt werden.[456] Fügt der Nutzer weitere Angaben hinzu, etwa sein echtes Geburtsdatum, seinen Geburts- und Wohnort oder ähnliches, ist die Wahrscheinlichkeit höher, dass es sich bei dem Nutzernamen um ein Pseudonym und nicht um ein Anonym handelt oder dass das einst gewählte Anonym nach der Ergänzung weiterer Angaben ein Pseudonym wird.[457] Da die DSGVO auf Pseudonyme Anwendung findet,[458] genießen Nutzernamen aufgrund der Berücksichtigung weiterer Angaben mittelbaren Schutz durch die DSGVO.[459]

Im Kontext von Nutzernamen im Internet kann eine solche Zuordnung dann auch möglich sein, wenn der Nutzer denselben Nutzernamen in verschiedenen Internetdiensten verwendet und innerhalb dieser Dienste Daten öffentlich zugänglich macht, mittels derer ein Personenbezug herstellbar ist.[460] Im Internet abrufbare Informationen gelten als leicht zugängliches und bei der Bestimmung

---
453 Vgl. Erwägungsgrund 26 Satz 2.
454 Lerch/Krause/Hotho/Roßnagel/Stumme, MMR 2010, 454, 457.
455 *Kampert,* Datenschutz in sozialen Online-Netzwerken, S. 58.
456 Dazu im Einzelnen oben Kap. 2 § 4 II. 3. d) bb).
457 So gehen *Hornung,* in. Hornung/Müller-Terpitz, Rechtshandbuch Social Media, Kap. 4 Rn. 35; *Krügel/Pfeiffenbring/Pieper,* K&R 2014, 699, 700; *Schwartmann/Ohr,* Recht der sozialen Medien, Rn. 83, davon aus, dass eine Identifizierung von Nutzern in sozialen Netzwerken aufgrund der weiteren Profildaten wahrscheinlich ist.
458 Siehe Fn. 354.
459 *Golland/Kriegesmann,* PinG 2017, 45, 48.
460 I.E. wohl auch *Scholz,* in: Simitis, BDSG, § 3 Rn. 213, der die Zuordenbarkeit für die Fälle ablehnt, in denen der Nutzer für verschiedene Dienste im Internet verschiedene Pseudonyme verwenden.

des Personenbezugs zu berücksichtigendes Zusatzwissen.[461] Wenn der Betroffene Informationen über sich in den Umlauf bringt, könnte die datenverarbeitende Stelle durch eine einfache Internetrecherche auf diese Informationen stoßen;[462] das Pseudonym wäre aus ihrer Sicht personenbeziehbar.

bb) Unmittelbarer Schutz von Nutzernamen

Der unmittelbare Schutz von virtuellen Identitäten ist ein kaum beleuchteter Aspekt des Personenbezugs. In Art. 4 Nr. 1 Halbsatz 2 DSGVO findet als eine von mehreren Konstellationen der Fall der Zuordenbarkeit zu einer Online-Kennung Erwähnung. Dies sind die Fälle, in denen allein die Kennung – d. h. der gewählte Nutzername – unmittelbaren Personenbezug aufweist und somit die Zuordnung zu einer natürlichen Person ermöglicht. In Art. 4 Nr. 1 Halbsatz 2 DSGVO kommt demnach der Schutz virtueller Identitäten zum Ausdruck. Ein plakatives Beispiel ist der Künstler, der unter seinem frei gewählten Künstlernamen Berühmtheit erlangt hat.[463] Relevanz entfaltet die Frage vor allem für Plattformbetreiber, deren Nutzer sich unter einem Nutzernamen registrieren.

Ob und unter welchen Umständen ein solcher, unmittelbarer Schutz angenommen werden kann, wird bislang nur vereinzelt thematisiert.[464] Voraussetzung für einen abstrakten datenschutzrechtlichen Schutz des Nutzernamens ist ausweislich von Art. 4 Nr. 1 DSGVO, dass das Merkmal, anhand dessen die Zuordnung erfolgt, Ausdruck der Identität des Betroffenen ist, sodass die Person anhand der Zuordnung zu einer Kennung identifiziert werden kann. Soweit man, wie im Namensrecht,[465] auf die Verkehrsgeltung abstellt, stellt sich die Frage, wie hoch der Grad der Bekanntheit sein muss. So wird eine den namensrechtlichen Schutz gem. § 12 BGB auslösende Verkehrsgeltung erst bei Erreichen einer Bekanntheitsschwelle von 20 bis 50 Prozent der jeweiligen Verkehrskreise angenommen.[466] Im Bereich sozialer Netzwerke wäre insoweit auf den gesamten Nutzerkreis des jeweiligen Netzwerks abzustellen. Dass ein Nutzername von mindestens jedem fünften Nutzer mit einer natürlichen Person assoziiert wird, erscheint jedoch, insbesondere bei überregionalen Plattformen, fernliegend. Das Kriterium der Verkehrsgeltung taugt außerhalb sehr bekannter Pseudonyme daher nur bedingt.[467] Auch das Abstellen auf die Aussagekraft scheint wenig geeignet, da dies die vom Gesetzgeber gewollte Möglichkeit anonymer Daten-

---

461 Siehe bereits oben Kap. 2 § 4 II. 3. d) bb).
462 Vgl. *Maisch*, Informationelle Selbstbestimmung in Netzwerken, S. 74.
463 Dies ist der der Fall bei z. B. François-Marie Arouet („Voltaire"), Hans Gustav Bötticher („Joachim Ringelnatz"), Ferenc Hoffmann („Ephraim Kishon") Norma Jeane Mortenson („Marilyn Monroe"), Krishna Pandit Bhanji („Sir Ben Kingsley") oder Eithne Patricia Ní Bhraonáin („Enya").
464 Ausführlich zum Schutz virtueller Identitäten durch die DSGVO *Golland/Kriegesmann*, PinG 2017, 45 ff.
465 *Müller*, in: Spindler/Schuster, Recht der elektronischen Medien, § 12 BGB Rn. 13; *Säcker*, in: MüKo-BGB, § 12 Rn. 55.
466 *Meyer*, Identität und virtuelle Identität, S. 86.
467 *Golland/Kriegesmann*, PinG 2017, 45, 49.

§ 4 Die Verarbeitung personenbezogener Daten

verarbeitung[468] praktisch unmöglich machen würde.[469] Sachgerecht erscheint es, bei der Bestimmung des unmittelbaren Schutzes an die Öffentlichkeit der Verarbeitung anzuknüpfen, da durch diese die Chance der Aufdeckung der Identität durch Dritte und damit die Gefährdung für die Entfaltung der Persönlichkeit erheblich steigt.[470] Der Betreiber einer Plattform darf sich nicht mit dem Argument, er selbst könne den Betroffenen nicht identifizieren, entlasten können, wenn er zugleich die Möglichkeit der Identifizierung durch Dritte aktiv fördert. Eine solche Identifizierungsmöglichkeit wird bei sozialen Netzwerken regelmäßig zu bejahen sein, da hier die Kommunikation mit Menschen gefördert wird, mit denen der Träger der virtuellen Identität auch im nicht-virtuellen Leben verkehrt.[471] Entscheidend ist damit, ob eine Identifizierung des Betroffenen durch die Adressaten der Veröffentlichung wahrscheinlich ist.[472]

In Bezug auf soziale Netzwerke bedarf dieser Grundsatz jedoch einer Modifikation: Abzustellen ist allein auf die Daten, die mit Willen des Plattformbetreibers öffentlich dargestellt werden und deren öffentliche Sichtbarkeit durch den Nutzer nicht eingeschränkt werden kann. Nur dann fördert der Betreiber des sozialen Netzwerks die Identifizierung durch Dritte. Macht der Nutzer selbständig einzelnen Personen oder Kreisen von Personen bestimmte weitere Daten zugänglich, so wäre es unbillig, dem Netzwerkbetreiber eine solche, vom Nutzer eigenverantwortlich betriebene Förderung der Identifizierungsmöglichkeit anzulasten. In sozialen Netzwerken ist ein Personenbezug der virtuellen Identität anzunehmen, wenn es sich um eine Berühmtheit handelt oder im Profil des unter virtueller Identität agierenden Nutzers öffentlich Daten angezeigt werden, die es Dritten ermöglichen, den Betroffenen eindeutig zu identifizieren, ohne dass dieser die Möglichkeit hat, selbst über die Frage der Öffentlichkeit zu disponieren.

Kein (unmittelbarer) Personenbezug von Onlinekennungen liegt dann vor, wenn die angezeigten Daten nicht geeignet sind, Dritten die Identifizierung zu ermöglichen. Dies ist der Fall, wenn der Nutzername von einer Vielzahl von natürlichen Personen genutzt wird. Ebenso wie bei häufig vorkommenden Familiennamen[473] ist auch bei häufig vorkommenden Nutzernamen, insbesondere bei Plattformen, bei denen alle Nutzer unter derselben Kennung auftreten, eine unmittelbare Zuordenbarkeit und somit ein Personenbezug abzulehnen.[474] Dritte, denen lediglich die virtuelle Identität offenbart wird, können in diesen Fällen nicht herausfinden, wer der eigentlich Handelnde hinter der virtuellen Identität ist.

Für soziale Netzwerke mag der unmittelbare Schutz der virtuellen Identität indes eine untergeordnete Rolle spielen, da sich – aufgrund zahlreicher weiterer An-

---
468 Vgl. Erwägungsgrund 26 Satz 5 der DSGVO.
469 *Golland/Kriegesmann,* PinG 2017, 45, 49.
470 *Golland/Kriegesmann,* PinG 2017, 45, 50.
471 *Golland/Kriegesmann,* PinG 2017, 45, 50.
472 *Golland/Kriegesmann,* PinG 2017, 45, 50.
473 Siehe dazu oben Kap. 2 § 4 III. 2. a).
474 Mit dem Beispiel der Imageboards *Golland/Kriegesmann,* PinG 2017, 45, 49.

gaben des Nutzers, die durch das Ausfüllen des Profils und die weitere Nutzung des sozialen Netzwerks anfallen – regelmäßig ein Personenbezug und somit ein (mittelbarer) Schutz zu bejahen sein wird.

cc) Auswirkungen der Relativität des Personenbezugs

Häufig wird die Wahl eines Nutzernamens im Internet pauschal als die Verwendung eines „Pseudonyms" bezeichnet.[475] Ziel der Pseudonymisierung ist, ebenso wie die Anonymisierung, den Personenbezug auszuschließen oder wesentlich zu erschweren.[476] Ob der Nutzer ein Pseudonym oder ein Anonym[477] verwendet, ist allerdings, ebenso wie die generelle Frage, ob ein Datum pseudonymisiert oder anonymisiert ist, aus Sicht der verantwortlichen Stelle zu bestimmen.[478] Der Nutzer hat keineswegs die freie Wahl, ob er ein Pseudonym oder ein Anonym wählt, sondern lediglich, ob er einen Nutzernamen anstelle seines bürgerlichen Namens wählt. Inwieweit dieses als personenbeziehbares Datum (Pseudonym) oder als nicht-personenbeziehbares Datum (Anonym) einzuordnen ist, hängt maßgeblich vom Nutzer selbst ab, von seiner Originalität, den weiteren Angaben zu seiner Person und der Benutzung in anderen Rollen.[479] So wird etwa die Wahl eines Rufnamens oder die Vertauschung von Vor- und Nachname eher ein Pseudonym darstellen als z. B. ein gänzlich erdachter Benutzername ohne anderweitige Benutzung und ohne Bezug zum tatsächlichen Namen, da in letzterem Fall die Wahrscheinlichkeit, dass der für die Verarbeitung Verantwortliche allein aus dem angegebenen Namen die Identität herleiten kann (mittelbarer Personenbezug), geringer ist. Ein unmittelbarer Personenbezug des Nutzernamens ist dagegen nur in den bereits aufgezeigten Sonderfällen anzunehmen. Der Nutzername allein wird in diesem Fall häufig ein anonymes Datum sein, auf den die DSGVO keine Anwendung findet.

Aus der Relativität des Personenbezugs folgt auch, dass die Möglichkeit der Identifizierung anhand eines Nutzernamens von der Kenntnis der Zuordnungsfunktion abhängt.[480] Ein Nutzername, der etwa gegenüber dem Betreiber eines sozialen Netzwerks ein Anonym darstellt, kann gegenüber anderen Beteiligten lediglich ein Pseudonym sein und somit Personenbezug aufweisen.[481] Dies trifft beispielsweise auf Freunde zu, die auch außerhalb des sozialen Netzwerks mit dem Träger des Pseudonyms interagieren und dieses daher der dahinterstehenden natürlichen Person zuordnen können.

---

475 So etwa *Arning/Rothkegel,* in: Taeger/Gabel, DSGVO, Art. 4 Rn. 136; *Ziebarth,* in: Sydow, DS-GVO, Art. 4 Rn. 94; zu § 3 BDSG a. F. *Scholz,* in: Simitis, BDSG, § 3 Rn. 213.
476 *Scholz,* in: Simitis, BDSG, § 3 Rn. 215.
477 Der Terminus der Anonyms bezeichnet, analog zum Terminus des Pseudonyms, ein Datum, welches aus Sicht der datenverarbeitenden Stelle keinen Personenbezug aufweist.
478 Siehe oben Kap. 2 § 4 II. 3. c) cc).
479 *Niemann/Scholz,* in: Niemann/Kersten/Wolfenstetter, Innovativer Datenschutz, S. 118.
480 *Scholz,* in: Simitis, BDSG, § 3 Rn. 217; allgemein für Pseudonyme *Meyer,* Identität und virtuelle Identität, S. 34; *Roßnagel,* in: Roßnagel/Banzhaf/Grimm, Datenschutz im eCommerce, S. 151.
481 *Scholz,* in: Simitis, BDSG, § 3 Rn. 217 f.

Allerdings ist das, was ohne größere Anstrengungen über das soziale Netzwerk oder das Internet im Allgemeinen in Erfahrung gebracht werden kann, nicht allein relevant. Dies gilt insbesondere für die dem Betroffenen unbekannten oder nur flüchtig bekannten Personen, die nicht mit dem Betroffenen in Kontakt stehen, aber gemeinsame Kontakte mit dem Betroffenen aufweisen. Stehen beispielsweise X und Z nicht unmittelbar miteinander in Kontakt, haben aber einen gemeinsamen Kontakt Y („Schnittmengenkontakt"), so könnte der X den Y über Z befragen. Das Wissen, das über Dritte in Erfahrung gebracht werden kann, kann – je nach Aufwand – berücksichtigungsfähig sein.[482] Da ein Nutzer ohne weiteres einen gemeinsamen Kontakt darum bitten kann, eine informelle Auskunft über einen Dritten zu geben, ist auch dieses Wissen als berücksichtigungsfähig einzustufen.

Anderes kann nur gelten, sofern der Unbekannte Dritte zu dem gemeinsamen Kontakt in einem derart fernen Verhältnis steht, dass er als faktisch Unbekannter[483] auch auf Anfrage mangels sozialadäquaten Verhaltens keine der Identifizierung dienlichen Informationen vom Schnittmengenkontakt erhalten würde. Die Grenze zwischen „kurze Frage unter Freunden" und dem Problem des Social Engineering,[484] wofür soziale Netzwerke eine perfekte Plattform bieten,[485] mag hier fließend verlaufen, sodass eine Einzelfallbetrachtung geboten ist.

*3. Statusupdates, Kommentare, Nachrichten, vereinfachte Kommunikation und Verlinkungen*

Bei der Interaktion von Nutzern über ein soziales Netzwerk können sich personenbezogene Daten nicht nur aus dem semantischen Inhalt einer Äußerung ergeben, sondern auch aus der über das Netzwerk stattfindenden Interaktion selbst. So können etwa Statusupdates, je nach Inhalt der Aussage und Identifizierbarkeit des Aussagenden, allein hinsichtlich des verfassenden Nutzers personenbezogen sein (etwa die unter eigener Namensnennung getätigte Aussage „Heute ist schönes Wetter!"), allein hinsichtlich des Inhalts personenbezogen sein (etwa die anonym getätigte Aussage „Max Mustermann geht heute in die Schule.") oder sowohl hinsichtlich des Verfassers, als auch hinsichtlich des Inhalts personenbezogen sein (etwa die unter eigener Namensnennung getätigte Aussage „Max Mustermann geht heute in die Schule.").

Verfasst ein Nutzer beispielsweise ein Statusupdate, so ist – auch wenn dieses nur reine Sachdaten enthält – zunächst hierin die Information enthalten, dass dieser Nutzer ein Statusupdate verfasst hat.[486] Sofern der äußernde Nutzer iden-

---
482 Siehe oben Kap. 2 § 4 II. 3. d) aa).
483 Zu faktisch Unbekannten in sozialen Netzwerken siehe oben Kap. 1 § 2 IV. 2. b).
484 Siehe oben Kap. 1 § 2 IV. 2. b).
485 *Fox*, DuD 2013, 318.
486 I.E. auch *Splittgerber*, in: Splittgerber, Rechtsfragen Social Media, Kap. 3 Rn. 117, der dies aus der Registrierungspflicht und damit (wohl) aus dem mittels Namen herstellbaren Personenbezug folgert.

tifizierbar ist, weist auch die entsprechende Angabe Personenbezug auf. Die Aussage selbst muss dabei nicht zwingend personenbeziehbare Informationen enthalten. Umgekehrt kann es aber auch der Fall sein, dass der Verfasser nicht identifizierbar ist (d. h. die Angabe hinsichtlich des Verfassers nicht personenbeziehbar ist), die getätigte Aussage aber in inhaltlicher Hinsicht Personenbezug aufweist. Dies ist etwa dann der Fall, wenn unter einem Anonym Angaben über die persönlichen oder sachlichen Verhältnisse eines identifizierbaren Dritten gemacht werden.

Im Folgenden wird zwischen diesen Daten, die aus der Interaktion generiert werden („Daten auf Interaktionsebene"), und Daten, die die Inhalte der Kommunikation betreffen („Daten auf semantischer Ebene"), differenziert.

a) Betrachtete Vorgänge

Die aufgeworfene Frage des Personenbezugs der zuvor erwähnten Daten stellt sich bei allen Daten, die unmittelbarer Ausfluss eines vom Nutzer ausgelösten Kommunikationsvorgangs sind und somit sowohl Daten über den kommunizierenden Nutzer enthalten können, wie auch über Dritte. Dies sind zunächst die – bereits erwähnten – Statusupdates, die andere Nutzer über die Vorgänge im eigenen Leben in Kenntnis setzen. Inhaltlich sind diesen keine Grenzen gesetzt, sodass hier über die eigene Person und/oder über andere Personen berichtet werden kann oder reine Sachdaten mitgeteilt werden können. Statusupdates können auch mit Orten, Videos oder Fotos[487] verknüpft werden und so weitere (ggf. personenbezogene) Daten übermitteln. Mit Statusupdates vergleichbar sind Beiträge auf Fansites durch den Fansite-Betreiber.

Dasselbe gilt für Kommentare, die auf ein eigenes oder ein fremdes Statusupdate reagieren. Sie sind weniger Ausfluss des eigenen Mitteilungsbedürfnisses, sondern vielmehr des Bedürfnisses, auf die geäußerte Information eines anderen zu reagieren. Auch kann der Nutzer auf Statusupdates und Kommentare nonverbal reagieren, indem dieser mittels vereinfachter Nutzerreaktionen Gefallen oder Interesse bekundet oder die Inhalte weiterverbreitet. In diesem Abschnitt werden ferner Nachrichten[488] betrachtet, die eine privatere, öffentlichkeitsunwirksame Kommunikation, zumeist zwischen zwei Beteiligten, ermöglichen.

b) Personenbezug der Daten auf Interaktionsebene

Daten auf Interaktionsebene haben keinen semantischen Gehalt, sondern sind, logisch betrachtet, rekursive Informationen, die sich aus der Interaktion der Beteiligten selbst formieren. Beispielsweise sagt ein Statusupdate mit dem Inhalt „Heute sind 12°C." auf Interaktionseben aus, dass der Verfasser ein Statusupdate

---

[487] Dazu im Einzelnen unter Kap. 2 § 4 III. 5 bzw. Kap. 2 § 4 III. 6.
[488] Beim Versand von Nachrichten fallen zunächst Verbindungsdaten an, die gem. Art. 95 DSGVO von der sogenannten „ePrivacy-Richtlinie" und den auf dieser Grundlage erlassenen Gesetzen erfasst werden. Die Inhalte der Kommunikation werden hingegen, soweit personenbezogen, von der DSGVO erfasst, siehe oben Kap. 1 § 3 III. 2.

mit dem Inhalt „Heute sind es 12°C." veröffentlicht hat. Als Angabe über das, was er tut oder getan hat (nämlich eine Eingabe in einem sozialen Netzwerk), ist es eine Angabe über sachliche oder persönliche Verhältnisse und als solche, soweit der Nutzer identifizierbar ist, personenbezogen.

Wird ein solches Statusupdate durch eine andere Person kommentiert, so entsteht hinsichtlich der auf den ursprünglichen Beitrag reagierenden Person – über das Datum, dass diese Person einen Beitrag kommentiert hat – hinaus das personenbezogene Datum, mit dem Verfasser des Statusupdates in Kontakt zu stehen. Wurde die Sichtbarkeit durch den ursprünglichen Verfasser beschränkt, ist auch die Information, dass der Kommentierende mit dem Verfasser in engerer Beziehung steht, enthalten. Dies stellt ebenfalls ein personenbezogenes Datum dar. Auch durch vereinfachte Nutzerreaktionen oder das Weiterverbreiten entsteht auf Interaktionsebene, wie bei Kommentaren, ferner das Datum, dass die interagierende Person mit dem ursprünglichen Verfasser in Kontakt steht. Dasselbe gilt, soweit möglich, für das Verlinken anderer Personen. Bei Nachrichten werden nicht bloß die Inhalte der Nachricht übermittelt, sondern auch von wem die Nachricht stammt, wer der Adressat ist und wann diese Nachricht versendet wurde. Diese Daten sind ebenfalls personenbezogene Daten auf Interaktionsebene und unterfallen, soweit der jeweilige Nutzer identifizierbar ist, der DSGVO.[489]

Wird auf ein Statusupdate durch Kommentar oder auf sonstige Weise reagiert, so erbt diese Interaktion die Sichtbarkeitseinstellungen des Objekts, auf das reagiert wird. Im Gegensatz zum ursprünglichen Verfasser, der über die Reichweite bestimmen kann, unterwirft sich der Reagierende dessen Privatsphäreeinstellungen. Dies hat zur Folge, dass seine Daten unter Umständen ihm unbekannten Dritten angezeigt werden. Bei diesen dürfte es sich regelmäßig um Kontakte des ursprünglichen Verfassers handeln. Ein Personenbezug allein der durch die Interaktion von ursprünglichem Verfasser und Reagierendem, also unabhängig von der Inhaltsebene i.e.S. (dazu sogleich), erzeugten Daten aus Sicht derjenigen, mit dem der Reagierende ebenfalls in Kontakt steht – mit anderen Worten: gemeinsame Kontakte – kann ohne Weiteres bejaht werden.[490]

c) Personenbezug der Daten auf semantischer Ebene

Bedeutsam sind aber vor allem die Inhalte der Nutzerinteraktion im engeren, semantischen Sinne. Während die Interaktionsdaten in allen Formen der Nutzerinteraktion identisch sind, kann der semantische Gehalt in Abhängigkeit von der Art der durchgeführten Aktion wie auch aufgrund ihres durch den Nutzer bestimmten Inhalt divergieren.

Statusupdates können auf semantischer Ebene vielerlei Gestalt annehmen. Sie können keine personenbezogenen Daten enthalten (z.B. ein Statusupdate wel-

---

[489] Siehe bereits oben Kap. 1 § 3 III. 2. c).
[490] Anderes gilt ggf. für nicht-gemeinsame Kontakte, siehe dazu unten Kap. 2 § 4 III. 3. d).

ches nur Sachdaten enthält, etwa mit dem Inhalt „Heute sind 12°C."), eigene personenbezogene Daten (z. B. „Mir ist kalt.") oder fremde personenbezogene Daten (z. B. „Max Mustermann trägt eine rote Jacke."). Sie können ferner besondere Arten personenbezogener Daten[491] hinsichtlich der eigenen Person (z. B. „Gestern ging ich zur Beichte.") wie auch zu fremden Personen enthalten (z. B. „Max Mustermann hat Schnupfen."). Von dieser Interaktion können sowohl Netzwerkmitglieder wie auch komplett netzwerkfremde Personen betroffen sein.[492]

Wird ein fremder Beitrag unter Nutzung einer entsprechenden Funktion („Teilen" oder ähnliches) weiterverbreitet, so liegt hierin kein inhaltliches Zueigenmachen.[493] Es entsteht somit lediglich das Interaktionsdatum, dass der Nutzer den fremden Beitrag weiterverbreitet hat.[494] Einen semantischen Gehalt, etwa die Aussage, der Weiterverbreitende würde dem weiterverbreiteten Statusupdate inhaltlich zustimmen, hat das Weiterverbreiten nicht. Anders verhält es sich bei den vereinfachten Nutzerreaktionen: Hier entsteht nicht nur das Interaktionsdatum, dass der Nutzer reagiert hat, sondern darüber hinaus das personenbezogene Datum, dass die sich der vereinfachten Nutzerreaktion bedienende Person inhaltlich der Äußerung zustimmt.[495] Ebenfalls einen semantischen Gehalt können Nachrichten haben. Da diese ebenso wie Statusupdates keine, eigene und/oder fremde personenbezogene Daten enthalten können, gelten die Ausführungen zu Statusupdates entsprechend.

d) Personenbezug von Daten im Falle inkongruenter Kontaktkreise mit Schnittmengen

Unklar ist jedoch, inwiefern ein Personenbezug von Daten in den Fällen, in denen die in Rede stehenden Daten unbekannten Dritten angezeigt werden, angenommen werden kann. Dieses Problem stellt sich auf Interaktionsebene wie auf semantischer Ebene. Ein Beispiel ist ein Statusupdate des X, dessen Sichtbarkeit auf dessen Freunde beschränkt wird, zu denen auch Y und Z zählen. Y und Z kennen sich untereinander nicht, sondern haben lediglich in der Person des X einen gemeinsamen Kontakt, der die Schnittmenge ihrer jeweiligen Kontaktkreise darstellt. Kommentiert nun Y den Beitrag des X, so kann Z dies sehen. Die Information „Y hat den Beitrag des X kommentiert" ist ein Datum, welches als Angabe über sachliche oder persönliche Verhältnisse sowohl des X, als auch des Y einzuordnen ist. Im Hinblick auf die Kontaktbeziehung zwischen X und Z ist dieses Datum aus der Perspektive des Z personenbezogen, da dieser in der Regel ohnehin über die Identifizierung des X ermöglichende Informationen verfügen

---

491 Zur Bestimmung, unter welchen Umständen besondere Arten personenbezogenen Daten vorliegen siehe unten Kap. 4 § 10 II. 3. c).
492 Letzteres wäre dann der Fall, wenn der im Beispiel erwähnte „Max Mustermann" keinen Nutzeraccount in demselben Netzwerk besitzt.
493 OLG Dresden, CR 2017, 323; OLG Frankfurt a. M., K&R 2016, 283, 284 f.
494 Siehe oben Kap. 2 § 4 III. 3. b).
495 OLG Dresden, CR 2017, 323; implizit auch OLG Frankfurt a. M., K&R 2016, 283, 284.

dürfte. In Hinblick auf Y ist das Datum jedoch nur personenbezogen, soweit aus der Perspektive des Z eine Identifizierung des Y möglich ist.

Dies wäre, wie bereits erläutert, zumindest dann möglich, wenn die öffentlichen Informationen des Y oder eine Internetrecherche über diesen dessen Identifizierung erlauben.[496] Aber auch, wenn dies nicht der Fall ist, so könnte Z bei X grundsätzlich zur Identifizierung dienliche Informationen von Y erhalten,[497] welche als Zusatzwissen berücksichtigt werden müssen.[498] Im Regelfall wird daher auch aus Sicht unbekannter Dritter ein Personenbezug vorliegen.

### 4. Kontakte, Gruppen und Veranstaltungen, Fansites

Ein wesentlicher Bestandteil sozialer Netzwerke ist die Möglichkeit, sich mit realen Kontakten zu vernetzen oder neue Kontakte zu erschließen. Darüber hinaus besteht die Möglichkeit, Interessengruppen beizutreten, an Veranstaltungen teilzunehmen und ebenso wie auf Fansites, Beiträge zu verfassen.[499]

Soweit ein Nutzer einen neuen Kontakt erschließt, so entsteht auf Interaktionsebene ein entsprechendes Datum. Ist der Nutzer Mitglied in einer Interessengruppe oder Teilnehmer einer Veranstaltung, so entsteht auf Interaktionsebene ein entsprechendes personenbezogenes Datum, dass er Mitglied dieser Gruppe oder Teilnehmer dieser Veranstaltung geworden ist. Dasselbe gilt für Fansites: Abonniert der Nutzer eine Fansite, so entsteht das Datum, dass er diese Fansite abonniert hat. Beim Verfassen von Beiträgen, sei es in Gruppen, in Veranstaltungen oder, soweit möglich, auf Fansites, entsteht über den Umstand der Mitgliedschaft bzw. Teilnahme hinaus auf Interaktionsebene das Datum, dass der Nutzer einen Beitrag verfasst hat. Auf semantischer Ebene ist bei Beiträgen in Gruppen, Veranstaltungen oder auf Fansites sowohl denkbar, dass keine personenbezogenen Daten entstehen, wie auch die Entstehung eigener und/oder fremder personenbezogener Daten. Insoweit gelten die Ausführungen zum semantischen Gehalt von Statusupdates entsprechend.[500] Dasselbe gilt für Beiträge des Nutzers auf Fansites. Der semantische Gehalt lässt sich nur unmittelbar dem Beitrag entnehmen.

Für den Personenbezug dieser Daten aus Sicht anderer Nutzer kommt es nicht entscheidend darauf an, ob der jeweilige Nutzer mit dem Betroffenen in direktem Kontakt steht. Vielmehr sind die dem Datum innenwohnenden Informationen zum Teil für unbekannte Dritte, mit denen der Betroffene nicht in unmittelbarem Kontakt steht, personenbeziehbar. Dies ist für jene Unbekannten etwa im Wege der Anzeige der Kontaktliste des neu erschlossenen Kontakts, der Liste der Gruppenmitglieder oder der Liste der Veranstaltungsteilnehmer möglich. Soweit

---
496 Dazu ausführlich für den Personenbezug von Namen Kap. 2 § 4 III. 1.
497 Vgl. oben Kap. 2 § 4 III. 2. b) bb).
498 Siehe oben die Nachweise in Fn. 482.
499 Siehe oben Kap. 1 § 2 III. 1.
500 Vgl. oben Kap. 2 § 4 III. 3.

es um neue Kontakte geht, so stellt sich die gleiche Konstellation wie bei der Einordnung des Personenbezugs bei inkongruenten Kontaktkreisen mit Schnittmengen: Da die zur Identifizierung erforderlichen Informationen regelmäßig über einen Schnittmengenkontakt akquiriert werden können, handelt es sich aus Sicht des Dritten um ein personenbezogenes Datum.[501] Die hier betrachteten Daten sind aus Nutzersicht daher dann personenbezogen, wenn der Nutzer in direktem Kontakt zu dem Betroffenen steht oder ob er zumindest gemeinsame Kontakte mit diesem aufweist.

### 5. Lichtbilder

Die Form der Repräsentation von Informationen hat für die Beurteilung als Datum keine Bedeutung.[502] Daher sind Bild- und Tonaufnahmen ebenfalls personenbezogene Daten.[503] Während dies ausdrücklich noch in Erwägungsgrund 17 der DS-RL erwähnt wurde, ergibt sich der (grundsätzliche) Personenbezug von Lichtbildern nur im Umkehrschluss aus Erwägungsgrund 51 Satz 3 Halbsatz 1 der DSGVO, wonach Lichtbilder grundsätzlich nicht als Verarbeitung besonderer Kategorien von personenbezogenen Daten angesehen werden sollen.[504] Bilder von Personen geben regelmäßig Aufschluss über körperliche Merkmale (z. B. Größe, Gewicht, Haarfarbe) der abgebildeten Person. Derartige Merkmale sind Angaben über persönliche oder sachliche Verhältnisse.[505] Soweit die abgebildete Person identifizierbar ist, zählen auch Lichtbilder zu den personenbezogenen Daten.[506]

Insbesondere bei Lichtbildern ist aber auch denkbar, dass die Person erst durch das Bild identifizierbar wird. In diesen Fällen wird der Personenbezug erst durch das Bild, ggf. in Kombination mit weiteren Daten, hergestellt.[507] Dies ist etwa dann der Fall, wenn der Betroffene sich unter einem Anonym in einem sozialen Netzwerk registriert, aber ein echtes Profilfoto verwendet. Personen, die den Betroffenen persönlich kennen, können diesen erkennen und so den Personenbezug herstellen. Grundsätzlich haben Bilder und Videos daher nur für diejenigen einen Personenbezug, die die Person im realen Leben kennen.[508] Der Personenbezug wird jedoch dann global, wenn der Betroffene dieses Bild bereits im öffentlich zugänglichen Raum des Internets verwendet hat und deswegen ander-

---

501 Vgl. oben Kap. 2 § 4 III. 3. d).
502 *Dammann,* in: Simitis, BDSG, § 3 Rn. 4.
503 *Dammann,* in: Simitis, BDSG, § 3 Rn. 4. Zum Teil wird vertreten, dass auf die Veröffentlichung von Lichtbildern das KUG über Art. 85 DSGVO Anwendung finden könne, vgl. die Nachweise in Fn. 242.
504 Ähnlich *Art.-29-Datenschutzgruppe,* WP 163, S. 9, die hinsichtlich der DS-RL vertraten, dass Bilder nur dann sensible Daten seien, wenn sie eindeutig zur Offenlegung der sensiblen Daten verwendet würden.
505 *Dammann,* in: Simitis, BDSG, § 3 Rn. 10.
506 *Gola/Klug/Körffer,* in: Gola/Schomerus, BDSG, § 3 Rn. 6.
507 *Weichert,* in: Däubler/Klebe/Wedde/Weichert, BDSG, § 3 Rn. 21a.
508 *Jandt/Roßnagel,* MMR 2011, 637

weitig, etwa mittels einer Bilder-Inverssuche,[509] gefunden und weitere, den Personenbezug auslösende Informationen akquiriert werden können. Ebenso wie bei einem Pseudonym, welches Zugang zu weiteren Informationen vermittelt und daher selbst als personenbezogenes Datum zu betrachten ist,[510] trifft dies gleichermaßen auf Lichtbilder zu.

*6. Verlinkungen*

In einigen Netzwerken ist es möglich, andere Mitglieder des jeweiligen sozialen Netzwerks in eigenen oder fremden Beiträgen zu verlinken. Hiervon sind gleichermaßen Statusupdates, Kommentare, aber auch Beiträge in Gruppen, Veranstaltungen oder auf Fansites erfasst. Auf Interaktionsebene entsteht zunächst das Datum, dass Verlinkter und Verlinkender in Kontakt stehen.[511] Darüber hinaus kann das personenbezogene Datum entstehen, dass die verlinkte Person in irgendeiner Weise mit dem Inhalt des Beitrags in Verbindung steht.

Der BGH äußerte in einem ähnlich gelagerten Fall, der Kombination eines Namens mit einem anderen Begriff sei die Aussage zu entnehmen, zwischen der Person und dem Begriff bestehe ein sachlicher Zusammenhang.[512] Ob eine solche Assoziation geeignet ist, den Schutz durch das Datenschutzrecht auszulösen, ist jedoch nach der Verkehrsauffassung zu beurteilen. Hierfür bedarf es einer hinreichend konkreten Assoziation der adressierten Verkehrskreise oder der realistischen Möglichkeit, dass über die verlinkende Person erforderliches Zusatzwissen akquiriert werden kann. Über letztere dürften insbesondere diejenigen Nutzer verfügen, die sowohl mit der Verlinkten wie auch der verlinkenden Person in Kontakt stehen. Auf semantischer Ebene liegt dann kein Personenbezug vor, wenn die Verbindung des Namens mit der Person nicht geeignet ist, eine hinreichend konkrete Assoziation hervorzurufen, die Aufschluss über die betroffene Person gibt. Dies ist etwa dann denkbar, wenn ein Nutzer beim aktuellen Wetterbericht verlinkt wird.

Auch beim Verlinken anderer Nutzer ist das Entstehen besonderer Arten personenbezogener Daten i. S. d. Art. 9 DSGVO denkbar, etwa wenn der Beitrag die Selbsthilfe bei Krankheiten oder Wahlerfolge bestimmter Parteien thematisiert. Jedoch ist auch hier im Einzelfall darauf abzustellen, inwieweit die Assoziation hinreichend konkret ist und/oder zur Konkretisierung benötigtes Zusatzwissen erlangt werden kann.

---

509 Zur Funktion der Google-Bilder-Inverssuche siehe https://support.google.com/websearch/answer/1325808 (Stand: 9/2018).
510 Siehe oben Kap. 2 § 4 III. 2. b).
511 Implizit *LDA Brandenburg,* Tätigkeitsbericht 2014/2015, S. 143 f., wonach beim Verlinken von der Anwendbarkeit des BDSG a. F. auszugehen ist.
512 BGHZ 197, 213 Rn. 16.

## 7. Geodaten

In vielen sozialen Netzwerken besteht die Möglichkeit, Statusupdates oder Bilder mit Geodaten zu versehen. Geodaten sind Informationen, deren räumliche Lage ausgewiesen ist, sowie raumbezogene Daten.[513] Teilweise ist auch möglich, dem Netzwerk mitzuteilen, sich an einer bestimmten Lokalität, die ebenfalls ein Profil im sozialen Netzwerk unterhält, zu befinden. Die Daten können per GPS oder durch terrestrische Bezugspunkte (z. B. Mobilfunkantennen) erhoben werden.[514] Die Angabe von Geodaten ermöglicht dem Betreiber eines sozialen Netzwerks die Platzierung von ortsgebundener Werbung auf Mobilgeräten (sog. Location Based Advertising).[515] Reine Geodaten weisen keinen Personenbezug auf;[516] vielmehr handelt es sich um Sachdaten.

Ein Sachdatum wird jedoch personenbezogen, wenn es mit einem anderen personenbezogenen Datum verknüpft wird.[517] Wenn Geodaten im Kontext von Angelegenheiten bestimmter einzelner Personen verarbeitet werden, enthalten diese jedenfalls Angaben über persönliche oder sachliche Verhältnisse der betreffenden Person.[518] Dies ist etwa dann der Fall, wenn die Geodaten den Aufenthaltsort einer bestimmbaren Person beschreiben.[519] Bei diesen Standortdaten, seien es solche des Nutzers oder fremde, zuordenbare Standortdaten, handelt es sich daher um personenbezogene Daten.[520]

## 8. IP-Adressen

Die IP-Adresse dient zur Abwicklung der Kommunikation über das Internet. IP-Adressen fallen in jeder Interaktion mit dem sozialen Netzwerk an, unabhängig davon, ob der Nutzer sich registriert, Handlungen auf der Plattform vornimmt oder lediglich das soziale Netzwerk aufruft. Zutreffend ist hier zwischen statischen IPv4-Adressen, dynamischen IPv4-Adressen und IPv6-Adressen zu

---

513 *Dammann,* in: Simitis, BDSG, § 3 Rn. 58.
514 *Weichert,* DuD 2007, 113; zu weiteren Möglichkeiten auch *Art.-29-Datenschutzgruppe,* WP 115, S. 2 f. Ausführlich zur Ortung mittels Mobilfunk-Basisstationen, GPS und WLAN *Maier/Ossoinig,* VuR 2015, 330, 331 ff.
515 Siehe http://heise.de/-3240945 (Stand: 9/2018).
516 *Arning/Moos,* ZD 2014, 126, 130; *Dammann,* in: Simitis, BDSG, § 3 Rn. 58; i. E. auch *Forgó/Krügel,* MMR 2010, 17, 20 ff.; wohl auch *Weichert,* DuD 2009, 347, 351; a. A. *Spiecker gen. Döhmann,* CR 2010, 311, 314 f.
517 Allgemein *Dammann,* in: Simitis, BDSG, § 3 Rn. 59; für Geodaten *Arning/Moos,* ZD 2014, 126, 129 f.; *Forgó/Krügel,* MMR 2010, 17, 20 ff.; implizit zu Geodaten auch *Weichert,* DuD 2007, 113, 115 f.
518 *Arning/Moos,* ZD 2014, 126, 129; *Art.-29-Datenschutzgruppe,* WP 115, S. 3. Vgl. auch die Legaldefinition der personenbezogenen Daten in Art. 4 Nr. 1 DSGVO, die Standortdaten als die Identifizierung ermöglichende Mittel erwähnt.
519 *Dammann,* in: Simitis, BDSG, § 3 Rn. 69; wohl auch *Gola/Klug/Körffer,* in: Gola/Schomerus, BDSG, § 3 Rn. 6.
520 *Art.-29-Datenschutzgruppe,* WP 115, S. 3.

differenzieren.[521] Der BGH legte die Frage, inwieweit solche IP-Adressen personenbezogen sind, dem EuGH vor.[522] Im Oktober 2016 entschied dieser, dass dynamische IP-Adressen nicht per se personenbezogen sind, sondern dass es auf die Zusatzinformationen ankommt.[523] Unstreitig ist jedoch, dass IP-Adressen als Verbindungsdaten einzustufen sind. Im Unterschied zu Absender, Empfänger und Zeitstempel von versendeten Nachrichten werden sie nicht anderen Nutzern übermittelt. Damit unterliegen diese Daten nicht der DSGVO, sondern allein dem über Art. 95 DSGVO eröffneten telekommunikationsrechtlichen Datenschutz.[524]

## IV. Die Datenverarbeitung zu privaten und familiären Zwecken

Weitere Voraussetzung des sachlichen Anwendungsbereichs ist, dass die Verarbeitung personenbezogener Daten durch einen Verantwortlichen oder einen Auftragsverarbeiter erfolgt. Zunächst ist zu klären, inwieweit die DSGVO im Kontext sozialer Netzwerke auf die jeweiligen Beteiligten – Nutzer, Betreiber, Fansite-Betreiber – Anwendung findet. Private Nutzer können vom Anwendungsbereich ausgenommen sein. Diese Ausnahmeregelung ist gerade im Bereich sozialer Netzwerke von besonderer Relevanz, da es sich bei der weit überwiegenden Mehrheit der Beteiligten – nämlich die Nutzer – um natürliche Personen handelt, die mit ihrem Bekanntenkreis interagieren. Daher wird zu untersucht, welcher Beteiligte unter welchen Umständen datenschutzrechtlich privilegiert wird.

### 1. Anwendbarkeit und der „für die Verarbeitung Verantwortliche"

Die Termini des „Verantwortlichen" sowie des „Auftragsverarbeiters" werden durch Art. 4 Nr. 5 und 6 DSGVO, welche inhaltlich den Vorgängerregelungen der Art. 2 lit. d und e DS-RL entsprechen, definiert. Für die Anwendbarkeit ist irrelevant, ob diese Datenverarbeitung durch einen für die Verarbeitung Verantwortlichen oder einen Auftragsverarbeiter betrieben wird.[525] Von der Anwendbarkeit der DSGVO ist die Frage der Verantwortlichkeit für die jeweilige Verarbeitung zu unterscheiden. Der Begriff des für die Verarbeitung Verantwortlichen wird als „die natürliche oder juristische Person, Behörde, Einrichtung oder jede andere

---

521 Zur Unterscheidung *Bergmann/Möhrle/Herb*, BDSG, § 3 Rn. 32a, 32e; *Sieber*, in: Hoeren/Sieber/Holznagel, Multimedia-Recht, Teil 1 Rn. 55 ff. Inwieweit es sich bei – heutzutage noch üblichen – dynamischen IPv4-Adressen um personenbezogene Daten handelt, ist umstritten, zum Streitstand siehe *Bergmann/Möhrle/Herb*, BDSG, § 3 Rn. 32c.
522 BGH, NJW 2015, 368.
523 EuGH, NJW 2016, 3579 Rn. 45 ff.; zu der Entscheidung bereits oben Kap. 2 § 4 II. 3. c) bb).
524 Vgl. oben Kap. 1 § 3 III. 2. c).
525 Auch das damalige BDSG fand, unabhängig von der Verantwortlichkeit, nach § 1 Abs. 2 BDSG a.F. auf jede Verarbeitung durch „Stellen" Anwendung. Erfasst waren davon sämtliche natürlichen Personen sowie jede juristische Person und jede Personengesellschaft, unabhängig von der gewählten Rechtsform, *Simitis*, in: Simitis, BDSG, § 2 Rn. 118 ff.

Stelle, die allein oder gemeinsam mit anderen über die Zwecke und Mittel der Verarbeitung von personenbezogenen Daten entscheidet" in Art. 4 Nr. 7 Halbsatz 1 DSGVO legaldefiniert.[526] Die Unterscheidung zwischen Anwendungsbereich und dem engeren Begriff des für die Verarbeitung Verantwortlichen ist jedoch geboten: Während ersteres die prinzipielle Anwendbarkeit der DSGVO zur Folge hat, ist der „für die Verarbeitung Verantwortliche" zentraler Adressat des Datenschutzrechts,[527] was zahlreiche weitere Pflichten nach sich zieht.[528] Einer Qualifikation als für die Verarbeitung Verantwortlicher i. S.d Art. 4 Nr. 7 DSGVO bedarf es für die Anwendbarkeit nicht.

Vom sachlichen Anwendungsbereich der DSGVO sind Betreiber sozialer Netzwerke jeglicher Rechtsform gleichermaßen wie ihre Nutzer umfasst. Auch Fansite-Betreiber sind erfasst, unabhängig davon, ob die jeweiligen Fansites durch Unternehmen oder durch natürliche Personen betrieben werden. Grundsätzlich gelten die Regeln der DSGVO „für Google […] wie für den Bäcker um die Ecke."[529] Eine Ausnahme für bestimmte Verarbeitungsvorgänge natürlicher Personen sieht jedoch Art. 2 Abs. 2 lit. c DSGVO vor.

### 2. Die private Datenverarbeitung durch den Nutzer

Besondere Beachtung verdient die Datenverarbeitung durch Nutzer. Heutzutage werden bei Facebook mehr Statusupdates veröffentlicht als die Suchmaschine Google Anfragen erhält.[530] Die Zahl der versendeten Nachrichten und weiteren Nutzerinteraktionen übersteigt dies bei weitem.[531] Nach Art. 2 Abs. 2 lit. c DSGVO findet die Verordnung keine Anwendung, sofern die Verarbeitung personenbezogener Daten durch natürliche Personen zur Ausübung ausschließlich persönlicher oder familiärer Tätigkeiten erfolgt. Nach Erwägungsgrund 18 Satz 2 könnten als persönliche oder familiäre Tätigkeiten auch die Nutzung sozialer Netze und Online- Tätigkeiten gelten. Die Ausnahme des Art. 2 Abs. 2 lit. c DSGVO zielt damit auf die Datenverarbeitung in sozialen Netzwerken durch

---

526 Zu der an den jeweiligen Verarbeitungsvorgang anknüpfenden Verantwortlichkeit siehe unten Kap. 3 § 6.
527 *Borges,* in: Borges/Meents, Rechtshandbuch Cloud Computing, § 6 Rn. 11 f.; i. E. auch *Gola,* in: Gola, DS-GVO, Art. 4 Rn. 47; *Raschauer,* in: Sydow, DSGVO, Art. 4 Rn. 114, 120.
528 Selbiges galt auch für das Verhältnis der vom BDSG a. F. geprägten Begriffe „Stelle" und „verantwortliche Stelle". So statuierte das Gesetz etwa in § 5 BDSG a. F. Pflichten für Personen, die nicht selbst verantwortliche Stelle sind, und legte auch dem Auftragsverarbeiter, der nach § 3 Abs. 8 BDSG a. F. der verantwortlichen Stelle zugerechnet wurde und daher nicht selbst verantwortliche Stelle i. S. d. § 3 Abs. 7 BDSG a. F. war (*Borges,* in: Borges/Meents, Rechtshandbuch Cloud Computing, § 7 Rn. 16), wie § 11 Abs. 4 BDSG a. F. normierte, datenschutzrechtliche Pflichten auf.
529 *Veil,* ZD 2015, 347.
530 Nach *Kirchner,* Capital 2016, Heft 4, 120, 122 liegt die Zahl bei vier Millionen Facebook-Updates pro Minute (gegenüber drei Millionen Google-Suchanfragen in derselben Zeit).
531 Siehe die Nutzungsstatistiken bei *Niemann/Schenk,* in: Schenk/Niemann/Reinmann/Roßnagel, Digitale Privatsphäre, S. 184, 186.

private Nutzer, die Daten Dritter einstellen, ab.[532] Diese könnten bei Verarbeitung personenbezogener Daten, etwa durch Statusupdates und Beiträge, die personenbezogene Daten über Dritte enthalten, unversehens Adressat des Datenschutzrechts und womöglich als datenschutzrechtlich Verantwortlicher in Anspruch genommen werden. Umgekehrt entfällt mit der Nichtanwendbarkeit des Gesetzes die mögliche Konfrontation mit Ansprüchen der Betroffenen oder dem Tätigwerden der Aufsichtsbehörden.[533]

Die häufig als „Haushaltsprivileg" oder „Haushaltsausnahme" bezeichnete Regelung sieht sich in Zeiten des Web 2.0 zunehmender Kritik ausgesetzt, da Cloud Computing und Social Media dem einzelnen Bürger heutzutage derart umfangreiche Datenverarbeitungen erlaubten, sodass größere Risiken für die informationelle Selbstbestimmung zu befürchten seien.[534] Vereinzelt wurde daher gefordert, der Gesetzgeber müsse für die Verarbeitung durch Private ein abgestuftes System der Verantwortlichkeiten gesetzlich regeln.[535] Aus Erwägungsgrund 18 Satz 2 folgt jedoch nicht, dass jede Nutzung durch Private die Privilegierung genießt.[536] Auch derjenige, der gar nicht Mitglied eines sozialen Netzwerks ist, läuft Gefahr, dass seine Daten in einem sozialen Netzwerk veröffentlicht werden. Dieser wäre weitgehend schutzlos gestellt, würde die DSGVO auf den privaten Nutzer niemals Anwendung finden. Ferner lässt die Kritik anscheinend außer Acht, dass weitere Verarbeitungsvorgänge auf Seiten des Cloud Computing-Anbieters oder Netzwerkbetreibers davon losgelöst zu beurteilen sind.[537] Vielmehr ist die Anwendbarkeit von Art. 2 Abs. 2 lit. c DSGVO für jeden Beteiligten gesondert zu prüfen. Den Kriterien dieser Prüfung widmete sich der EuGH umfassend in der Rechtssache „Lindqvist".

a) Die „Lindqvist"-Entscheidung des EuGH

In dem „Lindqvist"-Urteil[538] befasste sich der EuGH mit der Auslegung des Art. 3 Abs. 2, 2. Spiegelstrich DS-RL. Dieser entspricht nahezu wortgleich der Ausnahmeregelung des Art. 2 Abs. 2 lit. c DSGVO, sodass die Ausführungen des

---

532 *Piltz,* K&R 2016, 557, 558.
533 So zur Rechtslage nach dem BDSG a. F. *Dammann,* in: Simitis, BDSG, § 1 Rn. 154.
534 *Gola,* in: Gola, DS-GVO, Art. 2 Rn. 23 ff.; *Gola/Lepperhoff,* ZD 2016, 9, 11; *Härting,* ITRB 2016, 36, 38; zu den drei in den Trilog eingegangenen Entwürfen *Roßnagel/Nebel/Richter,* ZD 2015, 455, 456; ebenso bereits zum Kommissionsentwurf *Kroschwald,* Informationelle Selbstbestimmung in der Cloud, S. 461 f.; *Roßnagel/Richter/Nebel,* ZD 2013, 103, 104; zur Rechtslage nach dem BDSG a. F. *Buchholtz,* AöR 140 (2015), 122, 136; *Jandt/Roßnagel,* ZD 2011, 160, 162; *Roßnagel,* in: Roßnagel/Sommerlatte/Winand, Digitale Visionen, S. 156.
535 *Hornung,* in: Hornung/Müller-Terpitz, Rechtshandbuch Social Media, Kap. 4 Rn. 49; *Kampert,* Datenschutz in sozialen Online-Netzwerken, S. 222; generell für Anbieter von Internetplattformen *Kühling/Raab,* in: Kühling/Buchner, DS-GVO/BDSG, Art. 2 Rn. 25.
536 Dazu im Einzelnen unter Kap. 2 § 4 IV. 2.
537 *Hornung,* in: Hornung/Müller-Terpitz, Rechtshandbuch Social Media, Kap. 4 Rn. 48. Zur Verantwortlichkeit für die einzelnen Verarbeitungsvorgänge siehe unten Kap. 3.
538 EuGH, Slg. 2003, I-12971 – „Lindqvist".

EuGH auch nach der Datenschutzreform Geltung beanspruchen können.[539] Dieses Vorabentscheidungsverfahren betraf eine ehrenamtlich tätige Religionslehrerin, die personenbezogene Daten über ihre in derselben schwedischen Kirchengemeinde tätigen Kollegen, welche unter anderem die Gesundheit betrafen, im Internet veröffentlicht hatte. Da sie lediglich in ihrer Freizeit der Tätigkeit in der Gemeinde nachging, lag nah, anzunehmen, es ginge bei der Veröffentlichung im Internet um die Verfolgung rein privater Zwecke. Der EuGH entschied jedoch, dass von der Ausnahme des Art. 3 Abs. 2, 2. Spiegelstrich DS-RL nur Tätigkeiten erfasst seien, die zum Privat- oder Familienleben von Einzelpersonen gehören, was offensichtlich nicht der Fall sei bei der Verarbeitung personenbezogener Daten, die in deren Veröffentlichung im Internet besteht, sodass diese Daten einer unbegrenzten Zahl von Personen zugänglich gemacht werden.[540] Die durch den EuGH vorgenommene teleologische Reduktion führt zu der Beschränkung der Ausnahme auf die Datenverarbeitung zu privaten Zwecken in privatem Umfang.[541]

Demnach wird zum einen vorausgesetzt, dass eine Person im persönlichen oder familiären Zwecken agiert. Zum anderen setzt die Ausnahme voraus, dass ein Kreis von Personen adressiert wird, der noch als persönlich-familiäres Umfeld einzustufen ist. Die Ausnahme hat somit zwei Kriterien, welche kumulativ erfüllt sein müssen.

b) Kriterien der Ausnahmeregelung

aa) Datenverarbeitung zu persönlich-familiären Zwecken

Eine Datenverarbeitung zu persönlich-familiären Zwecken kommt nur dort in Betracht, wo die Datenverarbeitung „durch natürliche Personen" betrieben wird. Juristische Personen können keinen persönlich-familiären Zwecken nachgehen und sind daher vom Haushaltsprivileg nicht erfasst.[542] Zum anderen ist die Ausnahme ausschließlich auf die Datenverarbeitungsvorgänge anwendbar, die dem persönlichen oder familiären Bereich zuzuordnen sind.[543]

---

539 *Kampert,* Datenschutz in sozialen Online-Netzwerken, S. 210, sieht die „Lindqvist"-Entscheidung gar durch den Normtext bestätigt.
540 EuGH, Slg. 2003, I-12971 Rn. 47 – „Lindqvist".
541 Vgl. *Jotzo,* Der Schutz personenbezogener Daten in der Cloud, S. 62.
542 *Ernst,* in: Paal/Pauly, DS-GVO/BDSG, Art. 2 Rn. 15; *Kühling/Raab,* in: Kühling/Buchner, DS-GVO/BDSG, Art. 2 Rn. 23; *Schmidt,* in: Taeger/Gabel, DSGVO, Art. 2 Rn. 17; zu § 1 Abs. 2 Nr. 3 Halbsatz 2 BDSG a. F. bereits *Bergmann/Möhrle/Herb,* BDSG, § 1 Rn. 17; *Dammann,* in: Simitis, BDSG, § 1 Rn. 153; *Simitis,* in: Simitis, BDSG, § 2 Rn. 124; *Splitgerber,* in: Splittgerber, Rechtsfragen Social Media, Kap. 3 Rn. 26 (explizit für soziale Netzwerke).
543 Zu § 1 Abs. 2 Nr. 3 Halbsatz 2 BDSG a. F. *Dammann,* in: Simitis, BDSG, § 1 Rn. 150; *Simitis,* in: Simitis, BDSG, § 2 Rn. 124; *Splittgerber,* in: Splittgerber, Rechtsfragen Social Media, Kap. 3 Rn. 26 (explizit für soziale Netzwerke).

(1) Natürliche Personen

Zentrale soziale Netzwerke werden typischerweise durch Unternehmen, d. h. durch juristische Personen, betrieben. Die Betreiber sozialer Netzwerke fallen daher nicht unter die Privilegierung des Art. 2 Abs. 2 lit. c DSGVO. Dies wird auch durch Erwägungsgrund 18 Satz 3 der DSGVO betont, der die Geltung der Verordnung für diejenigen, die die Instrumente für die Datenverarbeitung für persönliche oder familiäre Tätigkeiten bereitstellen, explizit vorsieht. Wenn also ein Nutzer über ein soziales Netzwerk Informationen einstellt, die er nur im Familienkreis zugänglich macht, so ist der Betreiber der Plattform, der die Daten hostet, an die DSGVO gebunden.[544]

Auch Fansite-Betreiber, sofern die fraglichen Fansites durch Unternehmen und nicht durch natürliche Personen betrieben werden, können schon als juristische Personen nicht unter diese Ausnahme fallen.[545] Nur soweit es sich es sich um natürliche Personen handelt, kann auch die Nutzung sozialer Netzwerke ausweislich von Erwägungsgrund 18 Satz 2 als persönliche und familiäre Tätigkeit gelten.

(2) Keine beruflich-kommerzielle Tätigkeit

Es stellt sich jedoch die Frage, welche konkreten Anforderungen an den Zweck der Verarbeitung zu stellen sind, damit das Kriterium der ausschließlich persönlichen oder privaten Tätigkeit erfüllt ist. Zunächst kommt durch die Verwendung des Wortes „ausschließlich" zum Ausdruck, dass die Ausnahme des Art. 2 Abs. 2 lit. c DSGVO nicht greift, wenn neben den persönlichen und familiären Tätigkeiten mit der Verarbeitung auch noch weitere Zwecke verfolgt werden,[546] selbst dann, wenn die private Verarbeitung überwiegt.[547]

Im deutschen BDSG von 1990 war positiv formuliert, dass das Gesetz im Bereich der nicht-öffentlichen Stellen lediglich die geschäftsmäßige Datenverarbeitung sowie die Datenverarbeitung zu beruflichen oder gewerblichen Zwecken erfasse.[548] Aus der Begründung des Gesetzesentwurfs zum BDSG 2001, der Art. 3 Abs. 2, 2. Spiegelstrich DS-RL umsetzt, ergibt sich, dass in der Änderung des Gesetzeswortlauts lediglich eine Umformulierung zur Umsetzung der Datenschutzrichtlinie gesehen wurde.[549] Gegenbegriffe zum Begriffspaar „persönlich oder familiär" stellen somit „beruflich", „geschäftsmäßig" oder „gewerblich"

---
544 *Plath,* in: Plath, DSGVO/BDSG, Art. 2 Rn. 23.
545 Zur Nichtanwendbarkeit auf Unternehmensfansites *Piltz,* Soziale Netzwerke im Internet, S. 102.
546 *Ernst,* in: Paal/Pauly, DS-GVO/BDSG, Art. 2 Rn. 19; *Gola,* in: Gola, DS-GVO, Art. 2 Rn. 22; *Plath,* in: Plath, DSGVO/BDSG, Art. 2 Rn. 27; *Schmidt,* in: Taeger/Gabel, DSGVO, Art. 2 Rn. 17; *Zerdick,* in: Ehmann/Selmayr, DS-GVO, Art. 2 Rn. 10; i. E. auch *v. Lewinski,* in: Auernhammer, DSGVO/BDSG, Art. 2 Rn. 29.
547 *Ernst,* in: Paal/Pauly, DS-GVO/BDSG, Art. 2 Rn. 19; *Gola,* in: Gola, DS-GVO, Art. 2 Rn. 22.
548 § 1 Abs. 2 Nr. 3 BDSG 1990.
549 Gesetzentwurf der Bundesregierung, Entwurf eines Gesetzes zur Änderung des Bundesdatenschutzgesetzes und anderer Gesetze vom 18.08.2000, Begründung zu Nummer 3 (§ 1 BDSG), BT-Drucks. 461/00, S. 75 f.

dar.[550] Eine solche über den persönlichen oder familiären Bereich hinausgehende Zwecksetzung verlässt den privilegierten Rahmen.[551] Problematisch ist der – in der datenschutzrechtlichen Literatur kaum thematisierte – Fall, in dem natürliche Personen in berufsbezogenen sozialen Netzwerken Daten verarbeiten. Gerade in berufsbezogenen sozialen Netzwerken verläuft die Grenze zwischen „privat" und „beruflich" fließend.[552] Ob die Plattform eine berufliche Ausrichtung verfolgt, hat lediglich indizielle Bedeutung.[553] Vielmehr muss auf den konkreten Datenverarbeitungsvorgang und die diesem zugrunde liegende Zwecksetzung abgestellt werden.[554] Datenverarbeitungsvorgänge natürlicher Personen im Rahmen von Bewerbungen, Aus- und Fortbildungen sollen auf Seiten des Arbeitnehmers bzw. Bewerbers dem persönlichen Bereich zuzuordnen sein.[555] Diese Wertung lässt sich auf berufsbezogene soziale Netzwerke übertragen, sodass entsprechende Aktivitäten natürlicher Personen auch in sozialen Netzwerken mit beruflicher Ausrichtung die Voraussetzung der Ausnahmeregelung erfüllen. Würde hingegen jegliche Aktivität in beruflichen sozialen Netzwerken von der Privilegierungswirkung ausgenommen sein, hätte dies die kuriose Folge, dass auch der Arbeitslose ohne Kontakte für die durch andere Nutzer nicht einsehbaren Daten über Dritte vollumfänglich den Regelungen der DSGVO unterworfen wäre.[556] Andererseits ist dem Umstand Rechnung zu tragen, dass ein Großteil der Arbeitgeber bei der Auswahl eines Bewerbers in sozialen Netzwerken recherchieren.[557] Soweit die Aktivitäten hingegen objektiv im gewerblich-unternehmerischen Bereich anzusiedeln sind oder mit entsprechender Intention verfolgt werden, etwa bei typischen Selbstständigen- oder Arbeitsgeberaktivitäten wie der Auftrags- oder Mitarbeiterakquise, sind auch diese Personen vom personellen Anwendungsbereich der DSGVO erfasst.

Gewerbliche Aktivitäten sind auch in nicht-berufsbezogenen Netzwerken denkbar, wenn etwa in Gruppen oder auf der eigenen Seite Kleidung oder andere Waren zum Verkauf oder zum Tausch angeboten werden. Sofern dieser Handel

---

550 Vgl. *Albrecht/Jotzo,* Datenschutzrecht der EU, Teil 3 Rn. 30; *Gola,* K&R 2017, 145, 149; zu § 1 Abs. 2 Nr. 3 Halbsatz 2 BDSG a. F. *Bergmann/Möhrle/Herb,* BDSG, § 1 Rn. 18; *Dammann,* in: Simitis, BDSG, § 1 Rn. 151; *Kamp,* Personenbewertungsportale, S. 41; *Jandt/Roßnagel,* ZD 2011, 160, 162; *Piltz,* Soziale Netzwerke im Internet, S. 94; *Roßnagel,* in: Roßnagel/Sommerlatte/Winand, Digitale Visionen, S. 139; ähnlich *Borges/Adler,* in: Bala/Müller, Der gläserne Verbraucher, S. 65 („unternehmerisch").
551 Siehe die Nachweise in Fn. 546; zu § 1 Abs. 2 Nr. 3 Halbsatz 2 BDSG a. F. *Bergmann/Möhrle/Herb,* BDSG, § 1 Rn. 19; *Dammann,* in: Simitis, BDSG, § 1 Rn. 150, 152.
552 *Schulz/Hoffmann,* DuD 2012, 7, 11 f.
553 *Piltz,* Soziale Netzwerke im Internet, S. 102.
554 *Piltz,* Soziale Netzwerke im Internet, S. 102.
555 Zu § 1 Abs. 2 Nr. 3 Halbsatz 2 BDSG a. F.: *Dammann,* in: Simitis, BDSG, § 1 Rn. 151.
556 So aber *Jandt/Roßnagel,* ZD 2011, 160, 162, *Jandt/Roßnagel,* in: Schenk/Niemann/Reinmann/Roßnagel, Digitale Privatsphäre, S. 349; die bei sämtlichen Aktivitäten in berufsbezogenen sozialen Netzwerken die Anwendung des Haushaltsprivilegs ablehnen.
557 Siehe oben Kap. 1 § 2 IV. 2. a).

mit Waren einen gewerblichen Umfang[558] erreicht, verlässt dies ebenfalls den privilegierten Rahmen. Zwar verstoßen die Nutzer durch derartige Aktivitäten regelmäßig gegen die AGB des Netzwerkbetreibers, dies ändert jedoch nichts an der Beurteilung, ob die vorgenommene Datenverarbeitung als privat oder beruflich einzustufen ist.[559]

Diese Ausführungen gelten gleichermaßen für Aktivitäten einer natürlichen Person unter ihrer Benutzerkennung wie auch für Aktivitäten zum Betrieb einer von ihr administrierten Fansite. So würde etwa der Betrieb einer Fansite durch eine natürliche Person zu Erwerbszwecken den durch die Ausnahme des Art. 2 Abs. 2 lit. c DSGVO privilegierten Bereich verlassen.[560] Aktivitäten einer natürlichen Person einschließlich des Betreibens von Fansites, die nicht dem gewerblichen Bereich zuzuordnen sind, bleiben hingegen nach ihrem Zweck in den Grenzen der Ausnahmeregelung.

(3) Weitere Ansichten in der Literatur

Neben den beiden bereits erörterten Beschränkungen des Haushaltsprivilegs haben sich in der datenschutzrechtlichen Literatur unter Geltung von DS-RL und BDSG a. F. weitere Kriterien herausgebildet, wann das Haushaltsprivileg nicht anwendbar sein soll. Im Folgenden werden diese Ansichten dargestellt und im Lichte der Geltung der DSGVO jeweils kritisch gewürdigt.

*(a) Keine Anwendung in sozialen Netzwerken*

So wurde von Teilen der Literatur zur Zeit der Geltung von § 1 Abs. 2 Nr. 3 Halbsatz 2 BDSG a. F. vertreten, dass keine private oder familiäre Tätigkeit mehr vorliege, wenn die Daten in einem sozialen Netzwerk eingestellt werden und dem Netzwerkbetreiber Zugriffsmöglichkeiten auf diese eingeräumt werden.[561] Dies wurde damit begründet, dass der Netzwerkbetreiber Kenntnis von den Daten nehmen kann, die Möglichkeit der Auswertung durch den Netzwerkbetreiber eröffnet wird und somit die informationelle Selbstbestimmung der Betroffenen gefährdet wäre.[562]

---

558  Eine Übersicht zur Grenze des gewerblichen Handelns findet sich bei *Borges/Kriegesmann,* in: Borges, Rechtsfragen der Internet-Auktion, S. 149 ff.
559  *Piltz,* Soziale Netzwerke im Internet, S. 94.
560  Zu § 1 Abs. 2 Nr. 3 Halbsatz 2 BDSG a. F.: *Wissenschaftlicher Dienst des Deutschen Bundestages,* Die Verletzung datenschutzrechtlicher Bestimmungen durch Facebook-Fanpages und Social-Plugins, S. 10.
561  *Jandt/Roßnagel,* ZD 2011, 160, 162; *Jandt/Roßnagel,* in: Schenk/Niemann/Reinmann/Roßnagel, Digitale Privatsphäre, S. 349; ähnlich *Konferenz der Datenschutzbeauftragten des Bundes und der Länder,* Orientierungshilfe Soziale Netzwerke, S. 12, die von „Nutzungs- und Verarbeitungsrechten" sprechen; i. E. auch *Bergmann/Möhrle/Herb,* BDSG, § 1 Rn. 18, wonach jede Aktivität in sozialen Netzwerken den Bereich der familiären oder persönlichen Tätigkeiten verlässt.
562  *Jandt/Roßnagel,* ZD 2011, 160, 162.

Die Ansicht verkennt zunächst, dass zwischen dem Verarbeitungsvorgang auf Nutzerseite und dem Verarbeitungsvorgang auf Netzwerkbetreiberseite zu differenzieren ist.[563] Was in späteren Verarbeitungsschritten geschieht, z. B. die Schaltung von Werbung, unterliegt einer erneuten Kontrolle in Bezug auf das Eingreifen der Privilegierung.[564] Darüber hinaus ist die Datenverarbeitung durch den Netzwerkbetreiber essentiell für den Austausch zwischen den einzelnen Nutzern in zentralen sozialen Netzwerken und somit auch für deren Funktionalität. Eine solche Einschränkung führt mithin dazu, dass die Datenverarbeitungsvorschriften auf die Verarbeitung von Daten durch natürliche Personen im Rahmen zentraler sozialer Netzwerke vollständig anwendbar wären. Dies steht jedoch im Widerspruch zu Erwägungsgrund 18 Satz 2 der DSGVO, der explizit die Nutzung sozialer Netzwerke als Anwendungsfall des Art. 2 Abs. 2 lit. c DSGVO nennt. Angesichts dieser expliziten Erwähnung steht die Ansicht, die zur Zeit der Geltung des damaligen BDSG entwickelt wurde, nunmehr dem erklärten Willen des Gesetzgebers diametral gegenüber und ist daher abzulehnen.

*(b) Differenzierung nach sensiblen/nicht-sensiblen Daten*

Die *Art.-29-Datenschutzgruppe* möchte bei der Frage der Anwendung der Ausnahmeregelung insbesondere berücksichtigen, ob Gegenstand der Verarbeitung sensible Daten Dritter sind.[565] Was unter „sensiblen Daten" zu verstehen ist, geht weder aus dem Gesetzestext der DS-RL, noch der DSGVO unmittelbar hervor. Allerdings lässt eine Gesamtschau der Erwägungsgründe 51 bis 54 den Schluss zu, dass „sensible Daten" zu „besonderen Kategorien personenbezogenen Daten" im Sinne des Art. 9 Abs. 1 DSGVO[566] terminologisch kongruent ist.[567] Eine Einschränkung des Anwendungsbereichs auf „normale" personenbezogene Daten wird jedoch vom Wortlaut des Art. 2 Abs. 2 lit. c DSGVO, der an die Zwecke der Verarbeitung anknüpft und – anders als etwa Art. 6 Abs. 4 lit. c DSGVO – nicht nach Datenarten differenziert, nicht getragen. Darüber hinaus ist unklar, wann „besondere personenbezogene Daten" vorliegen.[568] Auch Sinn und Zweck widersprechen dieser Annahme: Bereits die im kleinsten Kreis getätigte Aussage, die auf diese Art von Daten hindeutet,[569] etwa eine private Nachricht mit dem

---

563 Dazu ausführlich unten Kap. 3 § 6.
564 *Piltz*, Soziale Netzwerke im Internet, S. 96.
565 *Art.-29-Datenschutzgruppe*, WP 163, S. 7.
566 Dies sind personenbezogene Daten, aus denen die rassische und ethnische Herkunft, politische Meinungen, religiöse oder weltanschauliche Überzeugungen oder die Gewerkschaftszugehörigkeit hervorgehen, sowie von genetischen Daten, biometrischen Daten zur eindeutigen Identifizierung einer Person oder Daten über Gesundheit oder Sexualleben und sexuelle Ausrichtung, vgl. Art. 9 Abs. 1 DSGVO.
567 So auch zu § 3 Abs. 9 BDSG a. F. *Gola/Klug/Körffer*, in: Gola/Schomerus, BDSG, § 3 Rn. 56; *Weichert*, in: Däubler/Klebe/Wedde/Weichert, BDSG, § 3 Rn. 65; ähnlich *Simitis*, in: Simitis, BDSG, § 3 Rn. 250.
568 Dazu siehe unten Kap. 4 § 10 III.
569 So zu § 3 Abs. 9 BDSG a. F. *Gola/Klug/Körffer*, in: Gola/Schomerus, BDSG, § 3 Rn. 56a; *Simitis*, in: Simitis, BDSG, § 3 Rn. 263.

Inhalt, eine andere Person hätte eine bestimmte Zeitung abonniert,[570] könnte bereits die personelle Anwendbarkeit der DSGVO auslösen. Bei Schaffung der Ausnahme in Art. 3 Abs. 2, 2. Spiegelstrich DS-RL und dessen Novellierung in Art. 2 Abs. 2 lit. c DSGVO hatte der Gesetzgeber keine komplizierte und mit Rechtsunsicherheiten behaftete Prüfung beim Datenumgang im Familien- und Freundeskreis bezweckt.[571] Die von der *Art.-29-Datenschutzgruppe* vorgeschlagene Einschränkung kann daher erkennbar nicht gewollt sein.

*(c) Differenzierung nach eigenen/fremden Daten*

Nach Ansicht der *Konferenz der Datenschutzbeauftragten des Bundes und der Länder* handelt es sich nur dann um persönliche oder familiäre Tätigkeiten, wenn entweder lediglich eigene Daten verarbeitet werden oder – im Falle der Verarbeitung von Daten Dritter – der Zugriff auf selbst ausgewählte Kontakte beschränkt wird und dem Netzwerkbetreiber keine Nutzungs- und Verarbeitungsrechte eingeräumt werden.[572] Bereits aus dem Wortlaut der Ausnahme ergibt sich, dass eine Differenzierung danach, ob es sich um eigene oder fremde personenbezogene Daten handelt, kein geeignetes Kriterium darstellt: Da eine Einzelperson keine Familie sein kann,[573] bezieht sich eine Verarbeitung zu familiären Zwecken naturgemäß auch auf Dritte. Auch wäre das Haushaltsprivileg, die Einschränkung unterstellt, sinnlos, da die Verarbeitung eigener personenbezogener Daten ohnehin nicht vom Datenschutzrecht erfasst wird.[574] Die zweite Einschränkung ist wiederum mit Blick auf Erwägungsgrund 18 Satz 2 der DS-GVO abzulehnen.[575]

*(d) Ausschluss von politischen Zwecken*

Zum Teil wird gefordert, neben beruflichen und gewerblichen Zwecken auch politische Zwecke von der Privatausnahme auszuschließen.[576] Dabei wird stets offengelassen, ob damit die berufliche politische Betätigung, das zweckgerichtete Parteiergreifen oder schon die bloße Meinungsäußerung mit politischem Inhalt gemeint ist. Mit Blick auf die hohe Bedeutung der Meinungsfreiheit und

---

570 Hierbei soll es sich um ein Datum handeln, welches als Angabe über politische Meinungen zu den besonderen Kategorien personenbezogener Daten zählt, so zu § 3 Abs. 9 BDSG a. F. *Bergmann/Möhrle/Herb*, BDSG, § 3 Rn. 169.
571 Vgl. Erwägungsgrund 12 der DS-RL und Erwägungsgrund 18 der DSGVO.
572 *Konferenz der Datenschutzbeauftragten des Bundes und der Länder,* Orientierungshilfe Soziale Netzwerke, S. 12.
573 Ähnlich *Bergmann/Möhrle/Herb*, BDSG, § 1 Rn. 20 („eine Ehe ohne Kinder ist keine Familie").
574 Zur Anwendbarkeit der DSGVO auf die Verarbeitung eigener personenbezogener Daten siehe unten Kap. 3 § 6 I. 1
575 Vgl. oben Kap. 2 § 4 IV. 2. b) aa) (3) (a).
576 *Jandt/Roßnagel*, ZD 2011, 160, 162; *Jandt/Roßnagel*, in: Schenk/Niemann/Reinmann/Roßnagel, Digitale Privatsphäre, S. 349; *Splittgerber*, in: Splittgerber, Rechtsfragen Social Media, Kap. 3 Rn. 26.

ihre konstitutive Bedeutung für die freiheitlich-demokratische Staatsordnung[577] scheint es jedoch sachgerecht, hinsichtlich politischer Äußerungen großzügig zu verfahren und lediglich Äußerungen in einem konkreten berufspolitischen Zusammenhang dem Anwendungsbereich des Art. 2 Abs. 2 lit. c DSGVO zu entziehen.[578]

bb) Datenverarbeitung im persönlich-familiären Umfeld

Nicht jede nicht-unternehmerische Verarbeitung personenbezogener Daten in sozialen Netzwerken durch eine natürliche Person erfüllt die Ausnahme des Art. 2 Abs. 2 lit. c DSGVO. Vielmehr ist neben dem soeben erörterten Kriterium des persönlich-familiären Verarbeitungszwecks zu berücksichtigen, ob die Verarbeitung in einem persönlich-familiären Umfeld erfolgt.

(1) Stand der Diskussion

Wann das adressierte Umfeld so umfangreich ist, dass es die Grenzen eines „persönlich-familiären Umfelds" überschreitet, ist bisher – soweit ersichtlich – nicht eingehend untersucht worden. Weitgehend unstreitig ist lediglich, dass Daten, die im Internet respektive in sozialen Netzwerken öffentlich zugänglich gemacht werden, nicht mehr unter die Ausnahme für persönliche oder familiäre Tätigkeiten fallen können.[579] Dies ist zumindest dann der Fall, wenn der Nutzer personenbezogene Daten auf seiner eigenen Seite veröffentlicht, ohne die Zahl

---

577 Grundlegend BVerfGE 7, 198, 208 Rn. 33 f. – „Lüth"; *Emmer*, in: Epping/Hillgruber, GG, Art. 5 Rn. 1.
578 Als berufliche Tätigkeit würden diese ohnehin nicht mehr dem privaten Bereich unterfallen, siehe dazu oben Kap. 2 § 4 IV. 2. b) aa) (2).
579 Explizit zur Veröffentlichung in sozialen Netzwerken *Albrecht/Jotzo*, Datenschutzrecht der EU, Teil 3 Rn. 30; *Art.-29-Datenschutzgruppe*, WP 163, S. 7; *Dammann*, in: Simitis, BDSG, § 1 Rn. 151; *Ennöckl;* in: Sydow, DSGVO, Art. 2 Rn. 13; *Gola,* in: Gola, DS-GVO, Art. 2 Rn. 25, *Hornung,* in: Hornung/Müller-Terpitz, Rechtshandbuch Social Media, Kap. 4 Rn. 47; *Hornung/ Hofmann*, JZ 2013, 163, 168; *Jandt/Roßnagel*, ZD 2011, 160, 162; *Jandt/Roßnagel*, in: Schenk/ Niemann/Reinmann/ Roßnagel, Digitale Privatsphäre, S. 349; *Jotzo,* Der Schutz personenbezogener Daten in der Cloud, S. 64; *Konferenz der Datenschutzbeauftragten des Bundes und der Länder,* Orientierungshilfe Soziale Netzwerke, S. 12; *Kühling/Raab,* in: Kühling/Buchner, DS-GVO/BDSG, Art. 2 Rn. 25; *Leucker,* PinG 2015, 195, 198; *Splittgerber,* in: Splittgerber, Rechtsfragen Social Media, Kap. 3 Rn. 26; *Piltz,* Soziale Netzwerke im Internet, S. 97 f.; i. E. auch *Maisch,* Informationelle Selbstbestimmung in Netzwerken, S. 74; *Schwartmann/Ohr,* Recht der Sozialen Medien, Rn. 79; nach *Helberger/van Hoboken*, CRi 2010, 101, 103 handelt es sich bei der unbeschränkten sogar um den Regelfall. Allgemein zur Veröffentlichung personenbezogener im Internet durch natürliche Personen *Dammann,* in: Simitis, BDSG, § 1 Rn. 151; *Ernst,* in: Paal/Pauly, DS-GVO/BDSG, Art. 2 Rn. 21; *Jotzo,* Der Schutz personenbezogener Daten in der Cloud, S. 63; *Kamp,* Personenbewertungsportale, S. 41 f.; *Kühling/Seidel/Sivridis,* Datenschutzrecht, Rn. 269; von der Außenwirksamkeit der Handlung sprechend *Borges/Adler,* in: Bala/Müller, Der gläserne Verbraucher, S. 65 f.
A. A. aber wohl *Grafenstein,* in: Gierschmann/Schlender/Stentzel/Veil, DS-GVO, Art. 2 Rn. 44 ff.; *Härting,* DSGVO, Rn. 312 und *Schmidt,* in: Taeger/Gabel, DSGVO, Art. 2 Rn. 18, die pauschal vertreten, dass die private Nutzung sozialer Netzwerke durch natürliche Personen unter die Ausnahme des Art. 2 Abs. 2 lit. c DSGVO fiele.

der Adressaten einzuschränken,[580] oder er nachträglich die Zahl der Adressaten über die Grenzen der Ausnahme hinaus ausdehnt.[581] Kennt der Nutzer nicht den Adressatenkreis seiner Tätigkeit, fällt es schwer, den Sachverhalt den „persönlichen" Tätigkeiten zu subsumieren.[582] Letztlich ist die Privatsphäreeinstellungen des jeweiligen Nutzers entscheidend.[583] Selbiges muss konsequenterweise auch gelten, wenn der Nutzer diese Daten über eine Fansite veröffentlicht, da hier der Adressatenkreis typischerweise nicht beschränkbar ist.[584] Dabei ist nicht relevant, ob die fraglichen Inhalte für alle Internetnutzer oder nur für registrierte Nutzer abrufbar sind, da das bloße Registrierungserfordernis nicht zu einer rechtlich relevanten Einschränkung des Adressatenkreises führt.[585]

(2) Bestimmung einer Obergrenze

Anderseits kann auch die Kommunikation im Internet, sofern sie in einem abgegrenzten, überschaubaren Kreis stattfindet, den Tatbestand der Ausnahme erfüllen.[586] Ansonsten gäbe es im Bereich sozialer Netzwerke keinen Anwendungsbereich für das Haushaltsprivileg, wie es jedoch nach Erwägungsgrunds 18 Satz 2 konzipiert ist. Für die Kommunikation in sozialen Netzwerken soll jedenfalls das enge persönliche Umfeld, insbesondere die Korrespondenz mit Verwandten und Freunden, erfasst sein.[587]

---

580 *Jandt/Roßnagel,* ZD 2011, 160, 162; *Jotzo,* Der Schutz personenbezogener Daten in der Cloud, S. 64; *Piltz,* Soziale Netzwerke im Internet, S. 97 f.; wohl auch *Splittgerber,* in: Splittgerber, Rechtsfragen Social Media, Kap. 3 Rn. 26.
581 *Art.-29-Datenschutzgruppe,* WP 163, S. 7.
582 *Piltz,* Soziale Netzwerke im Internet, S. 98.
583 Zur Rechtslage nach der DSGVO *Hornung/Hofmann,* JZ 2013, 163, 167; zum BDSG a. F. *Hornung,* in: Hornung/Müller-Terpitz, Rechtshandbuch Social Media, Kap. 4 Rn. 47.
584 Dazu siehe oben Kap. 1 § 2 III. 2. b).
585 *Art.-29-Datenschutzgruppe,* WP 163, S. 7 („wenn allen Mitgliedern […] Zugriff gewährt wird"); ähnlich *Hornung,* in: Hornung/Müller-Terpitz, Rechtshandbuch Social Media, Kap. 4 Rn. 47; *Jandt/Roßnagel,* ZD 2011, 160, 162; wohl auch *Kampert,* Datenschutz in sozialen Online-Netzwerken, S. 122 f.; *Maisch,* Informationelle Selbstbestimmung in Netzwerken, S. 74; *Splittgerber,* in: Splittgerber, Rechtsfragen Social Media, Kap. 3 Rn. 78 die diese Informationen als „allgemein zugänglich" bzw. „öffentlich verfügbar" bezeichnen. Dies lässt sich auch einer Parallelwertung zu § 28 Abs. 1 Nr. 3 BDSG a. F. entnehmen, wonach auch Quellen, deren Erschließung eine Registrierung erfordert, die Voraussetzung der „öffentlich zugänglichen Quellen" erfüllen, so *Krügel/Pfeiffenbring/Pieper,* K&R 2014, 699, 701; *Venzke-Caprarese,* DuD 2013, 775, 776; wohl auch *Wedde,* in: Däubler/Klebe/Wedde/Weichert, BDSG, § 28 Rn. 58, der unbeschränkt sichtbare Daten in Netzwerken, die eine Registrierung erfordern, als öffentlich zugänglich betrachtet.
A. A. *Wolff,* in: Wolff/Brink, BDSG, § 28 Rn. 83; wohl auch *Piltz,* Soziale Netzwerke im Internet, S. 21, der lediglich die Startseite des Netzwerks als öffentlich zugänglich betrachtet.
586 *Ennöckl;* in: Sydow, DSGVO, Art. 2 Rn. 13; *Gola,* in: Gola, DS-GVO, Art. 2 Rn. 25, *Hornung,* in: Hornung/Müller-Terpitz, Rechtshandbuch Social Media, Kap. 4 Rn. 48; *Jandt/Roßnagel,* ZD 2011, 160, 162; *Kamp,* Personenbewertungsportale, S. 40; *Kühling/Raab,* in: Kühling/Buchner, DS-GVO/BDSG, Art. 2 Rn. 25; a. A. *Leucker,* PinG 2015, 195, 198, wonach die Haushaltsausnahme bei der Nutzung sozialer Netzwerke niemals Anwendung findet.
587 *Jandt/Roßnagel,* ZD 2011, 160, 162; ähnlich *Hornung,* in: Hornung/Müller-Terpitz, Rechtshandbuch Social Media, Kap. 4 Rn. 48 („Freunde im hergebrachten Sinne des Wortes"). Dieser

Weit bedeutsamer ist hingegen die Bestimmung der Obergrenze, d.h. die Schwelle der adressierten Personen, ab der die Ausnahme nicht mehr eingreifen kann. Zwar verbietet die unterschiedliche Verbreitung von sozialen Netzwerken, deren unterschiedliche Ausrichtung und die unterschiedliche Alters- und Bildungsstruktur eine pauschale Aussage für jeden Nutzer in jedem sozialen Netzwerk, sondern gebietet vielmehr eine Betrachtung im Einzelfall.[588] Was letztlich noch als persönlich oder familiär anzusehen ist, ist nach der jeweiligen Verkehrsauffassung zu bestimmen.[589] Die Verkehrsauffassung ist nach der üblichen Definition eine „den Verkehr tatsächlich beherrschende Übung".[590] Die bloße, vom Netzwerkbetreiber vorgegebene Deklaration eines Kontakts zum „Freund" reicht dafür – auch wenn sie im Internet, insbesondere von Nutzern sozialer Netzwerke, gemeinhin akzeptiert wird[591] – nicht aus.[592] Dies deckt sich insoweit mit Erwägungsgrund 18 Satz 2 der DSGVO, wonach nicht pauschal sämtliche Aktivitäten in sozialen Netzwerken privilegiert werden sollen, sondern lediglich Aktivitäten „im Rahmen solcher persönlichen und familiären Tätigkeiten".

Gleichwohl ist in Zeiten der Digitalisierung sozialer Bindungen[593] zur Bestimmung der Obergrenze im Kontext sozialer Netzwerke erweiternd zu berücksichtigen, dass sich das persönliche Umfeld zunehmend aus sogenannten „weak ties"[594] (schwache Bindungen) zusammensetzt.[595] Da die Verkehrsauffassung bestimmt, was noch persönlich-familiär ist, muss der Maßstab, an dem zu messen ist, ob es sich bei den fraglichen Tätigkeiten um solche privater Natur handelt, in quantitativer Hinsicht verschoben werden: Im Jahr 2014 hatte der durchschnittliche deutsche Nutzer des sozialen Netzwerks „Facebook" 214

---

recht diffuse Begriff des engen persönlichen Umfelds wird in der soziologischen Netzwerkforschung durch die Zahl der „core ties" oder „intimate ties" konkretisiert (*Kneidinger,* Facebook und Co., S. 20 f.). Das Netzwerk eines durchschnittlichen Internetnutzers weist von solchen „core ties" im Durchschnitt 12,25 Personen – bei einer Standardabweichung von 7,4 – auf (*Franzen,* ESR 16 (2000), 427, 430).

588 I.E. *Jandt/Roßnagel,* ZD 2011, 160, 162; vgl. für die Nutzung von Cloud-Diensten durch Private *Jotzo,* Der Schutz personenbezogener Daten in der Cloud, S. 64. Zu den die Zahl beeinflussenden Faktoren *Franzen,* ESR 16 (2000), 427, 431 ff.
589 *Ernst,* in: Paal/Pauly, DS-GVO/BDSG, Art. 2 Rn. 18; *Grafenstein,* in: Gierschmann/Schlender/Stenzel/Veil, DS-GVO, Art. 2 Rn. 37; *Schmidt,* in: Taeger/Gabel, DSGVO, Art. 2 Rn. 17; zum BDSG a. F. bereits *Dammann,* in: Simitis, BDSG, § 1 Rn. 151.
590 *Busche,* in: MüKo-BGB, § 157 Rn. 16; *Ellenberger,* in: Palandt, BGB, § 133 Rn. 21; *Singer,* in: Staudinger, BGB, § 133 Rn. 66.
591 Vgl. *Maisch,* Informationelle Selbstbestimmung in Netzwerken, S. 172 f., wonach Facebook eine „neue soziale Norm etabliert [habe], nach der jeder faktisch zum Freund wird, ganz gleich, ob es sich wirklich um einen Freund oder nur eine flüchtige Bekanntschaft handelt."
592 So zu § 1 Abs. 2 Nr. 3 BDSG *Dammann,* in: Simitis, BDSG, § 1 Rn. 151; i.E. auch *Jandt/Roßnagel,* ZD 2011, 160, 162.
593 *Stegbauer,* in: Stegbauer, Netzwerkanalyse und Netzwerktheorie, S. 105.
594 Der Terminus der „weak ties" bezeichnet weniger intensive, aber gleichwohl wertvolle soziale Beziehungen („Bekanntschaften"). Grundlegend dazu *Granovetter,* AJS 78 (1973), 1360 ff.; *Granovetter,* in: Marsden/Lin, Social Structure and Network Analysis, S. 105 ff.
595 *Stegbauer,* in: Stegbauer, Netzwerkanalyse und Netzwerktheorie, S. 106 f.; für einen weit verstandenen Begriff des Privaten im Bereich sozialer Netzwerke auch *Spindler,* Persönlichkeitsschutz im Internet, S. 76.

Kontakte.[596] Die relativ hohe Standardabweichung von 147 bzw. 68,7 % des Ausgangswerts[597] führt zu der Annahme, dass das Adressieren einer Zahl von Kontakten zwischen 67 und 361 – jedenfalls in diesem Netzwerk – als nach der Verkehrsauffassung „tatsächlich üblich" anzusehen ist.[598] Dies vermag allenfalls eine Orientierung zu geben; eine allgemeine, für alle Netzwerke gültige Grenze lässt sich hieraus nicht ableiten.

Die Bestimmung einer Obergrenze unterliegt überdies zwei Modifikatoren: Da die Verkehrsanschauung auf gesellschaftliche Gruppen beschränkt sein kann[599] und sich somit auch die Grenzen dessen, was als private oder familiäre Tätigkeit einzustufen ist, verschieben können, ist bei kleineren, themenbezogenen Netzwerken eine niedrigere Obergrenze anzusetzen. Zum anderen ist die ermittelte Zahl um die Zahl der faktisch Unbekannten zu kürzen.[600] Wann letztlich die Grenze der Kommunikation im persönlich-familiären Umfeld überschritten und somit das Haushaltsprivileg nicht mehr anwendbar ist, mit der Folge, dass die DSGVO auf die jeweiligen Datenverarbeitungsvorgänge des Nutzers Anwendung findet, kann daher nicht pauschal bestimmt werden. Für große, themenübergreifende soziale Netzwerke wird die Zahl der adressierten Kontakte im unteren dreistelligen Bereich liegen. Hier ist eine dezidierte Prüfung im Einzelfall erforderlich.

In allen Fällen kommt es dabei auf den faktischen und nicht den subjektiv gewollten Adressatenkreis an.[601] Werden also ohne eine entsprechende Intention mehr Leute als gewünscht adressiert und infolgedessen die Grenze des persönlich-familiären Umfelds überschritten, so entfällt die Privilegierungswirkung ebenfalls.

(3) Schlussfolgerung

Für die Bestimmung der Grenze des persönlich-familiären Umfelds des Haushaltsprivilegs lässt sich nach den vorigen Ausführungen Folgendes festhalten:

---

596 *Haider*, Facebook – Eine Nutzertypologie, S. 44; ebenso eine aktuelle Studie unter deutschen Studenten von *Lönnqvist/große Deters*, Computers in Human Behavior 55 (2016), 113, 116, wonach diese im Durchschnitt 213,6 Facebook-Freunde haben (bei einer Standardabweichung von 130,2). In den USA hat der durchschnittliche Facebook-Nutzer 350 „Freunde" (Standardabweichung unbekannt), *Statista*, Durchschnittliche Anzahl von Facebook-Freunden in den USA nach Altersgruppe, abrufbar unter http://de.statista.com/statistik/daten/studie/325772/ (Stand: 9/2018).
597 *Haider*, Facebook – Eine Nutzertypologie, S. 44.
598 Die Zahl der Kontakte sowie die Standardabweichung mag je nach Art des sozialen Netzwerks und dessen Verbreitung divergieren. Das Netzwerk „Facebook" als derzeit größtes soziales Netzwerk kann jedoch zur empirischen Bestimmung einer Obergrenze dienen.
599 *Busche*, in: MüKo-BGB, § 157 Rn. 22 nennt etwa branchenspezifische oder regionale Verkehrssitten.
600 Vgl. *Dammann*, in: Simitis, BDSG, § 1 Rn. 151, *Art.-29-Datenschutzgruppe*, WP 163, Fn. 8 („bei der Akzeptierung von Kontakten keine wirkliche Auswahl getroffen"); zum Anteil dieser siehe bereits Fn. 173.
601 *Dammann*, in: Simitis, BDSG, § 1 Rn. 151.

Werden mit der über das soziale Netzwerk erfolgenden Datenverarbeitung lediglich Verwandte und Freunde im herkömmlichen Sinne adressiert, genießt der Nutzer stets die Privilegierungswirkung des Art. 2 Abs. 2 lit. c DSGVO. Einer dezidierten Prüfung bedarf es dann, wenn ein größerer Kreis von Kontakten – insbesondere ab einer dreistelligen Zahl – adressiert wird. Dabei sind auch die Gepflogenheiten und die Ausrichtung des jeweiligen Netzwerks zu berücksichtigen. Handelt es sich etwa um ein themenbezogenes Netzwerk, bei dem der typische Nutzer zwar nur eine Handvoll Kontakte hat, zu denen jedoch keine persönliche Bindung besteht, kann auch dies bereits die Grenzen des persönlich-familiären Umfelds überschreiten. Überschreitet die Verarbeitung den o. g. Umfang, ist dem Nutzer jedoch eine Privilegierung im Wege des Art. 2 Abs. 2 lit. c DSGVO versagt. Keinesfalls ausreichend ist die Beschränkung auf „Freunde von Freunden", da damit typischerweise mehr als 10.000 Personen erreicht werden[602] und damit eindeutig Grenzen des persönlich-familiären Umfelds gesprengt werden.

### 3. Privilegierte Datenverarbeitungsvorgänge

Unternehmen, die soziale Netzwerke betreiben sowie von Unternehmen betriebene Fansites weisen bereits keine persönlich-familiären Zwecksetzung auf. Als juristische Personen genießen sie hinsichtlich keines von ihnen durchgeführten Datenverarbeitungsvorgangs die Privilegierung durch Art. 2 Abs. 2 lit. c DSGVO.[603]

Handelt es sich bei dem Nutzer um eine natürliche Person, so ist zu differenzieren: Führt der Nutzer in einem beruflichen Netzwerk Datenverarbeitungen als Ausdruck typischer Selbstständigen- oder Arbeitgeberaktivitäten durch oder betreibt er eine Fansite mit gewerblicher Zwecksetzung, so scheitert auch er hinsichtlich dieser Datenverarbeitungsvorgänge am Kriterium des persönlich-familiären Zwecks.[604] Wird er als Betreiber einer Fansite ohne gewerbliche Ausrichtung tätig oder überschreitet er im Rahmen der unter seinem persönlichen Profil durchgeführten Datenverarbeitungsvorgänge den im situativen Kontext noch nach der Verkehrsauffassung als persönlich oder familiär einzustufenden Adressatenkreis, scheitert er am Kriterium des persönlich-familiären Umfelds.[605] Letzteres ist insbesondere dann der Fall, wenn eine Vielzahl an Kontakten adressiert oder die jeweiligen Daten gar einem unbegrenzten Adressatenkreis zugänglich gemacht werden. Adressaten der DSGVO sind daher stets die Betreiber

---

602 *Haider,* Facebook – Eine Nutzertypologie, S. 7 f. spricht, ausgehend von durchschnittlich 130 Kontakten, von 16.900 Personen, *Heckmann,* K&R 2010, 770, 773, spricht von „mehr als 10.000" Adressaten, wobei Überschneidungen eingerechnet worden sein sollen (der Redundanzfaktor bleibt ungenannt). Bei der vom Verfasser zugrunde gelegten durchschnittlichen Zahl von 213,6 Kontakten ergibt sich, ohne Berücksichtigung von Redundanzen, eine Zahl von 45.625 adressierten Personen.
603 Siehe oben Kap. 2 § 4 IV. 2. b) aa) (1).
604 Siehe dazu oben Kap. 2 § 4 IV. 2. b) aa) (2).
605 Siehe dazu oben Kap. 2 § 4 IV. 2. b) bb) (3).

von Fansites, unabhängig davon, ob diese von natürlichen Personen oder von Unternehmen betrieben werden.

- Die Privilegierungswirkung des Art. 2 Abs. 2 lit. c DSGVO entfaltet sich in sozialen Netzwerken mithin ausschließlich zugunsten natürlicher Personen, sofern diese Nutzer keine gewerblichen Zwecke verfolgen und der Adressatenkreis hinreichend beschränkt wurde. Im Bereich der Verarbeitung personenbezogener Daten durch Nutzer als natürliche Personen wird häufig das Haushaltsprivileg Anwendung finden, wenn die Datenverarbeitung auf dessen Kontakte beschränkt ist und der Nutzer einen überschaubaren Kontaktkreis aufweist. Es ist somit nicht jede Verarbeitung in sozialen Netzwerken durch natürliche Personen erfasst. Insofern wird deutlich, dass es sich – entgegen der erwähnten, kritischen Stimmen[606] – bei dem Haushaltsprivileg keineswegs um einen datenschutzrechtlichen Anachronismus handelt, sondern vielmehr um ein die Interessen von privatem Datenverarbeiter und Betroffenem ausgleichendes Instrument.

## § 5 Territorialer Geltungsanspruch der DSGVO

Mit der Datenschutz-Grundverordnung wird das räumlich anwendbare Datenschutzrecht neu geregelt. Zahlreiche soziale Netzwerke werden nicht von europäischen, sondern US-amerikanischen Unternehmen betrieben. Mit Odnoklassniki zählt sogar ein russisches Netzwerk zu den am meisten in Deutschland genutzten sozialen Netzwerken.[607] Aufgrund der Ubiquität des Internets ist bei Fansite-Betreibern und Nutzern eine beliebige Verortung denkbar. In all diesen Fällen stellt sich die Frage des räumlich anwendbaren Datenschutzrechts.

Einem kurzen Exkurs zur Systematik des Art. 3 DSGVO (dazu unten I.) folgt die Untersuchung der verschiedenen Anknüpfungspunkte. Gemäß Art. 3 Abs. 1 DSGVO ist die DSGVO auf die Verarbeitung personenbezogener Daten anwendbar, soweit diese im Rahmen der Tätigkeiten einer Niederlassung eines Verantwortlichen oder eines Auftragsverarbeiters in der EU erfolgt, unabhängig davon, ob die Verarbeitung in der EU stattfindet. Damit stellt auch die DSGVO, ähnlich wie § 1 Abs. 5 BDSG a.F. und Art. 4 Abs. 1 DS-RL, in erster Linie auf die Belegenheit der datenverarbeitenden Niederlassung ab (dazu unten II.).

Ferner findet die Verordnung nach Art. 3 Abs. 2 DSGVO Anwendung auf die Verarbeitung personenbezogener Daten von Personen, die sich in der EU befinden, wenn die Datenverarbeitung durch einen nicht in der EU niedergelassenen Verantwortlichen oder Auftragsverarbeiter im Zusammenhang des Angebots von Waren oder Dienstleistungen oder zur Beobachtung des Verhaltens dieser

---

606 Siehe oben Kap. 2 § 4 IV. 2.
607 Siehe http://meedia.de/2015/06/19/die-10-groessten-sozialen-netzwerke-der-welt-und-deutschlands/ (Stand: 9/2018).

Personen betrieben wird. Durch Art. 3 Abs. 2 DSGVO wird das Marktortprinzip in das Datenschutzrecht eingeführt (dazu unten III.).[608]

Der letzte Abschnitt widmet sich der Frage, ob im Bereich des Datenschutzrechts eine Rechtswahl möglich ist (dazu unten IV.).

## I. Das Regelungskonzept des Art. 3 DSGVO

Art. 3 Abs. 1 DSGVO regelt die Anwendbarkeit, sofern die Datenverarbeitung im Rahmen der Tätigkeiten einer Niederlassung des Verantwortlichen oder Auftragsverarbeiters erfolgt und die Niederlassung in der Europäischen Union belegen ist. Dabei wird einzig auf die Belegenheit der Niederlassung abgestellt; wo de facto die Datenverarbeitung stattfindet, ist irrelevant. Das erwähnte Marktortprinzip schlägt sich sodann in Art. 3 Abs. 2 DSGVO nieder: Während die DS-RL noch auf den Rückgriff auf Mittel in einem Mitgliedstaat abstellte, ist nunmehr maßgeblich, ob die Datenverarbeitung mit dem Anbieten von Waren oder Dienstleistungen gegenüber Personen in der EU in Zusammenhang steht (lit. a) oder im Zusammenhang mit der Beobachtung des (in der EU ausgeübten) Verhaltens von Personen steht (lit. b). Art. 3 Abs. 3 DSGVO regelt den Sonderfall, dass die Datenverarbeitung an einem Ort erfolgt, an dem aufgrund völkerrechtlicher Vereinbarungen das Recht eines Mitgliedstaats gilt. Dieser besitzt für die hier untersuchten Konstellationen keine Relevanz.[609]

*1. Das Verhältnis von Abs. 1 zu Abs. 2*

Die ersten beiden Absätze von Art. 3 DSGVO normieren durch Anknüpfung an eine Niederlassung bzw. an das Ausrichten einer bestimmten Tätigkeit[610] zwei grundlegend verschiedene Anknüpfungspunkte, sodass a prima vista denkbar ist, beide Absätze stünden selbstständig nebeneinander. Art. 3 Abs. 2 DSGVO findet jedoch nur dann Anwendung, wenn es um eine Datenverarbeitung „durch einen nicht in der Union niedergelassenen Verantwortlichen oder Auftragsverarbeiter" geht. Indem Abs. 1 voraussetzt, dass der Verantwortliche oder Auftragsverarbei-

---

608 *Albrecht*, CR 2016, 88, 90; *Albrecht/Jotzo*, Datenschutzrecht der EU, Teil 3 Rn. 32; *Caspar*, ZD 2012, 555, 556; *Dammann*, in: Simitis, BDSG, § 1 Rn. 241; *Ernst*, in: Paal/Pauly, DS-GVO/BDSG, Art. 3 Rn. 13; *Kampert*, Datenschutz in sozialen Online-Netzwerken, S. 247; *Kartheuser/Schmitt*, ZD 2016, 155, 159; *Klar*, in: Kühling/Buchner, DS-GVO/BDSG, Art. 3 Rn. 3; *Klar*, ZD 2013, 109, 114; *Kühling/Martini*, EuZW 2016, 448, 450; *Kroschwald*, Informationelle Selbstbestimmung in der Cloud, S. 464; *Mester*, in: Taeger/Gabel, DSGVO, Art. 3 Rn. 2; *Piltz*, K&R 2016, 557, 559; *Rauer/Ettig*, in: Wybitul, EU-DS-GVO, Art. 3 Rn. 9; *Roßnagel*, DuD 2016, 561, 562; *Schantz*, NJW 2016, 1841, 1842; *Spindler*, DB 2016, 937, 938; *Spindler*, JZ 2014, 981, 989; *Veil*, ZD 2015, 347; *v. Lewinski*, in: Auernhammer, DSGVO/BDSG, Art. 3 Rn. 9; *Wieczorek*, DuD 2013, 644, 647 f.; *Wybitul*, BB 2016, 1077, 1079; *Zerdick*, in: Ehmann/Selmayr, DS-GVO, Art. 3 Rn. 2.
609 Nach Erwägungsgrund 25 sollen hiervon insbesondere diplomatische und konsularische Vertretungen im Ausland erfasst werden.
610 Dazu unten Kap. 2 § 5 III. 2.

ter in der EU niedergelassen ist, Abs. 2 hingegen als Kriterium voraussetzt, dass der Verantwortliche oder Auftragsverarbeiter nicht in der EU niedergelassen ist, wird ein Stufenverhältnis zwischen den ersten beiden Absätzen des Art. 3 DSGVO etabliert. Erforderlich zur Anwendung des Marktortprinzips ist daher die Feststellung der Belegenheit der Niederlassung. Es hat demnach eine – zumindest bei internationalen Konzernen komplizierte – Feststellung zu erfolgen, ob eine datenschutzrechtlich relevante Niederlassung in der EU belegen ist.[611] Dies wirft Probleme in Fällen auf, in denen evident die übrigen Voraussetzungen des Art. 3 Abs. 2 DSGVO vorliegen und lediglich unklar ist, ob sich eine datenschutzrechtlich relevante Niederlassung innerhalb der EU befindet, oder ob sämtliche relevanten Niederlassungen außerhalb der EU belegen sind.

Bei der Negativformulierung in Art. 3 Abs. 2 DSGVO scheint es sich um ein Relikt aus der DS-RL zu handeln. Diese regelte in Art. 4 Abs. 1 lit. a DS-RL das anwendbare Recht im Fall der Belegenheit einer Niederlassung im Gebiet der Gemeinschaft, während Art. 4 Abs. 1 lit. c DS-RL – wie Art. 3 Abs. 2 DSGVO – voraussetzte, dass gerade keine Niederlassung im Gemeinschaftsgebiet existiert. Mit Blick auf die Rechtssicherheit hätte der europäische Gesetzgeber gut daran getan, die Formulierung „nicht in der Union" in Art. 3 Abs. 2 DSGVO zu streichen. Durch Beibehaltung dieses Erfordernisses hat er es versäumt, Rechtssicherheit zu schaffen.[612] Entsprechend ist Art. 3 Abs. 1 DSGVO vorrangig zu prüfen.

*2. Die inkongruenten Anknüpfungspunkte der Niederlassung im Rahmen des Art. 3 DSGVO*

Problematisch sind darüber hinaus die unterschiedlich formulierten Anknüpfungspunkte der beiden Absätze, was sich darin widerspiegelt, dass beide Absätze dem Wortlaut nach auf unterschiedliche Niederlassungen abstellen. Während Art. 3 Abs. 1 DSGVO auf die Belegenheit derjenigen Niederlassung abstellt, in deren Tätigkeitsrahmen die Datenverarbeitung stattfindet, stellt Abs. 2 schlicht auf die Belegenheit einer (beliebigen) Niederlassung in der EU ab. Bei wörtlicher Auslegung wäre bei einem Datenverarbeiter, der innerhalb der EU niedergelassen ist, aber die fragliche Datenverarbeitung im Rahmen der Tätigkeiten einer Niederlassung betrieben wird, die sich außerhalb der EU befindet, keiner der beiden ersten Absätze des Art. 3 DSGVO anwendbar. Dieses Problem wird, soweit ersichtlich, bislang nur vereinzelt angesprochen.[613] Die Datenverarbeitung unterläge nicht der DSGVO.

Ein Beispiel wäre ein auf EU-Bürger ausgerichtetes soziales Netzwerk, dessen Betreiber Niederlassungen in den USA und in Irland unterhält, aber die Verar-

---
611 Diese Feststellung hat die Gerichte umfassend beschäftigt, siehe insbesondere EuGH, NJW 2014, 2257 – „Google Spain" und EuGH, K&R 2015, 719 – „Weltimmo".
612 So die Kritik von *Golland,* DuD 2018, 351, 352.
613 Vgl. *Golland,* DuD 2018, 351, 352; *Piltz,* in: Gola, DS-GVO, Art. 3 Rn. 34; *Piltz,* K&R 2016, 557, 559.

beitung personenbezogener Daten von EU-Bürgern ausschließlich im Rahmen der Tätigkeiten seiner US-Niederlassung durchführt. Da sich diejenige Niederlassung, in deren Rahmen Daten verarbeitet werden, nicht in der EU befindet, scheidet eine Anwendung von Art. 3 Abs. 1 DSGVO aus. Andererseits liegt aber eine – wenn auch nicht datenverarbeitende – Niederlassung in der EU vor, sodass auch die Anwendung von Art. 3 Abs. 2 DSGVO nicht in Betracht kommt. Auf die Datenverarbeitung dieses Netzwerkbetreibers wäre die DSGVO räumlich nicht anwendbar. Das kann erkennbar nicht gewollt sein.

Hintergrund der Entscheidung, das Marktortprinzip in der DSGVO zu verankern, ist, zu verhindern, dass der durch die DSGVO gewährleistete Schutz den Betroffenen, die sich in der EU befinden, nicht vorenthalten wird.[614] Mithin wollte der europäische Gesetzgeber Schutzlücken vermeiden. Nach Sinn und Zweck ist Art. 3 Abs. 2 DSGVO daher so auszulegen, dass die Formulierung „durch einen nicht in der Union niedergelassenen Verantwortlichen oder Auftragsverarbeiter" ebenfalls die in Abs. 1 bezeichnete Niederlassung, in deren Tätigkeitsrahmen die Datenverarbeitung erfolgt, bezeichnet.[615] Dies führt zu einer komplementären Anwendbarkeit von Abs. 1 und Abs. 2, wodurch der aufgezeigte Widerspruch und die sich daraus ergebenden Schutzlücke vermieden werden.

*3. Zwischenergebnis*

Für die Untersuchung des räumlich anwendbaren Rechts bleibt festzuhalten, dass dieses aufgrund des Exklusivitätsverhältnisses von Art. 3 Abs. 1 und 2 DSGVO vorrangig danach zu bestimmen ist, ob eine Niederlassung in der EU vorliegt, die datenschutzrechtlich relevante Tätigkeiten durchführt. In diesem Fall ist die DSGVO nach Art. 3 Abs. 1 DSGVO anwendbar; ein Rückgriff auf Art. 3 Abs. 2 DSGVO ist nicht möglich. Wenn keine Niederlassung i. S. d. Art. 3 Abs. 1 DSGVO vorliegt, ist auf Art. 3 Abs. 2 DSGVO zurückzugreifen, der zur Vermeidung von Schutzlücken im Einklang mit Art. 3 Abs. 1 DSGVO auszulegen ist.

Der – bei Kommunikation via Internet nur mit erheblichem Aufwand zu bestimmende[616] – Ort der Datenverarbeitung ist, wie sich unmittelbar aus Art. 3 Abs. 1 letzter Halbsatz DSGVO ergibt, nicht entscheidend. Einer Datenverarbeitung in der Union bedarf es nicht.[617] Auch das Kriterium des Zugriffs auf im Inland belegene Mittel, welches über Art. 4 Abs. 1 lit. c DS-RL bzw. seine deutsche Umsetzung in § 1 Abs. 5 S. 2 BDSG a. F. die Anwendbarkeit mitgliedstaatlichen Da-

---

614 Vgl. Erwägungsgrund 23 Satz 1 der DSGVO.
615 *Golland,* DuD 2018, 351, 352.
616 So bereits *Ehmann/Helfrich,* EG-Datenschutzrichtlinie, Art. 4 Rn. 9.
617 *Ennöckl,* in: Sydow, DSGVO, Art. 3 Rn. 6; *Klar,* in: Kühling/Buchner, DS-GVO/BDSG, Art. 3 Rn. 51; *Piltz,* in: Gola, DS-GVO, Art. 3 Rn. 2; *Plath,* in: Plath, DSGVO/BDSG, Art. 3 Rn. 5; *v. Lewinski,* in: Auernhammer, DSGVO/BDSG, Art. 3 Rn. 5; *Zerdick,* in: Ehmann/Selmayr, DS-GVO, Art. 3 Rn. 11.

## II. Die datenschutzrechtlich relevante Niederlassung

tenschutzrechts auf Stellen in Drittstaaten regelte,[618] wurde gänzlich aufgegeben und durch das in Art. 3 Abs. 2 DSGVO normierte Marktortprinzip abgelöst.[619]

Aufgrund des durch Art. 3 Abs. 1 und 2 DSGVO konstruierten Stufenverhältnisses ist zunächst zu untersuchen, ob eine datenschutzrechtlich relevante Niederlassung im Geltungsbereich der DSGVO vorliegt. Soweit eine Niederlassung im Geltungsbereich der DSGVO existiert, die im Rahmen ihrer Tätigkeiten personenbezogene Daten verarbeitet, sperrt Art. 3 Abs. 1 DSGVO den Rückgriff auf Art. 3 Abs. 2 DSGVO. Die Anknüpfung erfolgt anhand des jeweiligen Verarbeitungsvorgangs.[620]

Art. 3 Abs. 1 DSGVO entspricht sinngemäß dem Art. 4 Abs. 1 lit. a DS-RL und stellt insofern „weder eine Evolution noch Revolution"[621] dar. In Deutschland wurde Art. 4 Abs. 1 lit. a DS-RL nur unzureichend umgesetzt.[622] Eine Korrektur erreichte die Rechtsprechung im Wege der richtlinienkonformen Auslegung.[623]

---

618 Art. 4 Abs. 1 lit. c DS-RL und § 1 Abs. 5 S. 2 BDSG knüpften, soweit sich keine Niederlassung im Anwendungsbereich der Richtlinie befand, an den Rückgriff auf Mittel im Mitgliedstaat, letztlich an den Ort der Datenverarbeitung, an. Was die Anwendung des BDSG nach dieser Norm auslösen sollte, war heftig umstritten.
Nach h. M. stellten etwa Server der verantwortlichen Stelle solche Mittel dar, siehe *Artikel-29-Datenschutzgruppe*, WP 56, S. 10; *Borges,* in: Borges/Meents, Rechtshandbuch Cloud Computing, § 9 Rn. 117; *Borges,* in: Forgó/Helfrich/Schneider, Betrieblicher Datenschutz, Teil I, Kap. 5 Rn. 103; *Dammann,* in: Simitis, BDSG § 1 Rn. 220; *Dammann,* RDV 2002, 70, 74; *Gabel,* in: Taeger/Gabel, BDSG § 1 Rn. 58; *Jandt,* DuD 2008, 664, 668; *Roßnagel,* in: Roßnagel/Banzhaf/Grimm, Datenschutz im eCommerce, S. 144; *Scholz,* Datenschutz beim Internet-Einkauf, S. 179; *Spindler/Nink,* in: Spindler/Schuster, Recht der elektronischen Medien, § 4b BDSG Rn. 2.; *Voigt,* ZD 2014, 15, 17. Darüber hinaus wurde etwa diskutiert, ob Computer des Nutzers oder eine auf Nutzer im jeweiligen Mitgliedstaat ausgerichtete Website die Voraussetzungen erfüllen; zum Streitstand *Borges,* in: Borges/Meents, Rechtshandbuch Cloud Computing, § 9 Rn. 120 ff.; *Borges,* in: Forgó/Helfrich/Schneider, Betrieblicher Datenschutz, Teil I, Kap. 5 Rn. 105 f.; *Dammann,* in: Simitis, BDSG, § 1 Rn. 223 ff.; in Bezug auf soziale Netzwerke *Hornung,* in: Hornung/Müller-Terpitz, Rechtshandbuch Social Media, Kap. 4 Rn. 31.
Im Lichte der Entscheidung „Google Spain" des EuGH (siehe dazu unten Kap. 2 § 5 II. 2) verblieb für § 1 Abs. 5 Satz 2 BDSG nur noch ein geringer Anwendungsbereich (*Borges,* in: Borges/Meents, Rechtshandbuch Cloud Computing, § 9 Rn. 108). Dies gilt umso mehr nach der „Weltimmo"-Entscheidung, mit der der EuGH den Anwendungsbereich von Art. 4 Abs. 1 lit. a DS-RL derart erweiterte, dass für die Anwendung von Art. 4 Abs. 1 lit. c DS-RL kaum Fälle denkbar waren.
619 Siehe die Nachweise in Fn. 608.
620 *Golland,* DuD 2018, 351, 352; zur DS-RL *Art.-29-Datenschutzgruppe,* WP 169, S. 11; zum BDSG a. F. *Alich/Nolte,* CR 2011, 741, 742; *Borges,* in: Borges/Meents, Rechtshandbuch Cloud Computing, § 9 Rn. 11; *Piltz,* K&R 2013, 292, 293.
621 *Wieczorek,* DuD 2013, 644, 648.
622 *Beyvers/Herbrich,* ZD 2014, 558; *Borges,* in: Borges/Meents, Rechtshandbuch Cloud Computing, § 9 Rn. 12; *Dammann,* in: Simitis, BDSG, § 1 Rn. 206; *Jotzo,* Der Schutz personenbezogener Daten in der Cloud, S. 126.
623 OVG Schleswig-Holstein, NJW 2013, 1977, 1978; eine solche Auslegung bereits befürwortend *Dammann,* in: Simitis, BDSG, § 1 Rn. 206; *Dammann,* RDV 2002, 70, 72.

Durch die Wahl einer unmittelbar geltenden Verordnung existieren keine unterschiedlichen Umsetzungen. Auch die Frage der Auswirkung mehrerer Niederlassungen im Unionsraum stellt sich – jedenfalls im Bereich des anwendbaren Rechts – nicht mehr,[624] sondern ist nur noch für die Bestimmung der federführenden Behörde (Art. 54 DSGVO) relevant. Gleichwohl stellt sich nach wie vor die Frage, unter welchen Voraussetzungen eine Niederlassung vorliegt und wann sie datenschutzrechtlich relevant wird.

Diese Frage beschäftigt den EuGH seit geraumer Zeit. Hier sind mehrere Merkmale differenziert zu betrachten. Zunächst muss eine „Niederlassung" im Geltungsbereich der Verordnung vorliegen. Mit diesem Merkmal befasste sich der EuGH vor allem in seiner „Weltimmo"-Entscheidung[625] aus dem Jahr 2015. Das zweite, darauf aufbauende Merkmal ist die Qualifikation als Niederlassung, die „im Rahmen ihrer Tätigkeiten" personenbezogene Daten verarbeitet. Mit diesem Merkmal befasste sich der EuGH in dem zwei Jahre zuvor ergangenen, vielbeachteten „Google Spain"-Urteil[626]. Diese Rechtsprechung führte der EuGH in dem im Juli 2016 gegen Amazon ergangenen Urteil[627] fort.

## 1. Bestimmung der Niederlassung

Im Gegensatz zur Regelung des § 1 Abs. 5 BDSG a. F. differenziert das europäische Datenschutzrecht nicht zwischen Sitz und Niederlassung.[628] Ausreichend, aber auch erforderlich, ist einzig eine Niederlassung im Geltungsbereich der DSGVO. Nach Erwägungsgrund 22 Satz 2 setzt eine Niederlassung die effektive und tatsächliche Ausübung einer Tätigkeit durch eine feste Einrichtung voraus. Damit übernimmt die DSGVO inhaltlich den Erwägungsgrund 19 der DS-RL. Im Wesentlichen enthält diese Definition – nach wie vor – zwei Elemente: Zum einen eine gewisse Beständigkeit einer festen Einrichtung, zum anderen die effektive Ausübung von Tätigkeiten im Mitgliedstaat.

Die Rechtsform einer solchen Einrichtung, ist dabei, gleich ob es sich um eine Zweigstelle oder eine Tochtergesellschaft mit eigener Rechtspersönlichkeit handelt, nicht ausschlaggebend.[629] Keine Niederlassung sollen etwa reine Brief-

---

624 Ausführlich hierzu *Borges,* in: Borges/Meents, Rechtshandbuch Cloud Computing, § 9 Rn. 41 ff., der darauf abstellt, welche Niederlassung die größte Verbindung zur in Rede stehenden Datenverarbeitung aufweist; i.E. auch VG Hamburg, K&R 2016, 290; bestätigt durch OVG Hamburg, ZD 2016, 450; in diese Richtung bereits OVG Schleswig-Holstein, NJW 2013, 1977, 1978.
625 EuGH, K&R 2015, 719 – „Weltimmo".
626 EuGH, NJW 2014, 2257 – „Google Spain".
627 EuGH, NJW 2016, 2727.
628 Der in Art. 4 Nr. 16 DSGVO definierte Begriff der Hauptniederlassung ist lediglich für die Bestimmung der federführenden Behörde gem. Art. 58 DSGVO relevant, *Ashkar,* DuD 2015, 796, 798; *Ernst,* Art. 4 Rn. 113; *Eßer,* in: Auernhammer, DSGVO/BDSG, Art. 4 Rn. 76; *Gola,* in: Gola, DS-GVO, Art. 4 Rn. 101; *Piltz,* K&R 2016, 557, 563; *Piltz,* K&R 2016, 777, 782; *Schreiber,* in: Plath, DSGVO/BDSG, Art. 4 Rn. 59.
629 Vgl. Erwägungsgrund 22 Satz 3.

kastenfirmen darstellen;[630] auch der Standort von Servern für sich genommen begründet keine Niederlassung.[631]

a) Die „Weltimmo"-Entscheidung des EuGH

In der „Weltimmo"-Entscheidung, die als Fortsetzung des mit dem Google-Urteil begonnenen dogmatischen Wandels gilt,[632] beschäftigte sich der EuGH umfassend mit dem Niederlassungsbegriffs des Erwägungsgrund 19 der DS-RL: Gerade bei Unternehmen, die Leistungen ausschließlich über das Internet anbieten, sei der Begriff der Niederlassung sowohl anhand des Grads an Beständigkeit der Einrichtung als auch anhand der effektiven Ausübung der wirtschaftlichen Tätigkeit unter Beachtung des besonderen Charakters der Tätigkeit und der in Rede stehenden Dienstleistungen zu bestimmen.[633] So könne für die Annahme einer Niederlassung eine entsprechend ausgerichtete Website in Landessprache, ein Vertreter im Land zur Vertretung im gerichtlichen Verfahren und zur Eintreibung von offenen Forderungen sowie ein Postfach und ein Bankkonto im betreffenden Land genügen.[634]

Was jedoch im Einzelnen die Kriterien der Niederlassung sind, ist auch weiterhin unklar.[635] Wird jedoch die konkrete im Urteil vorliegende Konstellation betrachtet, so wird klar, dass das Tätigkeits-Element erfüllt, das Einrichtungs-Element jedoch nicht gegeben war. Nach seiner – äußerst weiten – Interpretation des Wortlauts des Erwägungsgrunds 19 der DS-RL fordert das Gericht keine Räumlichkeiten, sondern lediglich eine gewisse Beständigkeit der Tätigkeit des Vertreters im Mitgliedstaat.[636] Der EuGH verzichtet damit im Ergebnis auf das Vorhandensein einer festen Einrichtung. Der Gerichtshof muss sich entgegenhalten lassen, dass mit dieser Entscheidung die Schwelle zum Ausrichten der an-

---

630 Zur DSGVO *Ernst*, in: Paal/Pauly, DS-GVO/BDSG, Art. 3 Rn. 8; *Ennöckl,* in: Sydow, DSGVO, Art. 3 Rn. 7; *Klar,* in: Kühling/Buchner, DS-GVO/BDSG, Art. 3 Rn. 46; *Mester,* in: Taeger/Gabel, DSGVO, Art. 3 Rn. 11; zur DS-RL *Dammann/Simitis,* EG-Datenschutzrichtlinie, Art. 4 Rn. 3; zum BDSG a. F. *Karg,* DuD 2013, 371, 374; *Wieczorek,* DuD 2013, 644, 647.
631 So jedenfalls die h. M., vertreten von *Ennöckl,* in: Sydow, DSGVO, Art. 3 Rn. 7; *Klar,* in: Kühling/Buchner, DS-GVO/BDSG, Art. 3 Rn. 46; *Mester,* in: Taeger/Gabel, DSGVO, Art. 3 Rn. 11; *Piltz,* in: Gola, DS-GVO, Art. 3 Rn. 23; *Piltz,* K&R 2016, 557, 558 f.; *Zerdick,* in: Ehmann/Selmayr, DS-GVO, Art. 3 Rn. 8; zur DS-RL *Art.-29-Datenschutzgruppe,* WP 56, S. 9; *Art.-29-Datenschutzgruppe,* WP 179, S. 15; zum BDSG a. F. *Borges,* in: Borges/Meents, Rechtshandbuch Cloud Computing, § 9 Rn. 74, 78 f.; *Wieczorek,* DuD 2013, 644, 647; wohl auch *Dammann,* in: Simitis, BDSG, § 1 Rn. 198, der danach unterscheidet, ob die EDV-Anlage vor Ort oder ferngesteuert administriert wird; implizit auch EuGH, NJW 2015, 3636 Rn. 18 – „Weltimmo", da das Gericht der Belegenheit der Server keine Entscheidungserheblichkeit beimisst; a. A. *Bergmann/Möhrle/Herb,* BDSG, § 1 Rn. 43; *Roßnagel,* in: Roßnagel/Banzhaf/Grimm, Datenschutz im eCommerce, S. 143.
632 *Spittka/Wybitul,* NJW 2015, 3640, 3641.
633 EuGH, K&R 2015, 719 Rn. 29 – „Weltimmo".
634 EuGH, K&R 2015, 719 Rn. 30 – „Weltimmo".
635 *Kartheuser/Schmitt,* ZD 2016, 155, 158.
636 EuGH, K&R 2015, 719 Rn. 29 – „Weltimmo"; kritisch hierzu *Kartheuser/Schmitt,* ZD 2016, 155, 157 ff.

gebotenen Leistung[637] auf den Aufenthaltsort von Betroffenen verschwimmt.[638] Der Hinweis des Gerichts, die vorgenommene Wertung gelte „insbesondere für Unternehmen, die Leistungen ausschließlich über das Internet anbieten",[639] legt auch einen gewissen Ausnahmecharakter dieser Entscheidung und damit der extensiven Interpretation des Niederlassungsbegriffs nah.

### b) Dogmatische Verortung und Folgerungen

Bemerkenswert ist jedoch das im Juli 2016 gegen Amazon ergangene Urteil des EuGH, in welchem dieser mehrfach auf die Weltimmo-Entscheidung rekurriert und diese bestätigt.[640] Allerdings erfülle ein bloßes Ausrichten auf den mitgliedstaatlichen Markt und die Abrufbarkeit der entsprechenden Website durch Bürger im Mitgliedstaat nicht die Voraussetzungen an eine Niederlassung.[641] Dies wirft die Frage auf, was den EuGH bewogen hat, in dem einen Fall auf eine feste Einrichtung zu verzichten, in dem anderen Fall bei einer auf den Mitgliedstaat ausgerichteten und aus diesem abrufbaren Website keine Niederlassung anzunehmen.

Zur Beantwortung dieser Frage ist es erforderlich, sich die Konstellation des „Weltimmo"-Urteils genauer anzusehen: Im Fall „Weltimmo" suggerierte das Unternehmen gegenüber seinen Kunden das Vorhandensein einer Niederlassung nicht nur durch eine auf den Mitgliedstaat ausgerichtete Website, sondern auch durch ein innerstaatliches Postfach, ein innerstaatliches Bankkonto und einen im innerstaatlichen Handelsregister eingetragenen Vertreter samt Adresse. Ein Betroffener musste angesichts aller Umstände davon ausgehen, dass sich das Unternehmen, das seine Daten verarbeitet, in diesem Mitgliedstaat befindet, und dass die Verarbeitung seiner Daten auch in diesem Staat erfolgt. Die durch den EuGH vorgenommene Wertung weist große Parallelen zu den Rechtsscheintatbeständen des deutschen Zivilrechts, insbesondere der Figur des Scheinkaufmanns,[642] auf. Die Rechtsscheintatbestände schützen das Vertrauen des Gutgläubigen auf die Richtigkeit des von der Gegenpartei gesetzten Rechtsscheins. Bei den Gutgläubigen handelt es sich im Fall von „Weltimmo" um die Betroffenen, die davon ausgingen, ihre Daten würden von einer in demselben Mitgliedstaat belegenen Stelle verarbeitet werden. Deren Gutgläubigkeit zeigt sich nicht zuletzt darin, dass die Betroffenen diejenige Datenschutzaufsichts-

---

637 Dazu im Einzelnen unten Kap. 2 § 5 III. 2. a).
638 In der Literatur wurde das Urteil daher überwiegend kritisiert, siehe etwa *Beyvers,* EuZW 2015, 916, 917; *Kartheuser,* ITRB 2016, 2, 3; *Kartheuser/Schmitt,* ZD 2016, 155, 157 f.; *Moos,* K&R 2017, 566, 570; zustimmend dagegen *Karg,* ZD 2015, 584, 585.
639 EuGH, K&R 2015, 719 Rn. 29 – „Weltimmo".
640 EuGH, NJW 2016, 2727 Rn. 75 ff.
641 EuGH, NJW 2016, 2727 Rn. 76.
642 Derjenige, der im Rechtsverkehr als Kaufmann auftritt (z. B. bei Handeln unter Firmennamen, Benutzen eines geschäftlichen Briefkopfs etc.), muss sich an diesem gesetzten Rechtsschein gegenüber Gutgläubigen festhalten lassen; ausführlich hierzu *Hopt,* in: Baumbach/Hopt, HGB, § 5 Rn. 9 ff.; grundlegend zu Rechtsscheintatbeständen im deutschen Privatrecht *Canaris,* Vertrauenshaftung, S. 28 ff.

behörde anriefen, die zuständig gewesen wäre, wenn die Niederlassung nach herkömmlichen Begriffsverständnis de facto existiert hätte.[643] Um den Betroffenenschutz zu gewährleisten, ist eine solche „Scheinniederlassung" als taugliche Niederlassung i. S. d. des Art. 3 DSGVO zu qualifizieren. Auch der EuGH begründet seine weite Auslegung mit dem „wirksamen und umfassenden Schutz der Grundfreiheiten und Grundrechte natürlicher Personen, insbesondere des Rechts auf Privatleben".[644] Das Gericht fingiert letztlich das Vorhandensein einer festen Einrichtung, mithin das zweite konstitutive Element der Niederlassung. Wer vorgibt, feste Räumlichkeiten und somit eine Niederlassung im Inland zu haben, muss sich so behandeln lassen, als hätte er diese.[645] Da Erwägungsgrund 19 der DS-RL und Erwägungsgrund 22 der DSGVO inhaltlich deckungsgleich sind, lassen sich die Ausführungen des Gerichts auch auf die heutige Rechtslage übertragen.

Es bedarf zur Annahme einer Niederlassung demnach entweder – in Übereinstimmung mit Erwägungsgrund 22 Satz 2 – des Ausübens von Tätigkeiten in entsprechenden Räumlichkeiten oder eines ständigen Vertreters und hinreichender weiterer Anhaltspunkte, die das Vorhandensein solcher Räumlichkeiten gegenüber den Betroffenen suggerieren und aus Sicht der Betroffenen kein Anlass besteht, an der Existenz einer datenverarbeitenden Niederlassung zu zweifeln. Denkbar wäre etwa ein soziales Netzwerk, dass lediglich über außereuropäische Räumlichkeiten verfügt, aber in seinem Impressum ein im Geltungsbereich der DSGVO liegendes Postfach und einen dort tätigen Vertreter angegeben hat. Im Übrigen bestätigte der EuGH in der „Weltimmo"-Entscheidung die in der „Google Spain"-Entscheidung vorgenommene Auslegung des Merkmals „im Rahmen der Tätigkeiten".[646]

Ebenso ist jedoch auch die umgekehrte Konstellation des „Weltimmo"-Urteils denkbar: Der Datenverarbeiter verfügt über Räumlichkeiten und gibt bloß vor, dort seien Mitarbeiter ständig tätig. Auch hier wäre aus Gründen des Betroffenenschutzes eine Fiktion der Mitarbeiterbeschäftigung und somit des ersten konstituierenden Elements der Niederlassung geboten. Diese Konstellation wird, soweit ersichtlich, in der datenschutzrechtlichen Literatur bislang nicht diskutiert. Lediglich Briefkastenfirmen sollen nicht von Art. 3 Abs. 1 DSGVO erfasst sein.[647] Bei diesen mangelt es aber – in Abgrenzung zu beiden vorgenannten Konstellationen – nicht bloß an einem, sondern an beiden den Niederlassungsbegriff konstituierenden Merkmalen.

---

643 EuGH, K&R 2015, 719 Rn. 10 – „Weltimmo".
644 EuGH, K&R 2015, 719 Rn. 25 – „Weltimmo".
645 Vgl. *Golland,* DuD 2018, 351, 353.
646 EuGH, K&R 2015, 719 Rn. 35 – „Weltimmo".
647 Siehe die Nachweise in Fn. 630.

c) Zwischenergebnis

Abzustellen ist zunächst – wie schon unter der DS-RL – auf die Belegenheit einer festen Einrichtung und entsprechender Tätigkeiten durch Personen vor Ort. Dies ist, wie dargelegt, sehr weit zu interpretieren. Soweit aber Räumlichkeiten vorhanden sind, reicht dies für die Annahme einer Niederlassung aus, wobei es allein auf die tatsächliche Nutzung ankommt.[648] Für das Vorhandensein einer Niederlassung ist nicht relevant, ob die Niederlassung bzw. die dort tätigen Personen auch Daten verarbeiten. Auch auf die Existenz von Datenverarbeitungsanlagen kommt es dabei nicht an.[649] Betreibt etwa eine Lebensmitteleinzelhandelskette eine entsprechende Fansite in einem sozialen Netzwerk, so sind mehrere tausend Niederlassungen in der EU prinzipiell denkbar.

Daneben können sich, infolge der flexiblen Konzeption des Niederlassungsbegriffs, zahlreiche weitere Niederlassungen ergeben. Dies gilt insbesondere für Scheinniederlassungen, d. h. wenn – wie bei „Weltimmo" – durch weitere Merkmale (dauerhafter Vertreter, Postfach, Konto) das Vorhandensein einer festen Einrichtung suggeriert wird oder – im umgekehrten Fall – zwar eine feste, scheinbar betriebene Einrichtung vorhanden ist, an der jedoch keine Personen dauerhaft tätig sind. Umso wichtiger ist die Frage, welche dieser Niederlassungen datenschutzrechtlich relevant sind und so die Anwendbarkeit des Datenschutzrechts nach Art. 3 Abs. 1 DSGVO auslösen.

*2. Das Betreiben der Datenverarbeitung*

Die DSGVO ist gem. Art. 3 Abs. 1 DSGVO nur dann räumlich anwendbar, wenn die innerhalb der EU belegene Niederlassung personenbezogene Daten im Rahmen ihrer Tätigkeiten verarbeitet. Dies ist insbesondere dann der Fall, wenn die Datenverarbeitung durch die Niederlassung respektive die an diesem Ort dauerhaft beschäftigten Personen gesteuert wird.[650]

In dem – vor „Weltimmo" ergangenen – Urteil „Google Spain" legte der EuGH das Merkmal „im Rahmen der Tätigkeiten einer Niederlassung" Merkmal weit aus. In dem vom EuGH entschiedenen Fall bestand unstreitig eine Niederlassung des datenverarbeitenden Unternehmens in Spanien.[651] Jedoch war diese Niederlassung nicht in die Datenverarbeitung durch die Muttergesellschaft eingebunden. Sie hatte vielmehr nur den Zweck, Werbeflächen für den Mutterkonzern zu vermarkten. Das Gericht entschied, es sei nicht maßgeblich, ob die Verarbeitung „von" der betreffenden Niederlassung ausgeführt werde, vielmehr sei entscheidend, dass die Datenverarbeitung „im Rahmen der Tätigkeiten" der

---

648 So zum Art. 4 Abs. 1 lit. a DS-RL umsetzenden § 1 Abs. 5 Satz 1 BDSG a. F. *Borges,* in: Borges/Meents, Rechtshandbuch Cloud Computing, § 9 Rn. 69.
649 Vgl. Fn. 631.
650 *Borges,* in: Borges/Meents, Rechtshandbuch Cloud Computing, § 9 Rn. 79 f.; *Borges,* in: Forgó/Helfrich/Schneider, Betrieblicher Datenschutz, Teil I, Kap. 5 Rn. 50 ff.
651 EuGH, NJW 2014, 2257 Rn. 49 – „Google Spain".

Niederlassung erfolge.⁶⁵² An einem signifikanten Einfluss der Niederlassung auf die Datenverarbeitung der verantwortlichen Stelle hätte es hier gefehlt, sodass nach bisherigem Verständnis das mitgliedstaatliche Datenschutzrecht jedenfalls nicht nach Art. 4 Abs. 1 lit. a DS-RL anwendbar gewesen wäre. Nach dem EuGH führt bereits die geschäftliche Verknüpfung zwischen einer Niederlassung und dem Mutterkonzern unabhängig von der konkret betriebenen Datenverarbeitung zur Anwendung des inländischen Datenschutzrechts. Ausschlaggebendes Kriterium ist, dass die Tätigkeiten von datenverarbeitender Stelle und Niederlassung derart untrennbar miteinander verbunden sind, dass die Tätigkeiten des einen für die Rentabilität des anderen erforderlich sind, und die Tätigkeiten des anderen zugleich die Tätigkeit des einen erst ermöglichen.⁶⁵³ Der die Datenverarbeitung Fördernde muss sich unter diesen Voraussetzungen die Datenverarbeitung anderer demnach „zurechnen" lassen. Durch diese Entscheidung hat der EuGH den räumlichen Geltungsbereich des auf der DS-RL basierenden mitgliedstaatlichen Datenschutzrechts ausgedehnt.⁶⁵⁴

Die Entscheidung des EuGH wurde breit diskutiert und erhielt größtenteils Zuspruch,⁶⁵⁵ wurde aber auch insoweit kritisiert, dass es mit Blick auf den zum Entscheidungszeitpunkt anwendbaren Art. 4 lit. c DS-RL unnötig sei, den Anwendungsbereich von Art. 4 lit. a DS-RL auszudehnen, da auch bloße Mittel im Inland zur Anwendbarkeit des mitgliedstaatlichen Datenschutzrecht ausreichten.⁶⁵⁶ Allerdings war zum Entscheidungszeitpunkt stark umstritten, was unter den in Art. 4 lit. c DS-RL vorausgesetzten „Mitteln" zu verstehen war.⁶⁵⁷ Zudem barg die Begründung einer Anwendbarkeit des Datenschutzrechts über Art. 4 lit. c DS-RL – im Gegensatz zur Anwendung von Art. 4 lit. a DS-RL – in den Fällen, in denen unterschiedliche Mittel unterschiedlicher Beteiligter eingesetzt wurden, die Gefahr, dass einzelne Datenverarbeitungsvorgänge desselben Verantwortlichen in demselben Sachverhalt einem anderen Recht unterworfen waren. Angesichts des Umstands, dass derartige Verarbeitungsvorgänge in Zeiten von Big Data, Cloud Computing und sozialen Netzwerken mehr Regel als Ausnahme sind, war die Entscheidung des EuGH mit Blick auf die Rechtssicherheit und den Betroffenenschutz zu begrüßen.

Um das Kriterium als datenschutzrelevante Niederlassung zu erfüllen, bedarf es also eines wesentlichen Einflusses auf die Umstände der Datenverarbeitung,

---

652 EuGH, NJW 2014, 2257 Rn. 52 – „Google Spain".
653 EuGH, NJW 2014, 2257 Rn. 56 – „Google Spain".
654 *Kühling*, EuZW 2014, 527, 529; *Kühling/Martini*, EuZW 2016, 448, 450; *Moos*, K&R 2017, 566, 570; *Schubert*, NJ 2014, 381 betrachten das nunmehr in Art. 3 Abs. 2 DSGVO normierte Marktortprinzip als durch die Entscheidung vorweggenommen.
655 Siehe etwa *Karg*, ZD 2014, 359; *Kühling*, EuZW 2014, 527, 529; *Lang*, K&R 2014, 449, 450; *Nolte*, NJW 2014, 2238, 2242; *Petersdorff-Campen*, ZUM 2014, 570 f.; *Schubert*, NJ 2014, 381; *Spindler*, JZ 2014, 981,990.
656 *Borges*, in: Borges/Meents, Rechtshandbuch Cloud Computing, § 9 Rn. 37; *Kartheuser/Schmitt*, ZD 2016, 155, 158; von einer „Konturlosigkeit" der Argumentation sprechend *Arning/Moos/Schefzig*, CR 2014, 447, 450.
657 Zum Streitstand *Borges*, in: Borges/Meents, Rechtshandbuch Cloud Computing, § 9 Rn. 108 ff.

d. h. eines Betreibens der Datenverarbeitung.[658] Dies kann entweder unmittelbar geschehen (durch Steuerung der Datenverarbeitung) oder mittelbar, indem die Datenverarbeitung einer anderen Stelle, zu der eine enge wirtschaftliche Konnexität besteht (insb. bei Tochtergesellschaften), bewusst und erheblich gefördert wird.

### 3. Niederlassungen der Beteiligten in sozialen Netzwerken

#### a) Netzwerkbetreiber

Die Grundsätze der EuGH-Urteile lassen sich auch auf die Betreiber sozialer Netzwerke übertragen.[659] Unterhält der Betreiber des sozialen Netzwerks ein Büro oder suggeriert dieser, etwa durch entsprechende Angaben im Impressum, einen im Mitgliedstaat befindlichen Vertreter und Räumlichkeiten im Geltungsbereich der DSGVO zu unterhalten, so liegt eine Niederlassung vor. Datenschutzrechtlich relevant wird diese, wenn sie die Datenverarbeitung im vorgenannten Sinne betreibt, d. h. steuernden Einfluss auf die Datenverarbeitung ausübt.

Von *Weichert* wird in Auslegung des „Google Spain"-Urteils vertreten, auch im Verhältnis von Netzwerkbetreiber und Fansite-Betreiber keine formelle, sondern eine ökonomische Sichtweise anzunehmen.[660] Die über Fansites generierten Werbeeinnahmen seien Voraussetzung dafür, dass der Netzwerkbetreiber den unentgeltlichen Betrieb von Fansites ermögliche; somit seien Tätigkeiten von Netzwerkbetreiber und Fansite-Betreiber untrennbar miteinander verbunden.[661] Konsequenterweise wären dann Fansite-Betreiber als Niederlassung des Netzwerkbetreibers einzustufen.[662] Ferner müsste dieser Gedanke auch auf Nutzer Anwendung finden, soweit diese nicht der Ausnahme für private und familiäre Tätigkeiten (Art. 2 Abs. 2 lit. c DSGVO)[663] unterfallen, da auch Nutzer durch die Preisgabe eigener und fremder personenbezogener Daten eine Grundlage für die Vermarktung von Werbung und somit für den Netzwerkbetreiber eine Voraussetzung zur Monetarisierung des eigenen Netzwerks darstellen.

---

658 Von „Maß und Umfang der Beteiligung" an den Verarbeitungstätigkeiten sprechend *Klar*, in: Kühling/Buchner, DS-GVO/BDSG, Art. 3 Rn. 55; *Mester*, in: Taeger/Gabel, DSGVO, Art. 3 Rn. 12;
659 So zum „Google Spain"-Urteil *Beyvers/Herbrich*, ZD 2014, 558, 560 f.
660 *Weichert*, ZD 2014, 605, 608.
661 *Weichert*, ZD 2014, 605, 608.
662 Anders *Weichert*, ZD 2014, 605, 608, der aus den Voraussetzungen für eine Niederlassung eine Mitverantwortlichkeit des Fanpage-Betreibers herleitet. Wenn beim Fanpage-Betreiber allerdings die Voraussetzungen einer Niederlassung vorliegen, kann diese nicht mitverantwortlich sein, da die gemeinsame Verantwortung mehrere Verantwortliche voraussetzt, die Niederlassung – nach dem Verständnis des BDSG – jedoch zum Verantwortlichen gehört, d. h. Teil dieser ist (*Weichert*, in: Kilian/Heussen, Computerrechts-Handbuch, Teil 13 Rn. 33). Zur Frage der Mitverantwortlichkeit siehe unten Kap. 3 § 6 II. 2.
663 Dazu siehe oben Kap. 2 § 4 IV. 2.

Zwar mag zwischen Netzwerkbetreiber und Dritten – insbesondere bei Fansites eines Unternehmens – eine gewisse wirtschaftliche Abhängigkeit bestehen. Eine mit der Konstellation zwischen Mutter- und Tochtergesellschaft vergleichbare wirtschaftliche Untrennbarkeit wie bei „Google Spain", d. h. dass die Tätigkeit des einen ohne die Tätigkeit des anderen (et vice versa) unmöglich gemacht werden würde, liegt nicht vor. Der EuGH hat in seinem Urteil gerade die besondere Beziehung der Suchfunktion zu der Werbetätigkeit betont.[664] Entgegen der zuvor dargestellten Ansicht ist daher allein auf etwaige Niederlassungen des Netzwerkbetreibers, bei denen eine derartige Konnexität besteht, abzustellen. Beispielsweise wäre dem Lebensmitteleinzelhandelskonzern, der eine Fansite betreibt, nicht jede beliebige Filiale zurechenbar, sondern nur die Stelle, die die Datenverarbeitung über die Fansite steuert, d. h. etwa das Büro des Social-Media-Teams.

b) Nutzer und Fansite-Betreiber

Das Äquivalent zur Niederlassung bei natürlichen Personen, soweit diese dem Datenschutzrecht unterliegen,[665] ist der – gesetzlich nicht definierte[666] – gewöhnliche Aufenthaltsort.[667] Darunter wird der Ort verstanden, an dem die natürliche Person ihren für eine gewisse Dauer angelegten Lebensmittelpunkt hat.[668] Für Bürger, die sich gewöhnlich im Geltungsbereich der DSGVO aufhalten, insbesondere dort wohnhaft sind, bedeutet das, dass sie prinzipiell dem Anwendungsbereich der DSGVO unterliegen. Denkbar wäre etwa die Verbreitung fremder personenbezogener Daten über ein soziales Netzwerk durch einen EU-Bürger. Dies gilt unabhängig von ihrem aktuellen, tatsächlichen Aufenthaltsort. Es kommt also nicht darauf an, ob sich der EU-Bürger gerade an seinem Wohnort oder auf einer Reise im außereuropäischen Ausland befindet.

Für Fansite-Betreiber in sozialen Netzwerken gelten, sofern die Fansites von natürlichen Personen administriert werden, dasselbe wie für „normale", d. h. rein privat handelnde Nutzer. Wird die Fansite von einem Unternehmen administriert, so gelten die für Netzwerkbetreiber erläuterten Grundsätze.[669]

---

664 *Spindler*, JZ 2014, 981, 984 f.
665 Dazu siehe unten Kap. 2 § 4 IV. 2.
666 *Ferrari,* in: Ferrari/Kieninger/Mankowski u. a., Internationales Vertragsrecht, Art. 19 Rom I-VO Rn. 15.
667 Zu Art. 3 Abs. 2 DSGVO *Golland,* DuD 2018, 351, 355; allgemein auch *Martiny,* in: MüKo-BGB, Art. 19 Rom I-VO Rn. 1; *Thorn,* in: Palandt, BGB, Art. 19 Rom I-VO Rn. 1.
668 *Ferrari,* in: Ferrari/Kieninger/Mankowski u. a., Internationales Vertragsrecht, Art. 19 Rom I-VO Rn. 15; *Martiny,* in: MüKo-BGB, Art. 19 Rom I-VO Rn. 12; *Thorn,* in: Palandt, BGB, Art. 19 Rom I-VO Rn. 6.
669 Vgl. Kap. 2 § 5 II. 3. a).

## III. Die Ausrichtung auf EU-Bürger

Soweit sich keine datenschutzrechtlich relevante Niederlassung in der EU befindet, bestimmt sich der räumliche Anwendungsbereich der DSGVO nach Art. 3 Abs. 2 DSGVO. Die Anwendung des Datenschutzrechts auf Stellen, deren Sitz außerhalb der EU liegt, war unter der Geltung des bisherigen BDSG stark umstritten.[670] Dieses neue, als Marktortprinzip bezeichnete Anknüpfungsmoment greift in den Fällen, in denen der für die Verarbeitung Verantwortliche entweder gar keine Niederlassung in der Union besitzt oder aber eine Niederlassung besitzt, die jedoch für den jeweiligen Verarbeitungsvorgang nicht relevant ist.[671] Die Regelung ist erkennbar auf Internetsachverhalte zugeschnitten.[672]

Während Art. 3 Abs. 2 lit. a DSGVO auf das Anbieten von Waren oder Dienstleistungen abstellt, stellt Art. 3 Abs. 2 lit. b DSGVO die Beobachtung des Verhaltens von EU-Bürgern in den Vordergrund. Mit Art. 3 Abs. 2 DSGVO vollzieht der europäische Gesetzgeber einen beachtlichen Paradigmenwechsel. Gemeinsam ist diesen Alternativen die Verarbeitung von Daten von EU-Bürgern (1.) zu bestimmten Zwecken (2.). Damit erweitert die Regelung nicht nur den Anwendungsbereich durch ein objektives Element, sondern begrenzt selbigen auch durch ein subjektives Element. Dabei stellt sich zum einen die Frage, welche Bürger konkret geschützt werden sollen, zum anderen, welche Zwecke die räumliche Anwendbarkeit der DSGVO auslösen.

### 1. Betroffene in der Union

Art. 3 Abs. 2 DSGVO ist nur insoweit anwendbar, wie Daten von Betroffenen in der EU verarbeitet werden. Unter „in der Union" kann jedoch sowohl der gewöhnliche Aufenthaltsort (wie bei Art. 3 Abs. 1 DSGVO)[673] als auch der Ort des tatsächlichen, d. h. physisch-aktuellen, wenn auch nur kurzzeitigen, Aufenthalts verstanden werden. Erwägungsgrund 14 Satz 1, wonach die Anwendung der DSGVO ungeachtet des Aufenthaltsorts gewährleistet werden soll, kann sowohl als Abstellen auf den gewöhnlichen Aufenthalt interpretiert werden, wie auch als ein bloßer Hinweis auf die binnenmarktübergreifende Wirkung der Verordnung. Der Parlamentsentwurf wie auch der Ratsentwurf sprachen noch von „in der Union ansässigen" Personen, stellten daher auf den gewöhnlichen Aufenthalt ab. Die Änderung der Formulierung legt zwar nahe, dass damit eine Abkehr vom gewöhnlichen Aufenthalt intendiert war; der Wortlaut ist insofern jedoch unergiebig. Die vielfach vertretene Interpretation als Anknüpfung an den tatsächlichen

---

[670] Zum räumlichen Anwendungsbereich des BDSG a. F. auf solche Stellen ausführlich *Borges*, in: Borges/Meents, Rechtshandbuch Cloud Computing, § 9 Rn. 57 ff.; siehe auch *Dammann*, in: Simitis, BDSG, § 1 Rn. 197 ff.; *Voigt*, ZD 2014, 15, 17 f.; *Wieczorek*, DuD 2013, 644, 647 f.; zur Anwendbarkeit deutschen Datenschutzrechts auf außereuropäische Betreiber sozialer Netzwerke *Jotzo*, MMR 2009, 232; *Polenz*, VuR 2012, 207.
[671] *Piltz*, K&R 2013, 292, 296.
[672] *v. Lewinski*, in: Auerhammer, DSGVO/BDSG, Art. 3 Rn. 9; *Wieczorek*, DuD 2013, 644, 647.
[673] Vgl. Kap. 2 § 5 II. 3. b).

Aufenthalt[674] ist bei genauerer Betrachtung allerdings nicht ausreichend und führt zu unbilligen Ergebnissen bei allen Beteiligten.[675] Dies sollen die beiden folgenden Beispiele illustrieren:

Ein Deutscher ist bei einem nicht in der EU niedergelassenen, aber auf Unionsbürger ausgerichteten sozialen Netzwerk angemeldet. Während seines Urlaubs auf Madagaskar verwendet er weiterhin das Netzwerk. In diesen und ähnlichen Fällen wäre es unbillig, den durch die DSGVO gewährleisteten Schutz des Betroffenen von seinem zufälligen Aufenthalt im Ausland abhängig zu machen.

Ebenso aus Betreibersicht führt das Abstellen auf den tatsächlichen Aufenthalt zu unbilligen Ergebnissen. Hält sich etwa ein US-amerikanischer Nutzer eines US-amerikanischen Netzwerks vorübergehend in der EU auf, wäre die DSGVO für den Zeitraum des Aufenthalts prinzipiell anwendbar. Hiergegen könnte eingewendet werden, dass in diesem Fall wohl kein Ausrichten auf die EU vorläge und die Anwendbarkeit daher an den Voraussetzungen der Art. 3 Abs. 2 lit. a oder b DSGVO scheitere. Dies ließe jedoch außer Acht, dass das Internet kein nach Staaten gegliederter Raum ist, sondern i. d. R. weltweit zugänglich und insbesondere auch globale, auf eine Vielzahl von Staaten ausgerichtete soziale Netzwerke existieren. Um das jeweilige staatliche Datenschutzrecht befolgen zu können, müssen die personenbezogenen Daten der verschiedenen Nutzer nach den jeweils für diese anwendbaren Datenschutzregelwerken getrennt voneinander verarbeitet werden. Dies kann beim Abstellen auf den gewöhnlichen Aufenthalt dadurch geschehen, dass der Wohnsitzstaat des Nutzers abgefragt wird. Ein Abstellen auf den tatsächlichen Aufenthalt würde dazu führen, dass einzelne Daten innerhalb desselben Datensatzes anders behandelt werden müssen. De facto hat der Betreiber des Netzwerks allerdings keine Möglichkeit, herauszufinden, ob sich ein Nutzer innerhalb der Nicht-EU-Bürger-Datensätze gerade im Geltungsbereich der DSGVO befindet. Zwar ist es möglich, unter bestimmten Umständen den Staat des tatsächlichen Aufenthalts anhand der IP-Adresse des für den Zugriff genutzten Geräts zu bestimmen. Aber auch dieses Verfahren scheitert dann, wenn ein im EU-Ausland belegener Proxy-Server oder eine Satellitenverbindung genutzt wird, der US-Amerikaner sich beispielsweise in einem global angebotenen sozialen Netzwerk einloggt, während er auf seiner Weltumsegelung Martinique passiert.

Auch die Formulierung in Art. 3 Abs. 2 lit. b Halbsatz 2 DSGVO deutet darauf hin, dass der Gesetzgeber den gewöhnlichen Aufenthalt bezeichnen wollte. Dieser beschränkt nämlich die Anwendbarkeit auf Verhalten „soweit [dieses] Verhalten in der Union erfolgt". Eine Beschränkung auf Verhalten in der EU wäre unnötig, wenn der Gesetzgeber in Art. 3 Abs. 2 Halbsatz 1 den tatsäch-

---

674 Für eine solche Auslegung jedoch *Barlag*, in: Roßnagel, Europäische Datenschutz-Grundverordnung, 2017, § 3 Rn. 17; *Klar*, in: Kühling/Buchner, DS-GVO/BDSG, Art. 3 Rn. 64; *Mester*, in: Taeger/Gabel, DSGVO, Art. 3 Rn. 17; *Plath*, in: Plath, DSGVO/BDSG, Art. 3 Rn. 13; *Zerdick*, in: Ehmann/Selmayr, DS-GVO, Art. 3 Rn. 16.
675 Ausführlich *Golland,* DuD 2018, 351, 355 f.

lichen Aufenthalt bezeichnen wollen würde, da ein Verhalten immer nur dort erfolgen kann, wo sich der Verhaltende aktuell befindet.[676] Auch die herrschende Meinung erkennt an, dass für Art. 3 Abs. 2 lit. b Halbsatz 2 DSGVO der tatsächliche Aufenthalt entscheidend ist.[677] Die Vertreter der herrschenden Meinung stellt dies – wie zum Teil erkannt wird[678] – vor Auslegungsprobleme, da die einschränkende Formulierung in Art. 3 Abs. 2 lit. b DSGVO obsolet wäre.[679] Daher ist die Formulierung „in der Union" in Art. 3 Abs. 2 DSGVO so auszulegen, dass der gewöhnliche Aufenthalt maßgeblich ist.

## 2. Adressierte Zwecke

### a) Anbieten von Waren oder Dienstleistungen

Nach Art. 3 Abs. 2 lit. a DSGVO ist die Verarbeitung im Zusammenhang mit dem Angebot von Waren oder Dienstleistungen, unabhängig davon, ob diese gegen Entgelt erfolgen, vom Anwendungsbereich der Verordnung umfasst. Zur Auslegung des Merkmals „Anbieten" kann auf das Merkmal des „Ausrichtens" gem. Art. 6 Abs. 1 Rom I-VO zurückgegriffen werden.[680] Die Frage, wann eine Website die Voraussetzungen des Art. 6 Abs. 1 Rom I-VO erfüllt, ist in der Literatur stark umstritten.[681] Nach der Rechtsprechung des EuGH ist dies anhand von Anhaltspunkten zu bestimmen, etwa der internationale Charakter der Tätigkeit, die Angabe von Anfahrtsbeschreibungen ausgehend von anderen Mitgliedstaaten zur Niederlassung, die Verwendung einer anderen Sprache oder Währung als der an der Niederlassung üblicherweise verwendeten Sprache oder Währung, die Angabe von Telefonnummern mit internationaler Vorwahl, die Verwendung eines anderen Domänennamens oberster Stufe als desjenigen des Mitgliedstaats der Niederlassung und die Erwähnung internationaler Kundschaft.[682]

An das „Anbieten" sollen aber geringere Anforderungen zu stellen sein.[683] Eines Vertragsschlusses bedarf es, im Unterschied zu Art. 6 Abs. 1 Rom I-VO, nicht.[684]

---

676 *Golland,* DuD 2018, 351, 356.
677 *Klar*, in: Kühling/Buchner, DS-GVO/BDSG, Art. 3 Rn. 99; *Piltz*, in: Gola, DS-GVO, Art. 3 Rn. 33; *Zerdick*, in: Ehmann/Selmayr, DS-GVO, Art. 3 Rn. 19.
678 *Klar*, in: Kühling/Buchner, DS-GVO/BDSG, Art. 3 Rn. 100.
679 So bereits *Golland,* DuD 2018, 351, 356.
680 *Kampert,* Datenschutz in sozialen Online-Netzwerken, S. 250; *Piltz,* Soziale Netzwerke im Internet, S. 297; *Piltz,* K&R 2013, 292, 297.
681 *Martiny,* in: MüKo-BGB, Art. 6 Rom I-VO Rn. 34 ff.; *Weller/Nordmeier*, in: Spindler/Schuster, Recht der elektronischen Medien, Art. 6 Rom I-VO Rn. 13 ff.; *Thorn*, in: Palandt, BGB, Art. 6 Rom I-VO Rn. 6; zur Vorgängerregelung des Art. 29 EGBGB bereits ausführlich *Borges*, Verträge im elektronischen Geschäftsverkehr, S. 709 ff.
682 EuGH, Slg. I 2010, 12570 Rn. 76 ff.
683 *Golland,* DuD 2018, 351, 356; *Piltz,* Soziale Netzwerke im Internet, S. 297, *Piltz,* K&R 2013, 292, 297. So soll nach *Piltz,* Soziale Netzwerke im Internet, S. 298, in Übertragung der BGH-Rechtsprechung zu § 1 PreisangabenVO die Bereitschaft, eine bestimmte Ware, Leistung oder Kredit gegen Entgelt zur Verfügung zu stellen, genügen.
684 *Klar,* in: Kühling/Buchner, DS-GVO/BDSG, Art. 3 Rn. 66 f.; *Mester*, in: Taeger/Gabel, DS-GVO, Art. 3 Rn. 23; *Piltz*, in: Gola, DS-GVO, Art. 3 Rn. 27; *Piltz,* Soziale Netzwerke im Inter-

Allerdings ist die bloße Abrufbarkeit der Website ausweislich von Erwägungsgrund 23 Satz 3 Halbsatz 1 nicht ausreichend. Ebenso wenig reicht die Tatsache, dass eine Dienstleistung über das Internet weltweit zugänglich ist und daher auch durch Bürger der EU genutzt wird.[685] Ein soziales Netzwerk erfüllt daher nicht schon deshalb die Voraussetzungen des „Anbietens", weil EU-Bürger die Seite aufrufen und einen Account anlegen können. Der Gesetzgeber nennt in Erwägungsgrund 23 Satz 3 als taugliche Anhaltspunkte die Verwendung einer in einem Mitgliedstaat gebräuchlichen Sprache oder Währung in Verbindung mit der Möglichkeit in dieser Sprache zu bestellen sowie die Erwähnung von Kunden oder Nutzern in der EU. Der Aspekt der Entgeltlichkeit spielt ausweislich des Wortlauts des Art. 3 Abs. 2 lit. a Halbsatz 2 DSGVO keine Rolle.[686]

Soweit die Frage des Anbietens im Bereich sozialer Netzwerke beleuchtet wird, wird eine Anknüpfung an sprachliche und sonstige Webseitengestaltung für sinnvoll erachtet.[687] Nach Erwägungsgrund 23 Satz 3 bedarf es für die Anknüpfung jedoch eines Auseinanderfallens der Sprache des Angebots und der Sprache im Niederlassungsland des Verantwortlichen. Ein Ausrichten auf EU-Bürger in Irland liegt beispielsweise noch nicht vor, wenn ein Dienst eines US-amerikanischen Unternehmens in englischer Sprache angeboten wird und aus der EU abgerufen werden kann. Die gleiche Konstellation ist bei Verantwortlichen denkbar, die außerhalb der EU belegen sind, an deren Niederlassung eine Amtssprache eines Mitgliedstaats der EU gesprochen wird.[688] Dies ist neben Englisch insbesondere bei Spanisch und Französisch denkbar. Diese Sprachen fungieren in weiten Teilen außerhalb der EU, insbesondere in Süd- und Mittelamerika bzw. in Kanada und Afrika, als lingua franca. Hier bedarf es weiterer Anhaltspunkte, etwa die Erwähnung von Kunden in der EU oder die Währung eines Mitgliedstaats der EU.[689]

Wird der Dienst unentgeltlich angeboten, entfällt auch das Kriterium der Währung. Ein möglicher Anhaltspunkt bietet dann die Benutzung einer Top-Level-Domain, soweit es sich um die eines Mitgliedstaates handelt. Eine generische Domain (z. B. „.com") bietet keinen Anhaltspunkt,[690] wohl aber, wenn über eine

---

net, S. 297; weitergehend noch *Piltz,* K&R 2013, 292, 297, wonach nicht einmal die Möglichkeit eines Vertragsschlusses bestehen muss.
685 *Kampert,* Datenschutz in sozialen Online-Netzwerken, S. 249; siehe auch *Klar,* in: Kühling/Buchner, DS-GVO/BDSG, Art. 3 Rn. 81; *Zerdick,* in: Ehmann/Selmayr, DS-GVO, Art. 3 Rn. 18, die eine „offensichtliche Absicht" des Verantwortlichen fordern; ähnlich *Golland,* DuD 2018, 351, 356 („voluntatives Element").
686 Anders noch Art. 3 Abs. 2 lit. a des Kommissionsentwurfs.
687 *Hornung,* in: Hornung/Müller-Terpitz, Rechtshandbuch Social Media, Kap. 4 Rn. 32.
688 Auf dieses Problem hinweisend *Klar,* in: Kühling/Buchner, DS-GVO/BDSG, Art. 3 Rn. 87; *v. Lewinski,* in: Auernhammer, DSGVO/BDSG, Art. 3 Rn. 14.
689 Vgl. Erwägungsgrund 23 Satz 3.
690 *Leible/Müller,* NJW 2011, 495, 497; a. A. zu Art. 6 Rom I-VO EuGH, Slg. I 2010, 12570 Rn. 83, der offenbar verkennt, dass es andere Motive für die Nutzung einer Top-Level-Domain gibt als seine Waren und Dienstleistungen global anzubieten.

staatsspezifische Top-Level-Domain auf die zentrale Internetpräsenz weitergeleitet wird.[691]

b) Verhaltensbeobachtung

Art. 3 Abs. 2 lit. b DSGVO erfasst die Beobachtung des Verhaltens von Personen, soweit ihr Verhalten in der Union erfolgt. Dabei ist maßgeblich, ob Internetaktivitäten nachvollzogen werden oder vom Betroffenen ein Profil erstellt wird, das die Grundlage für diesen betreffende Entscheidungen bildet oder anhand dessen persönliche Vorlieben, Verhaltensweisen oder Gepflogenheiten analysiert oder vorausgesagt werden.[692] Erfasst wird hiervon die Datenverarbeitung zum Zweck der Anzeige personalisierter Werbung oder über Cookies funktionierende Tracking-Tools.[693] Der Einsatz von Cookies allein dürfte jedoch nicht genügen. Cookies werden vielfach eingesetzt, um beispielsweise den Login zu erleichtern. Soweit die über Cookies gewonnenen Daten lediglich zu diesem Zweck genutzt werden, dürfte eine Verhaltensbeobachtung i. S. d. Vorschrift noch nicht gegeben sein.[694]

*3. Die Ausrichtung bei sozialen Netzwerken*

Da Art. 3 Abs. 2 DSGVO als Auffangtatbestand zu Art. 3 Abs. 1 DSGVO formuliert ist,[695] entfaltet Art. 3 Abs. 2 DSGVO nur Relevanz bei Netzwerkbetreibern und unternehmensbetriebenen Fansites, soweit sie nicht in der EU niedergelassen sind oder aber ihre datenschutzrelevanten Tätigkeiten nicht über eine in der EU belegene Niederlassung ausüben.[696] Der Anwendungsbereich dieser Norm ist denkbar weit.[697]

Eine Ausrichtung auf EU-Bürger i. S. d. Art. 3 Abs. 2 DSGVO ist bei sozialen Netzwerken insbesondere aufgrund der Sprache denkbar.[698] Ein Netzwerk, das sich mittels Sprache gezielt an Nutzer in der EU richtet, unterliegt der DSGVO. Ist die Sprache des sozialen Netzwerks allein auf Englisch oder Spanisch oder Französisch beschränkt, reicht dies für die Anknüpfung gem. Art. 3 Abs. 2 lit. a

---

691 *Weller/Nordmeier*, in: Spindler/Schuster, Recht der elektronischen Medien, Art. 6 Rom I-VO Rn. 14.
692 Erwägungsgrund 24 Satz 2 der DSGVO.
693 In Hinblick auf soziale Netzwerke *Hornung*, in: Hornung/Müller-Terpitz, Rechtshandbuch Social Media, Kap. 4 Rn. 32; *Kampert*, Datenschutz in sozialen Online-Netzwerken, S. 251; allgemein *Ernst*, in: Paal/Pauly, DS-GVO/BDSG, Art. 3 Rn. 20; *Ennöckl*, in: Sydow, DSGVO, Art. 3 Rn. 15; *Härting*, DSGVO, Rn. 225; *Klar*, in: Kühling/Buchner, DS-GVO/BDSG, Art. 3 Rn. 98; *Klar*, ZD 2013, 109, 113; *Mester*, in: Taeger/Gabel, DSGVO, Art. 3 Rn. 27; *Wieczorek*, DuD 2013, 644, 648.
694 *Golland*, DuD 2018, 351, 356 f.
695 Siehe oben Kap. 2 § 5 I.
696 Zum Ausrichten bei sog. „Offline-Angeboten" siehe *Golland*, DuD 2018, 351, 356.
697 *Schantz*, NJW 2016, 1841, 1842; *Wieczorek*, DuD 2013, 644, 648; von einer weltweiten Geltung der DSGVO sprechend *Härting*, BB 2012, 459, 461; *Härting*, ITRB 2016, 36, 38.
698 Vgl. Erwägungsgrund 23 Satz 3 der DSGVO.

DSGVO jedoch nicht aus, da bei diesen Sprachen auch eine andere Ausrichtung denkbar ist. Anders liegt es jedoch, wenn die drei vorgenannten Sprachen kumulativ angeboten werden: Da kein Staat existiert, indem alle drei vorgenannten Sprachen lingua franca sind, ist anzunehmen, dass sich der Betreiber des Netzwerks zumindest auch an Bürger in der EU richtet.

Ein hinreichendes Anknüpfungsmoment ist ferner gegeben, wenn der Nutzer seinen Wohnsitzstaat nicht in einem freien Eingabefeld eingeben kann, sondern Mitgliedstaaten der EU in einem vorgegebenen Dropdown-Menü ausgewählt werden können oder wenn dem Nutzer bereits bei Beginn der Eingabe entsprechende Staaten vorgeschlagen werden. Letzteres ist beispielsweise dann der Fall, wenn der deutsche Nutzer „Deu…" eingibt und sodann in der Eingabemaske dem Nutzer „Deutschland" als Staat vorgeschlagen wird. Ausreichend ist ferner die Inaussichtstellung der Kontaktaufnahme mit Nutzern in der EU, wenn etwa damit geworben wird, der Nutzer könne mit Freunden oder Geschäftspartnern auf der ganzen Welt in Kontakt treten. Ein weiterer Anhaltspunkt ist bei gegen Entgelt angebotenen Diensten die Bezahlmöglichkeit in Euro oder einer anderen mitgliedstaatlichen Währung. Da die Entgeltlichkeit keine Voraussetzung des Art. 3 Abs. 2 lit. a DSGVO ist, ist das zugrundeliegende Geschäftsmodell des sozialen Netzwerks unerheblich.[699]

Wertet der Betreiber personenbezogene Nutzungsdaten von EU-Bürgern aus, ist die Verordnung nach Art. 3 Abs. 2 lit. b DSGVO anwendbar.[700] Dies gilt insbesondere dann, wenn dieser Cookies einsetzt, die nicht allein dem Nutzungskomfort dienen, sondern diesen – ggf. websiteübergreifend – zu tracken, oder individualisierte Werbung schaltet. Auch die Aufzeichnung des Suchverhaltens und sonstiger Eingaben durch den Netzwerkbetreiber wird erfasst.

Bei Fansites von Unternehmen, die nicht in der EU niedergelassen sind, ist darauf abzustellen, ob die von dem Unternehmen vertriebenen Waren oder angebotenen Dienstleistungen sich bestimmungsgemäß an Bürger in der EU richten. Der vorderste Anhaltspunkt ist auch hier die Sprache der Fansite. Dagegen ist nicht erforderlich, dass die Ware oder Dienstleistung unmittelbar über das soziale Netzwerk in Anspruch genommen oder bestellt werden kann. Vielmehr ist eine gezielte Werbung ausreichend.[701] Bewirbt etwa ein US-Unternehmen auf der von ihm betriebenen Fansite in einer mitgliedstaatlichen Sprache Produkte, die durch EU-Bürger bezogen werden können, ist die DSGVO auch auf den Betrieb der Fansite anwendbar.

---

699 *Kampert*, Datenschutz in sozialen Online-Netzwerken, S. 253.
700 *Hornung*, in: Hornung/Müller-Terpitz, Rechtshandbuch Social Media, Kap. 4 Rn. 32; *Kampert*, Datenschutz in sozialen Online-Netzwerken, S. 250 f.
701 *Borges/Brennscheidt*, in: Borges/Schwenk, Daten- und Identitätsschutz im Cloud Computing, S. 53; *Weller/Nordmeier*, in: Spindler/Schuster, Recht der elektronischen Medien, Art. 6 Rom I-VO Rn. 16.

## IV. Möglichkeit der Rechtswahl?

Zuletzt stellt sich die Frage, ob die erwähnten Kollisionsregeln dispositiv und daher einer Rechtswahl zugänglich sind. Eine wirksame Rechtswahlvereinbarung hätte aus Betreibersicht den Vorteil, sich nicht an mehreren datenschutzrechtlichen Regelwerken ausrichten zu müssen, sondern nur das in den Nutzungsbedingungen vereinbarte Datenschutzrecht einhalten zu müssen. So könnte etwa der Betreiber eines chinesischen sozialen Netzwerks, dass sich auch an chinesische Mitbürger in der EU richtet, die Anwendbarkeit der DSGVO ausschließen.

Von der Wirksamkeit einer solchen Vereinbarung gehen offenbar das LG Berlin[702] und das Kammergericht[703] aus. Eine Rechtswahlfreiheit im Bereich des Datenschutzrechts wird hingegen von der Literatur und den übrigen Gerichten einhellig abgelehnt.[704] Als Grund wird hierfür insbesondere angeführt, dass die datenschutzrechtlichen Spezialnormen die allgemeinen (Rechtswahl)Vorschriften des internationalen Privatrechts verdrängen.[705] Besondere Beachtung verdient in diesem Kontext die Amazon-Entscheidung des EuGH: Die Nutzungsbedingungen von Amazon enthielten eine solche Rechtswahlvereinbarung. Während der EuGH im Bereich des Vertragsrechts die Rechtswahl für prinzipiell möglich hielt,[706] beurteilt der EuGH das anwendbare Datenschutzrecht konsequent nach den in der DS-RL geregelten gesetzlichen Vorschriften.[707] Auch der EuGH geht damit implizit davon aus, dass eine Rechtswahl nicht möglich ist.

Tatsächlich wäre der durch Art. 16 AEUV und Art. 8 GRCh bezweckte Schutz unterlaufen, wären Rechtswahlvereinbarungen wirksam und somit die Anwendbarkeit der Normen der DSGVO der Disposition der Parteien unterstellt. Dies zeigt sich am verbraucherschützenden Charakter der DSGVO, insbesondere bei Normen wie etwa Art. 7 Abs. 4 DSGVO, der die Wirksamkeit der Einwilligung – und somit auch die faktische Dispositionsfähigkeit – des Betroffenen beschränkt.[708]

---

702 LG Berlin, ZD 2012, 276, 278.
703 KG Berlin, DuD 2014, 417, 421.
704 Ausführlich zur DSGVO *Piltz,* in: Gola, DS-GVO, Art. 3 Rn. 42 ff., ebenso *Klar,* in: Kühling/Buchner, DS-GVO/BDSG Art. 3 Rn. 105 f.; *Plath,* in: Plath, DSGVO/BDSG, Art. 3 Rn. 22; zum BDSG a. F. *Piltz,* K&R 2012, 640, 641 ff.; i. E. auch *Achtruth,* Der rechtliche Schutz bei der Nutzung von Social Networks, S. 49; *Dammann,* in: Simitis, BDSG, § 1 Rn. 214; *Kremer/Buchalik,* CR 2013, 789, 791 ff.; *Piltz,* CR 2012, 274 f.; *Hornung,* in: Hornung/Müller-Terpitz, Rechtshandbuch Social Media, Kap. 4 Rn. 21; VG Schleswig, K&R 2013, 280, 281.
705 *Achtruth,* Der rechtliche Schutz bei der Nutzung von Social Networks, S. 49; *Dammann,* in: Simitis, BDSG, § 1 Rn. 216; *Gabel,* in: Taeger/Gabel, BDSG, § 1 Rn. 50; *Jotzo,* MMR 2009, 232, 233; *Piltz,* K&R 2012, 640, 644.
706 EuGH, NJW 2016, 2727 Rn. 66 ff.
707 EuGH, NJW 2016, 2727 Rn. 76 ff.
708 Siehe dazu unten Kap. 4 § 10 II. 1. b).

## V. Zusammenfassung

Die DSGVO ist auf die Datenverarbeitung durch Nutzer, deren gewöhnlicher Aufenthaltsort in der Union liegt, räumlich anwendbar. Dies gilt auch, soweit diese Fansites betreiben. Beim Betreiber und bei unternehmensbetriebenen Fansites ist auf die Belegenheit der datenverarbeitenden Niederlassung abzustellen. Liegt eine solche in der EU, ist die DSGVO nach Art. 3 Abs. 1 DSGVO anwendbar. In allen anderen Fällen ist darauf abzustellen, ob Bürger in der EU adressiert werden, insbesondere ob Waren oder Dienstleistungen in mitgliedstaatlicher Sprache angeboten werden. Netzwerk- oder Fansite-Betreiber, die dieses Kriterium erfüllen, unterfallen nach Art. 3 Abs. 2 lit. a DSGVO dem Anwendungsbereich. Besondere Relevanz für Netzwerkbetreiber hat auch Art. 3 Abs. 2 lit. b DSGVO, der zur Anwendbarkeit des europäischen Datenschutzrechts führt, wenn bei sich in der EU befindlichen Nutzern personalisierte Werbung geschaltet wird oder Tracking-Technologien eingesetzt werden. Über das anwendbare Datenschutzrecht kann nicht disponiert werden; eine abweichende Rechtswahl ist daher nicht möglich.

# Kap. 3 Verantwortlichkeit für den Datenumgang in sozialen Netzwerken

Im Rahmen sozialer Netzwerke werden zahlreiche datenschutzrelevante Vorgänge durch eine Vielzahl von Beteiligten vollzogen. Gerade in Fällen, in denen viele Beteiligte mit ständig wechselnden Rollen beteiligt sind, vielfältige Zwecke gleichzeitig verfolgt werden und Daten (auch) in privaten Kontexten verwendet werden, ist die Zuordnung der datenschutzrechtlichen Verantwortlichkeit schwierig.[709] Die verschiedenen Vorgänge werden im Folgenden dargestellt und in das Datenschutzrecht eingeordnet. Dabei wird insbesondere untersucht, wer für welchen jeweiligen Datenverarbeitungsvorgang verantwortlich ist und ob es hierbei Vorgänge gibt, für die mehrere Beteiligte verantwortlich sind. Dabei erfolgt eine praxisorientierte Beleuchtung anhand relevanter Fallgruppen.

Wer der datenschutzrechtlich Verantwortliche in sozialen Netzwerken ist, hängt maßgeblich vom thematischen Kontext und den Funktionen des Netzwerks ab.[710] Daher wird zunächst auf abstrakter Ebene auf die Bestimmung der Verantwortlichkeit eingegangen (dazu sogleich § 6). Sodann werden die einzelnen Funktionen typischer sozialer Netzwerke nach Nutzeraktivitäten (dazu unten § 7), Aktivitäten von Fansite-Betreibern (dazu unten § 8) sowie Aktivitäten des Netzwerkbetreibers (dazu unten § 9) klassifiziert. Innerhalb dieser Fallgruppen werden die datenschutzrechtlich relevanten Verarbeitungsvorgänge identifiziert und die jeweiligen Verantwortlichkeiten für diese aufgeschlüsselt.

## § 6 Der „für die Verarbeitung Verantwortliche" in der DSGVO

Die Bestimmung des „für die Verarbeitung Verantwortlichen" ist von großer Bedeutung. Die in Art. 4 Nr. 7 DSGVO definierte Verantwortlichkeit legt fest, wer Hauptadressat der vom Gesetz festgelegten Pflichten ist.[711] Nach dem Wortlaut des Art. 4 Nr. 7 Halbsatz 1 DSGVO, der mit der Vorgängerregelung des Art. 2 lit. d DS-RL inhaltlich deckungsgleich ist,[712] ist dies die natürliche oder juristische Person, Behörde, Einrichtung oder jede andere Stelle, die allein oder gemeinsam mit anderen über die Zwecke und Mittel der Verarbeitung von personenbezogenen Daten entscheidet (dazu unten I.).

---

709 Ähnlich *Roßnagel*, in: Roßnagel/Sommerlatte/Winand, Digitale Visionen, S. 137 („Grundsätze des datenschutzrechtlichen Schutzprogramms kaum anwendbar").
710 *Jandt/Roßnagel*, ZD 2011, 160 f.
711 So zu § 3 Abs. 7 BDSG a.F. *Dammann*, in: Simitis, BDSG, § 3 Rn. 224; etwas tautologisch zu Art. 2 lit. d DS-RL *Art.-29-Datenschutzgruppe*, WP 169, S. 4, 38 („verantwortlich ist, wer […] für die Einhaltung der Datenschutzbestimmungen verantwortlich ist").
712 *Kampert*, Datenschutz in sozialen Online-Netzwerken, S. 217; *Marosi*, K&R 2016, 389.

Den Ausführungen zur Bestimmung des für die Verarbeitung Verantwortlichen schließt sich eine dezidierte Auseinandersetzung mit der bereits zur Geltung des BDSG a. F. in Bezug auf soziale Netzwerke diskutierten „gemeinsamen Verantwortlichkeit" an (dazu unten II.). Zuletzt wird darauf eingegangen, inwieweit eine Auftragsdatenverarbeitung (dazu unten III.) oder die Begründung einer Verantwortlichkeit über das Konstrukt der sog. „Störerhaftung" (dazu unten IV.) bei den Beteiligten in sozialen Netzwerken denkbar ist.

## I. Bestimmung des für die Verarbeitung Verantwortlichen

Die Kriterien für die Bestimmung des für die Verarbeitung Verantwortlichen scheinen mit der „Entscheidung über Zwecke und Mittel der Verarbeitung" klar umrissen. Doch bleibt es weitgehend bei diesem Umriss, und vieles liegt im Schatten. Zu Recht bezeichnet *Monreal* den für die Verarbeitung Verantwortlichen auch als „das unbekannte Wesen des deutschen Datenschutzrechts"[713]. Diese Wertung lässt sich auf das europäische Datenschutzrecht übertragen. Im Folgenden soll versucht werden, die maßgeblichen Fragen zur (gemeinsamen) Verantwortlichkeit zu beleuchten und so die Silhouette dieses unbekannten Wesens auszufüllen.

### 1. Anknüpfungspunkt

Die Bestimmung der datenschutzrechtlichen Verantwortlichkeit knüpft – ebenso wie die Bestimmung des anwendbaren Rechts[714] – an den einzelnen datenschutzrelevanten Verarbeitungsvorgang an.[715] Teilweise wird auch die Initiierung der Datenverarbeitung als maßgeblicher Anknüpfungspunkt erachtet.[716] Die „Initiierung" lässt sich jedoch keinem der gesetzlich normierten Verarbeitungsschritte zuordnen.[717] Darüber hinaus führte sie nicht nur zu einer umfassenden Verantwortlichkeit des Diensteanbieters, sondern konsequenterweise auch zu einer Nicht-Verantwortlichkeit für nicht-initiierte Handlungen, obwohl möglicherweise erheblicher Einfluss auf Mittel und Zwecke der Datenverarbei-

---

713 *Monreal*, ZD 2014, 611.
714 Zum BDSG a. F. ausdrücklich *Borges*, in: Borges/Meents, Rechtshandbuch Cloud Computing, § 9 Rn. 11; siehe auch oben Kap. 2 § 4 I.
715 Wohl auch *Arning/Rothkegel*, in: Taeger/Gabel, DSGVO, Art. 4 Rn. 170; zur alten Rechtslage *Alich/Nolte*, CR 2011, 741, 743; *Art.-29-Datenschutzgruppe*, WP 169, S. 5; *Ehmann/Helfrich*, EG-Datenschutzrichtlinie, Art. 2 Rn. 42 f.; *Funke/Wittmann*, ZD 2013, 221; *Kroschwald*, ZD 2013, 388, 389; *Monreal*, ZD 2014, 611, 614; *Moos*, ITRB 2012, 226, 227; *ULD*, Facebook-Fanpages und Social-Plugins, S. 4; *Sutschet*, RDV 2004, 97, 98; *Zeidler/Brüggemann*, CR 2014, 248, 254.
716 *Brühann*, DuD 2004, 201, 204; *Ernst*, NJOZ 2010, 1917, 1918. Vereinzelt wird hingegen bereits die Initiierung einer Datenverarbeitung als das unmittelbar die Verantwortlichkeit begründende Moment angeführt, *ULD*, Reichweitenanalyse durch Facebook, S. 17.
717 So in Hinblick auf die in § 3 BDSG normierten Verarbeitungsvorgänge *Moos*, ITRB 2012, 226, 228.

tung ausgeübt wird. Dies ist mit der Legaldefinition des Verantwortlichen nicht vereinbar. Dass vielmehr an den Verarbeitungsvorgang anzuknüpfen ist, zeigt sich insbesondere an der Wandlung des statischen Begriffs „Verantwortlicher für die Datei/Datensammlung" im Übereinkommen Nr. 108[718] zum dynamischen, den Verarbeitungsvorgang hervorhebenden Begriff des „für die Verarbeitung Verantwortlichen" in Art. 2 lit. d DS-RL und ebenso in Art. 4 Nr. 7 DSGVO. Daraus ergibt sich, dass eine Handlung im tatsächlichen Sinne, die mehrere Verarbeitungsschritte zur Folge hat, in Abhängigkeit der jeweiligen sequentiellen Verarbeitungsschritte verschiedene für die Verarbeitung Verantwortliche haben kann.[719] Die Frage der Verantwortlichkeit für Datenverarbeitungsvorgänge ist folglich unabhängig von der Frage, wer selbige ausgelöst hat. Die Initiierung kann allenfalls helfen, mehrere Datenverarbeitungsvorgänge zu kategorisieren.

Der Wortlaut des Art. 4 Nr. 7 DSGVO lässt es zu, dass auch der Betroffene, der lediglich Daten über sich selbst verarbeitet, als für die Verarbeitung Verantwortlicher zu qualifizieren ist. Da das Datenschutzrecht jedoch den Betroffenen grundsätzlich nicht vor sich selbst schützen soll,[720] ist Art. 4 Nr. 7 DSGVO insoweit teleologisch zu reduzieren.[721] Dies schließt indes nicht aus, dass der Nutzer hinsichtlich der Verarbeitung fremder personenbezogene Daten verantwortlich bleibt. Ein Datenverarbeitungsvorgang, der sowohl die Verarbeitung eigener als auch die Verarbeitung fremder personenbezogener Daten umfasst, kann folglich dazu führen, dass der Nutzer hinsichtlich der eigenen Daten nicht verantwortlich, hinsichtlich der fremden Daten jedoch als für die Verarbeitung Verantwortlicher anzusehen ist.

---

718 Übereinkommen zum Schutz des Menschen bei der automatischen Verarbeitung personenbezogener Daten vom 28. Januar 1981, BGBl. 1985, Teil II S. 539.
719 *Konferenz der Datenschutzbeauftragten des Bundes und der Länder,* Orientierungshilfe Soziale Netzwerke, S. 10; *Kroschwald,* ZD 2013, 388, 389; *Splittgerber,* in: Splittgerber, Rechtsfragen Social Media, Kap. 3 Rn. 39. Vgl. auch EuGH, Lindqvist, Rn. 59, der zwischen Erstübermittlung, Speicherung und späterer Übermittlung differenziert. Auch in der Entscheidung „Google Spain" gründete der EuGH die Verantwortlichkeit darauf, dass sich die datenverarbeitende Tätigkeit eines Suchmaschinenbetreibers von der des Quellseitenherausgebers unterscheide, EuGH, NJW 2014, 2257 Rn. 35 ff. – „Google Spain".
720 *Dammann,* in: Simitis, BDSG, § 3 Rn. 226; *Spindler/Nink,* in: Spindler/Schuster, Recht der elektronischen Medien, § 11 Rn. 3; ähnlich *Dammann/Simitis,* EG-Datenschutzrichtlinie, Art. 3 Rn. 8. Eine Ausnahme davon stellt Art. 7 Abs. 4 DSGVO dar, der die negative Seite des informationellen Selbstbestimmungsrechts – die Freiheit des Betroffenen, stets jede Information über sich preiszugeben – beschränkt, *Schneider/Härting,* ZD 2012, 199, 201.
721 So i. E. für § 3 Abs. 7 BDSG a. F. bereits *Ambs,* in: Erbs/Kohlhaas, Strafrechtliche Nebengesetze, § 3 BDSG Rn. 33; *Borges/Adler,* in: Bala/Müller, Der gläserne Verbraucher, S. 66; *Dammann,* in: Simitis, BDSG, § 3 Rn. 226; *Dammann/Simitis,* EG-Datenschutzrichtlinie, Art. 3 Rn. 8; *Jandt/Roßnagel,* in: Schenk/Niemann/Reinmann/Roßnagel, Digitale Privatsphäre, S. 346. Unklar insoweit *Kroschwald,* ZD 2013, 388, 393, der einerseits betont, es müsse stets eine verantwortliche Stelle geben, andererseits das BDSG a. F. nicht auf den seine eigenen Daten verarbeitenden Nutzer anwenden will.

Während das Datenschutzrecht zwar hinsichtlich der Betroffenen nach dem Alter differenziert,[722] differenziert es nicht in Hinblick auf die Verantwortlichen. So ist bspw. auch der 10-Jährige, der fremde Daten verarbeitet, grds. Verantwortlicher und kann – soweit er deliktsfähig ist – Adressat von Schadensersatzansprüchen und Bußgeldern werden.

## 2. Entscheidung über Zwecke und Mittel der Datenverarbeitung

Ausweislich des Wortlauts von Art. 4 Nr. 7 Halbsatz 1 DSGVO ist die Entscheidung über die Mittel und Zwecke der Datenverarbeitung das die Verantwortlichkeit prägende, unverzichtbare Element.[723] Bereits zur Vorgängerregelung des Art. 2 lit. d DS-RL führte die *Art.-29-Datenschutzgruppe* aus, die Entscheidung über die Mittel der Verarbeitung umfasse Aspekte der technischen und organisatorischen Durchführung der Datenverarbeitung sowie Elemente des „Wie" der Verarbeitung;[724] der Entscheidung über die Mittel allein komme, auch wenn über wesentliche Aspekte der Mittel entschieden wird, lediglich indizielle Bedeutung bei der Bestimmung der Verantwortlichkeit zu.[725] Maßgeblich für die Bestimmung des Verantwortlichen ist vielmehr die Entscheidung über die Zwecke der Datenverarbeitung, welche stets zur Einstufung als für die Verarbeitung Verantwortlicher führt.[726] Einer Zugriffsmöglichkeit auf die verarbeiteten Daten bedarf es jedoch nicht zwingend.[727] Die Regelungen des Art. 2 lit. d DS-RL und Art. 4 Nr. 7 DSGVO sind annähernd wortgleich formuliert, sodass diese Ausführungen auch Geltung für das heutige europäische Datenschutzrecht beanspruchen können.

## 3. Rechtsträgerprinzip

Primärer Adressat des Datenschutzrechts und Verantwortlicher ist im privatrechtlichen Bereich allein der jeweilige Rechtsträger.[728] Bei dem einzelnen Nutzer ist dies der Nutzer als natürliche Person. Alle relevanten zentralen sozialen Netzwerke werden von Unternehmen oder Unternehmensgruppen betrieben, ebenso ein erheblicher Teil der Fansites. Hier ist das Unternehmen selbst und nicht etwa

---

722 Siehe etwa Art. 6 Abs. 1 Satz 1 lit. f a. E. und Art. 8 DSGVO, ausführlich zur Rechtmäßigkeit der Verarbeitung der Betroffenendaten unten Kap. 4.
723 So zur Vorgängerregelung des Art. 2 lit. d DS-RL BVerwG, K&R 2016, 437 Rn. 27.
724 *Art.-29-Datenschutzgruppe*, WP 169, S. 17.
725 *Art.-29-Datenschutzgruppe*, WP 169, S. 17.
726 *Art.-29-Datenschutzgruppe*, WP 169, S. 17; zustimmend *Hartung*, in: Kühling/Buchner, DS-GVO/BDSG, Art. 4 Nr. 7 Rn. 13; *Polenz*, VuR 2012, 207, 211.
727 EuGH, NJW 2018, 2537 Rn. 38 – „Wirtschaftsakademie Schleswig-Holstein"; EuGH, EuZW 2018, 897 Rn. 69 – „Jehovan todistajat".
728 *Raschauer*, in: Sydow, DSGVO, Art. 4 Rn. 129; zur Rechtslage nach dem BDSG a. F. auch *Borges*, in: Borges/Meents, Rechtshandbuch Cloud Computing, § 6 Rn. 11; *Buchner*, in: Taeger/Gabel, BDSG, § 3 Rn. 53; *Dammann*, in: Simitis, BDSG, § 3 Rn. 225; *Schild*, in: Wolff/Brink, BDSG, § 3 Rn. 109 f.; *Weichert*, in: Däubler/Klebe/Wedde/Weichert, BDSG, § 3 Rn. 59.

die einzelne handelnde natürliche Person Adressat des Datenschutzrechts.[729] Während Tochtergesellschaften als eigenständige Rechtsträger verantwortliche Stelle sein können, können rechtliche unselbständige Teile von Rechtsträgern, insbesondere Niederlassungen, zwar Bedeutung im Rahmen der Bestimmung des anzuwendenden Datenschutzrechts erlangen,[730] selbst aber nicht für die Verarbeitung Verantwortlicher und somit unmittelbarer Adressat des Datenschutzrechts sein.[731] Verantwortliche Stelle ist in diesen Fällen also stets dasjenige – ggf. konzernangehörige – Unternehmen, das die Datenverarbeitung betreibt.

## II. Das Konstrukt der „Gemeinsamen Verantwortlichkeit"

Im Rahmen der Datenverarbeitung in sozialen Netzwerken sind häufig mehrere Akteure beteiligt. Bei derartigen Plattformen, in denen nutzergenerierte Inhalte verarbeitet werden, fallen technische und inhaltliche Einwirkungsmöglichkeit auseinander.[732] In diesem Kontext wurden Konzepte wie die „abgestufte Verantwortlichkeit"[733] und die „gemeinsame Verantwortlichkeit"[734] diskutiert. So wurde etwa vertreten, Nutzer und Betreiber eines sozialen Netzwerks seien bei der Verarbeitung von Daten Dritter „gemeinsam verantwortlich".[735]

Während die DSGVO – wie das deutsche Datenschutzrecht – innerhalb der Verantwortlichkeit keine Abstufungen kennt, ist die gemeinsame Verantwortlichkeit – anders als in der Regelung des § 3 Abs. 7 BDSG a. F.[736] – in Art. 4 Nr. 7 DSGVO ausdrücklich geregelt. Gleichwohl war auch zur Geltung des BDSG

---

729 *Arning/Rothkegel,* in: Taeger/Gabel, DSGVO, Art. 4 Rn. 162; *Hartung,* in: Kühling/Buchner, DS-GVO/BDSG, Art. 4 Rn. 9. Zur DS-RL *Art.-29-Datenschutzgruppe,* WP 169, S. 19; anderes soll jedoch gelten, wenn eine natürliche Person die Daten für ihre eigenen Zwecke außerhalb von Tätigkeitsbereich und Kontrolle der juristischen Person nutzt, *Art.-29-Datenschutzgruppe,* WP 169, S. 20 f.
730 Dazu siehe oben Kap. 2 § 5 II.
731 *Arning/Rothkegel,* in: Taeger/Gabel, DSGVO, Art. 4 Rn. 162; *Hartung,* in: Kühling/Buchner, DS-GVO/BDSG, Art. 4 Rn. 9; *Raschauer,* in: Sydow, DSGVO, Art. 4 Rn. 129; zum BDSG a. F. *Borges,* in: Borges/Meents, Rechtshandbuch Cloud Computing, § 6 Rn. 11; *Buchner,* in: Taeger/Gabel, BDSG, § 3 Rn. 53; *Dammann,* in: Simitis, BDSG, § 3 Rn. 225; *Schild,* in: Wolff/Brink, BDSG, § 3 Rn. 109 f.; *Weichert,* in: Däubler/Klebe/Wedde/Weichert, BDSG, § 3 Rn. 59; a. A. *Gusy,* in: Wolff/Brink, BDSG, § 1 Rn. 102.
732 *Lauber-Rönsberg,* ZD 2014, 177, 179.
733 *Jandt/Roßnagel,* ZD 2011, 160, 164; *Hoffmann/Schulz/Brackmann,* ZD 2013, 122, 125; *Kampert,* Datenschutz in sozialen Online-Netzwerken, S. 222.
734 Vgl. Art. 4 Nr. 7 DSGVO; vgl. Art. 2 lit. d DS-RL; zur Rechtslage nach dem BDSG siehe die Nachweise in Fn. 737.
735 *Hornung,* in: Hornung/Müller-Terpitz, Rechtshandbuch Social Media, Kap. 4, Rn. 47; *Konferenz der Datenschutzbeauftragten des Bundes und der Länder,* Orientierungshilfe Soziale Netzwerke, S. 12; *Kampert,* Datenschutz in sozialen Online-Netzwerken, S. 73 f.; *Schwartmann/Ohr,* Recht der sozialen Medien, Rn. 79; *Splittgerber,* in: Splittgerber, Rechtsfragen Social Media, Kap. 3, Rn. 48; von einer „kollektiven Verantwortlichkeit" sprechend *Jandt/Roßnagel,* ZD 2011, 160, 161; *Jandt/Roßnagel,* in: Schenk/Niemann/Reinmann/Roßnagel, Digitale Privatsphäre, S. 348.
736 *Dammann,* in: Simitis, BDSG, § 3 Rn. 226; *Monreal,* ZD 2014, 611, 614.

§ 6 Der „für die Verarbeitung Verantwortliche" in der DSGVO

eine solche kumulative Verantwortlichkeit anerkannt.[737] Die nunmehr geltende Regelung des Art. 4 Nr. 7 DSGVO wird von Art. 26 DSGVO flankiert, welcher Anforderungen an gemeinsam für die Verarbeitung Verantwortliche statuiert.

*1. Getrennte Betrachtung der jeweiligen Datenverarbeitungsvorgänge*

Die Bestimmung der Verantwortlichkeit bei arbeitsteiligen Verarbeitungsverfahren, welche im Internet und vor allem in sozialen Netzwerken[738] üblich sind, ist komplex: Stets sind mehrere Akteure beteiligt und in der Regel werden durch die Handlung eines Beteiligten mehrere sequentielle Verarbeitungsschritte ausgelöst.[739] Gleichwohl knüpft die Bestimmung der Verantwortlichkeit stets an den jeweiligen datenschutzrelevanten Vorgang an.[740] Dies kann in unterschiedlichen Verantwortlichkeiten münden.[741]

Dennoch wird in der rechtswissenschaftlichen Literatur bei der Bestimmung der Verantwortlichkeit im Bereich der sozialen Netzwerke bislang nicht zwischen den einzelnen datenschutzrechtlich relevanten Verarbeitungsvorgängen differenziert. Vielmehr wird die Verantwortlichkeit für einen oder mehrere Themenkomplexe einem oder mehreren Beteiligten – z.B. Netzwerkbetreiber und Nutzer – pauschal zugeordnet, anstatt diese separiert nach Verarbeitungsvorgang zu bestimmen.[742] Folge einer solchen kumulativen Verantwortung wäre jedoch,

---

[737] Siehe etwa *Art.-29-Datenschutzgruppe*, WP 169, S. 5; *Borges*, in: Borges/Meents, Rechtshandbuch Cloud Computing, § 6 Rn. 12; *Dammann*, in: Simitis, BDSG, § 3 Rn. 226; explizit für den Bereich der sozialen Netzwerke *Achtruth*, Der rechtliche Schutz bei der Nutzung von Social Networks, S. 50; *Föhlisch/Pilous*, MMR 2015, 631, 633; *Konferenz der Datenschutzbeauftragten des Bundes und der Länder*, Orientierungshilfe Soziale Netzwerke, S. 11; *Monreal*, ZD 2014, 611 (614); *Splittgerber*, in: Splittgerber, Rechtsfragen Social Media, Kap. 3, Rn. 48 ff.; *ULD*, Facebook-Fanpages und Social-Plugins, S. 4, 7 ff.; implizit *Hornung*, in: Hornung/Müller-Terpitz, Rechtshandbuch Social Media, Kap. 4, Rn. 45, 50. Die Figur der „Mitverantwortlichkeit" für Speicherungen im nicht-öffentlichen Bereich ablehnend *Kamp*, Personenbewertungsportale, S. 22 f., der dies aus dem Wortlaut von § 6 Abs. 2 BDSG ableitet. Aufgrund der Begriffsidentität wäre diese Ansicht jedoch auch auf den öffentlichen Bereich zu übertragen, vgl. *Weichert*, DuD 2014, 605, 610.
Dogmatisch wurde die kumulative Verantwortlichkeit in der überwiegenden Literatur auf eine richtlinienkonforme Auslegung des § 3 Abs. 7 BDSG, der die Vorgaben des Art. 2 lit. d DS-RL umsetzen sollte, gestützt, *Borges*, in: Borges/Meents, Rechtshandbuch Cloud Computing, § 6 Rn. 12; *Dammann*, in: Simitis, BDSG, § 3 Rn. 226; *Jotzo*, Der Schutz personenbezogener Daten in der Cloud, S. 86; *Moos*, ITRB 2012, 226, 228 f.
Vereinzelt wurde auch – mit demselben Ergebnis – eine unmittelbare Anwendung des Begriffs des für die Verarbeitung Verantwortlichen aus der DS-RL befürwortet, siehe *Monreal*, ZD 2014, 611, 616.
[738] *Martini*, in: Paal/Pauly, DS-GVO/BDSG, Art. 26 Rn. 1; *Moos*, ITRB 2012, 226, 227 f.
[739] *Art.-29-Datenschutzgruppe*, WP 169, S. 24; *Kroschwald*, ZD 2013, 388, 389.
[740] Siehe dazu oben Kap. 3 § 6 I. 1.
[741] *Kroschwald*, ZD 2013, 388, 389; *ULD*, Facebook-Fanpages und Social-Plugins, S. 4; unklar *Föhlisch/Pilous*, MMR 2015, 631, 633; vgl. ferner *Dammann*, in: Simitis, BDSG, § 3 Rn. 227, wonach der gesamte Datenumgang „nicht notwendigerweise" gebündelt zu beurteilen sei.
[742] Vgl. die Darstellung von *Art.-29-Datenschutzgruppe*, WP 163, S. 6 f.; *Hornung*, in: Hornung/Müller-Terpitz, Rechtshandbuch Social Media, Kap. 4, Rn. 43 ff.; *Konferenz der Datenschutz-*

dass alle Beteiligten für sämtliche sequentiellen Datenverarbeitungsvorgänge verantwortlich wären.[743] Daher gilt es zunächst zu untersuchen, unter welchen Umständen eine gemeinsame Verantwortlichkeit angenommen werden kann.

#### 2. Gemeinsame Entscheidung über Zwecke und Mittel der Datenverarbeitung

Die gemeinsame Verantwortlichkeit hat nach dem Wortlaut des Art. 4 Nr. 7 Halbsatz 1 DSGVO lediglich eine Voraussetzung: Es bedarf einer gemeinsamen Entscheidung mehrerer Stellen über die Zwecke und Mittel der Verarbeitung von personenbezogenen Daten.

a) Die Bedeutung des Art. 26 DSGVO

Ohne Vorgängerregelung ist der im Rahmen der Datenschutzreform eingeführte Art. 26 DSGVO. Nach Art. 26 Abs. 1 Satz 1 DSGVO sind mehrere Beteiligte gemeinsam für die Verarbeitung Verantwortliche, wenn sie gemeinsam die Zwecke und die Mittel zur Verarbeitung personenbezogener Daten festlegen. Damit weicht dieser schon terminologisch von Art. 4 Nr. 7 Halbsatz 1 DSGVO ab, welcher eine „Entscheidung", nicht aber eine „Festlegung" erfordert. Art. 26 Abs. 1 Satz 2 DSGVO führt ferner aus, dass die Festlegung in Form einer Vereinbarung in transparenter Form zu erfolgen hat, die wiedergibt, wer von den Beteiligten welche Verpflichtungen gemäß der DSGVO erfüllt, insbesondere was die Wahrnehmung der Betroffenenrechte angeht und wer den Informationspflichten nachkommt.

Diese terminologische Inkongruenz von Art. 4 Nr. 7 Halbsatz 1 DSGVO und Art. 26 Abs. 1 Satz 1 DSGVO legt prima facie nah, dass diese Formvorschrift über die Anforderungen von Art. 4 Nr. 7 Halbsatz 1 DSGVO hinausgeht und keinen deklaratorischen Charakter aufweist, sondern konstitutiv für die gemeinsame Verantwortlichkeit wirkt.[744] Ein Verständnis im letztgenannten Sinne würde die Annahme einer gemeinsamen Verantwortlichkeit im Bereich sozialer Netzwerke stark erschweren, da eine solche Festlegung im Verhältnis von Nutzer zu Netzwerkbetreiber weder realitätsnah erscheint, da der Netzwerkbetreiber mit jedem Nutzer eine solche Vereinbarung abschließen müsste, noch zu einer inte-

---

*beauftragten des Bundes und der Länder*, Orientierungshilfe Soziale Netzwerke, S. 10 ff.; *Jandt/Roßnagel*, ZD 2011, 160 ff.; *Jandt/Roßnagel*, in: Schenk/Niemann/Reinmann/Roßnagel, Digitale Privatsphäre, S. 346 ff.; *Krebs/Lange*, ITRB 2014, 278, 280; *Maisch*, Informationelle Selbstbestimmung in Netzwerken, S. 212 ff.; *Schwartmann/Ohr*, Recht der sozialen Medien, Rn. 77 ff.; *Splittgerber*, in: Splittgerber, Rechtsfragen Social Media, Kap. 3, Rn. 48 ff. Siehe ferner *Achtruth*, Der rechtliche Schutz bei der Nutzung von Social Networks, S. 52, der zu dem Ergebnis kommt, dass eine datenschutzrechtliche Verantwortlichkeit des Netzwerkbetreibers im Rahmen der Nutzung des Netzwerks „nicht ausgeschlossen" sei sowie *Redeker*, IT-Recht, Rn. 1175, der pauschal feststellt, dass „viele soziale Netzwerke datenschutzrechtlich rechtswidrig sind".
743 *Kroschwald*, ZD 2013, 388, 389.
744 So anscheinend das Verständnis von *Kampert*, Datenschutz in sozialen Online-Netzwerken, S. 218.

ressengerechten Verteilung der Verantwortlichkeit führt, da davon auszugehen ist, dass die marktmächtigere Partei die Vertragskonditionen – im Rahmen des AGB-rechtlich Zulässigen – diktiert.[745]

Bei den unterschiedlichen Termini handelt es sich jedoch um eine Ungenauigkeit bei der Übersetzung der DSGVO: In der englischen Fassung wird in Art. 4 Nr. 7 Halbsatz 1 DSGVO ebenso wie in Art. 26 Abs. 1 DSGVO einheitlich von „determine" gesprochen. Damit enthält Art. 26 Abs. 1 S. 1 DSGVO in der deutschen Fassung lediglich eine andere Formulierung von Art. 4 Nr. 7 Halbsatz 1 DSGVO und hat keine eigenständige Regelungswirkung. Die übrigen Sätze und Absätze des Art. 26 DSGVO stellen weitere Anforderungen auf, sofern mehrere Akteure bei rein funktionaler Betrachtung als gemeinsam für die Verarbeitung Verantwortliche zu behandeln sind. Hier drängt sich eine Parallele zur Auftragsdatenverarbeitung auf: Wenn materiellrechtlich eine Auftragsdatenverarbeitung vorliegt, jedoch ein formfehlerbehafteter Auftragsverarbeitungsvertrag geschlossen wurde, kann dies zwar sanktioniert werden,[746] wirkt sich aber – im Gegensatz zu materiellrechtlichen Mängeln – nicht auf das Bestehen der jeweiligen Auftragsdatenverarbeitung als solcher aus.[747] Die in Art. 26 Abs. 1 DSGVO verlangte Vereinbarung wirkt daher nicht konstitutiv.[748] Insofern ist bei der Bestimmung, ob eine gemeinsame Verantwortlichkeit vorliegt, auf rein materiellrechtliche Aspekte abzustellen.

Herauszustellen ist ferner, dass Art. 26 Abs. 3 DSGVO – im Gegensatz zu den Entwürfen von Kommission und Parlament – normiert, dass der Betroffene seine Rechte gegenüber jedem Einzelnen geltend machen kann. Insbesondere haften die beteiligten Verantwortlichen im Außenverhältnis gesamtschuldnerisch.[749] Die Festlegung von Verantwortlichkeiten in der transparenten Vereinbarung, wie Art. 26 Abs. 1 DSGVO es vorsieht, ist also weder konstitutiv für die Verantwortlichkeit, noch entlastet sie einen der Beteiligten, da jeder zur Erfüllung der Betroffenenrechte verpflichtet bleibt und bei schuldhaften Verstößen gegen die DSGVO, auch des jeweils anderen Verarbeiters, im Außenverhältnis haftet. Auch wird der Datenaustausch zwischen den Beteiligten nicht erleichtert, sondern bedarf weiterhin einer Rechtsgrundlage.[750] Darüber hinaus führt die Ein-

---

745 *Kampert,* Datenschutz in sozialen Online-Netzwerken, S. 218 ff.
746 *BayLDA,* Pressemitteilung „Auftragsdatenverarbeitung mit richtigen Vertrag".
747 *Borges,* in: Borges/Meents, Rechtshandbuch Cloud Computing, § 7 Rn. 20; *Funke/Wittmann,* ZD 2013, 221, 227; a.A. *Petri,* in: Simitis, BDSG, § 11 Rn. 64.
748 So auch *Arning/Rothkegel,* in: Taeger/Gabel, DSGVO, Art. 4 Rn. 176; *Hartung,* in: Kühling/Buchner, DS-GVO/BDSG, Art. 26 Rn. 20; *Piltz,* in: Gola, DS-GVO, Art. 26 Rn. 10; *Piltz,* K&R 2016, 709, 711; ohne nähere Begründung auch *Dovas,* ZD 2016, 512, 514 f. und *Martini,* in: Paal/Pauly, DS-GVO/BDSG, Art. 26 Rn. 22.
749 *Martini,* in: Paal/Pauly, DS-GVO/BDSG, Art. 26 Rn. 36.
750 So die h. M., siehe *Bertermann,* in: Ehmann/Selmayr, DS-GVO, Art. 26 Rn. 11; *Dovas,* ZD 2016, 512, 514; *Hartung,* in: Kühling/Buchner, DS-GVO/BDSG, Art. 26 Rn. 27; *Schantz,* in: Schantz/Wolff, Das neue DatenschutzR, Rn. 375; *Thomale,* in: Auernhammer, DS-GVO/BDSG, Art. 26 Rn. 7; *Voigt,* CR 2017, 428, 431; a.A. *Martini,* in: Paal/Pauly, DS-GVO/BDSG, Art. 26 Rn. 8a

haltung der Vorgaben des Art. 26 Abs. 1 DSGVO zu einem erhöhten personellen und zeitlichen Aufwand.[751]

Damit ist die Vereinbarung nicht nur im Bereich sozialer Netzwerke impraktikabel, sondern auch – aus Sicht jedes beteiligten Verarbeiters – wenig sinnvoll.

b) Anforderungen an die gemeinsame Entscheidung

Die *Art.-29-Datenschutzgruppe* führte hinsichtlich der gemeinsamen Entscheidung über Zwecke oder Mittel aus, dass es nicht einer gleichmäßigen Verteilung der Entscheidung in Form einer vollständigen Übereinstimmung von Zwecken und Mitteln der Verarbeitung bedarf.[752] Vielmehr sei es ausreichend, wenn gemeinsam über den Zweck oder wesentliche Elemente der Mittel entschieden werde.[753] In Plattformen des Web 2.0 und in sozialen Netzwerken im Speziellen werden Daten zunehmend arbeitsteilig verarbeitet. Die reine Tatsache, dass Akteure bei der Verarbeitung personenbezogener Daten – etwa in Form von Ketten – zusammenarbeiten, bedeutet nach Ansicht der *Art.-29-Datenschutzgruppe* nicht zugleich, dass sie gemeinsam für die Verarbeitung Verantwortliche seien.[754] Allerdings sei bei Ketten von Datenverarbeitungsvorgängen zu prüfen, ob die Verarbeitung nicht einen gemeinsamen Zweck hat oder ob bei der Verarbeitung nicht gemeinsam festgelegte Mittel verwendet werden.[755] Diese beiden Aspekte werden im Folgenden beleuchtet.

aa) Entscheidung über Mittel

Die Kontrolle über die Datenverarbeitung in technischer und organisatorischer Hinsicht und somit auch die Entscheidung über die Mittel der Datenverarbeitung liegt bei allen hier interessierenden Datenverarbeitungs-vorgängen vornehmlich beim Betreiber des jeweiligen sozialen Netzwerks. Dieser stellt die Infrastruktur bereit, administriert die Server und beeinflusst maßgeblich, in welchem Umfang Daten gespeichert oder anderweitig verarbeitet werden. Allerdings hat er nur geringen Einfluss auf die Inhalte der verarbeiteten Daten.[756] Die bloße Mitursächlichkeit für die Verarbeitung reicht für die Begründung einer Verantwortlichkeit nicht aus.[757] Umgekehrt entbindet die bloße Verortung der Datenverarbeitung

---

(der aber für den Drittlandtransfer Art. 44 ff. DSGVO für anwendbar hält); *Piltz,* in: Gola, DS-GVO, Art. 26 Rn. 8; unklar *Spoerr,* in: Wolff/Brink, BeckOK DatenschutzR, Art. 26 Rn. 23 ff.
751 *Dovas,* ZD 2016, 512, 516.
752 Art. *29-Datenschutzgruppe,* WP 169, S. 23.
753 Art. *29-Datenschutzgruppe,* WP 169, S. 23.
754 Art. *29-Datenschutzgruppe,* WP 169, S. 24.
755 *Art.-29-Datenschutzgruppe,* WP 169, S. 25. Inwieweit dies der Fall ist, wird im Rahmen der Darstellung der einzelnen Fallgruppen untersucht; siehe im Einzelnen unten Kap. 3 § 7 bis Kap. 3 § 9.
756 *Jandt/Roßnagel,* ZD 2011, 160, 161; dazu im Detail unter Kap. 3 § 7 I. 2.
757 *Martini,* in: Paal/Pauly, DS-GVO/BDSG, Art. 26 Rn. 19; *Martini/Fritzsche,* NVwZ-Extra 2015, Nr. 21, 1, 5.

in einer fremden Infrastruktur nicht von der Verantwortung.[758] Eine alleinige Verantwortlichkeit des Netzwerkbetreibers lässt sich daher nicht einzig aus dem Umstand der Beherrschbarkeit der für die Datenverarbeitung genutzten Mittel herleiten. Die Entscheidung über die genutzten Mittel ist demnach von untergeordneter Bedeutung.

bb) Entscheidung über Zwecke

Maßgeblich für die Begründung einer Verantwortlichkeit ist somit die Entscheidung über die Zwecke der Verarbeitung. Unter dem Zweck – ein zentraler, aber kaum untersuchter Begriff des Datenschutzrechts[759] – wird allgemein das erwartete oder beabsichtigte Ergebnis der Datenverarbeitung zu verstehen sein.[760] Die gemeinsame Verantwortlichkeit setzt keine gleichmäßige Verteilung der Beteiligung an dieser Entscheidung voraus.[761] Lediglich bei klar überwiegendem Einfluss eines Beteiligten soll nur dieser datenschutzrechtlich verantwortlich sein.[762]

Hierbei ist allerdings vollkommen unklar, wann ein solches Ungleichgewicht vorliegt bzw. welche Abweichungen bei der Setzung des Verarbeitungszwecks von der gemeinsamen Verantwortlichkeit noch zulässig sind.[763] Die *Art.-29-Datenschutzgruppe* führt diesbezüglich aus, es könne etwa bei Betrachtung des einzelnen Vorgangs (Mikroebene) eine voneinander unabhängige Verarbeitung vorliegen, bei Zugrundelegung einer gröberen Betrachtungsweise (Makroebene) hingegen ein gemeinsamer Zweck verfolgt oder gemeinsame Mittel verwendet werden, mit der Folge, dass eine gemeinsame Verantwortung vorliegt.[764] In der Tat kann die Betrachtung der verschiedenen Ebenen ergeben, dass auf Makroebene eine Gleichartigkeit der Zwecke vorliegt, die Betrachtung auf Mikroebene hingegen zu einem abweichenden Ergebnis führt: Mit einem Statusupdate etwa will der Nutzer Informationen anderen Nutzern mitteilen. Er möchte also, dass diese Daten an Dritte übermittelt werden. Dasselbe Ziel verfolgt auch der Netzwerkbetreiber bei Betrieb eines sozialen Netzwerks. Prima facie liegt daher eine völlige Kongruenz der Zwecke vor. Intention des Nutzers ist aber die Selbstdarstellung oder das Aufrechterhalten von Kontakten innerhalb des Netzwerks. Dem Netzwerkbetreiber kommt es bei der Veröffentlichung des Statusupdates des Nutzers hingegen auf die möglichst intensive Nutzung des sozialen Netzwerks und den damit verbundenen Möglichkeiten zur Schaltung von (ggf. personalisierter) Werbung an.[765] Je genauer die Betrachtung dieser Zwecke aus-

---

758 In Bezug auf Fanpage-Betreiber *Martini/Fritzsche,* NVwZ-Extra 2015, Nr. 21, 1, 16.
759 Hierzu *Golland,* K&R 2018, 433, 435.
760 *Art.-29-Datenschutzgruppe,* WP 169, S. 16; Jandt/Roßnagel, ZD 2011, 160; Monreal, ZD 2014, 611, 612.
761 *Art.-29-Datenschutzgruppe,* WP 169, S. 25; *Monreal,* ZD 2014, 611, 612.
762 *Dammann,* in: Simitis, BDSG, § 3 Rn. 224.
763 Ausführlich *Golland,* K&R 2018, 433, 435 ff.
764 *Art.-29-Datenschutzgruppe,* WP 169, S. 25.
765 Zu dieser Fallgruppe im Einzelnen siehe unten Kap. 3 § 7 III.

Kap. 3 Verantwortlichkeit für den Datenumgang in sozialen Netzwerken

fällt, desto fernliegender erscheint die gemeinsame Verantwortlichkeit; umgekehrt steigt mit einem Abstraktionsgrad der Betrachtung auch die Kongruenz der jeweiligen Zwecke der Beteiligten. Letztlich kann in vielen Fällen je nach Betrachtung zu beiden Ergebnissen gelangt werden.[766] Die kumulative Verantwortlichkeit geriert sich als ein Ausfluss der Willkür des Betrachters.

Das Problem vergrößert sich, wenn die Mehrheit von Zwecken in den Fokus genommen wird. Beispielsweise könnte – freilich ebenso auf verschiedenen Abstraktionsgraden – bei Betrachtung desselben Datenverarbeitungsvorgangs eine Mehrheit von Zwecken, die teils gleichlaufend, teils verschieden sind, angenommen werden.[767] Ein Nutzer mag mit seinem Statusupdate sich selbst darstellen und vielleicht gar Berühmtheit erlangen wollen. Der Netzwerkbetreiber will dem Nutzer zur Selbstdarstellung verhelfen, dessen Berühmtheit ist für ihn jedoch irrelevant; ihm kommt es darauf an, Werbung zu schalten, welche an die Inhalte des Statusupdates angepasst ist. Auf dieser Ebene verfolgen beide Beteiligten hinsichtlich der Darstellung des Nutzers denselben Zweck, jeder für sich genommen verfolgt jedoch einen weiteren, zusätzlichen Zweck, welche zueinander inhaltlich inkongruent sind. Der Verarbeitungsvorgang ist nun einerseits vom gemeinsamen Zweck umfasst, darüber hinaus werden mit demselben Vorgang jedoch auch unterschiedliche Zwecke verfolgt. Dies führt auch zu der ebenfalls ungeklärten Frage, wen im Falle von Datenverarbeitungsexzessen eines von mehreren Beteiligten die datenschutzrechtliche Verantwortlichkeit träfe.

Je komplexer die Konstruktion des gemeinsamen Verantwortlichen, desto wichtiger erscheint eine klare Festlegung von Rollen und Verantwortlichkeiten.[768] Dies ist nunmehr durch Art. 26 Abs. 1 Satz 2 DSGVO normiert worden. Dieser legt fest, dass die gemeinsam Verantwortlichen in einer transparenten Vereinbarung festzuhalten haben, wer von ihnen welche Verpflichtung gemäß dieser Verordnung erfüllt, insbesondere was die Wahrnehmung der Rechte der betroffenen Person angeht und wer den Informationspflichten gem. Artt. 13, 14 DSGVO nachkommt. Ein Verstoß gegen diese Vorschrift ist zudem nach Art. 83 Abs. 4 lit. a DSGVO bußgeldbewehrt. Um den Verantwortlichen nicht über Gebühr zu belasten, scheint es vorzugswürdig, hinsichtlich der Annahme einer gemeinsamen Verantwortlichkeit restriktiv zu verfahren.

c) Parallelverantwortlichkeit

Als Gegenbegriff zur gemeinsamen Verantwortlichkeit wurde zur Geltung des BDSG a. F. die getrennte Verantwortlichkeit mehrerer Stellen verwendet.[769] Nach *Jotzo* sei diese gegeben, wenn mehrere Stellen auf dieselben Daten zu-

---
766 *Golland,* K&R 2018, 433, 435.
767 So wohl auch *Jandt/Roßnagel,* ZD 2011, 160, 161.
768 *Monreal,* ZD 2014, 611, 612 f.
769 *Jotzo,* Der Schutz personenbezogener Daten in der Cloud, S. 87; *Jandt/Roßnagel,* ZD 2011, 160, 161 sprechen von einer „kollektiven" – von der kumulativen Verantwortlichkeit abzugrenzenden – Verantwortlichkeit, sich anschließend *Kroschwald,* ZD 2013, 388, 389.

greifen können, aber jede Stelle eigenständig darüber entscheidet, zu welchen Zwecken die Daten verwendet werden.⁷⁷⁰ In Bezug auf soziale Netzwerke äußern *Jandt/Roßnagel,* dass eine solche dann vorliegt, wenn der Betreiber des sozialen Netzwerks die Entscheidung über die Daten sowie über die Zwecke der Datenverarbeitung gezielt dem Nutzer überlässt.⁷⁷¹ Folge dieser Figur ist, dass jede Stelle für die selbst vorgenommenen Verarbeitungsprozesse allein verantwortlich ist.⁷⁷²

Gerade bei Datenverarbeitungen „in Form einer Kette" liegt es nah, keine gemeinsame Verantwortlichkeit anzunehmen, sondern separierte Datenverarbeitungsvorgänge mit Übermittlungen zwischen mehreren Verantwortlichen.⁷⁷³ Beispielsweise kann der Betreiber einer Plattform die ihm übermittelten nutzergenerierten Inhalte nur eingeschränkt beeinflussen, hinsichtlich des weiteren Umgangs mit diesen Daten liegt indes eine Annahme von dessen Verantwortung nah.⁷⁷⁴ Dies führt zu einer nebeneinander bestehenden Verantwortlichkeit, bei der jeder der Beteiligten für die einzelnen Datenverarbeitungsvorgänge selbst verantwortlich ist.⁷⁷⁵ In diesen Fällen führt eine Handlung im tatsächlichen Sinne zu einer Parallelverantwortlichkeit mehrerer Beteiligter hinsichtlich der verschiedenen durch die Handlung ausgelösten Verarbeitungsphasen.

Die Figur der Parallelverantwortlichkeit lässt aber nicht nur zu, dass es verschiedene Verantwortliche hinsichtlich verschiedener Phasen gibt, sondern auch, dass es mehrere separat Verantwortliche hinsichtlich derselben Verarbeitungsphase gibt.⁷⁷⁶ Bspw. ist denkbar, dass der Nutzer auf der Infrastruktur des Netzwerkbetreibers zu seinen Zwecken speichert, der Netzwerkbetreiber der Speicherung gleichermaßen für eigene Zwecke bedarf.

*3. Stellungnahme*

Die pauschale Herleitung einer gemeinsamen Verantwortlichkeit erleichtert die Bestimmung des für die Verarbeitung Verantwortlichen ungemein, wenn mehrere Akteure in einem einheitlichen Lebenssachverhalt zusammenwirken und auf den ersten Blick nicht ersichtlich ist, welche datenschutzrelevanten Vorgänge erfolgen und wer die jeweiligen Zwecke und Mittel der Verarbeitung bestimmt. Diese Zuordnungsverwirrung von datenschutzrelevanten Handlungen ist vielen Plattformen des Web 2.0 immanent.⁷⁷⁷ Auch der EuGH stellte – in einem rechts-

---

770 *Jotzo,* Der Schutz personenbezogener Daten in der Cloud, S. 87.
771 *Jandt/Roßnagel,* ZD 2011, 160, 161.
772 *Jotzo,* Der Schutz personenbezogener Daten in der Cloud, S. 87.
773 Art.-29-Datenschutzgruppe, WP 169, S. 24.
774 So ausdrücklich *Kroschwald,* ZD 2013, 388, 389.
775 Vgl. *Kroschwald,* ZD 2013, 388, 389; im Ergebnis auch *Petri,* ZD 2015, 103, 106.
776 Wohl auch *Jandt/Roßnagel,* ZD 2011, 160, 161; *Jandt/Roßnagel,* in: Schenk/Niemann/Reinmann/Roßnagel, Digitale Privatsphäre, S. 351, die eine voneinander unabhängige Verantwortlichkeit beider Parteien aufgrund unterschiedlicher Zwecksetzung annehmen.
777 *Golland,* K&R 2018, 433, 437.

dogmatisch äußerst zweifelhaften Urteil[778] – im Ergebnis einen sehr niedrigen Maßstab für die Annahme einer gemeinsamen Verantwortlichkeit auf.[779] Auf der anderen Seite wirft die pauschale Zuordnung von Verantwortlichkeiten erhebliche praktische Probleme auf. Ob eine gemeinsame oder getrennte Verantwortlichkeit vorliegt, hinge davon ab, ob und inwieweit der Betrachter die Zweckbestimmung als gemeinsam einstuft.

Selbst soweit – entgegen der hier vertretenen Ansicht – ein gemeinsames Zusammenwirken von Nutzern und Netzwerksbetreiber unterstellt wird, ist die unscharfe Annahme einer gemeinsamen Verantwortlichkeit, insbesondere bei Datenverarbeitungsexzessen, problematisch: Bei einem legalen, aber nicht von der gemeinsamen Zweckbestimmung gedeckten Datenverarbeitungsvorgang durch einen Beteiligten könnte dies dazu führen, dass die Verarbeitung in einen gemeinsam verantwortlichen Teil und einen einzelverantwortlichen Teil aufgespalten würde. Dies zöge eine erhebliche Erschwerung der Geltendmachung der Betroffenenrechte hinsichtlich des einzelverantwortlichen Teils nach sich. Ferner würde es dazu führen, dass bei einem vom gemeinsamen Zweck gedeckten, aber datenschutzrechtlich nicht erlaubten Datenverarbeitungsvorgang des einen Beteiligten auch der andere Beteiligte als für die Verarbeitung Verantwortlicher zu betrachten wäre und dieser – aufgrund der gesamtschuldnerischen Haftung der für die Verarbeitung Verantwortlichen[780] – Sanktionen, etwa durch die Datenschutzaufsicht verhängte Bußgelder, befürchten müsste. Vorteile für den Schutz des Betroffenen bietet die Annahme einer gemeinsamen Verantwortlichkeit nicht, da es aus dessen Sicht keinen Unterschied macht, ob eine gemeinsame Verantwortlichkeit vorliegt, schließlich bleibt eine Geltendmachung seiner Rechte unabhängig vom Bestehen einer gemeinsamen Verantwortlichkeit gegenüber jedem einzelnen Verantwortlichen möglich (Art. 26 Abs. 3 DSGVO).

Vorzugswürdig erscheint daher die genaue Untersuchung, ob eine vollständige inhaltliche Kongruenz in der Zwecksetzung vorliegt.[781] Nur dann erscheint eine gemeinsame Verantwortlichkeit überhaupt denkbar. Unter Zugrundelegung dieser gebotenen restriktiven Auslegung der gemeinsamen Verantwortlichkeit ist eine solche im Bereich sozialer Netzwerke sowohl im Verhältnis von Nutzer und Netzwerkbetreiber,[782] als auch im Verhältnis von Fansite-Betreiber und Netzwerkbetreiber,[783] abzulehnen.

---

778 Kritisch etwa *Golland,* K&R 2018, 433, 435 ff.
779 EuGH, NJW 2018, 2537 – „Wirtschaftsakademie Schleswig-Holstein".
780 Zur finalen Fassung der DSGVO *Plath,* in: Plath, DSGVO/BDSG, Art. 26 Rn. 18; zu Rats- und Parlamentsentwurf *Gola/Piltz,* RDV 2015, 279, 283; *Martini/Fritzsche,* NVwZ-Extra 2015, Nr. 21, 1, 16; ebenso zur Rechtslage nach DS-RL *Art.-29-Datenschutzgruppe,* WP 169, S. 39; zum BDSG a. F. *Dammann,* in: Simitis, BDSG, § 3 Rn. 226.
781 So auch *Golland,* K&R 2018, 433, 437; *Lachenmann,* Datenübermittlung im Konzern, S. 47.
782 *Bertermann,* in: Ehmann/Selmayr, DS-GVO, Art. 26 Rn. 8; *Kampert,* Datenschutz in sozialen Online-Netzwerken, S. 74.
783 BVerwG, K&R 2016, 437 Rn. 27; a. A. jedoch EuGH, NJW 2018, 2537 Rn. 39 ff. – „Wirtschaftsakademie Schleswig-Holstein".

Sachgerechter als die Annahme einer gemeinsamen Verantwortlichkeit erscheint in vielen denkbaren Konstellationen die getrennte bzw. parallele Verantwortlichkeit mehrerer Beteiligter: Wenn der Netzwerkanbieter als derjenige, der über Zwecke und Mittel frei bestimmen kann, einem anderen – dem Nutzer – die Entscheidung überlässt, dann muss er sich die Freiheiten, die er dem Nutzer im Rahmen der Nutzung der Plattform einräumt, zurechnen lassen. Wird die Nutzerseite betrachtet, so ist es auch angemessen, in derartigen Fällen eine parallele Verantwortlichkeit des Nutzers insoweit anzunehmen, wie er die ihm vom Netzwerkbetreiber delegierten Befugnisse nutzt und somit weitgehend über Mittel und Zwecke disponiert. Die Annahme einer gemeinsamen Verantwortlichkeit würde einen Gleichlauf der von den verschiedenen Parteien verfolgten Zwecken fingieren, der nicht die Realität abbildet.

Auch mit dem Betroffenenschutz ist die Konstellation einer parallelen Verantwortlichkeit vereinbar, da auch die Umstände, unter denen eine Befreiung von Verantwortlichkeit denkbar wäre, klar umrissen sind: Die DSGVO findet auf die Datenverarbeitung einer natürlichen Person nur unter den Voraussetzungen des Art. 2 Abs. 2 lit. c DSGVO keine Anwendung. Eine erhebliche Gefährdung des Betroffenen ist in den bereits aufgezeigten Grenzen[784] kaum denkbar. Der Betreiber hingegen kann nicht durch Art. 2 Abs. 2 lit. c DSGVO privilegiert werden,[785] sondern allenfalls unter den Voraussetzungen einer Auftragsdatenverarbeitung von Verantwortung frei werden.[786] Die Auftragsverarbeitung ihrerseits setzt jedoch die Existenz einer verantwortlichen Stelle voraus.[787] Der Fall, dass beim prinzipiellen Bestehen einer parallelen Verantwortlichkeit beide Beteiligten datenschutzrechtlich privilegiert werden und letztlich niemand verantwortlich ist, kann folglich nicht eintreten. Der Betroffenenschutz ist somit stets gewährleistet.

### III. Keine Verantwortlichkeit des Auftragsverarbeiters

Bei der Verarbeitung von Daten in sozialen Netzwerken stellt sich die Frage, ob der Netzwerkbetreiber für andere Beteiligte, insbesondere den Nutzer, als Auftragsverarbeiter tätig wird. So werden durch den Netzwerkbetreiber häufig Daten aufgrund einer Weisung des Nutzers verarbeitet. Eines von vielen Beispielen ist etwa das Veröffentlichen eines Statusupdates, nachdem der Nutzer dieses verfasst hat und einen entsprechend beschrifteten Button betätigt.[788] Der Auftragsverarbeiter ist ausweislich des Wortlauts des Art. 4 Nr. 8 DSGVO nicht für die Verarbeitung Verantwortlicher. Die Verantwortung für Einhaltung

---

784 Siehe dazu oben Kap. 2 § 4 IV. 2. b).
785 Siehe dazu oben Kap. 2 § 4 IV. 3.
786 Siehe dazu unten Kap. 3 § 6 III.
787 *Borges*, in: Borges/Meents, Rechtshandbuch Cloud Computing, § 8 Rn. 62; *Borges/Adler*, in: Bala/Müller, Der gläserne Verbraucher, S. 66.
788 Ausführlich zu den durch den Nutzer ausgelösten Vorgängen unten Kap. 3 § 7.

Kap. 3 Verantwortlichkeit für den Datenumgang in sozialen Netzwerken

datenschutzrechtlicher Vorschriften verbleibt grundsätzlich beim Auftraggeber.[789] Soweit der Netzwerkbetreiber im Auftrag Daten verarbeiten würde, würde er datenschutzrechtlich privilegiert werden, da ein Großteil der Vorschriften der DSGVO nur auf den für die Verarbeitung Verantwortlichen anwendbar ist.[790] Die in Art. 28 DSGVO geregelte Auftragsverarbeitung ähnelt in diesem Punkt inhaltlich stark dem alten BDSG.[791] Sie unterscheidet sich von der Auftragsdatenverarbeitung nach § 11 BDSG a. F. vor allem durch terminologische Unterschiede, die mit keinem Bedeutungswechsel einhergehen.[792]

Die Rechtsfigur der Auftragsverarbeitung kommt prinzipiell immer dann in Betracht, wenn ein Beteiligter personenbezogene Daten im Auftrag und auf Weisung eines anderen Beteiligten verarbeitet. Im Bereich sozialer Netzwerke ist dies im Verhältnis Nutzer zu Netzwerkbetreiber oder im Verhältnis von Fansite-Betreiber zu Netzwerkbetreiber denkbar.[793] Soweit der Nutzer nicht für die Verarbeitung Verantwortlicher ist, etwa bei der Verarbeitung fremder personenbezogener Daten durch eine natürliche Person zu familiären oder persönlichen

---

789 *Albrecht/Jotzo,* Datenschutzrecht der EU, Teil 3 Rn. 8; *Martini,* in: Paal/Pauly, DS-GVO/BDSG, Art. 28 Rn. 2; tautologisch auch *Plath,* in: Plath, DSGVO/BDSG, Art. 28 Rn. 2 („Verantwortung verbleibt beim Verantwortlichen").

790 Umstritten ist hingegen, ob – wie zur Geltung von § 11 BDSG a. F. – Verantwortlicher und Auftragsverarbeiter als eine Einheit anzusehen sind, sodass die Übermittlung von Daten an den Auftragsverarbeiter keinen rechtfertigungsbedürftigen Verarbeitungsvorgang darstellt und auch insoweit keine Privilegierung eintritt.
Die h. M. nimmt eine solche Privilegierungswirkung an, so ausführlich *Hartung,* in: Kühling/Buchner, DS-GVO/BDSG, Art. 28 Rn. 15 ff. und *v. Holleben/Knaut,* CR 2017, 299 (jeweils mit Darstellung des Streitstandes); ebenso *Albrecht/Jotzo,* Datenschutzrecht der EU, Teil 3 Rn. 9, Teil 5 Rn. 22; *Bertermann,* in: Ehmann/Selmayr, DS-GVO, Art. 28 Rn. 7; *Martini,* in: Paal/Pauly, DS-GVO/BDSG, Art. 28 Rn. 8 ff.; *Plath,* in: Plath, DSGVO/BDSG, Art. 28 Rn. 6; *Thomale,* in: Auernhammer, DSGVO/BDSG, Art. 28 Rn. 7 f.; wohl auch *Ingold,* in: Sydow, DSGVO, Art. 28 Rn. 10, 31; ebenso *Monreal,* PinG 2017, 216 ff., der jedoch den Terminus der Privilegierung als „diskriminierend" ablehnt. Begründet wird dies vor allem damit, dass eine rechtfertigungsbedürftige Übermittlung i. S. v. Art. 4 Nr. 2 DSGVO allein die Weitergabe an einen Dritten bezeichne, der Auftragsverarbeiter jedoch ausweislich des Wortlauts von Art. 4 Nr. 10 DSGVO kein Dritter ist.
Für einen Wegfall dieser Privilegierung hingegen *Dovas,* ZD 2016, 512, 516; *Härting,* ITRB 2016, 136, 138; *Koos/Englisch,* ZD 2014, 276, 285 f.; *Lissner,* DSRITB 2016, 401, 406; *Piltz,* K&R 2016, 709, 712.
Offen gelassen von *Krohm/Müller-Peltzer,* RDV 2016, 307, 308; unklar *Schütze/Spyra,* RDV 2016, 285, 290, die einerseits konstatieren, dass sich das Verständnis der Auftragsdatenverarbeitung aufgrund der Gleichrangigkeit von Verantwortlichem und Auftragsverarbeiter nach der DSGVO ändern müsse, andererseits sich aber an der bekannten Privilegierung unter der DSGVO nichts ändere.

791 *Albrecht/Jotzo,* Datenschutzrecht der EU, Teil 5 Rn. 23; *Martini,* in: Paal/Pauly, DS-GVO/BDSG, Art. 28 Rn. 79; *Plath,* in: Plath, DSGVO/BDSG, Art. 28 Rn. 2; *Schaffland/Wiltfang,* BDSG, § 11 Rn. 1; in Bezug auf Art. 28 Abs. 3 DSGVO auch *Piltz,* K&R 2016, 711, 713 f.; wohl auch *Petri,* ZD 2015, 305, 309.

792 *Petri,* ZD 2015, 305, 306.

793 *Splittgerber,* in: Splittgerber, Rechtsfragen Social Media, Kap. 3 Rn. 47.

### § 6 Der „für die Verarbeitung Verantwortliche" in der DSGVO

Zwecken i. S. d. des Art. 2 Abs. 2 lit. c DSGVO,[794] scheidet eine unmittelbare Anwendung der Vorschriften über die Auftragsverarbeitung mangels verantwortlicher Stelle aus.[795] Hier ist eine analoge Anwendung der Auftragsverarbeitung in Betracht zu ziehen.[796] In allen Fällen ist jedoch Voraussetzung, dass eine Auftragsverarbeitungsvereinbarung zwischen den jeweiligen Beteiligten abgeschlossen wird. Dies ist im Bereich der sozialen Netzwerke praktisch unmöglich.[797] Daher wird es schon formell an der Annahme einer Auftragsverarbeitung scheitern.[798]

Wesentlich für die Auftragsverarbeitung ist das im Auftragsverarbeitungsvertrag verbriefte Weisungsrecht des Auftraggebers, wonach der Auftragnehmer die Daten nur im Rahmen der Weisungen des Auftraggebers verarbeiten darf.[799] Demnach darf dem Auftragnehmer kein eigenständiger Entscheidungsspielraum eingeräumt werden. Faktisch kann der Betreiber eines sozialen Netzwerks jedoch eigenständig über die von ihm vorgenommene Datenverarbeitung entscheiden, sodass dieses Kriterium im Bereich sozialer Netzwerke nicht erfüllt ist.[800] Regelmäßig nutzt der Netzwerkanbieter die Daten für andere Zwecke,[801] insbesondere zum Zwecke der Schaltung personalisierter Werbung. Eine über die Weisung des Auftraggebers hinausgehende Verarbeitung zu eigenen Zwecken lässt gem. Art. 28 Abs. 10 DSGVO die Privilegierung entfallen; der Auftrags-

---

794 In diesen Fällen ist der Anwendungsbereich der DSGVO nicht eröffnet, siehe dazu oben Kap. 2 § 4 IV. 2.
795 Für § 11 BDSG a. F. bereits *Borges,* in: Borges/Meents, Rechtshandbuch Cloud Computing, § 8 Rn. 62; *Borges/Adler,* in: Bala/Müller, Der gläserne Verbraucher, S. 66.
796 Ausführlich für die Nutzung von Cloud-Services *Borges,* in: Borges/Meents, Rechtshandbuch Cloud Computing, § 8 Rn. 68 ff.; im Ergebnis auch *Art.-29-Datenschutzgruppe,* WP 168, S. 20 f., die bei der Nutzung sozialer Netzwerke durch natürliche Personen den Betreiber des Diensts nicht als verantwortliche Stelle ansehen, wenn dieser keine Daten für eigene Zwecke verarbeitet.
797 *Splittgerber,* in: Splittgerber, Rechtsfragen Social Media, Kap. 3 Rn. 44 f.; siehe auch *ULD,* Facebook-Fanpages und Social-Plugins, S. 5, wonach kein Auftragsdatenverarbeitungsvertrag zwischen Facebook und Fanpage-Betreibern vorliegt.
798 Eine Auftragsdatenverarbeitung zwischen Fansite-Betreiber und Netzwerkbetreiber mangels entsprechenden Vertrags ablehnend BVerwG, K&R 2016, 437 Rn. 29 f.; ebenso die Vorinstanzen OVG Schleswig-Holstein, CR 2014, 801, 802 f.; VG Schleswig, K&R 2013, 824, 826; zustimmend *Härting,* K&R 2013, 828.
799 Vgl. Art. 28 Abs. 3 lit. a DSGVO; *Lissner,* DSRITB 2016, 401, 405; *Martini,* in: Paal/Pauly, DS-GVO/BDSG, Art. 28 Rn. 2; zu § 11 BDSG a. F. bereits *Borges,* in: Borges/Meents, Rechtshandbuch Cloud Computing, § 7 Rn. 96; *Petri,* in: Simitis, BDSG, § 11 Rn. 54.
800 Für das Verhältnis von Nutzer zu Netzwerkbetreiber *Kampert,* Datenschutz in sozialen Online-Netzwerken, S. 78; *Jandt/Roßnagel,* ZD 2011, 160, 163 f.; *Jandt/Roßnagel,* in: Schenk/Niemann/Reinmann/Roßnagel, Digitale Privatsphäre, S. 351; *Spindler,* Persönlichkeitsschutz im Internet, S. 81; für das Verhältnis von Fansite-Betreiber zu Netzwerkbetreiber *AK I „Staatsrecht und Verwaltung",* Ergebnisbericht zum Datenschutz in sozialen Netzwerken, S. 16 f.; OVG Schleswig-Holstein, CR 2014, 801, 803; ebenso VG Schleswig, K&R 2013, 824, 827; zustimmend *Härting,* K&R 2013, 828; *Schwartmann/Ohr,* Recht der Sozialen Medien, Rn. 79.
801 *Spindler,* Persönlichkeitsschutz im Internet, S. 81; *Splittgerber,* in: Splittgerber, Rechtsfragen Social Media, Kap. 3 Rn. 43; siehe auch bereits oben Kap. 1 § 2 III. 3.

verarbeiter ist dann selbst Verantwortlicher.[802] Daher ist auch materiellrechtlich eine Privilegierung des Netzwerkbetreibers im Rahmen der Auftragsverarbeitung abzulehnen.[803]

## IV. Keine Begründung einer datenschutzrechtlichen Verantwortlichkeit durch „Störerhaftung"

In Web 2.0-Diensten wie sozialen Netzwerken werden zahlreiche Beteiligte nur als Dienstleister tätig, die – anders als im klassischen Internet – nicht die Webinhalte, sondern lediglich die Plattform für diese bereitstellen. Da es bei Rechtsverletzungen über das Internet mitunter schwierig ist, die unmittelbaren Rechtsverletzer zu identifizieren, besteht ein Bedürfnis, die Plattformbetreiber in Anspruch zu nehmen. Eine solche Haftung von Intermediären wird von der Rechtsprechung als „Störerhaftung" bezeichnet. Die Störerhaftung ist ein im Wege der Rechtsprechung des I. Zivilsenats des BGH entwickeltes Konstrukt, das nach überwiegender Auffassung in der Literatur nichts anderes als den Gegner eines Unterlassungsanspruchs nach § 1004 BGB bezeichnet.[804] Störer ist nach der Rechtsprechung des I. Zivilsenats derjenige, der, ohne Täter oder Teilnehmer zu sein, in irgendeiner Weise willentlich und adäquat kausal zur Beeinträchtigung des Rechtsguts beiträgt.[805]

Auch im Rahmen der datenschutzrechtlichen Verantwortlichkeit wurde in der Literatur die Übertragung der sogenannten „Störerhaftung" auf das Daten-

---

802 *Lissner,* DSRITB 2016, 401, 406; *Martini,* in: Paal/Pauly, DS-GVO/BDSG, Art. 28 Rn. 76; *Plath,* in: Plath, DSGVO/BDSG, Art. 28 Rn. 32; zu § 11 BDSG a. F. bereits *Borges,* in: Borges/Meents, Rechtshandbuch Cloud Computing, § 7 Rn. 104.
803 Für das Verhältnis von Nutzer zu Netzwerkbetreiber *Kampert,* Datenschutz in sozialen Online-Netzwerken, S. 78 *Spindler,* Persönlichkeitsschutz im Internet, S. 81; für das Verhältnis von Fansite-Betreiber zu Netzwerkbetreiber *Wissenschaftlicher Dienst des Schleswig-Holsteinischen Landtags,* Umdruck 17/2988, S. 17.
804 *Borges,* NJW 2014, 2305, 2309; *Borges,* NJW 2010, 2624, 2626; *Fritzsche,* in: Bamberger/Roth, BGB, § 1004 Rn. 14; *Gursky,* in: Staudinger, BGB, § 1004 Rn. 92; *Hoeren,* in: Hoeren/Sieber/Holznagel, Multimedia-Recht, Teil 18.2 Rn. 19.
805 Zuletzt BGH, GRUR 2016, 936 Rn. 16 – „Angebotsmanipulation bei Amazon"; ebenso etwa BGH, NJW 2016, 794 Rn. 21 – „Störerhaftung des Access-Providers"; BGH, GRUR 2015, 485 Rn. 49 – „Kinderhochstühle im Internet III"; BGH, NJW 2014, 2360 Rn. 22 – „BearShare"; BGH, NJW 2013, 3245 Rn. 30 – „File-Hosting-Dienst"; BGH, GRUR 2013, 1229 Rn. 34 – „Kinderhochstühle im Internet II"; BGH, NJW 2013, 1441 Rn. 41 – „Morpheus"; BGHZ 194, 339 Rn. 19 – „Alone in the Dark"; BGHZ 191, 19 Rn. 20 – „Stiftparfüm"; BGH, MMR 2011, 172 Rn. 45 – „Kinderhochstühle im Internet I"; BGHZ 185, 330 Rn. 19 – „Sommer unseres Lebens"; BGH, NJW-RR 2008, 1136 Rn. 50 – „Internet-Versteigerung III"; BGHZ 172, 119 Rn. 40 – „Internet-Versteigerung II"; BGHZ 158, 236 Rn. 43 – „Internet-Versteigerung I"; BGH, GRUR 2002, 618 Rn. 14 – „Meißner Dekor".
Der VI. Zivilsenat vertritt demgegenüber eine etwas andere Terminologie, indem er den Täter als „unmittelbaren Störer", den Störer als „mittelbaren Störer" bezeichnet, darauf hinweisend auch BGH, NJW 2016, 2106 Rn. 16 – „www.jameda.de".

schutzrecht diskutiert.[806] Hier stellt sich die Frage, inwieweit die Annahme einer Haftung nach § 1004 BGB im Datenschutzrecht europarechtskonform[807] ist, respektive diese die womöglich abschließende Regelung der Verantwortlichkeit durch die DS-RL bzw. die DSGVO unterlaufen würde. Anlass der Diskussion waren die Entscheidungen einiger Gerichte, die die Störerhaftung im Rahmen des Datenschutzrechts thematisiert hatten.[808] Im Rahmen eines Vorabentscheidungsverfahrens hatten BVerwG[809] und OLG Düsseldorf[810] die Frage der Vereinbarkeit des Rechtsinstituts der „Störerhaftung" und der womöglich abschließenden Regelung durch die DS-RL dem EuGH vorgelegt. Eine Entscheidung des EuGH steht im letztgenannten Fall, der Rechtssache C-40/17, noch aus. In der Rechtssache C-210/16 äußerte sich der EuGH nicht explizit zur „Störerhaftung", sondern legte – ohne das Thema überhaupt aufzuwerfen – ein sehr weites Verständnis der „gemeinsamen Verantwortlichkeit" zugrunde.[811]

Unstreitig ist jedoch, dass die Übertragung der Rechtsprechung des I. Zivilsenats des BGH auf das Datenschutzrecht lediglich eine Haftung auf Beseitigung und Unterlassung zur Folge hätte.[812] Die datenschutzrechtliche Verantwortung geht jedoch wesentlich weiter und umfasst zahlreiche in den Artt. 5 ff. DSGVO geregelte Pflichten, deren Verstöße nicht nur zu Beseitigungs- und Unterlassungsansprüchen führen, sondern mitunter durch Schadensersatzansprüche sanktioniert werden können. Die Übertragung einer Störerhaftung auf das Datenschutzrecht ist weder erforderlich, noch wird eine datenschutzrechtliche Verantwortlichkeit i.S.d. Art. 4 Nr. 7 DSGVO durch die mit der Annahme einer „Störerhaftung" einhergehende Haftungserweiterung begründet.

---

806 Für eine Übertragung der „Störerhaftung" auf das Datenschutzrecht *Alich/Nolte*, CR 2011, 741, 744; *Mantz*, ZD 2014, 62; gegen eine Übertragung *Krebs/Lange*, ITRB 2014, 278, 280; *Maisch*, Informationelle Selbstbestimmung in Netzwerken, S. 216; *Martini/Fritzsche*, NVwZ-Extra 2015, Nr. 21, 1, 10; *Piltz*, K&R 2014, 80.
807 Zur Europarechtskonformität einer „Störerhaftung" im Bereich sozialer Netzwerke außerhalb des Datenschutzrechts *Chmelík*, Social Network Sites, S. 168 ff.
808 Eine Haftung im Datenschutzrecht als sog. „Störer" wird bejaht von BGHZ 181, 328; LG Potsdam, MMR 2013, 662; verneinend hingegen OVG Schleswig-Holstein, NJW 2013, 1977; ebenso die Vorinstanz VG Schleswig, CR 2014, 682.
809 BVerwG, K&R 2016, 437.
810 OLG Düsseldorf, ZD 2017, 334.
811 EuGH, NJW 2018, 2537 – „Wirtschaftsakademie Schleswig-Holstein". Ausführlich zur Figur der „gemeinsamen Verantwortlichkeit" oben Kap. 3 § 6 II. 2.
812 Zu Art. 23 DS-RL *Piltz*, K&R 2014, 80, 84 f.; zum Kommissionsentwurf der DSGVO *Mantz*, ZD 2014, 62, 65.

## § 7 Verantwortlichkeit für die durch den Nutzer initiierten Handlungen

Zunächst sollen die datenschutzrechtlich relevanten Aktivitäten, die durch den Nutzer als natürliche Person ausgelöst werden, beleuchtet werden. Dazu zählt zuvorderst die in jedem sozialen Netzwerk erforderliche Registrierung durch den Nutzer (dazu unten I.). Sodann werden die einzelnen Funktionen – vom Ausfüllen des Profils über Statusupdates, Kommentare und ähnliche Funktionen bis hin zu der Kommunikation mittels Nachrichtenfunktion[813] – aus datenschutzrechtlicher Sicht betrachtet (dazu unten II. bis V.). Wie bereits dargelegt, kann eine Handlung im tatsächlichen Sinn mehrere datenschutzrechtliche Vorgänge auslösen, für die die jeweilige datenschutzrechtliche Verantwortlichkeit separat zu bestimmen ist.[814]

### I. Registrierung

*1. Maßgebliche Fallgruppe*

Die Nutzung eines sozialen Netzwerks bedarf zunächst der Registrierung. Dies ist der Vorgang, in dem der Nutzer seine Daten in ein Webformular eingibt und dadurch einen Account anlegt. Hierbei werden in aller Regel grundlegende Daten erfragt. Bei den typischerweise im Rahmen der Registrierung abgefragten Daten wie Name, E-Mail-Adresse und Alter handelt es sich grundsätzlich um personenbezogene Daten.[815] Im Rahmen der Registrierung besteht keine Möglichkeit, die Sichtbarkeit der eingegebenen Daten für Dritte einzuschränken. In der Regel sind diese Daten für jedermann oder zumindest für jeden Nutzer des sozialen Netzwerks sichtbar. Die Handlungen der Beteiligten sollen im Folgenden datenschutzrechtlich eingeordnet werden.

*2. Eingabe der Daten*

In einem ersten Schritt gibt der Nutzer die Daten ein. Die Dateneingabe könnte sowohl den Tatbestand einer Erhebung, wie auch den einer Offenlegung erfüllen.

a) Die Grenzziehung zwischen „Erhebung" und „Offenlegung"

Der Terminus der „Erhebung" war bereits in Art. 2 lit. b DS-RL erwähnt und in der ihrer deutschen Umsetzung in § 3 Abs. 3 BDSG a. F. als „das Beschaffen von Daten über den Betroffenen" definiert. Dies wiederum ist eine Aktivität der erhebenden Stelle, durch die diese Kenntnis von den Daten erhält oder Verfü-

---

813 Zu den Funktionen ausführlich oben Kap. 1 § 2 III. 1.
814 Siehe oben Kap. 3 § 6 I. 1.
815 Siehe oben Kap. 2 § 4 III.

gungsmacht über die Daten begründet.[816] Die Erhebung wird als Verarbeitungsvorgang in zentralen Vorschriften über die Rechtmäßigkeit der Datenverarbeitung, u. a. in Art. 5 Abs. 1 lit. b und Art. 6 Abs. 4 DSGVO, sowie in zahlreichen Erwägungsgründen erwähnt.

Abzugrenzen ist das Erheben vom Offenlegen. Die Offenlegung ist in Art. 4 Nr. 2 DSGVO als Oberbegriff der „Übermittlung, Verbreitung oder eine andere Form der Bereitstellung" definiert und bezeichnet allgemein den Vorgang, anderen Stellen personenbezogene Daten in einer Weise zugänglich zu machen, dass letztere die Möglichkeit der Kenntnisnahme haben.[817] Der wohl relevanteste Fall der Offenlegung ist das Übermitteln. Aus rechtlicher Sicht kommt es im Einzelnen allerdings nicht darauf an, welcher Unterfall vorliegt, da die Rechtsfolge – Vorliegen einer Offenlegung und damit einer hinreichenden Anwendungsbedingung für die DSGVO[818] – dieselbe ist.[819] Nach dem Verständnis des BDSG a. F. bezeichnete „Übermittlung" das Bekanntgeben gespeicherter oder durch Datenverarbeitung gewonnener personenbezogener Daten an einen Dritten in der Weise, dass die Daten an den Dritten weitergegeben werden oder dieser die zur Einsicht bzw. zum Abruf bereitgehaltenen Daten einsieht bzw. abruft.[820] Werden die Daten an einen Dritten weitergegeben, so ist die Weitergabe erfolgt, sobald der Empfänger die Möglichkeit hat, die Information zur Kenntnis zu nehmen.[821] Eine tatsächliche Kenntnisnahme ist nicht erforderlich.[822] Diese Erwägungen, die zum auf der DS-RL fußenden BDSG a. F. entwickelt wurden, können aufgrund der identischen Regelungsintention von Art. 2 lit. b DS-RL und Art. 4 Nr. 2 DSGVO auf die heutige Rechtslage übertragen werden.

Die Erhebung wird vom Erhebenden gesteuert, d. h. von demjenigen, in dessen Verfügungsmacht sich die Daten nach Abschluss der Erhebung befinden. Es bedarf eines aktiven Handelns, das von einem der erhebenden Stelle zurechenbaren Willen der handelnden Person getragen ist.[823] Auf der anderen Seite steht die Übermittlung, die vom Übermittelnden gesteuert wird und mit deren Abschluss die Daten in die Verfügungsmacht des Übermittlungsempfängers übergehen.[824] Die Abgrenzung zwischen Erhebung und Übermittlung hat somit erhebliche Pra-

---

816 *Arning/Rothkegel*, in: Taeger/Gabel, DSGVO, Art. 4 Rn. 67; *Herbst*, in: Kühling/Buchner, DS-GVO/BDSG, Art. 4 Nr. 2 Rn. 21; zu § 3 BDSG a. F. bereits *Dammann*, in: Simitis, BDSG, § 3 Rn. 102; *Weichert*, in: Däubler/Klebe/Wedde/Weichert, BDSG, § 3 Rn. 31.
817 *Arning/Rothkegel*, in: Taeger/Gabel, DSGVO, Art. 4 Rn. 78; *Herbst*, in: Kühling/Buchner, DS-GVO/BDSG, Art. 4 Nr. 2 Rn. 27; *Reimer*, in: Sydow, DSGVO, Art. 4 Rn. 68.
818 Siehe oben Kap. 2 § 4 I.
819 In diese Richtung auch *Reimer*, in: Sydow, DSGVO, Art. 4 Rn. 70.
820 Vgl. § 3 Abs. 4 Satz 2 Nr. 3 BDSG a. F.
821 *Dammann*, in: Simitis, BDSG, § 3 Rn. 146.
822 *Dammann*, in: Simitis, BDSG, § 3 Rn. 146.
823 *Arning/Rothkegel*, in: Taeger/Gabel, DSGVO, Art. 4 Rn. 68; *Herbst*, in: Kühling/Buchner, DS-GVO/BDSG, Art. 4 Nr. 2 Rn. 21; zu § 3 BDSG a. F. *Dammann*, in: Simitis, BDSG, § 3 Rn. 102; *Gola/Klug/Körffer*, in: Gola/Schomerus, DSGVO, Art. 4 Rn. 24; *Weichert*, in: Däubler/Klebe/Wedde/Weichert, BDSG, § 3 Rn. 31.
824 Vgl. *Arning/Rothkegel*, in: Taeger/Gabel, DSGVO, Art. 4 Rn. 79 f.

Kap. 3 Verantwortlichkeit für den Datenumgang in sozialen Netzwerken

xisrelevanz, da diese darüber entscheidet, wer hinsichtlich des in Rede stehenden datenschutzrelevanten Vorgangs als für die Verarbeitung Verantwortlicher zu betrachten ist.[825] Die bloße Begründung der Verfügungsmacht über die Daten reicht für eine Datenerhebung nicht aus.[826] Werden einer Stelle unaufgefordert personenbezogene Daten zugesendet, liegt keine Erhebung vor.[827] Dies gilt auch für den Fall, dass die Stelle eine Empfangseinrichtung – beispielsweise eine Website mit Eingabemöglichkeit[828] – vorhält und diese zur Mitteilung personenbezogener Daten genutzt wird, es sei denn, die Benutzer wurden aufgefordert, für bestimmte Zwecke bestimmte Daten zu liefern.[829]

Die prinzipielle Anwendbarkeit der DSGVO unterstellt, wäre dies etwa dann der Fall, wenn der Betroffene einen Brief mit personenbezogenen Daten verfassen und diesen in den Briefkasten seines Nachbarn einwerfen würde. Hier hat der Empfänger weder einen auf Datenverarbeitung gerichteten Willen, noch Möglichkeit, den Übergang der Daten in seinen Herrschaftsbereich zu verhindern, ohne auf seine Infrastruktur vollständig zu verzichten; der Betroffene ist für die Übermittlung verantwortlich.[830] Würde der Nachbar hingegen mit einem Notizblock in das Haus des Betroffenen eindringen und Informationen über den Betroffenen sammeln und notieren,[831] so entscheidet der Nachbar allein über die Frage, ob und welche Daten des Betroffenen verarbeitet werden sollen. Hierbei handelt es sich um eine Erhebung, die, vorbehaltlich des Eingreifens von Art. 2 Abs. 2 lit. c DSGVO, nach Art. 4 Nr. 7 Halbsatz 1 DSGVO in den Verantwortungsbereich des Nachbarn fiele.

Die Abgrenzung zwischen Erhebung und Übermittlung ist schwierig, wenn bei demjenigen, von dem die betreffenden Daten im Wege dieses Vorgangs übertragen werden, ein aktives Handlungselement hinzutritt. Ein Erheben liegt dann vor, wenn eine Stelle dem Betroffenen – etwa durch ein Formular – anzeigt, welche Informationen sie erwartet.[832] Entscheidend ist hierbei, dass das Formular die Dateneingabe inhaltlich vorstrukturiert.[833] Bleibt für den Nutzer aufgrund der Gestaltung der Plattform kaum eigener Entscheidungsspielraum, liegt eine

---

825 Siehe dazu oben Kap. 3 § 6.
826 *Dammann*, in: Simitis, BDSG, § 3 Rn. 102.
827 *Arning/Rothkegel*, in: Taeger/Gabel, DSGVO, Art. 4 Rn. 68; *Reimer*, in: Sydow, DSGVO, Art. 4 Rn. 55; zu § 3 BDSG a. F. bereits *Dammann*, in: Simitis, BDSG, § 3 Rn. 104; *Gola/Klug/Körffer*, in: Gola/Schomerus, BDSG, § 3 Rn. 24.
828 *Dammann*, in: Simitis, BDSG, § 3 Rn. 104.
829 *Dammann*, in: Simitis, BDSG, § 3 Rn. 104.
830 In diesem Beispiel würde die Verantwortlichkeit für die Übermittlung eigener personenbezogener Daten in teleologischer Reduktion von Art. 4 Nr. 7 DSGVO entfallen, siehe oben Kap. 3 § 6 I. 1.
831 Ein bloßes Memorieren wäre nicht ausreichend. Da das menschliche Gedächtnis ist kein Datenträger ist, sind sinnliche Wahrnehmung und Gedanken eines Menschen unbeachtlich, *Schmitz*, in: Gierschmann/Saeugling, BDSG, § 3 Rn. 60.
832 *Dammann*, in: Simitis, BDSG, § 3 Rn. 104.
833 Vgl. *Dammann*, in: Simitis, BDSG, § 3 Rn. 110, 2. Spiegelstrich.

Alleinverantwortlichkeit des Betreibers nah.[834] Dies ist der Fall bei der Eingabe von Daten im Rahmen der Registrierung, bei der der Netzwerkbetreiber bestimmte Angaben abfragt.[835] Bei Eingabe durch den Nutzer stellt der Betreiber die aus Software und Speicherplatz bestehende technische Infrastruktur zur Verfügung, sodass in objektiver Hinsicht eine Erhebungsaktivität vorliegt.[836] Auch das erforderliche subjektive Element liegt vor, da der Netzwerkbetreiber interessiert ist, möglichst viele Daten zur Monetarisierung seines Diensts zu erlangen.[837] Aber auch unabhängig vom Wertschöpfungsmodell ist es ihm wichtig, dass die Plattform mit Inhalten gefüllt und somit attraktiv wird.[838] Gibt der Nutzer bei Registrierung in einem sozialen Netzwerk seinen Namen, sein Geburtsdatum und seine E-Mail-Adresse in entsprechend vorformulierte Felder ein, so liegt diesbezüglich ein Erheben vor.[839] Es ist nicht erforderlich, dass die eingegebenen Informationen zur Kenntnis genommen wurden oder sonst inhaltlich genutzt werden sollen; es genügt, wenn die Möglichkeit dazu eröffnet wird.[840] Daraus folgt zugleich, dass kein Erheben vorliegt, sofern nicht-erwartete Informationen eingegeben werden. Gibt der Nutzer im Registrierungsformular Daten an, die nicht den durch das Formular erfragten Daten entsprechen, liegt hierin folglich keine Erhebung des Netzwerkbetreibers, sondern eine Übermittlung des Nutzers.

b) Fallgruppen der Dateneingabe

Die Frage, ob in der Eingabe der Daten eine Erhebung und/oder eine Übermittlung liegt, korreliert bei technisch identischen Vorgängen, wie aufgezeigt, stark mit subjektiven Elementen. Bei der Dateneingabe sind in dieser Hinsicht verschiedene Szenarien denkbar. Die damit verbundene Begründung einer datenschutzrechtlichen Verantwortlichkeit wird daher für verschiedene praxisrelevante Eingabeszenarien nachfolgend erörtert.

aa) Vorüberlegungen

Der hier betrachtete sowie die im Folgenden betrachteten Datenverarbeitungsvorgänge finden im Wesentlichen auf der Infrastruktur des Netzwerkbetreibers statt. Dieser gibt den technischen Funktionsumfang des sozialen Netzwerks vor;

---

[834] *Jandt/Roßnagel,* in: Schenk/Niemann/Reinmann/Roßnagel, Digitale Privatsphäre, S. 347; zustimmend *Kampert,* Datenschutz in sozialen Online-Netzwerken, S. 71.
[835] *Kampert,* Datenschutz in sozialen Online-Netzwerken, S. 62.
[836] *Kampert,* Datenschutz in sozialen Online-Netzwerken, S. 60.
[837] *Kampert,* Datenschutz in sozialen Online-Netzwerken, S. 60 f.
[838] *Kampert,* Datenschutz in sozialen Online-Netzwerken, S. 61.
[839] Im Ergebnis auch *Kampert,* Datenschutz in sozialen Online-Netzwerken, S. 62 f., der jedoch nicht zwischen den einzelnen Dateneingabemöglichkeiten in sozialen Netzwerken differenziert; wohl auch *Jandt/Roßnagel,* ZD 2011, 160, 161, die im Rahmen von Personenbewertungsportalen aufgrund der inhaltlichen Vorstrukturierung der Bewertungen eine alleinige Verantwortlichkeit des Diensteanbieters annehmen.
[840] Vgl. zu § 3 BDSG a. F. *Dammann,* in: Simitis, BDSG, § 3 Rn. 106; *Krügel/Pfeiffenbring/Pieper,* K&R 2014, 699, 700.

der Nutzer kann sich für die Mittel, je nach Ausgestaltung des Angebots, nur eingeschränkt entscheiden.[841] Gleichwohl stellt bereits die Entscheidung über die Nutzung des sozialen Netzwerks eine Entscheidung über die verwendeten Mittel dar.[842] Derjenige, der bei der Verarbeitung von Daten auf Mittel anderer zurückgreift, hat jedoch stets nur einen untergeordneten Einfluss auf die Mittel.[843] Wie dieser Umstand im Bereich sozialer Netzwerke zu bewerten ist, wird unterschiedlich beurteilt.[844] Eine Zuordnung der Verantwortlichkeit anhand der Mittel ist folglich unergiebig. Maßgeblich ist daher auf die jeweiligen verfolgten Zwecke abzustellen.[845]

bb) Parallele Verantwortlichkeit von Nutzer und Betreiber

Der Wortlaut des Art. 4 Nr. 2 DSGVO lässt es jedoch auch zu, dass eine Handlung datenschutzrelevante und somit rechtfertigungsbedürftige Verarbeitungsvorgänge bei mehreren Parteien auslöst. Beispielsweise kann die Übertragung von Daten sowohl eine Übermittlung der einen Partei wie auch – zugleich – eine Erhebung der anderen Partei darstellen.[846] Eine sog. „gemeinsame Verantwortlichkeit"[847] wird jedenfalls im Rahmen sozialer Netzwerke dadurch grundsätzlich nicht begründet, da die Beteiligten im Regelfall nicht gemeinsam über Zwecke und Mittel der Verarbeitung entscheiden.[848] Jeder Beteiligte ist daher für den zu seinen jeweiligen Zwecken vorgenommenen Verarbeitungsvorgang jeweils als für die Verarbeitung Verantwortlicher i. S. d. Art. 4 Nr. 7 DSGVO zu betrachten.[849]

cc) Eingabeszenarien

Denkbar hinsichtlich der nach Art. 4 Nr. 7 Halbsatz 1 DSGVO zu bestimmenden Verantwortlichkeit sind zunächst drei Konstellationen: Der Nutzer registriert sich unter einem Anonym,[850] der Nutzer registriert sich mit eigenen Daten oder der Nutzer registriert sich mit fremden Daten (sogenannter

---

841 *Kampert,* Datenschutz in sozialen Online-Netzwerken, S. 68.
842 *Kampert,* Datenschutz in sozialen Online-Netzwerken, S. 68.
843 *Kampert,* Datenschutz in sozialen Online-Netzwerken, S. 68.
844 *Kampert,* Datenschutz in sozialen Online-Netzwerken, S. 69, nimmt i. E. eine Verantwortlichkeit des Nutzers an, dagegen nehmen *Jandt/Roßnagel,* in: Schenk/Niemann/Reinmann/Roßnagel, Digitale Privatsphäre, S. 347, eine Verantwortlichkeit des Netzwerkbetreibers an.
845 Vgl. oben Kap. 3 § 6 I. 2.
846 Für den Bereich sozialer Netzwerke *Splittgerber,* in: Splittgerber, Rechtsfragen Social Media, Kap. 3 Rn. 117; allgemein zu § 3 BDSG a. F. *Gola/Klug/Körffer,* in: Gola/Schomerus, BDSG, § 3 Rn. 24; ebenso *BayLDA,* Pressemitteilung „Kundendaten beim Unternehmensverkauf - ein Datenschutzproblem" vom 30.07.2015, S. 2, wonach bei der Übertragung von Kundendaten im Rahmen einer Unternehmenstransaktion eine Übermittlung des Verkäufers und zugleich eine Erhebung des Käufers vorliegt.
847 Siehe dazu oben Kap. 3 § 6 II.
848 Siehe dazu oben Kap. 3 § 6 II. 3.
849 Ähnlich zur Verantwortlichkeit nach dem BDSG a. F. bereits *Jotzo,* Der Schutz personenbezogener Daten in der Cloud, S. 87.
850 Zur Differenzierung von Pseudonym/Anonym siehe oben Kap. 2 § 4 III. 2. b).

## § 7 Verantwortlichkeit für die durch den Nutzer initiierten Handlungen

„Identitätsmissbrauch"[851]). Diese Faktoren bestimmen über Personenbezug und Erhebungswillen und entscheiden damit mittelbar über Art und Umfang der Datenverarbeitung. Die Beurteilung, ob und wessen datenschutzrechtliche Verantwortlichkeit begründet wird, ist folglich hieran anzuknüpfen. Die datenschutzrechtliche Verantwortlichkeit ist dagegen nicht von einer Kenntnis der Daten abhängig.[852]

(1) Registrierung ohne personenbezogene Daten

Sofern bei der Registrierung statt eines Namens ein Anonym und eine Einweg-E-Mail-Adresse verwendet werden, so liegen im Regelfall keine personenbezogenen Daten vor. In diesem Fall wäre mangels Personenbezugs weder auf die formularmäßige Erhebung dieser Daten durch den Netzwerkbetreiber, noch auf die Übermittlung etwaiger zusätzlicher, nicht-erfragter, anonymer Daten die DSGVO anwendbar.[853]

(2) Registrierung mit eigenen Daten

In dem Normalfall, der Registrierung mit eigenen Daten, die vom Netzwerkbetreiber erfragt werden, liegt eine Erhebung vor. Ein Fall des Aufdrängens oder zufälligen Erlangens der Daten liegt nicht vor, da der Betreiber i.d.R. intendiert, dass die vorgegebenen Bereiche durch den Nutzer ausgefüllt werden.[854] Für die Erhebung ist der Netzwerkbetreiber als erhebende Stelle verantwortlich. Dass der Nutzer die Datenverarbeitung anstößt, schließt eine Verantwortlichkeit des Netzwerkbetreibers – unabhängig davon, ob der Nutzer der DSGVO unterliegt[855] – nicht aus.[856] Vorliegend scheidet eine Erhebung des Nutzers schon deswegen aus, weil der Nutzer über seine eigenen Daten bereits verfügt.[857]

Hinsichtlich der bei der Registrierung eingegebenen Daten ist zwischen den Daten, die der Netzwerkbetreiber mittels Formular erheben will, und den Daten, die dem Netzwerkbetreiber durch den Nutzer aufgedrängt werden, zu differenzieren. Hinsichtlich ersterer ist der Netzwerkbetreiber, wie soeben dargelegt, verantwortlich. Sofern der Nutzer aber nicht erfragte Informationen aufdrängt, so stellt dies eine Übermittlung dar. Für die Übermittlung ist die übermittelnde

---

851 Zu dieser Fallgruppe bereits oben Kap. 1 § 2 IV. 2. b); zum Identitätsmissbrauch beim Online-Banking *Borges,* in: Derleder/Knops/Bamberger, Bankrecht-Handbuch, § 9 Rn. 133 ff.; *Borges,* NJW 2012, 2385; bei Online-Handelsplattformen *Borges,* in: Borges, Rechtsfragen der Internet-Auktion, S. 214 ff.; bei Authentifizierung mittels elektronischen Identitätsnachweises *Borges,* Rechtsfragen des elektronischen Identitätsnachweises, S. 113 ff.
852 *Weichert,* VuR 2009, 323, 327.
853 Siehe oben Kap. 2 § 4 III. 2. b).
854 *Kampert,* Datenschutz in sozialen Online-Netzwerken, S. 61.
855 Die Anknüpfung erfolgt für jeden Beteiligten separat anhand des jeweiligen Datenverarbeitungsvorgangs, siehe ausführlich oben Kap. 3 § 6 I. 1.
856 *Hornung,* in: Hornung/Müller-Terpitz, Rechtshandbuch Social Media, Kap. 4 Rn. 44.
857 *Kampert,* Datenschutz in sozialen Online-Netzwerken, S. 63.

Kap. 3 Verantwortlichkeit für den Datenumgang in sozialen Netzwerken

Stelle verantwortlich,[858] sodass die betreffende Datenverarbeitung in den Verantwortungsbereich des sich registrierenden Nutzers fällt. Auch Mischformen sind denkbar: Wenn der Netzwerkbetreiber beispielsweise Vorname und Nachname erfragt, der Nutzer jedoch statt „Max Müller" im Formular „Max Müller aus Bochum" eingibt, so liegen zwei separate Datenverarbeitungsvorgänge vor: hinsichtlich des Namens ein Erheben des Netzwerkbetreibers, hinsichtlich der nicht-erfragten Angabe über den Wohnort eine Übermittlung des Nutzers.

Im Falle der Übermittlung eigener personenbezogener Daten ist eine Verantwortlichkeit des Nutzers in teleologischer Reduktion des Art. 4 Nr. 7 DSGVO abzulehnen.[859] Die Übermittlung der Wohnortsangabe im vorgenannten Beispiel ist vom Schutzbereich der DSGVO nicht erfasst und eine Bestimmung der Verantwortlichkeit entbehrlich.

(3) Registrierung mit fremden Daten („Identitätsmissbrauch")

Die oben vorgenommene Beurteilung lässt sich doch in dem Fall in Frage stellen, in dem sich der Nutzer mit fremden personenbezogenen Daten registriert. Der Netzwerkbetreiber erfragt mittels seines Registrierungsformulars nicht beliebige fremde Daten, sondern die Daten desjenigen, der bei verständiger Würdigung vom Netzwerkbetreiber als Vertragspartner angesehen wird.

Es stellt sich die Frage, ob dies Auswirkungen auf die datenschutzrechtliche Beurteilung des Vorgangs hat. Zunächst ist zu konstatieren, dass auch hier ein Erheben des Nutzers ausscheidet, da die fremden, durch den Nutzer eingegebenen Daten typischerweise aus seinem Wissen stammen und durch die Eingabe erstmals ein Datum generiert wird.[860] Bei einem solchen Identitätsmissbrauch könnte auch eine Erhebung durch den Netzwerkbetreiber ausscheiden, wenn dieser nach Daten des Nutzers fragt, aber ihm Daten übersendet werden, die sich auf eine andere – identifizierbare – natürliche Person beziehen. Würden diese Daten vom Netzwerkbetreiber erhoben, so wäre der Netzwerkbetreiber für diesen Vorgang verantwortlich; handelte es sich hingegen um eine Übermittlung, so träfe den identitätsmissbrauchenden Nutzer hierfür die Verantwortung.

Problematisch erscheint hier vor allem die für die Erhebung erforderliche subjektive Komponente des Netzwerkbetreibers. Für einen abstrakten Erhebungswillen, der auch den Fall des Zusendens fremder Daten umfasst, spricht zunächst, dass zielgerichtete, personalisierte Werbung auch dann möglich ist, wenn die Identität des Nutzers dem Netzwerkbetreiber unbekannt ist.[861] Unter Vermarktungsaspekten ist es für den Netzwerkbetreiber daher irrelevant, mit welchen Daten der Nutzer sich registriert. Auf der anderen Seite würde der Betroffene hinsichtlich der Dateneingabe gegenüber dem dateneingebenden Nutzer daten-

---

858 So für § 3 Abs. 4 Satz 2 Nr. 3 BDSG a. F. *Dammann,* in: Simitis, BDSG, § 3 Rn. 143; *Schmitz,* in: Gierschmann/Saeugling, BDSG, § 3 Rn. 79.
859 Siehe oben Kap. 3 § 6 I. 1.
860 *Kampert,* Datenschutz in sozialen Online-Netzwerken, S. 64.
861 *Ziebarth,* ZD 2013, 375, 377; zur Klarnamenspflicht siehe unten Kap. 5 § 15 I.

schutzrechtlich schutzlos gestellt werden, läge hier keine Übermittlung vor. Es erschließt sich jedoch nicht, weshalb ein aufgrund des Identitätsmissbrauchs identifizierbarer Betroffener nicht gegen den identitätsmissbrauchenden Nutzer – sofern das Datenschutzrecht dem Grunde nach auf diesen anwendbar ist – nicht vorgehen können sollte. Ansonsten blieben ihm lediglich Unterlassungsansprüche aus §§ 823, 1004 BGB i. V. m. dem allgemeinen Persönlichkeitsrecht bzw. § 12 BGB.

Entscheidend gegen eine Erhebung spricht vor allem, dass die Registrierung einen Social-Media-Vertrag[862] begründen soll. Der Betreiber des sozialen Netzwerks ist daran interessiert, authentische Daten zu erhalten. Dies trifft insbesondere auf soziale Netzwerke zu, bei denen für die Mitgliedschaft ein Entgelt entrichtet werden muss, um im Falle eines Zahlungsausfalls oder unberechtigter Zurückbuchung von Lastschriften eine effektive Möglichkeit zu haben, gegen den Nutzer vorzugehen. Aber auch zur Verfolgung von Rechtsverstößen bzw. der Erfüllung von Auskunftsansprüchen, z. B. bei Rechtsverletzungen durch den Nutzer, hat der Betreiber ein Interesse daran, die korrekten Daten zu erhalten. Für die rechtliche Beurteilung ist auch irrelevant, ob aus Sicht des Übermittlungsempfängers ein Erheben vorliegt.[863] Dass der Betreiber beim Identitätsmissbrauch daran glaubt, er würde die von ihm angefragten Daten erhalten, und somit eine Erhebung vorläge,[864] ist mithin unschädlich. Würde angenommen werden, dass es sich um eine Erhebung handele, so läge in der Fallkonstellation des Identitätsmissbrauchs eine Erhebung personenbezogener Daten bei einem Dritten vor. Eine solche Erhebung, die nicht bei der betroffenen Person erfolgt, würde zudem grds. die Notifikationspflicht des Art. 14 DSGVO auslösen, die allerdings – mangels Kenntnis über den Identitätsmissbrauch – regelmäßig unmöglich oder jedenfalls unverhältnismäßig i. S. d. Art. 14 Abs. 5 lit. b DSGVO wäre.

Eine für die Erhebung notwendige subjektive Komponente hinsichtlich der fremden Daten liegt beim Netzwerkbetreiber regelmäßig nicht vor. Bei einem solchen Identitätsmissbrauch liegt daher eine Übermittlung vor.[865] Auf eine Übermittlung fremder Daten im Rahmen der Registrierung ist die DSGVO vollständig anwendbar, da die im Rahmen der Registrierung eingegebenen Daten typischerweise unbeschränkt sichtbar sind.[866] Die unbeschränkte Sichtbarkeit verhindert unstreitig einen Rückgriff auf das in Art. 2 Abs. 2 lit. c DSGVO normierte Haushaltsprivileg.[867] Die Verantwortung für die Übermittlung fremder Daten trägt der Übermittelnde, d. h. der identitätsmissbrauchende Nutzer.

---

862 Zur Vertragstypologie siehe die Nachweise in Fn. 313.
863 *Dammann,* in: Simitis, BDSG, § 3 Rn. 143.
864 Siehe oben Kap. 3 § 7 I. 2. b) cc) (2).
865 A. A. *Kampert,* Datenschutz in sozialen Online-Netzwerken, S. 62 f., der nicht zwischen eigenen und fremden Daten differenziert und daher zu einem Erheben des Netzwerkbetreibers gelangt.
866 Siehe oben Kap. 1 § 2 III. 1. a).
867 Siehe oben Kap. 2 § 4 IV. 2. b) bb).

## 3. Speicherung der eingegebenen Daten

Im Anschluss hieran nimmt der Betreiber des sozialen Netzwerks die empfangenen Daten in seine Datenbank auf. Dieser Vorgang ist erforderlich, um beispielsweise den Abruf der Daten durch Nutzer der Plattform zu ermöglichen. Speicherung bezeichnet die Aufbewahrung personenbezogener Daten in verkörperter Form auf einem Datenträger zum Zweck der weiteren Verarbeitung zu einem späteren Zeitpunkt.[868] Die Anforderungen an den Zweck sind niedrig; ausreichend ist bereits das bloße Verfügbarhalten der Information oder die Kenntnisnahme.[869] Ob, wann und wie es zur weiteren Verwendung kommt, muss zum Zeitpunkt der Speicherung nicht feststehen.[870] Da die Hinterlegung der Daten zur Diensterbringung des Betreibers des sozialen Netzwerks erforderlich ist, und der Netzwerkbetreiber mit dieser die Attraktivität der von ihm betriebenen Plattform fördert, ist von einer Speicherung auszugehen. Daneben sind weitere Zwecke der Speicherung denkbar: Sofern sich die jeweilige Plattform etwa durch die Schaltung personenbezogener Werbung finanziert, liegt auch hierin ein Speicherzweck.

Eine Speicherung ist auch ohne vorherige Erhebung möglich.[871] Auch nicht gezielt beschaffte Daten werden grundsätzlich gespeichert.[872] Für die Verantwortlichkeit für die Speicherung ist nicht relevant, ob die Daten mit oder ohne vorherige Erhebungsaktivität in den Herrschaftsbereich der speichernden Stelle gelangt sind.[873] Will die Stelle nicht-erhobene Daten nicht verwenden, muss sie diese bei Kenntnisnahme unverzüglich löschen; wird nicht unverzüglich gelöscht, so ist der Tatbestand der Speicherung auch hinsichtlich der „aufgedrängten" Daten erfüllt.[874] Somit liegt auch im Fall des Identitätsmissbrauchs im Rahmen der Registrierung eine Speicherung durch den Netzwerkbetreiber vor.

Daher ist festzustellen, dass die Speicherung der im Rahmen der Registrierung erhobenen oder dem Netzwerkbetreiber übermittelten Daten stets zur Einstufung des Betreibers des sozialen Netzwerks als für die Verarbeitung Verantwortlicher führt.

---

868 *Arning/Rothkegel*, in: Taeger/Gabel, DSGVO, Art. 4 Rn. 72; *Ernst*, in: Paal/Pauly, DS-GVO/BDSG, Art. 4 Rn. 25; *Reimer*, in: Sydow, DSGVO, Art. 4 Rn. 61; zu § 3 Abs. 4 Satz 2 Nr. 1 BDSG a. F. bereits *Dammann*, in: Simitis, BDSG, § 3 Rn. 120.
869 *Dammann*, in: Simitis, BDSG, § 3 Rn. 120.
870 *Dammann*, in: Simitis, BDSG, § 3 Rn. 120.
871 Explizit für den Bereich sozialer Netzwerke *Splittgerber*, in: Splittgerber, Rechtsfragen Social Media, Kap. 3 Rn. 118; *Konferenz der Datenschutzbeauftragten des Bundes und der Länder*, Datenschutz bei der Nutzung vernetzter und nicht vernetzter Fahrzeuge, S. 2; implizit auch OLG Hamm, Beschl. v. 02.07.2015 - 28 U 46/15 (unveröffentlicht).
872 *Weichert*, in: Däubler/Klebe/Wedde/Weichert, BDSG, § 3 Rn. 34.
873 *Dammann*, in: Simitis, BDSG, § 3 Rn. 106; *Gola/Klug/Körffer*, in: Gola/Schomerus, BDSG, § 3 Rn. 28.
874 Zu § 3 Abs. 4 Satz 2 Nr. 1 BDSG a. F. *Weichert*, in: Däubler/Klebe/Wedde/Weichert, BDSG, § 3 Rn. 34.

## 4. Anzeige der eingegebenen Daten

Die im Rahmen der Registrierung eingegebenen Daten werden anderen Internet- und/oder Netzwerknutzern angezeigt. Eine direkte Übermittlung vom Urheber der Information an den Empfänger liegt nicht vor, sondern findet vielmehr zwischen dem Betreiber des sozialen Netzwerks und Drittem statt.[875] Dabei kann sowohl nach personenbezogenen Daten recherchiert werden, indem etwa gezielt das Profil des Betroffenen aufgerufen wird, oder ohne entsprechende Aufforderung Daten als „Neuigkeiten" oder in ähnlich aufbereiteter Form dem Aufrufenden angezeigt werden. Erneut sind für diese beiden Fälle Übermittlung und Erhebung voneinander abzugrenzen.

### a) Unaufgeforderte Anzeige bei anderen Nutzern

Wenn der Netzwerkbetreiber die personenbezogenen Daten anderen Personen, insbesondere anderen Mitgliedern des Netzwerks, unaufgefordert zuleitet, handelt es sich nach den eingangs erläuterten Grundsätzen um eine Übermittlung,[876] die als Unterfall der Offenlegung[877] zu qualifizieren ist. Dies ist etwa dann der Fall, wenn Handlungen des Nutzers im Netzwerk bei anderen Nutzern eingeblendet werden,[878] z.B. das Erschließen neuer Kontakte, die Teilnahme an Veranstaltungen oder ähnliche Nutzeraktivitäten. Teilweise werden die Inhalte durch den Netzwerkbetreiber priorisiert.[879] Hierbei wird zumindest auch der im Rahmen der Registrierung angegebene Name des Betroffenen angezeigt. Eine Erhebung des Datenempfängers liegt mangels Erhebungswillens nicht vor. Als Übermittelnder ist der Netzwerkbetreiber der datenschutzrechtlich allein Verantwortliche für diesen Vorgang.[880]

In diesen Fällen scheidet eine Erhebung des Übermittlungsempfängers auch hinsichtlich etwaiger nachfolgender Aktivitäten aus, da die Daten zu diesem Zeitpunkt bereits beschafft sind.[881] Denkbar wäre etwa ein Screenshot oder ein Ausdruck, den der entsprechende Netzwerknutzer von der angezeigten Seite anfertigt. Werden die Daten durch denjenigen, dem die Daten übermittelt wurden, weiterverarbeitet, so liegt hierin ggf. ein Speichern, keinesfalls jedoch ein Erheben.[882] Ob jene weiteren Datenverarbeitungsvorgänge von der DSGVO erfasst werden, richtet sich nach Art. 2 Abs. 2 lit. c DSGVO.[883]

---

875 Vgl. EuGH, Slg. 2003, I-12971 Rn. 61 – „Lindqvist".
876 Vgl. oben Kap. 3 § 7 I. 2. a); ebenso *Jandt/Roßnagel*, MMR 2011, 637, 639; *Maisch,* Informationelle Selbstbestimmung in Netzwerken, S. 184 f.
877 Siehe Art. 4 Nr. 2 DSGVO.
878 *Maisch,* Informationelle Selbstbestimmung in Netzwerken, S. 184 f.
879 Zu Facebooks „Edge-Rank" *Kampert,* Datenschutz in sozialen Online-Netzwerken, S. 75 f.
880 Vgl. *Splittgerber,* in: Splittgerber, Rechtsfragen Social Media, Kap. 3 Rn. 117, der eine Übermittlung des Betreibers des sozialen Netzwerks annimmt, wenn dieser einer Behörde personenbezogene Daten zur Verfügung stellt.
881 Zu § 3 BDSG a.F. *Dammann,* in: Simitis, BDSG, § 3 Rn. 106.
882 Zur Speicherung ohne vorheriges Erheben siehe die Nachweise in Fn. 871.
883 Siehe dazu oben Kap. 2 § 4 IV. 2.

### b) Erhalt personenbezogener Daten auf Anfrage

Anders liegt es, wenn ein anderer Nutzer oder, soweit möglich, ein Netzwerkfremder Informationen über den Betroffenen erhalten möchte und etwa im Rahmen einer Suche gezielt die Seite des Betroffenen aufruft. Problematisch ist insoweit, dass der Nutzer i.d.R. nicht weiß, was ihm angezeigt werden wird, bevor er die Seite aufruft. Er ruft also Daten ab, hinsichtlich derer er womöglich gar keinen Erhebungswillen hat. Hier ist entscheidend, worauf sich der Wille zur Verarbeitung bezieht.

Geht es dem Aufrufenden darum, Informationen über einen anderen abzurufen, beabsichtigt er, Angaben über persönliche oder sachliche Verhältnisse, mithin personenbezogene Daten zu erhalten. Zumindest in Hinblick auf denjenigen Betroffenen, dessen Seite gezielt aufgerufen wird, liegt folglich ein entsprechender Erhebungswille vor. Das Aufrufen eines Profils in einem sozialen Netzwerk stellt somit auf Seiten des Informationssuchenden den Datenverarbeitungsvorgang der Erhebung dar.[884] Auf der anderen Seite werden jedoch gerade diese Daten auf Anfrage des beobachtenden Nutzers vom Netzwerkbetreiber übertragen. Hierbei handelt es sich um eine Übermittlung des Betreibers des sozialen Netzwerks, die mit der Erhebung des die Information aufrufenden Nutzers zusammenfällt.[885] Liegen Übermittlung und Erhebung zugleich vor, ist der Übermittelnde der für die Übermittlung Verantwortliche; der Erhebende trägt die datenschutzrechtliche Verantwortung für die Erhebung.[886] Eine anschließende Speicherung kann durch den Erhebenden erfolgen,[887] ist jedoch nicht zwingend erforderlich.[888] Sucht beispielsweise der Nutzer X nach seinem Kontakt Y, werden Daten von X erhoben und zugleich vom Netzwerkbetreiber übermittelt. Inwieweit letztlich eine Verantwortlichkeit des die Seite aufrufenden Dritten (im Bsp.: X) angenommen werden kann, richtet sich maßgeblich danach, ob dieser die Kriterien der Ausnahmeregelung des Art. 2 Abs. 2 lit. c DSGVO[889] erfüllt.[890]

In der Realität werden jedoch auch bei dem Erhalt von personenbezogenen Daten auf Anfrage Daten weiterer Nutzer übertragen. Sucht etwa im o. g. Beispiel der Nutzer X nach seinem Kontakt Y, aber gibt bei den Suchparametern

---

884 So auch *Splittgerber,* in: Splittgerber, Rechtsfragen Social Media, Kap. 3 Rn. 117 mit dem Beispiel des über Bewerber oder Arbeitnehmer recherchierenden Arbeitgebers; allgemein für Internetrecherchen *Ernst,* in: Paal/Pauly, DS-GVO/BDSG, Art. 4 Rn. 23; vgl. auch *Dammann,* in: Simitis, BDSG, § 3 Rn. 109, wonach ein Erheben beim Beobachten personenbezogener Verhältnisse vorliegt.
885 Vgl. Fn. 846.
886 So auch *BayLDA,* Pressemitteilung „Kundendaten beim Unternehmensverkauf - ein Datenschutzproblem" vom 30.07.2015, S. 2.
887 Für eine etwaige weitere Speicherung wäre der zuvor Erhebende respektive Speichernde in Übertragung der unter Kap. 3 § 7 I. 3 erläuterten Grundsätze der für die Verarbeitung Verantwortliche.
888 Zu § 3 BDSG a.F. *Dammann,* in: Simitis, BDSG, § 3 Rn. 106.
889 Siehe dazu oben Kap. 2 § 4 IV. 2.
890 Eine Verantwortlichkeit für die Erhebung durch Abruf ist insbesondere im Fall der Recherche des Arbeitgebers über einen Bewerber denkbar, siehe oben Kap. 1 § 2 IV. 2. a).

Daten an, die zugleich auf andere Nutzer des Netzwerks zutreffen, so werden auch Profile anderer Nutzer angezeigt. Hinsichtlich dieser Betroffenen hat der Recherchierende keinen Erhebungswillen. Sein Erhebungswille konkretisiert sich auf denjenigen Betroffenen, über den er Informationen erhalten möchte. Auch beim Aufruf einer Profilseite ist denkbar, dass Daten angezeigt werden, die vom Erhebungswillen nicht umfasst sind. Ruft der X die Seite des Y auf und stellt dabei fest, dass Z ein Statusupdate des Y kommentiert hat, so enthält dieser Kommentar auf interaktiver Ebene auch die Information, dass Y und Z in Kontakt stehen, mithin ein personenbezogenes Datum über einen Dritten, da hier nicht nur Y, sondern auch Z Betroffener ist. Letzteres Datum ist vom Erhebungswillen des X nicht umfasst. Fehlt der Erhebungswille, ist die Übertragung der Information wie das unaufgeforderte Anzeigen zu behandeln.[891] In diesen Fällen, in denen Daten angezeigt werden, die nicht vom Erhebungswillen des Nutzers umfasst sind, liegt daher lediglich Übermittlungen des Betreibers des sozialen Netzwerks vor.

c) Kein Erheben durch den Betroffenen oder Übermitteln an den Betroffenen

Werden dem Betroffenen eigene personenbezogene Daten mitgeteilt, ist die DSGVO, unabhängig von den beiden zuvor geschilderten Fallgruppen, nicht anwendbar. Ruft der Betroffene gezielt sein eigenes Profil auf, so drängt sich die Ausnahme des Art. 2 Abs. 2 lit. c DSGVO geradezu auf. Selbst wenn die Datenverarbeitung zu familiär-privaten Zwecken abgelehnt wird (etwa weil es um ein Profil eines Arbeitgebers geht oder der Betroffene kommerzielle Interessen verfolgt), ist hinsichtlich der hier untersuchten Daten eine Erhebung nicht denkbar, weil der Nutzer bereits über seine eigenen Daten verfügt.[892] Darüber hinaus soll das Datenschutzrecht nicht den Betroffenen vor sich selbst schützen.[893] Die Verarbeitung eigener personenbezogener Daten ist daher nicht von der DSGVO erfasst.[894] Wird das eigene Profil aufgerufen, liegt jedenfalls keine datenschutzrechtlich relevante Erhebung vor. Auch eine Übermittlung durch den Netzwerkbetreiber scheidet aus, da eine Übermittlung personenbezogener Daten des Betroffenen an den Betroffenen – dieser ist kein „Dritter" im Sinne des Art. 4 Nr. 10 DSGVO – ebenfalls keinen datenschutzrelevanten Vorgang darstellt.

d) Zwischenergebnis

Werden die eingegebenen Daten Dritten, insbesondere anderen Nutzern des sozialen Netzwerks, angezeigt, so liegt zunächst eine Übermittlung des Netzwerkbetreibers vor. Die Verantwortlichkeit für die Übermittlung trifft den Netzwerkbetreiber. Ein Übermitteln liegt stets vor, unabhängig davon, ob die Daten

---

891 Siehe oben Kap. 3 § 7 I. 4. a).
892 Siehe bereits die Nachweise in Fn. 857.
893 Siehe oben Kap. 3 § 6 I. 1.
894 So für das BDSG a. F. bereits *Dammann*, in: Simitis, BDSG, § 3 Rn. 226; *Jandt/Roßnagel*, in: Schenk/Niemann/Reinmann/Roßnagel, Digitale Privatsphäre, S. 346.

Kap. 3 Verantwortlichkeit für den Datenumgang in sozialen Netzwerken

dem Empfänger unaufgefordert oder im Rahmen dessen Recherchen zugeleitet werden. Hat der Datenempfänger allerdings die Intention, Daten über den Betroffenen zu beschaffen, so liegt – sofern der Datenempfänger nicht zu privilegierten Zwecken i. S. d. Art. 2 Abs. 2 lit c DSGVO handelt – zugleich eine Erhebung vor. In diesem Fall trifft die datenschutzrechtliche Verantwortlichkeit für die Erhebung, die neben die Verantwortlichkeit für das Übermitteln tritt, den Datenempfänger. Nicht vom Datenschutzrecht erfasst wird das Erheben eigener Daten durch den Betroffenen oder das Übermitteln des Netzwerkbetreibers an den Betroffenen.

Die dargestellte Problematik der Anzeige bzw. des gezielten Abrufs personenbezogener Daten durch andere Nutzer des sozialen Netzwerks stellt sich auch in sämtlichen im Folgenden betrachteten Fallgruppen. Die hiesigen Ausführungen können daher auf den gezielten Abruf bzw. die Anzeige von Statusupdates, Kommentaren usw.[895] übertragen werden. Da sich dort allerdings keine Sonderprobleme stellen, wird vom zuvor geschilderten Grundsatzfall der Offenlegung[896] ausgegangen. Sofern hingegen gezielt Daten abgerufen werden, tritt, wie dargelegt, hinsichtlich derjenigen Daten, die vom Erhebungswillen umfasst sind, die Erhebung des Nutzers neben die Offenlegung.

*5. Zusammenfassung: Datenschutzrechtliche Verantwortlichkeit bei Registrierung in einem sozialen Netzwerk*

Die Eingabe der bei der Registrierung anzugebenden Daten wird durch den Netzwerkbetreiber inhaltlich vorstrukturiert, sodass grundsätzlich ein Erheben durch den Betreiber des sozialen Netzwerks vorliegt. Im Anschluss werden die Daten zumindest einmal durch den Netzwerkbetreiber gespeichert, um die Funktionsfähigkeit des Dienstes zu gewährleisten. Für diese Verarbeitungsvorgänge trägt der Netzwerkbetreiber die datenschutzrechtliche Verantwortung. Die Anzeige dieser Daten bei Dritten stellt eine Übermittlung des Netzwerkbetreibers dar. Anders liegt es, wenn gezielt Daten über den Betroffenen gesucht werden: Hier liegt nicht nur eine Übermittlung des Netzwerkbetreibers vor, sondern grds. auch eine Erhebung des die Daten abrufenden Nutzers.

**II. Ausfüllen des Profils**

*1. Maßgebliche Fallgruppe*

Der Nutzer kann sein Profil mit weiteren Informationen anreichern. Im Unterschied zu den Registrierungsdaten kann der Nutzer jedoch in der überwiegenden Mehrheit der sozialen Netzwerke über die Zugänglichkeit respektive Sichtbarkeit der hier eingegebenen Daten über die Privatsphäreeinstellungen selbst dis-

---

895 Dazu unten Kap. 3 § 7 II bis Kap. 3 § 7 V.
896 Siehe oben Kap. 3 § 7 I. 4. a).

§ 7 Verantwortlichkeit für die durch den Nutzer initiierten Handlungen

ponieren. Beispielsweise ist eine Beschränkung der Sichtbarkeit auf Kontakte oder sogar ausgewählte einzelne Kontakte möglich.[897]

2. *Eingabe der Daten*

Das Ausfüllen des Profils wird, ebenso wie bei der Registrierung, durch den Netzwerkbetreiber regelmäßig inhaltlich vorstrukturiert. Dieser erfragt mittels bestimmter Eingabefelder gezielt Daten, etwa Arbeitgeber, Wohnort oder edukativer Werdegang.[898] Bei der Eingabe der Daten handelt es sich folglich grundsätzlich um eine Erhebung.[899] Als Erhebender ist der Netzwerkbetreiber für die Datenerhebung verantwortlich.[900] Anderes gilt, analog zur Registrierung, dann, wenn Daten eingegeben werden, die nicht dem Erfragten entsprechen.[901]

Mit der Eingabe seiner Profildaten, die nicht im Rahmen seiner Registrierung abgefragt werden, erweitert der Nutzer die in seinem Profil angezeigten Daten. Im Unterschied zur Registrierung ist das Ausfüllen der Profilseite jedoch nicht für die Nutzung des sozialen Netzwerks erforderlich, sondern dient vor allem der Selbstdarstellung und der Möglichkeit, durch andere Nutzer gefunden zu werden. Der Nutzer nimmt also eine unabhängig vom Netzwerkbetreiber liegende Zwecksetzung vor. Trotz der unterschiedlichen Zwecke sind beide Parteien auf den jeweils anderen angewiesen: Ohne die Infrastruktur des Anbieters kann der Nutzer seine Zwecke nicht verfolgen; ohne die Eingaben des Nutzers kann das Netzwerk nicht effektiv betrieben werden. Daher liegt nah, neben der Erhebung durch den Netzwerkbetreiber auch eine Übermittlung des Nutzers in eigener Verantwortung anzunehmen. Sowohl Netzwerkbetreiber wie auch Nutzer verfolgen demnach eigene Zwecke und sind prinzipiell als parallel für die Verarbeitung Verantwortliche[902] einzustufen.[903]

Sofern der Nutzer sein Profil mit Daten über sich selbst ausfüllt – was der Regelfall ist – so entfällt jedoch dessen Verantwortlichkeit in teleologischer Reduktion von Art. 4 Nr. 7 DSGVO. Es bleibt in diesen Fällen bei der alleinigen Verantwortlichkeit des Netzwerkbetreibers.[904]

---

897 Siehe oben Kap. 1 § 2 III. 1. a).
898 Siehe die Übersicht oben Kap. 1 § 2 III. 1. a).
899 Vgl. Kap. 3 § 7 I. 2. a).
900 Siehe dazu bereits oben Kap. 3 § 7 I. 2. b) cc) (2).
901 Zu diesem Sonderfall siehe oben Kap. 3 § 7 I. 2. b) cc).
902 Zur parallelen Verantwortlichkeit siehe oben Kap. 3 § 6 II. 2. c)
903 So auch *Jandt/Roßnagel*, in: Schenk/Niemann/Reinmann/Roßnagel, Digitale Privatsphäre, S. 355.
904 Anderes gilt für die Speicherung fremder personenbezogener Daten. In diesem Fall wären Netzwerkbetreiber und Nutzer parallel für die Speicherung verantwortlich. Dies ist bei dem eigenen Profil eher unüblich, weshalb eine Darstellung dieses Falls ausführlich bei Kap. 3 § 7 III. 3 erfolgt.

## 3. Speicherung der Profildaten

Im Anschluss werden die Daten durch den Netzwerkbetreiber zu dessen Zwecken gespeichert. Insoweit ergeben sich gegenüber der Speicherung im Rahmen der Registrierung des Nutzers keine Besonderheiten.[905] Ebenso wie bei der Eingabe der Daten verfolgt der Nutzer mit der Speicherung seiner Daten auf der Infrastruktur des Netzwerkbetreibers seine eigenen Zwecke. Sowohl Netzwerkbetreiber wie auch Nutzer verfolgen demnach eigene Zwecke und sind folglich als parallel für die Speicherung Verantwortliche[906] einzustufen. Da im Regelfall eigene personenbezogene Daten durch den Nutzer verarbeitet werden, bleibt es grundsätzlich bei der alleinigen Verantwortlichkeit des Netzwerkbetreibers.[907]

## 4. Offenlegung

Auch bei der Offenlegung wird, wie bei der Speicherung, getrennt voneinander über die Zwecke der Datenverarbeitung entschieden: Dem Nutzer ist bei der Verfolgung seines Zwecks nur geholfen, wenn die eingegebenen Daten anderen Nutzern zugänglich gemacht werden. Öffnet der Nutzer sein Profil für die Öffentlichkeit, ist dieser grundsätzlich als für die Verarbeitung Verantwortlicher zu qualifizieren.[908]

Es stellt sich jedoch die Frage, ob der Netzwerkbetreiber daneben Verantwortlicher ist. Der Adressatenkreis lässt sich zwar durch den Nutzer im Wege sog. Privatsphäreeinstellungen konfigurieren, wird aber auch durch den Netzwerkbetreiber bestimmt: Der Nutzer richtet sich bei der Publikation mehr oder minder gezielt an bestimmte Personen. Der Netzwerkbetreiber bestimmt hingegen u. a. durch seine Nutzungsbedingungen, wer dem Nutzer zur Auswahl steht. Beispielsweise kann er bestimmte Altersgruppen, insbesondere Kinder und Jugendliche, von der Nutzung ausschließen[909] oder Nutzer aufgrund von Rechtsverstößen oder Verstößen gegen die Nutzungsbedingungen sperren. Auch kann er durch Priorisierung beeinflussen, wem welche Inhalte angezeigt werden.[910] Mit der Offenlegung verfolgt ebenso der Betreiber des sozialen Netzwerks seine eigenen Zwecke. Zwar dient die Publikation, anders als die Speicherung, nicht unmittelbar der späteren Verwertung der Daten; vielmehr könnte aus Sicht des Netzwerkbetreibers bereits auf Grundlage der Speicherung personenbezogene Werbung geschaltet werden. Allerdings evoziert eine Publikation in der Öffentlichkeit regelmäßig eine Reaktion. Die Verbreitung der nutzergenerierten Inhalte

---

905 Vgl. Kap. 3 § 7 I. 3.
906 Zur parallelen Verantwortlichkeit siehe oben Kap. 3 § 6 II. 2. c)
907 Vgl. bereits oben Kap. 3 § 7 II. 2.
908 So auch *Piltz,* Soziale Netzwerke im Internet, S. 100, der in diesen Fällen eine Übermittlung des Nutzers i. S. d. § 3 Abs. 4 BDSG a. F. annimmt; i. E. auch *Jandt/Roßnagel,* ZD 2011, 160, 164; *Jandt/Roßnagel,* in: Schenk/Niemann/Reinmann/Roßnagel, Digitale Privatsphäre, S. 351.
909 Zur Verarbeitung von Daten minderjähriger Betroffener und deren Ausschluss durch den Netzwerkbetreiber ausführlich unten Kap. 4 § 13 II.
910 Siehe Fn. 879.

bringt weitere Nutzer dazu, das entsprechende Netzwerk zu nutzen[911] oder ihre Nutzung zu intensivieren. Dadurch wird es möglich, weitere Daten zu sammeln, wodurch diese der Verwertung zugeführt werden können.[912] Daher ist auch die Offenlegung vom Netzwerkbetreiber bezweckt. Nutzer und Netzwerkbetreiber gleichermaßen als (getrennt) für die Verarbeitung in Form der Offenlegung Verantwortliche zu betrachten. Allerdings wird vorliegend, ebenso wie bei der Speicherung, die Verantwortlichkeit des Nutzers in teleologischer Reduktion von Art. 4 Nr. 7 DSGVO grundsätzlich entfallen.[913]

*5. Besonderheiten beim Identitätsmissbrauch*

Denkbar ist auch, dass der Nutzer zu Zwecken des Identitätsmissbrauchs ein Profil mit fremden Daten angelegt. Der Identitätsmissbrauch hat typischerweise eine konkrete, klar umrissene Zielperson.[914] Daher liegt es nah, dass diese Daten regelmäßig nur einem kleinen, zwecknotwendigen Kreis zugänglich gemacht werden und der Nutzer dadurch das Kriterium des persönlich-familiären Umfelds des Art. 2 Abs. 2 lit. c DSGVO erfüllt. Erfüllt er darüber hinaus das Kriterium des persönlich-familiären Zwecks, z. B. wenn der Täter mit dem Identitätsmissbrauch keine gewerblichen Absichten verfolgt, sondern sich bloß einen Spaß unter Freunden erlaubt, findet das Datenschutzrecht auf ihn keine Anwendung.[915] Nur, wenn das Datenschutzrecht auf ihn Anwendung findet, kommt auch eine Qualifikation als Verantwortlicher in Betracht. Ein Identitätsmissbrauch, bei dem das Opfer einen weit verbreiteten Namen trägt, d. h. eine Identifizierung allein aufgrund der unbeschränkt sichtbaren Daten nicht möglich ist, und der Täter hinsichtlich der Angabe weiterer Informationen unter das Haushaltsprivileg fällt, wäre vom Anwendungsbereich der DSGVO nicht erfasst und in Hinblick auf das Handeln des Täters datenschutzrechtlicher Hinsicht nicht zu beanstanden. Der Netzwerkbetreiber wird hingegen, unabhängig davon, wie sehr der Adressatenkreis durch den Nutzer beschränkt wurde, nicht durch Art. 2 Abs. 2 lit. c DSGVO privilegiert.[916] Das Opfer eines Identitätsmissbrauchs kann sich in diesen Fällen zur Geltendmachung seiner sich aus dem Datenschutzrecht ergebenden Rechte lediglich an den Netzwerkbetreiber wenden.

---

911 *Wampfler,* Facebook, Blogs und Wikis, S. 119.
912 I. E. auch *Wampfler,* Facebook, Blogs und Wikis, S. 119.
913 Vgl. oben Kap. 3 § 7 II. 3.
914 Als Beispiel für einen Identitätsmissbrauch in sozialen Netzwerken nennen *Niemann/Schenk,* in: Schenk/Niemann/Reinmann/Roßnagel, Digitale Privatsphäre, S. 128, das unerkannte Kennenlernen eines Mitschülers, für den romantische Gefühle bestehen.
915 Siehe oben Kap. 2 § 4 IV. 2. b).
916 Siehe oben Kap. 2 § 4 IV. 3.

## 6. Zusammenfassung: Datenschutzrechtliche Verantwortlichkeit beim Ausfüllen des Profils

Aufgrund der inhaltlichen Vorstrukturierung der Eingaben durch den Netzwerkbetreiber liegt beim Ausfüllen des Profils, ebenso wie bei der Registrierung, grundsätzlich ein Erheben des Netzwerkbetreibers vor, für das dieser datenschutzrechtlich verantwortlich ist. Auch für die darauffolgende Speicherung und Offenlegung ist der Netzwerkbetreiber verantwortlich. Allerdings verfolgt der Nutzer mit denselben Verarbeitungsvorgängen eigene Zwecke, sodass auch er über die Zwecke der Verarbeitung entscheidet. Da hier regelmäßig eigene Daten des Nutzers eingegeben werden, entfällt dessen Verantwortlichkeit, mit der Folge, dass der Netzwerkbetreiber als allein für die Verarbeitung Verantwortlicher zu betrachten ist. Eine parallele Verantwortlichkeit von Nutzer und Netzwerkbetreiber ist nur bei Eingabe fremder personenbezogener Daten denkbar.

### III. Statusupdates und Weiterverbreitung fremder Beiträge

#### 1. Maßgebliche Fallgruppen

Im Unterschied zu den bei der Registrierung erhobenen und weiteren Profildaten wird die Eingabe der Daten bei Statusupdates oder der Weiterverbreitung von Beiträgen anderer Nutzer durch den Netzwerkbetreiber nicht inhaltlich vorstrukturiert. Je nach Netzwerk können auch Medien oder Standorte eingebunden werden. Die Sichtbarkeit dieser Statusupdates ist i. d. R. durch den Nutzer selbst per Privatsphäreeinstellungen konfigurierbar. Dasselbe gilt für die Weiterverbreitung fremder Beiträge in Form eines Statusupdates. Der Netzwerkbetreiber hat keinen Einfluss darauf, welche Statusupdates verbreitet oder wem diese angezeigt werden sollen.

Statusupdates enthalten stets auf Interaktionsebene das Datum, ein Statusupdate verfasst zu haben.[917] Anderes gilt nur, soweit ein anonymer Nutzer den Beitrag verfasst, da mangels Personenbeziehbarkeit des Anonyms auch die Aussage, dass der anonyme Nutzer ein Statusupdate verfasst hat, keinen Personenbezug entfalten kann.[918] Auf semantischer Ebene sind sowohl Statusupdates ohne personenbezogene Daten denkbar, als auch solche, die eigene und/oder fremde personenbezogene Daten enthalten.[919] Bei anonymen Nutzern sind auf semantischer Ebene nur die Statusupdates erfasst, die fremde personenbezogene Daten enthalten, da Aussagen über die eigene Person bei nicht-identifizierbaren

---

[917] Siehe oben Kap. 2 § 4 III. 3. b).
[918] Ebenso, jedoch ohne nähere Begründung *Splittgerber*, in: Splittgerber, Rechtsfragen Social Media, Kap. 3 Rn. 34.
[919] Siehe die Beispiele oben Kap. 2 § 4 III. 3. c).

§ 7 Verantwortlichkeit für die durch den Nutzer initiierten Handlungen

Personen ebenfalls keinen Personenbezug entfalten können.[920] Selbiges gilt für die Weiterverbreitung fremder Beiträge. Der Nutzer bestimmt, welche Daten er weiterverbreitet und wer Adressat der Weiterverbreitung ist. Es entsteht das personenbezogene Datum, dass er etwas weiterverbreitet hat und – je nach Inhalt – ggf. weitere personenbezogene Daten auf semantischer Ebene. Ferner ist in beiden Fällen die Verlinkung[921] von Personen möglich. Daher sind Statusupdates und die Weiterverbreitung fremder Beiträge datenschutzrechtlich gleichartig zu behandeln.

*2. Eingabe der Daten*

Veröffentlicht der Nutzer ein Statusupdate, so handelt es sich um die Publikation von User Generated Content. Dieses Szenario ist vergleichbar mit dem Blog-Eintrag eines Nutzers bei einem entsprechenden Anbieter (Host-Provider) gehosteten Blogs. Auch hier geht es um die Publikation von User Generated Content durch den einzelnen Nutzer unter Zuhilfenahme der technischen Infrastruktur des Host-Providers. Der Host-Provider eines Blogs hat keinen Einfluss darauf, welche Inhalte durch den Blog-Betreiber eingestellt werden. Der Host-Provider hat auch kein Interesse daran, bestimmte Daten zu erhalten. Die Eingabe bestimmter Daten liegt allein im Interesse des Nutzers. Der Nutzer hat die volle Kontrolle über die Inhalte. Die Entscheidung über die Zwecke der Datenverarbeitung trifft somit maßgeblich der Nutzer.[922]

Ähnlich liegt es beim Verfassen von Statusupdates. Zwar stellt der Netzwerkbetreiber die zur Übermittlung des Statusupdates genutzte technische Infrastruktur zur Verfügung und bestimmt damit über die Mittel der Verarbeitung. Im Gegensatz zur Eingabe von Profildaten kann er die im Rahmen eines Statusupdates eingegebenen Inhalte jedoch weder inhaltlich vorstrukturieren, noch die eingegebenen Inhalte kontrollieren, was jedoch bei vorstrukturierten Eingabefeldern durchaus denkbar wäre.[923] Vielmehr kann der Nutzer allein darüber entscheiden, ob, wann und welche Daten an den Netzwerkbetreiber gelangen. Auch die Zwecke der Übermittlung bestimmt maßgeblich der Nutzer, da bei Eingabe der Daten der Inhalt und der Zweck ihrer Verarbeitung unmittelbar gleichgerichtet sind. Beispielsweise wird ein Statusupdate, das vom eigenen Urlaub berichtet, andere Zwecke verfolgen als ein Statusupdate, in dem nach Hilfe bei der Autoreparatur gefragt wird. Daran ändert auch der Umstand nichts, dass der Netzwerkbetreiber womöglich an der späteren Verwertung der eingegebenen Daten zu eigenen Zwecken interessiert ist. Das Bereithalten einer Empfangseinrichtung allein

---

920 Veröffentlicht der Nutzer hingegen Daten, die den Personenbezug erst herstellen, sind diese freilich personenbezogen – in diesem Fall verliert der das Anonym tragende Nutzer die Anonymität.
921 Siehe Kap. 2 § 4 III. 6.
922 *Alich/Nolte*, CR 2011, 741, 744.
923 Beispielsweise könnte der Netzwerkbetreiber bei der Registrierung überprüfen, ob überhaupt ein Nachname oder ein Herkunftsort wie der angegebene existiert.

### Kap. 3 Verantwortlichkeit für den Datenumgang in sozialen Netzwerken

führt nicht zu einem Erheben, wenn diese für die Zustellung von Daten genutzt wird.[924] Zudem wird der Netzwerkbetreiber am Empfang bestimmter Daten auch gar kein Interesse haben, etwa reinen Sachdaten oder Daten über Dritte, die nicht Nutzer seines Netzwerks sind, soweit diese nicht für Schattenprofile fruchtbar gemacht werden können. Die genannten Motive können erst im Rahmen zeitlich nachgelagerter Datenverarbeitungsvorgänge Bedeutung erlangen.

Für die Eingabe von Daten in Form eines Statusupdates bleibt festzuhalten, dass eine Übermittlung des Nutzers in dessen alleiniger Verantwortung vorliegt.

### 3. Speicherung

#### a) Verantwortlichkeit des Nutzers

Im Anschluss werden die im Wege des Statusupdates übermittelten Daten auf der Infrastruktur des Betreibers des sozialen Netzwerks gespeichert. Ebenso wie bei der zuvor erörterten Übermittlung sind auch hier die Zwecke des Nutzers – die eigene Darstellung und die Kommunikation mit Dritten – vorherrschend. Der Nutzer bezweckt nicht nur die Übermittlung, sondern auch die Speicherung der von ihm eingegebenen Daten, da ohne eine solche keine Kenntnisnahme- und Reaktionsmöglichkeit durch andere Nutzer eröffnet wird, sodass eine Verantwortlichkeit des Nutzers vorliegt.

Ebenso wie der Netzwerkbetreiber für die Speicherung der zuvor von ihm erhobenen Daten verantwortlich ist,[925] ist der Nutzer für die Speicherung der zuvor von ihm übermittelten Daten verantwortlich. Fraglich ist hierbei jedoch, ob dies ebenfalls eine alleinige Verantwortlichkeit des Nutzers begründet.

#### b) Verantwortlichkeit des Netzwerkbetreibers

Neben dem Nutzer könnte auch der Netzwerkbetreiber für die Speicherung verantwortlich sein. In Hinblick auf die Datenverarbeitung beim Betrieb von Blogs wird vertreten, dass der Host-Provider weder Einfluss darauf habe, wann und zu welchen Zwecken Inhalte eingestellt werden, noch darauf, wer die Daten abrufe. Er wisse häufig nicht einmal, dass personenbezogene Daten verarbeitet werden.[926]

Ob dies auf soziale Netzwerke übertragen werden kann, erscheint zweifelhaft: Zwar legen Nutzer und Betreiber des sozialen Netzwerks i. d. R. die Zwecke und Mittel der Verarbeitung nicht gemeinsam fest, sodass eine gemeinsame Verantwortlichkeit ausscheidet. Sie legen jedoch, unabhängig voneinander, ihre jeweiligen Zwecke der Speicherung fest, z. B. indem der Netzwerkbetreiber die gespeicherten Daten zur Platzierung personalisierter Werbung verwenden möchte. Trotz der unterschiedlichen Zwecke sind die beiden Parteien zur Verwirklichung

---
924 Siehe oben Kap. 3 § 7 I. 2. a).
925 Siehe Kap. 3 § 7 II. 3.
926 *Alich/Nolte*, CR 2011, 741, 743.

dieser aufeinander angewiesen: Ohne die Speicherung der Daten unter Nutzung der Infrastruktur des Netzwerkanbieters wäre es schwierig für den Nutzer, viele seiner Kontakte gleichermaßen zu erreichen. Auf der anderen Seite erlaubt erst die Speicherung der Daten auf der eigenen Infrastruktur durch den Nutzer die Anzeige der Daten bei anderen Nutzern und somit den Betrieb des Netzwerks. Auch die Auswertung zum Zweck der Schaltung personalisierter Werbung ist ohne vorherige Speicherung undenkbar. Dies führt zu einer Parallelverantwortlichkeit von Nutzer und Netzwerkbetreiber. Auch ist es sachgerecht, dass sich derjenige, der die Infrastruktur stellt und Daten zu eigenen Zwecken nutzt, die Nutzung durch Dritte in dem Maße, wie er es dem Dritten erlaubt, zurechnen lassen muss.

Die Begründung einer datenschutzrechtlichen Nicht-Verantwortlichkeit des Netzwerkbetreibers für die Speicherung unter Verweis auf den mangelnden inhaltlichen Einfluss des Netzwerkbetreibers auf den User Generated Content würde im Ergebnis die Anwendung des Host-Provider-Privilegs im Datenschutzrecht auf vorgelagerter Stufe darstellen. Daher ist der Netzwerkbetreiber – grundsätzlich neben dem Nutzer – für die Speicherung verantwortlich.[927]

c) Geltendmachung von Betroffenenrechten bei paralleler Verantwortlichkeit

Wie aufgezeigt, verfolgen die beiden parallel Verantwortlichen verschiedene Zwecke. Dabei stellt sich jedoch die Frage, ob die Rechtsfigur der parallelen Verantwortlichkeit auch in der Praxis tauglich ist. Dies ist vor allem an der Gewährleistung des Schutzes des Betroffenen zu bemessen, da dies vorderster Zweck des Datenschutzrechts ist.[928] Gerade bei Statusupdates werden in hohem Maße fremde personenbezogene Daten verarbeitet, sodass die Betroffenen regelmäßig an der Verarbeitung unbeteiligt sind oder nicht einmal Kenntnis von der Verarbeitung haben. Daher darf die Annahme einer parallelen Verantwortlichkeit mit Blick auf den Betroffenen und seine Rechte nicht zu unbilligen Ergebnissen führen.

Werden personenbezogene Daten eines Dritten verarbeitet, z.B. eines anderen Nutzers oder einer netzwerkfremden Person, führt die parallele datenschutzrechtliche Verantwortlichkeit dazu, dass der Betroffene hinsichtlich seiner Rechte zwei Anspruchsgegner hat: In der vorliegenden Konstellation ist dies der die Datenspeicherung veranlassende Nutzer einerseits, auf der anderen Seite den Betreiber des sozialen Netzwerks.

Auch soweit der Netzwerkbetreiber dem Nutzer Zugriff auf seine Infrastruktur gestattet, ihm also eine (Mit-)Entscheidung über die Mittel der Verarbeitung einräumt, bleibt dem Betreiber des sozialen Netzwerks jedoch ein faktisch stärkerer

---

927 So zu § 3 BDSG a. F. i. E. auch *Weichert*, in: Däubler/Klebe/Wedde/Weichert, BDSG, § 3 Rn. 34, der eine Speicherung nach Übermittlung nur entfallen lässt, wenn die Daten alsbald nach Empfang gelöscht werden.
928 Vgl. Erwägungsgrund 1 der DSGVO.

### Kap. 3 Verantwortlichkeit für den Datenumgang in sozialen Netzwerken

Einfluss auf diese. Verlangt beispielsweise der Betroffene die Löschung seiner Daten, könnte diesem Verlangen der Netzwerkbetreiber eher nachkommen; ein System abgestufter Verantwortlichkeit ist dem Datenschutzrecht jedoch fremd.[929] Letztlich ist der Betreiber des sozialen Netzwerks derjenige, der beispielsweise eine Löschung der Daten durchführen und validieren kann, während der Nutzer darauf vertrauen muss, dass entsprechende Löschbefehle seitens des Netzwerkbetreibers durchgeführt werden. Gerade hier zeigten sich bislang eklatante Mängel, so wurde etwa über einzelne Netzwerke berichtet, ein „Löschen" des Nutzers würde kein faktisches Löschen der Daten nach sich ziehen.[930] Eine denkbare Konstellation ist das öffentlich zugängliche Statusupdate des Nutzers X, welches die Aussage „Y hat Schnupfen" über den identifizierbaren Netzwerkfremden Y enthält, und die mit dessen ausdrücklicher Einwilligung (Art. 9 Abs. 2 lit. a DSGVO) erfolgt. Widerruft nun Y seine Einwilligung, wäre die Datenspeicherung rechtswidrig.[931] Als parallel verantwortliche Stellen wären nun X und der Betreiber des Netzwerks gem. Art. 17 Abs. 1 lit. b DSGVO verpflichtet, auf Verlangen des Y die Daten unverzüglich zu löschen und so die rechtswidrige Verarbeitung einzustellen. Dies könnte Y grundsätzlich sowohl von X wie auch vom Netzwerkbetreiber verlangen. Wird aber trotz Ausführens einer etwaigen Löschfunktion durch X faktisch durch den Netzwerkbetreiber weiter gespeichert, wäre denkbar, dass der X, da ihm die Löschung nicht möglich ist, von seiner Pflicht zur Löschung frei wird.[932] In dem Moment, in dem der Nutzer allerdings eine Löschfunktion auslöst und daher nicht mehr in der Lage ist, auf vermeintlich gespeicherte Daten zuzugreifen, so erfolgt die vermeintliche Speicherung – zumindest ab diesem Zeitpunkt – nicht mehr zu seinen eigenen Zwecken. Ohne Entscheidung über die Zwecke der Verarbeitung verliert er die Stellung als für die Speicherung Verantwortlicher.

Der Betroffene ist jedoch weiter in der Lage, gegen den Netzwerkbetreiber, der – sofern er tatsächlich weiterhin speichert – Verantwortlicher bleibt, vorzugehen. Da der Nutzer nach wie vor für die Eingabe der Daten (Übermittlung

---

929 So zum BDSG a.F. *Hornung,* in: Hornung/Müller-Terpitz, Rechtshandbuch Social Media, Kap. 4 Rn. 49; *Spindler,* Persönlichkeitsschutz im Internet, S. 83 f.; ebenso *Petri,* ZD 2015, 103, 105, der jedoch eine solche Abstufung im Wege der Störerhaftung (zu diesem Konstrukt siehe unten Kap. 3 § 6 IV) erreichen möchte. Abwegig hingegen *Hoffmann/Schulz/Brackmann,* ZD 2013, 122, 125, die die datenschutzrechtliche Verantwortlichkeit in drei Stufen einteilen, wobei letztlich unklar bleibt, welcher Beteiligte für welche Verarbeitungsvorgänge verantwortlich sein soll, und die zur Begründung u. a. aus der Freiwilligkeit der Anmeldung eine Toleranz von Nutzern gegenüber Datenschutzverstößen herleiten, die zu einer „Teillegitimation" selbiger führen soll.
930 Siehe etwa http://www.faz.net/aktuell/feuilleton/debatten/soziale-netzwerke-auf-facebook-kannst-du-nichts-loeschen-11504650.html; nach Informationen von *europe-v-facebook.org* werden bspw. Nachrichten, auch wenn sie vom Nutzer gelöscht wurden, von Facebook nicht gelöscht, siehe http://www.europe-v-facebook.org/DE/Datenbestand/datenbestand.html#Messages (jeweils Stand: 9/2018).
931 Zur Rechtmäßigkeit im Einzelnen unter Kap. 4.
932 So jedenfalls *Kieselmann/Kopal/Wacker,* DuD 2015, 31, 32.

an den Netzwerkbetreiber) Verantwortlicher ist,[933] könnte der Y gegen X einen Auskunftsanspruch gem. Art. 15 DSGVO geltend machen. X wäre verpflichtet, dem Y mitzuteilen, dass er dessen Daten an den Netzwerkbetreiber gegeben hat (Art. 15 Abs. 1 lit. c DSGVO). Selbst wenn Y also nicht weiß, dass von seiner Einwilligung bereits Gebrauch gemacht wurde, ist er in der Lage, dies in Erfahrung zu bringen und dann ggf. weitere Schritte gegen andere für die Verarbeitung Verantwortliche einzuleiten. Somit droht keine Gefährdung des Betroffenenschutzes als Primärziel des Datenschutzrechts.

Die Rechtsfigur der parallelen Verantwortlichkeit vermag auch derartige Dreieckskonstellationen situationsadäquat zu erfassen, ohne dem Betroffenen die Durchsetzung seiner Rechte unbillig zu erschweren. Der Betroffene erhält zwei Anspruchsgegner, die jeweils in ihrem Verantwortungsbereich in der Lage sind, die Durchsetzung der Betroffenenrechte zu gewährleisten.

*4. Offenlegung*

Auch bei der Offenlegung wird, wie bei der Speicherung, getrennt voneinander über die Zwecke der Datenverarbeitung entschieden: Dem Nutzer ist bei der Verfolgung seiner Zwecke nur geholfen, wenn die eingegebenen Daten anderen Nutzern zugänglich gemacht werden. Für die Offenlegung ist dieser als Verantwortlicher zu qualifizieren.[934] Der Adressatenkreis lässt sich zwar durch den Nutzer beschränken, wird aber auch durch den Netzwerkbetreiber bestimmt: Der Nutzer richtet sich bei der Publikation mehr oder minder gezielt an bestimmte Personen. Der Netzwerkbetreiber bestimmt hingegen auch, wer dem Nutzer zur Auswahl steht und kann beeinflussen, wem welche Inhalte angezeigt werden.[935] Daher sind hinsichtlich der Offenlegung sowohl Netzwerkbetreiber wie auch Nutzer als parallel für die Verarbeitung Verantwortliche zu betrachten.

Auch hier führt die parallele Verantwortlichkeit nicht zu unbilligen Ergebnissen. Soweit die Daten allerdings öffentlich zugänglich gemacht werden, so ist die informationelle Selbstbestimmung des Betroffenen erheblich beeinträchtigt, da nun davon ausgegangen werden kann, dass jeder ohne größeren Aufwand die kolportierten Informationen erlangen kann. Dem erhöhten Schutzbedarf des Betroffenen bei der Veröffentlichung von Daten wird durch Art. 17 Abs. 2 DS-GVO Rechnung getragen, welcher anordnet, dass der Verantwortliche andere Verantwortliche über das Löschungsverlangen des Betroffenen informiert. Diese Regelung wird, da sie über die bloße Löschung hinausgeht, als sogenanntes „Recht auf Vergessenwerden" bezeichnet.[936] Verlangt der Betroffene etwa nur

---

933 Siehe dazu oben Kap. 3 § 7 III. 2.
934 Vgl. *Piltz,* Soziale Netzwerke im Internet, S. 100, der hier eine Übermittlung i. S. d. des § 3 Abs. 4 BDSG a. F. annimmt.
935 Dazu bereits oben Kap. 3 § 7 II. 4.
936 Ausführlich unten zur Datenlöschung unten Kap. 5 § 17; kritisch zum sog. „Recht auf Vergessenwerden" *Hornung/Hofmann,* JZ 2013, 163 ff.; *Kalabis/Selzer,* DuD 2012, 670 ff.; zur technischen Umsetzbarkeit *Federrath/Fuchs/Herrmann/Maier/Scheuer/Wagner,* DuD 2011, 403 ff.;

Löschung vom Nutzer, so muss dieser das Löschungsverlangen gem. Art. 17 Abs. 2 DSGVO an den Netzwerkbetreiber weiterleiten.[937]

## 5. Privilegierung des Nutzers

Der Nutzer ist in teleologischer Reduktion von Art. 4 Nr. 7 DSGVO nicht verantwortlich, wenn er lediglich eigene personenbezogene Daten verarbeitet. In diesem Fall ist der Netzwerkbetreiber allein für die Speicherung und Offenlegung der für die Verarbeitung Verantwortliche.

Verarbeitet der Nutzer (auch) fremde personenbezogene Daten, so ist er für die Übermittlung an den Netzwerkbetreiber allein verantwortlich; hinsichtlich der weiteren Verarbeitungsvorgänge tritt die Verantwortlichkeit des Nutzers grundsätzlich neben die des Netzwerkbetreibers. Anderes gilt nur insoweit, wie das Statusupdate kumulativ die beiden Kriterien des Art. 2 Abs. 2 lit. c DSGVO erfüllt: Zum einen darf das Statusupdate nicht beruflich-kommerzieller Natur sein. Dies ist etwa der Fall, wenn der Nutzer typische Arbeitgeberaktivitäten (z. B. Mitarbeiterakquise) durchführt.[938] Zudem muss er mittels seiner Privatsphäreeinstellungen den Adressatenkreis des Statusupdates in ausreichendem Maße beschränken.[939] Der Nutzer verliert diese Privilegierung, wenn er im Nachhinein die Privatsphäreeinstellungen verändert und so die Beschränkung aufhebt oder sich der Adressatenkreis anderweitig, z. B. durch Hinzufügen neuer Kontakte oder, soweit möglich, durch das Umgruppieren bestehender Kontakte, über die Grenzen der Haushaltsausnahme hinaus erweitert. Hinsichtlich jeder weiteren Offenlegung ist er dann neben dem Netzwerkbetreiber datenschutzrechtlich verantwortlich. Einer Studie zufolge werden 72 % der Statusmeldungen in ihrer Sichtbarkeit auf (ausgewählte) Kontakte beschränkt.[940] Hier ist eine Prüfung im Einzelfall erforderlich. In den übrigen 28 % der Statusupdates sind diese für Kontakte von Kontakten, für das gesamte Netzwerk oder sogar darüber hinaus sichtbar.[941] In diesen Fällen unterliegt der Nutzer stets der DSGVO.[942]

Sind – wie bei Speicherung und Offenlegung fremder personenbezogener Daten – Nutzer und Netzwerkbetreiber gleichermaßen verantwortlich, kann der Nutzer unter den Voraussetzungen von Art. 2 Abs. 2 lit. c DSGVO privilegiert werden. In diesen Fällen ist die DSGVO nicht auf den Nutzer, wohl aber auf den Netzwerkbetreiber anwendbar, da dieser die Daten zu gewerblichen Zwecken

---

*Gerling/Gerling*, DuD 2013, 445 f.; *Jandt/Kieselmann/Wacker*, DuD 2013, 235 ff.; *Kieselmann/Kopal/Wacker*, DuD 2015, 31 ff.; ausführlich zur Rechtslage nach dem BDSG a. F. *Nolte*, ZRP 2011, 236 ff.
937 So auch *Hornung/Hofmann*, JZ 2013, 163, 168; siehe ausführlich unten Kap. 5 § 17 III.
938 Siehe oben Kap. 2 § 4 IV. 2. b) aa) (2).
939 Siehe oben Kap. 2 § 4 IV. 2. b) bb) (3).
940 *Niemann/Schenk*, in: Schenk/Niemann/Reinmann/Roßnagel, Digitale Privatsphäre, S. 221.
941 *Niemann/Schenk*, in: Schenk/Niemann/Reinmann/Roßnagel, Digitale Privatsphäre, S. 221.
942 Siehe oben Kap. 2 § 4 IV. 2. b) bb).

nutzt.[943] Mangels Anwendbarkeit der DSGVO kann er auch bei rechtswidriger Verarbeitung durch den Netzwerkbetreiber nicht in Anspruch genommen werden. In diesen Fällen trifft den Netzwerkbetreiber die alleinige Verantwortlichkeit. Der Betroffene hat also, soweit die Privilegierung des Art. 2 Abs. 2 lit. c DSGVO Anwendung findet, nur noch einen Verantwortlichen als Anspruchsgegner. Angesichts des Umstands, dass die Reichweite der Statusupdates, die die Kriterien des Haushaltsprivilegs erfüllen, stark beschränkt ist und somit auch die Gefahren für das informationelle Selbstbestimmungsrecht des Betroffenen überschaubar sind, erscheint dies auch mit dem Betroffenenschutz vereinbar.

*6. Zusammenfassung: Datenverarbeitungsvorgänge bei Statusupdates und Weiterverbreitung fremder Beiträge*

Für die Übermittlung personenbezogener Daten Dritter an den Netzwerkbetreiber ist der Nutzer grds. allein verantwortlich. Für die Verarbeitungsvorgänge der Speicherung und Offenlegung ist der Netzwerkbetreiber als für die Verarbeitung Verantwortlicher zu betrachten. Der Nutzer ist für diese Datenverarbeitungsvorgänge parallel verantwortlich, es sei denn, er verarbeitet keine fremden personenbezogenen Daten oder erfüllt die Voraussetzungen des Art. 2 Abs. 2 lit. c DSGVO.

### IV. Kommentare, vereinfachte Nutzerreaktionen und Beiträge in Gruppen und Veranstaltungen

*1. Maßgebliche Fallgruppen*

Neben der Möglichkeit, selbst Statusupdates zu verfassen oder zu verbreiten, besteht die Möglichkeit, auf Statusupdates anderer Nutzer durch vereinfachte Nutzerreaktionen oder durch Kommentare zu reagieren. Auch auf Fansites können, je nach Konfiguration, Beiträge verfasst werden. Viele soziale Netzwerke stellen dem Nutzer die Möglichkeit zur Verfügung, Interessengruppen zu bilden oder Veranstaltungen zu erstellen, in denen ebenfalls Beiträge verfasst werden können. Die vorliegend betrachteten Fälle haben eines gemeinsam: Zum einen sind die Eingaben des Nutzers nicht inhaltlich vorstrukturiert (anders als bei Registrierung und Ausfüllen des Profils). Auch in den hier betrachteten Fällen ist der Nutzer in der inhaltlichen Gestaltung frei; auch Verlinkungen sind möglich. Insofern liegt eine gewisse Parallele zu Statusupdates vor.[944] Andererseits ist die Sichtbarkeit der Äußerungen nicht durch den äußernden Nutzer bestimmbar, sondern unterliegt der Bestimmung durch eine andere Person (anders als bei Statusupdates).[945] Ferner entsteht bei den hier betrachteten Nutzeraktionen stets

---

943 So ausdrücklich *Hornung/Hofmann*, JZ 2013, 163, 167.
944 Vgl. oben Kap. 3 § 7 III. 1.
945 Die Privatsphäreeinstellungen erbt das Element i. d. R. vom übergeordneten Objekt, siehe Kap. 1 § 2 III. 1. d).

### Kap. 3 Verantwortlichkeit für den Datenumgang in sozialen Netzwerken

ein zusätzliches Datum auf Interaktionsebene: Bei Kommentaren und vereinfachten Nutzerreaktionen entsteht das Datum, mit dem ursprünglichen Verfasser in Kontakt zu stehen.[946] Daher liegt eine unabhängig hiervon zu untersuchende Fallgruppe vor.

Anders als sämtliche zuvor betrachteten Konstellationen gibt es hier nicht zwei beteiligte Akteure (Betreiber, Nutzer), sondern drei Akteure: Der Betreiber des Netzwerks, der sich unmittelbar äußernde Nutzer (im Folgenden: „agierender Nutzer") sowie der Nutzer, der durch die Erstellung von Inhalten, etwa eines Statusupdates, die Möglichkeit zur Reaktion erst eröffnet[947] (im Folgenden: „administrierender Nutzer"). Letztgenannter kann der ursprüngliche Verfasser eines Statusupdates, der Administrator einer Gruppe oder der Ersteller einer Veranstaltung sein. Durch Festlegung der Reichweite des Inhalts seitens des administrierenden Nutzers wird zugleich die Reichweite der Reaktion bestimmt, da die Reaktion die Reichweite des ursprünglichen Inhalts „erbt". Der agierende Nutzer unterwirft sich durch seine Reaktion den Privatsphäreeinstellungen jenes administrierenden Nutzers.

#### 2. Eingabe der Daten

##### a) Übermittlung des agierenden Nutzers

Hinsichtlich der inhaltlichen Gestaltung, insbesondere ob, wann und welche ggf. personenbezogene Daten eingegeben werden, ist der agierende Nutzer, vergleichbar mit einem Statusupdate,[948] frei. Datenschutzrechtlich irrelevant ist, ob der Nutzer die Selbstdarstellung in Form eines Statusupdates oder in Form eines Beitrags im Rahmen eines geführten Diskurses bezweckt. Daher ist auch die mit der Eingabe der Daten verbundene Zwecksetzung vergleichbar mit der des Verfassens eines Statusupdates.[949] In der Eingabe der Daten in Form eines Kommentars, der Verwendung einer vereinfachten Nutzerreaktion oder eines Beitrags auf einer fremden Seite liegt ein Übermitteln des Nutzers, für das dieser verantwortlich ist.

Sofern der Nutzer nur eigene Daten verarbeitet, käme prinzipiell ein Ausschluss der Verantwortlichkeit in teleologischer Reduktion von Art. 4 Nr. 7 DSGVO in Betracht. Soweit es jedoch um Kommentare oder vereinfachte Nutzerreaktionen geht, ist stets das Interaktionsdatum enthalten, dass der agierende Nutzer mit dem administrierenden Nutzer in Kontakt steht. Dieses Datum ist nicht bloß auf die eigene Person bezogen, sondern hat zwei Betroffene; eine teleologische Reduktion scheidet daher aus.

---

946 Siehe Kap. 2 § 4 III. 3. b).
947 Die Möglichkeit zur Reaktion haben nur diejenigen Nutzer, die Adressat des jeweiligen erstellten Inhalts sind.
948 Siehe dazu Kap. 3 § 7 III. 2.
949 Siehe dazu Kap. 3 § 7 III. 3.

Inwiefern eine privilegierte Datenverarbeitung vorliegt, ist für agierenden wie administrierenden Nutzer separat zu untersuchen. Ein Statusupdate etwa, das einer begrenzten Zahl von Nutzern zugänglich ist, aber gewerbliche Aktivitäten verfolgt, ist dem Anwendungsbereich des Art. 2 Abs. 2 lit. c DSGVO entzogen.[950] Es kann jedoch Reaktionen hervorrufen, die ihrerseits dem persönlich-familiären Bereich zuzuordnen sind und daher die Voraussetzungen des Haushaltsprivilegs erfüllen.

b) Erhebung des administrierenden Nutzers

aa) Grundsatz

In Betracht käme daneben eine Erhebung durch den administrierenden Nutzer, da dieser erst dem agierenden Nutzer die Möglichkeit eröffnet, die vom ihm gewünschten Daten einzugeben, etwa indem dieser ein Statusupdate verfasst und dadurch die Möglichkeit des Kommentars schafft. Einen „Zweckveranlasser" kennt das Datenschutzrecht allerdings nicht.[951] Vielmehr ist der agierende Nutzer, soweit nicht explizit adressiert, frei, Stellung zu beziehen oder dies zu unterlassen. Daher ist grundsätzlich eine Erhebung durch den administrierenden Nutzer abzulehnen.

bb) Ausnahme: Erfragen von Informationen

Anderes gilt jedoch, wenn der Verfasser des ursprünglichen Beitrags, sei es auf der eigenen Profilseite, in einer Gruppe oder einer Veranstaltung oder einer Fansite, bestimmte Informationen erfragt. Beispielsweise liegt es nah, dass ein Statusupdate mit dem Inhalt „Was habt ihr heute gefrühstückt?" die Übersendung personenbezogener Daten durch andere Nutzer evoziert. Jede mögliche Reaktion, die vom administrierenden Nutzer intendiert ist, hat, auch soweit diese nur die Erfragung von Sachdaten zum Gegenstand hat, auf Interaktionsebene zwingend Personenbezug.[952]

Sofern ein Nutzer reagiert, so ist die Situation vergleichbar mit der Eingabe der durch den Netzwerkbetreiber erfragten Daten im Rahmen der Registrierung. Ebenso wie der Netzwerkbetreiber, der bei der Registrierung lediglich Daten derjenigen Person erhalten möchte, die sich gerade im Netzwerk registriert,[953] wird der Kreis der Personen in den hier untersuchten Fällen dadurch konkretisiert, dass der administrierende Nutzer durch Bestimmung der Reichweite des Statusupdates[954] oder im Wege der Administration von Gruppe oder Veranstaltung zum Ausdruck bringt, von wem er gewillt ist, Daten zu erhalten. Allerdings ist zu beachten, dass der Nutzer völlig frei ist in seiner Entscheidung, ob und inwieweit er dem Bitten um Informationen abhilft. Bei der aktiven Erfragung

---

950 Siehe oben Kap. 2 § 4 IV. 2. b) aa) (2).
951 *Martini/Fritzsche,* NVwZ-Extra 2015, Nr. 21, 1, 10 f.
952 Siehe oben Kap. 2 § 4 III. 3. b).
953 Siehe oben Kap. 3 § 7 I. 2.
954 Siehe oben Kap. 3 § 7 III. 4.

von Informationen liegt daher eine Erhebung durch den Verfasser des ursprünglichen Beitrags vor, für die dieser verantwortlich ist. Allerdings ist der Nutzer frei darin, nicht zu reagieren. Wenn er sich aber zu einer Reaktion entschließt, so verfolgt er damit auch eigene Zwecke. Die hier untersuchte Situation zwischen administrierendem und agierenden Nutzer ist vergleichbar mit dem – ebenfalls nicht zwingend erforderlichen – Ausfüllen des Profils. Hierbei tritt die Verantwortlichkeit des Nutzers für die Übermittlung neben die Verantwortlichkeit des Netzwerkbetreibers für die Erhebung.[955] Da bei der hier untersuchten Konstellation jedoch zwingend auch fremde personenbezogene Daten verarbeitet werden, kann die Verantwortlichkeit nicht in teleologischer Reduktion von Art. 4 Nr. 7 DSGVO entfallen.[956] Vielmehr bleibt die Verantwortlichkeit des agierenden Nutzers für die Übermittlung neben der Verantwortlichkeit des administrierenden Nutzers für die Erhebung bestehen.

Kommentare, vereinfachte Nutzerreaktionen und Beiträge in Gruppen sowie Veranstaltungen erben die Sichtbarkeitseinstellungen des jeweiligen Bezugsobjekts. Eine Verantwortlichkeit des administrierenden Nutzers für die Erhebung entfällt daher in Anwendung von Art. 2 Abs. 2 lit. c DSGVO, sofern das ursprüngliche Statusupdate, die Gruppe oder die Veranstaltung in den aufgezeigten Grenzen der persönlich-familiären Datenverarbeitung dient.

cc) Rückausnahme: Zusendung nicht erfragter Informationen über unbeteiligte Dritte

Problematisch ist insofern der Fall, dass die Reaktion weitere personenbezogene Daten enthält. Verfasst etwa Nutzer A das o. g. Statusupdate, und B kommentiert dieses mit den Worten „Ich war heute mit C beim Bäcker.", werden in diesem Fall Daten eines gänzlich unbeteiligten Dritten (C) verarbeitet. Bei der Zusendung von Daten Dritter ist darauf abzustellen, inwieweit sich der Erhebungswille auf die Erhebung von Daten Dritter erstreckt.[957] Erfragt der Nutzer explizit Daten eines Dritten oder nimmt er zumindest die Zusendung von Daten Dritter billigend in Kauf, so ändert dies an der Erhebung nichts. Ein Beispiel wäre die Reaktion auf das Statusupdate „Verlinke eine dir nahestehende Person!". In diesem Fall erstreckt sich der Erhebungswille auch und insbesondere auf die Zusendung von Daten über Dritte.

Eine Erhebung des administrierenden Nutzers ist hingegen dann abzulehnen, wenn anlasslos fremde personenbezogene Daten übersendet werden. In diesen Fällen liegt keine Erhebung des administrierenden Nutzers, sondern bloß eine Übermittlung des agierenden Nutzers vor.

---

955 Siehe oben Kap. 3 § 7 II. 2.
956 Vgl. dazu Kap. 3 § 6 I. 1.
957 Vgl. Kap. 3 § 7 I. 2. b) cc) (3).

## 3. Speicherung

### a) Verantwortlichkeit des Netzwerkbetreibers

Die Reaktion auf ein Statusupdate ist das Gegenstück zum Verfassen eines solchen. Ebenso wie der Netzwerkbetreiber an dem Verfassen von Statusupdates interessiert ist, ist er auch an der Reaktion anderer Nutzer interessiert, welche zum Betrieb des Netzwerks und der Generierung von Daten beitragen. Hierin liegt, im Unterschied zu einer Website oder eines Blogs, welche lediglich die monodirektionale Kommunikation erlauben, das Wesen eines sozialen Netzwerks. Entsprechend ist der Betreiber des Netzwerks für die Speicherung der Daten datenschutzrechtlich verantwortlich.[958]

### b) Verantwortlichkeit des agierenden Nutzers

Im Unterschied zu Statusupdates legt der Nutzer in den hier betrachteten Fällen nicht selbst fest, wer Adressat seiner Inhalte wird. Aber auch wenn der Nutzer womöglich nicht jeden einzelnen Adressaten kennt, so kann er auf Grundlage der adressierten Nutzerzahl – sei es in einer Veranstaltung, in einer Gruppe oder bei Kommentierung eines Statusupdates – die Zahl der Adressaten und somit auch die mit seinem Beitrag erreichte Nutzerzahl abschätzen. Ihm ist insbesondere möglich, den Grad der potentiellen Gefährdung der eigenen informationellen Selbstbestimmung oder der eines betroffenen Dritten zu beurteilen.

Wird etwa ein Statusupdate eines fremden Nutzers kommentiert, so bedient sich der agierende Nutzer, ähnlich wie bei einem eigenen Statusupdate, der Infrastruktur des Netzwerkbetreibers zur Verwirklichung seiner eigenen Zwecke. Bei der Reaktion auf ein Statusupdate geht es ihm vor allem darum, sich und seine Meinung in Form der Stellungnahme zu präsentieren. Aus datenschutzrechtlicher Perspektive ist diese leichte Divergenz in der eigenen Zwecksetzung irrelevant. Um diesen Zweck zu erreichen, ist eine Speicherung erforderlich. Daher ist auch der agierende Nutzer als verantwortliche Stelle zu betrachten. Eine teleologische Reduktion des Art. 4 Nr. 7 DSGVO scheitert bereits daran, dass – im Gegensatz zu Statusupdates – zwingend fremde personenbezogene Daten verarbeitet werden.[959]

### c) Verantwortlichkeit des administrierenden Nutzers

Werden durch einen anderen Nutzer in einer Gruppe oder Veranstaltung Daten eingegeben oder wird auf ein Statusupdate reagiert, so kann dem administrierenden Nutzer keine Entscheidung über den Zweck der Speicherung unterstellt werden. Übermittelt der agierende Nutzer personenbezogene Daten zu seinen eigenen Zwecken, so trägt die Speicherung grundsätzlich die vom agierenden Nutzer intendierte Zwecksetzung. Diese Konstellation ist vergleichbar mit der

---
958 Vgl. oben Kap. 3 § 7 III. 3. b).
959 Siehe bereits oben Kap. 3 § 7 IV. 2. a).

Speicherung übermittelter Daten im Rahmen von Statusupdates.[960] Die Speicherung im Rahmen der hier betrachteten Fallgruppen führt daher grundsätzlich zur parallelen Verantwortlichkeit von Netzwerkbetreiber und dateneingebendem (agierendem) Nutzer.

Sofern jedoch die Erhebung der Daten durch den administrierenden Nutzer bezweckt ist, ist eine Qualifikation des administrierenden Nutzers als Verantwortlicher denkbar. Diese Konstellation ist vergleichbar mit der Speicherung erhobener Daten beim Ausfüllen des Profils, bei der ebenfalls Erhebender und Dateneingebender für die Speicherung gemeinsam verantwortlich sind.[961] Erhebt der Nutzer Daten über ein soziales Netzwerk, so ist nicht nur die Erhebung, sondern auch die erforderliche Speicherung auf der Infrastruktur des Netzwerkbetreibers von der Verantwortlichkeit dieses Nutzers umfasst.

*4. Offenlegung*

a) Parallele Verantwortlichkeit von Netzwerkbetreiber und Nutzern

Ebenso wie beim Statusupdate sind Netzwerkbetreiber und derjenige Nutzer, der über die Reichweite seines Statusupdates (mit-)entscheiden kann, für die Offenlegung parallel verantwortlich.[962] Diese Reichweite bestimmt vorliegend der administrierende Nutzer. Dieser bestimmt zwar – außerhalb des Falles der Erhebung[963] – nicht über die Inhalte der Verarbeitung, jedoch über den Adressatenkreis und über den Kreis der Personen, die auf sein Statusupdate reagieren können bzw. in der von ihm administrierten Gruppe oder Veranstaltung Beiträge verfassen können.

Aber auch der agierende Nutzer bestimmt maßgeblich den Zweck der Verarbeitung und hat Einblick, in welchem Umfang die Daten Dritten zugänglich gemacht werden, da er sich freiwillig in Kenntnis der Reichweite seines Beitrags der entsprechenden Konfiguration des administrierenden Nutzers unterwirft.[964] Im Zeitpunkt des Verfassens seines Beitrags legt der agierende Nutzer nicht nur den Inhalt seines Beitrags fest, sondern akzeptiert auch, dass der administrierende Nutzer die Reichweite seines Beitrags festlegt. Insbesondere kann er zu diesem Zeitpunkt abschätzen, inwiefern die Datenverarbeitung als privat-familiär i. S. d. Art. 2 Abs. 2 lit. c DSGVO einzustufen ist, d. h. er entscheidet darüber, ob er dem Datenschutzrecht unterliegt. Die Entscheidung, ob Daten zu familiären oder privaten Zwecken offengelegt werden, ist als Entscheidung über den Zweck der Verarbeitung Anknüpfungsmoment für die datenschutzrechtliche Verantwortlichkeit des agierenden Nutzers.

---

960 Vgl. Kap. 3 § 7 III. 3.
961 Vgl. Kap. 3 § 7 II. 3.
962 Vgl. Kap. 3 § 7 III. 4.
963 Siehe oben Kap. 3 § 7 IV. 2. b) bb).
964 Siehe oben Kap. 3 § 7 III. 1.

§ 7 Verantwortlichkeit für die durch den Nutzer initiierten Handlungen

Hinsichtlich der Offenlegung scheitert eine teleologische Reduktion des Art. 4 Nr. 7 DSGVO, ebenso wie bei der Speicherung,[965] an der zwingenden Verarbeitung fremder personenbezogene Daten.

b) Anwendbarkeit des Haushaltsprivilegs

Die Anwendbarkeit des Art. 2 Abs. 2 lit. c DSGVO ist für jeden Beteiligten gesondert zu prüfen.[966] Hierbei ist sowohl denkbar, dass der administrierende Nutzer dessen Voraussetzungen erfüllt (indem er ein rein privates Statusupdate einem begrenzten Kreis zugänglich macht) als auch, dass der Nutzer dessen Voraussetzungen erfüllt (z. B. durch einen entsprechenden Kommentar). Auch besteht die Möglichkeit, dass der ursprüngliche Beitrag nicht unter Art. 2 Abs. 2 lit. c DSGVO fällt, die Nutzerreaktion hingegen dessen Anforderungen erfüllt. Dies ist etwa der Fall, wenn der das Statusupdate verfassende Nutzer sich zwar an einen eng abgegrenzten Kreis von Kontakten richtet, mit dem Statusupdate aber kommerzielle Absichten verfolgt (z. B. der Verkauf von Waren), und der reagierende Nutzer darauf eingeht (z. B. durch Äußerung des Interesses des Erwerbs selbiger Waren zu privaten Zwecken).

c) Problem der Änderung des Adressatenkreises

Problematisch ist der Fall, in dem der Adressatenkreis durch den administrierenden Nutzer im Nachhinein geändert wird. Insoweit sind zwei relevante Fallgruppen denkbar: Zum einen die Situation, in der der administrierende Nutzer den agierenden Nutzer vom Adressatenkreis ausschließt, zum anderen, dass der administrierende Nutzer den Adressatenkreis derart erweitert, dass die vorher unter Art. 2 Abs. 2 lit. c DSGVO fallende Nutzeraktion die Grenzen der Haushaltsausnahme überschreitet.

aa) Ausschluss des agierenden Nutzers

In der zunächst betrachteten Fallgruppe wird der agierende Nutzer durch den Netzwerkbetreiber oder durch den administrierenden Nutzer vom Adressatenkreis seines eigenen Beitrags ausgeschlossen. Ersteres ist insbesondere dann denkbar, wenn der Nutzer gegen die Nutzungsbedingungen des Netzwerkbetreibers verstößt, aber dieser es unterlässt, auch die vom Nutzer hinterlassenen „Datenspuren" zu löschen. Der zweite Fall liegt dann vor, wenn der agierende Nutzer einen Beitrag in einer Interessengruppe oder einer Veranstaltung verfasst und der Gruppenadministrator diesen Nutzer aus der Gruppe entfernt, oder wenn der Nutzer auf ein Statusupdate reagiert und der administrierende Nutzer den agierenden Nutzer von seinen Kontakten entfernt.

In diesen Fällen verliert der agierende Nutzer die Möglichkeit, seinen eigenen Beitrag einzusehen. In vielen sozialen Netzwerken ist er dadurch sämtlicher

---
965 Vgl. Kap. 3 § 7 IV. 2. a).
966 Siehe oben Kap. 2 § 4 IV. 2.

Möglichkeiten beraubt, die Offenlegung der von ihm übermittelten und im Netzwerk gespeicherten Inhalte ohne Einbeziehung Dritter zu kontrollieren und insbesondere zu unterbinden. Mangels Entscheidung über den Zweck der Offenlegung und mangels Einflussnahmemöglichkeit auf die dafür genutzten Mittel entfällt die datenschutzrechtliche Verantwortlichkeit. In diesem Fall sind daher ausschließlich administrierender Nutzer und Netzwerkbetreiber verantwortlich.

bb) Erweiterung durch den administrierenden Nutzer

In der anderen Fallgruppe wird der Beitrag des agierenden Nutzers einem relevant größeren Adressatenkreis als ursprünglich konzipiert zugänglich gemacht. Dies ist etwa der Fall, wenn der Nutzer auf ein Statusupdate, das zunächst unter Art. 2 Abs. 2 lit. c DSGVO fällt, reagiert, und der administrierende Nutzer den Adressatenkreis im Anschluss über die Grenzen des Haushaltsprivilegs ausdehnt. Eine weitere Möglichkeit ist das Verfassen eines Beitrags in einer Interessengruppe oder einer Veranstaltung, der die Grenzen des Art. 2 Abs. 2 lit. c DSGVO erfüllt, und der Administrator der Gruppe bzw. Veranstaltung die Mitgliederzahl in erheblichem Maße erhöht.

Im Zeitpunkt des Verfassens seines Beitrags akzeptiert der agierende Nutzer, dass der administrierende Nutzer die Reichweite seines Beitrags festlegt und somit auch, ob sein Beitrag nicht nur in Hinblick auf den Zweck – was ihm aufgrund der inhaltlichen Freiheit unbenommen ist –, sondern auch im Hinblick auf das adressierte Umfeld den Anforderungen des Art. 2 Abs. 2 lit. c DSGVO genügt.[967] In dem Moment, in dem der administrierende Nutzer den Adressatenkreis derart verändert, dass keine Verarbeitung mehr zu persönlichen oder privaten Zwecken vorliegt, ändert sich auch der Charakter der Verarbeitung, der nun gerade nicht mehr durch das Haushaltsprivileg erfasst wird. Der agierende Nutzer entscheidet also nicht mehr über den Zweck der Verarbeitung; vielmehr verliert er im Moment der Zweckänderung durch den administrierenden Nutzer den Einfluss auf den Zweck der Offenlegung und somit die datenschutzrechtliche Verantwortung. Es sind dann nur noch der Netzwerkbetreiber und der administrierende Nutzer für die Offenlegung verantwortlich.

Hiervon ist jedoch eine Ausnahme zu machen: Erhält der agierende Nutzer Kenntnis von der Erweiterung des Adressatenkreises und duldet diese, so bestätigt er die durch den administrierenden Nutzer erfolgte Zweckänderung von der privilegierten Datenverarbeitung zur öffentlichen Datenverarbeitung. Ab diesem Moment gilt das eingangs ausgeführte sinngemäß: Der Nutzer unterwirft sich (erneut) der Konfiguration des administrierenden Nutzers; die Ausnahme des Art. 2 Abs. 2 lit. c DSGVO kann nicht mehr eingreifen.

---

967 Siehe bereits Kap. 3 § 7 IV. 4. a).

## 5. Zusammenfassung: Datenschutzrechtliche Verantwortlichkeit für Kommentare und ähnliche Handlungen

Bei Beiträgen in Gruppen, Veranstaltungen sowie bei Kommentaren und vereinfachten Nutzerreaktionen liegt grundsätzlich eine Übermittlung des unmittelbar agierenden Nutzers vor, für die dieser Nutzer verantwortlich ist. Für die anschließende Speicherung sind dieser Nutzer sowie der Netzwerkbetreiber parallel verantwortlich. Die Offenlegung unterliegt in ähnlichem Maße der Entscheidung von allen drei Beteiligten (agierender Nutzer, administrierender Nutzer, Netzwerkbetreiber), sodass – vorbehaltlich der Änderung des Adressatenkreises – eine parallele Verantwortlichkeit aller Beteiligten anzunehmen ist.

## V. Nachrichten

### 1. Maßgebliche Fallgruppe

Die letzte betrachtete Fallgruppe ist die Nutzung der Nachrichtenfunktion durch den Nutzer als natürliche Person. Dies stellt insoweit eine Besonderheit dar, da die Nachrichten nicht einem bestimmten Kreis zugänglich gemacht werden und auch nicht durch beliebige Nutzer abgefragt werden können, sondern die Kommunikation bilateral über die Server des Netzwerkbetreibers abläuft.

### 2. Eingabe der Daten

Die Dateneingabe bei Versendung einer Nachricht wird durch den Netzwerkbetreiber nicht inhaltlich vorstrukturiert. Es ist sowohl die Eingabe von Sachdaten wie auch die Eingabe von eigenen oder fremden personenbezogenen Daten denkbar. Der Nutzer verfolgt damit sein Grundbedürfnis an Mitteilung. Damit bestimmt er, ähnlich wie bei der Eingabe eines Statusupdates, allein über die Zwecke der Verarbeitung ist daher für die Übermittlung an den Netzwerkbetreiber verantwortlich.[968] Anderes gilt, sofern bestimmte Daten vom Adressaten zuvor erfragt wurden. In diesem Fall liegt, neben der Übermittlung, auch eine Erhebung durch den Adressaten vor. Ein Beispiel wäre eine konkrete Frage eines Nutzers an einen anderen Nutzer, worauf dieser reagiert. Dieser Fall ist vergleichbar mit der Situation, in der konkrete Informationen mittels eines Statusupdates erfragt werden und ein anderer Nutzer entsprechend kommentiert. Die Verantwortlichkeit tritt in diesem Fall neben die Verantwortlichkeit des übermittelnden Nutzers.[969]

In beiden Fällen dürfte eine solche bilaterale Kommunikation jedoch unter die Bereichsausnahme des Art. 2 Abs. 2 lit. c DSGVO fallen. Ausnahmen sind nur insoweit denkbar, wie der Dateneingebende durch Verfolgung bestimmter Zwe-

---

968 Vgl. Kap. 3 § 7 III. 2.
969 Vgl. Kap. 3 § 7 IV. 2. b) bb).

cke das Haushaltsprivileg verlässt. Dies ist etwa denkbar, wenn der Nutzer in einem beruflichen Netzwerk zur Mitarbeiterakquise tätig wird.

### 3. Speichern

Die Daten werden sodann auf der Infrastruktur des Netzwerkbetreibers gespeichert. Auch bei Nachrichten besteht für den Netzwerkbetreiber Möglichkeit und Anreiz, diese für eigene Zwecke auszuwerten.[970] Insofern gelten hier die Ausführungen zu Statusupdates entsprechend: Der dateneingebende Nutzer ist für die Speicherung auf der Infrastruktur des Netzwerkbetreibers neben dem Netzwerkbetreiber, der die Daten für seine eigenen Zwecke nutzt, verantwortlich.[971] Im Gegensatz zu den Nutzern, auf die i. d. R. das Haushaltsprivileg anwendbar ist, kann der Netzwerkbetreiber als juristische Person nicht durch Art. 2 Abs. 2 lit. c DSGVO privilegiert werden.[972] Im Bereich von Nachrichten ist eine verschlüsselte Ende-zu-Ende-Kommunikation denkbar. Die Verschlüsselung sorgt für den Schlüsselinhaber für eine Pseudonymisierung, für andere als den Schlüsselinhaber für eine Anonymisierung.[973] Sofern eine solche Verschlüsselungsmethode eingesetzt wird, haben die übermittelten Inhalte der Kommunikation aus Sicht des Netzwerkbetreibers keinen Personenbezug. Will der Netzwerkbetreiber seine Verantwortlichkeit für die Speicherung vermeiden, muss er in seinem Netzwerk eine Netzwerkfunktion mit Ende-zu-Ende-Verschlüsselung einrichten.

### 4. Offenlegung

Die gespeicherten Daten werden sodann dem Adressaten der jeweiligen Nachricht angezeigt. Hierbei verfolgen Nutzer und Netzwerkbetreiber jeweils ihre Zwecke. Dem Mitteilungsbedürfnis des Nutzers ist nur durch die Anzeige bei den gewählten Adressaten abgeholfen; der Netzwerkbetreiber provoziert durch die Anzeige bei anderen Nutzern eine Reaktion und gelangt so an weitere Daten. Insoweit sind beide gleichermaßen als parallel für die Verarbeitung Verantwortliche zu betrachten,[974] wobei auch hier eine Privilegierung des Nutzers durch Art. 2 Abs. 2 lit. c DSGVO naheliegt.

---

970 Siehe http://heise.de/-3212927 (Stand: 9/2018).
971 Vgl. Kap. 3 § 7 III. 3.
972 Siehe oben Kap. 2 § 4 IV. 2. b) aa) (1).
973 Siehe oben Fn. 355.
974 Vgl. Kap. 3 § 7 III. 4.

## VI. Übersicht: Die Verantwortlichkeit für die durch den Nutzer ausgelösten Datenverarbeitungsvorgänge

Abbildung 2 gibt die Verantwortlichkeiten der Beteiligten in den typischen Fällen – d.h. ohne Sonderfälle wie Identitätsmissbrauch und ohne Berücksichtigung des sogenannten Haushaltsprivilegs – wieder. Soweit Daten gezielt von einem Nutzer abgerufen werden, tritt hinsichtlich dieser in allen obigen Fällen neben die Offenlegung des Netzwerkbetreibers eine Erhebung des anfragenden Nutzers.[975]

| | Erhebung / Übermittlung | Speicherung | Offenlegung |
|---|---|---|---|
| **Registrierung** | Netzwerkbetreiber | Netzwerkbetreiber | Netzwerkbetreiber |
| **Ausfüllen des Profils** | Netzwerkbetreiber | Netzwerkbetreiber | Netzwerkbetreiber |
| **Statusupdates, Weiterverbreiten** | Nutzer | Netzwerkbetreiber Nutzer | Netzwerkbetreiber Nutzer |
| **Kommentare, Nutzerreaktionen, Gruppen, Veranstaltungen** | agierender Nutzer[976] | Netzwerkbetreiber agierender Nutzer | Netzwerkbetreiber agierender Nutzer administrierender Nutzer |
| **Nachrichten** | Nutzer | Netzwerkbetreiber Nutzer | Netzwerkbetreiber Nutzer |

*Abbildung 2: Durch den Nutzer ausgelöste Datenverarbeitungsvorgänge*

---

975 Siehe Kap. 3 § 7 I. 4. b).
976 Zur Terminologie des agierenden und administrierenden Nutzers siehe Kap. 3 § 7 IV. 1.

## § 8 Verantwortlichkeit für die durch den Fansite-Betreiber initiierten Handlungen

Die Einrichtung einer Fansite und deren inhaltliche Gestaltung erfolgt in alleiniger Verantwortung des Fansite-Betreibers.[977] Sobald sie eingerichtet ist, kann sie von allen Nutzern aufgerufen werden. Zunächst wird daher der Aufruf der Fansite beleuchtet (dazu unten I.). Die dem Fansite-Betreiber zur Verfügung stehenden Funktionen sind teils mit denen des Nutzers deckungsgleich, wobei die entsprechenden Besonderheiten und deren Auswirkungen im Folgenden herausgestellt werden (dazu unten II. bis IV.). Zum Teil verfügt er aber auch über Analysetools, die ebenfalls nachfolgend auf ihre datenschutzrechtliche Relevanz untersucht werden (dazu unten V.).

Anders als die Registrierung einer natürlichen Person erfordert die Einrichtung der Fansite i. d. R. keine Angabe personenbezogener Daten. Soweit, wie in manchen Netzwerken üblich, Name und Adresse eines Ansprechpartners erfragt werden, gelten die Ausführungen zur Erhebung und Speicherung von Daten im Rahmen der Registrierung einer natürlichen Person entsprechend.[978]

### I. Aufruf der Fansite

*1. Grundsatz*

Nach Einrichtung der Fansite durch den Fanpage-Betreiber kann die Fansite durch Nutzer und ggf. auch durch Netzwerkfremde aufgerufen werden. Auch hier ist zwischen dem Abruf der Fansite einerseits und dem aktiven Austausch mit Nutzern andererseits (z. B. durch Statusupdates und Kommentare) zu differenzieren. Eine Verantwortlichkeit lässt sich nicht pauschal, losgelöst von den einzelnen Handlungen der Beteiligten, feststellen.[979] In Hinblick auf den Aufruf der Fansite bestehen keine Besonderheiten im Vergleich zum gezielten Aufruf eines Profils.[980] Daher liegt beim Aufruf der Fansite – sofern die Fansite überhaupt personenbezogene Daten enthält – eine Übermittlung des Netzwerkbetreibers und ggf. eine Erhebung des Nutzers vor.[981]

*2. Erhebung und Speicherung von Nutzerdaten*

Bei einigen sozialen Netzwerken werden beim Aufruf der Fansite durch den Nutzer in erheblichem Maße personenbezogene Daten über den Aufrufenden

---

977 *ULD*, Facebook-Fanpages und Social-Plugins, S. 6.
978 Siehe oben Kap. 3 § 7 I.
979 Vgl. Kap. 3 § 6 I. 1; a. A. EuGH, NJW 2018, 2537 – „Wirtschaftsakademie Schleswig-Holstein", der Fansite-Betreibern pauschal eine Mitverantwortlichkeit zuschreibt.
980 Siehe oben Kap. 3 § 7 I. 4.
981 Vgl. Kap. 3 § 7 I. 4. b). Auf die etwaige Erhebung des Nutzers ist die DSGVO jedoch regelmäßig gem. Art. 2 Abs. 2 lit. c DSGVO nicht anwendbar.

## § 8 Verantwortlichkeit für die durch den Fansite-Betreiber initiierten Handlungen

vom Netzwerkbetreiber erhoben und gespeichert.[982] Dies dient vor allem zur Bereitstellung von Daten im Rahmen der sogenannten Reichweitenanalyse.[983] Die Nutzerdaten werden dabei ausschließlich vom Netzwerkbetreiber direkt verarbeitet.[984] Einfluss auf die durch den Netzwerkbetreiber vorgenommene Erhebung und Speicherung hat der Fansite-Betreiber nicht, sodass eine eigene Datenverarbeitung durch den Fansite-Betreiber ausscheidet.[985] Der Fansite-Betreiber bestimmt lediglich das „Ob" der Einrichtung einer Fansite, die Erhebung und Speicherung von Daten bezweckt er nicht. Eine Entscheidung über Zwecke oder Mittel der Verarbeitung fehlt daher in der vorliegenden Konstellation.[986] Zwar ließe sich durch den Verzicht auf die Einrichtung einer Fansite die Verarbeitung von Daten durch den Netzwerkbetreiber verhindern.[987] Das verschafft dem Fansite-Betreiber jedoch keinen rechtlichen oder tatsächlichen Einfluss auf Ob, Art und Umfang der Datenverarbeitung.[988] Im Unterschied zu Statusupdates etwa, bei denen der Fansite-Betreiber inhaltlich steuernd wirkt und daher Einfluss auf Art und Umfang der Datenverarbeitung nimmt,[989] hat dieser bei dem bloßen Aufruf seiner Seite keinen hinreichend konkretisierten Erhebungswillen. Auch die Nutzung eines Reichweitenanalysetools begründet keine Verantwortlichkeit für die – im Vorfeld stattfindende – Erhebung und Speicherung personenbezogener Daten durch den Netzwerkbetreiber.[990] Vielmehr wäre es durchaus möglich und denkbar, eine Fansite unter Verzicht auf derartige Tools zu betreiben. Eine datenschutzrechtliche Verantwortlichkeit des Fansite-Betreibers allein durch die Einrichtung und den Betrieb einer Fansite lässt sich jedoch damit nicht begründen.[991]

---

982 So erhebt und speichert etwa Facebook auch die vom Nutzer eingegebenen Profilinformationen, siehe *AK I „Staatsrecht und Verwaltung"*, Datenschutz in Sozialen Netzwerken, S. 12 f.; *ULD*, Reichweitenanalyse durch Facebook, S. 15; *Wissenschaftlicher Dienst des Deutschen Bundestages*, Die Verletzung datenschutzrechtlicher Bestimmungen durch Facebook-Fanpages und Social-Plugins, S. 5.
983 Dazu unten Kap. 3 § 8 V.
984 VG Schleswig, K&R 2013, 824, 826; Schwartmann/Ohr, Recht der Sozialen Medien, Rn. 79; Wissenschaftlicher Dienst des Schleswig-Holsteinischen Landtags, Umdruck 17/2988, S. 10, 19.
985 Schwartmann/Ohr, Recht der Sozialen Medien, Rn. 79; Wissenschaftlicher Dienst des Schleswig-Holsteinischen Landtags, Umdruck 17/2988, S. 17.
986 So ausdrücklich VG Schleswig, K&R 2013, 824, 827; ebenso *Golland*, K&R 2018, 433, 437 f.; von einer solchen Entscheidung jedoch ausgehend EuGH, NJW 2018, 2537 – „Wirtschaftsakademie Schleswig-Holstein".
987 BVerwG, K&R 2016, 437 Rn. 28.
988 BVerwG, K&R 2016, 437 Rn. 28; a.A. EuGH, NJW 2018, 2537 – „Wirtschaftsakademie Schleswig-Holstein".
989 Siehe unten Kap. 3 § 8 II.
990 *Golland*, K&R 2018, 433, 437; i.E. auch BVerwG, K&R 2016, 437 Rn. 28.
991 BVerwG, K&R 2016, 437 Rn. 27 f.; ebenso die Vorinstanzen OVG Schleswig-Holstein, CR 2014, 801, 802; VG Schleswig, K&R 2013, 824, 827; ähnlich *Wissenschaftlicher Dienst des Schleswig-Holsteinischen Landtags*, Umdruck 17/2988, S. 17 f.; a.A. *Polenz*, VuR 2012, 207, 211; *ULD*, Reichweitenanalyse durch Facebook, S. 18; *ULD*, Facebook-Fanpages und Social-Plugins, S. 9 f.

Kap. 3 Verantwortlichkeit für den Datenumgang in sozialen Netzwerken

Eine solche kann sich allenfalls hinsichtlich anderer datenschutzrelevanter Vorgänge ergeben.[992]

Sofern beim Aufruf der Fansite zudem personenbezogene Daten des aufrufenden Nutzers durch den Netzwerkbetreiber erhoben und gespeichert werden, ist hierfür allein der Netzwerkbetreiber datenschutzrechtlich verantwortlich.

## II. Statusupdates

Nach Einrichtung der Fansite kann der Fanpage-Betreiber, ebenso wie der normale Nutzer, Statusupdates veröffentlichen. Diese werden Nutzern angezeigt, die die Fansite besuchen oder aber mit dieser in Kontakt stehen.[993] Sofern personenbezogene Daten verarbeitet werden, was im Folgenden unterstellt wird, stellt sich auch hier die Frage der datenschutzrechtlichen Verantwortlichkeit.

Statusupdates von Fansites sind stets öffentlich. Unabhängig davon, ob der Fansite-Betreiber die übrigen Kriterien des Art. 2 Abs. 2 lit. c DSGVO erfüllt, scheitert eine Privilegierung am faktisch unbegrenzten Adressatenkreis. In der Zwecksetzung ist der Fansite-Betreiber frei. Auch insoweit kommt es nicht darauf an, ob die Fansite durch eine natürliche oder juristische Person betrieben wird. Fansites wollen mit Nutzern kommunizieren und eine attraktive Anlaufstelle für diese bilden.[994] Bei Fansites, die von Unternehmen betrieben werden, ist darüber hinaus insbesondere das Werben für die eigenen Waren oder Dienstleistungen denkbar. Dieser Zweck soll unter Einsatz der Infrastruktur des Netzwerkbetreibers erreicht werden. Mit dieser Entscheidung bestimmt der Fansite-Betreiber mithin über Mittel und Zwecke der Datenverarbeitung. Analog zu Statusupdates von natürlichen Nutzern ist der Betreiber der Fansite bei Statusupdates hinsichtlich der Dateneingabe, Speicherung und Offenlegung datenschutzrechtlich verantwortlich.[995]

An der Intention des Netzwerkbetreibers ändert sich hingegen nichts: Dieser möchte die Attraktivität seiner Plattform, ggf. zur Schaltung von Werbung, steigern. Insofern ist er, wie bei der Kommunikation unter Privaten, als für Speicherung und Offenlegung Verantwortlicher zu betrachten.[996] Die Zwecke von Netzwerkbetreiber und Fansite-Betreiber divergieren, sodass eine gemeinsame Verantwortlichkeit ausscheidet.[997] Aufgrund der divergierenden Zwecke von

---

[992] Dazu siehe unten Kap. 3 § 8 II bis Kap. 3 § 8 V.
[993] Der Kontakt kann typischerweise allein durch den Nutzer aufgebaut werden, siehe dazu oben Kap. 1 § 2 III. 2.
[994] OVG Schleswig-Holstein, CR 2014, 801, 802.
[995] Vgl. oben Kap. 3 § 7 III. 6; in Bezug auf die Veröffentlichung durch Fansite-Betreiber auch *Splittgerber*, in: Splittgerber, Rechtsfragen Social Media, Kap. 3 Rn. 117.
[996] Vgl. Kap. 3 § 7 III. 6.
[997] Ausführlich zum Zweckverständnis bei gemeinsamer Verantwortlichkeit *Golland*, K&R 2018, 433, 435 f.; i. E. auch OVG Schleswig-Holstein, CR 2014, 801, 802; VG Schleswig, K&R 2013, 824, 827.

§ 8 Verantwortlichkeit für die durch den Fansite-Betreiber initiierten Handlungen

Fansite-Betreiber und Netzwerkbetreiber sind diese parallel für die Speicherung und Offenlegung verantwortlich.

### III. Beiträge anderer Nutzer auf der Fansite

Je nach Netzwerk und Konfiguration der Fansite besteht nach deren Einrichtung auch für Nutzer die Möglichkeit, Beiträge auf der Fansite zu verfassen. Dies kann in Form eigener Statusupdates geschehen und/oder in Form eines Kommentars zu einem Statusupdate des Fansite-Betreibers.

Beide Fälle sind vergleichbar mit einer bereits geschilderten Fallgruppe: Das Verfassen von Beiträgen in Gruppen/Veranstaltungen oder einem Kommentar zu einem fremden Statusupdate.[998] Der Nutzer ist, ebenso wie bei Kommentaren, in der inhaltlichen Gestaltung seines Beitrags oder Kommentars frei. Aber hier werden zwingend personenbezogene Daten verarbeitet, da zumindest das Interaktionsdatum, dass der Nutzer auf der entsprechenden Fansite einen Beitrag verfasst hat, enthalten ist.[999] Daher liegt zunächst eine Übermittlung personenbezogener Daten vor. Hinzu kommt, falls der Fansite-Betreiber entsprechende Aktivitäten durchführt, eine korrespondierende Erhebung des Fansite-Betreibers. Dies ist etwa dann der Fall, wenn der Fansite-Betreiber mittels Statusupdate ein Gewinnspiel auf seiner Fansite durchführen will, zu dessen Zweck er Nutzer gezielt nach bestimmten, in Form von Kommentaren zu äußernden Informationen fragt. In diesem Fall erhebt er gezielt personenbezogene Daten von den reagierenden Nutzern.[1000]

Der administrierende Nutzer, der hier maßgeblich über die Reichweite disponiert, ist vorliegend der Fansite-Betreiber. Da jedoch Statusupdates auf Fansites öffentlich sind und Kommentare, wie bereits dargelegt, die Sichtbarkeitseinstellungen des übergeordneten Objekts – also vorliegend des Statusupdates des Fansite-Betreibers – erben,[1001] scheidet bei allen Beteiligten die Anwendung von Art. 2 Abs. 2 lit. c DSGVO aufgrund des unbegrenzten Adressatenkreises aus.

Im Ergebnis bedeutet dies, dass der Nutzer für die Übermittlung der eingegebenen Daten verantwortlich ist. Da er sich der Infrastruktur des Netzwerkanbieters bedient, der mit der Speicherung dieser Daten jedoch andere Zwecke verfolgt, ist er neben diesem für die Speicherung verantwortlich. Indem der Nutzer sich der Administration durch den Fansite-Betreiber unterwirft, ist er hinsichtlich der Offenlegung auch Verantwortlicher. Da Netzwerkbetreiber, Fansite-Betreiber und Nutzer mit der Offenlegung jeweils verschiedene Zwecke verfolgen, sind sie parallel für diesen Verarbeitungsvorgang verantwortlich.

---

[998] Siehe dazu oben Kap. 3 § 7 IV.
[999] Siehe dazu Kap. 2 § 4 III. 3. b).
[1000] Vgl. Kap. 3 § 7 III. 2.
[1001] Siehe dazu Kap. 2 § 4 III. 3.

## IV. Nachrichten

Der Fansite-Betreiber kann auch einzelnen Nutzern Nachrichten senden. Wie dargelegt, werden private Nutzer im Bereich des Datenumgangs weitgehend privilegiert, da sie beim Nachrichtenaustausch die Anforderungen des Art. 2 Abs. 2 lit. c DSGVO i. d. R. erfüllen.[1002] Angesichts des Umstands, dass sich die Kommunikation per Nachrichtenfunktion bilateral abspielt, erfüllen auch Fansite-Betreiber stets das Kriterium des persönlich-familiären Umfelds. Allerdings wird hier relevant, ob die Fansite durch eine natürliche oder durch eine juristische Person betrieben wird. Auf letztere ist Art. 2 Abs. 2 lit. c DSGVO nicht anwendbar.[1003] Innerhalb der von natürlichen Personen betriebenen Fansites ist zu differenzieren: Handelt es sich um den Betrieb einer Fansite durch eine natürliche Person ohne beruflich-kommerzielle Interessen, fällt auch das Versenden von Nachrichten unter die Ausnahme des Art. 2 Abs. 2 lit. c DSGVO. Die Situation stellt sich in diesen Fällen damit dar wie unter privat Handelnden[1004] mit der Folge, dass die DSGVO auf die Datenverarbeitung durch Absender und Adressat im Rahmen der Kommunikation per Nachrichtenfunktion keine Anwendung findet.

Wird die Fansite hingegen durch eine natürliche Person betrieben, die Arbeitgeberaktivitäten durchführt oder gewerbliche Interessen verfolgt, etwa beim Vertrieb von Waren oder Dienstleistungen oder der Werbung für diese, werden die Kriterien des Art. 2 Abs. 2 lit. c DSGVO nicht erfüllt.[1005] Vielmehr werden Zwecke verfolgt, die außerhalb des privilegierten Bereichs liegen. In Übertragung der bereits erläuterten Grundsätze ist der Fansite-Betreiber dann für alle Vorgänge, die mit der Versendung von Nachrichten einhergehen, verantwortlich. Allerdings ist gerade bei der Kommunikation eines Unternehmens, welches z. B. eine Anfrage im Rahmen des Produkt-Supports beantwortet, die Übersendung personenbezogener Daten eher unüblich.

In beiden Fällen tritt – ggf. neben die Verantwortlichkeit des Fansite-Betreibers – eine Verantwortlichkeit des Netzwerkbetreibers für die Speicherung dieser Daten zum Zwecke der späteren Verwertung hinzu.[1006]

## V. Reichweitenanalyse

Dem Betreiber werden darüber hinaus Tools zur Verwaltung seiner Fansite einschließlich der Nutzeranalyse zur Verfügung gestellt. Insoweit ist zwischen der Zurverfügungstellung des Tools durch den Netzwerkbetreiber und den dafür

---

1002 Siehe oben Kap. 3 § 7 V. 1.
1003 Siehe oben Kap. 2 § 4 IV. 2. b) aa) (1).
1004 Vgl. Kap. 3 § 7 V.
1005 Siehe oben Kap. 2 § 4 IV. 2. b) aa) (2).
1006 Vgl. Kap. 3 § 7 V. 3.

§ 8 Verantwortlichkeit für die durch den Fansite-Betreiber initiierten Handlungen

notwendigen Datenverarbeitungsvorgängen und der Nutzung des Tools durch den hier beleuchteten Fansite-Betreiber zu differenzieren.

*1. Zurverfügungstellung von Analysetools*

Dem Fanpage-Betreiber werden vom Netzwerkbetreiber detaillierte Nutzungsstatistiken in aggregierter Form dargestellt. Um diese Daten zu erhalten, bedarf es notwendig einer Erhebung, Speicherung sowie eines anschließenden Aggregierens.

a) Erheben und Speichern

Bei dem Besuch von Fansites werden Profilinformationen erhoben und gespeichert.[1007] Wie dargelegt, ist für beide Datenverarbeitungsvorgänge der Netzwerkbetreiber allein verantwortlich; mangels Entscheidung über Zweck und Mittel der Verarbeitung scheidet die Begründung einer (parallelen) Verantwortlichkeit des Fansite-Betreibers aus.[1008]

b) Aggregieren als Datenverarbeitungsvorgang?

Anschließend werden die Daten zur Darstellung durch den Netzwerkbetreiber zusammengefasst. Daten mit einer Vielzahl von Bezugsobjekten sind nicht mehr personenbezogen.[1009] Bei der Aggregation werden mehrere Datensätze verschiedener Betroffener zusammengeführt, sodass nur noch eine Aussage über eine Personengruppe getroffen werden kann, nicht aber eine Aussage bezüglich des Einzelnen. Beispielsweise könnten die aggregierten Daten einer Schulklasse „15 weibliche Schüler, 12 männliche Schüler" lauten. Ein Rückschluss auf die einzelne Person und somit eine Singularisierung ist allein anhand der aggregierten Daten nicht möglich. Daher handelt es sich bei der Zusammenführung von Daten, die dazu führt, dass der Betroffene nicht mehr identifiziert werden kann, um einen Akt der Anonymisierung.[1010]

Die Anonymisierung ist ein Datenverarbeitungsvorgang, da die Anonymisierung auf Grundlage personenbezogener Daten erfolgt und somit zwingend solche verarbeitet werden müssen. Dabei werden entweder zur Bestimmbarkeit führende Merkmale gelöscht oder neue Daten, die diese Merkmale nicht mehr enthalten, erzeugt.[1011] Die Veränderung setzt die Schaffung eines neuen, abgewandelten In-

---

1007 Siehe oben Kap. 3 § 8 I.
1008 Siehe die Nachweise in Fn. 991.
1009 Siehe oben Kap. 2 § 4 II. 3. b).
1010 Vgl. Erwägungsgrund 26 S. 5 DSGVO; ausdrücklich auch *Arning/Rothkegel,* in: Taeger/Gabel, DSGVO, Art. 4 Rn. 49; *Ernst,* in: Paal/Pauly, DS-GVO/BDSG, Art. 4 Rn. 50; *Klar/Kühling,* in: Kühling/Buchner, DS-GVO/BDSG, Art. 4 Nr. 1 Rn. 34; *Ziebarth,* in: Sydow, DSGVO, Art. 4 Rn. 27; zur Rechtslage nach dem BDSG a. F. bereits *Dammann,* in: Simitis, BDSG, § 3 Rn. 205, 207; i. E. auch *Culmsee,* in: Dorschel, Praxishandbuch Big Data, S. 187.
1011 *Dammann,* in: Simitis, BDSG, § 3 Rn. 204.

formationswerts voraus.[1012] Es handelt es allerdings nicht um eine Veränderung, da beim Anonymisieren die Informationen lediglich reduziert, nicht jedoch substituiert werden.[1013] Ferner ist zu berücksichtigen, dass die Anonymisierung nicht zu einer Gefährdung des Rechts auf informationelle Selbstbestimmung führt, sondern gerade deren Schutz verwirklicht und somit dem Betroffenen dient. Der Verarbeitungsbegriff des Art. 4 Nr. 2 DSGVO ist insoweit teleologisch zu reduzieren. Die Anonymisierung ist kein Vorgang im Sinne dieser Norm und somit nicht vom Schutzbereich der DSGVO umfasst.[1014] Auch alle weiteren Vorgänge mit diesen zusammengeführten Daten unterfallen mangels Personenbezugs nicht der DSGVO.[1015]

*2. Nutzung des Tools durch Fansite-Betreiber*

Bei der Nutzung von Analysetools ist denkbar, dass personenbezogene Daten verarbeitet, insbesondere durch den Fansite-Betreiber erhoben werden. Der Umgang mit Daten, etwa die Nutzung eines Datenanalyse-Tools durch einen Fansite-Betreiber, wäre – sofern tatsächlich personenbezogene Daten durch ihn verarbeitet werden würden – geeignet, die Stellung als für die Verarbeitung Verantwortlicher zu begründen.[1016] Demgegenüber besteht keine datenschutzrechtliche Verantwortlichkeit für den Einsatz eines Datenanalyse-Tools, wenn dieses lediglich vom Netzwerkbetreiber zur Verfügung gestellt wurde, es jedoch vom Fansite-Betreiber überhaupt nicht eingesetzt wird.[1017]

Ob die im Rahmen des Einsatzes derartiger Tools verarbeiteten Daten als personenbezogenen i. S. d. Art. 4 Nr. 1 DSGVO einzustufen sind, hängt jedoch von der Frage, inwieweit die Daten Personenbezug aufweisen und somit vom jeweiligen Netzwerk bzw. den zur Verfügung gestellten Tools ab. Die zur Verfügung gestellten Daten umfassen etwa (kumulierte) Angaben zu Herkunftsland, Geschlecht, ungefähres Alter und Zugriffsmedium. In der Regel geht der vorliegend betrachteten Nutzung des Tools eine Datenaggregation des Netzwerkbetreibers voran.[1018] Insofern dürfte die Nutzung derartiger Analysetools durch den Fansite-Betreiber als datenschutzrechtlich unbedenklich einzustufen sein, da typischerweise nur aggregierte Daten angezeigt werden, die keinen Rückschluss

---

1012 *Gola/Klug/Körffer*, in: Gola/Schomerus, BDSG, § 3 Rn. 30; *Piltz*, Soziale Netzwerke im Internet, S. 123.
1013 So zu § 3 Abs. 4 Satz 2 Nr. 2 BDSG a. F. *Dammann*, in: Simitis, BDSG, § 3 Rn. 129; *Gola/Klug/ Körffer*, in: Gola/Schomerus, BDSG, § 3 Rn. 31; im Bereich sozialer Netzwerke, allerdings auf die Pseudonymisierung bezogen *Piltz*, Soziale Netzwerke im Internet, S. 122 f.; a. A. anscheinend *Weichert*, in: Däubler/Klebe/Wedde/Weichert, BDSG, § 3 Rn. 35, der allerdings nicht zwischen Pseudonymisierung und Anonymisierung differenziert.
1014 A. A. offenbar *Schütze/Spyra*, RDV 2016, 285, 293.
1015 Vgl. Erwägungsgrund 26 S. 6 DSGVO.
1016 So jedenfalls hinsichtlich der Erhebung der jeweiligen Daten, siehe *Karg/Thomsen*, DuD 2012, 729, 731 f.
1017 A. A. offenbar *Splittgerber*, in: Splittgerber, Rechtsfragen Social Media, Kap. 3 Rn. 54.
1018 Siehe oben Kap. 3 § 8 V. 1. b).

§ 8 Verantwortlichkeit für die durch den Fansite-Betreiber initiierten Handlungen

auf die mit der Fansite interagierenden Personen zulassen.[1019] Diese – infolge der Aggregation nunmehr als anonym einzustufenden – Daten werden dann dem Fanpage-Betreiber angezeigt. Hierbei kommt es nicht darauf an, ob eine Erhebung des Fansite-Betreibers oder eine Offenlegung des Netzwerkbetreibers vorliegt, da die DSGVO mangels Personenbezugs aggregierter bzw. anonymisierter Daten keine Anwendung findet.

## VI. Übersicht: Die Verantwortlichkeit für die Datenverarbeitung im Zusammenhang mit Fansites

Abbildung 3 gibt die Verantwortlichkeiten der Beteiligten in den typischen Konstellationen im Zusammenhang mit Fansites wieder. Der Fansitebetreiber ist Verantwortlicher hinsichtlich sämtlicher Verarbeitungsvorgänge im Zusammenhang mit der Verarbeitung von Daten anderer Personen im Rahmen von eigenen Statusupdates und Nachrichten. Der Netzwerkbetreiber ist für die Speicherung und Offenlegung dieser Daten als parallel Verantwortlicher zu betrachten. Verfasst ein Nutzer einen Beitrag auf einer Fansite, so fällt dies zuvorderst in den Verantwortungsbereich des Nutzers. Der Netzwerkbetreiber ist zudem für Speicherung und Offenlegung verantwortlich; der Fansite-Betreiber – vergleichbar mit dem administrierenden Nutzer – nur für die Offenlegung.

Für Verarbeitungsvorgänge im Zusammenhang mit der zur Nutzung von Tools, die dem Fansite-Betreiber aggregierte bzw. anonymisierte Daten über die Nutzer der Fansite anzeigen, ist nicht er, sondern lediglich der Netzwerkbetreiber datenschutzrechtlich verantwortlich.

|  | Erhebung / Übermittlung | Speicherung | Offenlegung |
|---|---|---|---|
| **Statusupdates** | Fansite-Betreiber | Fansite-Betreiber Netzwerkbetreiber | Fansite-Betreiber Netzwerkbetreiber |
| **Beiträge anderer Nutzer** | Nutzer | Netzwerkbetreiber Nutzer | Netzwerkbetreiber Nutzer Fansite-Betreiber |
| **Nachrichten** | Fansite-Betreiber | Fansite-Betreiber Netzwerkbetreiber | Fansite-Betreiber Netzwerkbetreiber |
| **Reichweitenanalyse** | Netzwerkbetreiber | Netzwerkbetreiber |  |

*Abbildung 3: Verarbeitungsvorgänge im Zusammenhang mit Fansites*

---

[1019] So für das wohl bekannteste Analysetool „Facebook Insights" *ULD*, Facebook-Fanpages und Social-Plugins, S. 6; *ULD*, Reichweitenanalyse durch Facebook, S. 12 ff. Zum Personenbezug bei aggregierten Daten siehe bereits oben Kap. 2 § 4 II. 3. b). Dies verkennt jedoch EuGH, NJW 2018, 2537 – „Wirtschaftsakademie Schleswig-Holstein".

## § 9 Verantwortlichkeit für die durch den Netzwerkbetreiber initiierten Handlungen

Zuletzt sollen in diesem Abschnitt die Verarbeitungsvorgänge untersucht werden, die infolge von Handlungen des Betreibers des sozialen Netzwerks entstehen. Dies ist insbesondere die zum wirtschaftlichen Betrieb der Plattform beitragende Schaltung personalisierter Werbung sowie Social-Media-Analysen, deren Ergebnisse vermarktet werden können (dazu unten I.).[1020] Darüber können zu diesen Handlungen auch Empfehlungen des Netzwerkbetreibers (dazu unten II.) und Datensammlungen über nichtregistrierten Personen zählen (dazu unten III.).

Welche Verarbeitungsvorgänge exakt durchgeführt werden, lässt sich nicht im Einzelnen bestimmen und ist vor allem von der technischen Infrastruktur des jeweiligen Netzwerkbetreibers abhängig, sodass sich eine pauschale Betrachtung verbietet. Prinzipiell sind hier unbegrenzt viele Vorgänge, etwa wiederholte Speicherungen, denkbar. Eine abschließende Beurteilung ist ohne Einblick in die technischen Vorgänge nicht möglich.[1021] Im Folgenden beschränkt sich die Darstellung daher auf diejenigen Datenverarbeitungsvorgänge, die für die wesentlichen Elemente von sozialen Netzwerken technisch zwingend erforderlich sind.

### I. Personalisierte Werbung und Social-Media-Analysen

Zahlreiche soziale Netzwerke finanzieren sich durch personen- bzw. interessenbezogene Werbung. Daneben stellen Social-Media-Analysen ein weiteres Tätigkeitsfeld dar, um den Dienst profitabel zu gestalten.

*1. Profilbildung*

Die Einblendung personalisierter Werbung erfordert die Bildung eines Interessenprofils, mit dem bestimmt werden kann, wofür sich der Nutzer interessiert.[1022] Ein solches wird auf der Basis von Daten erzeugt, die die Nutzer im Netzwerk hinterlassen, z. B. Nachrichten, Statusupdates oder Interaktionen mit Fansites. Betreiber sozialer Netzwerke können im Rahmen ihrer technischen Möglichkeiten komplette Bewegungs-, Verhaltens- und Vorliebens-Profile erstellen und entsprechende Aussagen über ihre Nutzer treffen.[1023] So ist es etwa möglich, Nutzer die ins Kino gehen, sich über „Star Wars" unterhalten und der

---
1020 Ausführlich zu den Wertschöpfungsmodellen siehe oben Kap. 1 § 2 III. 3. b).
1021 So in Hinblick auf zielgruppenspezifische Werbung *Kremer,* in: Auer-Reinsdorff/Conrad, Handbuch IT- und Datenschutzrecht, § 28 Rn. 86.
1022 *Bauer,* MMR 2008, 435; *Niemann/Scholz,* in: Niemann/Kersten/Wolfenstetter, Innovativer Datenschutz, S. 118; *Schwenke,* Individualisierung und Datenschutz, S. 163.
1023 *Karg/Thomsen,* DuD 2012, 729, 736; *Kremer,* in: Auer-Reinsdorff/Conrad, Handbuch IT- und Datenschutzrecht, § 28 Rn. 83.

§ 9 Verantwortlichkeit für die durch den Netzwerkbetreiber initiierten Handlungen

„Star Trek"-Fansite folgen, als Sci-Fi-Fans zu identifizieren.[1024] Der Netzwerkbetreiber kann auf diesem Wege seinen Werbekunden die Schaltung von Werbung anbieten, welche etwa Alter, Geschlecht, Beziehungsstatus, Schulbildung, Ort und Interessen berücksichtigt.[1025]

Die Bildung eines solchen Profils aus Inhaltsdaten, um geeignete personalisierte Werbung zuzuordnen, stellt ebenfalls einen Datenverarbeitungsvorgang in Form der Veränderung dar,[1026] welcher von Art. 4 Nr. 2 DSGVO erfasst wird. Bei der Nutzung von Mobilgeräten ist ferner denkbar, dass die im Rahmen von Statusupdates oder Nachrichten angegebenen Standortinformationen für das Location Based Advertising verwendet werden. Um nicht nur das Interessenprofil bilden zu können, sondern auch die auf Grundlage des Interessenprofils geschaltete Werbung beim richtigen Nutzer anzeigen zu können, ist eine Verknüpfung von Interessenprofil und natürlicher Person erforderlich. Auch hierbei handelt es sich ausweislich des Art. 4 Nr. 2 DSGVO um einen die Anwendbarkeit des Datenschutzrechts auslösenden Datenverarbeitungsvorgang.

## 2. Social-Media-Analysen

Auch Social-Media-Analysen wie Marktforschung, Marktprognosen und ähnliche Analysetätigkeiten, einschließlich der Reichweitenanalyse für Fansite-Betreiber, erfordern die Verarbeitung personenbezogener Daten.[1027] Sie können nicht nur durch den Betreiber des sozialen Netzwerks, sondern auch durch Dritte durchgeführt werden. Sofern sie durch den Netzwerkbetreiber durchgeführt werden, verfügt der Netzwerkbetreiber bereits über die hierfür erforderlichen Daten, da sie durch verschiedene Nutzerhandlungen im Netzwerk, wie beschrieben, angefallen sind. Bei Social-Media-Analysen ist – im Unterschied zur individualisierten Werbung – nicht erforderlich, dass die Daten in einem individuellen Kontext genutzt werden. Während interessenbezogene Werbung nur dann möglich ist, wenn diese auch dem entsprechenden Nutzer angezeigt wird, also stets eine Verknüpfung i. S. v. Art. 4 Nr. 2 DSGVO von Interessenprofil und natürlicher Person erforderlich ist, ist für Zwecke der Marktforschung keine solche Zuordnung erforderlich. Vielmehr müssen die bereits erhobenen und gespeicherten Daten in ihrer Gesamtheit zusammengeführt werden, um valide Prognosen zu ermöglichen. Eine solche Aggregierung der Daten geht jedoch i. d. R. mit einer Anonymisierung einher.[1028] Dieser Vorgang ist – ebenso wie der

---

1024 Beispiel entnommen aus *Data Protection Commissioner Ireland,* Facebook Ireland Ltd – Report of Audit, 2011, S. 46.
1025 *Data Protection Commissioner Ireland,* Facebook Ireland Ltd – Report of Audit, 2011, S. 47 ff.
1026 *Lerch/Krause/Hotho/Roßnagel/Stumme,* MMR 2010, 454, 457; *Schwartmann/Ohr,* Recht der Sozialen Medien, Rn. 77.
1027 *Ulbricht,* in: Dorschel, Praxishandbuch Big Data, S. 241.
1028 Siehe oben Kap. 2 § 4 II. 3. b).

weitere Umgang mit anonymen Daten – nicht vom Schutzbereich des Datenschutzrechts erfasst.[1029]

*3. Verantwortungsverteilung*

Social-Media-Analysen erfordern typischerweise keine über die Erhebung und Speicherung des Netzwerkbetreibers hinausgehende datenschutzrechtlich relevante Verarbeitung personenbezogener Daten. Auf die Aggregierung und die Auswertung der aggregierten Daten findet die DSGVO keine Anwendung. Soweit jedoch auf Grundlage der Daten der Nutzer des sozialen Netzwerks personen- und interessenbezogene Werbung betrieben wird, so liegt in der hierfür erforderlichen Bildung eines Interessenprofils eine Verarbeitung in Form der Veränderung. Immer wenn auf dem Interessenprofil basierende Werbung eingeblendet wird, muss zudem eine Verknüpfung von Interessenprofil mit dem jeweiligen Nutzer erfolgen. Über den Zweck der Verarbeitung, also die Analyse der Nutzervorlieben und deren Verwertung, und auch die hierfür eingesetzten Mittel, entscheidet der Netzwerkbetreiber.[1030] Dem Nutzer ist jegliche Kontrolle entzogen.[1031] Die Verantwortlichkeit endet erst mit dem vollständigen Verlust der Verfügungsgewalt über die Daten.[1032] Daher ist der Netzwerkbetreiber sowohl für die Veränderung, als auch für die Verknüpfung der allein für die Verarbeitung Verantwortliche.[1033]

## II. Empfehlungen des Netzwerkbetreibers

Auf Basis des jeweiligen Nutzerprofils werden in vielen sozialen Netzwerken dem Nutzer Vorschläge unterbreitet, mit welchen anderen Nutzern er sich vernetzen kann, welche Veranstaltungen er besuchen kann oder welche Gruppen oder Fansites seinen Interessen entsprechen.

*1. Vorschläge zu Gruppen, Veranstaltungen, Fansites*

Auch diese Empfehlungen erfordern demnach die Bildung eines Interessenprofils. Soweit eine Empfehlung durch den Netzwerkbetreiber erfolgt, setzt dieser Prozess einen Rückgriff auf die Profildaten und/oder Nutzungsdaten des adressierten Nutzers voraus. Das Interessenprofil wird also mit der natürlichen Person verknüpft. Sowohl die Bildung des Interessenprofils als auch die anschließen-

---

1029 Siehe oben Kap. 3 § 8 V. 1. b).
1030 *Kampert,* Datenschutz in sozialen Online-Netzwerken, S. 77.
1031 *Kampert,* Datenschutz in sozialen Online-Netzwerken, S. 77.
1032 *Föhlisch/Pilous,* MMR 2015, 631, 633; *Piltz,* CR 2011, 657, 662.
1033 I.E. auch *Kampert,* Datenschutz in sozialen Online-Netzwerken, S. 77, der eine Verantwortlichkeit des Netzwerkbetreibers für jeden Verarbeitungsvorgang „hinter den Kulissen" annimmt.

de Verknüpfung stellt einen datenschutzrechtlich relevanten Vorgang dar.[1034] Mangels Einwirkungsmöglichkeit anderer Beteiligter handelt es sich hierbei um Vorgänge, die allein in den Verantwortungsbereich des Netzwerkbetreibers fallen.[1035]

## 2. Kontaktvorschläge

Anders liegt es, wenn dem Nutzer Kontaktvorschläge unterbreitet werden. Das unaufgeforderte Anzeigen von möglichen Kontakten darf nicht mit der gezielten Suche des Nutzers und dem Aufrufen entsprechender Profile anderer Nutzer verwechselt werden.[1036] Vorliegend geht es gerade nicht um die Anzeige von Profilen auf eine Suchanfrage eines Nutzers hin.

Im hier untersuchten Szenario werden andere Personen desselben Netzwerks, die der Nutzer womöglich kennen könnte, angezeigt. Die Parameter, auf deren Basis die Anzeige anderer Nutzer erfolgt, können etwa gemeinsame Kontakte, eine gemeinsame Arbeitsstelle oder ein gemeinsamer Wohnort sein. Hierfür ist ein Abgleich der Datensätze mindestens zweier Nutzer erforderlich. Allerdings wird nur ein Abgleich einer Vielzahl von Profilen zu sinnvollen Ergebnissen führen. Dieser Vorgang hat daher typischerweise eine Vielzahl von Betroffenen; theoretisch ist denkbar, dass ständig alle Datensätze eines Netzwerks miteinander abgeglichen werden. Der Abgleich von Daten war im zuvor geltenden BDSG nicht explizit kodifiziert, sondern galt – da die Nutzung als Auffangtatbestand betrachtet wurde[1037] – als Fall der Nutzung.[1038] Ein solcher Abgleich von Daten ist nunmehr explizit in der Aufzählung des Art. 4 Nr. 2 DSGVO als datenschutzrelevanter Datenverarbeitungsvorgang aufgeführt.

Wenn Kontakte dem Nutzer vorgeschlagen werden, werden diesem typischerweise Name, Profilbild und ggf. weitere Angaben des möglichen Kontakts angezeigt. Im Gegensatz zur Anzeige der Empfehlung von Gruppen, Veranstaltungen oder Fansites werden also auch – im Regelfall – personenbezogene Daten angezeigt. Entsprechend handelt es sich um eine Offenlegung i. S. d. Art. 4 Nr. 2 DSGVO. All diese Vorgänge erfolgen außerhalb der Einwirkungsmöglichkeit der beteiligten Nutzer, sodass hier allein der Netzwerkbetreiber verantwortlich ist.[1039]

---

1034 Vgl. oben Kap. 3 § 9 I. 1.
1035 Vgl. oben Kap. 3 § 9 I. 3.
1036 Siehe dazu oben Kap. 3 § 7 I. 4. b).
1037 *Bergmann/Möhrle/Herb*, BDSG, § 3 Rn. 107; *Gola/Klug/Körffer*, in: Gola/Schomerus, BDSG, § 3 Rn. 42.
1038 *Dammann*, in: Simitis, BDSG, § 3 Rn. 192.
1039 Vgl. oben Kap. 3 § 9 I. 3.

## III. Schattenprofile

„Schattenprofil" bezeichnet das Anlegen eines Profils über eine natürliche Person, welche nicht Nutzer desjenigen sozialen Netzwerks ist.[1040] Die dafür erforderlichen Daten erhält das Netzwerk vor allem über den Besuch von Webseiten, bei denen Social Plugins implementiert wurden, aber auch, wenn andere Nutzer dem Netzwerkbetreiber Daten zur Verfügung stellen. Letzteres kann entweder über den Upload des eigenen Adressbuchs oder dem Einräumen des Zugangs zum eigenen E-Mail-Account geschehen. Auf diese Weise erhält der Netzwerkbetreiber Daten über nichtregistrierte Personen. Entschließt sich der Betroffene später zur Registrierung, können diese Daten genutzt werden, z. B. um dem Nutzer direkt Kontaktvorschläge zu unterbreiten.[1041] Auch besteht die Möglichkeit, nichtregistrierten Personen personalisierte Werbung anzuzeigen.[1042] Im Folgenden werden die hierbei ablaufenden Datenverarbeitungsvorgänge insoweit untersucht, wie sie der Bildung von Schattenprofilen dienen.

### 1. Verarbeitungsvorgänge beim Einsatz von Social Plugins

Die Funktionsweise von Social Plugins lässt sich weder vollständig aufklären,[1043] noch pauschal datenschutzrechtlich bewerten. Bindet ein Websitebetreiber Social Plugins ein, so sind das Auslesen der IP-Adresse des Websitebesuchers und die Datenerhebung mittels Cookies naheliegend.[1044] Die Datenverarbeitung wird dabei allein durch das Laden der Website, auf der das Social Plugin eingebunden ist, ausgelöst,[1045] eines aktiven Zutuns des Nutzers bedarf es nicht.

In diesem Fall liegt nach Ansicht des LG Düsseldorf eine Erhebung von Daten für den Netzwerkbetreiber durch den Website-Betreiber vor.[1046] Die Kommunikation läuft direkt zwischen dem Rechner des Nutzers und dem Netzwerkbetreiber ab.[1047] Eine Verfügungsmacht über die Daten des Nutzers kann daher auf Seiten des Website-Betreibers nicht begründet werden.[1048] Mangels Verfügungsmacht über die Daten kann folglich auch keine eigenständige Übermittlung des Website-Betreibers vorliegen.[1049] Erforderlich ist vielmehr, da weder Website-Betreiber noch Netzwerkbetreiber vor der Kommunikation im Besitz der Daten

---

1040 Siehe oben Kap. 1 § 2 III. 3. c).
1041 Siehe dazu oben Kap. 3 § 9 II. 2.
1042 Siehe http://heise.de/-3221175 (Stand: 9/2018).
1043 *Splittgerber*, in: Splittgerber, Rechtsfragen Social Media, Kap. 3 Rn. 217.
1044 Vgl. die Feststellungen zum Netzwerk Facebook: *ULD*, Reichweitenanalyse durch Facebook, S. 15.
1045 *Ernst*, NJOZ 2010, 1917; *Föhlisch/Pilous*, MMR 2015, 631; *Piltz*, CR 2011, 657, 658; *Voigt/Alich*, NJW 2011, 3541.
1046 LG Düsseldorf, MMR 2016, 328 Rn. 48 f.
1047 LG Düsseldorf, MMR 2016, 328 Rn. 6; *Kremer*, in: Auer-Reinsdorff/Conrad, Handbuch IT- und Datenschutzrecht, § 28 Rn. 82; *ULD*, Reichweitenanalyse durch Facebook, S. 17.
1048 I. E. auch *Piltz*, CR 2011, 657, 662.
1049 A. A. offenbar *ULD*, Facebook-Fanpages und Social-Plugins, S. 10; *ULD*, Reichweitenanalyse durch Facebook, S. 17, die von einer Übermittlung des Website-Betreibers ausgehen.

sind, ein Beschaffen von Daten über den Nutzer. Ein solches Beschaffen ist für die Erhebung kennzeichnend.[1050] Daher ist der datenschutzrechtlichen Bewertung des LG Düsseldorf zuzustimmen. Für diese Erhebung ist der Website-Betreiber verantwortlich.[1051]

Ferner müssen die erhobenen Daten durch den Netzwerkbetreiber – als notwendiger Zwischenschritt – gespeichert werden, da ansonsten eine spätere Zuordnung zum Nutzer nicht möglich ist. Sofern die Daten aber gesammelt werden, bevor der Nutzer sich registriert hat, lassen diese Daten jedoch – unter Zugrundelegung des hier vertretenen relativen Personenbezugs – keine Rückschlüsse auf die Identität des Betroffenen zu. Allein die mittels der Social Plugins akquirierten Daten[1052] sind grundsätzlich keine Informationen, die dem Netzwerkbetreiber (ohne zusätzliche Informationen) zur Identifizierung gereichen.[1053] Werden jedoch durch den Netzwerkbetreiber sog. Schattenprofile angelegt, so ist gerade eine Zusammenführung mit den späteren, bei der Registrierung angegebenen Daten beabsichtigt. Da sich der Nutzer im Normalfall mit hinreichend vielen Informationen registriert, sodass eine Identifizierung möglich ist,[1054] sind die im Vorfeld erhobenen Daten als potentiell personenbezogene Daten zu qualifizieren. Als solche sind sie in den Schutzbereich des Datenschutzrechts einbezogen.[1055]

Für die hier untersuchte Verantwortlichkeit innerhalb sozialer Netzwerke bedeutet dies, dass der Netzwerkbetreiber lediglich für die durch ihn vorgenommene Speicherung der Daten über Websitebesucher verantwortlich ist.

*2. Verarbeitungsvorgänge beim Auslesen von Adressbüchern*

Einige soziale Netzwerke bieten auch die Funktion an, die bei einem E-Mail-Provider hinterlegten oder in einem Adressbuch gespeicherten E-Mail-Adressen

---

1050 Vgl. § 3 Abs. 3 BDSG a. F.
1051 Vgl. zur Rechtslage unter dem BDSG a. F. LG Düsseldorf, MMR 2016, 328 Rn. 50; ebenso *Ernst,* NJOZ 2010, 1917, 1918; *Föhlisch/Pilous,* MMR 2015, 631, 633; *Schwartmann/Ohr,* Recht der Sozialen Medien, Rn. 78; *ULD,* Facebook-Fanpages und Social-Plugins, S. 10; *ULD,* Reichweitenanalyse durch Facebook, S. 17, *Wissenschaftlicher Dienst des Deutschen Bundestags,* Die Verletzung datenschutzrechtlicher Bestimmungen durch sogenannte Facebook-Fanpages und Social-Plugins, S. 9, die i. E. auch zu einer Verantwortlichkeit des Website-Betreibers gelangen; a. A. *Piltz,* CR 2011, 657, 662, der mangels Verfügungsgewalt über die Daten eine Verantwortlichkeit des Website-Betreibers ablehnt; ohne nähere Begründung die Verantwortlichkeit ablehnend *Voigt/Alich,* NJW 2011, 3541, 3542.
1052 Ein Überblick über die Daten, die beim Aufruf einer mit einem Social Plugin versehenen Webseite übertragen werden, findet sich bei *ULD,* Reichweitenanalyse durch Facebook, S. 8.
1053 Anderes gilt jedoch, soweit es sich um statische IP-Adressen handelt, siehe oben Kap. 2 § 4 III. 4.
1054 So auch das LG Düsseldorf, MMR 2016, 328 Rn. 44, welches beim Aufruf durch registrierte Nutzer von einem Personenbezug ausgeht; ebenso *Föhlisch/Pilous,* MMR 2015, 631, 632; *Voigt/Alich,* NJW 2011, 3541, 3542.
1055 Siehe oben Kap. 2 § 4 II. 3. d) cc).

### Kap. 3 Verantwortlichkeit für den Datenumgang in sozialen Netzwerken

des Nutzers auszulesen, damit geprüft werden kann, ob sich bereits bestehende Kontakte im Netzwerk befinden.[1056] Lädt ein Nutzer sein Adressbuch hoch oder vermittelt Zugang zu seinem E-Mail-Account, so verfolgt er dabei unter Einsatz der Mittel des Netzwerkanbieters den Zweck, Kontakte aufzufinden, während der Netzwerkanbieter seinerseits die Vernetzung über das von ihm betriebene Netzwerk fördern und ggf. Daten zwecks Anlegung von Schattenprofilen sammeln möchte. Beide Beteiligten verfolgen daher eigene Zwecke, über die sie selbst entscheiden. Hier liegt prinzipiell der gleiche Fall wie beim Erhalt personenbezogener Daten auf Anfrage, lediglich mit vertauschten Rollen, vor.[1057] Während der Nutzer die Daten übermittelt, erhebt der Netzwerkbetreiber jene Daten; jeder Beteiligte ist für den jeweiligen Verarbeitungsvorgang separat verantwortlich.

Eine Privilegierung des Nutzers durch Art. 2 Abs. 2 lit. c DSGVO ist dabei im Regelfall abzulehnen. Angesichts des Umstands, dass die Inhalte des kompletten Adressbuchs bzw. der kompletten E-Mail-Korrespondenz übermittelt werden, wird es nur Einzelfällen möglich sein, das sog. Haushaltsprivileg anzuwenden. Dies könnte etwa der Fall sein, wenn der Nutzer ein separates Adressbuch mit ausschließlich familiär-privaten Kontakten hochlädt oder die E-Mail-Adresse erst kürzlich angelegt hat und daher nicht über umfassende Korrespondenz verfügt. In letzterem Fall birgt der Einsatz eines derartigen Tools auch aus Nutzersicht – in Ermangelung von Kontakten – keine Vorteile.

Im Fall des Anlegens von Schattenprofilen ist ferner eine Speicherung der Daten erforderlich, um die spätere Zuordnung der E-Mail-Adresse zum Nutzer zu ermöglichen.[1058] Auch hier stellt sich das Problem, dass die Daten womöglich noch nicht personenbezogen sind. Allein die E-Mail-Adresse – ohne zusätzliche Informationen – wird häufig nicht eine Identifizierung des Betroffenen ermöglichen. Gleichwohl sind auch diese Daten nach den Grundsätzen der potentiell personenbezogenen Daten in den Schutzbereich des Datenschutzrechts einbezogen, für deren Speicherung der Netzwerkbetreiber verantwortlich ist.[1059]

*3. Weitere Verarbeitungsvorgänge*

Entschließt sich einer der Betroffenen zur Registrierung in dem jeweiligen sozialen Netzwerk, kann das erzeugte Schattenprofil mit dem Nutzerprofil verknüpft werden.[1060] Auch diese Verknüpfung stellt einen Verarbeitungsvorgang i. S. d. Art. 4 Nr. 2 DSGVO dar, für den der Netzwerkbetreiber verantwortlich

---
1056 Zur Funktion bereits oben Kap. 1 § 2 III. 1. b).
1057 Vgl. oben Kap. 3 § 7 I. 4. b).
1058 Zum Teil wurden auch ungefragt Einladungs-E-Mails an nichtregistrierte Personen verschickt. Nach dem Urteil des LG Berlin (ausführlich zum Verfahrensgang oben Kap. 1 § 2 III. 1. b)) wurde diese Funktion jedoch eingestellt.
1059 Vgl. oben Kap. 3 § 9 III. 1.
1060 *Föhlisch/Pilous*, MMR 2015, 631, 632.

ist.[1061] Eine Offenlegung der übermittelten bzw. erhobenen Daten findet darüber hinaus nicht statt. Denkbar ist jedoch, dass die Daten zum Zwecke der Reichweitenanalyse genutzt werden. Beispielsweise wäre dies denkbar, wenn bei Besuch von Fansites auch Personen, die kein Nutzer sind, erfasst werden. Soweit dies geschieht, gelten die Ausführungen zur Reichweitenanalyse entsprechend.[1062]

## IV. Zusammenfassung: Die originären Verarbeitungsvorgänge des Netzwerkbetreibers

Social-Media-Analysen bedürfen nicht zwingend zusätzlicher Datenverarbeitungsvorgänge, sondern können grundsätzlich – unter anderer Zwecksetzung – mit den bereits erhobenen und gespeicherten Daten anonymisiert erfolgen. Demgegenüber liegt in der zur Schaltung von Werbung erforderlichen Bildung eines Interessenprofils eine datenschutzrechtlich relevante Veränderung. Die Schaltung der Werbung selbst erfolgt durch Verknüpfung dieser Profile. Für beide Datenverarbeitungsvorgänge ist der Betreiber des sozialen Netzwerks allein verantwortlich.

Der Netzwerkbetreiber ist bei nicht-kontaktbezogenen Vorschlägen hinsichtlich der Veränderung und Verknüpfung allein Verantwortlicher. Werden mögliche Kontakte empfohlen, werden personenbezogene Daten abgeglichen und dem Nutzer offengelegt. Auch hinsichtlich dieser beiden Vorgänge ist der Netzwerkbetreiber allein verantwortlich.

Verschafft der Nutzer dem Netzwerkbetreiber im Rahmen einer Funktion, die Adressbuch oder E-Mail-Account ausliest, fremde personenbezogene Daten, so ist dieser – vorbehaltlich der Anwendbarkeit von Art. 2 Abs. 2 lit. c DSGVO – für die Übermittlung, der Netzwerkbetreiber für die Erhebung verantwortlich. Für die Speicherung der Daten und die spätere Verknüpfung – unabhängig davon, ob sie über Social-Plugins oder über den Nutzer akquiriert wurden – ist der Netzwerkbetreiber allein der für die Verarbeitung Verantwortliche.

---

1061 Vgl. oben Kap. 3 § 9 I. 1.
1062 Vgl. Kap. 3 § 8 V.

# Kap. 4 Zulässigkeit des Datenumgangs in sozialen Netzwerken

Die in Kapitel 3 der vorliegenden Untersuchung dargelegten Datenverarbeitungsvorgänge müssen rechtmäßig erfolgen. Art. 5 Abs. 1 i. V. m. Art. 6 Abs. 1 DSGVO verbietet grundsätzlich jeden Umgang mit personenbezogenen Daten. In Art. 6 Abs. 1 Satz 1 lit. a bis f DSGVO finden sich Rechtfertigungstatbestände, bei deren Vorliegen der jeweilige Datenverarbeitungsvorgang ausnahmsweise erlaubt ist. Die Erlaubnistatbestände knüpfen als Adressat an den für die Verarbeitung Verantwortlichen an. Er ist derjenige, der für die Einhaltung der gesetzlichen Vorschriften, insbesondere die Rechtmäßigkeit der Verarbeitung, Rechnung zu tragen hat (vgl. Art. 5 Abs. 2 DSGVO). Wer dies jeweils ist, wurde im vorangegangen Kapitel ausführlich aufgezeigt.

Nach einem Überblick über die Systematik der Rechtfertigungstatbestände (dazu sogleich § 10) erfolgt in diesem Abschnitt die Betrachtung der Zulässigkeit des Datenumgangs. Selbst wenn die Verarbeitungsvorgänge dieselben sind, ist zwischen den Beteiligten zu differenzieren, da sowohl die berechtigten Interessen, die die Verarbeitungen rechtfertigen, verschieden sein können, als auch die Folgen, die die Verarbeitungen für die betroffene Person, insbesondere für ihr Privatleben, haben, nicht zwangsläufig dieselben sind.[1063] Die Darstellung der Zulässigkeit der Datenverarbeitung erfolgt daher gegliedert nach den jeweiligen Verantwortungsbereichen der Beteiligten. Dabei wird zunächst die Zulässigkeit der Verarbeitung im Verantwortungsbereich des Nutzers (dazu unten § 11), sodann des Fansite-Betreibers (dazu unten § 12) und schließlich des Netzwerkbetreibers (dazu unten § 13) untersucht.

Am Ende des Kapitels folgt ein praxisorientierter Exkurs zur Interessenabwägung nach Art. 6 Abs. 1 Satz 1 lit. f DSGVO. Dieser kommt – wie gezeigt werden wird – im Rahmen der Datenverarbeitung in sozialen Netzwerken eine immense Bedeutung zu. Da diese Abwägung aber höchst komplex ist und daher droht, den Verantwortlichen zu überfordern, wurde ein Entscheidungsmodell entwickelt, welches die Abwägung auf praxistaugliche Art und Weise erleichtert (dazu unten § 14).

## § 10 Grundlagen der Rechtmäßigkeit des Datenumgangs

### I. Das Verbot mit Erlaubnisvorbehalt

Das in Art. 6 Abs. 1 DSGVO geregelte und als „Verbot mit Erlaubnisvorbehalt" bezeichnete Prinzip[1064] war bereits in der Vorgängerregelung des Art. 7 DS-RL

---

1063 Vgl. EuGH, NJW 2014, 2257 Rn. 86 – „Google Spain".
1064 Zur DSGVO *Albrecht/Jotzo,* Datenschutzrecht der EU, Teil 2 Rn. 2; *Buchner/Petri,* in: Kühling/Buchner, DS-GVO/BDSG, Art. 6 Rn. 11; *Eckhardt/Kramer,* DuD 2013, 287, 289 f.; *Faust/*

enthalten. Das Verbot mit Erlaubnisvorbehalt geht auf das deutsche Datenschutzrecht zurück.[1065] Durch Art. 7 DS-RL, der festlegte, dass die Verarbeitung personenbezogener Daten „lediglich" unter bestimmten Voraussetzungen erfolgen durfte, wurde das Verbot mit Erlaubnisvorbehalt erstmals europarechtlich kodifiziert. Obwohl es in der datenschutzrechtlichen Literatur teils erheblicher Kritik ausgesetzt war,[1066] hielt der europäische Gesetzgeber an diesem Prinzip fest.

## II. Die Rechtfertigungstatbestände im Einzelnen

Die wichtigsten Erlaubnistatbestände in der DSGVO waren bereits in der DS-RL angelegt. Dies umfasst insbesondere die in Art. 6 Abs. 1 Satz 1 lit. a DSGVO geregelte Einwilligung,[1067] die in Art. 6 Abs. 1 Satz 1 lit. b DSGVO geregelte

---

*Spittka/Wybitul*, ZD 2016, 120, 122; *Frenzel*, in: Paal/Pauly, DS-GVO/BDSG, Art. 6 Rn. 1; *v. Grafenstein*, DuD 2015, 789, 792; *Heberlein*, in: Ehmann/Selmayr, DS-GVO, Art. 6 Rn. 1; *Kugelmann*, DuD 2016, 566, 567; *Plath*, in: Plath, DSGVO/BDSG, Art. 1 Rn. 6; *Spindler*, DB 2016, 937, 939; *Splittgerber*, in: Splittgerber, Rechtsfragen Social Media, Kap. 3 Rn. 61; *Taeger*, in: Taeger/Gabel, DSGVO, Art. 6 Rn. 3; zum BDSG *Borges/Schwenk/Stuckenberg/Wegener*, Identitätsdiebstahl und Identitätsmissbrauch, S. 204; *Brennscheidt*, Cloud Computing und Datenschutz, S. 62 f.; *Culmsee*, in: Dorschel, Praxishandbuch Big Data, S. 168; *Globig*, in: Roßnagel, Handbuch Datenschutzrecht, Kap. 4.7 Rn. 6; *Gola/Klug/Körffer*, in: Gola/Schomerus, BDSG, § 4 Rn. 3; *Heckmann*, in: Heckmann, jurisPK-Internetrecht, Kap. 9 Rn. 48; *Helfrich*, in: Hoeren/Sieber/Holznagel, Multimedia-Recht, Teil 16.1 Rn. 36; *Kramer*, DuD 2013, 380, 381 f.; *Maisch*, Informationelle Selbstbestimmung in Netzwerken, S. 80; *Scheja*, in: Leupold/Glossner, Anwaltshandbuch IT-Recht, Teil 4 Rn. 52; *Spindler*, Persönlichkeitsrechtsschutz im Internet, S. 102; *Spindler/Nink*, in: Spindler/Schuster, Recht der elektronischen Medien, § 4 BDSG Rn. 4; *Tscherwinka*, in: König/Stahl/Wiegand, Soziale Medien, S. 198; *Ulbricht*, in: Dorschel, Praxishandbuch Big Data, S. 168; *Weichert*, in: Däubler/Klebe/Wedde/Weichert, BDSG, § 2 Rn. 1, § 4 Rn. 1; kritisch zu dieser Bezeichnung *Masing*, NJW 2012, 2305, 2307.
Teilweise wird auch schlicht vom „Verbotsprinzip" gesprochen, etwa *Buchner*, DuD 2016, 155, 157 f.; *Giesen*, CR 2012, 550, 553; *Härting*, DSGVO, Rn. 314 ff.; *Härting*, NJW 2013, 2065; *Härting*, BB 2012, 459, 463; *Härting*, ITRB 2016, 36, 38; *Härting/Schneider*, CR 2015, 819, 822 f.; *Hornung*, in: Hornung/Müller-Terpitz, Rechtshandbuch Social Media, Kap. 4 Rn. 16; *Hornung/Goeble*, CR 2012, 265, 271; *Hornung/Sädtler*, CR 2012, 638, 640; *Karg*, DuD 2013, 75, 77 ff.; *Schneider*, ITRB 2012, 180, 182; *Schneider*, AnwBl 2011, 233; *Schneider/Härting*, CR 2014, 306, 308 f.; *Schneider/Härting*, ZD 2011, 63 ff.; *Veil*, ZD 2015, 347; ähnlich *Ruppel*, Persönlichkeitsrechte an Daten, S. 76 ff. („Verbotsgrundsatz").
1065 Vgl. § 3 BDSG 1977.
1066 So etwa *Schneider*, AnwBl 2011, 233, 234 ff. mit Vorschlag zu einem alternativen Regelungskonzept; in Bezug auf die DSGVO auch *Giesen*, CR 2012, 550, 553, der das Verbotsprinzip als Grundrechtsverstoß betrachtet und eine Reduktion auf den „Erforderlichkeitsgrundsatz" anstrebt; *Härting*, BB 2012, 459, 463 („rückwärtsgewandter Ansatz"); kritisch auch *v. Grafenstein*, DuD 2016, 789, 792; *Härting/Schneider*, CR 2015, 819, 822 f.; *Kramer*, DuD 2013, 380, 381 f.; *Schneider*, ITRB 2012, 180, 182; *Schneider/Härting*, ZD 2011, 63 ff.; *Schneider/Härting*, CR 2014, 306, 308 f.; *Veil*, ZD 2015, 347; kritisch zur dieser Kritik *Buchner/Petri*, in: Kühling/Buchner, DS-GVO/BDSG, Art. 6 Rn. 14.
1067 Siehe Art. 7 lit. a DS-RL, in Deutschland umgesetzt durch §§ 4 Abs. 1, 4a BDSG a. F.

Datenverarbeitung zur Durchführung eines Vertrags[1068] und die in Art. 6 Abs. 1 Satz 1 lit. f DSGVO geregelte Datenverarbeitung zu legitimen Zwecken des Datenverarbeiters.[1069]

## 1. Einwilligung (Art. 6 Abs. 1 Satz 1 lit. a DSGVO)

Das informationelle Selbstbestimmungsrecht umfasst in negativer Hinsicht auch die Freiheit des Einzelnen, stets alle Informationen über sich selbst preiszugeben. Die selbstbestimmte Offenbarung ist kein Grundrechtsverzicht, sondern gerade Ausdruck des informationellen Selbstbestimmungsrechts.[1070] Diesen Ausdruck ermöglicht die in Art. 6 Abs. 1 Satz 1 lit. a DSGVO geregelte Einwilligung, welche in Art. 4 Nr. 11 DSGVO als „jede freiwillig für den bestimmten Fall, in informierter Weise und unmissverständlich abgegebene Willensbekundung in Form einer Erklärung oder einer sonstigen eindeutigen bestätigenden Handlung, mit der die betroffene Person zu verstehen gibt, dass sie mit der Verarbeitung der sie betreffenden personenbezogenen Daten einverstanden ist" definiert wird.

Die heutige Regelung des Art. 6 Abs. 1 Satz 1 lit. a DSGVO wird flankiert durch die Artt. 7, 8 DSGVO, welche weitere Anforderungen an die Einwilligung statuieren. Die Rechtsnatur der Einwilligung war unter der Geltung von DS-RL und BDSG a. F. umstritten,[1071] welche zu unterschiedlichen Ergebnissen bei beschränkt Geschäftsfähigen, insb. Minderjährigen, führten. Angesichts der heute geltenden Regelung des Art. 8 DSGVO, der spezielle Anforderungen an die Einwilligung eines Minderjährigen normiert, kommt diesem Streit nur noch eine untergeordnete Bedeutung zu.

---

1068 Siehe Art. 7 lit. b DS-RL, in Deutschland umgesetzt durch § 28 Abs. 1 Satz 1 Nr. 1 BDSG a. F.
1069 Siehe Art. 7 lit. f DS-RL, in Deutschland umgesetzt durch § 28 Abs. 1 Satz 1 Nr. 2 BDSG a. F.
1070 Grundlegend *Roßnagel*, Modernisierung des Datenschutzrechts, S. 15 („der genuine Ausdruck des Rechts auf informationelle Selbstbestimmung"); *Albrecht/Jotzo*, Datenschutzrecht der EU, Teil 3 Rn. 11; in Bezug auf die Einwilligung nach dem BDSG *Menzel*, DuD 2008, 400 f.; *Simitis*, in: Simitis, § 4a BDSG Rn. 2; *Taeger*, in: Taeger/Gabel, BDSG, § 4a Rn. 5; vgl. auch BVerfGE 65, 1, 43; BVerfGE 113, 29, 46; BVerfGE 130, 151, 183; explizit für soziale Netzwerke *Kampert*, Datenschutz in sozialen Online-Netzwerken, S. 100; *Piltz*, Soziale Netzwerke im Internet, S. 112.
1071 Die h. M. hielt sie für einen Realakt und stellte dementsprechend auf die Einsichtsfähigkeit ab, siehe *Piltz*, Soziale Netzwerke im Internet, S. 144 f.; *Riesenhuber*, RdA 2011, 257, 258; *Schaffland/Wiltfang*, BDSG, § 4a Rn. 21; *Spindler/Nink*, in: Spindler/Schuster, Recht der elektronischen Medien, § 4a BDSG Rn. 3; *Wintermeier*, ZD 2012, 210, 212; die Gegenansicht qualifizierte sie als Willenserklärung, siehe *Bergmann/Möhrle/Herb*, BDSG, § 4a Rn. 8; *Däubler*, in: Däubler/Klebe/Wedde/Weichert, BDSG, § 4a Rn. 5; *Rogosch*, Die Einwilligung im Datenschutzrecht, S. 48 ff.; *Simitis*, in: Simitis, BDSG, § 4a Rn. 20; *Gabel*, in: Taeger/Gabel, BDSG, § 4a Rn. 18. Offen gelassen von BGH, NJW 2014, 2282 Rn. 31; *Gola/Klug/Körffer*, in: Gola/ Schomerus, BDSG, § 4a Rn. 25, die unabhängig von der dogmatischen Einordnung auf die Einsichtsfähigkeit abstellen. Unklar *Scholz*, Datenschutz beim Online-Einkauf, S. 281 f., der einerseits die Vorschriften des BGB über Geschäftsfähigkeit und Willenserklärungen mangels rechtsgeschäftlichen Charakters für nicht anwendbar hält, andererseits hinsichtlich des Zeitpunkts § 183 BGB anwendet.

§ 10 Grundlagen der Rechtmäßigkeit des Datenumgangs

a) Informiertheit

Die Einwilligung muss für den bestimmten Fall und in informierter Weise abgegeben werden. Dies setzt eine Information des Betroffenen über die vorgesehenen Zwecke und den Umfang der beabsichtigten Verarbeitung voraus, wobei auch eine Einwilligung für mehrere Zwecke möglich ist.[1072] Aus Art. 12 Abs. 1 DSGVO ergibt sich, dass die Informationen in präziser, transparenter, verständlicher und leicht zugänglicher Form in einer klaren und einfachen Sprache übermittelt werden muss. Nach Erwägungsgrund 42 Satz 4 soll „mindestens" über die Identität des für die Verarbeitung Verantwortlichen sowie die Zwecke der Verarbeitung aufgeklärt werden. Gleichwohl ist eine Orientierung an den in Artt. 13, 14 DSGVO normierten Informationskatalogen bei einwilligungsbasierter Datenverarbeitung angezeigt.[1073] Dazu zählen insbesondere Name und Kontaktdaten des Verantwortlichen sowie ggf. seines Vertreters und Datenschutzbeauftragten, Zwecke und Rechtsgrundlagen für die Verarbeitung, ggf. Empfänger der Daten und zahlreiche weitere Angaben.[1074] Die dem Verantwortlichen auferlegten Informationspflichten der Artt. 13, 14 DSGVO gehen weit über die des BDSG a. F. hinaus.[1075] Bereits damals wurde die Einwilligung von Teilen der Literatur als unpraktisch angesehen.[1076] Mit den erweiterten Informationspflichten verschärft sich diese Problematik.

Bei elektronischen Diensten soll die Einwilligung in klarer und knapper Form und ohne unnötige Unterbrechung des Diensts erfolgen.[1077] Der Gesetzgeber will damit den Betroffenen vor „Über-Information" schützen. Eine potentiell wirksame, umfassende Einwilligung drohte ansonsten aufgrund ihrer Komplexität den Betroffenen zu überfordern.[1078] So umfasst etwa die Datenschutzerklärung

---

1072 Vgl. Erwägungsgrund 32 Satz 4, 5.
1073 *Buchner/Kühling*, in: Kühling/Buchner, DS-GVO/BDSG, Art. 7 Rn. 59; *Schulz*, in: Gola, DS-GVO, Art. 7 Rn. 36; in diese Richtung auch *Heberlein*, in: Ehmann/Selmayr, DS-GVO, Art. 7 Rn. 8; strenger *Ingold*, in: Sydow, DSGVO, Art. 7 Rn. 35, der eine „Synchronisierung" mit den Informationspflichten für erforderlich hält, ebenso *Taeger*, in: Taeger/Gabel, DSGVO, Art. 6 Rn. 33, der für eine hinreichende Information die Erfüllung sämtlicher Transparenzpflichten erforderlich hält.
1074 Ausführlich zu den Inhalten der Informationspflichten *Bäcker*, in: Kühling/Buchner, DS-GVO/BDSG, Art. 13 Rn. 20 ff.; *Eßer*, in: Auernhammer, DSGVO/BDSG, Art. 13 Rn. 8 ff.; *Franck*, in: Gola, DS-GVO, Art. 13 Rn. 8 ff.; *Kamlah*, in: Plath, DSGVO/BDSG, Art. 13 Rn. 7 ff.; *Knyrim*, in: Ehmann/Selmayr, DSGVO, Art. 13 Rn. 18 ff.; *Mester*, in: Taeger/Gabel, DSGVO, Art. 13 Rn. 8 ff.; *Paal/Hennemann*, in: Paal/Pauly, DS-GVO/BDSG, Art. 13 Rn. 10 ff.; *Schwartmann/Schneider*, in: Schwartmann/Jaspers/Thüsing/Kugelmann, DS-GVO/BDSG, Art. 13 Rn. 20 ff.; *Veil*, in: Gierschmann/Schlender/Stentzel/Veil, DS-GVO, Art. 13 und 14 Rn. 49 ff.
1075 *Härting*, DSGVO, Rn. 56; *Wybitul*, BB 2016, 1077, 1079.
1076 *BITKOM*, Leitfaden Cloud Computing, S. 52; *BSI*, Eckpunktepapier Cloud Computing, S. 73; *Grützmacher*, ITRB 2007, 183, 186; *Kamp/Rost*, DuD 2013, 80, 84; *Maisch/Seidl*, VBlBW 2012, 7, 10.
1077 Vgl. Erwägungsgrund 32 Satz 6.
1078 *Kamp/Rost*, DuD 2013, 80, 83; *Maisch/Seidl*, VBlBW 2012, 7, 10; *Roßnagel*, DuD 2016, 561, 563; wohl auch *Spindler*, Persönlichkeitsschutz im Internet, S. 105; von einem „Information Overkill" sprechend *Pohl*, PinG 2017, 85, 87.

von Facebook rund zehn DIN A4-Seiten.[1079] Andererseits muss der Betroffene die Tragweite seiner Einwilligung abschätzen können, d.h. in ausreichendem Maße informiert sein. Der Verantwortliche hat also einen Mittelweg zwischen umfassender Information einerseits und Verständlichkeit für den Betroffenen andererseits zu wählen. Die Menge der Informationen schafft einen mit erheblicher Rechtsunsicherheit verbundenen Konflikt zwischen Information einerseits und Allgemeinverständlichkeit andererseits.[1080]

Art. 13a DSGVO des Parlamentsentwurfs sah noch eine verbindliche „Checkliste" für den Verarbeiter, nebst der Maßgabe, zur besseren Verständlichkeit Piktogramme einzusetzen, vor. Dieser begrüßenswerte Vorstoß wurde in die heute geltende Fassung der DSGVO nicht übernommen. Zwar wurde in Art. 12 Abs. 8 DSGVO eine Rechtsgrundlage für den Erlass eines entsprechenden delegierten Rechtsakts geschaffen; die Nutzung entsprechender Symbole ist jedoch nicht verpflichtend.[1081]

b) Freiwilligkeit

Die Einwilligung muss auf einer freien Entscheidung des Betroffenen basieren. Freiwillig erfolgt die Einwilligungserklärung, wenn sie ohne jeden Zwang oder Druck abgegeben wurde und die betroffene Person bei einer Verweigerung der Einwilligung oder einen Widerruf keine Nachteile befürchten muss.[1082] So wurde vertreten, eine solche Freiwilligkeit würde insbesondere nicht bei der Verarbeitung von Arbeitnehmerdaten vorliegen, sofern der Arbeitnehmer im Falle der Nichteinwilligung negative Konsequenzen zu befürchten hat[1083] oder die Einwilligung unter Ausnutzung einer wirtschaftlichen Machtsituation „abgepresst"[1084] wird.[1085] Ferner könne auch bei sozialen Drucksituationen die Freiwilligkeit ausgeschlossen sein.[1086] Teils wurde vertreten, die Freiwilligkeit sei ferner dann nicht gegeben, wenn der Handel aus Unternehmenssicht gerade darin besteht,

---

1079 *Pollmann/Kipker,* DuD 2016, 378.
1080 So zum Kommissionsentwurf *Kampert,* Datenschutz in sozialen Netzwerken, S. 235.
1081 *Albrecht,* CR 2016, 88, 93.
1082 *Ingold,* in: Sydow, DSGVO, Art. 7 Rn. 29; *Taeger,* in: Taeger/Gabel, DSGVO, Art. 6 Rn. 29; vgl. auch Erwägungsgrund 42 Satz 5; ausführlich zur Freiwilligkeit *Buchner/Kühling,* in: Kühling/Buchner, DS-GVO/BDSG, Art. 7 Rn. 41 ff.; *Taeger,* in: Taeger/Gabel, DSGVO, Art. 7 Rn. 79 ff.
1083 Zur DSGVO *Ernst,* ZD 2017, 110, 111 f.; *Ernst,* in: Paal/Pauly, DS-GVO/BDSG, Art. 4 Rn. 71; zur Rechtslage nach dem BDSG a.F. *BITKOM,* Leitfaden Cloud Computing, S. 52; *Schild/Tinnefeld,* DuD 2011, 629, 633.
1084 *Gola/Klug/Körffer,* in: Gola/Schomerus, BDSG, § 4a Rn. 19.
1085 Ausführlich zur Freiwilligkeit der Einwilligung in Arbeitsverhältnissen *Gola/Wronka,* Arbeitnehmerdatenschutz, Rn. 393 ff.; *Wybitul/Böhm,* BB 2015, 2101 ff.
1086 *Kroschwald,* Informationelle Selbstbestimmung in der Cloud, S. 243 f.; *Weichert,* VuR 2009, 323, 327 f.; von „Trägern sozialer Macht" sprechend *Kamp/Rost,* DuD 2013, 80, 82.

dass die Leistung im Gegenzug für die Preisgabe von Daten erfolgt,[1087] was ein Geschäftsmodell zahlreicher sozialer Netzwerke darstellt.[1088] Durch Art. 7 Abs. 4 DSGVO wurde ein Bewertungsmaßstab normiert, nach dem die Freiwilligkeit der Einwilligung zu beurteilen ist. Um – entgegen der grundsätzlichen Schutzrichtung des Datenschutzrechts[1089] – den Betroffenen vor sich selbst zu schützen, schränkt Art. 7 Abs. 4 DSGVO die Möglichkeit der Einwilligung durch ein sogenanntes Kopplungsverbot, welches der Regelung in § 28 Abs. 3b BDSG a. F. ähnelt,[1090] ein. Die Norm, die implizit die Unfreiwilligkeit in bestimmten Konstellationen unterstellt, weist besondere Bedeutung für soziale Netzwerke auf.[1091] Bereits zur Geltung des damaligen BDSG war die Reichweite eines solchen Kopplungsverbots jedoch unklar.[1092] Die Frage der Anwendbarkeit des § 28 Abs. 3b BDSG a. F. wurde auch im Bereich der sozialen Netzwerke, mit unterschiedlichen Ergebnissen, diskutiert.[1093]

Der Kommissionsentwurf fingierte in seinem Art. 7 Abs. 4 die Unwirksamkeit der Einwilligung für den Fall des Bestehens eines „erheblichen Ungleichgewichts" zwischen Verantwortlichem und Betroffenem. Dieses, in der datenschutzrechtlichen Literatur stark kritisierte[1094] Kriterium, drohte weitreichende Auswirkungen zu haben. Da zwischen Unternehmern und Verbrauchern regelmäßig ein solches Ungleichgewicht besteht, wurde erwartet, dass die Einwilli-

---

1087 *Kamp/Rost*, DuD 2013, 80, 82; *Kroschwald*, Informationelle Selbstbestimmung in der Cloud, S. 247; *Spindler/Nink*, in: Spindler/Schuster, Recht der elektronischen Medien, § 28 BDSG Rn. 21.
1088 Siehe oben Kap. 1 § 2 III. 3. b).
1089 Siehe dazu oben Kap. 3 § 6 I. 1.
1090 § 28 Abs. 3b BDSG a. F.: „Die verantwortliche Stelle darf den Abschluss eines Vertrags nicht von einer Einwilligung des Betroffenen nach Absatz 3 Satz 1 abhängig machen, wenn dem Betroffenen ein anderer Zugang zu gleichwertigen vertraglichen Leistungen ohne die Einwilligung nicht oder nicht in zumutbarer Weise möglich ist. Eine unter solchen Umständen erteilte Einwilligung ist unwirksam."
1091 *Kipker/Voskamp*, DuD 2012, 737, 738 f.; *Paal/Pauly*, DS-GVO/BDSG, Art. 4 Rn. 76; in Bezug auf § 28 Abs. 3b BDSG bereits *Borges*, in: Borges/Meents, Rechtshandbuch Cloud Computing, § 8 Rn. 19; *Buchner*, DuD 2010, 38, 41; *Piltz*, Soziale Netzwerke im Internet, S. 120 ff.
1092 *Borges*, in: Borges/Meents, Rechtshandbuch Cloud Computing, § 8 Rn. 19.
1093 Für eine Anwendung des § 28 Abs. 3b BDSG a. F. auf das Verhältnis zwischen Netzwerkbetreiber und Nutzer wohl *Rogosch*, Die Einwilligung im Datenschutzrecht, S. 86 f.; dagegen *Achtruth*, Der rechtliche Schutz bei der Nutzung von Social Networks, S. 154 (mit der abwegigen Begründung, § 28 Abs. 3b BDSG finde nur bei unlauteren Geschäftspraktiken Anwendung; ein derartiges Verhalten sei bei sozialen Netzwerken jedoch nicht bekannt); *Piltz*, Soziale Netzwerke im Internet, S. 123; differenzierend nach Marktstellung des Netzwerkbetreibers *Spindler/Nink*, in: Spindler/Schuster, Recht der elektronischen Medien, § 28 BDSG Rn. 21; offen gelassen von *Kampert*, Datenschutz in sozialen Online-Netzwerken, S. 94 ff., der die Unbestimmtheit der Regelung kritisiert.
1094 *Franzen*, DuD 2012, 322, 323 f.; *Giurgiu*, CCZ 2012, 226, 227; *Gola*, EuZW 2012, 332, 335; *Härting*, BB 2012, 459, 463; *Kamp/Rost*, DuD 2013, 80, 82; *Kampert*, Datenschutz in sozialen Online-Netzwerken, S. 238; *Piltz*, Soziale Netzwerke im Internet, S. 299; *Schneider*, ITRB 2012, 180, 183; *Schneider/Härting*, ZD 2012, 199, 201.

gung – insbesondere bei Internetsachverhalten – erheblich erschwert wird.[1095] Allerdings wurde das Kriterium des Ungleichgewichts, dass noch in Art. 7 Abs. 4 des Kommissionsentwurfs geregelt war, aus dem Verordnungstext gestrichen und findet sich jetzt nur noch in abgewandelter Form in 43 Satz 1, wonach die Einwilligung bei einem klaren Ungleichgewicht zwischen Einwilligendem und Verantwortlichem keine gültige Rechtsgrundlage liefern soll.

Die heutige Fassung des Art. 7 Abs. 4 DSGVO führt, in Übereinstimmung mit Erwägungsgrund 43 Satz 2, dagegen aus, dass für die Beurteilung der Freiwilligkeit maßgeblich ist, ob die Erfüllung eines Vertrags von der Einwilligung in Datenverarbeitungen abhängig gemacht wird, die nicht zur Vertragserfüllung erforderlich sind. Dies kommt auch in Erwägungsgrund 42 Satz 5 zum Ausdruck, wonach eine freie Wahl nur gegeben sei, wenn der Betroffene in der Lage ist, die Einwilligung zu verweigern oder zurückzuziehen ohne Nachteile zu erleiden. Auch in Teilen der Literatur zum BDSG a. F. wurde die Freiwilligkeit bezweifelt, wenn nicht gewährleistet war, dass sich der Betroffene gegen die Einwilligung aussprechen kann und dennoch ein Leistungsaustausch mit dem datenverarbeitenden Unternehmen zustande kommt.[1096] Dies führt indes zu einer paradoxen Situation: Sofern die Datenverarbeitung zur Vertragserfüllung erforderlich[1097] ist, liegt bereits der Rechtfertigungstatbestand des Art. 6 Abs. 1 Satz 1 lit. b DSGVO[1098] vor. Die Einholung einer Einwilligung durch den Verarbeiter wäre in diesen Fällen obsolet. Ist die Einwilligung nicht zur Vertragserfüllung erforderlich, wird aber die Vertragserfüllung von der Einwilligung abhängig gemacht, ist sie unwirksam.

Die Einwilligung verliert durch Art. 7 Abs. 4 DSGVO aus Unternehmenssicht an Bedeutung.[1099] Sie stellt nur dann eine taugliche Verarbeitungsgrundlage dar, wenn sie die beabsichtigte Verarbeitung von Daten betrifft, die nicht zur Vertragserfüllung erforderlich sind, und die Einwilligung unbeschadet einer vertraglichen Leistungserbringung durch die andere Partei erteilt werden kann. In diesen Fällen ist eine differenzierte Prüfung der Freiwilligkeit im Einzelfall geboten.[1100]

---

1095 *Dehmel/Hullen*, ZD 2013, 147, 150; *Härting*, DSGVO, Rn. 401; *Härting*, BB 2012, 459, 463; *Härting*, NJW 2013, 2065, 2070; *Kampert*, Datenschutz in sozialen Online-Netzwerken, S. 238; *Kühling/Martini*, EuZW 2016, 448, 451; *Schneider/Härting*, ZD 2012, 199, 201 f.; *Spindler*, Persönlichkeitsschutz im Internet, Fn. 692a.
1096 *Kamp/Rost*, DuD 2013, 80, 82; *Gola/Klug/Körffer*, in: Gola/Schomerus, BDSG, § 4a Rn. 20; *Weichert*, VuR 2009, 323, 328.
1097 Die Reichweite des „zur Vertragserfüllung Erforderlichen" und inwieweit dies zwischen den Parteien vereinbart werden kann, ist umstritten, siehe *Golland*, MMR 2018, 130 ff.; *Veil*, NJW 2018, 3337, 3340 f. (jeweils mit Darstellung des Streitstandes); siehe auch unten Kap. 4 § 13 II. 1. a) bb).
1098 Dazu sogleich Kap. 4 § 10 II. 2.
1099 *Härting*, DSGVO, Rn. 396; ähnlich *Albrecht/Jotzo*, Datenschutzrecht der EU, Teil 3 Rn. 44 („kaum Raum für Einwilligungen in Verarbeitungen, die über das für die Vertragserfüllung erforderliche hinausgehen").
1100 *Kühling/Martini*, EuZW 2016, 448, 451.

## c) Einwilligungsfähigkeit

Ein Betroffener kann eine Einwilligung nur wirksam abgeben, wenn dieser einwilligungsfähig ist. Dies warf insbesondere bei Minderjährigen Probleme auf. Insoweit wurde maßgeblich auf die Einsichtsfähigkeit des Minderjährigen abgestellt.[1101] Wann diese vorliegt, war heftig umstritten.[1102] Teils wurde angenommen, dass bereits eine nötige Reife bei 7-Jährigen vorliegen könne.[1103] Der BGH entschied, dass Jugendliche zwischen 15 und 17 Jahren nicht die nötige Reife haben, die Tragweite einer datenschutzrechtlichen Einwilligung abzuschätzen.[1104] Da insbesondere jüngere Personen sorgloser mit ihren Daten umgehen,[1105] wurde gefordert, die Möglichkeit der Einwilligung durch Einführung einer gesetzlichen Altersgrenze einzuschränken.[1106] In Bezug auf soziale Netzwerke vertritt hingegen *Piltz*, starre Grenzen seien nicht zielführend, da häufig 13-Jährige genauere Kenntnisse hinsichtlich der Datenströme in sozialen Netzwerken besäßen als ein 70-Jähriger.[1107] Auch der europäische Gesetzgeber erkannte, dass sich Minderjährige der Risiken und Folgen sowie ihrer Rechte bei der Verarbeitung personenbezogener Daten möglicherweise weniger bewusst sind.[1108] Er entschied sich in Art. 8 DSGVO jedoch für eine gesetzlich normierte, starre Altersgrenze.[1109] Die Entwürfe, die zur heutigen Regelung führten, divergieren stark. Während Kommissions- und Parlamentsentwurf eine Einwilligung ab dem 13. Lebensjahr auch ohne Zustimmung der Eltern für möglich hielten,[1110] stellte der Ratsentwurf maßgeblich auf Vorschriften des mitgliedstaatlichen Rechts ab. Die finale Fassung des Art. 8 Abs. 1 DSGVO deckt sich mit keinem der Entwürfe. Vielmehr legt die Norm fest, dass eine Einwilligung erst ab der Vollendung des 16. Lebensjahres wirksam ist.[1111] Darunter muss sie zu ihrer Wirksamkeit entweder durch den Erziehungsberechtigten (Alt. 1) oder mit dessen Zustimmung (Alt. 2) erteilt werden. Im Falle der Zustimmung muss diese von Anfang an vorliegen, da eine schwebend unwirksame Einwilligung aufgrund der Unumkehrbarkeit der Datenverarbeitung zu Lasten des Schutzzwecks der Norm ginge.[1112] Eine

---

1101 Etwa *Gola/Klug/Körffer*, in: Gola/Schomerus, BDSG, § 4a Rn. 25; *Spindler/Nink*, in: Spindler/Schuster, Recht der elektronischen Medien, § 4a BDSG Rn. 3; siehe ausführlich Fn. 1071.
1102 Zum Streitstand *Piltz*, Soziale Netzwerke im Internet, Fn. 682.
1103 *Jandt/Roßnagel*, MMR 2011, 637, 640.
1104 BGH, NJW 2014, 2282 Rn. 31; ausführlich die Vorinstanz OLG Hamm, K&R 2013, 53 Rn. 76 ff.
1105 Siehe oben Kap. 1 § 2 IV. 2. a).
1106 *Rogosch*, Die Einwilligung im Datenschutzrecht, S. 50 f.; *Schwenke*, Individualisierung und Datenschutz, S. 293; *Simitis*, zit. nach *ITM*, Tagungsbericht Informationsrecht, S. 8, zusammenfassend *Spittka*, MMR 2008, Heft 7, XXX.
1107 *Piltz*, Soziale Netzwerke im Internet, S. 145 f.
1108 Vgl. Erwägungsgrund 38 Satz 1 der DSGVO.
1109 Kritisch *Schulz*, in: Gola, DS-GVO, Art. 8 Rn. 9 ff.
1110 Diese Entwürfe lassen sich wohl zurückführen auf den U. S. Children's Online Privacy Protection Act (COPPA); kritisch zur Fassung im Kommissionsentwurf *Kipker/Voskamp*, DuD 2012, 737, 739 f.; zum Parlamentsentwurf *Spindler*, Persönlichkeitsschutz im Internet, S. 107.
1111 Kritisch dazu *Albrecht*, CR 2016, 88, 97; *Franck*, RDV 2016, 111, 112.
1112 *Frenzel*, in: Paal/Pauly, DS-GVO/BDSG, Art. 8 Rn. 11.

niedrigere Altersgrenze ist aufgrund mitliedstaatlicher Vorschriften zulässig, soweit diese nicht unter dem vollendeten 13. Lebensjahr liegt (Art. 8 Abs. 1 Satz 3 DSGVO). Der für die Verarbeitung Verantwortliche hat unter Berücksichtigung der verfügbaren Technik angemessene Anstrengungen zu unternehmen, um sich zu vergewissern, dass die Einwilligung durch den Erziehungsberechtigten oder mit dessen Zustimmung erteilt wurde (Art. 8 Abs. 2 DSGVO). Der Streit um die Einwilligungsfähigkeit bei Minderjährigen ist nach heutiger Rechtslage damit obsolet.[1113]

Gleichwohl ist die Regelung in ihrer heutigen Form in verschiedener Hinsicht fragwürdig: Ob jeder 16-Jährige in allen Verarbeitungssituationen in der Lage ist, die – unter Umständen erst nach Jahren zum Problem werdende – datenschutzrechtliche Einwilligung und ihre faktische Reichweite zu erfassen, muss bezweifelt werden. In Erwägungsgrund 65 Satz 3 wird zudem zur Begründung des „Recht auf Vergessenwerden" angeführt, dass dieses Recht insbesondere bei Kindern wichtig sei, die im Zeitpunkt der Abgabe ihrer Einwilligung die mit der Verarbeitung verbundenen Gefahren nicht in vollem Umfang absehen konnten. Indem der Gesetzgeber an dieser Stelle nicht zwischen verschiedenen Altersstufen innerhalb von Minderjährigen differenziert, lässt er erkennen, dass die Einwilligungserklärung eines 16- oder 17-Jährigen mit dem Makel der faktisch eingeschränkten Einsichtsfähigkeit behaftet ist – und toleriert diesen Makel, indem er diese Einwilligung dennoch für wirksam erklärt.

Darüber hinaus lässt Art. 8 Abs. 1 Satz 2 Alt. 1 DSGVO zu, dass die Einwilligung allein durch den Erziehungsberechtigten erklärt wird. Hier droht das Risiko, dass der Minderjährige übergangen und schutzlos der Veröffentlichung seiner Daten durch die Eltern ausgesetzt wird.[1114] Zwar ist nicht ganz klar, ob der Fall der 18-Jährigen, die ihre Eltern verklagt, weil diese hunderte, mitunter intime Kinderfotos in einem sozialen Netzwerk hochgeladen hätten,[1115] der Wahrheit entspricht[1116] – besonders unwahrscheinlich ist dieses Szenario angesichts der enormen Verbreitung sozialer Netzwerke, insbesondere unter jungen Erwachsenen, nicht.

d) Form der Einwilligung

Im Gegensatz zur Regelung des § 4a Abs. 1 BDSG a. F., welcher für die Einwilligung grundsätzlich[1117] ein Schriftformerfordernis vorsah, ist die Einwilligung

---

1113 So zum Kommissionsentwurf *Piltz,* Soziale Netzwerke im Internet, S. 299.
1114 *Spindler,* Persönlichkeitsschutz im Internet, S. 107.
1115 https://www.welt.de/vermischtes/article158099198/Sie-kannten-keine-Scham-und-keine-Grenze.html (Stand: 9/2018).
1116 Nach Recherchen der Berliner Morgenpost gibt es keine Anhaltspunkte, ob dieser Fall sich tatsächlich so zugetragen hat, siehe http://www.morgenpost.de/vermischtes/article208250793/Verklagt-18-Jaehrige-wirklich-die-Eltern-wegen-Facebookfotos.html (Stand: 9/2018).
1117 Zutreffend genügte auch nach dem BDSG bei über das Internet abgeschlossenen Verträgen die Textform, siehe ausführlich *Borges,* in: Borges/Meents, Rechtshandbuch Cloud Computing, § 8 Rn. 24 f.

nach der DSGVO, wie sich im Umkehrschluss aus Art. 7 Abs. 2 DSGVO sowie aus Erwägungsgrund 32 Satz 1 ergibt, formfrei. Ob konkludente Einwilligungen zulässig sind, war unter der Geltung der DS-RL[1118] und des bis 2018 geltenden BDSG[1119] umstritten. Nach heutiger Rechtslage muss die Einwilligung lediglich unmissverständlich erfolgen; ob dies in Form einer schriftlichen, einer elektronischen oder einer mündlichen Erklärung oder einer sonstigen eindeutigen bestätigenden Handlung erfolgt, ist ausweislich des Art. 4 Nr. 11 DSGVO sowie des Erwägungsgrunds 32 Satz 1 irrelevant. Beispiele für eindeutige bestätigende Handlungen sind etwa das Anklicken eines Kästchens oder die Auswahl von Einstellungen.[1120] Lediglich Stillschweigen, vorangekreuzte Kästchen oder Untätigkeit scheiden als taugliche Erklärungshandlungen aus.[1121]

Wird die Einwilligung zusammen mit anderen Erklärungen abgegeben, normiert Art. 7 Abs. 2 DSGVO ein Trennungs- und Transparenzgebot. Nach diesem ist die Einwilligung, wenn sie durch schriftliche Erklärung, die auch andere Sachverhalte betrifft, klar hervorzuheben. Der typische Fall ist das „Verstecken" der Einwilligungserklärung in Allgemeinen Geschäftsbedingungen.[1122] Die Norm erfasst ihrem Wortlaut nach nur den Fall, dass die Einwilligung in Schriftform erfolgt. Allerdings würde es dem Schutzgedanken der Norm widersprechen, wenn sie den Hauptanwendungsfall in der digitalen Wirtschaft – die Einwilligung durch Häkchensetzen unter einem Online-Formular – nicht erfassen würde. Daher ist das Trennungs- und Transparenzgebot auch dann anwendbar, wenn die Einwilligung nicht in der Form des § 126 BGB erfolgt, sondern auch dann, wenn die Einwilligung in Textform erklärt wird.[1123]

e) Widerruflichkeit

Die Einwilligung ist gem. Art. 7 Abs. 3 Satz 1 DSGVO widerruflich. Der Widerruf berührt, wie sich aus Art. 7 Abs. 3 Satz 2 DSGVO ergibt, nicht die Rechtmäßigkeit der Datenverarbeitung bis zum Widerruf. Der Widerruf wirkt daher

---

1118 Für konkludente Einwilligungen: *Art.-29-Datenschutzgruppe,* WP 187, S. 25; *Dammann/Simitis,* EG-Datenschutzrichtlinie, Art. 7 Rn. 4; *Vulin,* ZD 2012, 414, 415 f.; a. A. *Ehmann/Helfrich,* EG-Datenschutzrichtlinie, Art. 7 Rn. 14.
1119 Für konkludente Einwilligungen: *Bergmann/Möhrle/Herb,* BDSG, § 4a Rn. 85; *Kühling/Seidel/Sivridis,* Datenschutzrecht, Rn. 326; *Piltz,* Soziale Netzwerke im Internet, S. 136 f.; *Rogosch,* Die Einwilligung im Datenschutzrecht, S. 62 ff., *Schaffland/Wiltfang,* BDSG, § 4a Rn. 9a; *Vulin,* ZD 2012, 414, 417; a. A. *Gola/Klug/Körffer,* in: Gola/Schomerus, BDSG, § 4a Rn. 29a; *Helfrich,* in: Hoeren/Sieber/Holznagel, Multimedia-Recht, Teil 16.1 Rn. 60; *Simitis,* in: Simitis, BDSG, § 4a Rn. 78; *Spindler/Nink,* in: Spindler/Schuster, Recht der elektronischen Medien, § 4a BDSG Rn. 10; *v. Zimmermann,* Die Einwilligung im Internet, S. 60 ff.
1120 Erwägungsgrund 32 Satz 2.
1121 Erwägungsgrund 32 Satz 3.
1122 *Plath,* in: Plath, DSGVO/BDSG, Art. 7 Rn. 10.
1123 *Plath,* in: Plath, DSGVO/BDSG, Art. 7 Rn. 11; implizit auch *Frenzel,* in: Paal/Pauly, DS-GVO/BDSG, Art. 7 Rn. 13, der ein Häkchensetzen unter einen abgesetzten Text genügen lässt.

ex nunc.[1124] Erst ab dem Zeitpunkt des Widerrufs ist die Rechtmäßigkeit so zu beurteilen, als läge keine Einwilligung vor.

Ob bei Widerruf der Einwilligung der Verantwortliche auf anderer Rechtsgrundlage – soweit einschlägig – verarbeiten darf oder ob der Widerruf einer nicht erforderlichen Einwilligung zu einer „Sperrwirkung" zulasten der übrigen Rechtfertigungstatbestände führt, wird unterschiedlich beurteilt.[1125] Nach hier vertretener Auffassung bleibt ein Rückgriff auf die übrigen Rechtfertigungstatbestände möglich. Dies folgt zunächst aus Art. 6 Abs. 1 DSGVO, wonach es zur Rechtmäßigkeit ausreicht, „wenn mindestens eine der nachstehenden Bedingungen erfüllt ist", unter denen die Einwilligung (lit. a) eine von mehreren darstellt.[1126] Insoweit ist problematisch, dass dem Betroffenen durch Einholung der Einwilligung suggeriert wird, er könne durch ihren Widerruf die einwilligungsbasierte Verarbeitung beenden, sodass es auf den ersten Blick widersprüchlich erscheint, beriefe sich der Verantwortliche auf einen gesetzlichen Zulässigkeitstatbestand.[1127] Allerdings birgt dies in Fällen, in denen der Verantwortliche zur Verarbeitung gesetzlich verpflichtet ist (zulässig nach Art. 6 Abs. 1 Satz 1 lit. c DSGVO), erhebliche Folgeprobleme: Dieser hätte dann die Wahl, ob er trotz Widerrufs weiterverarbeitet und gegen die DSGVO verstößt, oder aber ob er nicht verarbeitet und dadurch gegen das ihn zur Datenverarbeitung verpflichtende Gesetz verstößt. Diese Situation wäre, nicht zuletzt unter Berücksichtigung des Schutzzwecks dieser Normen[1128] schlechthin untragbar. Letztlich folgt die hier vertretene Interpretation auch aus Art. 17 Abs. 1 lit. b DSGVO, wonach der Widerruf der Einwilligung nur dann eine Löschpflicht des Verantwortlichen auslöst, wenn dieser die Verarbeitung nicht auf eine andere Rechtsgrundlage stützen kann.

Der Widerruf macht die Datenverarbeitung daher nicht zwingend rechtswidrig; vielmehr beurteilt sich die Rechtmäßigkeit dann (allein) nach den übrigen Rechtfertigungstatbeständen.

*2. Verarbeitung im Rahmen eines Vertragsverhältnisses (Art. 6 Abs. 1 Satz 1 lit. b DSGVO)*

Einen weiteren Erlaubnistatbestand für die Verarbeitung personenbezogener Daten stellt Art. 6 Abs. 1 Satz 1 lit. b DSGVO dar. Dieser ist einschlägig, so-

---

1124 *Frenzel,* in: Paal/Pauly, DS-GVO/BDSG, Art. 7 Rn. 16; *Plath,* in: Plath, DSGVO/BDSG, Art. 7 Rn. 15.
1125 Für eine Rückgriffsmöglichkeit des Verantwortlichen *Albers/Veit,* in: Wolff/Brink, BeckOK DatenschutzR, Art. 6 Rn. 27; *Kramer,* in: Auernhammer, DSGVO/BDSG, Art. 6 Rn. 11; *Plath,* in: Plath, DSGVO/BDSG, Art. 6 Rn. 7; *Taeger,* in: Taeger/Gabel, DSGVO, Art. 6 Rn. 43; für eine Sperrwirkung hingegen *Art.-29-Datenschutzgruppe,* WP 259, S. 27 f.; *Buchner/Petri,* in: Kühling/Buchner, DS-GVO, Art. 7 Rn. 18.
1126 *Taeger,* in: Taeger/Gabel, DSGVO, Art. 6 Rn. 42.
1127 So *Buchner/Petri,* in: Kühling/Buchner, DS-GVO, Art. 7 Rn. 18.
1128 Beispielhaft sei die Aufzeichnungs- und Aufbewahrungspflicht in § 8 des Geldwäschegesetzes genannt.

fern die Verarbeitung zur Erfüllung eines Vertrags mit dem Betroffenen oder zur Durchführung vorvertraglicher Maßnahmen erforderlich ist. Im Gegensatz zu § 28 Abs. 1 S. 1 Nr. 1 BDSG a. F. wird im Europäischen Recht – sowohl nach Art. 6 Abs. 1 Satz 1 lit. b DSGVO, wie auch nach der Vorgängerregelung des Art. 7 lit. b DS-RL – die Verarbeitung zur Erfüllung eigener Geschäftszwecken nicht vorausgesetzt.[1129] Vorausgesetzt wird jedoch ein Vertrag oder jedenfalls ein vorvertragliches Schuldverhältnis zwischen Betroffenem und Verantwortlichen. Eine Legitimation zur Verarbeitung personenbezogener Daten ist daher nur im Rahmen eines Vertragsverhältnisses möglich, wenn der Betroffene Vertragspartei ist.[1130] Liegt ein Vertrag vor, so dürfen auf Grundlage dieser Norm nur jene Daten verarbeitet werden, die objektiv benötigt werden, um die Vertragspflichten zu erfüllen oder Sekundärpflichten aus dem Vertrag geltend zu machen.[1131] Der bloße Bezug zu einem Vertragsverhältnis bzw. die bloße Nützlichkeit der Verarbeitung ist nicht ausreichend.[1132] Erfasst ist etwa der Nutzungsvertrag zwi-

---

1129 Aus diesem Grund wurde eine unmittelbare Anwendung von § 28 BDSG a. F. auf private Nutzer sozialer Netzwerke abgelehnt, siehe *Jandt/Roßnagel*, in: Schenk/Niemann/Reinmann/Roßnagel, Digitale Privatsphäre, S. 352; *Jandt/Roßnagel*, ZD 2011, 160, 163; *Spindler*, Persönlichkeitsschutz im Internet, S. 74; a. A. *Kampert*, Datenschutz in sozialen Online-Netzwerken, S. 115 f., 118 f., der durch die wiederholte Nutzung über einen längeren Zeitraum auch bei privaten Nutzern das Merkmal der Geschäftsmäßigkeit erfüllt sieht.
Durch die Voraussetzung der „eigenen Geschäftszwecke" würde daher die Verarbeitung durch Private, soweit auf sie das damalige BDSG anwendbar war, erheblich erschwert werden, da einzig die Einwilligung als Rechtfertigungsgrund in Betracht käme. Allerdings ging der Gesetzgeber bei Schaffung des § 28 BDSG a. F. davon aus, dass auf Privatpersonen das BDSG gem. § 1 Abs. 2 Nr. 3 BDSG a. F. grds. nicht anwendbar sei, sodass es nicht erforderlich war, entsprechende Erlaubnistatbestände aufzunehmen. Vor dem historischen Hintergrund, insbesondere des relativ neuen Phänomens sozialer Netzwerke, ist davon auszugehen, dass diese Regelungslücke vom Gesetzgeber nicht gewollt war. Richtigerweise war daher § 28 BDSG a. F. analog anzuwenden, so ausführlich *Jandt/Roßnagel*, in: Schenk/Niemann/Reinmann/Roßnagel, Digitale Privatsphäre, S. 352 ff.; ebenso *Jandt/Roßnagel*, ZD 2011, 160, 163; *Piltz*, Soziale Netzwerke im Internet, S. 110 f.; a. A. *Hornung*, in: Hornung/Müller-Terpitz, Rechtshandbuch Social Media, Kap. 4 Rn. 69; *Kampert*, Datenschutz in sozialen Online-Netzwerken, S. 117, die die datenschutzrechtlichen Erlaubnistatbestände aufgrund des Verbots mit Erlaubnisvorbehalt für nicht analogiefähig halten.
1130 *Plath*, in: Plath, DSGVO/BDSG, Art. 6 Rn. 13; zu § 28 Abs. 1 Satz 1 Nr. 1 BDSG a. F. bereits *Bergmann/Möhrle/Herb*, BDSG, § 28 Rn. 22; *Wedde*, in: Däubler/Klebe/Wedde/Weichert, BDSG, § 28 Rn. 20.
1131 *Plath*, in: Plath, DSGVO/BDSG, Art. 6 Rn. 21; *Reimer*, in: Sydow, DSGVO, Art. 6 Rn. 20; ähnlich *Heberlein*, in: Ehmann/Selmayr, DS-GVO, Art. 6 Rn. 13; zu § 28 Abs. 1 Satz 1 Nr. 1 BDSG a. F. bereits *Brennscheidt*, Cloud Computing und Datenschutz, S. 139; *Gola/Klug/Körffer*, in: Gola/Schomerus, BDSG, § 28 Rn. 15; *Taeger*, in: Taeger/Gabel, BDSG, § 28 Rn. 47, 50; a. A. wohl *Wendehorst/v. Westphalen*, NJW 2016, 3745, 3747, die davon ausgehen, im Zusammenhang mit einem Vertrag erhobene Daten könnten auf Grundlage von Art. 6 Abs. 1 Satz 1 lit. b DSGVO für beliebige über die Vertragserfüllung hinausgehende Zwecke verwendet werden und deswegen eine teleologische Reduktion vorschlagen; an die „vertragscharakteristische Leistung" anknüpfend *Buchner/Petri*, in: Kühling/Buchner, DS-GVO/BDSG, Art. 6 Rn. 39 ff.
1132 So die ganz h. M., siehe *Buchner/Petri*, in: Kühling/Buchner, DS-GVO/BDSG, Art. 6 Rn. 42; *Frenzel*, in: Paal/Pauly, DS-GVO/BDSG, Art. 6 Rn. 14; *Golland*, BBK 2018, 35, 37; *Golland*, in: Baum/Golland/Hamminger/Olbertz, Das neue Datenschutzrecht, S. 10; *Kramer*, in: Auernhammer, DSGVO/BDSG, Art. 6 Rn. 17.

schen dem Betroffenen und dem Betreiber eines sozialen Netzwerks.[1133] Besteht zwischen den Beteiligten kein Vertragsverhältnis, scheidet eine Rechtfertigung über Art. 6 Abs. 1 Satz 1 lit. b DSGVO aus.

*3. Wahrnehmung eines berechtigten Interesses (Art. 6 Abs. 1 Satz 1 lit. f DSGVO)*

Nach Art. 6 Abs. 1 Satz 1 lit. f DSGVO ist die Datenverarbeitung zulässig, wenn sie zur Wahrung berechtigter Interessen des Verantwortlichen oder eines Dritten erforderlich ist, sofern nicht Interessen, Grundrechte oder Grundfreiheiten des Betroffenen überwiegen. Daher sind die Interessen des Verantwortlichen bzw. des Dritten gegen die des von der Verarbeitung Betroffenen abzuwägen.

a) Interessenabwägung

Die Interessenabwägung nach Art. 6 Abs. 1 Satz 1 lit. f DSGVO folgt einer dreiteiligen Struktur: Zunächst muss ein berechtigtes Interesse des Verantwortlichen vorliegen, sodann muss die Verarbeitung erforderlich sein und zuletzt dürfen die entgegenstehenden Interessen des Betroffenen nicht überwiegen.[1134] Die Norm ist zwar recht allgemein formuliert; gleichwohl ist das Ergebnis dieser Abwägung einer gerichtlichen Überprüfung zugänglich.[1135]

Berechtigte Interessen sind alle Interessen, welche von der Rechtsordnung gebilligt werden.[1136] Dazu zählen insbesondere Grundrechte, wobei im Bereich der Durchführung von Gemeinschaftsrecht die in der Charta der Grundrechte der Europäischen Union (GRCh) niedergelegten Grundrechte gegenüber den mitgliedstaatlichen Grundrechten Vorrang genießen.[1137] Nationale Grundrechte treten bei den Abwägungstatbeständen der DSGVO hinter der GRCh zurück.[1138] Relevanz für die Interessenabwägung hat vor allem die Meinungs- und Informa-

---

1133 So zu § 28 Abs. 1 Satz 1 Nr. 1 BDSG a. F. *Bergmann/Möhrle/Herb,* BDSG, § 28 Rn. 225; *Splittgerber,* in: Splittgerber, Rechtsfragen Social Media, Kap. 3 Rn. 71; *Splittgerber/Rockstroh,* BB 2011, 2179 Fn. 35.
1134 *Frenzel,* in: Paal/Pauly, DS-GVO/BDSG, Art. 6 Rn. 27; vgl. auch *Heberlein,* in: Ehmann/Selmayr, DS-GVO, Art. 6 Rn. 25.
1135 *Frenzel,* in: Paal/Pauly, DS-GVO/BDSG, Art. 6 Rn. 27; *Taeger,* in: Taeger/Gabel, DSGVO, Art. 6 Rn. 115; implizit auch *Kramer,* in: Auernhammer, DSGVO/BDSG, Art. 6 Rn. 27.
1136 *Plath,* in: Plath, DSGVO/BDSG, Art. 6 Rn. 54; *Taeger,* in: Taeger/Gabel, DSGVO, Art. 6 Rn. 107; zu § 28 Abs. 1 Satz 1 Nr. 2 BDSG a. F. *Bergmann/Möhrle/Herb,* BDSG, § 28 Rn. 231; *Gola/Schomerus,* BDSG, § 28 Rn. 24; *Simitis,* in: Simitis, BDSG, § 28 Rn. 104; *Taeger,* in: Taeger/Gabel, BDSG, § 28 Rn. 55.
1137 Siehe EuGH, NJW 2013, 1415 Rn. 29; explizit in Bezug auf die DSGVO *Albrecht/Janson,* CR 2016, 500, 505 f.; zum Vorrang der GRCh im Bereich der DS-RL ausführlich *Kroschwald,* Informationelle Selbstbestimmung in der Cloud, S. 45 ff.; ebenso *Jotzo,* Der Schutz personenbezogener Daten in der Cloud, S. 34; kritisch zum Anwendungsvorrang der GRCh *Kirchhof,* NVwZ 2014, 1537.
1138 *Albrecht/Janson,* CR 2016, 500, 506; *Johannes,* in: Roßnagel, Europäische Datenschutz-Grundverordnung, § 2 Rn. 65.

§ 10 Grundlagen der Rechtmäßigkeit des Datenumgangs

tionsfreiheit.[1139] Diese genießt über Art. 11 GRCh den Schutz als europäisches Grundrecht. Der Nutzer bringt beispielsweise durch Statusupdates seine Meinungen zum Ausdruck und nutzt das Netzwerk, um sich über andere Personen und deren Meinungen oder über Nachrichten zu informieren.[1140] Häufig wird es ihm auch um seine Selbstdarstellung gehen, sodass auch sein allgemeines Persönlichkeitsrecht in Form der darin enthaltenen Freiheit zur Entwicklung und Verwirklichung seiner eigenen Persönlichkeit berührt ist.[1141] Aber auch wirtschaftliche und ideelle Interessen sind berechtigte Interessen i. S. d. des Art. 6 Abs. 1 Satz 1 lit. f DSGVO.[1142] Bei Unternehmen stehen regelmäßig wirtschaftliche Interessen im Vordergrund.[1143] Dies betrifft etwa den Betreiber eines sozialen Netzwerks oder einer professionell betriebenen Fansite.

Ferner muss die zu rechtfertigende Handlung zur Wahrung des Interesses des Verantwortlichen oder Dritten „erforderlich" sein. In der datenschutzrechtlichen Literatur wird dieses Kriterium häufig ignoriert. Soweit diesem überhaupt explizit Bedeutung zugemessen wird, wird daraus gefolgert, dass keine objektiv zumutbare Alternative zur beabsichtigten Verarbeitung bestehen darf.[1144] Hier stellt sich allerdings die Frage, wie die Zumutbarkeit ermittelt werden soll, ohne die Interessen des Betroffenen zu berücksichtigen, die erst in einem weiteren Schritt berücksichtigt werden. Letztlich ist dieses Kriterium weniger als eine „Erforderlichkeit",[1145] sondern vielmehr als „Geeignetheit" zu interpretieren. Personenbezogene Daten dürfen nach Art. 6 Abs. 1 Satz 1 lit. f DSGVO nicht verarbeitet werden, wenn die Verarbeitung bei objektiver Betrachtung nicht geeignet ist, das schutzwürdige Interesse des Verarbeiters oder Dritten zu wahren oder zu fördern. Dies ist etwa dann der Fall, wenn Daten zu einem nicht schutzwürdigen Interesse verarbeitet werden (z. B. für illegale Aktivitäten) oder wenn

---

1139 Vgl. zur Vorgängerregelung des Art. 7 Abs. 2 lit. f DS-RL *Ehmann/Helfrich*, EG-Datenschutzrichtlinie, Art. 7 Rn. 31; zu § 28 Abs. 1 Nr. 2 BDSG a.F. *Wedde*, in: Däubler/Klebe/Wedde/Weichert, BDSG, § 28 Rn. 52. In der Entscheidung „spickmich.de" des BGH nahm das Gericht eine Abwägung zwischen informationeller Selbstbestimmung und den Kommunikationsfreiheiten vor, BGHZ 181, 328 Rn. 36 ff.
1140 Nach *BITKOM*, Social-Media-Trends 2018, S. 7, verwenden 57% der Nutzer soziale Netzwerke um sich über das aktuelle Tagesgeschehen zu informieren; zu den Nutzungsmotiven bereits oben Kap. 1 § 2 IV. 1.
1141 *Piltz*, Soziale Netzwerke im Internet, S. 111.
1142 *Buchner/Petri*, in: Kühling/Buchner, DS-GVO/BDSG, Art. 6 Rn. 146; *Schulz*, in: Gola, DS-GVO, Art. 6 Rn. 57; zu § 28 Abs. 1 Nr. 2 BDSG a. F. bereits *Borges*, in: Borges/Meents, Rechtshandbuch Cloud Computing, § 8 Rn. 43; *Gola/Klug/Körffer*, in: Gola/Schomerus, BDSG, § 28 Rn. 24; *Simitis*, in: Simitis, BDSG, § 28 Rn. 104; *Wedde*, in: Däubler/Klebe/Wedde/Weichert, BDSG, § 28 Rn. 48.
1143 *Golland*, BBK 2018, 35, 37; *Golland*, in: Baum/Golland/Hammingen/Olbertz, Das neue Datenschutzrecht, S. 10.
1144 Zu § 28 Abs. 1 Nr. 2 BDSG a. F.: *Gola/Klug/Körffer*, in: Gola/Schomerus, BDSG, § 28 Rn. 15; *Simitis*, in: Simitis, BDSG, § 28 Rn. 108; *Wedde*, in: Däubler/Klebe/Wedde/Weichert, BDSG, § 28 Rn. 52.
1145 In diese Richtung auch *Frenzel*, in: Paal/Pauly, DS-GVO/BDSG, Art. 6 Rn. 29, der eine Übertragung der Dogmatik zum Grundsatz der Verhältnismäßigkeit ablehnt, sowie *Reimer*, in: Sydow, DSGVO, Art. 6 Rn. 58, der von dem Kriterium „keine große Filterwirkung" erwartet.

der Verarbeiter irrtümlich glaubt, die Verarbeitung wäre seinen berechtigten Interessen dienlich. Hier liegt eine gewisse Überschneidung des Rechtmäßigkeitsprinzips mit dem Prinzip der Datenminimierung[1146] vor. Der Voraussetzung der „Erforderlichkeit" kommt damit allenfalls untergeordnete Bedeutung zu.

Auf der anderen Seite sind die schutzwürdigen Interessen des Betroffenen zu berücksichtigen. Dem Schutzziel des Datenschutzrechts entsprechend könnte bei den schutzwürdigen Interessen des Betroffenen in erster Linie das informationelle Selbstbestimmungsrecht tangiert sein,[1147] das über den – in Hinblick auf den Schutzzweck ähnlichen – Art. 8 GRCh auch auf europäischer Ebene Grundrechtsschutz genießt.[1148] Auch der mit dem Allgemeinen Persönlichkeitsrecht vergleichbare Art. 7 GRCh, der die Achtung von Privat- und Familienleben gewährleisten soll, kann in die vorzunehmende Abwägung Eingang finden. Weitere schützenswerte Interessen sind auch infolge der Datenverarbeitung zu befürchtende wirtschaftliche oder berufliche Nachteile für den Betroffenen.[1149] Soweit auf beiden Seiten von der GRCh geschützte Grundrechte tangiert sind, sind diese im Wege der praktischen Konkordanz in Einklang zu bringen.[1150]

Nach vereinzelt vertretener Ansicht sei ergänzend die Menge der übertragenen Daten zu berücksichtigen.[1151] So könne es insbesondere darauf ankommen, ob die einzelnen Daten aus unterschiedlichen Zusammenhängen durch Kumulation derart verknüpft werden können, dass ein Profil über den Betroffenen erzeugt werden kann.[1152] Letztlich ist die Frage, welche Form der Datenverarbeitung betrieben wird, ein Aspekt der – ohnehin zu prüfenden – Intensität des Eingriffs in das informationelle Selbstbestimmungsrecht des Betroffenen.

b) Prüfungsmaßstab

aa) Problemstellung

Das Ergebnis der Abwägung entscheidet über die Zulässigkeit der Datenverarbeitung. Allerdings ist bislang ungeklärt, welcher Prüfungsmaßstab hierbei anzulegen ist. Eine einzelfallbezogene Prüfung könnte Beteiligte im Bereich von Massenmedien wie sozialen Netzwerken, insbesondere den Betreiber des sozialen Netzwerks, überfordern. So wäre die Interaktion über solche Netz-

---

1146 Dazu siehe unten Kap. 5 § 15.
1147 So zu § 28 Abs. 1 Nr. 2 BDSG a.F.: *Gola/Klug/Körffer*, in: Gola/Schomerus, BDSG, § 28 Rn. 26; *Simitis*, in: Simitis, BDSG, § 28 Rn. 128; *Taeger*, in: Taeger/Gabel, BDSG, § 28 Rn. 63; *Wedde*, in: Däubler/Klebe/Wedde/Weichert, BDSG, § 28 Rn. 52.
1148 Art. 8 GRCh sei, ebenso wie das informationelle Selbstbestimmungsrecht, „an Persönlichkeitsrechten aufgehängt" und folge daher dessen Herleitung, *Albrecht/Janson*, CR 2016, 500, 502.
1149 Zu § 28 Abs. 1 Nr. 2 BDSG a.F.: *Gola/Klug/Körffer*, in: Gola/Schomerus, BDSG, § 28 Rn. 26; *Taeger*, in: Taeger/Gabel, BDSG, § 28 Rn. 64.
1150 *Albrecht/Janson*, CR 2016, 500, 506; *Reding*, ZD 2012, 195, 198.
1151 Zu § 28 Abs. 1 Nr. 2 BDSG a.F. bereits *Moos*, Datenschutzrecht, S. 79; *Splittgerber/Rockstroh*, BB 2011, 2179, 2182.
1152 *Moos*, Datenschutzrecht, S. 80 f.

werke stark erschwert, müsste der Netzwerkbetreiber zunächst jede Aktion jedes Nutzers einzeln auf Personenbezug prüfen und ggf. abwägen. Die Frage ist nicht zuletzt deshalb von Bedeutung, weil bei unrechtmäßiger Verarbeitung neben Schadensersatzforderungen des Betroffenen auch Bußgelder i. H. v. bis zu 20 Mio. EUR oder, wenn der Verantwortliche ein Unternehmen ist, 4% des Vorjahresumsatzes gem. Art. 83 Abs. 5 DSGVO drohen.

bb) Mögliche Lösungsansätze

Aufgrund dieser weitreichenden Folgen wurde unter Geltung der Vorgängervorschrift des Art. 6 Abs. 1 Satz 1 lit. f DSGVO, § 28 Abs. 1 Satz 1 Nr. 2 BDSG a. F., versucht, dem Verantwortlichen die Rechtfertigung zu erleichtern. So wurde aus der in der Norm verwendeten Formulierung „kein Grund zu der Annahme" gefolgert, dass es auf die für den Verarbeiter erkennbaren entgegenstehenden Betroffeneninteressen ankäme, sodass eine pauschale bzw. summarische Prüfung ausreiche.[1153] Teils wurde dies als eine Verschiebung des Abwägungsmaßstabs hin zu einer abstrakten Evidenzkontrolle bezeichnet.[1154] Lagen aus Sicht des Verarbeiters Anhaltspunkte für eine Interessenbeeinträchtigung des Betroffenen vor, war eine Prüfung im Einzelfall erforderlich. Anders als es § 28 Abs. 1 Satz 1 Nr. 2 BDSG a. F. für das deutsche Datenschutzrecht regelte, ist im europäischen Datenschutzrecht die Zulässigkeit nicht daran geknüpft, dass „kein Grund zur Annahme" besteht, dass Betroffeneninteressen überwiegen. Eine entsprechende Formulierung findet sich in Art. 6 Abs. 1 Satz 1 lit. f DSGVO nicht. Damit ist die Frage, wonach sich der bei der Interessenabwägung anzulegende Maßstab bestimmt, offen.

(1) Subjektive Rechtmäßigkeitsprüfung

Denkbar wäre zunächst, dass der Verantwortliche – wie es bereits zu § 28 Abs. 1 Satz 1 Nr. 2 BDSG a. F. vertreten wurde – bei der Interessenabwägung nur diejenigen Interessen berücksichtigen muss, für die er Anhaltspunkte hat und die ihm daher bekannt sein mussten. Der jeweilige, bei der Interessenabwägung anzulegende Abwägungsmaßstab würde sich damit subjektiv, d. h. aus Sicht des jeweiligen Verantwortlichen, bestimmen.

Während der einzelne Nutzer, der Daten in das soziale Netzwerk eingibt, regelmäßig die einzelnen Umstände des Betroffenen kennt und daher zu einer umfassenden Berücksichtigung der Betroffeneninteressen in der Lage ist, trifft dies auf andere Beteiligte i. d. R. nicht zu. Insbesondere der Netzwerkbetreiber wird eine Abwägung vor der Verarbeitung in der Regel nicht durchführen.[1155]

---
1153 *Simitis*, in: Simitis, BDSG, § 28 Rn. 129; *Gola/Klug/Körffer*, in: Gola/Schomerus, BDSG, § 28 Rn. 28; *Schaffland/Wiltfang*, BDSG, § 28 Rn. 128; ähnlich *Taeger*, in: Taeger/Gabel, BDSG, § 28 Rn. 61 und *Wolff*, in: Wolff/Brink, BDSG, § 28 Rn. 71 („auf den ersten Blick erkennbar").
1154 *Kampert*, Datenschutz in sozialen Online-Netzwerken, S. 120.
1155 So zur Verarbeitung durch den Netzwerkbetreiber unter Geltung des BDSG a. F. *Kampert*, Datenschutz in sozialen Online-Netzwerken, S. 121.

## Kap. 4 Zulässigkeit des Datenumgangs in sozialen Netzwerken

Eine Prüfung in jedem Einzelfall wäre in Hinblick auf Zahl und Umfang der Nutzerbeiträge durch den Betreiber des sozialen Netzwerks schlicht nicht zu leisten.[1156] Des Weiteren wäre der Netzwerkbetreiber häufig auch nicht in der Lage, zu beurteilen, welche Interessen des Dritten in welchem Maß durch die verbreiteten Kommunikationsinhalte betroffen sind.[1157] Das Recht darf einerseits nichts Unmögliches verlangen, andererseits muss der Datenschutz umfassend gewährleistet bleiben.[1158] Daher wären bei der Interessenabwägung etwa des Netzwerkbetreibers andere Maßstäbe anzulegen, als der Nutzer bei seiner Interessenabwägung anzulegen hat. So lassen große Teile der datenschutzrechtlichen Literatur bei der Verarbeitung einer Vielzahl von Daten eine summarische Prüfung der Belange der betroffenen Personengruppen unter Zugrundelegung von Erfahrungswerten genügen.[1159]

Der Gedanke unterschiedlich starker Prüfpflichten entspricht den Vorschriften des §§ 7-10 TMG, die die Haftung[1160] des telemedienrechtlichen Diensteanbieters regeln. Nach § 10 TMG werden Host-Provider – was der Rolle des Netzwerkbetreibers in sozialen Netzwerken am ehesten entspricht – von ihrer Verantwortung frei, wenn sie keine Kenntnis von der rechtswidrigen Handlung oder der Information haben und ihnen im Falle von Schadensersatzansprüchen auch keine Tatsachen oder Umstände bekannt sind, aus denen die rechtswidrige Handlung oder die Information offensichtlich wird. Übertragen auf die hiesige Konstellation bedeutete dies, dass der Datenumgang des Netzwerkbetreibers für Informationen, die er selbst nicht erhoben hat, sondern die durch andere Beteiligte auf der Plattform eingestellt werden, grundsätzlich rechtmäßig wäre. Die Datenverarbeitung wäre hingegen bei Datenverarbeitungsvorgängen, die – ohne nähere Kenntnis der einzelnen Umstände des Betroffenen – evident rechtswidrig sind, unzulässig. Eine einzelfallspezifische Interessenabwägung wäre durch denjenigen Verantwortlichen, der die Daten nicht eingegeben hat, nur dann vorzunehmen werden, die durch Dritte auf der Plattftung des Telemediendienstean-

---

1156 *Jandt/Roßnagel,* in: Schenk/Niemann/Reinmann/Roßnagel, Digitale Privatsphäre, S. 361; *Jandt/Roßnagel,* ZD 2011, 160, 164; *Spindler,* Persönlichkeitsschutz im Internet, S. 83.
1157 *Kampert,* Datenschutz in sozialen Online-Netzwerken, S. 121.
1158 *Jandt/Roßnagel,* in: Schenk/Niemann/Reinmann/Roßnagel, Digitale Privatsphäre, S. 361; *Jandt/Roßnagel,* ZD 2011, 160, 164.
1159 *Schulz,* in: Gola, DS-GVO, Art. 6 Rn. 59; ähnlich *Taeger,* in: Taeger, DSGVO, Art. 6 Rn. 113; implizit auch *Herbst,* in: Kühling/Buchner, DS-GVO/BDSG, Art. 21 Rn. 15.
1160 Die §§ 7-10 TMG stehen im mit „Verantwortlichkeit" betitelten dritten Abschnitt des TMG. Der telemedienrechtliche und der datenschutzrechtliche Begriff der Verantwortlichkeit sind jedoch nicht identisch. Im Datenschutzrecht begründet die Stellung als Verantwortlicher die vollumfängliche Anwendung der DSGVO; bei den Vorschriften des TMG wird mit der verwendeten Formel „... nicht verantwortlich" eine Haftungsprivilegierung normiert (*Müller-Broich,* TMG, Vor §§ 7-10, Rn. 1; *Sobola,* in: Auer-Reinsdorffer/Conrad, § 42 Rn. 77 ff.). Anders *Jandt/Roßnagel,* in: Schenk/Niemann/Reinmann/Roßnagel, Digitale Privatsphäre, S. 361; *Jandt/Roßnagel,* ZD 2011, 160, 164, die wohl von einer Begriffsidentität ausgehen und so zu einer Reduktion der datenschutzrechtlichen Verantwortlichkeit des Netzwerkbetreibers gelangen.

bieterängig v, wenn bestimmte Anhaltspunkte für entgegenstehende Interessen existieren.[1161] Anders läge es bei der Datenverarbeitung des Nutzers. Dieser ist bei den durch ihn eingegebenen Daten regelmäßig in der Lage, vor der Verarbeitung die personenbezogenen Inhalte in einen Kontext einzuordnen und zu bewerten.[1162] Gerade in sozialen Netzwerken dürften dem Nutzer eine Vielzahl der von seiner Verarbeitung Betroffenen auch persönlich bekannt sein. Zudem geht die Gefährdung der informationellen Selbstbestimmung am ehesten vom Urheber der Information aus, da erst durch dessen Eingaben das personenbezogene Datum entsteht. Nicht zuletzt hat er die Möglichkeit, bei Zweifeln die in Rede stehende Datenverarbeitung zu unterlassen und etwaige Folgeverarbeitungen gar nicht erst anzustoßen. Daher bestünde für den Nutzer auch bei der Hypothese eines subjektiven Rechtmäßigkeitsmaßstabes stets eine Pflicht zur einzelfallspezifischen Abwägung.

(2) Objektive Rechtmäßigkeitsprüfung

Derartige subjektive Elemente lassen sich zumindest dem Wortlaut des Art. 6 Abs. 1 Satz 1 lit. f DSGVO nicht entnehmen. Eine wörtliche Auslegung führt dazu, dass die Verarbeitung auch bei bestmöglicher Berücksichtigung der dem jeweiligen Verantwortlichen bekannten Betroffeneninteressen rechtswidrig ist, sofern sich bei objektiver Würdigung, d.h. bei Berücksichtigung auch der ihm unbekannten Umstände, ein Überwiegen der Betroffeneninteressen ergibt. Eine fehlerhafte Abwägung führt daher a prima vista zum umfassenden Einstehen des Netzwerkbetreibers und administrierenden Nutzers für die durch (andere) Nutzer eingestellten Inhalte.

Ein anderes Bild ergibt sich unter genauer Betrachtung der zentralen Normen für Schadensersatz und Bußgelder, Artt. 82, 83 DSGVO. Der tautologisch anmutende Art. 82 Abs. 3 DSGVO bestimmt, dass der Verantwortliche dann von der Haftung befreit ist, wenn er nachweist, dass er nicht verantwortlich ist. Diese in der deutschen Fassung der DSGVO sprachlich missglückte Regelung soll – unter Verteilung der Beweislast zuungunsten des Verantwortlichen – wohl dem Umstand Rechnung tragen, dass auch der Verantwortliche nicht für jeden Verstoß haften muss. Die Verantwortung für einen Schaden entfällt dann, wenn der Verantwortliche nachweisen kann, dass er alle Sorgfaltsanforderungen eingehalten hat.[1163] Der Sache nach handelt es sich hierbei um eine Norm, nach

---

1161 So zu § 29 Abs. 1 Nr. 1 BDSG a.F. in Bezug auf den Netzwerkbetreiber *Jandt/Roßnagel*, in: Schenk/Niemann/Reinmann/Roßnagel, Digitale Privatsphäre, S. 361; *Jandt/Roßnagel*, ZD 2011, 160, 164; *Kampert*, Datenschutz in sozialen Online-Netzwerken, S. 121; zu den möglichen Anhaltspunkten im Einzelnen siehe Kap. 4 § 11 V. 3. b).
1162 *Kampert*, Datenschutz in sozialen Online-Netzwerken, S. 121.
1163 *Becker*, in: Plath, DSGVO/BDSG, Art. 82 Rn. 5; *Moos/Schefzig*, in: Taeger/Gabel, DSGVO, Art. 82 Rn. 83. Inhaltlich entspricht die Norm damit Art. 23 Abs. 2 DS-RL.

der das Verschulden des Verantwortlichen widerleglich vermutet wird.[1164] Von der Exkulpationsmöglichkeit können auch eigene Verstöße gegen die DSGVO durch Handlungen Dritter erfasst sein.[1165] Eine entsprechende Regelung in den Bußgeldtatbeständen fehlt hingegen.[1166] Aus der Bestimmung des Art. 83 Abs. 2 Satz 2 lit. b DSGVO, wonach für die Bemessung der Höhe des Schadens maßgeblich ist, ob der Verstoß vorsätzlich oder fahrlässig erfolgte, kann jedoch geschlossen werden, dass eine Geldbuße überhaupt nur verhängt werden kann, wenn der Verstoß wenigstens fahrlässig begangen wurde.[1167] Erweist sich die vorgenommene Datenverarbeitung als objektiv rechtswidrig, drohen dem Verantwortlichen daher nur soweit er schuldhaft handelte, Schadensersatzansprüche des Betroffenen oder die Verhängung von Bußgeldern.

Den Gefahren eines Schadensersatzanspruchs des Betroffenen oder eines durch die Datenschutzaufsichtsbehörde verhängten Bußgelds sähe sich der Verantwortliche folglich nur bei eigenem Verschulden ausgesetzt. Ein solches liegt dann vor, wenn der Verantwortliche die erforderliche Abwägung vorsätzlich oder fahrlässig unterlässt oder diese vorsätzlich oder fahrlässig unsachgemäß durchführt, d. h. wenn er erkannte oder mit zumutbarem Aufwand hätte erkennen müssen, dass die Verarbeitung entgegen überwiegender Betroffeneninteressen erfolgt und somit rechtswidrig ist. Konnte er dies nicht erkennen, handelt er nicht schuldhaft.

cc) Stellungnahme

Da die meisten Ansprüche gegen den Verantwortlichen ein Verschulden voraussetzen, laufen beide Lösungsansätze regelmäßig auf dasselbe Ergebnis hinaus. Bei einer subjektiv rechtmäßigen, aber objektiv unrechtmäßigen Verarbeitung und bei Zugrundelegung des subjektiven Ansatzes scheiden alle an die Rechtswidrigkeit anknüpfenden Rechtsfolgen bereits tatbestandlich aus. Unter Zugrundelegung des objektiven Ansatzes in demselben Szenario scheiden mangels Verschuldens alle verschuldensabhängigen Sanktionen der Aufsichtsbehörde und Betroffenenansprüche aus. Lediglich bei verschuldensunabhängigen Rechtsfol-

---

1164 So auch *Albrecht/Jotzo*, Datenschutzrecht der EU, Teil 8 Rn. 22; *Härting*, DSGVO, Rn. 234; *Moos/Schefzig*, in: Taeger/Gabel, DSGVO, Art. 82 Rn. 71 f.; *Spindler*, DB 2016, 937, 947.
1165 Vgl. *Becker*, in: Plath, DSGVO/BDSG, Art. 82 Rn. 5; *Moos/Schefzig*, in: Taeger/Gabel, DS-GVO, Art. 82 Rn. 79.
1166 Anders noch § 43 Abs. 1 BDSG a. F. (gem. Art. 24 DS-RL waren die Sanktionsnormen durch die Mitgliedstaaten festzulegen).
1167 So jedenfalls die h. M., vertreten von *Becker*, in: Plath, DSGVO/BDSG, Art. 83 Rn. 11; *Frenzel*, in: Paal/Pauly, DS-GVO/BDSG, Art. 83 Rn. 14; *Golla*, in: Auernhammer, DSGVO/BDSG, Art. 83 Rn. 9; *Piltz*, K&R 2017, 85, 92; *Popp*, in: Sydow, DSGVO, Art. 83 Rn. 13; *Schreibauer/Spittka*, in: Wybitul, EU-DS-GVO, Art. 83 Rn. 28.
A. A. *Bergt*, in: Kühling/Buchner, DS-GVO/BDSG, Art. 83 Rn. 35; *Bergt*, DuD 2017, 555, 558; *Härting*, DSGVO, Rn. 253; *Nemitz*, in: Ehmann/Selmayr, DS-GVO, Art. 83 Rn. 17. Die verschuldensunabhängige Verhängung von Bußgeldern wäre jedoch verfassungswidrig, siehe BVerfG, NJW 2016, 1149, Rn. 53 ff.; siehe auch *Roßnagel*, in: Roßnagel/Sommerlatte/Winand, Digitale Visionen, S. 157 f., der eine datenschutzrechtliche Gefährdungshaftung fordert.

gen – etwa dem Berichtigungsanspruch nach Art. 16 DSGVO – ergeben sich wesentliche Unterschiede.

Zwar spricht der Wortlaut vordergründig gegen eine Beurteilung der Betroffeneninteressen – somit der Rechtmäßigkeit – aus subjektiver Sicht, d. h. allein aus Sicht des jeweiligen Verantwortlichen.

Die Systematik spricht jedoch für eine solche Betrachtung. Art. 21 Abs. 1 DSGVO normiert ein Widerspruchsrecht des Betroffenen aus Gründen, die sich aus dessen besonderer Situation ergeben, für den Fall, dass die Verarbeitung auf Grundlage von Art. 6 Abs. 1 Satz 1 lit. e oder f DSGVO erfolgt. Übt der Betroffene dieses Recht aus, hat der Verarbeiter die weitere Verarbeitung zu unterlassen. Aus der systematischen Stellung der Norm in Kapitel 3 ergibt sich, dass damit Datenverarbeitungsvorgänge adressiert werden, die nach der allgemeinen Interessenabwägung an sich zulässig sind.[1168] Dieses Widerspruchsrechts bedürfte es im Fall des Art. 6 Abs. 1 Satz 1 lit. f DSGVO nicht, wenn der jeweilige Verarbeiter bei der Abwägung alle, d. h. auch ihm unbekannte Umstände, berücksichtigen müsste, da sonst die Datenverarbeitung ohnehin rechtswidrig gewesen wäre. Art. 21 DSGVO normiert demnach eine Initiativverantwortung des Betroffenen, der konkreten Datenverarbeitung entgegenstehende Gesichtspunkte dem Verantwortlichen zur Kenntnis zu bringen.[1169] Auch nach Sinn und Zweck ist ein Abstellen auf die Kenntnis des jeweiligen Verantwortlichen naheliegend. Eine anlasslose Prüfung jeden Einzelfalls würde letztlich die Kommunikation über soziale Netzwerke zum Erliegen bringen. Dies kann jedoch erkennbar nicht gewollt sein, da der Gesetzgeber in Erwägungsgrund 18 Satz 2 von einer grundsätzlichen Nutzungsmöglichkeit sozialer Netzwerke durch private Nutzer ausgeht.

Eine Abwägung anhand aller objektiv existierenden Betroffeneninteressen ist daher auch nach der DSGVO nicht erforderlich; eine subjektive Prüfung aus Sicht des Verantwortlichen ist ausreichend. Dies entbindet den Verantwortlichen jedoch nicht von jeglicher Interessenabwägung. Vielmehr hat diese nur unter der Berücksichtigung jener potentiell entgegenstehenden Interessen zu erfolgen, für die – aus seiner Sicht – Anhaltspunkte bestehen. Die Rechtmäßigkeit bestimmt sich damit subjektiv: Die Verarbeitung ist dann rechtmäßig, wenn der Verantwortliche unter Berücksichtigung aller ihm zum Zeitpunkt der Verarbeitung bekannten und erkennbaren entgegenstehenden Interessen des Betroffenen zu dem Ergebnis kommen musste, dass die Interessen des Betroffenen nicht überwiegen.

---

1168 *Plath,* in: Plath, DSGVO/BDSG, Art. 21 Rn. 1, 5; so i. E. auch *Helfrich,* in: Sydow, DSGVO, Art. 21 Rn. 2; *Herbst,* in: Kühling/Buchner, DSGVO/BDSG, Art. 21 Rn. 1 f.; *Kramer,* in: Auernhammer, DSGVO/BDSG, Art. 21 Rn. 1; *Martini,* in: Paal/Pauly, DS-GVO/BDSG, Art. 21 Rn. 2; *Schulz,* in: Gola, DS-GVO, Art. 21 Rn. 1; wohl auch *Kamann/Braun,* in: Ehmann/Selmayr, DS-GVO, Art. 21 Rn. 12.
1169 *Franck,* RDV 2016, 111, 113.

### c) Die Rechtfertigung aus Gründen der Meinungs- und Informationsfreiheit (Art. 17 Abs. 3 lit. a DSGVO)

Art. 17 Abs. 1 DSGVO verpflichtet den Verantwortlichen zur Löschung von Daten des Betroffenen.[1170] Hiervon normiert Art. 17 Abs. 3 DSGVO einige Ausnahmen. Aus Art. 17 Abs. 3 i.V.m. Art. 17 Abs. 1 lit. d DSGVO ergibt sich, dass bei Vorliegen der in Art. 17 Abs. 3 lit. a bis e DSGVO genannten Voraussetzungen auch unrechtmäßig verarbeitete Daten nicht gelöscht werden müssen, sondern weiterhin gespeichert werden können. Besondere Bedeutung hat im Bereich sozialer Netzwerke Art. 17 Abs. 3 lit. a DSGVO, der normiert, dass Daten nicht zu löschen sind, wenn die Verarbeitung zur Ausübung des Rechts auf freie Meinungsäußerung und Information erforderlich ist.

Soziale Netzwerke haben sich nicht nur als Foren für den Meinungsaustausch, sondern auch als Informationsplattform etablieren können.[1171] Könnte jeder Betroffene bei unrechtmäßiger Datenverarbeitung die Löschung der Daten verlangen, so wäre etwa der Austausch über Personen der Zeitgeschichte, etwa Politiker, erheblich erschwert. Ein Statusupdate etwa, das sich kritisch mit Mitgliedern der Bundesregierung befasst, könnte grundsätzlich Gegenstand eines Löschungsverlangens sein. Darüber hinaus ist die unrechtmäßige Datenverarbeitung in Art. 83 Abs. 5 lit. a DSGVO mit erheblichen Bußgeldern bewährt. Da jeder Nutzer ein Bußgeld in Millionenhöhe[1172] befürchten müsste, käme die Kommunikation im Internet letztlich in weiten Teilen zum Erliegen. Dies wird durch Art. 17 Abs. 3 lit. a DSGVO verhindert.

Die systematische Stellung von Art. 17 Abs. 3 lit. a DSGVO verwundert indes: Eine unrechtmäßige Datenverarbeitung steht dem erklärten Willen des Gesetzgebers diametral gegenüber. Gleichwohl ermöglicht Art. 17 Abs. 3 DSGVO, dass der für die Verarbeitung Verantwortliche unrechtmäßig Daten verarbeitet, aber nicht verpflichtet ist, die widerrechtliche Datenverarbeitung einzustellen, sodass eine dauerhafte Widerrechtlichkeit gesetzlich geduldet wird. Zugleich könnte dieser nach Art. 17 Abs. 3 DSGVO zulässige Zustand mit an die Rechtswidrigkeit anknüpfenden Sanktionen (z.B. Bußgelder gem. Art. 83 Abs. 5 lit. a DSGVO) belegt werden. Es mag paradox klingen, dass dieselbe Verarbeitung gleichzeitig zulässig und unrechtmäßig sein soll.

Dieser Widerspruch lässt sich jedoch auflösen. Bei der durch Art. 17 Abs. 3 lit. a DSGVO gewährleisteten Meinungs- und Informationsfreiheit handelt es sich um berechtigte Interessen, die über Art. 11 Abs. 1 GRCh sogar Schutz als europäische Grundrechte genießen. Sofern die Verarbeitung zur Wahrung derartiger Interessen erforderlich ist, kann sie nach Art. 6 Abs. 1 Satz 1 lit. f DSGVO gerechtfertigt sein. Auch Art. 17 Abs. 3 DSGVO knüpft an die „Erforderlichkeit" an und

---

1170 Ausführlich zur Löschpflicht unten Kap. 5 § 17.
1171 Siehe Fn. 1140.
1172 Nach Art. 83 Abs. 5 Halbsatz 1 DSGVO ist die Verhängung einer Geldbuße von bis zu 20.000.000 EUR (bei natürlichen Personen) oder 4 % des gesamten weltweiten Vorjahresumsatzes, je nachdem, welcher Betrag höher ist (bei Unternehmen), möglich.

verpflichtet demnach zur Abwägung.[1173] Art. 17 Abs. 3 lit. a DSGVO muss demnach als eine Konkretisierung des Rechtfertigungstatbestands des Art 6 Abs. 1 Satz 1 lit. f DSGVO betrachtet werden, durch welche lediglich betont wird, dass Meinungs- und Informationsfreiheit im Rahmen des Art. 6 Abs. 1 Satz 1 lit. f DSGVO gewürdigt werden müssen.

*4. Weitere Zulässigkeitstatbestände des Art. 6 DSGVO*

Art. 6 Abs. 1 Satz 1 lit. d DSGVO erlaubt die Verarbeitung von Daten zum Schutz lebenswichtiger Interessen. Viele Anwendungsfälle sind im Kontext sozialer Netzwerke nicht denkbar.[1174] So könnte etwa die akute Warnung vor einer Person, die angekündigt hat, eine Straftat gegen das Leben zu begehen, unter Angabe von personenbezogenen Daten über Täter oder geplantes Opfer (z. B. Standort, Aussehen, ggf. Umstände der geplanten Tat) erfasst sein. Der Vorschrift des Art. 6 Abs. 1 Satz 1 lit. d DSGVO kommt ein Ausnahmecharakter zu; die einschlägigen Konstellationen sind äußerst untypisch und werden daher in der folgenden Untersuchung nicht weiter beleuchtet.

Die übrigen Rechtfertigungstatbestände der Art. 6 Abs. 1 Satz 1 lit. c und e DSGVO erfassen die Verarbeitung zur Erfüllung rechtlicher Verpflichtungen, zur Wahrnehmung einer im öffentlichen Interesse liegenden Aufgabe und zur Ausübung öffentlicher Gewalt. Auch sie haben keine besondere Relevanz für die Datenverarbeitung in sozialen Netzwerken durch Private.[1175]

**III. Die Verarbeitung „besonderer Kategorien personenbezogener Daten"**

In sozialen Netzwerken werden regelmäßig auch sensible Daten verarbeitet. Häufig werden solche Daten – etwa die Religionszugehörigkeit – durch Betroffene selbst veröffentlicht.[1176] Aber auch leichtfertig getätigte Aussagen über andere Nutzer oder netzwerkfremde Dritte können Eingang in soziale Netzwerke finden. Die Verarbeitung jener Daten unterliegt einem besonderen, durch Art. 9 DSGVO realisierten Schutz. Dieser besondere Schutz stellt eine Ausprägung des Konzepts dar, die verschiedenen Risiken bei der Datenverarbeitung zu würdigen.[1177]

---

1173 *Herbst,* in: Kühling/Buchner, DS-GVO/BDSG, Art. 17 Rn. 73; *Kamann/Braun,* in: Ehmann/Selmayr, DS-GVO, Art. 17 Rn. 56; *Kamlah,* in: Plath, DSGVO/BDSG, Art. 17 Rn. 17; *Nolte/Werkmeister,* in: Gola, DS-GVO, Art. 17 Rn. 44; *Peuker,* in: Sydow, DSGVO, Art. 17 Rn. 57, 59 ff.; weitergehend *Meents/Hinzpeter,* in: Taeger/Gabel, DSGVO, Art. 17 Rn. 111; *Peuker,* in: Sydow, DSGVO, Art. 17 Rn. 58, die hier von dem der deutschen Verfassungsrechtsdogmatik entlehnten Prinzip praktischer Konkordanz sprechen.
1174 Erwägungsgrund 46 Satz 3 der DSGVO nennt als Beispiele humanitäre Zwecke wie die Überwachung von Epidemien oder Naturkatastrophen. Allerdings dürften in diesen Fällen selten über Einzelpersonen Daten preisgegeben werden.
1175 Vgl. bereits oben Kap. 1 § 3 III. 3. b).
1176 *Maisch,* Informationelle Selbstbestimmung in Netzwerken, S. 80.
1177 *Art.-29-Datenschutzgruppe,* WP 218, S. 2; *Veil,* ZD 2015, 347, 351.

Der Begriff der „besonderen Kategorien personenbezogener Daten" wurde durch Art. 8 DS-RL eingeführt. Statt „besondere Kategorien personenbezogener Daten" wird in der datenschutzrechtlichen Literatur häufig von „sensiblen Daten"[1178] oder „sensitiven Daten"[1179] gesprochen.[1180] Nach Art. 8 Abs. 1 DS-RL war die Verarbeitung solcher Daten grundsätzlich verboten. Art. 8 Abs. 2 DS-RL normierte Ausnahmen, unter denen die Verarbeitung ausnahmsweise zulässig war. Die dem französischen Recht entlehnte Anknüpfung an die Art der Daten war dem deutschen Datenschutzrecht fremd.[1181] Bei Art. 8 DS-RL handelte es sich letztlich um ein über das allgemeine Verbot mit Erlaubnisvorbehalt hinausgehendes „spezielles Verbot mit Erlaubnisvorbehalt".[1182] Art. 9 DSGVO folgt der in Art. 8 DS-RL angelegten Struktur und normiert spezielle, über Art. 6 DSGVO hinausgehende Anforderungen an die Verarbeitung solcher besonderen Kategorien personenbezogener Daten. Art. 9 Abs. 1 DSGVO verbietet grundsätzlich jede Verarbeitung personenbezogener Daten, aus denen die rassische und ethnische Herkunft, politische Meinungen, religiöse oder weltanschauliche Überzeugungen oder die Gewerkschaftszugehörigkeit hervorgehen, sowie von genetischen Daten, biometrischen Daten zur eindeutigen Identifizierung einer Person oder Daten über Gesundheit oder Sexualleben und sexuelle Ausrichtung.

*1. Problemstellung*

Die besondere Schutzbedürftigkeit besonderer Arten personenbezogener Daten ergibt sich daraus, dass in ihrer missbräuchlichen Nutzung ein besonderes Diskriminierungspotential liegt.[1183] Die DSGVO orientiert sich in Art. 9 DSGVO

---

1178 *Albrecht/Jotzo,* Datenschutzrecht der EU, Teil 3 Rn. 57 ff.; *Bergmann/Möhrle/Herb,* BDSG, § 3 Rn. 166 ff.; *Gola/Klug/Körffer,* in: Gola/Schomerus, BDSG, § 3 Rn. 56 ff.; *Härting,* BB 2012, 459, 463 f.; *Kühling/Seidel/Sivridis,* Datenschutzrecht, Rn. 231; *Plath,* in: Plath, DS-GVO/BDSG, Art. 9 Rn. 1 ff.; *Schneider,* ZD 2017, 303, 304; *Weichert,* in: Däubler/Klebe/Wedde/Weichert, BDSG, § 3 Rn. 65.
1179 *BlnDSB,* Tätigkeitsbericht 2002, S. 24, *Dammann/Simitis,* in: EG-Datenschutzrichtlinie, Art. 7 Rn. 1 ff.; *Ruppel,* Persönlichkeitsrechte an Daten, S. 65 ff.; *Simitis,* in: Simitis, BDSG, § 3 Rn. 250 ff. Hierbei könnte es sich um eine Fehlübersetzung des in der englischen Verhandlungssprache der Erwägungsgründe 34, 70 der DS-RL verwendeten „sensitive data" handeln.
1180 Zur Begriffskongruenz bereits oben Kap. 2 § 4 IV. 2. b) aa) (3) (b). Im Folgenden wird aus sprachlichen Gründen der Begriff „sensiblen Daten" verwendet.
1181 *Kühling/Seidel/Sivridis,* Datenschutzrecht, Rn. 231.
1182 Vgl. *Greve,* in: Auernhammer, DSGVO/BDSG, Art. 9 Rn. 6; zur DS-RL auch *Dammann/Simitis,* EG-Datenschutzrichtlinie, Art. 8 Rn. 5, die von einem „gesteigerten Schutz", der über den „allgemeinen Schutz" hinausgeht, sprechen.
  Ob es sich bei Art. 9 DSGVO um eine echte „lex specialis" zu Art. 6 DSGVO handelt, oder ob hierüber zusätzliche Vorgaben geschaffen werden, ist umstritten. Für letztere Interpretation *Schiff,* in: Ehmann/Selmayr, DS-GVO, Art. 9 Rn. 32; *Weichert,* in: Kühling/Buchner, DS-GVO/BDSG, Art. 9 Rn. 4; a.A. aber *Kampert,* in: Sydow, DSGVO, Art. 9 Rn. 63 (ohne Begründung); unklar *Frenzel,* in: Paal/Pauly, DS-GVO/BDSG, Art. 9 Rn. 20; offen gelassen von *Schulz,* in: Gola, DS-GVO, Art. 9 Rn. 5.
1183 *BlnDSB,* Tätigkeitsbericht 2002, S. 25.

am Diskriminierungsverbot des Art. 14 EMRK.[1184] Die Reichweite des Begriffs der besonderen Arten personenbezogener Daten ist jedoch unklar.[1185] Dies liegt zunächst an der hohen Abstraktheit des Begriffs: Zwar werden die einzelnen erwähnten Daten zum Teil in Art. 4 Nr. 13 ff. DSGVO legaldefiniert, die Definitionen taugen zur Abgrenzung der sensiblen von nicht-sensiblen personenbezogenen Daten jedoch nur bedingt.[1186]

Mittelbar können viele personenbezogene Daten, die grundsätzlich als nicht-sensibel einzustufen wären, dazu dienen, Rückschlüsse auf Informationen zu ziehen, welche vom Schutzbereich des Art. 9 DSGVO erfasst sind. Bereits der Name kann eine bestimmte rassische oder ethnische Herkunft indizieren; sichere Erkenntnisse sind in diesen Fällen aber nicht möglich.[1187] Gibt jemand z. B. in einem sozialen Netzwerk den Vornamen „Mohammed" an, so ist wahrscheinlich, dass der Nutzer muslimischen Glaubens ist.[1188] Ein komplexeres Beispiel ist das Veröffentlichen eines Fotos in einem sozialen Netzwerk, auf dem ein Brillenträger abgebildet ist.[1189] Hier liegt eine Sehschwäche – also ein dem Schutz durch Art. 9 DSGVO unterfallendes Gesundheitsdatum – nah. Eindeutig ist ein solches Datum jedoch nicht, schließlich kann es sich bei einer Brille auch um ein modisches Accessoire ohne medizinisch induzierte Funktion handeln. Die Wahrscheinlichkeit des Vorliegens eines Datums, welches als besonders personenbezogenes Datum i. S. d. Art. 9 Abs. 1 DSGVO einzustufen ist, kann sich durch das Hinzutreten weiterer Informationen verdichten, etwa wenn bekannt wird, dass der Brillenträger regelmäßig einen Augenarzt aufsucht oder eine auffällig hohe Optikerrechnung zu begleichen hat, obwohl er ein preiswertes Brillengestell trägt.

Eine besonders weite Auslegung des Begriffs vertreten *Bergmann/Möhrle/Herb*. So sollen etwa die Bezeichnung „Mischling" (als Angabe über die ethnische Herkunft),[1190] die Tatsache, dass jemand kein Schweinefleisch isst (als Angabe über religiöse Überzeugung),[1191] das Abonnement einer Zeitschrift (als Angabe über die politische Meinung),[1192] Informationen über Verhaltensweisen oder Zustandsbeschreibungen wie „A ist aggressiv" oder „A ist 1,78 m groß" (als Angaben über die Gesundheit)[1193] oder dass jemand Verhütungsmittel kauft (als

---

1184 So zu Art. 8 DS-RL *Dammann/Simitis*, EG-Datenschutzrichtlinie, Art. 8 Rn. 6; *Kühling/Seidel/Sividris*, Datenschutzrecht, Rn. 230; vgl. auch *Schneider*, ZD 2017, 303, 304; *Weichert*, in: Kühling/Buchner, DS-GVO/BDSG, Art. 9 Rn. 2.
1185 *BlnDSB*, Tätigkeitsbericht 2002, S. 25.
1186 Vgl. *Simitis*, in: Simitis, BDSG, § 3 Rn. 258, wonach die ähnlich lautende Aufzählung in § 3 Abs. 9 BDSG „willkürlich, antiquiert und unvollständig" sei.
1187 *Dammann/Simitis*, EG-Datenschutzrichtlinie, Art. 8 Rn. 7.
1188 Vgl. *BlnDSB*, Tätigkeitsbericht 2002, S. 25.
1189 Nach *Bergmann/Möhrle/Herb*, BDSG, § 3 Rn. 175a handele es sich bei Bildnissen aufgrund der biometrischen Auswertbarkeit regelmäßig um sensible Daten.
1190 *Bergmann/Möhrle/Herb*, BDSG, § 3 Rn. 168.
1191 *Bergmann/Möhrle/Herb*, BDSG, § 3 Rn. 169.
1192 *Bergmann/Möhrle/Herb*, BDSG, § 3 Rn. 169.
1193 Vgl. *Bergmann/Möhrle/Herb*, BDSG, § 3 Rn. 171.

Angabe über das Sexualleben)[1194] als sensible Daten dem besonderen Schutz unterfallen. Letztlich kann, je nach Reichweite des Begriffs, jedes personenbezogene Datum ein sensibles Datum darstellen. Entsprechend droht eine Anwendung des Art. 9 DSGVO auf Angaben, die offensichtlich harmloser Natur sind.[1195] Durch das Erfassen von sämtlichen mittelbar sensiblen Daten durch Art. 9 DSGVO wären nahezu alle Daten als sensibel einzustufen.

## 2. Lösungsansätze und Kritik

Um einer solchen Uferlosigkeit des Anwendungsbereichs der Regeln über die Verarbeitung besonderer Arten personenbezogener Daten zu begegnen, werden verschiedene Lösungen vorgeschlagen.

a) Lösungsansätze

Nach vor allem von *Simitis* vertretener Ansicht soll die Beurteilung, ob personenbezogene Daten als sensibel einzustufen sind, allein dem Verwendungszusammenhang zu entnehmen sein.[1196] Ein die Anwendbarkeit von Art. 9 DSGVO auslösender Verwendungskontext liegt dann vor, wenn im Wege der Verarbeitung gezielt aufgrund des mittelbar sensiblen Datums auf den sensiblen Umstand geschlossen wird. Ob die Angaben ursprünglich als Informationen zu einer solchen Kategorie gedacht waren oder ob die daraus nahegelegten Schlüsse korrekt sind, sei unerheblich.[1197] Die Anwendung der Sondervorschriften zur Verarbeitung sensibler Daten bei mittelbaren Angaben soll jedoch restriktiv gehandhabt werden: Solange Zweifel über die Sensibilität bestehen, sollen diese nicht Anwendung finden.[1198] Dies würde bedeuten, dass Daten, aus denen nur mit einer statistischen Wahrscheinlichkeit auf ein sensibles Datum geschlossen werden kann, nicht als sensible Daten einzustufen sind.[1199] Darauf aufbauend nimmt *Ruppel* eine Gesamtschau von Verwendungskontext und Inhalt der Angabe vor, wobei er sich hinsichtlich letzterer an der persönlichkeitsrechtlichen Sphärentheorie orientiert.[1200]

*Gola/Klug/Körffer* vertreten einen subjektiven Ansatz. Danach sollen „Grunddaten", die Rückschlüsse auf sensible Daten ermöglichen, etwa das Passbild eines Brillenträgers oder die Adresse der Bewohner eines Wohnhauses für Drogen-

---

1194 *Bergmann/Möhrle/Herb,* BDSG, § 3 Rn. 173; in diesem Kontext noch weitergehend *Simitis,* in: Simitis, BDSG, § 3 Rn. 264, der „Bestelllisten" von Sex-Shops pauschal dem Schutzbereich von § 3 Abs. 9 BDSG zuordnet.
1195 So zur Vorgängerregelung des Art. 8 DS-RL *Dammann/Simitis,* EG-Datenschutzrichtlinie, Art. 8 Rn. 6.
1196 *Simitis,* in: Simitis, BDSG, § 3 Rn. 251; zustimmend *Maisch,* Informationelle Selbstbestimmung in Netzwerken, S. 80; eine Beurteilung anhand des Verwendungskontexts im Rahmen von Art. 9 DSGVO befürwortend *Frenzel,* in: Paal/Pauly, DS-GVO/BDSG, Art. 9 Rn. 6.
1197 *Simitis,* in: Simitis, BDSG, § 3 Rn. 264.
1198 *Simitis,* in: Simitis, BDSG, § 3 Rn. 265.
1199 So ausdrücklich *Dammann/Simitis,* EG-Datenschutzrichtlinie, Art. 8 Rn. 7.
1200 *Ruppel,* Persönlichkeitsrecht an Daten, S. 67 f.

abhängige nur dann als besondere personenbezogene Daten einzustufen sein, wenn eine entsprechende Auswertungsabsicht besteht.[1201] Auch die *Art.-29-Datenschutzgruppe* stellt anscheinend auf den Zweck der Datenverarbeitung ab, indem sie konstatiert, Bilder wären nur dann sensible Daten, wenn sie „eindeutig zur Offenlegung von sensiblen Daten" verwendet werden.[1202] Einen ähnlichen Ansatz verfolgt der *Berliner Datenschutzbeauftragte*, wonach mittelbar sensible Daten dann nicht als sensible Daten zu betrachten sind, wenn die Stelle sie ohne Bezug auf einen etwaigen sensiblen Kern verarbeitet und die Sensibilität des Datums für die verantwortliche Stelle rein zufällig ist.[1203] Ein solcher Fall soll etwa dann vorliegen, wenn ein Pizzaservice an eine Adresse liefert, an der ein Wohnhaus für Drogenabhängige zu finden sei.[1204]

Auch die neuere Literatur erkennt das Problem und orientiert sich überwiegend an der durch *Simitis* vorgeschlagenen teleologischen Reduktion: So sei für die Einstufung als sensibles Datum der Verarbeitungskontext entscheidend.[1205] Zum Teil wird aber auch eine Auswertungsabsicht für maßgeblich erachtet.[1206]

b) Kritik

Die von der Literatur vorgeschlagenen Lösungsansätze sind bei der Verarbeitung (möglicherweise) sensibler Daten im Rahmen der Nutzung sozialer Netzwerke wenig hilfreich.

*Simitis* ist zwar zuzugestehen, dass die Sensibilität von Daten je nach Verwendungskontext im Einzelfall „fluktuiert"[1207]. Sofern es sich allerdings um ein nicht unmittelbar sensibles Datum handelt, lässt jede Angabe eine gewisse – freilich je nach Angabe unterschiedlich hohe – Wahrscheinlichkeitsprognose über die Sensibilität zu. Die Informationen, dass eine bestimmte Person eine Brille trägt, regelmäßig zum Augenarzt und Optiker geht sowie in der Dämmerung vor Laternen läuft, legt zwar nahe, dass eine Sehschwäche vorliegt. Es bleibt jedoch eine (verschwindend geringe) Restwahrscheinlichkeit, dass dem nicht so ist. Faktisch führt eine pauschal bei Zweifeln die Nichtanwendbarkeit des Art. 9 DSGVO erklärende Ansicht zu einer Reduktion des Anwendungsbereichs auf unmittelbar sensible Daten. Auch lässt sich nicht erklären, warum der Hinweis auf die Hautfarbe einzelner Personen als mittelbare Angabe über die ethnische Herkunft von den Sondervorschriften über die Verarbeitung sensibler Daten erfasst sein soll, die Angabe des Geburtsorts hingegen nicht.[1208] Beides

---
1201 *Gola/Klug/Körffer*, in: Gola/Schomerus, BDSG, § 3 Rn. 56a.
1202 *Art.-29-Datenschutzgruppe*, WP 163, S. 9.
1203 *BlnDSB*, Tätigkeitsbericht 2002, S. 26.
1204 *BlnDSB*, Tätigkeitsbericht 2002, S. 26.
1205 *Mester*, in: Taeger/Gabel, DSGVO, Art. 9 Rn. 6; *Schiff*, in: Ehmann/Selmayr, DS-GVO, Art. 9 Rn. 2 f.; *Weichert*, in: Kühling/Buchner, DS-GVO/BDSG, Art. 9 Rn. 3, 13.
1206 *Schulz*, in: Gola, DS-GVO, Art. 9 Rn. 13.
1207 So *Simitis*, in: Brem/Druey/Kramer/Schwander, FS Pedrazzini, S. 480.
1208 So aber *Simitis*, in: Simitis, BDSG, § 3 Rn. 264 f.

kann jeweils nur indizielle Wirkung zur Bestimmung der Ethnie jener Person entfalten.[1209]

Auch das Abstellen auf die Auswertungsabsicht vermag nicht zu überzeugen. Wäre die Weitergabe von Daten, die lediglich mittelbar das Kriterium des besonderen Personenbezugs erfüllen, beispielsweise auf Basis einer Einwilligung, die den Anforderungen der Artt. 6 Abs. 1 Satz 1 lit. a, 7 DSGVO genügt, nicht aber die weiteren Anforderungen des Art. 9 DSGVO erfüllt, an einen Dritten, sofern seitens des Weitergebenden keine Absicht besteht, die jeweiligen Daten zu sensiblen Zwecken zu verarbeiten, rechtmäßig. Sofern der Empfänger die Daten im Anschluss zu sensiblen Zwecken verarbeitet, wäre er hinsichtlich dieser Vorgänge an Art. 9 DSGVO gebunden. De facto wird aber durch die Weitergabe der Daten die Herrschaft über die Daten aufgegeben. Ein Dritter könnte die Daten, wenngleich widerrechtlich, zu anderen Zwecken verwenden. Zu welchen Zwecken bzw. mit welcher Absicht die Daten durch den Empfänger verarbeitet werden und somit die Frage, ob sich die Daten in diesem (neuen) Verwendungskontext als sensibel darstellen, wird jedoch regelmäßig nicht überprüft werden können. Faktisch wird damit der besondere Schutz, den Art. 9 DSGVO gewährleisten soll, unterlaufen.

c) Stufenkonzept zur Bestimmung der Sensibilität von Daten

Um bei der Ermittlung, ob ein Datenverarbeitungsvorgang den Anforderungen des Art. 9 DSGVO genügen muss, einen Ausgleich zwischen den normierten Anforderungen an den für die Verarbeitung Verantwortlichen und der besonderen Schutzbedürftigkeit des Betroffenen herzustellen, wird ein Stufenkonzept vorgeschlagen.

aa) Erste Stufe: unmittelbare Sensibilität

Auf einer ersten Stufe ist zu untersuchen, ob es sich per se um ein sensibles Datum handelt. Dies ist dann der Fall, wenn die enthaltene Information nicht so formuliert werden kann, dass der unmittelbare Bezug zu einer der in Art. 9 Abs. 1 DSGVO genannten Kategorien entfällt. Dies ist etwa bei der Information „Person X hat Aids" der Fall. Eine solche Information kann nicht in einen Verwendungskontext gebracht werden, ohne dass keine Angabe über den Gesundheitszustand vorliegt. Diese unmittelbar sensiblen Daten unterfallen stets Art. 9 DSGVO.

---

[1209] Bereits die erste umfassende Untersuchung von *Murdock,* Ethnology 6 (1967), Nr. 2, 109, 170 ff. erfasste mit 1.167 identifizierten Ethnien mehr Ethnien als Staaten oder Hautfarben existieren. Nach derzeitigem Stand existieren 1.300 Ethnien, *Gray,* World Cultures Journal 10 (1999), Nr. 1, 24 ff.

### bb) Zweite Stufe: Verwendungskontext

Gehört ein Datum nicht zu den unmittelbar sensiblen Daten, ist als nächstes zu prüfen, ob der Verwendungskontext das betrachtete Datum zu einem sensiblen Datum macht. Das Abstellen auf den Verwendungskontext kommt in der DS-GVO in Erwägungsgrund 51 Satz 3 zum Ausdruck, der festlegt, dass Lichtbilder nur dann als besondere personenbezogene Daten i. S. biometrischer Daten einzustufen sind, wenn diese mit speziellen technischen Mitteln verarbeitet werden, die die eindeutige Identifizierung oder Authentifizierung einer natürlichen Person ermöglichen.[1210] Der *Berliner Datenschutzbeauftragte* nennt hierfür das Beispiel der Werbeaktion einer Bank, die Kunden mit (vermeintlich) dem islamischen Kulturkreis entstammenden Namen auf spezielle, nach den Vorgaben des Islam verwaltete Fonds hinweist.[1211] Im Kontext sozialer Netzwerke könnte dies etwa eine gezielt geschaltete Werbung für Brillengläser bei Personen, die auf ihrem Profilbild eine Brille tragen, sein. In diesen Fällen kommt es der verantwortlichen Stelle gerade darauf an, aus der betreffenden Angabe eine dem Schutzbereich des Art. 9 DSGVO unterfallende Information zu erhalten.

Auf dieser Stufe kann die Relativität des Personenbezugs[1212] auch auf die Frage der Sensibilität des Datums ausstrahlen: Wenn eine Person, die in einer Unterbringung für Drogensüchtige wohnt, eine Pizza bestellt, ist die Adresse für den Pizzaservice nur für die Lieferung relevant; eine Diskriminierungsgefahr besteht nicht.[1213] Bewirbt sich diese Person jedoch für eine Stelle, insbesondere im gesundheitlich-medizinischem Umfeld, etwa einem Krankenhaus, stellt diese Information für den potentiellen Arbeitgeber ein sensibles Datum dar.

### cc) Dritte Stufe: Sensibilitätsprognose

Auf der dritten Stufe gilt es den Herausforderungen der Ubiquität des Internets zu begegnen. Hier werden diejenigen Daten betrachtet, die weder für sich genommen unmittelbar sensibel, noch in einem sensiblen Verwendungskontext verarbeitet werden und deren Verarbeitung daher nicht schon nach den ersten beiden Stufen dem Art. 9 DSGVO unterliegt.

Die Vorgängerregelung des Art. 9 DSGVO, Art. 8 DS-RL, sollte in erster Linie vor den Gefahren einer diskriminierenden Verwendung der Daten schützen.[1214] Die nach den ersten beiden Stufen verbleibenden Daten sind mittelbar sensiblen Daten, bei denen allenfalls eine gewisse Wahrscheinlichkeit besteht, dass diese Daten sensibel sind, d. h. eine Andersbehandlung des Betroffenen droht. Die Daten müssen dahingehend untersucht werden, wie die beabsichtigte Verarbeitung den Schutzzweck des Art. 9 DSGVO beeinträchtigt. Einer hundertprozentigen

---

1210 Für die Berücksichtigung solcher Wertungen – allerdings auf Ebene der in Art. 9 Abs. 2 DS-GVO geregelten Ausnahmetatbestände – auch *Plath*, in: Plath, DSGVO/BDSG, Art. 9 Rn. 3.
1211 *BlnDSB*, Tätigkeitsbericht 2002, S. 26.
1212 Dazu siehe oben Kap. 2 § 4 II. 3. c).
1213 Zu diesem Beispiel bereits oben Kap. 4 § 10 III. 2. a).
1214 *Dammann/Simitis*, EG-Datenschutzrichtlinie, Art. 8 Rn. 6.

Wahrscheinlichkeit bedarf es hierfür, wie dargelegt,[1215] nicht. Andererseits wäre die Praktikabilität der Datenverarbeitung stark eingeschränkt, wenn jedes personenbezogene Datum dem Art. 9 DSGVO unterfallen würde.[1216]

Um ein Gleichgewicht zwischen dem Aufwand des für die Verarbeitung Verantwortlichen und dem Schutz des Betroffenen herzustellen, bedarf es einer Sensibilitätsprognose durch den für die Verarbeitung Verantwortlichen. Ansatzpunkt des Datenschutzes ist nicht die Schädigung, sondern die Gefährdung des Betroffenen.[1217] Eine Prognose hinsichtlich der von der Datenverarbeitung ausgehenden Gefahren ist dem europäischen Datenschutz auch nicht fremd, wie die Prognose über Risiken für den Betroffenen im Falle von Data Breaches in Art. 33 Abs. 1 und Art. 34 Abs. 1 DSGVO[1218] oder die vorzunehmende Datenschutz-Folgenabschätzung in Art. 35 DSGVO zeigen. Vergleichbare Ansätze zur Ermittlung des Schutzbedarfs von Datenarten wurden bereits im Pilotprojekt „Datenschutz-Zertifizierung für Cloud-Dienste" des vom Bundesministerium für Wirtschaft und Energie geförderten Technologieprogramms „Trusted Cloud" entwickelt.[1219] Auch das BVerfG hatte bereits hinsichtlich der informationellen Selbstbestimmung festgestellt, dass deren Schutzbereich bereits bei der Gefährdung des Persönlichkeitsrechts, also bereits im Vorfeld konkreter Bedrohungen, eröffnet ist.[1220] Dies sei insbesondere dann der Fall, wenn personenbezogene Informationen in einer Art und Weise genutzt und verknüpft werden, die der Betroffene weder überschauen noch beherrschen kann.[1221]

Übertragen auf die vorliegende Konstellation gilt für eine solche, für potentiell sensible Daten vorzunehmende Prognose: Wenn wahrscheinlich ist, dass es zu einer Andersbehandlung des Betroffenen allein infolge dieser Verarbeitung einer Angabe, die ein in Art. 9 Abs. 1 DSGVO genanntes Merkmal nahelegt, kommen kann, muss der jeweils betrachtete Verarbeitungsvorgang des jeweils betrachteten Datums den besonderen Anforderungen genügen. So kann etwa die Speicherung des Datums zu nicht-sensiblen Zwecken lediglich an Art. 6 DSGVO zu messen sein, die Übermittlung an einen Dritten jedoch den weiteren Voraussetzungen des Art. 9 DSGVO unterliegen.

Relevant wird dies insbesondere bei der Datenweitergabe oder der Zugänglichmachung in der Öffentlichkeit. Soll ein Datum Dritten zugänglich gemacht werden, so entscheidet die Sensibilitätsprognose darüber, ob das Datum im Falle der Weitergabe an diesen Dritten und dessen Zwecke dem Schutzbereich des Art. 9

---

1215 Siehe dazu oben Kap. 4 § 10 III. 2. b).
1216 Siehe dazu oben Kap. 4 § 10 III. 1.
1217 *Simitis*, in: Simitis, BDSG, § 1 Rn. 79.
1218 Eine ähnliche Pflicht zur Data-Breach-Notifizierung war bereits in § 42a BDSG a. F. angelegt, der durch das Gesetz zur Änderung datenschutzrechtlicher Vorschriften vom 14. August 2009, BGBl. 2009, Teil I S. 2814, eingefügt wurde.
1219 *Kompetenzzentrum Trusted Cloud,* Arbeitspapier Nr. 9, S. 8 f. Zu den Schutzbedarfsklassen im Einzelnen *Kompetenzzentrum Trusted Cloud,* Arbeitspapier Nr. 9, S. 13 ff.
1220 BVerfGE 118, 168 Rn. 87.
1221 BVerfGE 118, 168 Rn. 87.

DSGVO unterliegt. Im Fall der unbeschränkten Veröffentlichung im Internet liegt nahe, dass die Daten – früher oder später – durch Dritte in einem sensiblen Verwendungskontext verarbeitet werden würden. Diese Verarbeitung durch Dritte stünde nach dem hier vorgeschlagenen Stufenmodell auf der 2. Stufe und unterläge somit dem Art. 9 DSGVO. Eine entsprechende Prognose führt daher zu dem Ergebnis, dass auch vor der Verarbeitung durch Dritte diese Daten dem Schutzbereich des Art. 9 DSGVO zuzuordnen sind. Die auf der 3. Stufe vorzunehmende Sensibilitätsprognose bildet folglich einen vorgelagerten Schutz des Betroffenen vor den mit der Veröffentlichung im Internet und der faktischen Unbeherrschbarkeit des Datenflusses verbundenen Gefahren für seine informationelle Selbstbestimmung.

Es wäre allerdings unbillig, an die Sensibilitätsprognose hohe Anforderungen zu stellen, wenn die Daten durch Dritte eingegeben werden. So hat der Nutzer, der die Daten eingibt, nicht nur eher die Möglichkeit, Interessen sachgerecht abzuwägen,[1222] sondern auch, deren Sensibilität einzuschätzen. Gibt nicht der Verantwortliche die Daten ein, so kann er sich daher bei der Sensibilitätsprognose – wie bei der allgemeinen Prüfung entgegenstehender Interessen – auf eine summarische Prüfung beschränken, wie es bereits Art. 6 Abs. 1 Satz 1 lit. f DSGVO vorsieht.[1223]

d) Zusammenfassung: Sensibilität personenbezogener Daten

Die besonderen Anforderungen des Art. 9 DSGVO zum Schutz sensibler Daten greifen ein, wenn es sich um ein unmittelbar-sensibles Datum handelt (1. Stufe), es in einem sensiblen Verwendungskontext verarbeitet wird (2. Stufe) oder wenn eine vorzunehmende Sensibilitätsprognose zu dem Ergebnis führt, dass mit der beabsichtigten Verarbeitung eine Gefährdung des mit bezweckten Schutzes des Betroffenen vor Diskriminierungen einhergeht (3. Stufe).

*3. Die Zulässigkeit der Verarbeitung sensibler Daten*

Nach Art. 9 Abs. 1 DSGVO ist die Verarbeitung sensibler personenbezogener Daten grundsätzlich untersagt. Art. 9 Abs. 2 DSGVO normiert hiervon einige Ausnahmen. Im Kontext sozialer Netzwerke kommen hierbei die Art. 9 Abs. 2 lit. a, c und e DSGVO in Betracht.

a) Anforderungen an die Einwilligung

Art. 9 Abs. 2 lit. a DSGVO erweitert die Anforderungen an die Einwilligung für die Verarbeitung sensibler personenbezogener Daten. Eine ähnliche Formulierung fand sich bereits in Art. 8 Abs. 2 lit. a DS-RL und der deutschen Umsetzung in § 4a Abs. 3 BDSG a. F. Während es für die Verarbeitung „normaler" perso-

---

1222 Siehe oben Kap. 4 § 10 II. 3. b) bb) (1).
1223 Vgl. oben Kap. 4 § 10 II. 3. b) cc).

Kap. 4 Zulässigkeit des Datenumgangs in sozialen Netzwerken

nenbezogener Daten lediglich einer eindeutigen bestätigenden und unmissverständlichen Handlung bedarf,[1224] ist im Fall sensibler personenbezogener Daten eine „ausdrückliche" Einwilligung erforderlich. Was hierunter zu verstehen ist, ergibt sich weder aus dem Verordnungstext, noch aus den Erwägungsgründen. Da der Gesetzgeber allerdings sensible Daten unter besonderen Schutz stellen wollte,[1225] geht „ausdrücklich" über „eindeutig" und „unmissverständlich" hinaus. Damit liegt nah, dass konkludente Erklärungen nicht das Ausdrücklichkeitserfordernis des Art. 9 Abs. 2 lit. a DSGVO erfüllen.[1226] „Ausdrücklich" schließt dagegen eine mündliche Erklärung nicht aus.[1227] Lediglich vor dem Hintergrund der Nachweisbarkeit (Art. 5 Abs. 2 DSGVO) ist eine schriftliche Dokumentation aus Sicht des Verantwortlichen dienlich, aber nicht zwingend. Damit erfüllt die „normale" Einwilligung des Betroffenen regelmäßig, d. h. außer im Falle konkludenter Erklärungen, zugleich die Anforderungen des Art. 9 Abs. 2 lit. a DSGVO.

b) Schutz lebenswichtiger Interessen

Die Verarbeitung sensibler personenbezogener Daten ist zudem zulässig, wenn sie dem Schutz lebenswichtiger Interessen dient und die betroffene Person außerstande ist, ihre Einwilligung zu geben (Art. 9 Abs. 2 lit. c DSGVO). Die Norm erweitert die allgemeine Rechtsfertigungsnorm des Art. 6 Abs. 1 Satz 1 lit. d DSGVO[1228] um den Umstand des Außerstandeseins des Betroffenen, eine entsprechende Einwilligung zu erteilen. Gemeint sind hierbei vor allem physische Gründe wie Bewusstlosigkeit oder schwere Erkrankungen,[1229] aber auch rechtliche Gründe (z. B. Geschäftsunfähigkeit)[1230] und rein tatsächliche Gründe.[1231] Dabei fingiert die Vorschrift in allen Konstellationen den Willen des Betroffenen zur Einwilligung: Der Betroffene hätte eine Einwilligung gegeben, wenn er dazu

---

1224 Vgl. Erwägungsgrund 32 Satz 1 der DSGVO.
1225 Vgl. Erwägungsgrund 51 Satz 1 der DSGVO.
1226 So auch *Greve*, in: Auernhammer, DSGVO/BDSG, Art. 9 Rn. 9; *Kampert*, in: Sydow, DSGVO, Art. 9 Rn. 14; *Mester*, in: Taeger/Gabel, DSGVO, Art. 9 Rn. 18; *Plath*, in: Plath, DSGVO/BDSG, Art. 9 Rn. 13; *Schiff*, in: Ehmann/Selmayr, DS-GVO, Art. 9 Rn. 33; *Schulz*, in: Gola, DS-GVO, Art. 9 Rn. 16; zu § 4a Abs. 3 BDSG a. F. bereits BlnDSB, Tätigkeitsbericht 2002, S. 26; *Gola/Klug/Körffer*, in: Gola/Schomerus, BDSG, § 4a Rn. 34.
1227 *Greve*, in: Auernhammer, DSGVO/BDSG, Art. 9 Rn. 9; *Kampert*, in: Sydow, DSGVO, Art. 9 Rn. 14; i. E. auch BlnDSB, Tätigkeitsbericht 2002, S. 26 sowie *Schulz*, in: Gola, DS-GVO, Art. 9 Rn. 16; a. A. *Mester*, in: Taeger/Gabel, DSGVO, Art. 9 Rn. 19 und *Schiff*, in: Ehmann/Selmayr, DS-GVO, Art. 9 Rn. 33, die für Art. 9 Abs. 2 lit. a DSGVO die Schriftform fordern.
1228 Siehe dazu oben Kap. 4 § 10 II. 4.
1229 *Mester*, in: Taeger/Gabel, DSGVO, Art. 9 Rn. 22; *Schiff*, in: Ehmann/Selmayr, DS-GVO, Art. 9 Rn. 41; *Schulz*, in: Gola, DS-GVO, Art. 9 Rn. 19; *Weichert*, in: Kühling/Buchner, DS-GVO/BDSG, Art. 9 Rn. 65; zu § 28 Abs. 6 BDSG a. F. bereits *Simitis*, in: Simitis, BDSG, § 28 Rn. 301.
1230 *Greve*, in: Auernhammer, DSGVO/BDSG, Art. 9 Rn. 13; *Mester*, in: Taeger/Gabel, DSGVO, Art. 9 Rn. 22; *Schiff*, in: Ehmann/Selmayr, DS-GVO, Art. 9 Rn. 41; *Weichert*, in: Kühling/Buchner, DS-GVO/BDSG, Art. 9 Rn. 67.
1231 *Frenzel*, in: Paal/Pauly, DS-GVO/BDSG, Art. 9 Rn. 30 mit dem Beispiel einer in einer Höhle verschollenen, aber körperlich und geistig intakten Person.

in der Lage gewesen wäre.[1232] Denkbar ist im Kontext sozialer Netzwerke das Einstellen, Veröffentlichen und Verbreiten personenbezogener Daten von Entführungsopfern oder von Personen, die einer dringenden Organspende bedürfen und bereits nicht mehr ansprechbar sind.

### c) Offensichtliches Veröffentlichen durch den Betroffenen

Sofern sich die Datenverarbeitung auf Daten bezieht, die der Betroffene offensichtlich öffentlich gemacht hat, ist die Verarbeitung dieser Daten gem. Art. 9 Abs. 2 lit. e DSGVO erlaubt. Die Norm hat besondere Bedeutung für soziale Netzwerke, werden doch häufig Daten verarbeitet, die der Betroffene selbst bereits im sozialen Netzwerk bewusst öffentlich macht oder gemacht hat.

#### aa) Das Merkmal der „Öffentlichkeit"

Art. 9 Abs. 2 lit. e DSGVO spricht von „öffentlich gemachten" Daten. Der Begriff ist in der DSGVO nicht definiert.[1233] Gemeint ist mit „öffentlich gemacht" vielmehr die Ermöglichung des Zugriffs für einen individuell nicht bestimmten Personenkreis.[1234] Aus dem Wortlaut ergibt sich, dass nicht erforderlich ist, dass es sich um den Vorgang der Offenlegung i.S.d. Art. 4 Nr. 2 DSGVO handelt. Ausreichend ist ein Bezug der Verarbeitung auf diejenigen Daten, die der Betroffene öffentlich gemacht hat. Daher ist Art. 9 Abs. 2 lit. e DSGVO weit auszulegen; die Norm kann hinsichtlich aller Verarbeitungsvorgänge, auch Speicherungen und Übermittlungen, sofern sie vom Betroffenen offensichtlich öffentlich gemachte Daten betreffen, rechtfertigend wirken.

Es stellt sich jedoch die Frage, welche Anforderungen an die Unbestimmtheit des Personenkreises zu stellen sind. Unstreitig dürfte insoweit sein, dass darunter sämtliche Informationen fallen, die für Jedermann ohne Hindernisse zugänglich sind. Allerdings ist zu berücksichtigen, dass das bloße Registrierungserfordernis nicht ausreicht, um die Information von der Öffentlichkeit auszuschließen, da die Registrierung häufig eine vernachlässigbare Hürde bildet.[1235] In Bezug auf soziale Netzwerke bedeutet dies, dass es ausreicht, wenn die Information von jedem Nutzer desselben Netzwerks abgerufen werden kann. Informationen, die nur Nutzern desselben Netzwerks zugänglich sind, sind daher ebenso „öffentlich" wie Informationen, die netzwerkübergreifend abrufbar sind. Kennzeichnend für die „Öffentlichkeit" i.S.v. Art. 9 Abs. 2 lit. e DSGVO ist daher die Un-

---

1232 Ausführlich hierzu *Kampert*, in: Sydow, DSGVO, Art. 9 Rn. 21; ebenso *Frenzel*, in: Paal/Pauly, DS-GVO/BDSG, Art. 9 Rn. 29; *Weichert*, in: Kühling/Buchner, DS-GVO/BDSG, Art. 9 Rn. 66; zu § 28 Abs. 6 BDSG a. F. *Simitis*, in: Simitis, BDSG, § 28 Rn. 301; *Wedde*, in: Däubler/Klebe/Wedde/Weichert, BDSG, § 28 Rn. 170.
1233 *Härting*, DSGVO, Rn. 723.
1234 So auch *Greve*, in: Auernhammer, DSGVO/BDSG, Art. 9 Rn. 16; *Härting*, DSGVO, Rn. 723; *Mester*, in: Taeger/Gabel, DSGVO, Art. 9 Rn. 25; *Paal*, in Paal/Pauly, DS-GVO/BDSG, Art. 17 Rn. 33; *Schiff*, in: Ehmann/Selmayr, DSGVO, Art. 9 Rn. 45; *Weichert*, in: Kühling/Buchner, DS-GVO/BDSG, Art. 9 Rn. 78.
1235 Ausführlich oben Kap. 2 § 4 II. 3. d) bb).

Kap. 4 Zulässigkeit des Datenumgangs in sozialen Netzwerken

kenntnis des Betroffenen über konkrete Adressaten der Information, nicht deren Abrufbarkeit durch jeden Internetnutzer. Dies erfasst gleichermaßen Statusupdates wie etwa Beiträge in Gruppen oder Veranstaltungen, die für eine Vielzahl von Nutzern zugänglich sind.

bb) Quelle der Informationen

Dem Wortlaut nach ist die Quelle der verarbeiteten Informationen irrelevant. Die informationelle Selbstbestimmung ist im Fall der Veröffentlichung, unabhängig davon, in welchem Kontext diese erfolgt, in ähnlichem Maße beeinträchtigt. Werden also Daten verarbeitet, die der Betroffene etwa auf seiner eigenen, allgemein zugänglichen Webseite oder im Rahmen einer Pressemitteilung[1236] öffentlich gemacht hat, kann Art. 9 Abs. 2 lit. e DSGVO ebenso rechtfertigend wirken wie im Falle einer Veröffentlichung der Daten im sozialen Netzwerk.

cc) Öffentlich gemacht haben oder öffentlich machen

Art. 9 Abs. 2 lit. e DSGVO spricht von „öffentlich gemachten" Daten. Ungeklärt ist, ob die Norm auch auf Daten Anwendung finden kann, die durch die in Rede stehenden Datenverarbeitungsvorgänge erstmals öffentlich gemacht werden und – der umgekehrte Fall – ob die Norm auch bei Daten Anwendung findet, die öffentlich gemacht wurden, nun aber nicht mehr vom Betroffenen öffentlich gemacht sind.

Ausgehend vom Wortlaut vermag die Norm nur die Verarbeitungsvorgänge rechtfertigen, die zeitlich nach dem Veröffentlichen durch den Betroffenen liegen. Nach Sinn und Zweck der Norm muss jedoch auch die Veröffentlichung selbst erfasst sein. Wenn bereits das Verarbeiten der durch den Nutzer offensichtlich öffentlich gemachten Daten zulässig ist, dann erst recht der eigentliche Akt des mit dem Willen des Betroffenen erfolgenden Veröffentlichens. Insoweit handelt es sich, ebenso wie bei der Einwilligung, um eine Manifestation des Rechts auf informationelle Selbstbestimmung, in der Form, selbst zu entscheiden, ob, wann und unter welchen Bedingungen die ihn betreffenden Daten preisgegeben werden. Anderenfalls könnte der Betreiber desjenigen Mediums, welchem sich der Betroffene zur Veröffentlichung bedient, die Daten, die mit Willen des Betroffenen gerade öffentlich gemacht werden sollen, nicht rechtmäßig verarbeiten. Letztlich könnte der Betroffene also keine Hilfspersonen zur Publikation einsetzen, sofern diese (auch) Verantwortliche sind. Dies würde die Möglichkeit, überhaupt Daten über sich selbst zu publizieren, stark einschränken.

Auf der anderen Seite ist Art. 9 Abs. 2 lit. e DSGVO restriktiv auszulegen, um den Fällen eines später entfallenden Publikationswillens des verfassenden Betroffenen Rechnung zu tragen. Es reicht nicht aus, dass der Betroffene die Daten irgendwann einmal öffentlich gemacht hat, da sonst jede weitere Verarbeitung eines Datums, das jemals jemand über sich veröffentlicht hat, ohne die Berück-

---

[1236] Mit diesem Beispiel *Frenzel,* in: Paal/Pauly, DS-GVO/BDSG, Art. 9 Rn. 36.

sichtigung der aktuellen Betroffeneninteressen rechtmäßig wäre. Folglich ist nicht mit dem Wortlaut darauf abzustellen, ob der Betroffene die Daten „öffentlich gemacht hat", sondern Art. 9 Abs. 2 lit. e DSGVO mit Sinn und Zweck dahingehend auszulegen, dass es darauf ankommt, ob der Betroffene die Daten weiterhin öffentlich macht.

Art. 9 Abs. 2 lit. e DSGVO legitimiert daher nicht nur Verarbeitungsvorgänge, bei denen zuvor eine Veröffentlichung durch den Betroffenen stattgefunden hat, sondern legitimiert auch die vom Willen des Betroffenen getragene Veröffentlichung selbst. Andererseits bietet die Norm keine geeignete Rechtsgrundlage, wenn der Betroffene die Daten nicht mehr öffentlich machen möchte. Entscheidend ist in beiden Fällen der (fortbestehende) Publikationswille des Betroffenen.

dd) Offensichtlichkeit

Das Merkmal der „Offensichtlichkeit" dient zur Abgrenzung von der unbeabsichtigten Veröffentlichung personenbezogener Daten. Die bloße Publikation genügt nicht; vielmehr ist erforderlich, dass sich Publikation und Intention des Betroffenen decken.[1237] Es muss feststehen, dass der Betroffene die Daten selbst veröffentlicht hat oder er die Veröffentlichung im sozialen Netzwerk in vollem Umfang akzeptiert.[1238] Gerade im Bereich sozialer Netzwerke besteht die Gefahr, dass mehr Daten öffentlich zugänglich sind als der Nutzer bewusst öffentlich machen wollte.[1239] Zahlreiche Datenverarbeitungsvorgänge werden durch Handlungen, die nicht dem Ausdrücklichkeitserfordernis des Art. 9 Abs. 2 lit. a DSGVO genügen, z. B. der Klick des Nutzers auf Schaltflächen („Senden", „Veröffentlichen", „Abschicken"), ausgelöst. Entscheidend ist hier die durch den Nutzer vorgenommene Sichtbarkeitseinstellung. Konfiguriert er diese so, dass die Daten für einen unbestimmten Nutzerkreis oder gar über das soziale Netzwerk hinaus abrufbar sind, deckt sich die Publikation vollständig mit der Intention des Betroffenen und eine Rechtfertigung nach Art. 9 Abs. 2 lit. e DSGVO ist möglich.

d) Weitere Zulässigkeitstatbestände

Die übrigen Rechtfertigungstatbestände erfassen die Verarbeitung zur Ausübung von Rechten aus dem Arbeitsrecht, dem Recht der sozialen Sicherheit und dem Sozialschutz (Art. 9 Abs. 2 lit. b DSGVO), die Verarbeitung auf Grundlage geeigneter Garantien durch politische, weltanschauliche, religiöse oder gewerk-

---

1237 So zu § 28 Abs. 6 BDSG a. F. *Simitis*, in: Simitis, BDSG, § 28 Rn. 303; zum Teil wird auch von „freier Willensentschließung" (*Greve*, in: Aucrnhammer, DSGVO/BDSG, Art. 9 Rn. 16) oder „bewusstem Willensakt" (*Mester*, in: Taeger/Gabel, DSGVO, Art. 9 Rn. 25; *Schiff*, in: Ehmann/Selmayr, DS-GVO, Art. 9 Rn. 45; in diese Richtung auch *Weichert*, in: Kühling/Buchner, DS-GVO/BDSG, Art. 9 Rn. 79) gesprochen.
1238 Zu § 28 Abs. 6 BDSG a. F. *Jandt/Roßnagel*, in: Schenk/Niemann/Reinmann/Roßnagel, Digitale Privatsphäre, S. 364.
1239 Siehe oben Kap. 1 § 2 IV. 2. a). Dem kann etwa durch Privacy by Default entgegengewirkt werden, dazu siehe unten Kap. 5 § 15 II.

schaftliche Stiftungen, Vereinigungen oder sonstige Organisationen ohne Gewinnerzielungsabsicht (Art. 9 Abs. 2 lit. d DSGVO), erfassen Rechtsansprüche oder justizielle Tätigkeiten (Art. 9 Abs. 2 lit. f DSGVO) oder die Verarbeitung aus Gründen erheblichen öffentlichen Interesses (Art. 9 Abs. 2 lit. g DSGVO). Darüber hinaus finden sich in Art. 9 Abs. 2 lit. h bis j DSGVO weitere Rechtfertigungstatbestände für die Verarbeitung im Gesundheitskontext, für Archiv- und Forschungszwecke sowie für statistische Zwecke. Diesen kommt in den vorliegend untersuchten Konstellationen in sozialen Netzwerken keine besondere Bedeutung zu.

**IV. Rechtsfolgen unrechtmäßiger Datenverarbeitung**

Liegt kein Rechtfertigungstatbestand vor, ist die Datenverarbeitung unrechtmäßig. Aus dem Zweckbindungsgrundsatz und dem Grundsatz der Datenminimierung[1240] ist der Verantwortliche dazu verpflichtet, die Verarbeitung einzustellen und die Daten zu löschen.[1241] Darüber hinaus gibt die DSGVO dem Betroffenen das Recht, die Löschung der Daten (Art. 17 Abs. 1 lit. d DSGVO) oder die Einschränkung der Verarbeitung zu verlangen (Art. 18 Abs. 1 lit. b DSGVO). Bei unrechtmäßiger Verarbeitung können die Aufsichtsbehörden Maßnahmen nach Art. 58 DSGVO durchführen, wozu insbesondere die Verwarnung (Art. 58 Abs. 2 lit. b DSGVO) und die Beschränkung oder Untersagung der Datenverarbeitung (Art. 58 Abs. 2 lit. f DSGVO) zählt. Ferner kann die Datenschutzaufsicht die Berichtigung oder Löschung der Daten oder die Einschränkung der Verarbeitung anordnen (Art. 58 Abs. 2 lit. g DSGVO) sowie Geldbußen verhängen (Art. 58 Abs. 2 lit. i i. V. m. Art. 83 Abs. 5 lit. a DSGVO).

Bei Verstößen gegen das an dieser Stelle untersuchte Rechtmäßigkeitsgebot, d. h. gegen Art. 5 Abs. 1 lit. a DSGVO oder Art. 6 Abs. 1 DSGVO, können die zur Geldbuße verhängten Beträge nach Art. 83 Abs. 5 lit. a DSGVO im Falle von natürlichen Personen bis zu 20 Mio. Euro betragen, im Falle von Unternehmen bis zu 4 % des weltweit erzielten Vorjahresumsatzes, je nachdem, welcher Betrag höher ist. Bei den heutigen Global Playern, wie sie auch im Bereich der sozialen Netzwerke existieren, können sich – theoretisch – Bußgelder in Milliardenhöhe ergeben. Die Geldbußen bestimmen sich pro Verstoß; bei mehreren Verstößen ist daher eine Kumulierung der Verstöße möglich, sodass die Gesamtbußgelder die in Art. 83 Abs. 5 DSGVO genannten Summen übersteigen können.[1242] Da Art. 84 Abs. 1 DSGVO die Verhängung von Sanktionen, die keine Geldbußen sind, in den Regelungsbereich der Mitgliedstaaten überweist, kommt ferner die Verhängung von Strafen nach dem BDSG in Betracht.[1243] Die deutschen Datenschutzbehörden waren in der Vergangenheit bei der Verhängung von Bußgel-

---

1240 Dazu unten Kap. 5 § 15.
1241 Ausführlich zu den Löschpflichten unten Kap. 5 § 17.
1242 *Dieterich,* ZD 2016, 260, 264 f.
1243 *Ashkar,* DuD 2015, 796, 799; *Faust/Spittka/Wybitul,* ZD 2016, 120, 123.

dern und insbesondere bei Strafanträgen sehr zurückhaltend,[1244] weshalb dem Datenschutzrecht gemeinhin Vollzugsdefizite attestiert wurden.[1245] Angesichts der drohenden Sanktion von Datenschutzverstößen mit hohen Bußgeldern ist – soweit diese durch die Aufsichtsbehörden auch gegenüber den Nutzern sozialer Netzwerke verhängt werden sollten – zu erwarten, dass ein breiteres Bewusstsein für Datenschutz in der Bevölkerung geschaffen wird.

Von einer Haftungsregelung kann jedoch nur dann eine präventive Wirkung erwartet werden, wenn das Haftungsrisiko geringer wird oder gar entfällt, wenn der Verantwortliche die datenschutzrechtlichen Pflichten erfüllt.[1246] Dies setzt jedoch voraus, dass es überhaupt ein Haftungsrisiko gibt, d.h. eine effektive Sanktion durch die Datenschutzaufsichtsbehörden erfolgt.[1247] Erfolgt eine solche Sanktion auch gegenüber Nutzern sozialer Netzwerke, kann dies dazu führen, dass Nutzer nur Dienste nachfragen, mit denen sie die ihnen obliegenden datenschutzrechtlichen Pflichten auch erfüllen können.[1248] Die Sanktionen des Datenschutzrechts würde dann eine Anreizstruktur etablieren, die zu einer verbesserten Wettbewerbsposition datenschutzkonformer Dienste führt.

---

1244 *Ashkar,* DuD 2015, 796, 797; *Lüdemann/Wenzel,* RDV 2015, 285, 290 f.
1245 Siehe etwa *Ashkar,* DuD 2015, 796, 797; *Härting,* BB 2012, 459, 460; *Lepperhoff/Petersdorf/Thursch,* DuD 2012, 195, 198 f.; *Lepperhoff/Petersdorf/Thursch,* DuD 2013, 301, 306; *Lüdemann/Wenzel,* RDV 2015, 285, 292 f.; *Neun/Lubitzsch,* BB 2017, 1538, 1542; *Pohl,* PinG 2017, 85 f.; *Schneider/Härting,* CR 2014, 306, 311; *Spiecker gen. Döhmann,* KritV 2014, 28, 39 f.; *Spiecker gen. Döhmann,* K&R 2012, 717; *Spiecker gen. Döhmann,* AnwBl 2011, 256, 258; *Wagner,* DuD 2012, 83.
1246 *Roßnagel,* in: Roßnagel/Sommerlatte/Winand, Digitale Visionen, S. 157.
1247 I.E. auch *Dieterich,* ZD 2016, 260, 266.
1248 In diese Richtung auch *Richter,* DuD 2014, 367, 368.

## § 11 Verantwortungsbereich des Nutzers

Der Nutzer als natürliche Person ist eine zentrale Figur bei der Verarbeitung personenbezogener Daten in sozialen Netzwerken. In seinen Verantwortungsbereich fallen zahlreiche Verarbeitungsvorgänge vom Datenabruf über Registrierung, Statusupdates und Kommentare bis hin zu Nachrichten.[1249] Jeder in den Verantwortungsbereich des Nutzers fallende Verarbeitungsvorgang ist seinerseits rechtfertigungsbedürftig. Im Folgenden wird die Rechtmäßigkeit dieser Verarbeitungsvorgänge untersucht. Vorangestellt ist der Untersuchung eine Erörterung, welche Rechtfertigungstatbestände überhaupt für den Nutzer in sozialen Netzwerken relevant sind (unten I.). Sodann werden sowohl die originären Datenverarbeitungsvorgänge des Nutzers beleuchtet, wie auch die, die im Kontext von Nutzeraktivitäten auf Fansites in den Verantwortungsbereich des Nutzers fallen. Dabei werden die auf alle Fallgruppen anwendbaren Erörterungen zum Datenabruf vorrangig dargestellt (unten II.), bevor die weiteren Vorgänge, die in den Verantwortungsbereich des Nutzers fallen, untersucht werden (unten III. bis VII.).

### I. Die Interessenabwägung nach Art. 6 Abs. 1 Satz 1 lit. f DSGVO als zentraler Rechtfertigungstatbestand im Nutzer-Betroffenen-Verhältnis

Prinzipiell sind als Rechtsgrundlage der Verarbeitung alle bereits erläuterten Rechtfertigungstatbestände[1250] denkbar. Allerdings bringen – wie im Folgenden erläutert wird – die Umstände der Verarbeitung des Nutzers mit sich, dass nicht alle diese in den hier betrachteten Konstellationen in Betracht kommen.

*1. Beschränkung auf personenbezogene Daten Dritter*

Nicht jede Datenverarbeitung im technischen Sinne ist auch datenschutzrechtlich rechtfertigungsbedürftig. Daher sind im Wesentlichen drei Kategorien von Daten zu unterscheiden: Dies sind zunächst nicht-personenbezogene Daten, etwa wenn der Nutzer sich mit einem Anonym registriert oder bloße Sachdaten verarbeitet. Als nicht-personenbezogene Daten sind sie nicht vom sachlichen Schutzbereich der DSGVO erfasst.[1251] Auch wird der Nutzer Daten über sich selbst verarbeiten. Die Verarbeitung eigener Daten hat jedoch nicht die Qualifikation als für die Verarbeitung Verantwortlicher zur Folge.[1252] Daher bedarf es hinsichtlich dieser Daten daher keiner Rechtfertigung. An den datenschutzrechtlichen Rechtfertigungstatbeständen müssen sich einzig diejenigen Verarbeitungsvorgänge messen lassen, die die Verarbeitung fremder personenbezogener Daten – etwa anderer Nutzer – zum Gegenstand haben.

---

1249 Siehe die Übersichten oben Kap. 3 § 7 VI und Kap. 3 § 8 VI.
1250 Siehe oben Kap. 4 § 10 II.
1251 Siehe oben Kap. 2 § 4 II. 2.
1252 Siehe dazu oben Kap. 3 § 6 I. 1.

## 2. Fragliche Praxistauglichkeit der Einwilligung im Nutzer-Betroffenen-Verhältnis

Die Einwilligung als Rechtfertigungsgrund gem. Art. 6 Abs. 1 Satz 1 lit. a DS-GVO genießt in der hier betrachteten Konstellation des Nutzer-Betroffenen-Verhältnisses eine untergeordnete Bedeutung, da die Kommunikation über soziale Netzwerke eher spontan erfolgt.[1253] Zwar forderte die *Art.-29-Datenschutzgruppe*, Netzwerkbetreiber sollten ihre Nutzer darauf hinweisen, Daten Dritter nur mit deren Einwilligung zu verarbeiten;[1254] hierfür gibt es jedoch weder eine sich aus der DSGVO ergebende Pflicht des Netzwerkbetreibers, noch scheint die Möglichkeit der Einwilligung – wie im Folgenden gezeigt wird – praxisnah.

### a) Keine Rechtfertigung bei netzwerkfremden Betroffenen

Einzig denkbar wäre die Einholung einer Einwilligung, wenn in einem sozialen Netzwerk über einen anderen, etwa im Rahmen gemeinsamer Aktivitäten, berichtet werden soll und der (andere) Betroffene noch zugegen ist. Allerdings ist zu beachten, dass die Einwilligung informiert zu erfolgen hat. Der Umfang der Information wird durch Artt. 13, 14 DSGVO vorgegeben.[1255] Es hat also eine umfangreiche Aufklärung über die verarbeiteten Daten, die Zwecke der beabsichtigten Verarbeitung und die Stellen, an die die Daten übermittelt werden, zu erfolgen.[1256] Da die Daten jedenfalls an den Betreiber des sozialen Netzwerks übertragen werden, hat auch insofern eine Aufklärung zu erfolgen, zu welchem Zweck die betreffenden Daten dem Netzwerkbetreiber mitgeteilt und zu welchem Zweck die Daten von diesem verarbeitet werden. Sofern der Nutzer keinen Einblick in die Datenverarbeitung durch den Netzwerkbetreiber hat, kann letzteres nur auf Grundlage der Datenschutzerklärung des Netzwerkbetreibers erfolgen, sodass etwaige Mängel dieser auf die Information des Betroffenen durchschlagen.[1257] Ein bloßer Verweis auf die Datenschutzerklärung des Netzwerkbetreibers würde daher nicht ausreichen.[1258]

Da eine pauschale Einwilligung in die Übermittlung an mehrere Adressaten unzulässig ist,[1259] müsste ferner eine Information hinsichtlich des über den Netzwerkbetreiber hinaus adressierten Personenkreises erfolgen. Eine wirksame Einwilligung eines Minderjährigen erscheint noch fernliegender, da vor der Ver-

---

1253 *Kampert,* Datenschutz in sozialen Online-Netzwerken, S. 109; *Jandt/Roßnagel,* in: Schenk/Niemann/Reinmann/Roßnagel, Digitale Privatsphäre, S. 354.
1254 *Art.-29-Datenschutzgruppe,* WP 163, S. 9, 15.
1255 Siehe die Nachweise in Fn. 1073 und 1074.
1256 Siehe oben Kap. 4 § 10 II. 1. a).
1257 *Kampert,* Datenschutz in sozialen Online-Netzwerken, S. 109.
1258 *Kampert,* Datenschutz in sozialen Online-Netzwerken, S. 109.
1259 *Borges,* in: Borges/Meents, Rechtshandbuch Cloud Computing, § 8 Rn. 7; *Gola/Klug/Körffer,* in: Gola/Schomerus, BDSG, § 4a Rn. 27.

Kap. 4 Zulässigkeit des Datenumgangs in sozialen Netzwerken

arbeitung zunächst eine Einwilligung oder Zustimmung des Erziehungsberechtigten desjenigen, dessen Daten verarbeitet werden sollen, einzuholen wäre.[1260] Die Einwilligung hat im Verhältnis zwischen Nutzer und Betroffenem daher kaum praktische Relevanz.[1261] Eine Rechtfertigung der Verarbeitung auf Basis der Einwilligung eines Betroffenen ist grundsätzlich nicht möglich.

b) Ausnahme bei Betroffenem als Nutzer desselben Netzwerks

Gleichwohl ist hier eine Ausnahme denkbar, die Anlass zur Differenzierung bietet. In der bisherigen Diskussion um die Möglichkeit der Einwilligung im Nutzer-Betroffenen-Verhältnis wird der Umstand nicht gewürdigt, dass der Betroffene – insbesondere, wenn er selbst Mitglied desselben Netzwerks ist – womöglich über Kenntnisse verfügt, die die Notwendigkeit der Information gem. Artt. 13, 14 DSGVO entfallen lassen. Vielmehr werden Betroffene, unabhängig von ihrer Beteiligung im Netzwerk, unterschiedslos behandelt.[1262]

Während der netzwerkfremde Betroffene de facto nicht wirksam über die Verarbeitungszwecke des Netzwerkbetreibers aufgeklärt werden kann, kann der in demselben Netzwerk aktive Betroffene – dessen wirksame Aufklärung durch den Netzwerkbetreiber unterstellt – die weiteren Verarbeitungsvorgänge abschätzen. In diesen Fällen wäre es unzumutbar, zu fordern, den Nutzer über die ihm ohnehin bekannten Aspekte der beabsichtigten Datenverarbeitung ebenso zu informieren wie über die ihm unbekannten Aspekte. Dies entspricht der Wertung von Art. 13 Abs. 4 DSGVO und Art. 14 Abs. 5 lit. a DSGVO, wonach die Information des Betroffenen unterbleiben kann, sofern dieser bereits über die entsprechende Information verfügt. Wenn der Betroffene in demselben Netzwerk aktiv ist wie der datenverarbeitende Nutzer (1.), der Betroffene durch den Netzwerkbetreiber über dessen Verarbeitungsvorgänge wirksam aufgeklärt wurde (2.), durch den Nutzer umfassend, insbesondere über die Zwecke und weiteren Adressaten der beabsichtigten Verarbeitung, aufgeklärt wurde (3.), die Einwilligung vor Beginn der Verarbeitung erklärt (4.) und dabei die erforderliche Einwilligungsfähigkeit vorliegt (5.) erscheint eine Einwilligung möglich.

Da eine stillschweigende Einwilligung nicht möglich ist[1263] und eine konkludente Einwilligung fernliegend erscheint, bedarf es einer ausdrücklichen Einwilligung des Betroffenen. Dies könnte etwa wie folgt aussehen: Zwei Freunde – X und Y – treffen sich und erstellen ein fotografisches Selbstbildnis (sog. „Selfie"). X bejaht die von Y gestellte Frage „Darf ich das Bild über das Netzwerk Z unseren Schulkameraden zeigen?". Variiert im Nachhinein der Adressatenkreis – hier ist insbesondere denkbar, dass der veröffentlichende Nutzer Kontakte hinzufügt, die das betreffende Statusupdate ebenfalls abrufen können – bezieht sich die

---

1260 Siehe oben Kap. 4 § 10 II. 1. c).
1261 So auch *Kampert*, Datenschutz in sozialen Online-Netzwerken, S. 110.
1262 Siehe etwa *Kampert*, Datenschutz in sozialen Online-Netzwerken, S. 109 f.
1263 Siehe oben Kap. 4 § 10 II. 1. d).

Einwilligung nicht auf die nunmehr erfolgenden Veröffentlichungen und ist, jedenfalls soweit die Offenlegung an Personen erfolgt, die nicht zunächst vom Adressatenkreis umfasst waren, unwirksam. Dies ist etwa dann der Fall, wenn der verfassende Nutzer einen neuen Kontakt erschließt, welcher das fragliche Statusupdate einsehen kann. Auch die Einholung einer pauschalen Einwilligung für mehrere Veröffentlichungen (vgl. Art. 7 Abs. 2 DSGVO) scheidet hier i. d. R. aus, da mit verschiedenen Statusupdates typischerweise andere Daten Gegenstand der Verarbeitung sind oder andere Personen adressiert werden.

Als für die Verarbeitung Verantwortlicher muss der Nutzer zudem nachweisen können, dass der Betroffene eingewilligt hat. Dies ist für die Einwilligung explizit in Art. 7 Abs. 1 DSGVO geregelt, ergibt sich jedoch auch aus Art. 5 Abs. 2 Halbsatz 2 i. V. m. Art. 6 Abs. 1 Satz 1 lit. a DSGVO. Im Falle einer mündlich erklärten Einwilligung kann dies insbesondere durch eine Tonaufnahme nachgewiesen werden. In den hier untersuchten Konstellationen erscheint dies fernliegend; eine bloße mündliche Erklärung ist daher regelmäßig nicht geeignet, die Anforderungen des Art. 7 Abs. 1 DSGVO zu erfüllen. Letztlich kommt in der hier betrachteten Konstellation einzig eine einzelfallbezogene, in Schrift- oder Textform erklärte Einwilligung in Betracht. Eine Einwilligung ist bei der Gesamtwürdigung aller Anforderungen nur in den aufgezeigten Einzelfällen denkbar.[1264]

*3. Keine vertragsrechtliche Grundlage im Nutzer-Betroffenen-Verhältnis*

Ein weiterer Rechtfertigungsgrund ist die Verarbeitung zur Erfüllung eines Vertrags oder zur Durchführung vorvertraglicher Maßnahmen gem. Art. 6 Abs. 1 Satz 1 lit. b DSGVO. Allerdings scheidet diese Rechtsgrundlage in der vorliegenden Konstellation aus, da zwischen Nutzer und Betroffenem kein Vertragsverhältnis denkbar ist, welches die Eingabe von personenbezogenen Daten in ein soziales Netzwerk erfordert.[1265]

*4. Zwischenergebnis*

Eine Einwilligung des netzwerkfremden Nutzers ist nicht möglich. Der Anwendungsbereich der Einwilligung ist nicht nur per se im Nutzer-Betroffenen-Verhältnis sehr begrenzt, er wird in der Praxis auch noch weiter durch die Aspekte der Nachweisbarkeit und Fälle der mangelnden Einwilligungsfähigkeit (insb. Minderjährigkeit) eingeschränkt. Darüber hinaus setzt sie voraus, dass eine ordnungsgemäße Information der Betroffenen, wobei eine Orientierung an den ho-

---

[1264] Ferner ist eine konkludente Einwilligung in die Anzeige von personenbezogenen Daten beim nicht-privaten Abruf dieser Daten durch andere Nutzer denkbar. Da diese Frage allerdings nur die Offenlegung im Rahmen der Anzeige bei anderen Nutzern betrifft, erfolgt die Darstellung separat im folgenden UnterKapitel (siehe Kap. 4 § 11 II. 1).
[1265] *Jandt/Roßnagel,* in: Schenk/Niemann/Reinmann/Roßnagel, Digitale Privatsphäre, S. 353; *Kampert,* Datenschutz in sozialen Online-Netzwerken, S. 111.

hen Anforderungen der Artt. 13, 14 DSGVO angezeigt ist, erfolgte. Eine solche Information muss nach den tatsächlichen Gegebenheiten bei sozialen Netzwerken bezweifelt werden.

Eine Ausnahme ist dann denkbar, in denen der Betroffene selbst Nutzer desselben Netzwerks ist. Allerdings sind diese Anwendungsfälle stark begrenzt: Es wird auch hier wird eine Information gem. Artt. 13, 14 DSGVO vorausgesetzt. Selbst wenn eine solche gegenüber dem Betroffenen, der selbst Mitglied desselben Netzwerks ist, erfolgt, ist in der Praxis eine inhaltlich und formell korrekt eingeholte und erklärte Einwilligung nur mit Hilfe einer schriftlichen, einzelfallbezogenen Erklärung denkbar. Das Abfassen einer solchen Erklärung dürfte den Aufwand eines spontanen Statusupdates allerdings weit übersteigen, sodass sich in der Praxis kein Nutzer um eine (wirksame) Einwilligung bemühen wird. Zudem wäre auch diese Einwilligung mit dem Makel der potentiellen Unwirksamkeit behaftet, sobald sich später der adressierte Kreis ändert, der Betroffene die Einwilligung widerruft oder das Netzwerk verlässt (und so zum netzwerkfremden Betroffenen wird).

Eine Verarbeitung auf Grundlage eines Vertrags scheidet im Nutzer-Betroffenen-Verhältnis ebenfalls aus. Zentrale Norm bei der Verarbeitung von Betroffenendaten durch den Nutzer eines sozialen Netzwerks ist daher die Interessenabwägung nach Art. 6 Abs. 1 Satz 1 lit. f DSGVO.[1266]

## II. Abruf von Daten anderer Nutzer

Sofern der Nutzer über andere Nutzer recherchiert und dabei Daten abruft, etwa durch das gezielte Aufrufen eines fremden Profils, ist der aufrufende Nutzer für die Erhebung verantwortlich.[1267] Die Frage der Legitimation des Datenabrufs stellt sich jedoch nicht nur beim Aufrufen des Profils eines anderen Nutzers, sondern in allen Konstellationen, in denen gezielt Daten zu nicht vom Haushaltsprivileg umfassten Zwecken, z. B. im Rahmen der Mitarbeiterakquise, erhoben werden sollen.[1268] Die hiesigen Ausführungen zum Datenabruf können daher für alle im Folgenden untersuchten Fallgruppen – Registrierung, Ausfüllen des Profils, Statusupdates, Kommentare etc. – Geltung beanspruchen.

---

1266 *Kampert*, Datenschutz in sozialen Online-Netzwerken, S. 224; i. E. auch *Jandt/Roßnagel*, ZD 2011, 160, 163; *Jandt/Roßnagel*, in: Schenk/Niemann/Reinmann/Roßnagel, Digitale Privatsphäre, S. 353 f.; *Piltz*, Soziale Netzwerke im Internet, S. 111; die sich für eine analoge Anwendung des § 28 Abs. 1 Satz 1 Nr. 2 BDSG a. F. – die deutsche Umsetzung der Vorgängervorschrift des Art. 6 Abs. 1 Satz 1 lit. f DSGVO – aussprachen.
1267 Siehe oben Kap. 3 § 7 I. 4. b).
1268 Vgl. die Ausführungen oben Kap. 3 § 7 I. 4. b).

## 1. Konkludente Einwilligung in die Anzeige?

Es wäre zunächst denkbar, dass ein Nutzer allein durch die Mitgliedschaft in einem sozialen Netzwerk seine konkludente Einwilligung gibt, dass „seine" Daten von anderen Nutzern erhoben werden. Zwar weiß der Nutzer, dass sein Profil durch andere aufgerufen werden kann (und regelmäßig wird es ihm bei der Mitgliedschaft in einem sozialen Netzwerk auch gerade darauf ankommen), sodass eine gewisse Informiertheit des Nutzers vorliegt. So ist in Hinblick auf Übermittlungen anerkannt, dass bei Einwilligungen in diese der Verantwortliche über potentielle Empfänger der Daten aufklären muss.[1269] Eine namentliche Bezeichnung aller potentiellen Empfänger ist nicht erforderlich; vielmehr reicht die Angabe nach Empfängerkreisen aus.[1270] Hier wäre vertretbar, dies seien bei Profilen in sozialen Netzwerken sämtliche anderen Nutzer desselben Netzwerks. Dies wäre – je nach Netzwerk, dessen Verbreitung und dessen Zulassungskriterien für die Mitgliedschaft – ein potentiell großer, aber immerhin abgrenzbarer Empfängerkreis.

Die Einwilligung hat grundsätzlich der für die Verarbeitung Verantwortliche – hier also der datenerhebende Nutzer – vom Betroffenen einzuholen. Andernfalls wäre die Nachweispflicht des Art. 7 Abs. 1 DSGVO in der Praxis nur schwer einzuhalten. In der vorliegenden Konstellation ist jedoch der Nutzer, der fremde personenbezogene Daten über ein soziales Netzwerk erhebt, im Moment der Erhebung selbst Verantwortlicher, d.h. dieser müsste die Einwilligung beim Betroffenen einholen. Die informierte Einwilligung setzt voraus, dass der Nutzer bereits vor der Erhebung seiner Daten durch den für die Verarbeitung Verantwortlichen informiert wird. Eine vorherige Information durch den erhebenden Nutzer selbst scheidet regelmäßig[1271] aus, weil der betroffene Nutzer bereits im Vorfeld der Erhebung die Einwilligung – ausdrücklich oder konkludent – gegenüber dem Erhebenden erklären müsste. Häufig werden sich Nutzer und Betroffener nicht einmal kennen. Durch bloße Untätigkeit kann jedoch keine Einwilligung erklärt werden.[1272] Daher scheidet eine unmittelbar gegenüber dem Nutzer erklärte Einwilligung in dessen Erhebungsaktivitäten aus.

Nach einer vor allem in Bezug auf das Cloud Computing vertretenen Ansicht ist die Einwilligung auch zugunsten eines Dritten möglich. So soll die Einwilligung des Betroffenen, die dieser gegenüber dem Cloud-Nutzer erklärt, auch zugunsten des Cloud-Anbieters wirken.[1273] Auch beim Cloud Computing werden in hohem

---
1269 *Tinnefeld/Conrad,* ZD 2018, 391, 394; zur Rechtslage nach dem BDSG a.F. bereits *Borges,* in: Borges/Meents, Rechtshandbuch Cloud Computing, § 8 Rn. 3; *Gola/Klug/Körffer,* in: Gola/Schomerus, BDSG, § 4a Rn. 27; *Simitis,* in: Simitis, BDSG, § 4a Rn. 82.
1270 *Borges,* in: Borges/Meents, Rechtshandbuch Cloud Computing, § 8 Rn. 11.
1271 Denkbar, aber äußerst fernliegend, wäre einzig die im Wege persönlichen Kontakts im Vorfeld erteilte Einwilligung in das Aufrufen des Profils über das soziale Netzwerk.
1272 Vgl. Erwägungsgrund 32 Satz 3.
1273 *Borges,* in: Borges/Meents, Rechtshandbuch Cloud Computing, § 8 Rn. 5; *Brennscheidt,* Cloud Computing und Datenschutz, S. 151; *Jotzo,* Der Schutz personenbezogener Daten in der Cloud, S. 112.

Maße fremde personenbezogene Daten verarbeitet, wobei hier regelmäßig eine Dreieckskonstellation zwischen Betroffenem, Cloud-Nutzer und Cloud-Anbieter vorliegt.[1274] Übertragen auf das Dreiecksverhältnis von Betroffenem, Netzwerkbetreiber und datenerhebendem Nutzer könnte eine vermeintlich wirksame Einwilligung des Betroffenen gegenüber dem Betreiber des sozialen Netzwerks die Erhebung des Nutzers rechtfertigen. Allerdings gibt es hier einen wesentlichen Unterschied: Der Cloud-Nutzer bestimmt, zu welchen Zwecken die Daten durch den Cloud-Anbieter verarbeitet werden. Dagegen kann der Netzwerkbetreiber nicht wissen, welcher Nutzer zu welchen Zwecken Daten erhebt. Eine Einwilligungserklärung des Betroffenen gegenüber dem Netzwerkbetreiber, die auch Wirkung zugunsten der datenerhebenden Nutzer entfalten würde, müsste folglich sämtliche Zwecke der Verarbeitung aller datenerhebenden Nutzer nennen. Dass der Netzwerkbetreiber über diese Informationen verfügt, ist fernliegend.

Darüber hinaus sind Daten in sozialen Netzwerken, die im Rahmen der Registrierung über keine besonderen Zulassungsbeschränkungen verfügen, als allgemein zugänglich zu betrachten.[1275] Der potentielle Empfängerkreis wären letztlich alle Internetnutzer. Die Angabe „alle Internetnutzer" würde allerdings nicht mehr die Anforderungen an die Information über Empfängerkategorien erfüllen, sodass die Einwilligung auch aus diesem Grunde nicht in Betracht kommt.[1276] Die Erhebung von Daten anderer Nutzer ist im Wege einer konkludenten Einwilligung daher typischerweise nicht möglich.[1277]

## 2. Interessenabwägung

Soweit eine Rechtfertigung über Art. 6 Abs. 1 Satz 1 lit. a, b DSGVO ausscheidet, kommt als Rechtfertigungstatbestand die Interessenabwägung nach Art. 6 Abs. 1 Satz 1 lit. f DSGVO in Betracht. Die Vorschrift des Art. 6 Abs. 1 Satz 1 lit. f DSGVO setzt voraus, dass das schützenswerte Interesse des Verantwortlichen die schützenswerten entgegenstehenden Interessen des Betroffenen überwiegt.

### a) Geschützte Interessen

Im Nutzer-Betroffenen-Verhältnis geriert sich diese Interessenabwägung als Kompromiss zwischen der informationellen Selbstbestimmung des Betroffenen und den Kommunikationsfreiheiten des Nutzers des sozialen Netzwerks.[1278]

---

[1274] *Kroschwald,* Informationelle Selbstbestimmung in der Cloud, S. 15 f.; i. E. auch *Brennscheidt,* Cloud Computing und Datenschutz, S. 151 f.
[1275] Siehe oben Kap. 2 § 4 II. 3. d) bb).
[1276] I. E. auch *Spindler,* Persönlichkeitsschutz im Internet, S. 49, der maßgeblich auf die Erwartungshaltung des Nutzers abstellt.
[1277] Eine Ausnahme wäre bspw. die vom Arbeitnehmer an den Arbeitgeber gerichtete Bitte, doch einmal das eigene Profil aufzurufen.
[1278] *Jandt/Roßnagel,* in: Schenk/Niemann/Reinmann/Roßnagel, Digitale Privatsphäre, S. 354; *Schwartmann/Ohr,* Recht der sozialen Medien, Rn. 94.

Diese Interessen werden auf europäischer Grundrechtsebene durch Artt. 7, 8, 11 GRCh geschützt. Durch die GRCh werden primär die Union sowie die Mitgliedstaaten, soweit diese Unionsrecht durchführen, verpflichtet.[1279] Die Durchführung des Unionsrechts bezeichnet u. a. die Anwendung der auf Grundlage von Art. 288 AEUV erlassenen Rechtsakte,[1280] zu denen auch die DSGVO zählt. Durch den Verweis auf „Grundrechte" in Art. 6 Abs. 1 Satz 1 lit. f DSGVO wirkt die GRCh jedoch im Rahmen der vorzunehmenden Abwägung zwischen den – nicht unmittelbar grundrechtsverpflichteten – Beteiligten.

aa) Interessen des datenerhebenden Nutzers

Die Kommunikationsfreiheiten finden sich in Art. 11 GRCh. Die beiden dort genannten Ausprägungen umfassen die Meinungsfreiheit und die Informationsfreiheit. Der sachliche Schutzbereich der Norm umfasst sowohl die Meinungsäußerung, Informationsvermittlung und Ideenverbreitung, als auch das Empfangen von Informationen, Ideen oder Meinungen.[1281] Der Begriff der Meinung ist weit zu verstehen und umfasst jede Ansicht, Überzeugung, Einschätzung, Stellungnahme und jedes Werturteil ohne Rücksicht auf Qualität und Thematik.[1282] Dagegen bezeichnen Informationen vor allem Tatsachenbehauptungen.[1283] Art. 11 Abs. 1 GRCh gilt auch für Äußerungen im Internet.[1284] Bei der hier untersuchten Erhebung fremder personenbezogener Daten durch Abruf dieser durch einen Nutzer über ein soziales Netzwerk steht jedoch weniger die Meinungs- als vielmehr die Informationsfreiheit im Vordergrund. Sie schützt den gesamten Prozess des Sich-Informierens, von der schlichten Entgegennahme einer Information oder Meinung bis hin zu aktiven Tätigkeiten zur Erlangung der Meinungen und Informationen.[1285] Dazu zählt insbesondere das Empfangen von Informationen über das Internet.[1286] Damit ist die Informationsfreiheit das notwendige Gegenstück zur Meinungsfreiheit. Ruft ein Nutzer ein Profil oder ähnliche Seiten in einem sozialen Netzwerk auf, so ist dies Ausdruck seines Willens, sich Informationen zu beschaffen und somit der Informationsfreiheit.

bb) Entgegenstehende Interessen des Betroffenen

Demgegenüber steht das allgemeine Persönlichkeitsrecht des betroffenen Nutzers, insbesondere in Form seiner Ausprägung des Rechts auf informationelle

---

1279 Vgl. Art. 51 Abs. 1 GRCh.
1280 *Terhechte*, in: von der Groeben/Schwarze/Hatje, Europäisches Unionsrecht, Art. 51 GRCh Rn. 8; *Borowsky*, in: Meyer, GRCh, Art. 51 Rn. 26.
1281 *Augsberg*, in: von der Groeben/Schwarze/Hatje, Europäisches Unionsrecht, Art. 11 GRCh Rn. 7;
1282 Grundlegend EGMR, EuGRZ 1977, 38 – „Handyside./.Großbritannien"; EGMR, EuGRZ 1979, 386 – „Sunday Times./.Großbritannien".
1283 *Jarass*, GRCh, Art. 11 Rn. 7, der zutreffend darauf hinweist, dass die Differenzierung aufgrund der einheitlichen Rechtsfolge irrelevant ist.
1284 EuGH, Slg. 2003, I-12971 Rn. 86 – „Lindqvist".
1285 *Bernsdorff*, in: Meyer, GRCh, Art. 11 Rn. 13; *Jarass*, GRCh, Art. 11 Rn. 12.
1286 EuGH, MMR 2012, 174 Rn. 50.

Selbstbestimmung. Beide Rechte wurden von der deutschen Rechtsprechung über Art. 2 Abs. 1 i.V. m. Art. 1 Abs. 1 GG hergeleitet.[1287] Auf europarechtlicher Ebene finden sich in Artt. 7, 8 GRCh die im Kontext des Datenschutzes primär relevanten Grundrechtsbestimmungen.[1288] Daher muss sich die Verarbeitung personenbezogener Daten an den durch Artt. 7, 8 GRCh garantierten Freiheitsrechten messen lassen.[1289]

(1) Art. 7 GRCh

Art. 7 GRCh schützt das Recht von Personen auf Achtung ihres Privat- und Familienlebens, ihrer Wohnung sowie ihrer Kommunikation. Verbindendes Element dieser vier Bereiche ist die allgemeine Privatsphäre.[1290] Dadurch weist Art. 7 GRCh große Parallelen zum Allgemeinen Persönlichkeitsrecht auf.[1291] Eine vertiefte Auseinandersetzung der Rechtsprechung mit dem Schutzbereich des Art. 7 GRCh fehlt bislang.[1292] Zwar lässt sich die Rechtsprechung zu nationalen Grundrechten nicht unmittelbar auf die Charta der europäischen Grundrechte übertragen, den mitgliedstaatlichen Grundrechten kommt jedoch die Funktion als Rechtserkenntnisquelle zu.[1293] Auch der EuGH hält es für zulässig, im Rahmen einer Abwägung der betroffenen Belange die in den Mitgliedstaaten praktizierten nationalen Grundrechtsausprägungen zu berücksichtigen.[1294]

Zur Konturierung des durch Art. 2 Abs. 1 i.V. m. Art. 1 Abs. 1 GG verbürgten Allgemeinen Persönlichkeitsrechts wurde von der höchstrichterlichen Rechtsprechung auf die von *Hubmann* entwickelte „Sphärentheorie" zurückgegriffen.[1295] So wird im Schutzbereich des allgemeinen Persönlichkeitsrechts zwischen unterschiedlich stark schutzbedürftigen Lebensbereichen differenziert und der Schutzbereich in Intimsphäre, Privatsphäre und Sozialsphäre unterschieden. Den engsten Persönlichkeitsbereich bildet die Intimsphäre.[1296] Die Intimsphäre umfasst einen Kernbereich privater Lebensgestaltung,[1297] z. B. Selbstgespräche, Aufzeichnungen in Tagebüchern oder das vor Unbeteiligten abgeschirmte

---

1287 Grundlegend zum – zunächst im Zivilrecht entwickelten – allgemeinen Persönlichkeitsrecht BGHZ 13, 334 sowie BVerfGE 27, 1; grundlegend zum Schutz der informationellen Selbstbestimmung BVerfGE 65, 1.
1288 *Johannes*, in: Roßnagel, Europäische Datenschutz-Grundverordnung, § 2 Rn. 53; *Nettesheim*, in: Grabenwarter, Europäischer Grundrechtsschutz, § 10 Rn. 14.
1289 EuGH, NJW 2014, 2257 Rn. 97 ff. – „Google Spain".
1290 *Augsberg*, in: von der Groeben/Schwarze/Hatje, Europäisches Unionsrecht, Art. 7 GRCh Rn. 1.
1291 *Jarass*, GRCh, Art. 7 Rn. 3.
1292 *Nettesheim*, in: Grabenwarter, Europäischer Grundrechtsschutz, § 10 Rn. 14.
1293 *Jarass*, GRCh, Art. 52 Rn. 67.
1294 EuGH, Slg. 2004, I-9609 Rn. 36 ff. – „Omega Spielhallen".
1295 Grundlegend *Hubmann*, Das Persönlichkeitsrecht, S. 268 ff.; siehe zur Sphärentheorie etwa BVerfGE 6, 32, 41 f.; BVerfGE 27, 344, 351; BVerfGE 33, 367, 376; BVerfGE 34, 238, 245; BVerfGE 35, 202, 220; BVerfGE 38, 312, 320; BVerfGE 44, 353, 372; BVerfGE 80, 367, 373; BVerfGE 89, 69, 82.
1296 *Kröner*, in: Paschke/Berlit/Meyer, Medienrecht, 33. Abschnitt Rn. 22.
1297 *Di Fabio*, in: Maunz/Dürig, GG, Art. 2 Rn. 158; *Lang*, in: Epping/Hillgruber, GG, Art. 2 Rn. 39.

Sexualleben[1298] sowie verbale Äußerungen mit vergleichbarem Gegenstand, etwa Mitteilungen über das Sexualleben.[1299] Ein Eingriff in die Intimsphäre ist nicht zu rechtfertigen.[1300] Den niedrigsten Schutz genießt die Sozialsphäre, welche die gesamte Teilnahme des Grundrechtsträgers am öffentlichen Leben umfasst,[1301] insbesondere sein berufliches Wirken und sein Auftreten in der sonstigen Öffentlichkeit.[1302] Eingriffe in diesen Bereich weisen die geringste Belastungsintensität und somit die geringsten Rechtfertigungsanforderungen auf.[1303] Dazwischen ist die Privatsphäre anzusiedeln, welche den engeren persönlichen Lebensbereich umfasst, d.h. einen Raum, in dem der Einzelne sich selbst überlassen ist oder mit Personen seines Vertrauens verkehren kann.[1304] Hiervon umfasst sind etwa Äußerungen unter familiären oder ähnlich vertrauten Personen.[1305] Die Privatsphäre ist nicht auf die „eigenen vier Wände" des Betroffenen beschränkt, sondern erfasst auch alltägliche Freizeitbeschäftigungen und andere Betätigungen in Momenten der Entspannung außerhalb der Einbindung in Pflichten des Berufs und Alltags.[1306] Eingriffe in diese Sphäre sind nur im überwiegenden Interesse der Allgemeinheit zulässig.[1307] Die Grenzen zwischen den einzelnen Sphären verlaufen fließend, weshalb das Sphärenmodell teilweise auf Kritik stößt.[1308] Allerdings darf es nicht als trennscharfes Schema, sondern muss vielmehr als Annäherung verstanden werden.[1309]

Das Sphärenmodell kann im Rahmen der datenschutzrechtlichen Abwägung herangezogen werden.[1310] So misst auch der EuGH die Schutzbedürftigkeit personenbezogener Daten vor allem an der Eingriffsintensität in das Grundrecht auf Achtung des Privatlebens.[1311] Übertragen auf die hiesige Konstellation ist

---

1298 *Kröner*, in: Paschke/Berlit/Meyer, Medienrecht, 33. Abschnitt Rn. 23 f.; *Lang*, in: Epping/Hillgruber, GG, Art. 2 Rn. 39.
1299 *Kröner*, in: Paschke/Berlit/Meyer, Medienrecht, 33. Abschnitt Rn. 27.
1300 *Di Fabio*, in: Maunz/Dürig, GG, Art. 2 Rn. 158; *Kröner*, in: Paschke/Berlit/Meyer, Medienrecht, 33. Abschnitt Rn. 22; *Lang*, in: Epping/Hillgruber, GG, Art. 2 Rn. 39.
1301 *Lang*, in: Epping/Hillgruber, GG, Art. 2 Rn. 43. Teilweise wird hier zwischen Sozial- und Öffentlichkeitssphäre differenziert: So soll die „Sozialsphäre" das von anderen wahrgenommene Verhalten in sozialen Beziehungen bezeichnen, „Öffentlichkeitssphäre" hingegen die bewusste Betätigung im öffentlichen, politischen und wirtschaftlichen Leben, siehe *Kröner*, in: Paschke/Berlit/Meyer, Medienrecht, 33. Abschnitt Rn. 49.
1302 *Kröner*, in: Paschke/Berlit/Meyer, Medienrecht, 33. Abschnitt Rn. 49.
1303 *Di Fabio*, in: Maunz/Dürig, GG, Art. 2 Rn. 160; *Lang*, in: Epping/Hillgruber, GG, Art. 2 Rn. 43; ähnlich *Kröner*, in: Paschke/Berlit/Meyer, Medienrecht, 33. Abschnitt Rn. 50.
1304 *Dreier*, in: Dreier, GG, Art. 2 Rn. 71; *Lang*, in: Epping/Hillgruber, GG, Art. 2 Rn. 41.
1305 *Lang*, in: Epping/Hillgruber, GG, Art. 2 Rn. 42.
1306 *Kröner*, in: Paschke/Berlit/Meyer, Medienrecht, 33. Abschnitt Rn. 35 f.
1307 *Di Fabio*, in: Maunz/Dürig, GG, Art. 2 Rn. 159; *Lang*, in: Epping/Hillgruber, GG, Art. 2 Rn. 41.
1308 *Rixecker*, in: MuKo-BGB, § 12 Anh. Rn. 12; *Schäfer*, in: Staudinger, BGB, § 823 Rn. 254 f.; ausführlich *Baston-Vogt*, Sachlicher Schutzbereich des APR, S. 193 ff., 399 ff.
1309 *Ohly*, AfP 2008, 428, 436; von einer „Orientierungshilfe" sprechend *Mann*, in: Spindler/Schuster, Recht der elektronischen Medien, § 823 BGB Rn. 36.
1310 *Ohly*, AfP 2011, 428, 430; *Schneider/Härting*, ZD 2012, 199, 200; *Spindler*, Persönlichkeitsschutz im Internet, S. 41; *Wolff*, in: Wolff/Brink, BDSG, § 28 Rn. 67.
1311 EuGH, NJW 2014, 2169, Rn. 48.

daher zu konstatieren, dass sich die Schutzbedürftigkeit des Betroffenen auch danach bestimmt, welcher dieser Sphären das verarbeitete Datum zuzurechnen ist. Je höher die Schutzwürdigkeit des Betroffenen ist, desto höher sind die Anforderungen an das überwiegende Interesse des Verantwortlichen. Bei der Kommunikation in sozialen Netzwerken ist dies nach Kontext, Kreis der Beteiligten und Art der Kommunikation zu beurteilen.[1312] Profilinformationen in sozialen Netzwerken sind – unterstellt, sie würden nicht in die Öffentlichkeit getragen werden – typischerweise der Privatsphäre zuzuordnen, können jedoch im Einzelfall der Intimsphäre zuzuordnen sein.[1313] Letzteres wären etwa Angaben über sexuelle Vorlieben. Eine Erhebung dieser Daten stellt demnach prima facie einen mittleren bis schweren Eingriff dar.

(2) Art. 8 Abs. 1 GRCh

Der informationellen Selbstbestimmung dient insbesondere Art. 8 Abs. 1 GRCh, welcher den Schutz personenbezogener Daten gewährleistet. Ebenso wie beim informationellen Selbstbestimmungsrecht steht auch hier der Schutz der betroffenen Person und weniger der Daten selbst im Vordergrund.[1314] Das Recht auf informationelle Selbstbestimmung beinhaltet die Befugnis des Einzelnen, über die Preisgabe und Verwendung seiner persönlichen Daten grundsätzlich selbst zu bestimmen.[1315] Art. 8 GRCh steht in engem Zusammenhang mit Art. 7 GRCh,[1316] reicht in Bezug auf die automatisierte Datenverarbeitung aber weiter, da er auch die personenbezogenen Daten einschließt, die keinen hinreichenden Bezug zum Privatleben aufweisen.[1317] Mit dem Selbstbestimmungsrecht soll dem Einzelnen, unabhängig von der Privatsphäre, die Freiheit zur Selbstbeschreibung und -darstellung ermöglicht werden.[1318]

Allerdings kann Art. 8 Abs. 1 GRCh in der nach Art. 6 Abs. 1 Satz 1 lit. f DS-GVO vorzunehmenden Abwägung nur eingeschränkt Berücksichtigung finden. Bereits die DS-RL galt als Konkretisierung dieses Grundrechts.[1319] Auch die DSGVO soll gerade den durch Art. 8 Abs. 1 GRCh bezweckten Schutz personenbezogener Daten verwirklichen.[1320] Sie gestaltet den Schutzbereich des Art. 8

---

1312 *Ohly,* AfP 2011, 428, 430; *Spindler,* Persönlichkeitsschutz im Internet, S. 41.
1313 *Spindler,* Persönlichkeitsschutz im Internet, S. 42.
1314 *Albrecht/Janson,* CR 2016, 500, 502.
1315 Siehe bereits oben Kap. 1 § 3 I.
1316 *Augsberg,* in: von der Groeben/Schwarze/Hatje, Europäisches Unionsrecht, Art. 8 GRCh Rn. 5.
1317 *Johannes,* in: Roßnagel, Europäische Datenschutz-Grundverordnung, § 2 Rn. 57; *Sobotta,* in: Grabitz/Hilf/Nettesheim, Recht der EU, Art. 16 AEUV Rn. 7. Soweit es um Daten geht, die auch dem Privat- und Familienleben zugeordnet werden kommen, nimmt der EuGH eine Idealkonkurrenz zwischen den beiden Grundrechten an, siehe EuGH, Slg. 2010, I-11063 Rn. 47, 52 – „Schecke"; EuGH, EuZW 2012, 37 Rn. 41 f. – „ASNEF"; ausführlich zum Verhältnis von Artt. 7 und 8 GRCh *Michl,* DuD 2017, 349 ff.
1318 *Kroschwald,* Informationelle Selbstbestimmung in der Cloud, S. 32.
1319 *Jarass,* GRCh, Art. 8 Rn. 4a.
1320 Erwägungsgrund 4 Satz 2 der DSGVO.

GRCh einschließlich seiner Schrankenbestimmungen, im Wege diffiziler Anforderungen, etwa des hier betrachteten Art. 6 Abs. 1 Satz 1 lit. f DSGVO, aus. Bei Schaffung des Art. 8 GRCh sollten sich die Schranken dieses Grundrechts nach den Voraussetzungen der wenige Jahre zuvor verkündeten DS-RL bestimmen.[1321] Beabsichtigt war demnach ein Gleichlauf von europäischem Primär- und Sekundärrecht. Auch der EuGH tendiert dazu, die Reichweite des primärrechtlichen Datenschutzgrundrechts mit den sekundärrechtlichen Regelungen gleichzusetzen.[1322] So entspricht die Formulierung der Schrankenbestimmung in Art. 8 Abs. 2 Satz 1 GRCh mit „Diese Daten dürfen nur nach Treu und Glauben für festgelegte Zwecke und mit Einwilligung der betroffenen Person oder auf einer sonstigen gesetzlich geregelten legitimen Grundlage verarbeitet werden." dem in Art. 7 Abs. 1 DS-RL bzw. Art. 6 Abs. 1 DSGVO normierten Verbot mit Erlaubnisvorbehalt.[1323] Aus dieser Doppelregelung in Primär- und Sekundärrecht[1324] wird abgeleitet, dass eine sekundärrechtlich zulässige Verarbeitung zugleich die Schrankenanforderungen des Art. 8 Abs. 2 GRCh erfüllt.[1325] Daher wäre eine uneingeschränkte Berücksichtigung des Art. 8 Abs. 1 GRCh bei einer Abwägung nach einer Norm, die als Schrankenbestimmung i. S. d. Art. 8 Abs. 2 GRCh zu verstehen ist und so den Schutzbereich des Art. 8 Abs. 1 GRCh konturieren soll, ein circulus vitiosus.[1326] Auch der EuGH-Rechtsprechung lässt sich entnehmen, dass Art. 8 Abs. 1 GRCh mehr als Einfallstor für andere Grundrechte, insb. Art. 7 GRCh, dient.[1327] Jede Abwägung – jedenfalls soweit nicht gerade durch die Verarbeitung die informationelle Selbstbestimmung des Betroffenen verwirklicht wird – fiele infolge ihrer Rekursivität zuungunsten des Verantwortlichen aus, da das Betroffeneninteresse zwingend überwiegen würde. Dies wäre letztlich eine erhebliche und eindeutig nicht beabsichtigte Entwertung des in Art. 6 Abs. 1 Satz 1 lit. f DSGVO normierten Abwägungstatbestandes.

Die Abwägung ist jedoch kein Selbstzweck, sondern vielmehr ein den Interessenausgleich ermöglichendes Instrument. Insofern ist für die Abwägung lediglich relevant, dass der Schutzbereich des Art. 7 GRCh durch Art. 8 Abs. 1 GRCh insoweit erweitert wird, dass Datenschutz als Europäisches Grundrecht Verfassungsrang genießt und mithin auch die Verarbeitung „belangloser" personenbezogener Daten nicht per se hinter dem Schutz anderer Verfassungsgüter zurücktritt.

---

1321 *Bernsdorff*, in: Meyer, GRCh, Art. 8 Rn. 17.
1322 EuGH, Slg. 2008, I-271 Rn. 68 ff. – „Promusicae"; auch der Generalanwalt vertrat im Google-Spain-Verfahren die Ansicht, Art. 8 GRCh enthalte keinen über die DS-RL hinausgehenden Schutz, siehe *Generalanwalt Jääskinen*, Schlussanträge v. 25.06.2013, Rs. C-131/12, Rn. 113.
1323 I. E. wohl auch *Jotzo*, Der Schutz personenbezogener Daten in der Cloud, S. 44.
1324 Kritisch *Nettesheim*, in: Grabenwarter, Europäischer Grundrechtsschutz, § 9 Rn. 53 ff.
1325 *Bernsdorff*, in: Meyer, GRCh, Art. 8 Rn. 15, 21.
1326 Von einem nicht nachvollziehbaren Zirkelschluss sprechen auch *Kroschwald*, Informationelle Selbstbestimmung in der Cloud, S. 49; *Nettesheim*, in: Grabenwarter, Europäischer Grundrechtsschutz, § 9 Rn. 53.
1327 EuGH, NJW 2014, 2169, Rn. 48, 53.

## b) Abwägung

Derjenige, der Daten über sich selbst in einem allgemein zugänglichen sozialen Netzwerk zur Verfügung stellt, ist weniger schützenswert.[1328] Der Betroffene muss bei der eigenen Preisgabe von Informationen hinnehmen, dass sein Schutz gegenüber den Kommunikationsgrundrechten anderer zurücktritt.[1329] Ein zentraler Bewertungsmaßstab ist daher die Eigenverantwortung des Betroffenen.[1330] Das Einrichten eines Profils zur eigenen Person in einem sozialen Netzwerk dient dem Betroffenen gerade zu dem Zweck, sich selbst darzustellen und zu verwirklichen.[1331] Ohne den Abruf der Daten kann die Selbstdarstellung jedoch niemals von Erfolg getragen sein, da eine Darstellung stets einen Rezipienten voraussetzt. Ihm kommt es gerade darauf an, dass die Daten, die er preisgibt, abgerufen werden. Deutlich wird dies auch bei berufsbezogenen sozialen Netzwerken: Der Arbeitnehmer ist dort insbesondere vertreten, um sich selbst auf dem Arbeitsmarkt zu positionieren und so potentielle Arbeitgeber auf sich aufmerksam zu machen. Insofern ist das Veröffentlichen eigener Daten und deren Abruf durch die Adressaten gerade der Ausdruck des Rechts auf informationelle Selbstbestimmung.

Ob von der Datenverarbeitung sensible Angaben betroffen sind, ist in der vorliegenden Konstellation irrelevant. In der hier betrachteten Fallgruppe wird auch der Tatbestand der offensichtlich durch den Betroffenen öffentlich gemachten Daten i. S. d. Art. 9 Abs. 2 lit. e DSGVO erfüllt sein. Gibt der Nutzer in seinem Profil etwa seine sexuelle Orientierung oder seine Religion an, so hat dies keinen Einfluss auf die Zulässigkeit des Datenabrufs. Ein dem Art. 9 Abs. 2 lit. e DSGVO entsprechender Zulässigkeitstatbestand fehlt in Art. 6 Abs. 1 DSGVO. Werden nicht-sensible Informationen verarbeitet, so folgt die Zulässigkeit der Verarbeitung gem. Art. 6 Abs. 1 Satz 1 lit. f DSGVO aus einem Erst-Recht-Schluss aus Art. 9 Abs. 2 lit. e DSGVO.[1332] Dass der Nutzer die Daten nicht bereits „öffentlich gemacht hat", sondern erst durch die Handlung öffentlich macht, ist unschädlich.[1333]

---

1328 *Splittgerber*, in: Splittgerber, Rechtsfragen Social Media, Kap. 3 Rn. 77; *Spindler*, Persönlichkeitsschutz im Internet, S. 41 f.
1329 *Spindler*, Persönlichkeitsschutz im Internet, S. 42; i. E. auch *Achtruth*, Der rechtliche Schutz bei der Nutzung von Social Networks, S. 223 f.; *Koch*, ITRB 2011, 128, 129; *Piltz*, Soziale Netzwerke im Internet, S. 112.
1330 *Buchholtz*, AöR 140 (2015), 122, 135 f.; ähnlich *Maisch*, Informationelle Selbstbestimmung in Netzwerken, S. 195.
1331 *Piltz*, Soziale Netzwerke im Internet, S. 111 f.; zu den Nutzungsmotiven siehe oben Kap. 1 § 2 IV. 1.
1332 *Golland*, MMR 2018, 130, 133; *Härting*, DSGVO, Rn. 459; i. E. – jedoch mit fragwürdiger Begründung – auch *Born*, DSRITB 2017, 13, 24 f., der dies aus der bisherigen Geltung von §§ 28 Abs. 1 Satz 1 Nr. 3, 29 Abs. 1 Satz 1 Nr. 2 BDSG a. F. folgert, dabei jedoch verkennt, dass dem deutschen Gesetzgeber im Rahmen der DS-RL größere Umsetzungsspielräume zustehen als unter der DSGVO mit Verordnungscharakter.
1333 Siehe oben Kap. 4 § 10 III. 3. c).

Mit Blick auf den mit dem Allgemeinen Persönlichkeitsrecht vergleichbaren Art. 7 GRCh ist auch nicht entscheidend, welche Sphäre der Persönlichkeit berührt wird. Der Betroffene geht mit seinen Daten selbst an einen – mehr oder weniger stark beschränkten – Teil der Öffentlichkeit. Wenn der Betroffene Informationen aus der Intimsphäre selbst preisgibt, können selbst Eingriffe in die Intimsphäre gerechtfertigt sein.[1334] Wählt der betroffene Nutzer z. B. als Profilbild ein Foto, welches ihn nackt zeigt[1335] – was eine i. d. R. intime Information,[1336] aber kein besonderes personenbezogenes Datum darstellt[1337] – ist die Erhebung dieses Datums durch Aufruf der Profilseite rechtmäßig. Zurecht kann bezweifelt werden, ob dieses Verhalten noch der Intims- bzw. Privatsphäre oder bereits der Sozialsphäre zuzuordnen ist. *Koch* spricht in diesen Fällen von einer „Umwendung" der Privatsphäre zur Sozialsphäre.[1338] Bedient der Nutzer sich dabei einer technischen Einstellung, wodurch er die Zugriffsmöglichkeiten auf seine Informationen bestimmt, grenzt er gerade dadurch Privat- und Sozialsphäre voneinander ab.[1339] Bestimmt der Nutzer etwa, dass eine bestimmte Information einer großen Zahl von Nutzern oder gar öffentlich zugänglich ist, so begibt er sich seiner Intims- oder Privatsphäre, indem er diese Information der Sozialsphäre widmet.

Soweit über die reinen Profildaten hinaus Daten abgerufen werden, die Werturteile enthalten, kann auch die Meinungsfreiheit des Betroffenen positiv berührt sein. Von der Meinungsfreiheit ist auch die Möglichkeit der Äußerung und Verbreitung umfasst.[1340] Dies ist etwa dann der Fall, wenn der Nutzer auf seiner Seite weitere Informationen veröffentlicht, die Elemente der Stellungnahme aufweisen, indem er eine kurze Beschreibung der eigenen Person liefert oder Statusupdates auf seiner Seite angezeigt werden. Das Grundrecht auf Informationsfreiheit des datenerhebenden Nutzers ist in diesem Fall der notwendige Komplementär zur Meinungsfreiheit des Betroffenen.

In der hier untersuchten Fallgruppe liegt daher kein entgegenstehendes Interesse des Betroffenen vor; vielmehr ergänzt das Interesse des Betroffenen die Interessen des datenerhebenden Nutzers. Niemand muss sich in sozialen Netzwerken betätigen und der Verlockung nachgeben, den Drang nach Aufmerksamkeit und Inszenierung zu befriedigen.[1341] Etwaige hieraus resultierende Gefährdungsla-

---

1334 BVerfG, NJW 2006, 3406 Rn. 31 – „Lebenspartnerin von Bernd Tewaag"; BGH, AfP 2012, 47 Rn. 26 – „Pornodarsteller"; BGH, AfP 2008, 606, 608; BGH, AfP 2008, 608, 609; BGH, AfP 2008, 609, 610; BGH, NJW 2005, 592, 594.
1335 Dies ist insbesondere bei Profilen in Datingportalen denkbar.
1336 *Kröner*, in: Paschke/Berlit/Meyer, Medienrecht, 33. Abschnitt Rn. 25.
1337 Vgl. Erwägungsgrund 51 Satz 3 der DSGVO.
1338 *Koch*, ITRB 2011, 128, 129; ähnlich *Spindler*, Persönlichkeitsschutz im Internet, S. 41 („Umwandlung der Privatsphäre").
1339 *Koch*, ITRB 2011, 128, 132.
1340 *Augsberg*, in: von der Groeben/Schwarze/Hatje, Europäisches Unionsrecht, Art. 11 GRCh Rn. 7; *Bernsdorff*, in: Meyer, GRCh, Art. 11 Rn. 12; *Jarass*, GRCh, Art. 11 Rn. 10.
1341 So ausdrücklich *Nettesheim*, in: Grabenwarter, Europäischer Grundrechtsschutz, § 9 Rn. 72.

gen sind Folge freier Entscheidungen, mithin der Eigenverantwortung.[1342] Die Verarbeitung durch den datenerhebenden Nutzer ist stets rechtmäßig.

## 3. Zwischenergebnis

Der datenerhebende Nutzer kann seine Datenverarbeitung typischerweise nicht auf eine Einwilligung oder einen Vertrag stützen. Allerdings findet der datenschutzrechtliche Schutz des Betroffenen seine Grenze dort, wo der Betroffene selbst den Schritt in die Öffentlichkeit wagt. Dies ist dogmatisch jedoch nicht als Einschränkung seiner informationellen Selbstbestimmung oder als Grundrechtsverzicht zu beurteilen, sondern gerade Ausdruck seines informationellen Selbstbestimmungsrechts. Daher ist der Abruf von Nutzerdaten im Regelfall gem. Art. 6 Abs. 1 Satz 1 lit. f DSGVO gerechtfertigt und somit zulässig.

## III. Registrierung und Ausfüllen des Profils

Da der Nutzer für den Umgang mit anonymen und eigenen personenbezogenen Daten nicht verantwortlich ist, ist im Rahmen der Registrierung und des Ausfüllens eines Profils einzig ein Sonderfall relevant: Das Anlegen eines Profils unter fremdem Namen („Identitätsmissbrauch"). Die Eingabe von fremden personenbezogenen Daten eines identifizierbaren Dritten im Rahmen der Registrierung fällt in den Verantwortungsbereich des Nutzers.[1343] Mangels Möglichkeit einer Einwilligung und mangels Vertragsverhältnisses zwischen Nutzer und Betroffenem ist auch hier eine Abwägung der Interessen der Beteiligten i. S. v. Art. 6 Abs. 1 Satz 1 lit. f DSGVO geboten.

Der Schutz der informationellen Selbstbestimmung erfasst insbesondere die Bestimmung über die Preisgabe eigener Daten. Da der Name ein solches Datum ist, ist beim Identitätsmissbrauch die informationelle Selbstbestimmung des Betroffenen beeinträchtigt. Jedoch ist naturgemäß vom Schutz der informationellen Selbstbestimmung umfasst, in der Öffentlichkeit nicht unter dem bürgerlichen Namen, sondern anonym bzw. pseudonym aufzutreten.[1344] Auch der BGH hatte im Zusammenhang mit Persönlichkeitsrechtsverletzungen im Internet den Nutzern ein Recht auf Anonymität zugestanden.[1345] Im Rahmen des

---

1342 *Nettesheim*, in: Grabenwarter, Europäischer Grundrechtsschutz, § 9 Rn. 72; in diese Richtung auch *Buchholtz*, AöR 140 (2015), 122, 136.
1343 Siehe oben Kap. 3 § 7 I. 2. b) cc) (3).
1344 *Brunst*, Anonymität im Internet, S. 280 f.; *Bäumler*, in: Bäumler/v. Mutius, Anonymität im Internet, S. 1 f.; dies als Ausprägung des allgemeinen Persönlichkeitsrechts ansehend *Bizer*, in: Bäumler/v. Mutius, Anonymität im Internet, S. 78; *Denninger*, in: Bäumler/v. Mutius, Anonymität im Internet, S. 50; *Niemann/Scholz*, in: Peters/Kersten/Wolfenstetter, Innovativer Datenschutz, S. 117; in Bezug auf Äußerungen im Internet *Spindler*, Persönlichkeitsschutz im Internet, S. 25.
1345 BGHZ 181, 328 Rn. 42 – „spickmich.de"; BGHZ 201, 380 Rn. 16 f. – „Ärztebewertungsportal".

Identitätsmissbrauchs stellt sich daher die Frage, ob das Recht auf informationelle Selbstbestimmung auch das Recht umfasst, unter fremder Identität aufzutreten. In vielen Lebensbereichen ist die Angabe eines Namens aus tatsächlichen Umständen erforderlich, sodass einer Person, die ihren Namen nicht preisgeben möchte, nur die Möglichkeit bleibt, einen anderen Namen zu wählen. Der deutsche Gesetzgeber trifft hier in § 12 BGB die Wertung, dass das unbefugte Auftreten unter anderem Namen einen Beseitigungsanspruch des beeinträchtigten Identitätsinhabers zur Folge hat.[1346] Das in § 12 BGB verankerte Namensrecht ist eine besondere Erscheinungsform des allgemeinen Persönlichkeitsrechts.[1347] In den Fällen der Identitätstäuschung gestaltet § 12 BGB das allgemeine Persönlichkeitsrecht aus und bestimmt die Reichweite des Namensschutzes.[1348] Eine Verletzung des Namensrechts i. S. d. § 12 BGB setzt – über den unbefugten Gebrauch des fremden Namens hinaus – eine Verwechslungsgefahr voraus.[1349] In den Fällen des Identitätsmissbrauchs legt es der identitätsmissbrauchende Nutzer gerade darauf an, eine Verwechslung mit dem Identitätsinhaber hervorzurufen. Im Bereich des bürgerlichen Namens wird eine Interessenverletzung regelmäßig bereits durch den Gebrauch eines fremden Namens indiziert.[1350] Die beeinträchtigte Rechtsposition kann daher als Identitätsinteresse[1351] bezeichnet werden. Der Identitätsmissbrauch ist jedoch im Regelfall nicht Selbstzweck, sondern dient anderen Zwecken, insbesondere der Herbeiführung wirtschaftlicher Schäden beim Betroffenen.[1352] Die Wertung des § 12 BGB kann bei der Bestimmung der Reichweite der informationellen Selbstbestimmung herangezogen werden.

Auf die sich hier stellende Frage übertragen ergibt sich Folgendes: Das Auftreten unter fremder Identität ohne oder gegen den Willen des wahren Identitätsinhabers ist nicht vom Schutz der informationellen Selbstbestimmung umfasst. Legt also der Nutzer in einem sozialen Netzwerk ein Profil mit solchen Daten an, etwa unter Verwendung von dessen Namen, dessen weiteren Angaben und/ oder Lichtbildern, so mangelt es schon an einem schutzwürdigen Interesse des

---

1346 Explizit zum Identitätsdiebstahl in sozialen Netzwerken *Heckmann,* in: Heckmann, jurisPK-Internetrecht, Kap. 9 Rn. 527; allgemein *Borges/Schwenk/Stuckenberg/Wegener,* Identitätsdiebstahl und Identitätsmissbrauch, S. 211 f.
Soweit es das Auftreten unter Pseudonymen betrifft, ist für den namensrechtlichen Schutz Verkehrsgeltung erforderlich, siehe *Meyer,* Identität und virtuelle Identität, S. 82; *Müller,* in: Spindler/Schuster, Recht der elektronischen Medien, § 12 BGB Rn. 9; *Säcker,* in: MüKo-BGB, § 12 Rn. 11.
1347 So jedenfalls unstreitig soweit es den Schutz natürlicher Personen betrifft, siehe etwa BGHZ 143, 214 Rn. 48 – „Marlene Dietrich"; BGHZ 32, 103 Rn. 17 – „Vogeler"; BGHZ 30, 7 Rn. 15 – „Caterina Valente"; *Habermann,* in: Staudinger, BGB, § 12 Rn. 19; *Säcker,* in: MüKo-BGB, § 12 Rn. 2.
1348 *Ellenberger,* in: Palandt, BGB, § 12 Rn. 2; *Säcker,* in: MüKo-BGB, § 12 Rn. 5.
1349 *Müller,* in: Spindler/Schuster, Recht der elektronischen Medien, § 12 BGB Rn. 38; *Säcker,* in: MüKo-BGB, § 12 Rn. 98; *Habermann,* in: Staudinger, BGB, § 12 Rn. 311.
1350 *Säcker,* in: MüKo-BGB, § 12 Rn. 144.
1351 *Habermann,* in: Staudinger, BGB, § 12 Rn. 15.
1352 *Borges/Schwenk/Stuckenberg/Wegener,* Identitätsdiebstahl und Identitätsmissbrauch, S. 197 f.; vgl. auch oben Kap. 1 § 1.

Kap. 4 Zulässigkeit des Datenumgangs in sozialen Netzwerken

Nutzers. Ein die Grundrechte des Betroffenen überwiegendes Interesse i. S. d. Art. 6 Abs. 1 Satz 1 lit. f DSGVO kann sich in der hier betrachteten Fallgruppe daher nicht ergeben. Der Identitätsmissbrauch ist folglich, soweit er außerhalb der Grenzen des Art. 2 Abs. 2 lit. c DSGVO erfolgt, datenschutzrechtlich nicht zu rechtfertigen. Ein solcher, nicht zu rechtfertigender Datenumgang, liegt immer dann vor, wenn der wahre Identitätsinhaber allein anhand der öffentlich sichtbaren Informationen, etwa durch ein eindeutiges Profilbild oder aufgrund der Singularität des Namens, identifizierbar ist.

## IV. Statusupdates und Weiterverbreiten fremder Beiträge

Verarbeitet der Nutzer im Rahmen von Statusupdates oder im Rahmen des Weiterverbreitens eines fremden Beitrags fremde personenbezogene Daten, so ist er für alle Verarbeitungsschritte, von der Eingabe bis zur Veröffentlichung, grds. gleichermaßen datenschutzrechtlich verantwortlich.[1353] Betrachtet wird im Folgenden die Zulässigkeit der dargestellten Verarbeitungsvorgänge. Dabei ist nicht relevant, in welcher Form der Personenbezug hergestellt wird, d. h. ob die fremde Person im Beitrag erwähnt wird, verlinkt wird oder ob ein Lichtbild hochgeladen wird, auf denen (auch) andere Personen als der hochladende Nutzer abgebildet sind. Die Frage der Rechtmäßigkeit der Verarbeitung stellt sich jedoch nur insoweit, wie fremde Daten verarbeitet werden.[1354]

Da in diesen Fällen, wie bereits dargelegt, regelmäßig keine Einwilligung und kein Vertragsverhältnis zwischen Nutzer und Betroffenem vorliegt, ist im Normalfall eine Abwägung der Interessen der Beteiligten i. S. v. Art. 6 Abs. 1 Satz 1 lit. f DSGVO geboten.[1355] Besondere Bedeutung kommt daher der Interessenabwägung zu, bei der erneut die Kommunikationsfreiheit in Form des Rechts auf freie Meinungsäußerung und die durch Artt. 7, 8 GRCh gewährleisteten Freiheiten in die Abwägung einfließen. Sofern zwei in der GRCh niedergelegte Freiheiten sich in der vorzunehmenden Abwägung gegenüberstehen, sind diese im Wege der praktischen Konkordanz in Ausgleich zu bringen.[1356] Nach dem vom EGMR in seiner Entscheidung „Von Hannover II" entwickelten Kriterienkatalog sind bei der Abwägung zwischen dem Schutz des Privatlebens (Art. 8 EMRK) und der Freiheit der Meinungsäußerung (Art. 10 EMRK) insbesondere der Beitrag zu einer Debatte von allgemeinem Interesse, die Bekanntheit der betroffenen Person und der Gegenstand der Berichterstattung, das frühere Verhalten der betroffenen Person, die Art der Erlangung von Informationen und ihr Wahrheitsgehalt sowie der Inhalt, die Form und die Auswirkungen der Veröf-

---

1353 Siehe oben Kap. 3 § 7 III. 6.
1354 Siehe oben Kap. 4 § 11 I. 1.
1355 Für eine Interessenabwägung bei der Verarbeitung von Daten Dritter auch *Jandt/Roßnagel*, in: Schenk/Niemann/Reinmann/Roßnagel, Digitale Privatsphäre, S. 360 f.; *Kampert*, Datenschutz in sozialen Online-Netzwerken, S. 120 f.; *Splittgerber*, in: Splittgerber, Rechtsfragen Social Media, Kap. 3 Rn. 256.
1356 Siehe oben Kap. 4 § 11 II. 2.

fentlichung zu berücksichtigen.[1357] Auffallend ist die jeweilige ähnliche Formulierung von Art. 7 GRCh und Art. 8 Nr. 1 EMRK sowie von Art. 11 Abs. 1 GRCh und Art. 10 Nr. 1 EMRK. Daher können im Wege einer Parallelwertung die vom EGMR entwickelten Kriterien auch für das Verhältnis des Privatsphäreschutzes zur Meinungs- und Informationsfreiheit im Bereich der Abwägung nach Art. 6 Abs. 1 Satz 1 lit. f DSGVO herangezogen werden.

*1. Kriterien ohne Wertungsmöglichkeit*

In einigen Fällen ist der hier untersuchte Datenverarbeitungsvorgang stets zulässig, in anderen stets unzulässig. Die zu dieser Wertung führenden Kriterien, bei denen eine differenzierte Abwägung obsolet ist, sollen vorrangig beleuchtet werden.

Dabei sollen zunächst die Kriterien erörtert werden, die stets zur Zulässigkeit der Verarbeitung führen. Ein solches Kriterium liegt, wie bereits dargestellt, dann vor, wenn der Betroffene die Daten selbst öffentlich gemacht hat.[1358] Legitimiert ist ausweislich des Art. 9 Abs. 2 lit. e DSGVO sogar die Verarbeitung sensibler Daten. Sofern der Betroffene sich beispielsweise auf seiner Profilseite öffentlich sichtbar als Buddhist bezeichnet, so ist auch ein Statusupdate mit dem Inhalt, dieser sei Buddhist, zulässig. Eine dem Art. 9 Abs. 2 lit. e DSGVO vergleichbare Vorschrift fehlt im Katalog der Erlaubnistatbestände des Art. 6 Abs. 1 DSGVO. Für nicht-sensible Informationen folgt die Zulässigkeit der Verarbeitung gem. Art. 6 Abs. 1 Satz 1 lit. f DSGVO aus einem Erst-Recht-Schluss aus Art. 9 Abs. 2 lit. e DSGVO.[1359] Wenn schon die Verarbeitung veröffentlichter sensibler Daten zulässig ist, dann muss dies auch für „normale" personenbezogene Daten gelten, sodass in diesen Fällen stets das Interesse an der Verarbeitung überwiegt. Besondere Bedeutung hat dieser Fall für das Weiterverbreiten fremder Statusupdates. Sofern ein solches Statusupdate weiterverbreitet wird, ist dies jedenfalls insoweit zulässig, wie die Verbreitung noch vom Publikationswillen des ursprünglichen Verfassers gedeckt ist. Das Foto, das den Betroffenen betrunken auf einer Party zeigt und in dessen Jugend von ihm in einem sozialen Netzwerk hochgeladen wurde,[1360] später dann aber gelöscht wird, kann nicht von jedem unbegrenzt allein auf der Grundlage von Art. 9 Abs. 2 lit. e DSGVO verarbeitet werden. Entscheidend ist, ob der Verfasser die Daten weiterhin öffentlich macht.[1361] Dies gilt sowohl für die unmittelbar durch Art. 9 Abs. 2 lit. e DSGVO geregelten sensiblen Daten, wie – erst recht – für die nicht-sensiblen Daten des Betroffenen im Wege der Abwägung nach Art. 6 Abs. 1 Satz 1 lit. f DSGVO. Entschließt sich der Betroffene später dazu, die von ihm veröffentlichten Daten der Öffentlichkeit wieder zu entziehen, so ist dieses Datum ebenso schutzwürdig wie ein Datum, was

---

1357 EGMR, NJW 2012, 1053 Rn. 108 ff. – „von Hannover ./. Deutschland II".
1358 Siehe Kap. 4 § 11 II. 3.
1359 Siehe bereits oben Kap. 4 § 11 II. 2. b).
1360 Siehe das Beispiel in Fn. 27.
1361 Siehe oben Kap. 4 § 10 III. 3. c) cc).

nicht von ihm öffentlich gemacht worden wäre. In sozialen Netzwerken könnte der Betroffene etwa ein zunächst für alle Netzwerknutzer freigegebenes Statusupdate nachträglich auf einige enge Freunde beschränken. Im Ergebnis verhält es sich wie bei einer (konkludent) erteilten Einwilligung: Diese kann durch den Betroffenen jederzeit gem. Art. 7 Abs. 3 Satz 1 DSGVO widerrufen werden. Die Verarbeitung wird dadurch nicht per se rechtswidrig; vielmehr richtet sich ihre Rechtmäßigkeit danach, ob diese auf eine andere Rechtsgrundlage gestützt werden kann.[1362] Die Verarbeitung wird daher durch ein späteres „Entöffentlichen" nicht rechtswidrig, ihre Rechtmäßigkeit ist jedoch – wie als wenn das Datum nicht veröffentlicht worden wäre – dezidiert zu prüfen.

In anderen Fällen überwiegen stets die Interessen des Betroffenen. Dies ist dann der Fall, wenn sich der Nutzer nicht auf die Meinungsfreiheit (oder sonstige Grundrechte und rechtlich geschützte Interessen) berufen kann. Insbesondere sind Schmähkritik und Beleidigungen nicht vom Schutzbereich der Meinungsfreiheit umfasst.[1363] Liegt eine unsachliche Schmähkritik oder eine Formalbeleidigung vor, ist eine Abwägung mangels Schutzwürdigkeit der Äußerung entbehrlich.[1364] Schmähkritik ist insoweit eng auszulegen; eine scharfe, überzogene oder ausfällige Kritik stellt noch keine solche dar.[1365] Ferner sind unwahre Tatsachenbehauptungen und solche, deren Unwahrheit im Zeitpunkt der Äußerung unzweifelhaft feststeht, nicht von der Meinungsfreiheit geschützt.[1366] Alle übrigen Tatsachenbehauptungen mit Meinungsbezug genießen den Grundrechtsschutz, auch wenn sie sich später als unwahr herausstellen.[1367] Dabei ist nicht entscheidend, wie stark die Rechte des Betroffenen beeinträchtigt werden. Auch vermeintlich harmlose Aussagen, etwa „X hat ein blaues KFZ" über eine Person, die über ein rotes KFZ verfügt, sind schon a priori nicht schutzwürdig.

Besonderen Schutz genießen auch sensible Daten und intime Informationen. Die Verarbeitung sensibler Daten unterliegt dem besonderen Schutz durch Art. 9 Abs. 1 DSGVO, sodass ein Rückgriff auf die Interessenabwägung des Art. 6 Abs. 1 Satz 1 lit. f DSGVO ausscheidet.[1368] Soweit der Betroffene die Daten nicht, wie vorstehend erläutert, selbst öffentlich gemacht hat, kommt eine zulässige Verarbeitung nur in den Ausnahmesituationen des Art. 9 Abs. 2 lit. c DS-

---

1362 Siehe oben Kap. 4 § 10 II. 1
1363 Grundlegend BVerfGE 54, 208, 219 – „Heinrich Böll".
1364 BVerfGE 93, 266 Rn. 103 f. – „Soldaten sind Mörder"; BVerfG, NJW 1999, 2358 Rn. 31; BGHZ 181, 328 Rn. 34 – „spickmich.de"; BGH, NJW 2007, 686 Rn. 16; BGH, NJW 2002, 1192 Rn. 28; BGHZ 143, 199 Rn. 38.
1365 BVerfG, AfP 2013, 389; BVerfG, NJW 1999, 2358 Rn. 13; BVerfGE 82, 272 Rn. 41; BGH, NJW 2002, 1192 Rn. 29; BGH, NJW 2002, 1192 Rn. 29; BGHZ 143, 199 Rn. 39.
1366 BVerfGE 99, 185 Rn. 53 – „Scientology"; BGHZ 143, 199 Rn. 21.
1367 BVerfGE 99, 185 Rn. 53 – „Scientology"; BVerfGE 90, 241 Rn. 32 – „Auschwitzlüge"; BVerfGE 90, 1 Rn. 56 ff. – „Jugendgefährdende Schriften"; BVerfGE 61, 1 Rn. 14 f. – "Wahlkampf"; BGHZ 143, 199 Rn. 21.
1368 *Dammann,* ZD 2016, 307, 314.

GVO[1369] in Betracht. Sofern keiner dieser beiden Fälle vorliegt, ist die Datenverarbeitung unzulässig.

Auch die Intimsphäre genießt einen besonderen Schutz. Eingriffe in die Intimsphäre sind grundsätzlich unzulässig.[1370] Auch, wenn die Grenze einer an sich zulässigen Kritik gegenüber Personen des öffentlichen Lebens weiter als gegenüber Privatpersonen reicht,[1371] kann eine Veröffentlichung über das Intimleben eines Politikers die Grenzen der Meinungsäußerungsfreiheit überschreiten.[1372] Anderes gilt freilich, soweit der Betroffene sich seiner Intimsphäre begibt, indem er selbst intime Aspekte seines Lebens in die Öffentlichkeit trägt.[1373]

## 2. Kriterien mit Wertungsmöglichkeit

Liegt keines der vorgenannten Kriterien vor, so bedarf es einer detaillierten Abwägung anhand von Kriterien mit Wertungsmöglichkeit, im Rahmen derer die einzelnen betroffenen Schutzsubjekte und ihre Rechtsgüter auf ihre Schutzbedürftigkeit hin untersucht werden.

### a) Eingriffsintensität nach dem Sphärenmodell

Ausgangspunkt der Abwägung zwischen den Kommunikationsgrundgrundrechten des datenverarbeitenden Nutzers und den Grundrechten des Betroffenen aus Artt. 7, 8 GRCh ist die Art der Information, d.h. deren Sensibilität für das Privatleben des Betroffenen.[1374] Daher ist zunächst zu untersuchen, wie stark durch die Datenverarbeitung in das geschützte Privatleben des Betroffenen eingegriffen wird, d.h. ob die fragliche Information der Intim-, Privat- oder Sozialsphäre entstammt.[1375] Je vertraulicher die Information, desto schwerer der Eingriff in das Privatleben und desto gewichtiger müssen die Interessen des Datenverarbeiters sein. Dabei ist zu berücksichtigen, dass die Grenzen zwischen den Sphären nicht trennscharf sind, sondern fließend verlaufen.[1376] Dies gilt umso mehr im hier untersuchten Bereich des europäischen Datenschutzrechts, bei dem persönlichkeitsrechtliche Theorien und Rechtsprechung naturgemäß nur einen Anhaltspunkt bieten können. Beispielsweise ließe sich ein Statusupdate mit dem Inhalt „X hat gestern auf dem Klo der Diskothek wieder seine Freundin mit einer anderen betrogen" weder eindeutig der Privatsphäre, noch eindeutig der Intimsphäre zuordnen: Einerseits zählt das Sexualleben zur Intimsphäre, andererseits wurde durch den öffentlichen Akt ein Einblick in diese gewährt. Ein Statusupdate mit dem Inhalt „Ich habe heute bei X das Fußballspiel geguckt" betrifft einen Grenz-

---

1369 Siehe oben Kap. 4 § 10 III. 3. b).
1370 Siehe oben Kap. 4 § 11 II. 2. a) bb) (1).
1371 Dazu sogleich Kap. 4 § 11 IV. 2. b).
1372 EGMR, AfP 2014, 317 Rn. 41.
1373 Siehe oben Kap. 4 § 11 II. 2. b).
1374 EuGH, NJW 2014, 2257 Rn. 81 – „Google Spain".
1375 Zu den verschiedenen Sphären bereits oben Kap. 4 § 11 II. 2. a) bb) (1).
1376 Siehe bereits oben Kap. 4 § 11 II. 2. a) bb) (1).

bereich zwischen Privat- und Sozialsphäre: Es betrifft Vorgänge, die sich in der Wohnung des Betroffenen abspielen, auf der anderen Seite handelt es sich nicht um Informationen, die ihrer Natur nach nur mit einem engen, familiären Kreis geteilt werden. Die Grenzen sind in der Tat fließend, was in der Abwägung gewürdigt werden muss und – wie gezeigt werden soll – kann.

b) Personen des öffentlichen Lebens

Personen des öffentlichen Lebens sind im Rahmen der nach Art. 6 Abs. 1 Satz 1 lit. f DSGVO vorzunehmenden Abwägung weniger schutzwürdig.[1377] Nach ständiger Rechtsprechung des EGMR können Personen des öffentlichen Lebens nicht in gleicher Weise wie der Öffentlichkeit Unbekannte Schutz ihres Rechts auf Privatleben beanspruchen.[1378] Dies soll insbesondere für wichtige Politiker, Wirtschaftsführer oder Staatsoberhäupter gelten.[1379] Bei der erforderlichen Abwägung sei stets darauf abzustellen, ob die Veröffentlichungen zur öffentlichen Diskussion über eine Frage allgemeinen Interesses beitragen oder lediglich der Befriedigung der Neugier dienen.[1380] Ein Statusupdate eines Schülers mit dem Inhalt „Die Politik von Bundeskanzlerin Merkel find' ich blöd." dürfte demnach eher zulässig sein, als wenn er dieselbe Ansicht über die Kochkünste seines nicht in der Öffentlichkeit stehenden Vaters äußert.

Zu beachten ist, dass die Verarbeitung sensibler Daten mangels eines dem Art. 6 Abs. 1 Satz 1 lit. f DSGVO vergleichbaren Abwägungstatbestandes in Art. 9 Abs. 2 DSGVO nicht der Herstellung praktischer Konkordanz zugänglich ist. Aussagen wie „Angela Merkel ist erkältet. Ich weiß nicht, ob sie so ihren Regierungsgeschäften nachgehen kann." wären unzulässig. Dieses Ergebnis, das vom Gesetzgeber wohl nicht beabsichtigt war,[1381] wäre mit der Garantie der Freiheit der Meinungsäußerung und der Informationsfreiheit (Art. 11 GRCh) offensichtlich nicht zu vereinbaren. Bereits zur Geltung des BDSG a. F. machten nach teils vertretener Ansicht die hohen Anforderungen an die Verarbeitung sensibler personenbezogener Daten Rechtsfortbildungen erforderlich.[1382]

Insoweit bietet sich eine teleologische Reduktion des Art. 9 Abs. 1 DSGVO an. Sofern die Verarbeitung sensibler Daten eine Person des öffentlichen Lebens betrifft, ist dessen Anwendung einzuschränken. Um den durch Art. 9 Abs. 1 DS-

---

1377 So zur Abwägung nach § 29 Abs. 1 Nr. 2 BDSG auch *Moos,* MMR 2006, 718, 720.
1378 EGMR, NJW 2014, 1645 Rn. 53 – „von Hannover ./. Deutschland III"; EGMR, NJW 2012, 1053 Rn. 110 – „von Hannover ./. Deutschland II"; EGMR, NJW 2004, 2647 Rn. 63 – „von Hannover ./. Deutschland".
1379 Vgl. BGH, NJW 2012, 3645 Rn. 17.
1380 EGMR, NJW 2014, 1645 Rn. 47 f. – „von Hannover ./. Deutschland III"; EGMR, NJW 2012, 1053 Rn. 110 – „von Hannover ./. Deutschland II"; EGMR, NJW 2004, 2647 Rn. 65 f. – „von Hannover ./. Deutschland".
1381 Siehe Art. 17 Abs. 3 lit. a DSGVO, der die hohe Bedeutung der Meinungs- und Informationsfreiheit betont, siehe auch zum Kommissionsentwurf *Spindler,* Persönlichkeitsschutz im Internet, S. 119 f., der durch Art. 9 Abs. 1 DSGVO politische Äußerungen und letztlich jegliche drittbezogene Kommunikation für unmöglich hält.
1382 *Borges,* in: Borges/Meents, Rechtshandbuch Cloud Computing, § 8 Rn. 67 ff.

GVO gewährleisteten Schutz nicht völlig auszuhöhlen, können die Kriterien der Caroline-von-Hannover-Rechtsprechung herangezogen werden. Danach ist zu unterscheiden, ob die Information zu einer Diskussion mit Sachgehalt beiträgt oder lediglich der Befriedigung der öffentlichen Neugier dient.[1383] Eine Äußerung über einen Politiker, der infolge einer Krankheit seine Amtsgeschäfte nicht wahrnehmen kann, wäre zulässig, nicht jedoch, wenn das verarbeitete sensible Datum in keinerlei Zusammenhang mit dem öffentlich wahrgenommenen Amt oder den öffentlich ausgeübten Tätigkeiten steht. Besteht kein Zusammenhang, z. B. bei dem Gesundheitszustand des ehemaligen, bei einem Skiunfall verunglückten Formel-1-Rennfahrers Michael Schumacher,[1384] tritt die Meinungs- und Informationsfreiheit zurück.

c) Adressaten der Veröffentlichung

Ein weiteres Kriterium ist der Umfang des Adressatenkreises. Es konnte herausgestellt werden, dass die Verarbeitung von Daten dann vom Haushaltsprivileg umfasst ist, wenn diese in bereits erläuterten Grenzen erfolgt.[1385] Allerdings kann in der Abwägung nach Art. 6 Abs. 1 Satz 1 lit. f DSGVO die Reichweite der Veröffentlichung außerhalb dieser Grenzen Berücksichtigung finden. So geht von einer beschränkten, aber die Grenzen des Art. 2 Abs. 2 lit. c DSGVO überschreitenden Veröffentlichung, immer noch eine geringere Gefahr für die informationelle Selbstbestimmung aus als von einer von jedermann im Netzwerk einsehbaren Veröffentlichung.[1386] Diese wiederum birgt nicht so große Gefahren wie die unbegrenzte und ohne Hindernisse im Internet einsehbare Veröffentlichung. Auch wenn das Registrierungserfordernis grundsätzlich keine erhebliche Hürde darstellt,[1387] ist die Veröffentlichung im öffentlich zugänglichen Internet daher faktisch mit größeren Gefahren verbunden. Bei Plattformen, die eine Anmeldung erfordern, führt die „Semi-Öffentlichkeit" zu einer geringeren Schutzwürdigkeit des Betroffenen.[1388] Dies ist vor allem darauf zurückzuführen, dass bei uneingeschränkt öffentlichen Plattformen die Informationen durch Suchmaschinen indexiert und leichter aufgefunden werden können.[1389]

d) Kontakt zwischen Nutzer und Betroffenem

Ein weiterer Aspekt ist der gefestigte Kontakt des datenverarbeitenden Nutzers und des Betroffenen über das Netzwerk, über das die Daten verarbeitet werden.[1390] Jemand, der nicht in demselben Netzwerk mit dem datenverarbeitenden

---
1383 Siehe bereits die Nachweise in Fn. 1380.
1384 Zu diesem Fall OLG München, AfP 2016, 274, 276 f.
1385 Siehe oben Kap. 2 § 4 IV. 2. b).
1386 Siehe oben Kap. 2 § 4 II. 3. d) bb).
1387 Siehe oben Kap. 2 § 4 II. 3. d) bb).
1388 In Hinblick auf § 28 Abs. 1 Satz 1 Nr. 2 BDSG a. F. *Ohrtmann/Schwiering*, NJW 2014, 2984, 2987.
1389 Vgl. BGHZ 181, 328 Rn. 37 – „spickmich.de".
1390 In diese Richtung auch *Kampert*, Datenschutz in sozialen Online-Netzwerken, S. 230.

Nutzer in Kontakt steht, dürfte i. d. R. von den faktischen Auswirkungen der Datenverarbeitung nichts mitbekommen. Selbst wenn der datenverarbeitende Nutzer seinen übrigen Pflichten, insbesondere seinen Informationspflichten, genügt, so erhält der Betroffene keine Rückmeldung, wie dieses Datum von den übrigen Mitgliedern des Netzwerks aufgenommen wird. Er erhält beispielsweise nicht unmittelbar Kenntnis darüber, ob die über ihn verbreiteten Informationen eher auf Zustimmung oder eher auf Ablehnung stoßen. Er wird daher typischerweise kein Interesse daran haben, dass ihn betreffende Daten in diesem Netzwerk – durch wen auch immer – verarbeitet werden.

Anders liegt es bei dem Betroffenen, der selbst in demselben Netzwerk aktiv ist und mit dem datenverarbeitenden Nutzer in Kontakt steht. Erwägungsgrund 47 Satz 2 und 3 führen hierzu aus, dass ein berechtigtes Interesse an der Verarbeitung dann vorliegt, wenn zwischen Betroffenem und Verantwortlichem eine „maßgebliche und angemessene Beziehung" besteht, wobei auch zu prüfen sei, ob der Betroffene zum Zeitpunkt der Verarbeitung und angesichts der Umstände vernünftigerweise absehen kann, dass möglicherweise eine Verarbeitung für diesen Zweck erfolgen wird. Bringt der Betroffene sich selbst in das Netzwerk ein und stellt sich gegenüber seinen Kontakten in diesem Netzwerk dar, so muss er auch damit rechnen, Rückmeldungen zu seinem Verhalten zu erhalten. Er kann daher erwarten, dass ihn betreffende Daten – zumindest durch Personen, mit denen er über das Netzwerk in Kontakt steht – zum Zwecke der Meinungsäußerung verarbeitet werden. Das Internet allgemein und soziale Netzwerke im Besonderen stellen einen öffentlichen Raum dar. Soweit sich der Betroffene darin bewegt und so einen Schritt in die Öffentlichkeit macht, muss er – zumindest in einem gewissen Maße – damit rechnen, dass sein Verhalten von den adressierten Personen, unabhängig davon, ob er konkreten Anlass zu einer ihn betreffenden Datenverarbeitung gegeben hat, in irgendeiner Weise Reaktionen hervorruft.

Nicht ausreichend hingegen ist die bloße Mitgliedschaft des Betroffenen in demselben Netzwerk. Der Gesetzgeber nennt als Beispiel für das Vorliegen einer „maßgeblichen und angemessenen Beziehung" den Fall, dass der Betroffene Kunde des Verarbeiters ist.[1391] Dies ließe sich auf die Beziehung zwischen Netzwerkbetreiber und Nutzer übertragen, nicht jedoch pauschal auf das vorliegend betrachtete Nutzer-Betroffenen-Verhältnis. Eine mit der Beziehung zwischen Netzwerkbetreiber und Nutzer vergleichbare Beziehung liegt zwischen den jeweiligen Nutzern jedenfalls nicht vor, wenn diese nicht untereinander in Kontakt stehen. Schließlich wird auch der Kunde eines Online-Händlers die Verarbeitung seiner Daten durch einen ihm unbekannten anderen Kunden grundsätzlich nicht absehen können. Daher wirkt sich im Nutzer-Betroffenen-Verhältnis nur der gefestigte Kontakt über das Netzwerk positiv auf die Rechtmäßigkeit der Verarbeitung aus.

---

1391 Siehe Erwägungsgrund 47 Satz 2 der DSGVO.

e) „Versuch" einer Einwilligung: Die schlichte Erlaubnis

Berücksichtigung muss auch finden, wenn die Verarbeitung gerade mit dem Willen des Betroffenen erfolgt.[1392] Es wurde aufgezeigt, dass es für den datenverarbeitenden Nutzer in den meisten Fällen praktisch unmöglich ist, eine wirksame Einwilligung des Betroffenen zu erhalten, selbst wenn dieser einwilligungsbereit ist.[1393] Allerdings kann im Wege der Abwägung nach Art. 6 Abs. 1 Satz 1 lit. f DSGVO auch berücksichtigt werden, dass durch die Verarbeitung der Betroffenendaten nicht nur die Meinungsfreiheit des Datenverarbeitenden zum Ausdruck kommt, sondern womöglich auch Betroffeneninteressen verwirklicht werden, etwa eine von ihm bezweckte Selbstdarstellung.[1394] Dies ergibt sich aus der Wertung des Art. 9 Abs. 2 lit. e DSGVO. „Erlaubt" der Betroffene dem Verarbeiter diese Verarbeitung, etwa die Veröffentlichung eines gemeinsamen fotografischen Selbstbildnisses, und scheitert die Einwilligung z. B. an den Anforderungen an der mangelnden Information des Betroffenen (vgl. Artt. 13, 14 DSGVO), so kann sich dies daher zugunsten der Rechtmäßigkeit der beabsichtigten Verarbeitung auswirken.

Eine „schlichte Erlaubnis" kann sich jedoch nur zugunsten des Verarbeiters auswirken, soweit der Betroffene das 16. Lebensjahr vollendet hat. Der die Erlaubnis Erteilende muss nicht nur einwilligungswillig, sondern auch einwilligungsfähig sein. Dies ist er, vorbehaltlich der Ausnahmen des Art. 8 Absatz 1 Satz 3 DSGVO, erst ab Vollendung des 16. Lebensjahres. Andernfalls könnte der durch die in Art. 8 Abs. 1 Satz 1 DSGVO normierten Anforderungen an die Einwilligung eines Minderjährigen bezweckte Schutz im Wege der schlichten Erlaubnis unterlaufen werden. Der vom Gesetzgeber gewollte Minderjährigenschutz muss jedoch gewahrt bleiben.

Wenn die schlichte Erlaubnis hingegen durch den Betroffenen verweigert wird, muss sich dies negativ auf die Zulässigkeit der Verarbeitung auswirken. Der Verarbeiter weiß in diesen Fällen von einem konkreten entgegenstehenden Interesse des Betroffenen, was ebenso berücksichtigt werden muss. Allerdings folgt aus der Verweigerung der schlichten Erlaubnis – ebenso wie bei der Verweigerung der Einwilligung[1395] – nicht notwendig die Rechtswidrigkeit der Verarbeitung. Wenn die mangelnde Einwilligung nicht zwingend zur Rechtswidrigkeit der Verarbeitung führt, kann auch die mangelnde schlichte Erlaubnis nicht zwingend zur Rechtswidrigkeit führen. Auch muss die schlichte Erlaubnis, damit sie in ihrer Reichweite nicht weiterreicht als die vom Gesetzgeber ausdrücklich vorgesehene Einwilligung, wie diese widerruflich sein. Der Widerruf der

---

1392 In diese Richtung auch *Splittgerber*, in: Splittgerber, Rechtsfragen Social Media, Kap. 3 Rn. 77, der bei der Zurverfügungstellung von Daten durch den Betroffenen von einer „kleinen Einwilligung" spricht.
1393 Siehe oben Kap. 4 § 11 I. 2.
1394 Siehe oben Kap. 4 § 11 II. 2. b).
1395 Siehe oben Kap. 4 § 10 II. 1.

schlichten Erlaubnis kann ebenfalls nur ex nunc wirken.[1396] Andernfalls könnte eine ursprünglich rechtmäßige Datenverarbeitung sanktioniert werden. Dasselbe wie für die Verweigerung der schlichten Erlaubnis gilt dann, wenn der Betroffene die Löschung verlangt bzw. der Datenverarbeitung gem. Art. 21 Abs. 1 DSGVO widerspricht. Auch in diesen Fällen weiß der Verarbeiter von einem konkreten entgegenstehenden Interesse des Betroffenen. Wie sich aus Art. 21 Abs. 1 Satz 2 Halbsatz 2 DSGVO ergibt, führt der Widerspruch des Betroffenen nur dann zur Unzulässigkeit der Verarbeitung, wenn der Verantwortliche keine zwingenden schutzwürdigen Gründe für die Verarbeitung nachweist. Ein Widerspruch führt somit zunächst dazu, dass in Ansehung der besonderen Situation des Betroffenen höhere Anforderungen an die Abwägung nach Art. 6 Abs. 1 Satz 1 lit. f DSGVO zu stellen sind.[1397] Die Verarbeitung bleibt aber zulässig, wenn trotz höheren Maßstabs die Verarbeitungsinteressen überwiegen. Ebenso wie die Verweigerung oder der Widerruf der schlichten Erlaubnis ist der Widerspruch bei einer Abwägung als Malus zu berücksichtigen.

Ähnlich gelagert ist der Fall, in dem der Verarbeiter erwartet, der Betroffene werde ihm keine Erlaubnis zur Verarbeitung erteilen. Dies kann sich insbesondere aus dem Aussagegehalt der Informationen, die Gegenstand der Verarbeitung sind, ergeben. Beispielsweise kann der Schüler, der in einem sozialen Netzwerk ein Statusupdate mit dem Inhalt „Der Matheunterricht von Herrn X ist langweilig!" davon ausgehen, dass sein Mathelehrer der Verarbeitung wohl nicht zustimmen würde. Ein solcher, mutmaßlicher Widerspruch muss auch in der Abwägung berücksichtigt werden.

f) Alter des Betroffenen

Bei Minderjährigen handelt es sich um eine besonders schutzwürdige Gruppe,[1398] die im Vergleich zu älteren Nutzergruppen durch besonders sorglosen Umgang mit ihren Daten hervorsticht.[1399] Ein weiteres Kriterium ist daher das Alter des Betroffenen.[1400] Dies ergibt sich unmittelbar aus Art. 6 Abs. 1 Satz 1 lit. f letzter Halbsatz DSGVO, der anordnet, dass die dargestellten Grundsätze „insbesonde-

---

1396 Vgl. oben Kap. 4 § 10 II. 1. e).
1397 *Kamann/Braun,* in: Ehmann/Selmayr, DS-GVO, Art. 21 Rn. 23; *Kamlah,* in: Plath, DSGVO/BDSG, Art. 21 Rn. 6.
1398 Fünfter Zwischenbericht der Enquete-Kommission „Internet und digitale Gesellschaft", BT-Drucks. 17/8999, S. 30; ebenso *Beater,* JZ 2013, 111, 112; *Jandt/Roßnagel,* in: Schenk/Niemann/Reinmann/Roßnagel, Digitale Privatsphäre, S. 340; *Möhrke-Sobolewski/Klas,* K&R 2016, 373.
1399 Siehe oben Kap. 1 § 2 IV. 2. a).
1400 Für eine Berücksichtigung des Betroffenenalters im Rahmen von § 28 Abs. 1 Satz 1 Nr. 2 BDSG a. F. bereits *Bergmann/Möhrle/Herb,* BDSG, § 28 Rn. 243; *Jandt/Roßnagel,* in: Schenk/Niemann/Reinmann/Roßnagel, Digitale Privatsphäre, S. 340; *Möhrke-Sobolewski/Klas,* K&R 2016, 373, 374; für eine solche Berücksichtigung im Rahmen von § 29 BDSG a. F. *Hornung,* in: Hornung/Müller-Terpitz, Rechtshandbuch Social Media, Kap. 4 Rn. 80.

re dann" gelten sollen, wenn es sich bei dem Betroffenen um ein Kind[1401] handelt. Da die Frage, ob die Interessen des Verantwortlichen überwiegen, dichotomischer Natur ist, kann der Ausdruck „insbesondere dann" nur als „wesentliches Überwiegen" interpretiert werden. Die Verarbeitung von Minderjährigendaten lässt die Interessenabwägung nicht per se zu Ungunsten des Verantwortlichen ausfallen; die Interessen des Minderjährigen sind jedoch stärker zu gewichten.[1402] Dies ist vor dem Hintergrund der geringeren Einsichtsfähigkeit und der damit einhergehenden besonderen Schutzbedürftigkeit von Minderjährigen begrüßenswert, könnten doch sonst die strengen Anforderungen an die Einwilligung eines Minderjährigen (Art. 8 DSGVO) unterlaufen werden, würde in Art. 6 Abs. 1 Satz 1 lit. f DSGVO den gleichen Maßstab wie bei Erwachsenen angelegt werden. Kernanliegen des Minderjährigenschutzes ist, den Minderjährigen vor den Folgen von Handlungen zu bewahren, die er unbedacht oder ohne die erforderliche Einsicht oder im jugendlichen Übermut begangen hat.[1403] Genau diese Gefährdungslage würde jedoch eintreten, wenn der Minderjährige sich, ohne einwilligungsfähig zu sein und ohne die Zustimmung des gesetzlichen Vertreters, in einem sozialen Netzwerk anmelden würde, sein Profil ausfüllen und in hohem Maße Daten über sich preisgeben könnte. Eine Datenverarbeitung, die, soweit sie einen Erwachsenen betrifft, zulässig wäre, kann demnach nur aufgrund der Tatsache, dass der Betroffene minderjährig ist, unzulässig werden.

Der Wortlaut des Art. 6 Abs. 1 Satz 1 lit. f DSGVO differenziert nicht zwischen den verschiedenen Altersstufen, sondern stellt schlicht darauf ab, ob der Betroffene minderjährig ist. Die Wertung des Art. 8 Abs. 1 DSGVO gesteht jedoch Personen ab der Vollendung des 16. Lebensjahres gewisse Freiräume zu. Sie erlangen mit Erreichen dieser Altersstufe eine datenschutzrechtliche Teilautonomie. Diese gesetzgeberische Wertung kann auch im Wege der Abwägung berücksichtigt werden.[1404] Daher ist bei der Abwägung nicht nur zu berücksichtigen, ob der Betroffene minderjährig ist, sondern auch, ob dieser das 16. Lebensjahr vollendet hat.

*3. Zwischenergebnis*

Bei der Verarbeitung von Daten Dritter in Form von Statusupdates richtet sich die Rechtmäßigkeit vor allem nach Art. 6 Abs. 1 Satz 1 lit. f DSGVO. Eine wirksame Einwilligung liegt aufgrund der hohen Anforderungen, die die DSGVO an eine solche stellt, im Nutzer-Betroffenen-Verhältnis in sozialen Netzwerken re-

---

1401 „Kind" war in Art. 4 Nr. 18 des Kommissions- und Parlamentsentwurfes als „jede Person vor Vollendung des achtzehnten Lebensjahres" definiert. Die Definition wurde in Ratsentwurf und finaler Fassung gestrichen; aus Art. 8 Abs. 1 Satz 1 DSGVO geht jedoch hervor, dass der Gesetzgeber weiterhin implizit an dieser Definition festhält, da dieser davon ausgeht, dass es Kinder gibt, die älter als 16 Jahre sind. „Kind" ist somit jeder Minderjähriger.
1402 *Reimer*, in: Sydow, DSGVO, Art. 6 Rn. 64; *Taeger*, in: Taeger/Gabel, DSGVO, Art. 6 Rn. 123 spricht von einem „erhöhten Sorgfaltsmaßstab" bei der Interessenabwägung.
1403 *Beater*, JZ 2013, 111, 113.
1404 *Buchner/Petri*, in: Kühling/Buchner, DS-GVO/BDSG, Art. 6 Rn. 155.

Kap. 4 Zulässigkeit des Datenumgangs in sozialen Netzwerken

gelmäßig nicht vor.[1405] Im Rahmen der Abwägung nach Art. 6 Abs. 1 Satz 1 lit. f DSGVO, der in der betrachteten Konstellation die maßgebliche Rechtsgrundlage für die Datenverarbeitungsvorgänge liefert, sind zahlreiche Kriterien zu prüfen und gegeneinander abzuwägen. Die Vielzahl der möglichen Inhalte von Statusupdates und die weiteren Faktoren, etwa der Umfang des Adressatenkreises, machen eine pauschale Aussage für alle Statusupdates in sozialen Netzwerken unmöglich. Lediglich bei Vorliegen eines Kriteriums ohne Wertungsmöglichkeit ist eine differenzierte Abwägung obsolet, da in diesen Fällen die Verarbeitung stets zulässig bzw. unzulässig ist. Insoweit sollte der verantwortliche Nutzer von der Verarbeitung intimer Informationen oder sensibler Daten über Dritte absehen. Um die Gefahr einer eigenen rechtswidrigen Datenverarbeitung zu minimieren, sollte er auch von Daten, die die engere Privatsphäre des Betroffenen berühren, Abstand nehmen, den Kreis der mit der Verarbeitung adressierten Kontakte klein halten und den Betroffenen bestenfalls fragen, ob dieser mit der beabsichtigten Verarbeitung einverstanden ist.

Besondere Vorsicht ist bei der Verarbeitung der Daten Minderjähriger geboten. Für den Nutzer, der Daten eines Minderjährigen verarbeiten möchte, stellt die Einwilligung nach Art. 6 Abs. 1 Satz 1 lit. a i. V. m. Artt. 7, 8 DSGVO regelmäßig keine taugliche Grundlage dar. Ist von der Verarbeitung gar eine Person betroffen, die das 16. Lebensjahr noch nicht vollendet hat, wäre eine Einwilligung des Erziehungsberechtigten oder dessen Zustimmung erforderlich.[1406] Durch die gem. Art. 6 Abs. 1 Satz 1 lit. f a. E. DSGVO erforderliche Berücksichtigung des Alters des Betroffenen wird, insbesondere bei Personen unter 16 Jahren, die Interessenabwägung zugunsten des Betroffenen ausfallen, da gerade Betroffene unter 16 Jahren besonders schutzbedürftig sind.

Die Zahl der Kriterien, ihre Gewichtung und ihr Verhältnis zueinander – also die Bestimmung ihrer relativen Gewichtung – ist komplex und droht den verantwortlichen Nutzer zu überfordern. Hinzu kommt, dass das Privatsphäreverständnis bei verschiedenen Menschen unterschiedlich ausgeprägt ist.[1407] Die Bestimmung, welche Datenverarbeitungsvorgänge noch zulässig sind und bei welchen Verarbeitungsvorgängen die Betroffeneninteressen überwiegen, wirft daher naturgemäß Probleme auf. Um die Abwägung gem. Art. 6 Abs. 1 Satz 1 lit. f DSGVO zu erleichtern, wurde eine Entscheidungsmatrix entwickelt, deren Darstellung am Ende dieses Kapitels erfolgt.[1408]

---

1405 Zu den Ausnahmen siehe oben Kap. 4 § 11 I. 2.
1406 Siehe oben Kap. 4 § 10 II. 1. c).
1407 Die entscheidenden Faktoren sind insbesondere Alter und Bildungsstand, siehe oben Kap. 1 § 2 IV. 2. a).
1408 Siehe unten Kap. 4 § 14.

## V. Kommentare, vereinfachte Nutzerreaktionen, Verfassen von Beiträgen in Gruppen o. ä.

### 1. Betrachtete Fallgruppen

In den Verantwortungsbereich des Nutzers fällt auch das Übermitteln, Speichern und Offenlegen von Daten bei Reaktion auf fremde Statusupdates, bei Beiträgen in Gruppen oder auf Fansites.[1409] Hinzu tritt – was charakterisierend für diese Fallgruppen ist – eine Verantwortlichkeit desjenigen, der die jeweilige administrative Kontrolle über den jeweiligen Bereich ausübt, also insbesondere über die Reichweite disponiert.[1410] Häufigster Anwendungsbereich ist hierfür sicherlich der Nutzer, der ein Statusupdate verfasst hat, auf welches reagiert wird.

### 2. Bestimmung der Rechtmäßigkeit der Verarbeitung des agierenden Nutzers

Aus Sicht des agierenden Nutzers spielt es keine Rolle, ob er ein eigenes Statusupdate verfasst, auf ein fremdes reagiert oder einen Beitrag auf einer Fansite verfasst oder kommentiert. Die Interessenabwägung ist daher wie bei einem Statusupdate entsprechend der aufgezeigten Kriterien vorzunehmen.[1411] In den hier betrachteten Fällen kann sich die Information auch erst durch das Zusammenspiel von Statusupdate und der hier beleuchteten Nutzeraktionen ergeben. Bei vereinfachten Nutzerinteraktionen ist es sogar der Normalfall, dass sich die Information erst im Zusammenspiel mit dem ursprünglichen Beitrag ergibt.[1412] Beispielsweise enthält ein „Gefällt mir" ohne Information, die in Bezug genommen wird, keine personenbezogenen Daten. Erst durch den Inhalt des Statusupdates, auf das reagiert wird, erschließt sich die Information und somit ggf. ihr Personenbezug. Für die Abwägung ist jedoch irrelevant, ob das Datum unmittelbar personenbezogen ist oder sich der Personenbezug erst im Zusammenspiel ergibt. Auch ein Nutzer, der das Statusupdate „Wer kommt heute mit zum Fußball?" mit „Der X wollte, frag' ihn mal!" kommentiert, hat grundsätzlich wie ein Nutzer, der ein Statusupdate verfasst, eine Interessenabwägung vorzunehmen.[1413]

---

1409 Siehe die Übersicht oben Kap. 3 § 7 VI.
1410 Im Falle eines Kommentars auf der Fansite ist dies der Fansite-Betreiber. Zur Zulässigkeit von Datenverarbeitungsvorgängen in dessen Verantwortungsbereich unten Kap. 4 § 12.
1411 Vgl. oben Kap. 4 § 11 IV.
1412 Siehe oben Kap. 2 § 4 III. 3.
1413 Anderes gilt jedoch dann, wenn sich der Personenbezug nur auf den agierenden Nutzer selbst erstreckt. Dies ist zwar bei Statusupdates nicht möglich, jedoch insbesondere bei Beiträgen auf Fansites oder in Interessengruppen denkbar.

## Kap. 4 Zulässigkeit des Datenumgangs in sozialen Netzwerken

### 3. Bestimmung der Rechtmäßigkeit der Verarbeitung des administrierenden Nutzers

Für die Offenlegung des personenbezogenen Datums ist neben dem agierenden Nutzer auch der administrierende Nutzer verantwortlich. Die Frage der Rechtmäßigkeit seines Handelns wurde in der datenschutzrechtlichen Literatur, auch soweit Nutzer eines sozialen Netzwerks als Verantwortliche beleuchtet werden, bisher nicht thematisiert. Zwei Extrembeispiele sollen verdeutlichen, warum es wichtig ist, auch dem administrierenden Nutzer datenschutzrechtliche Verantwortung zuzuschreiben.

Der Nutzer A fragt in Form eines öffentlichen Statusupdates nach einem sensiblen und/oder intimen Datum, etwa „Ist X ungewollt schwanger?". Mangels Aussage über X' Schwangerschaft ist die Frage allein noch kein sensibles/intimes personenbezogenes Datum über X. Es enthält lediglich die Angabe, dass dem Verfasser des Statusupdates die Person X bekannt ist. Der anonym agierende Nutzer B reagiert auf dieses Statusupdate, indem er die gestellte Frage bejaht. Erst im Zusammenspiel dieser Daten erschließt sich die sensible Information über X. Die Rechtswidrigkeit der Verarbeitung drängt sich geradezu auf.

Dies kann aber auch zu Lasten des Kommentierenden gehen, wie das folgende Beispiel illustriert: A verfasst das Statusupdate „Wer geht heute mit mir Eis essen?", was B mit „Ich!" kommentiert. Daraufhin sperrt A den B aus dem Adressatenkreis seines Statusupdates aus und ändert die gestellte Frage in „Hat hier jemand Aids?" Der B, dessen Beitrag weiterhin unter der geänderten Frage angezeigt wird, würde dann öffentlich als HIV-positiv dargestellt werden, ohne dass er darauf Einfluss nehmen kann oder überhaupt davon wüsste. Es wäre unbillig, wäre A in diesen Fällen trotz sich ihm aufdrängender Rechtswidrigkeit der Datenverarbeitung, die von ihm maßgeblich gesteuert wird, nicht datenschutzrechtlich zum Löschen verpflichtet.

Allerdings ist danach zu differenzieren, auf welchen Beteiligten sich die Informationen beziehen, d.h. ob Gegenstand der Verarbeitung personenbezogene Daten über den agierenden Nutzer, den administrierenden Nutzer und/oder einen Dritten sind.

a) Personenbezogene Daten des agierenden oder administrierenden Nutzers

Sind Gegenstand der Verarbeitung Daten des administrierenden Nutzers, so ist in dessen Verantwortungsbereich das Datenschutzrecht nicht anwendbar, da es sich um Daten über den Verantwortlichen handelt. Soweit es sich um Daten des agierenden Nutzers handelt, so handelt es sich grundsätzlich um ein eigenverantwortliches Tun, sodass die Verarbeitung durch den administrierenden Nutzer stets gerechtfertigt ist.[1414] Ein Beispiel für diese Konstellation ist die Verarbeitung der Daten des agierenden Nutzers, wenn der administrierende Nutzer ein

---
1414 Vgl. oben Kap. 4 § 11 II. 2. b).

Statusupdate verfasst hat und der agierende Nutzer durch Kommentieren des Statusupdates Informationen über sich selbst preisgibt.[1415]

Dies gilt jedoch nur soweit, wie die Verarbeitung als Ausfluss eigenverantwortlicher Betätigung des informationellen Selbstbestimmungsrechts begriffen werden kann, nicht jedoch, wenn der administrierende Nutzer in dieses Selbstbestimmungsrecht eingreift. Insoweit sind vor allem drei Fälle denkbar, wobei diese auch – siehe etwa das zuletzt erwähnte Beispiel – kumulativ vorliegen können: Wenn der administrierende Nutzer – soweit möglich – die Information modifiziert, den Kontext der Information derart ändert, dass eine andere Bedeutung transportiert wird oder er den Adressatenkreis nachträglich maßgeblich verändert, z. B. ein ursprünglich unter engen Freunden veröffentlichtes Statusupdate jedem Nutzer zugänglich gemacht oder der Verfasser vom Adressatenkreis ausgeschlossen wird. In diesen Fällen muss zum Schutz des agierenden Nutzers vor derartigen Datenverarbeitungsexzessen eine einzelfallbezogene Interessenabwägung durch den administrierenden Nutzer erfolgen. Eine bloße summarische Prüfung ist nicht ausreichend, da in diesen Fällen der administrierende Nutzer, der sich zum alleinigen Herr der Verarbeitung aufschwingt, nicht besser zu stellen ist als derjenige, der selbst Daten über Dritte eingibt.

b) Personenbezogene Daten über Dritte

Problematisch wird es jedoch dann, wenn der Gegenstand der Verarbeitung die personenbezogenen Daten eines Dritten betrifft. Häufig wird der administrierende Nutzer den Dritten, dessen Daten verarbeitet werden, nicht kennen, weil er mit diesem nicht in Kontakt steht oder der Dritte nicht Teilnehmer der administrierten Gruppe oder Veranstaltung ist. Aus diesen Gründen ist die Einholung einer Einwilligung ebenso fernliegend wie die rechtfertigende Verarbeitung zu Vertragszwecken. Der agierende Nutzer, der die Daten erstmalig eingibt, kann umfassend die jeweiligen Belange der Beteiligten prüfen und gegeneinander abwägen. Insbesondere steht es ihm frei, bei Zweifeln im Vorhinein auf die Datenverarbeitung zu verzichten.

Das Datenschutzrecht verlangt grds. die Durchführung einer einzelfallbezogenen Interessenabwägung bzgl. eines jeden Nutzereintrags.[1416] Eine derartige Möglichkeit hat der administrierende Nutzer nicht. Da der Maßstab der Interessenabwägung jedoch ein subjektiver ist, kann sich der administrierende Nutzer auf eine summarische Prüfung beschränken.[1417] Die Rechtmäßigkeit der eigenen Verarbeitung richtet sich danach, ob der fragliche Beitrag, der unter seinem Statusupdate oder in der von ihm administrierten Gruppe oder Veranstaltung

---

[1415] Auf den semantischen Gehalt des Kommentars kommt es nicht an, da jeder Kommentar zumindest auf Interaktionsebene Personenbezug zu seinem Verfasser aufweist, siehe oben Kap. 2 § 4 III. 3. b).
[1416] Zu § 28 Abs. 1 Satz 1 Nr. 2 BDSG a. F. bereits *Jandt/Roßnagel,* in: Schenk/Niemann/Reinmann/Roßnagel, Digitale Privatsphäre, S. 361; *Jandt/Roßnagel,* ZD 2011, 160, 164.
[1417] Dazu ausführlich oben Kap. 4 § 10 II. 3. b).

Kap. 4 Zulässigkeit des Datenumgangs in sozialen Netzwerken

erscheint, Anhaltspunkte für die Rechtswidrigkeit der Verarbeitung liefert. Zumindest bei Beiträgen, die ein Kriterium ohne Wertungsmöglichkeit erfüllen,[1418] d. h. intime Informationen oder sensible Daten[1419] über einen Dritten offenbaren, muss der administrierende Nutzer von einem Überwiegen der Betroffeneninteressen ausgehen. Demgegenüber wird der Verarbeiter, sofern kein solches Kriterium vorliegt, im Regelfall von der Zulässigkeit der Verarbeitung ausgehen können.[1420] Wenn der Nutzer etwa eine Gruppe administriert und ein anderer Nutzer in dieser Gruppe sensible Daten über einen Dritten publiziert, so liegt eine unrechtmäßige Verarbeitung des administrierenden Nutzers ab dem Zeitpunkt vor, ab dem dieser Kenntnis von der offensichtlich rechtswidrigen Verarbeitung erlangt.

Liegt kein Kriterium ohne Wertungsmöglichkeit vor, sind nur wenige Fälle denkbar, in denen die dem Nutzer obliegende summarische Prüfung zur Rechtswidrigkeit der durch ihn vorgenommenen Verarbeitung führt. In Einzelfällen können sich aber die weiteren Kriterien[1421] derart verdichten, dass die Rechtswidrigkeit der Verarbeitung für den administrierenden Nutzer offenkundig wird, z. B. wenn private Fotos einer außenstehenden minderjährigen Person einem großen Adressatenkreis zugänglich gemacht werden. Nimmt der administrierende Nutzer derartige Beiträge in seinem Verantwortungsbereich zur Kenntnis und unterbindet die Datenverarbeitung nicht unverzüglich (z. B. durch Anonymisieren oder Löschen des Beitrags), ist die Verarbeitung rechtswidrig. Das gleiche gilt, wenn der administrierende Nutzer vom agierenden Nutzer oder vom Betroffenen selbst durch Widerspruch gem. Art. 21 Abs. 1 DSGVO Umstände erfahren hat, wonach sich ein Überwiegen der Betroffeneninteressen ergibt und er die rechtswidrige Datenverarbeitung nicht unterbindet.

Freilich liegt dies anders bei dem administrierenden Nutzer, der die Daten mittels seines Statusupdates erhebt.[1422] Ist die Verarbeitung fremder personenbezogener Daten unrechtmäßig und war gerade diese Erhebung vom administrierenden Nutzer beabsichtigt, so liegt eine ungerechtfertigte Erhebung der Daten vor. Dies ist insbesondere dann denkbar, wenn der Nutzer in seinem Verantwortungsbereich gezielt sensible oder intime Daten erfragt. Fragt der Nutzer etwa in Form eines Statusupdates nach sensiblen Daten über einen Dritten (z. B. „Hat Person X Aids?"), und bekommt er von einer Person, die nicht der Betroffene ist,[1423]

---

1418 Zu den Kriterien ohne Wertungsmöglichkeit siehe oben Kap. 4 § 11 IV. 1.
1419 In Bezug auf die nach § 28 Abs. 1 Satz 1 Nr. 2 BDSG a. F. summarisch vorzunehmende Prüfung auch *Simitis,* in: Simitis, BDSG, § 28 Rn. 132; *Wedde,* in: Däubler/Klebe/Wedde/Weichert, BDSG, § 28 Rn. 52.
1420 In diese Richtung in Bezug auf § 29 Abs. 1 Nr. 1 BDSG a. F. auch *Kampert,* Datenschutz in sozialen Online-Netzwerken, S. 120.
1421 Im Detail oben Kap. 4 § 11 IV. 2.
1422 Zur Verantwortlichkeit in diesem Fall siehe oben Kap. 3 § 7 IV. 2. b) bb).
1423 Würde sich im Beispiel der Betroffene selbst dazu äußern, so läge ein Fall vor, in dem sich der Betroffene selbst in die Öffentlichkeit geht, sodass ein Fall des Öffentlichmachens durch den Betroffenen vor, welches als Kriterium ohne Wertungsmöglichkeit stets zur Rechtmäßigkeit der Verarbeitung führt, siehe Kap. 4 § 11 IV. 1.

eine entsprechende Antwort, so handelt er auch ohne Kenntnis von dieser konkreten Antwort und der dadurch in seinem Verantwortungsbereich ausgelösten Datenverarbeitungsvorgänge rechtswidrig.

Während dem agierenden Nutzer eine vorsätzliche oder fahrlässig unterlassene oder unsachgemäß durchgeführte Abwägung angelastet werden kann, ist dies beim administrierenden Nutzer erst dann der Fall, wenn die Rechtswidrigkeit der Verarbeitung offensichtlich ist und er diese trotz Kenntnis oder fahrlässiger Unkenntnis nicht unterbindet oder wenn er mittels eines eigenen Statusupdates gezielt Informationen erfragt, deren Verarbeitung nach Art der erfragten Information und dem von ihm bestimmten Umfang rechtswidrig ist.

*4. Zwischenergebnis*

Bei Kommentaren, vereinfachten Nutzerreaktionen sowie Beiträgen auf Fansites, in Gruppen oder Veranstaltungen bestimmt sich die Rechtmäßigkeit der Verarbeitung des agierenden Nutzers wie bei Statusupdates. Er hat eine einzelfallbezogene Interessenabwägung durchzuführen. Ähnliches gilt für die Rechtmäßigkeit der Offenlegung durch den administrierenden Nutzer. Dieser unterliegt jedoch einem anderen Prüfungsmaßstab und kann sich grundsätzlich auf eine summarische Prüfung beschränken. Er hat jedoch eine einzelfallspezifische Prüfung durchzuführen, wenn es Anhaltspunkte für die Rechtswidrigkeit seiner Verarbeitung gibt. Dies ist insbesondere dann der Fall, wenn durch den agierenden Nutzer intime Informationen oder sensible Daten über andere Personen eingegeben werden oder der Betroffene sein Widerspruchsrecht aus Art. 21 Abs. 1 DSGVO ausübt.

## VI. Nachrichten

Die Kommunikation über Nachrichten erfolgt in einem sehr beschränkten Kreis. Die hier interessierenden Konstellationen, in denen Art. 2 Abs. 2 lit. c DSGVO nicht eingreift, sind eher selten.[1424] In den verbleibenden, von der Anwendbarkeit des Datenschutzrechts prinzipiell erfassten Fällen sind zwei Konstellationen zu unterscheiden: Einerseits der Nachrichtenaustausch, der inhaltlich (auch) die an der Kommunikation Beteiligten Nutzer betrifft, andererseits der Nachrichtenaustausch, der sich inhaltlich (auch) auf Personen bezieht, die nicht an der Kommunikation beteiligt sind.

*1. Die Kommunikation über Kommunikationsbeteiligte*

Da die Verarbeitung eigener Daten keinen datenschutzrechtlichen Anforderungen unterliegt, sind im Bereich der Kommunikation über Kommunikationsbetei-

---

[1424] Siehe oben Kap. 3 § 7 V.

ligte lediglich eine Konstellation relevant: Die Übermittlung, Speicherung und Offenlegung von Daten über den Adressaten durch den Absender.[1425]

Soweit sich die Kommunikation auf den Absender der Nachricht bezieht, gilt für die ihn betreffenden Daten das gleiche wie bei anderen Daten, die der Nutzer über sich selbst mitteilt. Der Absender übt durch die Mitteilung der Daten an den von ihm ausgewählten Adressaten gerade sein informationelles Selbstbestimmungsrecht aus. Begibt er sich seines Privatsphäreschutzes, ist die Erhebung durch den Adressaten, sofern überhaupt ein entsprechender Erhebungswille des Adressaten besteht, stets zulässig.[1426]

Jedes personenbezogene Datum betrifft zumindest auf Interaktionsebene auch den Adressaten der Nachricht.[1427] Darüber hinaus kann sich auf semantischer Ebene ein Bezug zum Adressaten ergeben, d.h. wenn der Absender Informationen über den Adressaten versendet. In diesem Fall wäre eine etwaige, mit der Offenlegung zusammenfallende Erhebung durch den Adressaten nicht rechtfertigungsbedürftig, da es sich um einen Verarbeitungsvorgang durch den Betroffenen handeln würde. Die Verarbeitung eigener Daten stellt, ebenso wie die Offenlegung an den Betroffenen, keinen datenschutzrelevanten Vorgang dar.[1428]

Die letztlich interessante Konstellation ist die Rechtfertigung der Übermittlung und Speicherung der den Adressaten betreffenden Nachrichteninhalte durch den Absender. In dieser Konstellation steht auf Seiten des Absenders grundsätzlich die durch Art. 11 GRCh gewährleistete Meinungsfreiheit, auf Seiten des Empfängers die ebenfalls durch Art. 11 GRCh gewährleistete Informationsfreiheit. Es kommt daher zu einem Gleichlauf der Interessen der Kommunikationsbeteiligten, sodass die Datenverarbeitung grundsätzlich zulässig ist. Auf die Meinungsfreiheit kann sich der Nutzer jedoch dann nicht berufen, wenn die Information nicht von dem entsprechenden Schutzbereich erfasst ist, d.h. bei Beleidigungen, Schmähkritik und Behauptung erweislich falscher Tatsachen.[1429] Auf der anderen Seite wird der Betroffene auch keine Interessen haben, Adressat von Beleidigungen o.ä. zu werden. Die Verarbeitung solcher Daten durch den Absender ist in der hier untersuchten Fallgruppe stets unzulässig.

Keine Berücksichtigung hingegen findet die Frage, welcher Sphäre die in Rede stehenden Informationen zuzuordnen sind. Bei der Mitteilung von Informationen über den Betroffenen allein an den Betroffenen kann keine persönlichkeitsrechtliche Gefährdung entstehen, da dem Betroffenen die ihn betreffenden Informationen – auch und insbesondere jene der Intimsphäre – bereits bekannt sein werden. Hat etwa der potentielle Arbeitgeber eines Bewerbers heimlich in dessen Tagebuch gelesen und hält ihm nun die Inhalte per Nachricht über ein soziales Netzwerk vor, mag dies für den betroffenen Adressaten unangenehm sein,

---

1425 Vgl. die Übersicht bei Kap. 3 § 7 VI.
1426 Vgl. Kap. 4 § 11 II. 2. b).
1427 Siehe oben Kap. 2 § 4 III. 3. b).
1428 Siehe oben Kap. 3 § 7 I. 4. c).
1429 Siehe oben Kap. 4 § 11 II. 2. b).

er befindet sich jedoch in keiner persönlichkeitsrechtlichen Gefährdungslage, da insbesondere keine Verbreitung der Information erfolgt ist.

### 2. Die Kommunikation über Dritte

Anders stellt sich die Situation dar, wenn der Betroffene nicht Beteiligter der Kommunikation ist, d. h. wenn die am Nachrichtenaustausch beteiligten Parteien über einen Dritten sprechen. Hier sind – soweit die Kommunikation überhaupt in den Anwendungsbereich der DSGVO fällt[1430] – die Interessen der Kommunikationsbeteiligten gegen die des Betroffenen abzuwägen. Es müssen demnach die Kommunikationsgrundrechte auf der einen Seite gegen die Rechte des Betroffenen aus Artt. 7, 8 Abs. 1 GRCh abgewogen werden. Rechtmäßig ist die Verarbeitung dann, wenn die Betroffeneninteressen nicht überwiegen.

Da der Betroffene nicht an der Kommunikation beteiligt ist, vergrößert sich potentiell mit der Kommunikation von ihn betreffenden Informationen immer auch die Zahl der „Mitwisser", sodass hier eine persönlichkeitsrechtliche Gefährdungslage vorliegt, deren Intensität (auch) anhand des Sphärenmodells als Richtlinie und Ausgangspunkt bestimmt werden kann. Eine schlichte Erlaubnis oder gar Einwilligung wird in der hier betrachteten Fallgruppe nicht vorliegen. Andererseits erfolgt die Kommunikation in einem eng umgrenzten Rahmen. In die Abwägung fließen alle bereits erwähnten Kriterien ein,[1431] wobei ein Teil durch die Natur der hier betrachteten Fallgruppe im Vorfeld determiniert ist. Überwiegen die Betroffeneninteressen nicht, ist die Datenverarbeitung zulässig.

### 3. Zwischenergebnis

Die Kommunikation zwischen Kommunikationsbeteiligten wirft keine Probleme auf, da diese entweder nicht in den Anwendungsbereich des Datenschutzrechts fällt, oder aber als Ausdruck informationeller Selbstbestimmung bzw. wegen des Gleichlaufs von Meinungs- und Informationsfreiheit zwischen den Beteiligten grundsätzlich zulässig ist.[1432] Soweit von den kommunizierten Informationen unbeteiligte Dritte betroffen sind, hat eine Interessenabwägung nach den erläuterten Kriterien zu erfolgen.

### VII. Zusammenfassung: Der Datenumgang durch den privaten Nutzer

Verarbeitet der Nutzer fremde Daten, so stellt die Einholung einer Einwilligung gem. Art. 6 Abs. 1 Satz 1 lit. a DSGVO aufgrund der hohen Anforderungen nur selten eine gangbare Option dar.[1433] Auch die Verarbeitung zu Zwecken der Ver-

---
1430 Siehe oben Kap. 3 § 7 V.
1431 Siehe oben Kap. 4 § 11 IV. 1 und Kap. 4 § 11 IV. 2.
1432 Vgl. Kap. 4 § 11 II. 2. b).
1433 Siehe oben Kap. 4 § 11 I. 2.

tragserfüllung gem. Art. 6 Abs. 1 Satz 1 lit. b DSGVO liefert keine geeignete Grundlage.[1434] Auch der Im Regelfall wird der Nutzer die Rechtmäßigkeit der durch ihn vorgenommenen Verarbeitung auf die Interessenabwägung nach Art. 6 Abs. 1 Satz 1 lit. f DSGVO stützen müssen. Da der Abwägungsmaßstab ein subjektiver ist,[1435] hat der Nutzer sämtliche entgegenstehenden Betroffeneninteressen, die ihm bekannt sind oder jedenfalls bekannt sein müssen, zu berücksichtigen.

Stets unzulässig ist die Verarbeitung von intimen Informationen oder sensiblen Daten, soweit nicht der Nutzer diese offensichtlich öffentlich gemacht hat. Ob es sich bei einem personenbezogenen Datum um eine intime Information handelt, kann nach dem Schichtenmodell bestimmt werden; ob es sich dabei um ein sensibles Datum handelt, hängt von der Natur des Datums wie auch von dem Kontext seiner Verarbeitung ab.[1436] Problematisch ist die Abwägung, wenn es sich bei dem Betroffenen um einen Minderjährigen handelt: Die Einholung einer vor der Verarbeitung erfolgenden Zustimmung des Erziehungsberechtigten ist in typischer Nutzer-Betroffenen-Konstellationen unrealistisch; die besondere Schutzwürdigkeit des Minderjährigen erschwert eine aus Sicht des verantwortlichen Nutzers positive Interessenabwägung.

Der (subjektive) Maßstab der Rechtmäßigkeit verschiebt sich dann, wenn der Nutzer die Daten nicht selbst eingibt, sondern lediglich für die Verarbeitung eines anderen Nutzers – nämlich als administrierender Nutzer – verantwortlich ist. Dem administrierenden Nutzer sind typischerweise weniger Umstände der Verarbeitung bzw. entgegenstehende Betroffeneninteressen bekannt als dem agierenden Nutzer. Verarbeitet der Nutzer Daten Dritter als administrierender Nutzer, etwa bei den durch einen anderen Nutzer eingegebenen Daten als Kommentar auf das ursprüngliche Statusupdate, kann sich der Nutzer auf eine summarische Prüfung der Rechtmäßigkeit beschränken. Die Verarbeitung ist daher nur dann rechtswidrig, wenn der Nutzer Kenntnis von den Umständen hat, die zu einem Überwiegen der Interessen des Betroffenen führen, oder aber sich solche Umstände aufdrängen.[1437]

---

1434 Siehe oben Kap. 4 § 11 I. 3.
1435 Siehe oben Kap. 4 § 10 II. 3. b) cc).
1436 Siehe oben Kap. 4 § 11 IV. 3.
1437 Siehe oben Kap. 4 § 11 V. 4.

## § 12 Verantwortungsbereich des Fansite-Betreibers

Der Fansite-Betreiber hat die Verarbeitung eigener Statusupdates und Nachrichten vollumfänglich zu verantworten. Darüber hinaus ist er Verantwortlicher hinsichtlich der Offenlegung der Beiträge von Nutzern auf seiner Fansite.[1438] Zunächst wird die Rechtmäßigkeit der Verarbeitung im Rahmen eigener Statusupdates (dazu unten I.), sodann die Rechtmäßigkeit der Offenlegung fremder Beiträge (dazu unten II.) und schließlich die Rechtsmäßigkeit eigener Nachrichten (dazu unten III.) beleuchtet. Aufgrund der Parallelen zu der bereits untersuchten Verarbeitung im Verantwortungsbereich des Nutzers erfolgt dabei eine Fokussierung auf die Besonderheiten, die sich im Rahmen des Betriebs einer Fansite stellen.

### I. Statusupdates

Die Datenverarbeitung im Rahmen von Statusupdates ist vergleichbar mit der des Nutzers. Ebenso wie der „normale" Nutzer für seine Statusupdates von der Eingabe bis zur Offenlegung verantwortlich ist, ist auch der Fansite-Betreiber für die durch ihn vorgenommene Verarbeitung verantwortlich. Unabhängig davon, ob die Fansite durch eine natürliche Person oder durch eine juristische Person betrieben wird, ist auch hier nur die Verarbeitung von personenbezogenen Daten, die nicht die eigenen sind, relevant.[1439] Während bei natürlichen Personen eine Einwilligung gem. Art. 6 Abs. 1 Satz 1 lit. a DSGVO noch in Einzelfällen denkbar schien, scheint sie in der vorliegenden ausgeschlossen, da keinerlei persönlicher Kontakt zwischen Fansite-Betreiber und Betroffenem besteht.

Der personelle Schutzbereich des Art. 11 GRCh umfasst auch juristische Personen.[1440] Daher kommt es bei der Abwägung zwischen den Betroffeneninteressen und der Meinungsfreiheit des Fansite-Betreibers nicht darauf an, ob die Fansite von einer natürlichen Person oder einem Unternehmen administriert wird. Ebenso wie beim privaten Nutzer muss auf die Abwägung nach Art. 6 Abs. 1 Satz 1 lit. f DSGVO anhand der bereits erläuterten Kriterien zurückgegriffen werden.[1441] Im Regelfall wird jedoch keine schlichte Erlaubnis vorliegen, vielmehr wird vom Verantwortlichen unterstellt werden müssen, dass – zumindest bei Nutzung der personenbezogenen Daten des Betroffenen für weitere Zwecke – der Betroffene mit dem Datenumgang nicht einverstanden ist. Ferner dürfte davon auszugehen sein, dass zwischen Fansite-Betreiber und Nutzern kein vorheriger Kontakt besteht. Typischerweise wird das Statusupdate zumindest öffentlich im Netzwerk, ggf. auch darüber hinaus, zugänglich sein.

---

1438 Siehe die Übersicht bei Kap. 3 § 8 VI.
1439 Juristische Personen können ausweislich des Art. 4 Nr. 1 DSGVO nicht Betroffener sein.
1440 *Callies*, in: Calliess/Ruffert, EUV/AEUV, Art. 11 GRCh Rn. 10; *Jarass*, GRCh, Art. 11 Rn. 13.
1441 Siehe dazu oben Kap. 4 § 11 IV. 1 und Kap. 4 § 11 IV. 2.

Diese Faktoren führen dazu, dass die durch den Fansite-Betreiber vorgenommenen Verarbeitungsvorgänge i. d. R. rechtswidrig und damit unzulässig sind. Der Fansite-Betreiber darf bei seinen Statusupdates grundsätzlich keine fremden personenbezogenen Daten verarbeiten. Ein Beispiel für eine unzulässige Verarbeitung wäre das Bewerben eines Produkts unter Abbildung und/oder Namensnennung des Betroffenen. Ausnahmen ergeben sich in den Fällen, in denen der Nutzer explizit an einer persönlichen Reaktion des Fansite-Betreibers interessiert ist. Denkbar ist etwa ein Produkt oder eine Dienstleistung, zu dem bzw. zu der der interessierte Nutzer öffentlich sichtbare Anfrage an den Fansite-Betreiber richtet und auf die der Fansite-Betreiber seinerseits eingeht.

## II. Beiträge anderer Nutzer

Soweit es den Nutzern ermöglicht wird, Beiträge auf der Fansite zu verfassen, ist der Fansite-Betreiber für die Offenlegung der durch den Nutzer eingegebenen personenbezogenen Daten verantwortlich. Insoweit bestehen Parallelen zu der Situation, in der der administrierende Nutzer für fremde Beiträge verantwortlich ist. Während der administrierende Nutzer maßgeblichen Einfluss auf die Datenverarbeitung im Rahmen seiner Statusupdates oder der von ihm kontrollierten Interessengruppen oder Veranstaltungen hat, so trifft dies bei Fansites auf den Fansite-Betreiber zu. Relevant sind dabei nur jene Informationen, die Dritte betreffen.[1442] Der Fansite-Betreiber hat daher bei der Interessenabwägung gem. Art. 6 Abs. 1 Satz 1 lit. f DSGVO keine Abwägung aller Interessen im Einzelfall vorzunehmen, sondern eine summarische Prüfung, bei der der Fansite-Betreiber erst bei Anhaltspunkten für eine rechtswidrige Verarbeitung diese näher untersuchen muss.[1443] Solche Anhaltspunkte stellen insbesondere die Verarbeitung intimer Informationen oder sensibler Daten i. S. d. Art. 9 Abs. 1 DSGVO oder ein gem. Art. 21 Abs. 1 DSGVO ausgeübter Widerspruch des Betroffenen gegen die Verarbeitung dar.

## III. Nachrichten

Ebenso wie der normale Nutzer kann auch der Fansite-Betreiber Nachrichten empfangen und versenden. Sofern zwischen den Beteiligten kein vorheriger Kontakt besteht, fällt die vorzunehmende Abwägung regelmäßig zu Ungunsten des Fansite-Betreibers aus. Die Situation ist in etwa mit derjenigen vergleichbar, in der ein Internetnutzer von einem ihm unbekannten Unternehmen E-Mails erhält. Der Internetnutzer hat derartige Belästigungen grundsätzlich nicht hinzunehmen.[1444] Diese Wertung lässt sich auf die vorliegende Konstellation über-

---

[1442] Vgl. oben Kap. 4 § 11 V. 3. a).
[1443] Vgl. oben Kap. 4 § 11 V. 3. b).
[1444] Grundlegend BGH, NJW 2004, 1655 – „E-Mail-Werbung I". Dies gilt auch dann, wenn der Empfänger eine juristische Person ist, siehe BGH, NJW 2009, 2958 – „E-Mail-Werbung II".

tragen. Der Absender hat daher im Regelfall von dem entgegenstehenden Verarbeitungswillen des Empfängers auszugehen. Beispielsweise wäre es unzulässig, wenn der Fansite-Betreiber zum Zwecke der Werbung fremde Nutzer über das Netzwerk per Nachricht kontaktiert und auf seine Produkte oder Dienstleistungen aufmerksam macht. Dies gilt umso mehr, wenn der Betroffene nicht der Empfänger der Nachricht ist, sondern ein Dritter, dessen personenbezogene Daten für die Zwecke des Fansite-Betreibers genutzt werden.

Auch insoweit sind aber Ausnahmen denkbar. Anderes muss dann gelten, wenn der Empfänger der Nachricht ein Interesse des Empfängers vermuten durfte. Für eine solche Vermutung bedarf es konkreter tatsächlicher Umstände.[1445] Im hier untersuchten Kontext liegen solche Umstände etwa dann vor, wenn der Fansite-Betreiber eine Art „Support-Hotline" oder Vergleichbares über das Netzwerk betreibt, an die sich Nutzer mit ihren Anliegen wenden können. Wäre in diesen Fällen die Verarbeitung der Nutzerdaten unzulässig, so würde dies den Interessen des Adressaten zuwiderlaufen.

---

1445 BGH, NJW 2004, 1655, 1656 – „E-Mail-Werbung I".

Kap. 4 Zulässigkeit des Datenumgangs in sozialen Netzwerken

## § 13 Verantwortungsbereich des Netzwerkbetreibers

Der Verantwortungsbereich des Netzwerkbetreibers umfasst sowohl Datenverarbeitungsvorgänge, die durch den Nutzer ausgelöst werden, als auch Verarbeitungsvorgänge im Zusammenhang mit Fansites.[1446] Darüber hinaus trifft ihn die Verantwortung für originär durch ihn vorgenommene Abläufe, namentlich Werbung, Marktforschung und Empfehlungen.[1447]

### I. Registrierung des Nutzers

Im Rahmen der Registrierung ist der Netzwerkbetreiber für alle Verarbeitungsvorgänge verantwortlich. Für die Zulässigkeit dieser Daten kommt insbesondere die zum Zwecke der Vertragsabwicklung erforderliche Verarbeitung (Art. 6 Abs. 1 Satz 1 lit. b DSGVO) in Betracht.

#### 1. Erforderlichkeit zur Vertragsabwicklung

Im Rahmen von Art. 6 Abs. 1 Satz 1 lit. b DSGVO stellt sich die Frage, welche Daten zur Vertragsabwicklung erforderlich sind. Bei der Registrierung wird zuvorderst ein Name des Nutzers erfragt. Die Frage, ob die Angabe des realen Namens („Klarnamens") zur Vertragsabwicklung i. S. d. Art. 6 Abs. 1 Satz 1 lit. b DSGVO erforderlich ist, korreliert stark mit der Frage der Zumutbarkeit der pseudonymen Nutzung und wird daher zusammenhängend erörtert.[1448] Unabhängig davon, ob die Angabe des Klarnamens vom Netzwerkbetreiber gefordert wird, bleibt dem Nutzer unbenommen, keinen fiktiven Namen zu wählen, sondern seinen Klarnamen einzutragen. In diesen Fällen steht dem Netzwerkbetreiber kein anderer Name als der reale Name zur Verfügung. Da die Wahl eines (Nutzer-)Namens für die Nutzung des Netzwerks technisch erforderlich ist, ist auch dann, wenn der reale Name nicht erfragt, aber dennoch eingegeben wird, die Verarbeitung des Namens gem. Art. 6 Abs. 1 Satz 1 lit. b DSGVO stets zulässig.[1449]

Ferner zulässig ist die Verarbeitung der Angabe des Staats des gewöhnlichen Aufenthalts, der E-Mail-Adresse sowie des Geburtsdatums. Ersteres ist zur Bestimmung des gem. Art. 6 Abs. 1 Rom I-VO anwendbaren Rechts, dem der Nutzungsvertrag unterliegt, erforderlich. Die E-Mail-Adresse ist erforderlich zum Schutz des Nutzers vor der Anmeldung durch Dritte sowie um dessen Zugang zu seinem Account – falls das Passwort vergessen wurde – wiederherzustellen.[1450] Das Geburtsdatum ist erforderlich, damit der Netzwerkbetreiber bestimmte, an

---

1446 Siehe oben Kap. 3 § 7 VI und Kap. 3 § 8 VI.
1447 Siehe oben Kap. 3 § 9 IV.
1448 Siehe unten Kap. 5 § 15 I.
1449 So wohl auch *Splittgerber*, in: Splittgerber, Rechtsfragen Social Media, Kap. 3 Rn. 69.
1450 Ohne nähere Begründung *Splittgerber*, in: Splittgerber, Rechtsfragen Social Media, Kap. 3 Rn. 69.

258

das Alter anknüpfende Vorschriften, etwa Art. 8 DSGVO oder spezifische, ggf. einzelstaatliche Vorschriften zum Schutze der Jugend, achten kann. Allein die Angabe des Alters oder Geburtsjahres mag zwar bei volljährigen Personen genügen, bei Minderjährigen nicht, da der Netzwerkbetreiber aus dieser Information nicht ableiten kann, wann welche Normen Anwendung finden. Auch die Geschlechtsangabe darf im Einzelfall im Rahmen der Registrierung erfragt werden, nämlich dann, wenn das einzelstaatliche Recht bei der Volljährigkeit zwischen Männern und Frauen differenziert.[1451] Eine solche Geschlechterdifferenzierung existiert in den Rechtsordnungen der EU-angehörigen Staaten nicht. Zulässig wäre die Abfrage des Geschlechts etwa dann, wenn ein in Deutschland belegener Netzwerkbetreiber ein soziales Netzwerk für iranische Bürger betreibt.

Bei gegen Entgelt erbrachten Diensten ist zudem die Angabe von Zahlungsinformationen, z. B. der zur Abrechnung genutzten Bankverbindung, für die Erfüllung des Vertrages erforderlich.[1452] Bei Freemium-Diensten ist die Angabe von Zahlungsinformationen erst über Art. 6 Abs. 1 Satz 1 lit. b DSGVO gerechtfertigt, wenn der Nutzer kostenpflichtige Funktionen in Anspruch nehmen möchte. Entscheidet sich der Nutzer für die Gratisvariante, so sind die Zahlungsinformationen (noch) nicht zur Vertragsabwicklung erforderlich. Diese Daten dürfen nicht „auf Vorrat" für den Fall erhoben werden, dass der Nutzer sich womöglich irgendwann zur Nutzung kostenpflichtiger Funktionen entschließt.

Die Verarbeitung zur Vertragsabwicklung wirft erhebliche Probleme auf, wenn es sich bei dem Nutzer um einen Minderjährigen handelt. Die sich dabei stellende Problematik wird, da in hohem Maße auf die Einwilligung rekurriert wird, aus Gründen der Übersichtlichkeit zusammenhängend dargestellt.[1453]

## 2. Weitere Zulässigkeitstatbestände

Macht der Netzwerkbetreiber den Zugang zum sozialen Netzwerk von der Angabe weiterer Daten, die nicht zu den zuvor skizzierten, vertragsnotwendig verarbeiteten Daten gehören, abhängig, so wäre dies nur unter den Voraussetzungen der übrigen Tatbestände des Art. 6 Abs. 1 DSGVO denkbar.

Diese dürften typischerweise nicht erfüllt sein. Zwar mag der Netzwerkbetreiber wirtschaftliche Interessen verfolgen, allerdings überwiegen im Rahmen der Interessenabwägung des Art. 6 Abs. 1 Satz 1 lit. f DSGVO die Interessen des Betroffenen, die aus Artt. 7, 8 Abs. 1 GRCh grundrechtlich gewährleisteten Schutz genießen.[1454] Auch eine Einwilligung gem. Art. 6 Abs. 1 Satz 1 lit. a DSGVO

---

1451 Siehe etwa die Regelung zur Volljährigkeit in Art. 1210 des iranischen Zivilgesetzbuches; eine englischsprachige Übersetzung ist abrufbar unter http://unstats.un.org/unsd/vitalstatkb/Attachment572.aspx?AttachmentType=1 (Stand: 9/2018).
1452 So zu § 28 Abs. 1 Satz 1 Nr. 1 BDSG a. F. *Simitis,* in: Simitis, BDSG, § 28 Rn. 60.
1453 Siehe unten Kap. 4 § 13 IV.
1454 So zu wirtschaftlichen Interessen im Rahmen von § 28 Abs. 1 Satz 1 Nr. 2 BDSG a. F. auch *Gaul/Köhler,* BB 2011, 2229, 2232; *Schulz,* MMR 2010, 75, 78; *Weichert,* DuD 2010, 679, 683; a. A. *Brennscheidt,* Cloud Computing und Datenschutz, S. 142.

scheidet aus, da Art. 7 Abs. 4 DSGVO insoweit entgegensteht. Nach dieser Vorschrift kommt eine Einwilligung nicht in Betracht, wenn die Erbringung einer Dienstleistung von der Erteilung der Einwilligung zur Verarbeitung von solchen Daten abhängig gemacht wird, die nicht zur Leistungserbringung erforderlich sind.[1455] An die Erforderlichkeit sind hohe Anforderungen zu stellen.[1456] Erfragt der Netzwerkanbieter im Rahmen der Registrierung mehr Daten als jene, die vertragsnotwendig verarbeitet werden dürfen, greift Art. 7 Abs. 4 DSGVO. Die Einwilligung stellt damit für die Verarbeitung im Rahmen der Registrierung keine taugliche Grundlage dar.

Sofern hingegen im Rahmen der Registrierung weitere Daten erfragt werden, die Registrierung und die anschließende Inanspruchnahme des sozialen Netzwerks aber auch ohne Angabe dieser Daten möglich ist, so liegt kein Abhängigmachen von der Leistungserbringung vor. Hinsichtlich dieser – freiwillig angegebenen – Daten gilt dasselbe wie für die Daten, die der Nutzer im Rahmen des Ausfüllens seines Profils angibt (dazu sogleich).

*3. Zwischenergebnis*

Somit bleibt festzuhalten, dass für die Registrierung Art. 6 Abs. 1 Satz 1 lit. b DSGVO den wesentlichen Rechtfertigungstatbestand darstellt. Der Netzwerkbetreiber muss sich bei den Daten, die er abfragt, bevor er Zugang zum sozialen Netzwerk gewährt, auf die Daten beschränken, die für die Vertragserfüllung erforderlich sind. Dies sind i. d. R. (Nutzer-)Name, E-Mail-Adresse, Geburtsdatum, Wohnort und – bei entgeltlichen Angeboten – Zahlungsinformationen.

**II. Ausfüllen des Profils**

Den Netzwerkbetreiber trifft auch die Verantwortung für alle Verarbeitungsschritte im Rahmen des Ausfüllens des Profils durch den Nutzer, soweit dieser Vorgang durch den Betreiber inhaltlich vorstrukturiert wird.

*1. Einwilligung*

Als Rechtsgrundlage für diese Verarbeitungsvorgänge liegt die Einholung einer datenschutzrechtlichen Einwilligung nah. Dieser Gedanke mag aus dem Umstand resultieren, dass in der datenschutzrechtlichen Praxis ein Hang zur überintensiven Nutzung dieses Rechtsinstituts festzustellen ist.[1457] Dies gründet auf einer scheinbaren Praktikabilität, da sich der Verarbeiter – die Wirksamkeit der

---

[1455] Ausführlich zur Reichweite des Kopplungsverbots des Art. 7 Abs. 4 DSGVO sogleich unten Kap. 4 § 13 II. 1. a).
[1456] *Kampert,* Datenschutz in sozialen Online-Netzwerken, S. 245.
[1457] *Piltz,* Soziale Netzwerke im Internet, S. 112.

Einwilligung vorausgesetzt – nicht mit den Anforderungen der übrigen Erlaubnistatbestände befassen muss.[1458]

a) Auswirkungen des Kopplungsverbots des Art. 7 Abs. 4 DSGVO

Eine solche Praxis geht jedoch bisweilen zulasten des Betroffenen. Der Betroffene wird jedoch häufig mit der Einwilligung überfordert sein, die Datenschutzerklärung nicht sorgfältig lesen, und wenn doch, häufig selbst dann akzeptieren und einwilligen, wenn er mit ihren Inhalten zwar nicht einverstanden ist, die Einwilligung aber von der anderen Partei für die Inanspruchnahme der beabsichtigten Dienstleistung zur Obligation erklärt wird. Gerade bei sozialen Netzwerken stellt dies ein Problem dar, da der Nutzer sich bspw. bei der Einführung neuer Datenschutzbestimmungen durch den Netzwerkbetreiber mit dem Verlust seiner Sozialkontakte bedroht sieht, sollte er sich einer Zustimmung verweigern.

aa) Anwendbarkeit des Kopplungsverbots auf Netzwerkbetreiber

Nach Art. 4 Nr. 11 DSGVO muss die Einwilligung freiwillig erteilt werden. Art. 7 Abs. 4 DSGVO bestimmt, dass bei der Beurteilung der Freiwilligkeit dem Umstand des Abhängigmachens der Leistung von der Erteilung der Einwilligung in größtmöglichem Umfang Rechnung getragen werden muss.

Zum Kommissionsentwurf wurde vertreten, es liege kein erhebliches Ungleichgewicht zwischen dem Betreiber eines sozialen Netzwerks und dem Nutzer vor, da die Vorteile der Nutzung eines sozialen Netzwerkes für den Normalverbraucher zumeist verzichtbar seien, da weder ein persönliches noch ein wirtschaftliches Abhängigkeitsverhältnis bestehe.[1459] Das angeführte Argument mag in der Sache zutreffend sein, die Schlussfolgerung deckt sich jedoch nicht mit der Lebensrealität der meisten Menschen. Bei sozialen Netzwerken dürfte es viele Nutzer abschrecken, dass sie einen Großteil ihrer virtuellen Verbindung zu ihren Kontakten verlieren, wenn sie zu einem anderen Anbieter wechseln.[1460] Dies verschärft sich angesichts des Umstands, dass unter diesen Kontakten regelmäßig auch Personen sind, zu denen lediglich über das jeweilige Netzwerk eine Verbindung besteht.[1461] *Bräutigam* und *von Sonnleithner* sprechen hier zutreffend von einem „Take-it-or-leave-it-Szenario"[1462]. Die soziale Gravitation[1463] sorgt dafür, dass Nutzer als Einzelne dazu tendieren, ihre Mitgliedschaft solange in einem bestimmten sozialen Netzwerk fortzuführen, wie die Mehrheit ihrer Kontakte über dieses zu erreichen ist. Soweit nicht eine Avantgarde

---
1458 *Piltz,* Soziale Netzwerke im Internet, S. 113. Zu der Frage einer etwaigen Sperrwirkung einer widerrufenen Einwilligung siehe oben Kap. 4 § 10 II. 1. c).
1459 *Kipker/Voskamp,* DuD 2012, 737, 739.
1460 *Schantz,* NJW 2016, 1841, 1845.
1461 Zu den „faktisch Unbekannten" siehe oben Kap. 1 § 2 IV. 2. a).
1462 *Bräutigam,* MMR 2012, 635, 640; *Bräutigam/v. Sonnleithner,* in: Hornung/Müller-Terpitz, Rechtshandbuch Social Media, Kap. 3 Rn. 113; ähnlich *Buchner,* DuD 2016, 155, 158.
1463 Vgl. oben Kap. 1 § 2 II.

aus dieser Menge ausbricht und ein relevanter Teil der eigenen Kontakte folgt, akzeptiert der Einzelne die aufoktroyierten Datenschutzbestimmungen. Eine freie Entscheidung im Sinne einer freien Wahl zwischen mehreren Angeboten hat der einzelne Nutzer faktisch nicht. So erklärt sich auch, dass das Netzwerk Facebook nach heutigem Stand, trotz verschiedener Eklats um die Einführung neuer Datenschutzbestimmungen,[1464] nach wie vor das größte soziale Netzwerk ist.[1465] Zahlreiche Nutzer stehen im Konflikt zwischen dem empfundenen Zwang zur Nutzung und der Ablehnung der datenschutzrechtlichen Bestimmungen der Nutzungsbedingungen. Weil sie mit diesen gerade nicht einverstanden sind, versuchen sie, sich selbst und Facebook eigenen Datenschutzregelungen zu unterwerfen, indem sie sich einerseits mit den durch Facebook gestellten Bedingungen einverstanden erklären, um das Netzwerk weiterhin nutzen zu können, andererseits Statusupdates und/oder Bilder veröffentlichen, mit denen sie ihren Widerspruch erklären.[1466] Studien zeigen hingegen, dass die Nutzer mit den überwiegenden Verarbeitungsvorgängen, für die eine Einwilligung eingeholt wird, gerade nicht einverstanden sind.[1467] Diese Beobachtungen sprechen für eine faktische Unfreiwilligkeit der Einwilligung im Verhältnis des einzelnen Nutzers zum Betreiber eines sozialen Netzwerks.

bb) Einschränkung bei Einwilligung im Rahmen der Leistungsbeschreibung?

Vereinzelt wird vertreten, es käme für die Anwendung des Kopplungsverbots darauf an, wie die Leistungsbeschreibung des Vertrags formuliert sei. So unterfiele zwar dem Kopplungsverbot eine Einwilligung, wenn die Leistungserbringung von der Einwilligung in die (zur Leistungserbringung nicht erforderliche) Datenverarbeitung abhängig gemacht wird; das Kopplungsverbot sei aber nicht anwendbar, wenn die Einwilligung in die für die Leistung nicht erforderliche Datenverarbeitung selbst als Leistung deklariert wird und die Betroffenen den Vertrag eingehen.[1468] Übertragen auf soziale Netzwerke bedeutet dies etwa, dass die Einwilligung unwirksam wäre, wenn der Netzwerkbetreiber die eigentliche Leistung von der Einwilligung in die Verarbeitung zu Verwertungszwecken, etwa Schaltung personalisierter Werbung, abhängig macht, sie dagegen wirksam wäre, wenn in den Vertragsbedingungen eine Klausel enthalten wäre, die die Erbringung personalisierter Werbung ebenfalls als Leistung deklariert.

---

1464 Siehe etwa https://www.verbraucherzentrale.de/facebook-2015/ (Stand: 9/2018); einen Überblick zu (vermeintlichen) Rechtsverstößen gibt *Weichert*, DuD 2012, 716, 717 f.
1465 Siehe die Nachweise in Fn. 5 und 6.
1466 Zu diesem Phänomen http://www.handelsblatt.com/social-media/netz-bubble/love-it-or-leave-it-warum-es-sinnlos-ist-den-facebook-agb-zu-widersprechen/13836766.html (Stand: 9/2018).
1467 Dies ergibt sich aus einer für das Netzwerk „Facebook" durchgeführten Studie, siehe *Rothmann/Buchner*, DuD 2018, 342, 345.
1468 *Frenzel*, in: Paal/Pauly, DS-GVO/BDSG, Art. 7 Rn. 20 f.; i. E. wohl auch *Wendehorst/v. Westphalen*, NJW 2016, 3745, 3746 f., die der Auffassung sind, wenn die Einwilligung in der Leistungsbeschreibung stehe, läge keine Einwilligung vor; vielmehr sei die Rechtmäßigkeit nach Art. 6 Abs. 1 Satz 1 lit. b DSGVO zu bestimmen.

Diese Ansicht ist abzulehnen. Die Rechtfertigung gem. Art. 6 Abs. 1 Satz 1 lit. b DSGVO und das Kopplungsverbot des Art. 7 Abs. 4 DSGVO knüpfen einheitlich daran an, ob die in Rede stehenden Datenverarbeitungsvorgänge für die Erbringung der Leistung erforderlich sind. Vom Kopplungsverbot können daher denknotwendig nur Einwilligungen erfasst sein, die nicht nach dem Vertragszweck erforderlich sind.[1469] Umgekehrt müssen sie aber auch wegen der einheitlichen Anknüpfung grundsätzlich von diesem Verbot erfasst sein, soweit sie nicht „erforderlich" sind.[1470]

Für die Beurteilung dieser Erforderlichkeit kann es – insbesondere mit Blick auf das Trennungs- und Transparenzgebot des Art. 7 Abs. 2 DSGVO – nicht darauf ankommen, ob die Einwilligung als Teil eines größeren Vertragswerks erklärt wird. Es kann auch nicht darauf ankommen, ob die Einwilligung mit „Leistungsbeschreibung" oder mit „Datenschutzrechtliche Einwilligung" überschrieben ist, da der Maßstab der Erforderlichkeit für die Verarbeitung allein objektiv zu bestimmen ist.[1471] Darüber hinaus hätte das Kopplungsverbot in der Praxis keinen Anwendungsbereich, wenn ausgerechnet die die Vertragsbedingungen diktierende, marktmächtigere Partei durch geschickte Verortung der Einwilligung einseitig über die Anwendbarkeit der Norm disponieren könnte.[1472] Nach Sinn und Zweck der Norm soll gerade dieses Ungleichgewicht zwischen dem vertragsformulierenden Verantwortlichen und dem Betroffenen ausgeglichen werden.[1473]

cc) Einschränkung auf Monopolisten?

Teilweise wird einschränkend verlangt, dass von der Regelung des Art. 7 Abs. 4 DSGVO nur gegenüber Monopolisten erklärte Einwilligungen erfasst sein sollen.[1474] Begründet wird dies damit, dass bei frei verfügbaren Leistungen den Betroffenen freistehe, die Erklärung nicht abzugeben, da sie – ohne Nachteile zu

---

1469 *Buchner/Kühling,* in: Kühling/Buchner, DS-GVO/BDSG, Art. 7 Rn. 46; *Frenzel,* in: Paal/Pauly, DS-GVO/BDSG, Art. 7 Rn. 20; *Schulz,* in: Gola, DS-GVO, Art. 7 Rn. 22.
1470 *Golland,* MMR 2018, 130, 131. Die Bestimmung des „für die Vertragserfüllung erforderlichen" bleibt gleichwohl schwierig und ist ungeklärt. Nach vereinzelt vertretener Ansicht sei alles „erforderlich", was vertraglich wirksam vereinbart werden könne; „nicht-erforderlich" sei nur das, was einer AGB-Kontrolle nicht standhielte, gegen § 242 BGB verstoße oder sittenwidrig sei (*Engeler,* ZD 2018, 55, 57 f.). In der Praxis gäbe es dann keine wirksamen Einwilligungen, da die Einwilligung entweder aufgrund der Rechtfertigung gem. Art. 6 Abs. 1 Satz 1 lit. b DS-GVO obsolet, oder aber wegen Verstoßes gegen Vertragsrecht auch unter dem Gesichtspunkt des Art. 7 Abs. 4 DS-GVO unwirksam wäre; zudem stellen sich bei Zugrundelegung dieser Ansicht zahlreiche Folgeprobleme, was für eine enge Interpretation des „Erforderlichen" spricht (ausführlich *Golland,* MMR 2018, 130, 131 f.; ebenfalls für eine restriktive Auslegung des Begriffes der „Erforderlichkeit" *Art.-29-Datenschutzgruppe,* WP 259, S. 9).
1471 Siehe oben Kap. 4 § 10 II. 2.
1472 *Golland,* MMR 2018, 130, 131.
1473 Vgl. Erwägungsgrund 43 Satz 1 DSGVO.
1474 *Plath,* in: Plath, DSGVO/BDSG, Art. 7 Rn. 19; in diese Richtung auch *Ernst,* MMR 2017, 110, 112, der als Anwendungsbeispiel für das Kopplungsverbot insbesondere Betreiber sozialer Netzwerke mit „signifikantem Marktanteil" nennt; ebenso zu § 28 Abs. 3b BDSG a. F. auch

erleiden – einen anderen, gleichwertigen Anbieter wählen könnten.[1475] Dagegen sei nicht entscheidend, ob der Betroffene einem Großkonzern gegenübersteht, da auch dieser keinen Zwang auf Einzelne ausüben könne.[1476] Voraussetzung für eine Anwendbarkeit des Art. 7 Abs. 4 DSGVO wäre demnach die marktbeherrschende Stellung des Verantwortlichen. Um jedoch festzustellen, wie sich der relevante Markt für soziale Netze konstituiert, bedarf es einer Untersuchung anhand des Bedarfsmarktkonzepts.[1477] Dabei stellt sich zuvorderst die Frage, welche konkrete Leistung Gegenstand des sachlich relevanten Markts ist. Ein einheitlicher sachlicher Markt liegt vor, wenn sämtliche Erzeugnisse und/oder Dienstleistungen, die von den Verbrauchern hinsichtlich ihrer Eigenschaften, Preise und ihres vorgesehenen Verwendungszwecks als austauschbar oder substituierbar angesehen werden.[1478] Es bedarf daher einer Feststellung eines hinreichenden Grades der Substituierbarkeit[1479] der Leistungen sozialer Netzwerke. Diese ist aus Sicht der Marktgegenseite vorzunehmen,[1480] im vorliegenden Fall also aus Sicht eines verständigen Nutzers sozialer Netzwerke. Bislang haben jedoch weder die EU-Kommission noch das Bundeskartellamt für den Bereich der sozialen Netzwerke eine konkrete Marktabgrenzung vorgenommen.[1481] Im Rahmen des Fusionkontrollverfahrens Facebook/WhatsApp ergab

---

*Spiecker gen. Döhmann*, AnwBl 2011, 256, 257; zu § 12 Abs. 3 TMG *Bauer*, MMR 2008, 435, 436.

A.A. *Dammann*, ZD 2016, 307, 311; *Gierschmann*, ZD 2016, 51, 54, wonach die Regelung des Art. 7 Abs. 4 DSGVO auch außerhalb von Monopolstellungen Anwendung finden soll; unklar hingegen *Frenzel*, in: Paal/Pauly, DS-GVO/BDSG, Art. 7 Rn. 21.

1475 *Krohm/Müller-Peltzer*, ZD 2017, 551, 555; *Plath*, in: Plath DSGVO/BDSG, Art. 7 Rn. 14; *Schulz*, in: Gola, DS-GVO, Art. 7 Rn. 24, 26; die Monopolstellung als Indiz heranziehend *Heckmann/Paschke*, in: Ehmann/Selmayr, DS-GVO, Art. 7 Rn. 55; in diese Richtung auch *Ernst*, MMR 2017, 110, 112, der als Anwendungsbeispiel insbesondere Betreiber sozialer Netzwerke mit „signifikantem Marktanteil" nennt; a.A. *Dammann*, ZD 2016, 307, 311; *Frenzel*, in: Paal/Pauly, DS-GVO/BDSG, Art. 7 Rn. 21; *Gierschmann*, ZD 2016, 51, 54; *Golland*, MMR 2018, 130, 132 f.

1476 *Plath*, in: Plath, DSGVO/BDSG, Art. 7 Rn. 20; anders noch der Kommissionsentwurf, der auf ein Ungleichgewicht der Parteien abstellte, siehe oben Kap. 4 § 10 II. 1. b).

1477 Zur Anwendung des Bedarfsmarktkonzepts auf soziale Netzwerke *Rempe*, K&R 2017, 149 ff.; *Telle*, WRP 2016, 814, 816 ff.; *Wiedmann/Jäger*, K&R 2016, 217, 218.

1478 Bekanntmachung der Kommission über die Definition des relevanten Marktes im Sinne des Wettbewerbsrechts der Gemeinschaft, ABl. EG Nr. C 372 vom 09.12.1997, S. 5 f.; vgl. auch die in der ständigen Rechtsprechung zum Bedarfsmarktkonzept vom BGH geprägte Formel, wonach zu einem Markt alle Waren oder Dienstleistungen gehören, die sich nach Eigenschaften, Verwendungszweck und Preislage so nahestehen, dass der verständige Verbraucher sie als für die Deckung seines bestimmten Bedarfs gleichfalls geeignet ansieht (siehe etwa BGHZ 176, 1 Rn. 15 – „Soda Club II"; BGHZ 170, 299 Rn. 14 – „National Geographic II"; BGHZ 160, 321 Rn. 19 – „Staubsaugerbeutelmarkt"; BGH, NJW 1996, 2656 Rn. 24 – „Pay-TV-Durchleitung"; BGHZ 131, 107 Rn. 10 – „Backofenmarkt").

1479 Zur Substituierbarkeit von Gütern *Pindyck/Rubinfeld*, Mikroökonomie, S. 54, 115 ff.

1480 *Fuchs/Möschel*, in: Immenga/Mestmäcker, EU-Wettbewerbsrecht, Art. 102 AEUV Rn. 49.

1481 *Paal*, GRUR 2013, 873, 880; *Paal*, in: Gersdorf/Paal, Informations- und Medienrecht, Art. 102 AEUV Rn. 79. Das Bundeskartellamt eröffnete 2016 ein Verfahren gegen Facebook wegen Verdachts auf Marktmachtmissbrauch, siehe BKartA, Pressemitteilung vom 02.03.2016, abrufbar unter https://www.bundeskartellamt.de/SharedDocs/Meldung/DE/Pressemitteilun

sich jedoch, dass zumindest persönliche Profile und Freundes-/Kontaktlisten als wesentliche Funktionen sozialer Netzwerke angesehen werden.[1482]

Zum Teil wird vorgeschlagen, den sachlich abgrenzbaren Markt nach Zielgruppen zu bestimmen.[1483] Diese Abgrenzung hilft jedoch bei allgemeinen, zielgruppenübergreifenden sozialen Netzwerken nicht weiter. Gerade bei diesen handelt es sich jedoch um die größten Marktakteure. Ferner würde dies dazu führen, dass ein frisch gegründetes Netzwerk mit nur wenigen Nutzern, das auf eine bisher nicht erfasste Zielgruppe ausgerichtet ist – z.B. ein soziales Netzwerk für blinde Angler –, höheren datenschutzrechtlichen Anforderungen genügen müsste als weit größere Netzwerke ohne beherrschende Marktposition. Diese Abgrenzung nach Zielgruppen führt, soweit die marktbeherrschende Stellung als Erfordernis für die Anwendbarkeit des Kopplungsverbots erachtet wird, zu absurden Ergebnissen.[1484]

In Bezug auf die Substituierbarkeit der Leistung ist einerseits denkbar, dass Gegenstand der Leistung allein die Zurverfügungstellung der typischen Funktionen ist (Einrichten eines Profils, Statusupdates, Nachrichten versenden etc.), andererseits, dass darüber hinaus auch die Vermittlung des Kontakts zu bestimmten anderen Personen Teil der Leistung des Netzwerkbetreibers ist. Zwar vermag jeder Betreiber eines sozialen Netzwerks prinzipiell dieselben Funktionen anbieten, die Mitgliedschaft in einem sozialen Netzwerk ist jedoch dann sinnlos, wenn sich alle anderen Freunde in einem anderen Netzwerk befinden und die Vernetzung mit diesem infolgedessen nicht möglich ist.[1485] Der Nutzer registriert sich in einem sozialen Netzwerk, um gerade mit den übrigen Nutzern dieses sozialen Netzwerks (und nicht etwa den eines anderen) zu interagieren. Die Mitgliedschaft in einem anderen sozialen Netzwerk, welches womöglich darüber hinaus eine andere inhalts- oder publikumsspezifische Ausrichtung hat, oder schlichtweg nicht die gleiche Zahl möglicher Kontakte birgt, erfüllt aus Sicht des Nutzers nicht denselben Zweck. Während bspw. ein Autofahrer bei der einen oder aber einer anderen Tankstelle tanken kann, und der steigende Marktanteil des einen Wettbewerbers zugleich zu einem sinkenden Marktanteil des jeweils anderen führt, sodass die kumulierten Anteile aller Wettbewerber den Gesamtmarkt abbilden, verhält es sich bei sozialen Netzwerken anders: Ein solcher Marktanteil lässt sich nicht bemessen, sondern lediglich die Verbreitung des sozialen Netzwerks, da es möglich – und üblich – ist, dass Nutzer in mehreren Netzwerken parallel aktiv sind.[1486] Die Zurverfügungstellung derselben

---

gen/2016/02_03_2016_Facebook.html (Stand: 9/2018). Ausführlich zur Marktstellung von Facebook *Rempe,* K&R 2017, 149 ff.
1482 *Wiedmann/Jäger,* K&R 2016, 217, 218.
1483 *Bauer,* MMR 2008, 435, 437 mit den Beispielen studiVZ und schülerVZ für Studenten bzw. Schüler.
1484 So bereits *Golland,* MMR 2018, 130, 132.
1485 *Rogosch,* Die Einwilligung im Datenschutzrecht, S. 86.
1486 *Rempe,* K&R 2017, 149, 151.

Funktionen erfüllt nicht die Hoffnungen des Nutzers.[1487] Dies deckt sich auch mit der Beobachtung, dass sich Nutzer die Abkehr von ihrem genutzten sozialen Netzwerk kaum vorstellen können.[1488] Die Dienstleistungen „Nutzung des Netzwerks" der verschiedenen Betreiber sozialer Netzwerke weisen demnach untereinander keine unmittelbare Substituierbarkeit auf. Die soziale Gravitation führt mithin dazu, dass jedes Netzwerk seinen eigenen Markt bildet.[1489] Solange keine Interoperabilität verschiedener Plattformen gewährleistet ist, muss die Gleichwertigkeit verschiedener Angebote abgelehnt werden.[1490]

Damit sind die verschiedenen Anbieter sozialer Netzwerke auf ihrem jeweiligen Markt als Monopolisten zu betrachten, da nur der Anbieter des jeweilig betrachteten sozialen Netzwerks die Vernetzung zwischen den in dem jeweiligen sozialen Netzwerk registrierten Nutzern ermöglichen kann. Im Bereich der hier betrachteten zentralen sozialen Netzwerke[1491] führt die Beschränkung der Anwendbarkeit des Art. 7 Abs. 4 DSGVO auf Monopolisten zu keinerlei Auswirkungen, da kein kumulativer Markt existiert, sondern jedes Netzwerk seinen eigenen Markt formiert.

dd) Reichweite des Kopplungsverbots

Festzuhalten bleibt jedoch, dass dieses Verbot nur greift, sofern Datenverarbeitungsvorgänge in Rede stehen, die für die Diensteerbringung nicht erforderlich sind und die Nutzung von der Einwilligung in die Verarbeitung dieser Daten abhängig gemacht wird. Wird nach bereits erfolgter Registrierung die volle Funktionsfähigkeit des sozialen Netzwerks bereitgestellt, so existiert keine Leistung, deren Erbringung von der Erteilung der Einwilligung abhängig gemacht werden könnte.

Soweit die Nutzung des Dienstes nicht vom späteren Ausfüllen des Profils durch den Betroffenen abhängig gemacht wird, greift das Verbot des Art. 7 Abs. 4 DS-GVO daher in der vorliegend untersuchten Konstellation nicht.

b) Einwilligungserklärung

Wird der Nutzer über die Verarbeitung des Netzwerkbetreibers in ausreichendem Maß gem. Artt. 13, 14 DSGVO informiert, ist die Einholung einer wirk-

---

[1487] I.E. auch *Buchner/Kühling,* in: Kühling/Buchner, DS-GVO/BDSG, Art. 7 Rn. 53, die die Wahl eines anderen sozialen Netzwerks nicht als „zumutbare Alternative" betrachten.
[1488] Siehe die Nachweise in Fn. 150.
[1489] Ausführlich *Klotz,* WuW 2016, 58, 60 ff.; ebenso *Golland,* MMR 2018, 130, 133; vgl. auch *Spiecker gen. Döhmann,* K&R 2012, 717, 718, die sozialen Netzwerken eine Tendenz zur natürlichen Monopolbildung attestieren.
[1490] A.A. *Achtruth,* Der rechtliche Schutz bei der Nutzung von Social Networks, S. 153, der eine Gleichwertigkeit der Leistungen verschiedener Anbieter annimmt. Diese Ansicht unterstellt damit jedoch, dass z. B. ein Nutzer, der Kontakt zu seinen Facebook-Freunden aufbauen oder wahren möchte, sich bei Google+ anmelden könnte um sich mit seinen Facebook-Kontakten zu vernetzen. Gerade dies ist aber bei zentralen sozialen Netzwerken nicht möglich.
[1491] Anderes mag für dezentrale soziale Netzwerke gelten, siehe oben Kap. 1 § 2 II.

samen Einwilligung prinzipiell möglich. In der Praxis der sozialen Netzwerke wird die Einwilligung nicht in Form eines mit „Einwilligung" überschriebenen Textes erklärt, vielmehr betätigt der Nutzer beim Ausfüllen des Profils einen mit „Speichern" oder ähnlich beschrifteten Button. Dies steht jedoch einer Einwilligung nicht entgegen.[1492] Erforderlich ist aber, dass der Nutzer zuvor über die Wirkung seines Klicks aufgeklärt wurde.[1493] Der Nutzer muss wissen, welche Folgen das Betätigen des Buttons beim Ausfüllen des Profils hat, d. h. er muss insbesondere über die genauen Umstände der auf den Klick folgenden Speicherung und Offenlegung aufgeklärt werden.

Die Einwilligung kann unter Beachtung des Trennungs- und Transparenzgebots des Art. 7 Abs. 2 DSGVO[1494] auch sachverhaltsübergreifend erklärt werden; beispielsweise kann sie in den Nutzungsbedingungen im Rahmen der Registrierung erfolgen. In diesem Fall müsste der Nutzer vom Netzwerkbetreiber über die Auswirkungen eines zukünftigen Klicks auf den jeweiligen Button informiert werden. Dies kann der Netzwerkbetreiber jedoch nur eingeschränkt leisten. Beispielsweise kann der Netzwerkbetreiber nicht antizipieren, wem die Daten letztlich offengelegt werden, insbesondere dann nicht, wenn dem Nutzer selbst die Einstellung der Zugänglichkeit (häufig als „Privatsphäreeinstellungen" bezeichnet) überlassen wird. In diesem Fall hat, zusätzlich zu den Informationen, die dem Nutzer im Rahmen der Registrierung mitgeteilt wurden, eine Information über die konkreten Auswirkungen seiner Handlung zu erfolgen. Dies kann etwa durch eingeblendete Hinweise geschehen. Ausreichend ist insoweit die Angabe der Empfängerkategorien,[1495] z. B. „Deine Kontakte". Erforderlich ist, dass die Information über die Auswirkungen, die die jeweilige Sichtbarkeitseinstellung mit sich bringt, an der Stelle bereitgehalten werden, an der die Einstellung vom Nutzer vorgenommen werden kann.[1496] Über Aspekte der Datenverarbeitung, hinsichtlich derer der Nutzer bereits seine Einwilligung erklärt hat (etwa, dass zum Zwecke der Veröffentlichung die entsprechenden Daten auch beim Betreiber des sozialen Netzwerks gespeichert werden), muss nicht erneut informiert werden. Müsste der Verantwortliche jedes Mal erneut hinsichtlich aller beabsichtigten Datenverarbeitungsvorgänge, auch soweit sie gleichgelagert sind, umfassend informieren, wäre der Einwilligung ihre Praktikabilität und auch ihr Charakter als antizipierte Erlaubnis[1497] genommen.

Erfolgt die Information, wie vorstehend erläutert, in mehreren Schritten, ist es nicht ausreichend, wenn die relevanten Informationen einmal verständlich und leicht zugänglich waren (z. B. bei der Registrierung). Der Schutzzweck des Art. 7 Abs. 2 DSGVO ist nur erfüllt, wenn die Informationen auch zum Zeitpunkt der Mitteilung der weiteren Informationen, insbesondere der Empfängerkategorien,

---

1492 Vgl. Erwägungsgrund 32 Satz 2 („Anklicken eines Kästchens").
1493 *Piltz,* Soziale Netzwerke im Internet, S. 298.
1494 Dazu siehe oben Kap. 4 § 10 II. 1. d).
1495 Vgl. Art. 13 Abs. 1 lit. e DSGVO.
1496 *Piltz,* Soziale Netzwerke im Internet, S. 141.
1497 *Spindler/Nink,* in: Spindler/Schuster, Recht der elektronischen Medien, § 4a BDSG Rn. 1.

Kap. 4 Zulässigkeit des Datenumgangs in sozialen Netzwerken

leicht zugänglich sind. Dieses Kriterium findet sich in ähnlicher Form in § 13 Abs. 2 Nr. 3 TMG. Wird diese Wertung herangezogen, so muss gewährleistet werden, dass die Erklärung zumindest über einen eindeutigen, allgemeinverständlichen Hyperlink abgerufen werden kann.[1498] Der Netzwerkbetreiber sollte daher sämtliche Informationen, die die Grundlage für die Einwilligung bilden, stets abrufbar halten. Dies kann etwa dadurch realisiert werden, dass der Netzwerkbetreiber im Footer seiner Website einen mit „Datenschutzerklärung" oder mit ähnlich eindeutiger Beschriftung versehenen Link zum Einwilligungstext bereithält.

Wurde der Nutzer in ausreichendem Maße in der erforderlichen Weise informiert, weiß der Nutzer, wer auf sein Profil und die darin enthaltenen Daten Zugriff hat. Durch die Eingabe der Daten und das Einstellen ihrer Sichtbarkeit regelt der Nutzer die Reichweite seiner konkludenten Einwilligung und bringt sein informationelles Selbstbestimmungsrecht zum Ausdruck.[1499] Daher ist das Einstellen von Daten in sein Profil nach Regelung des Empfängerkreises als wirksame konkludente datenschutzrechtliche Einwilligung zu qualifizieren,[1500] sodass die Verarbeitung durch den Netzwerkbetreiber nach Art. 6 Abs. 1 Satz 1 lit. a DSGVO zulässig ist.

## 2. Vertragserfüllung

Liegt eine wirksame Einwilligung vor, ist kein Rückgriff auf die weiteren Erlaubnistatbestände erforderlich, bleibt aber möglich.[1501] Soweit eine Verarbeitung auch nach einer anderen Rechtsgrundlage zulässig ist, hat dies den Vorteil, dass die Verarbeitung nicht dem Risiko des Widerrufs und der daraus folgenden Unzulässigkeit der Verarbeitung ausgesetzt ist.[1502] Insbesondere kommt eine Rechtfertigung gem. Art. 6 Abs. 1 Satz 1 lit. b DSGVO in Betracht. Danach ist die Verarbeitung rechtmäßig, wenn diese zur Erfüllung eines Vertrages mit dem Betroffenen erforderlich ist.[1503]

---

1498 *Heckmann,* in: Heckmann, jurisPK-Internetrecht, Kap. 9 Rn. 219; *Spindler/Nink,* in: Spindler/Schuster, Recht der elektronischen Medien, § 13 TMG Rn. 8.
1499 *Piltz,* Soziale Netzwerke im Internet, S. 141.
1500 *Piltz,* Soziale Netzwerke im Internet, S. 141; wohl auch *Ott,* MMR 2009, 158, 161; *Spindler/Nink,* in: Spindler/Schuster, Recht der elektronischen Medien, § 4a BDSG Rn. 17, die in diesen Fällen sogar eine Einwilligung in die Crawler-Tätigkeiten von Suchmaschinen annehmen, sodass sich des Netzwerkbetreibers erst recht auf die Einwilligung stützen dürfte.
1501 Dies ergibt sich u. a. aus dem Wortlaut des Art. 6 Abs. 1 DSGVO (ausführlich zu dieser Fragestellung oben Kap. 4 § 10 II. 1).
1502 *Borges,* in: Borges/Meents, Rechtshandbuch Cloud Computing, § 8 Rn. 27 („soweit"); a. A. offenbar *Splittgerber,* in: Splittgerber, Rechtsfragen Social Media, Kap. 3 Rn. 89, der die Unzulässigkeit der Verarbeitung auch dann annimmt, wenn der Betroffene seine sich auch auf anderweitig gerechtfertigte Datenverarbeitungsvorgänge erstreckende Einwilligung widerruft.
1503 Siehe oben Kap. 4 § 10 II. 2.

Die Reichweite dieser Bestimmung richtet sich nach dem zur Verfügung gestellten Dienst.[1504] Machen die genutzten Funktionen die jeweilige Datenverarbeitung erforderlich, wird die Datenverarbeitung zur Vertragserfüllung zulässig sein. Die Datenverarbeitung des Netzwerkbetreibers dient insofern dazu, den Eingabeaufforderungen des Nutzers nachzukommen.[1505] Hierdurch erfüllt der Netzwerkbetreiber sein Leistungsversprechen, nämlich dem Nutzer ein Netzwerk mit bestimmten Funktionalitäten zur Verfügung zu stellen.[1506] Im Regelfall ist daher eine wirksame Einwilligung, soweit es das Speichern und Offenlegen von Daten im Profil betrifft, obsolet. Das Ausfüllen des Profils kann grundsätzlich auf Art. 6 Abs. 1 Satz 1 lit. b DSGVO gestützt werden.

*3. Interessenabwägung*

Zuletzt kommt auch eine Rechtfertigung der im Wege der Ausfüllung des Profils anfallenden Verarbeitungsschritte über Art. 6 Abs. 1 Satz 1 lit. f DSGVO in Betracht. Wenn schon die Verarbeitung sensibler Daten, die mit Willen des Betroffenen öffentlich gemacht werden, gerechtfertigt ist (dazu sogleich), dann erst recht die Verarbeitung „normaler" Daten.[1507] Wenn der Betroffene in den Eingabefeldern seines Profils mit dem Willen der Veröffentlichung Daten eingibt, so ist die anschließende Verarbeitung durch den Netzwerkbetreiber nach Art. 6 Abs. 1 Satz 1 lit. f DSGVO, jedenfalls soweit diese mit dem Publikationswillen des Nutzers erfolgt, gerechtfertigt.

*4. Verarbeitung sensibler Daten*

Üblich ist auch die Eingabe sensibler Daten beim Ausfüllen des Profils. Häufig wird etwa die sexuelle Orientierung erfragt.[1508] Hierfür müsste einer der Ausnahmetatbestände des Art. 9 Abs. 2 DSGVO erfüllt sein. Wie dargestellt, kann der Netzwerkbetreiber die „normale" Datenverarbeitung sowohl auf eine konkludente Einwilligung, wie auch auf die Vertragserfüllung stützen. Der die Datenverarbeitung zur Vertragserfüllung regelnde Art. 6 Abs. 1 Satz 1 lit. b DSGVO hat kein Äquivalent in Art. 9 Abs. 2 DSGVO, das die Verarbeitung sensibler Daten erlaubt.[1509] Das Äquivalent zu Art. 6 Abs. 1 Satz 1 lit. a DSGVO ist Art. 9 Abs. 2 lit. a DSGVO, der festlegt, dass eine Verarbeitung sensibler Daten dann möglich ist, wenn eine ausdrückliche, sich auf die sensiblen Daten beziehende Einwilligung vorliegt. Eine solche scheidet jedoch schon deshalb aus, weil eine Einwilligung, die darin besteht, nach Eintippen der Daten einen bestimmten

---

1504 In diese Richtung für soziale Netzwerke *Splittgerber,* in: Splittgerber, Rechtsfragen Social Media, Kap. 3 Rn. 71; allgemein *Simitis,* in: Simitis, BDSG, § 28 Rn. 57.
1505 *Kampert,* Datenschutz in sozialen Online-Netzwerken, S. 223.
1506 *Kampert,* Datenschutz in sozialen Online-Netzwerken, S. 223.
1507 In die Interessenabwägung nach Art. 6 Abs. 1 Satz 1 lit. f DSGVO ist die Wertung des Art. 9 Abs. 2 lit. e DSGVO hineinzulesen, siehe oben Kap. 4 § 11 IV. 1.
1508 Siehe die Übersicht bei Kap. 1 § 2 III. 1. a).
1509 Dies kritierend *Schneider,* ZD 2017, 303, 305 f.

Button anzuklicken, lediglich eine konkludente Einwilligung darstellt, welche nicht das Ausdrücklichkeitserfordernis des Art. 9 Abs. 2 lit. a DSGVO erfüllt.[1510] Möglich ist hingegen die Rechtfertigung über Art. 9 Abs. 2 lit. e DSGVO. Füllt der Nutzer freiwillig entsprechende Felder aus, deckt sich die Publikation vollständig mit der Intention des Betroffenen. Dies ist entscheidend für die Zulässigkeit der Verarbeitung gem. Art. 9 Abs. 2 lit. e DSGVO.[1511] Der Betroffene entscheidet, wann, welche Daten unter welchen Umständen über ihn preisgegeben werden.[1512] Daher ist die Verarbeitung durch den Netzwerkbetreiber, auch soweit sie sensible Daten betrifft, zulässig.

*5. Zwischenergebnis*

Das Ausfüllen des Profils kann prinzipiell auf eine Einwilligung gestützt werden. Unabhängig von der Einwilligung ist die vom Betroffenen selbst intendierte Verarbeitung zwecks Ausfüllen des Profils sowohl im Wege der Vertragserfüllung nach Art. 6 Abs. 1 Satz 1 lit. b DSGVO, als auch im Wege der Interessenabwägung nach Art. 6 Abs. 1 Satz 1 lit. f DSGVO gerechtfertigt. Da der Nutzer die Daten selbst bewusst veröffentlicht, ist irrelevant, ob es sich dabei um sensible Daten, intime Informationen oder „normale" Daten handelt.

### III. Statusupdates, Nutzerreaktionen, Beiträge in Gruppen/ Veranstaltungen/Fansites, Nachrichten

Bei Statusupdates, Nachrichten, Nutzerreaktionen sowie bei Beiträgen in Gruppen, Veranstaltungen oder auf Fansites ist der Netzwerkbetreiber für die Speicherung und Offenlegung grds. verantwortlich.[1513] Hierbei ist danach zu differenzieren, ob der Betroffene personenidentisch mit dem verfassenden Nutzer ist oder ob es sich um einen Außenstehenden handelt.

*1. Nutzer ist alleiniger Betroffener*

Soweit es sich um Daten handelt, die allein den verfassenden Nutzer betreffen, besteht kein Unterschied zwischen dem Ausfüllen des Profils und der hier untersuchten Datenverarbeitung.[1514] Hier liegt – eine wirksame Information des Betroffenen vorausgesetzt – eine konkludente Einwilligung durch Eingabe der Daten und Klicken auf einen entsprechend bezeichneten Button (etwa „Posten", „Senden", „Abschicken" oder „Veröffentlichen") vor. Darüber hinaus handelt der Netzwerkbetreiber zur Erfüllung des mit dem Nutzer geschlossenen Nut-

---

1510 Siehe oben Kap. 4 § 10 III. 3. a).
1511 Siehe oben Kap. 4 § 10 III. 3. c) dd).
1512 Vgl. Kap. 4 § 11 II. 2. b).
1513 Siehe die Übersichten bei Kap. 3 § 7 VI und Kap. 3 § 8 VI.
1514 Vgl. Kap. 4 § 13 II.

§ 13 Verantwortungsbereich des Netzwerkbetreibers

zungsvertrags, sodass die Verarbeitungsvorgänge – unabhängig vom Vorliegen einer wirksamen Einwilligung – auch gem. Art. 6 Abs. 1 Satz 1 lit. b DSGVO gerechtfertigt sind.[1515] Soweit sensible Daten durch den Betroffenen eingegeben und infolgedessen durch den Netzwerkbetreiber verarbeitet werden, bedarf es eines besonderen Rechtfertigungsgrundes des Art. 9 Abs. 2 DSGVO. Hier liegt der Fall der offensichtlichen Veröffentlichung durch den betroffenen Nutzer vor (Art. 9 Abs. 2 lit. e DSGVO). Die Verarbeitung von Nutzerdaten ist in diesen Fällen stets rechtmäßig.

*2. Datenverarbeitung betrifft (auch) Dritte*

Soweit die Daten (auch) Dritte betreffen, was zumindest bei Nutzerbeiträgen in Form von Kommentaren und vereinfachten Nutzerreaktionen auf Interaktionsebene notwendig ist, ist eine andere Beurteilung geboten. Insoweit lässt sich die Datenverarbeitung des Netzwerkbetreibers nicht mehr als Erfüllung eines Vertrages mit dem Betroffenen qualifizieren.[1516] Auch eine Einwilligung des Betroffenen scheidet aus, da dem Betroffenen die über ihn verarbeiteten Daten vor Beginn der Verarbeitung im Regelfall nicht bekannt sein werden. Eine Rechtfertigung über Art. 6 Abs. 1 Satz 1 lit. a, b DSGVO ist daher nicht möglich, sodass eine Interessenabwägung nach Art. 6 Abs. 1 Satz 1 lit. f DSGVO geboten ist.[1517] Dabei hat derjenige, der nicht Urheber der Information ist, nicht jeden einzelnen Datenverarbeitungsvorgang zu prüfen, sondern kann sich grds. auf eine summarische Prüfung beschränken.[1518] Die Situation ist vergleichbar mit dem administrierenden Nutzer, der für die Offenlegung der durch einen anderen eingegebenen Daten verantwortlich ist.[1519] Dies führt dazu, dass die Datenverarbeitung dann rechtswidrig ist, wenn der Netzwerkbetreiber Anhaltspunkte für entgegenstehende Interessen des Betroffenen hatte. Letzteres ist insbesondere dann anzunehmen, wenn sensible Daten i. S. d. Art. 9 Abs. 1 DSGVO oder Informationen aus der Intimsphäre verarbeitet werden, wenn eine Gesamtschau aller Umstände zu der Einschätzung führen muss, dass die Datenverarbeitung rechtswidrig wäre oder wenn der Betroffene der Datenverarbeitung gem. Art. 21 Abs. 1 DSGVO widerspricht.[1520]

Erhöhte Anforderungen an die Interessenabwägung des Netzwerkbetreibers ergeben sich auch dann, wenn der Netzwerkbetreiber durch eine bestimmte thematische Ausrichtung des sozialen Netzwerks die Verarbeitung von bestimmten

---

1515 So zu § 28 Abs. 1 Nr. 1 BDSG a. F. *Splittgerber,* in: Splittgerber, Rechtsfragen Social Media, Kap. 3 Rn. 69.
1516 *Kampert,* Datenschutz in sozialen Online-Netzwerken, S. 224.
1517 Vgl. *Gennen/Kremer,* ITRB 2011, 59, 62 f., wonach im Nutzer-Betreiber-Verhältnis bei Scheitern der Einwilligung die Interessenabwägung als einziger Rechtfertigungstatbestand in Betracht kommt.
1518 Siehe oben Kap. 4 § 10 II. 3. b) cc); für eine grundsätzliche Zulässigkeit der Verarbeitung von Nutzerbeiträgen auch *Splittgerber,* in: Splittgerber, Rechtsfragen Social Media, Kap. 3 Rn. 77.
1519 Vgl. oben Kap. 4 § 11 V. 3.
1520 Siehe oben Kap. 4 § 11 V. 3.

Daten provoziert.[1521] Eine Eingabe von intimen Informationen oder sensiblen Daten Dritter durch den Nutzer ist vor allem bei Datingportalen sowie bei Gesundheits- und Selbsthilfeportalen denkbar. Die Verarbeitung solcher Daten ist regelmäßig rechtswidrig, wenn der Betroffene diese nicht selbst öffentlich gemacht hat.[1522] Betreibt der Netzwerkbetreiber ein solches Portal, so kann er damit rechnen, dass Nutzer nicht nur intime Informationen oder sensible Daten über sich selbst veröffentlichen,[1523] sondern auch über Dritte, insbesondere über Personen, mit denen sie in Kontakt stehen. Der Netzwerkbetreiber muss bei diesen Portalen entweder jeden Beitrag zunächst einzeln prüfen oder aber anderweitig die Voraussetzungen schaffen, dass solche Daten nicht über seine Infrastruktur verarbeitet werden, z. B. durch einen entsprechenden Hinweis, der unter dem Eingabefenster eingeblendet wird oder eine zusätzliche Abfrage, wenn der Nutzer seine Äußerung über einen Dritten publizieren möchte.

### IV. Besonderheiten bei der Verarbeitung von Daten Minderjähriger

Besondere Probleme wirft die Verarbeitung von Daten minderjähriger Betroffener auf. Die DSGVO enthält Regelungen, um deren besonderer Schutzbedürftigkeit gerecht zu werden. Diese Regelungen haben Auswirkungen auf die Einwilligungsfähigkeit, die Möglichkeit, auf Grundlage eines Vertrags Daten von Minderjährigen zu verarbeiten, sowie auf die Interessenabwägung nach Art. 6 Abs. 1 Satz 1 lit. f DSGVO. Daher sollen im Folgenden die Besonderheiten dieser Rechtfertigungstatbestände in Hinblick auf die Verarbeitung von Daten minderjähriger Nutzer herausgestellt werden.

#### 1. Die Einwilligung des Minderjährigen

Gem. Art. 8 Abs. 1 Satz 1 Halbsatz 2 DSGVO ist die Einwilligung eines Betroffenen, der das 16. Lebensjahr vollendet hat, wirksam. Die Einwilligung liefert bei Betroffenen unter 16 Jahren dagegen nur dann eine wirksame Rechtsgrundlage, wenn die Einwilligung durch den gesetzlichen Vertreter oder mit dessen Zustimmung erteilt wird (Art. 8 Abs. 1 Satz 2 DSGVO).

Bei isolierter Betrachtung des Wortlauts von Art. 8 Abs. 1 DSGVO, der von der „Rechtmäßigkeit" der Verarbeitung spricht, könnte angenommen werden, dass bei Vorliegen der dort normierten Voraussetzungen die Wahrung der in Artt. 6, 7 DSGVO normierten allgemeinen Rechtmäßigkeitsvoraussetzungen obsolet ist.

---

1521 *Jandt/Roßnagel*, in: Schenk/Niemann/Reinmann/Roßnagel, Digitale Privatsphäre, S. 361.
1522 Eine Rechtfertigung bei sensiblen Daten scheidet mangels Anwendbarkeit des Art. 9 Abs. 2 lit. e DSGVO aus; eine Rechtfertigung über die Interessenabwägung des Art. 6 Abs. 1 Satz 1 lit. f DSGVO ebenfalls, siehe oben Kap. 4 § 11 IV. 1.
1523 Die Verarbeitung dieser Daten durch den Netzwerkbetreiber wäre in Anwendung von Art. 9 Abs. 2 lit. e DSGVO stets rechtmäßig, siehe oben Kap. 4 § 13 III. 1.

Allerdings soll Art. 8 Abs. 1 DSGVO nicht hiervon entbinden; vielmehr sind die Anforderungen als zusätzliche Voraussetzungen zu interpretieren.[1524]

a) Angebot an Minderjährige

Art. 8 DSGVO findet im Rahmen der Einwilligung nur Anwendung, wenn es um die Einwilligung im Rahmen von Diensten der Informationsgesellschaft geht, die Minderjährigen[1525] direkt angeboten werden. Mit „Diensten der Informationsgesellschaft" sind Dienste i. S. v. Art. 2 lit. a der sog. eCommerce-Richtlinie[1526] bezeichnet, zu denen auch soziale Netzwerke zählen.[1527] Hier normiert der Gesetzgeber eine beachtliche Pflicht zur Differenzierung innerhalb des Minderjährigendatenschutzes: Während eine wirksame Einwilligung des Minderjährigen bereits ab dem 16. Lebensjahr möglich ist, werden die Pflichten nach Art. 8 Abs. 1 DSGVO bereits dann ausgelöst, wenn er sich an Minderjährige gleich welchen Alters richtet. Die Anwendbarkeit der Norm entfällt also nicht bereits dann, wenn der Diensteanbieter sich an Personen ab 16 Jahren richtet, sondern erst, wenn er sich ausschließlich an Volljährige richtet. Art. 8 Abs. 1 Satz 1 Halbsatz 1 DSGVO normiert daher zwei unterschiedliche Altersgrenzen, von denen die eine für die Anwendbarkeit der Norm maßgeblich ist, die andere für die Wirksamkeit der Einwilligung.

Eine weitere Voraussetzung ist, dass das Angebot „direkt" an Kinder gemacht wird. Wann dies der Fall ist, ist bislang umstritten. Einzig unstreitig ist, dass sich Angebote, die sich spezifisch an Erwachsene richten, nicht erfasst sind.[1528] Problematisch sind vor allem „dual use"-Angebote, also Dienste, die faktisch sowohl von Erwachsenen als auch von Kindern in Anspruch genommen werden. Nach zum Teil vertretener Ansicht soll ein direktes Angebot an Minderjährige i. S. v. Art. 8 Abs. 1 DSGVO nur dann vorliegen, wenn sich der Diensteanbieter deutlich an Kinder richtet,[1529] was etwa durch entsprechende Werbung, speziell kindgerechte Inhalte oder Ansprache mit „nur für Kids" o. ä. geschehen kann. Dies würde jedoch den Anwendungsbereich der Vorschrift stark verkürzen und

---

1524 So auch *Schulz,* in: Gola, DS-GVO, Art. 8 Rn. 11; i. E. auch *Buchner/Kühling,* in: Kühling/Buchner, DS-GVO/BDSG, Art. 8 Rn. 19; *Heckmann/Paschke,* in: Ehmann/Selmayr, DS-GVO, Art. 8 Rn. 8.

1525 „Kind" im Verständnis der DSGVO bezeichnet alle natürlichen Personen vor Vollendung des 18. Lebensjahres, siehe Fn. 1401.

1526 Richtlinie 2000/31/EG des Europäischen Parlaments und des Rates vom 8. Juni 2000 über bestimmte rechtliche Aspekte der Dienste der Informationsgesellschaft, insbesondere des elektronischen Geschäftsverkehrs, im Binnenmarkt („Richtlinie über den elektronischen Geschäftsverkehr").

1527 *Buchner/Kühling,* in: Kühling/Buchner, DS-GVO/BDSG, Art. 4 Nr. 25 Rn. 7; *Gola/Schulz,* ZD 2013, 475, 477; *Greve,* in: Auernhammer, DSGVO/BDSG, Art. 8 Rn. 7; *Kampert,* in: Sydow, DSGVO, Art. 4 Rn. 269; *Schulz,* in: Gola, DS-GVO, Art. 8 Rn. 13.

1528 *Heckmann/Paschke,* in: Ehmann/Selmayr, DS-GVO, Art. 8 Rn. 22; ebenso *Buchner/Kühling,* in: Kühling/Buchner, DS-GVO/BDSG, Art. 8 Rn. 17, die jedoch als weitere Voraussetzung eine wirksame Altersverifikation fordern.

1529 *Joachim,* ZD 2017, 414, 416; *Spindler,* DB 2016, 937, 940; in diese Richtung auch *Schulz,* in: Gola, DS-GVO, Art. 8 Rn. 15 f.

Kap. 4 Zulässigkeit des Datenumgangs in sozialen Netzwerken

darüber hinaus ausgerechnet diejenigen Diensteanbieter privilegieren, die Inhalte anbieten, die gerade nicht für Minderjährige geeignet, aber für selbige frei zugänglich sind. Aufgrund der Ubiquität des Internets sind grds. alle Dienste jedem zugänglich. Daher stellt ein uneingeschränkt zugänglicher Dienst ein Angebot an Jedermann – einschließlich an Minderjährige – dar. Da die Vorschrift dem Schutz von Kindern und Jugendlichen dienen soll, sind von ihr nach überwiegender Auffassung auch Dienste erfasst, die sich zwar nicht explizit an Kinder richten, diesen aber offenstehen.[1530] Entscheidend ist die Zielgruppeneinordnung, wobei Art. 8 DSGVO zum Schutz der Minderjährigen auch dann Anwendung finden muss, wenn sich keine Zielgruppe feststellen lässt.[1531] Dies ist im Bereich der sozialen Netzwerke erfüllt, wenn der Netzwerkbetreiber der Volljährigkeit der Nutzer keinen Wert beimisst, d. h. er die Registrierung von minderjährigen Personen nicht unterbindet.

Der Netzwerkbetreiber kann ein solches Angebot an Minderjährige etwa ausschließen, indem er seinem Angebot Jugendschutzprogramme vorschaltet,[1532] eine Seite mit dem Hinweis, dass das Betreten seines Internetangebots nur Personen ab 18 Jahren gestattet ist und indem er bei der Registrierung nur die Angabe von Geburtsdaten zulässt, die mindestens 18 Jahre zurückliegen. Überwindet ein Minderjähriger, der das 16. Lebensjahr vollendet hat, diese Hindernisse, ist dies unschädlich, da sich das Anbieten des Diensts – ausweislich des Wortlauts – an der Volljährigkeit orientiert, die Wirksamkeit der Einwilligung an der Vollendung des 16. Lebensjahres. Überwindet hingegen ein Minderjähriger, der das 16. Lebensjahr noch nicht vollendet hat, diese Hindernisse, ist für die Wirksamkeit der Einwilligung maßgeblich, ob dieses Verhalten durch eine vorherige Zustimmung des gesetzlichen Vertreters gedeckt ist.

b) Feststellung des Alters

Sofern sich das Angebot des Netzwerkbetreibers zumindest auch an Minderjährige richtet, hängt die Wirksamkeit der Einwilligung davon ab, ob der Minderjährige das 16. Lebensjahr vollendet hat. Hat er dies, kann er die Einwilligung ohne Mitwirkung der Eltern wirksam erklären; ist noch nicht 16 Jahre alt, ist gem. Art. 8 Abs. 1 Satz 2 DSGVO entscheidend, ob der gesetzliche Vertreter ein-

---

1530 So i. E. auch *Buchner/Kühling,* in: Kühling/Buchner, DS-GVO/BDSG, Art. 8 Rn. 16 ff.; *Frenzel,* in: Paal/Pauly, DS-GVO/BDSG, Art. 8 Rn. 7; *Greve,* in: Auernhammer, DSGVO/BDSG, Art. 8 Rn. 8; *Heckmann/Paschke,* in: Ehmann/Selmayr, DS-GVO, Art. 8 Rn. 21 f.; *Karg,* in: BeckOK DatenschutzR, Art. 8 Rn. 50; *Taeger,* in: Taeger/Gabel, DSGVO, Art. 8 Rn. 16; ähnlich *Kampert,* in: Sydow, DSGVO, Art. 8 Rn. 9, der im Bereich sozialer Netzwerke auf die Nutzungsbedingungen des Diensteanbieters abstellt.
1531 *Heckmann/Paschke,* in: Ehmann/Selmayr, DS-GVO, Art. 8 Rn. 22.
1532 Implizit auch *Buchner/Kühling,* in: Kühling/Buchner, DS-GVO/BDSG, Art. 8 Rn. 17; vgl. zu § 11 JMStV *Liesching/Schuster,* Jugendschutzrecht, § 11 JMStV Rn. 7 ff.; *Schulz,* in: Hahn/Vesting, Rundfunkrecht, § 11 JMStV Rn. 28 ff.

## § 13 Verantwortungsbereich des Netzwerkbetreibers

willigt oder eine – nach Wortlaut und Telos der Vorschrift ausschließlich vorherige[1533] – Zustimmung des gesetzlichen Vertreters vorliegt.

Um als Netzwerkbetreiber festzustellen, ob der gesetzliche Vertreter um Einwilligung bzw. Zustimmung zu ersuchen ist, wird er zunächst herausfinden müssen, ob der Betroffene das 16. Lebensjahr vollendet hat.[1534] Eine ausdrückliche Altersverifikationspflicht kennt die DSGVO nicht.[1535] Die Verifikationspflicht aus Art. 8 Abs. 2 DSGVO bezieht sich dem Wortlaut nach nicht auf die richtige Angabe des Alters, sondern lediglich auf die Einholung der Einwilligung oder Zustimmung des Erziehungsberechtigten;[1536] auch eine analoge Anwendung der Norm auf die Altersangabe scheidet mangels Planwidrigkeit der Regelungslücke aus.[1537] Da der Netzwerkbetreiber für die Verarbeitung verantwortlich ist und ihn die Folgen einer unrechtmäßigen Verarbeitung treffen, dürfte er ein großes Interesse daran haben, insoweit wahrheitsgemäße Angaben des Betroffenen zu erhalten. Es bedarf daher eines tauglichen Altersverifikationssystems.[1538] Welche Anforderungen an ein solches zu stellen sind, ist unklar. Werden bei der Altersabfrage verhältnismäßig einfache Techniken eingesetzt, z.B. ein einfaches Eingabefenster oder ein Dropdown-Menü, mittels derer das Alter bestimmt werden kann, könnten diese durch den Minderjährigen unter Vortäuschung falscher Tatsachen ohne große Anstrengungen überwunden werden. Werden verhältnismäßig komplexe Techniken eingesetzt, um das Alter des Betroffenen zu erfahren, etwa das Postident-[1539] oder das Video-Ident-Verfahren[1540], könnte der damit verbundene Aufwand auch volljährige Nutzer von der Nutzung des sozialen Netzwerks abschrecken.

Soziale Netzwerke werden in der heutigen Realität vielfach von Personen genutzt, die das 18. Lebensjahr noch nicht vollendet haben; sogar 12- bis 14-Jähri-

---

1533 *Buchner/Kühling,* in: Kühling/Buchner, DS-GVO/BDSG, Art. 8 Rn. 21; *Kampert,* in: Sydow, DSGVO, Art. 8 Rn. 10; *Möhrke-Sobolewski/Klas,* K&R 2016, 373, 375; *Schulz,* in: Gola, DS-GVO, Art. 8 Rn. 17; a.A. jedoch *Heckmann/Paschke,* in: Ehmann/Selmayr, DS-GVO, Art. 8 Rn. 31, die auch die nachträgliche Genehmigung zulassen wollen.
1534 Für eine solche zweistufige Prüfung auch *Schulz,* in: Gola, DS-GVO, Art. 20 ff.; *Taeger,* in: Taeger/Gabel, DSGVO, Art. 8 Rn. 39; in Hinblick auf den Kommissionsentwurf *Gola/Schulz,* ZD 2013, 475, 479.
1535 *Taeger,* in: Taeger/Gabel, DSGVO, Art. 8 Rn. 15, 20.
1536 Hierzu sogleich Kap. 4 § 13 IV. 1. c).
1537 *Buchner/Kühling,* in: Kühling/Buchner, DS-GVO/BDSG, Art. 8 Rn. 28.
1538 I.E. auch *Buchner/Kühling,* in: Kühling/Buchner, DS-GVO/BDSG, Art. 8 Rn. 28; in Bezug auf § 14 TMG *Jandt/Roßnagel,* MMR 2011, 637, 642; *Jandt/Roßnagel,* in: Schenk/Niemann/Reinmann/Roßnagel, Digitale Privatsphäre, S. 339; *Splittgerber,* in: Splittgerber, Rechtsfragen Social Media, Kap. 3 Rn. 155; allgemein *Konferenz der Datenschutzbeauftragten des Bundes und der Länder,* Minderjährige in sozialen Netzwerken, S. 1; *Schüßler,* DSRITB 2010, 233, 250.
1539 Siehe https://de.wikipedia.org/wiki/Postident (Stand: 9/2018).
1540 Das Video-Ident-Verfahren kommt vor allem im Bereich der Kontoeröffnung zum Einsatz und ermöglicht einen Abgleich der Daten des die Erklärung Abgebenden mit dem Nutzer am Computer mittels eines amtlichen Ausweisdokuments und einer Webcam. Anschließend muss ein Code, der per E-Mail oder SMS zugesendet wird, eingegeben werden.

ge nutzen zum Großteil soziale Netzwerke.[1541] Auch für den Netzwerkbetreiber hat diese Altersgruppe als werberelevante Zielgruppe eine gesonderte Bedeutung. Sofern der Netzwerkbetreiber sein Netzwerk für diese Gruppe öffnet oder duldet, dass auch Personen vor Vollendung ihres 18. Lebensjahres sein Netzwerk nutzen, so ist in jedem Fall eine Altersverifikation, z. B. durch Übersendung einer Ausweiskopie oder Nutzung der Identifizierungsfunktion des elektronischen Personalausweises[1542], geboten.

c) Einholung von Einwilligung oder Zustimmung des Trägers der elterlichen Sorge

Richtet sich das Angebot an Minderjährige und ist Ergebnis der Altersfeststellung, dass der Minderjährige noch nicht 16 Jahre alt ist, bedarf es der Einholung der Einwilligung des gesetzlichen Vertreters bzw. dessen Zustimmung. Art. 8 Abs. 2 DSGVO bestimmt insoweit, dass der Verantwortliche unter Berücksichtigung der verfügbaren Technik angemessene Anstrengungen unternehmen muss, um sich zu vergewissern, dass die Einwilligung durch den gesetzlichen Vertreter erklärt wurde oder mit dessen Zustimmung erfolgt.

Nach Ansicht von *Plath* soll für die Nachweisbarkeit der Zustimmung des gesetzlichen Vertreters die Erklärung des Kindes, der gesetzliche Vertreter hätte zugestimmt, ausreichend sein.[1543] Zudem soll im Falle einer Täuschung durch das Kind die unwirksame Einwilligung solange als wirksam gelten, bis der Diensteanbieter Kenntnis von der fehlenden Zustimmung erlangt oder hätte erlangen müssen.[1544] Diese Ansicht hätte zur Folge, dass jeder Minderjährige de facto allein die Einwilligung erklären könnte und es, da diese unwirksame Einwilligung als taugliche Rechtsgrundlage für die Verarbeitung gelten würde, aus Sicht des Netzwerkbetreibers keine Anreize gäbe, sich um eine wirksame Einwilligung zu bemühen.

Weit überwiegend wird vertreten, es reiche das sogenannte Double-opt-in-Verfahren aus.[1545] Hierbei wird das Kind aufgefordert, die E-Mail-Adresse seines bzw. seiner Erziehungsberechtigten anzugeben. Daraufhin übersendet der Diensteanbieter an die angegebene E-Mail-Adresse des Erziehungsberechtigten eine

---

1541 Ausführlich oben Kap. 1 § 2 IV. 1.
1542 Für den Einsatz des elektronischen Personalausweises auch *Schüßler*, DSRITB 2010, 233, 250; zu dessen Identifizierungsfunktion *Altenhain/Heitkamp*, K&R 2009, 619, 621 ff.; *Borges*, Rechtsfragen des elektronischen Identitätsnachweises, S. 33; *Borges/Schwenk/Stuckenberg/Wegener*, Identitätsdiebstahl und Identitätsmissbrauch, S. 151 ff.
1543 *Plath*, in: Plath, DSGVO/BDSG, Art. 8 Rn. 11; dies ablehnend *Buchner/Kühling*, in: Kühling/Buchner, DS-GVO/BDSG, Art. 8 Rn. 23; *Frenzel*, in: Paal/Pauly, DS-GVO/BDSG, Art. 8 Rn. 13; *Greve*, in: Auernhammer, DSGVO/BDSG, Art. 8 Rn. 15; *Heckmann/Paschke*, in: Ehmann/Selmayr, DS-GVO, Art. 8 Rn. 37; *Taeger*, in: Taeger/Gabel, DSGVO, Art. 8 Rn. 38.
1544 *Plath*, in: Plath, DSGVO/BDSG, Art. 8 Rn. 12.
1545 *Buchner/Kühling*, in: Kühling/Buchner, DS-GVO/BDSG, Art. 8 Rn. 24; *Frenzel*, in: Paal/Pauly, DS-GVO/BDSG, Art. 8 Rn. 13; *Heckmann/Paschke*, in: Ehmann/Selmayr, DS-GVO, Art. 8 Rn. 37; *Greve*, in: Auernhammer, DSGVO/BDSG, Art. 8 Rn. 15; *Möhrke-Sobolewski/Klas*, K&R 2016, 373, 377 f.; *Schulz,* in: Gola, DS-GVO, Art. 8 Rn. 22.

auf Einholung der Zustimmung gerichtete E-Mail mit einem Bestätigungslink, sodass der Erziehungsberechtigte die Zustimmung durch Klick auf den Bestätigungslink erklären kann. Auch dies ist abzulehnen, da der Minderjährige häufig Zugriff auf die E-Mails seiner Eltern erlangen kann und so selbst die Zustimmungshandlung vornehmen könnte.[1546] Alternativ könnte er auch gegenüber dem Netzwerkbetreiber eine andere, eigene E-Mail-Adresse als die der eigenen Eltern angeben und die Bestätigung auf diese Weise durchführen.[1547] Schließlich dürfte es auch aus Sicht des Minderjährigen keinen wesentlichen Unterschied machen, ob dieser über sein Alter lügt, ob dieser sich Zugriff auf den E-Mail-Account der Eltern verschafft oder ob dieser sein echtes Alter angibt und über die E-Mail-Adresse der Eltern lügt. Eine solche Lösung würde ebenfalls den Minderjährigenschutz unterlaufen.

Zwar mag eine gesonderte Validierung der Zustimmung des gesetzlichen Vertreters mit dem Grundsatz der Datensparsamkeit kollidieren,[1548] die Fiktion einer wirksamen Einwilligung kollidiert dagegen mit dem Rechtmäßigkeitsgrundsatz. Zudem wäre der besondere Schutz des Minderjährigen, den Art. 8 Abs. 1 DS-GVO bezwecken soll, unterlaufen. Um dem (Selbst)Schutz des minderjährigen Betroffenen gerecht zu werden, sind die Anforderungen höher anzusiedeln als bei der bloßen Prüfung des Alters. Eine Täuschung muss mit an Sicherheit grenzender Wahrscheinlichkeit ausgeschlossen werden. Dies kann etwa dadurch erfolgen, dass der Netzwerkbetreiber eine separate Erklärung des gesetzlichen Vertreters unter Nutzung eingangs genannter Verfahren, etwa Postident oder Video-Ident, einholt.[1549] Ein bloß auf Besitz abstellendes Verfahren, etwa die Ausweiskopie,[1550] reicht nicht aus, die Täuschung durch den Minderjährigen auszuschließen, da der Minderjährige regelmäßig Zugang zu den Ausweisen seiner Eltern oder denen von erwachsenen Freunden haben wird.[1551] Erst recht erfüllt die Einholung einer bloßen Erklärung des Kindes, es läge eine Zustim-

---

1546 Auf diese Gefahr ebenfalls hinweisend *Buchner/Kühling*, in: Kühling/Buchner, DS-GVO/BDSG, Art. 8 Rn. 24; a. A. insbesondere *Möhrke-Sobolewski/Klas*, K&R 2016, 373, 378, wonach ein Minderjähriger, der das E-Mail-Programm seiner Eltern starten kann, ein „Ausnahmefall" sei. Durch diese Fähigkeit weise der Minderjährige eine datenschutzrechtliche Einsichtsfähigkeit nach, sodass diese Konstellation „hingenommen" werden müsse.
1547 Auf diese Gefahr ebenfalls hinweisend *Taeger*, in: Taeger/Gabel, DSGVO, Art. 8 Rn. 40.
1548 *Plath*, in: Plath, DSGVO/BDSG, Art. 8 Rn. 11.
1549 Für den Einsatz des Video-Ident-Verfahrens *Taeger*, in: Taeger/Gabel, DSGVO, Art. 8 Rn. 38; in diese Richtung auch *Piltz*, K&R 2016, 557, 564, der zur Sicherstellung der Validität der Zustimmung des gesetzlichen Vertreters ein Verifikationssystem oder einen Medienbruch fordert, sowie *Buchner/Kühling*, in: Kühling/Buchner, DS-GVO/BDSG, Art. 8 Rn. 25 unter Verweis auf Vorschläge der Federal Trade Commission.
1550 So vorgeschlagen von *Schulz*, in: Gola, DS-GVO, Art. 8 Rn. 21.
1551 BGH, NJW 2008, 1882, 1885 – „ueber18.de". Das Verfahren der Übersendung einer Ausweiskopie der Erziehungsberechtigten vor dem Hintergrund der Datensparsamkeit ebenfalls ablehnend *Buchner/Kühling*, in: Kühling/Buchner, DS-GVO/BDSG, Art. 8 Rn. 26; ebenso *Möhrke-Sobolewski/Klas*, K&R 2016, 373, 377 f., die dies unter Hinweis auf § 15 PAuswG ablehnen, dabei aber übersehen, dass diese Norm nur für den Datenabruf durch Behörden gilt.

mung des gesetzlichen Vertreters vor, nicht das Kriterium der „angemessenen Anstrengungen" des Art. 8 Abs. 2 DSGVO.

Vereinzelt wird aus dem Umstand, dass viele Minderjährige zwecks Teilnahmemöglichkeit in sozialen Netzwerken in Bezug auf ihr Alter lügen, gefordert, dass die Anforderungen an die Einholung der Erklärung der Eltern niedrig anzusiedeln seien, um so die Zahl der lügenden Nutzer zu senken.[1552] Ausreichend sei etwa, dass die Eltern eine E-Mail erhalten, auf die sie antworten müssen, um die Zustimmung zu erteilen, und sodann eine zweite E-Mail mit Bezug auf die erste E-Mail erhalten.[1553] Schon die Herleitung dieser Lösung überzeugt nicht, stellt sie doch nichts anderes als die Legalisierung rechtswidrigen Verhaltens durch extensive Normauslegung dar. Überdies stellt dieser Vorschlag lediglich einen geringfügigen Unterschied zu dem – aus erläuterten Gründen abzulehnenden – Double-opt-in-Verfahren dar.

d) Reichweite der Zustimmung des gesetzlichen Vertreters zur Datenverarbeitung eines Minderjährigen

Wie dargelegt, bedarf es bei Betroffenen vor Vollendung des 16. Lebensjahres der Einwilligung oder Zustimmung des gesetzlichen Vertreters. Dies wirft die Frage auf, wie weit die Zustimmung des gesetzlichen Vertreters reicht, d.h. ob diese Zustimmung für jeden Sachverhalt neu erklärt werden muss oder ob eine pauschale Zustimmung in eine unbekannte Zahl von Sachverhalten ausreichend ist. Berechtigt die einmal erteilte Erlaubnis zur vollumfänglichen Nutzung des sozialen Netzwerks nur zur passiven Nutzung, oder umfasst die Einwilligung auch die Erlaubnis, ein Profil auszufüllen, Statusupdates zu verfassen, Nachrichten zu schicken und an Veranstaltungen teilzunehmen? Die DSGVO trifft zu den Anforderungen an Inhalt und Reichweite der Zustimmung des gesetzlichen Vertreters keine Aussage.

Von der Beantwortung dieser Frage hängt nicht nur die Zulässigkeit des Ausfüllens des Profils, sondern auch sämtlicher weiterer Verarbeitungsvorgänge ab, die auf Art. 6 Abs. 1 Satz 1 lit. a DSGVO gestützt werden können. Da jedes Statusupdate, jeder Kommentar, jeder Beitrag in Gruppen und ähnliche Handlungen[1554] auf Interaktionsebene zwingend Personenbezug zum Nutzer aufweist, sind davon mittelbar sämtliche weiteren Verarbeitungsvorgänge auf Seiten des Netzwerkbetreibers betroffen. Reicht die einmal erteilte Zustimmung des gesetzlichen Vertreters zum Anlegen eines Profils in einem sozialen Netzwerk auch für die Legitimation weiterer Datenverarbeitungsvorgänge aus, so wäre letztlich jede weitere Datenverarbeitung auf Grundlage von Art. 6 Abs. 1 Satz 1 lit. a DSGVO von der Zustimmung gedeckt und somit zulässig. Wird es hingegen für erforderlich gehalten, für jeden Sachverhalt eine neue Einwilligung einzuho-

---

[1552] *Rauda*, MMR 2017, 15, 19.
[1553] *Rauda*, MMR 2017, 15, 19.
[1554] Siehe dazu unten Kap. 4 § 13 III; die Darstellung dieser Frage erfolgt aus Gründen der Übersichtlichkeit jedoch bereits an dieser Stelle.

len, müsste der Netzwerkbetreiber bspw. jedes Mal, wenn der Minderjährige ein Statusupdate verfasst, eine weitere Zustimmung des gesetzlichen Vertreters einholen. Die Einholung einer Zustimmung für jeden Einzelfall erweist sich allerdings als wenig praxisgerecht. So müsste sich der gesetzliche Vertreter im Extremfall mit jeder einzelnen Chat-Nachricht eines 15-jährigen Teenagers, die über ein soziales Netzwerk verschickt werden soll, auseinandersetzen.

Aus Art. 8 Abs. 1 Satz 2 DSGVO ergibt sich jedoch, dass die durch den Erwachsenen für den Minderjährigen vorgenommene Einwilligung die gleichen Rechtswirkungen entfaltet wie die mit dessen Zustimmung erteilte Einwilligung, die beide wiederum eine Legitimationswirkung wie eine eigene Einwilligung auslösen. Daher liegt es nah, die Zustimmung an denselben Anforderungen wie die Einwilligung zu messen. Die Anforderungen an die Einwilligung bzw. Zustimmung des gesetzlichen Vertreters ergeben sich somit aus einer analogen Anwendung von Art. 7 DSGVO. Nach Erwägungsgrund 32 Satz 5 kann eine Einwilligung auch für mehrere Verarbeitungszwecke erteilt werden. Wenn die Einwilligung – unabhängig davon, ob der gesetzlichen Vertreter diese für sich selbst oder für den Minderjährigen erklärt – für mehrere Zwecke gemeinsam erteilt werden kann, dann ist nicht ersichtlich, warum dies nicht auch für die Zustimmung gelten sollte. Daraus lässt sich jedoch nicht folgern, dass eine Einwilligung oder Zustimmung des gesetzlichen Vertreters in das Anlegen eines Profils zugleich als Zustimmung in weitere Handlungen des Minderjährigen im sozialen Netzwerk zu interpretieren ist. Vielmehr ist auf den Inhalt der jeweiligen Zustimmung abzustellen. Der gesetzliche Vertreter kann, muss jedoch nicht in weitere, über das Anlegen des Profils hinausgehende Datenverarbeitungsvorgänge (z. B. die Speicherung und Offenlegung zur Publikation von Statusupdates) einwilligen.

Andererseits scheint eine Pauschalzustimmung nicht sachdienlich, da damit die mangelnde Einsichtsfähigkeit des Minderjährigen nicht gewürdigt werden würde. Der (Selbst)Schutz des Minderjährigen wird faktisch unterlaufen, wenn der gesetzliche Vertreter eine solche, pauschale Zustimmung erklärt. Zudem ist die Situation, dass der 7-jährige Sohn zu seinem Geburtstag mehrere Millionen Gäste über das Netzwerk einlädt, sicherlich nicht im Interesse der Eltern. Schließlich kann die Eltern im Rahmen ihrer Personensorge auch die Pflicht treffen, die Nutzung sozialer Medien durch ihre Kinder regelmäßig zu kontrollieren, zu beschränken und zu ggf. zu unterbinden.[1555] Der Gesetzgeber hat es versäumt, eine Pflicht zur Einrichtung eines Systems zur Einholung pauschalierter Zustimmungen in gleichgelagerte Fälle zu normieren. Auf diese Weise wäre es relativ bedenkenlos möglich, dass der gesetzliche Vertreter zunächst nur die Zustimmung in das Anlegen eines Profils ohne die Möglichkeit der Nutzung

---

[1555] So zur WhatsApp-Nutzung durch Minderjährige AG Bad Hersfeld, K&R 2016, 621, 625 (10- und 15-jährigen Töchter eines Familienvaters betrieben Kommunikation mit sexualisierten Inhalten, sog. „Sexting"); AG Bad Hersfeld, ZD 2017, 435, 436 f. (Verletzung des informationellen Selbstbestimmungsrechts Dritter durch den Upload von Kontaktdaten aus dem Telefonspeicher).

weiterer Funktionen erteilt. Nach und nach könnte dem Netzwerkbetreiber, mit steigender Reife und Einsichtsfähigkeit des minderjährigen Nutzers, die Zustimmung in weitere Nutzungsmöglichkeiten erteilt werden. Differenzierungen könnten hier sowohl hinsichtlich des dem Minderjährigen zur Verfügung stehenden Funktionsumfangs erfolgen, als auch nach der maximalen Reichweite der durch den Minderjährigen eingestellten Informationen (z. B. Beschränkung der Sichtbarkeit sämtlicher Inhalte nur auf Kontakte). Im Übrigen würde dies auch am ehesten dem elterlichen Erziehungsrecht aus Art. 14 Abs. 3 GRCh gerecht werden, da gewährleistet wird, dass Eltern ihre Kinder an den Status der alleinigen Einwilligungsfähigkeit, den diese mit Vollendung des 16. Lebensjahres erreichen, sukzessiv heranführen könnten. Da der Gesetzgeber jedoch auf die Regelung von Einzelheiten der Zustimmung verzichtet hat, lässt sich diese – wünschenswerte – Verpflichtung nicht aus dem Gesetz herleiten.

e) Zwischenergebnis

Die Einholung einer wirksamen datenschutzrechtlichen Einwilligung eines Minderjährigen erweist sich als schwierig. Zusammenfassend lässt sich konstatieren, dass der Netzwerkbetreiber von seinem Netzwerk entweder Personen unter 18 Jahren ausschließen muss, oder aber eine Altersabfrage samt Altersverifikation durchführen muss. Letzteres mag viele Erwachsene abschrecken, sodass der Netzwerkbetreiber – um die Registrierungshürden bei den einkommensstärkeren Kohorten niedrig zu halten – geneigt sein könnte, Minderjährige auszuschließen.[1556] Entschließt er sich gleichwohl dazu, Minderjährige zuzulassen, und hat die durchzuführende Altersverifikation zum Ergebnis, dass der Betroffene das 16. Lebensjahr noch nicht erreicht hat, bedarf es der Einholung einer weitgehend fälschungssicheren Zustimmungserklärung durch den gesetzlichen Vertreter. Die Zustimmung kann pauschal für eine Vielzahl von Zwecken erklärt werden. In der Praxis mögen die hohen Anforderungen an ihre Einholung jedoch dazu führen, dass die Nutzung sozialer Netzwerke durch Personen unter 16 Jahren ohne Zustimmung des gesetzlichen Vertreters unmöglich gemacht wird. Dies ist unter dem Gesichtspunkt der beschränkten Einsichtsfähigkeit und der nachhaltigen Gefährdung des informationellen Selbstbestimmungsrechts durch Nutzung derartiger Dienste nachdrücklich zu begrüßen.

2. *Durchführung eines Vertrages mit einem Minderjährigen*

a) Problemstellung

Im Gegensatz zur Einwilligung, die gem. Art. 6 Abs. 1 Satz 1 lit. a i. V. m. Art. 8 Abs. 1 DSGVO bei Betroffenen unter 16 Jahren grds. unwirksam ist,[1557] differenziert der Tatbestand der Verarbeitung zur Vertragserfüllung nach Art. 6 Abs. 1

---

1556 Den generellen Ausschluss Minderjähriger befürwortend *Splittgerber,* in: Splittgerber, Rechtsfragen Social Media, Kap. 3 Rn. 155.
1557 Siehe oben Kap. 4 § 10 II. 1. c).

Satz 1 lit. b DSGVO nicht nach dem Alter des Betroffenen. Besteht zwischen dem Betreiber eines sozialen Netzwerks und einem unter 16-jährigen Nutzer ein Vertragsverhältnis und ist die Durchführung der Verarbeitung für die Vertragserfüllung erforderlich, dürfen diese Daten gem. Art. 6 Abs. 1 Satz 1 lit. b DSGVO verarbeitet werden. Eine vertragliche Verpflichtung kann jedoch nur dann bestehen, wenn der zugrundeliegende Vertrag materiellrechtlich wirksam ist.[1558] Folglich setzt die Zulässigkeit der Verarbeitung nach Art. 6 Abs. 1 Satz 1 lit. b DSGVO – unabhängig von der vertragstypologischen Einordnung des zwischen Netzwerkbetreiber und Nutzer geschlossenen Vertrags[1559] – ein wirksames Vertragsverhältnis voraus.[1560]

Art. 8 Abs. 3 DSGVO normiert, dass die Bedingungen für die Einwilligung eines Minderjährigen gem. Art. 8 Abs. 1 DSGVO das allgemeine Vertragsrecht der Mitgliedstaaten unberührt lassen. Art. 8 Abs. 3 DSGVO konstituiert damit ein Trennungsprinzip zwischen datenschutzrechtlicher Einwilligung und korrelierender vertraglicher Vereinbarung, deren Wirksamkeit jeweils voneinander unabhängig ist.[1561] Die Wirksamkeit des Vertrags beurteilt sich daher allein nach mitgliedstaatlichem Recht.[1562] Für die Wirksamkeit des Vertrages ist die Geschäftsfähigkeit des Betroffenen maßgeblich,[1563] welche sich in Deutschland nach den allgemeinen Vorschriften der §§ 104 ff. BGB bestimmt.

Die Unabhängigkeit von Art. 6 Abs. 1 Satz 1 lit. a und b DSGVO führt bei einem deutschen Betroffenen im Alter von unter 16 Jahren dazu, dass der Minderjährige zwar nicht selbst datenschutzrechtlich einwilligen, aber – die Zustimmung des gesetzlichen Vertreters gem. § 182 BGB vorausgesetzt – einen entsprechenden Nutzungsvertrag schließen kann. Grundlegende Verarbeitungsvorgänge, etwa die Registrierung zum Anlegen eines Profils,[1564] können dadurch legitimiert werden.

Problematisch ist der umgekehrte Fall, wenn der Betroffene über 16, aber unter 18 Jahre alt ist: Der Minderjährige kann selbst datenschutzrechtlich einwilligen, der Nutzungsvertrag könnte jedoch – wenn keine Zustimmung des gesetzlichen Vertreters vorliegt – gleichwohl unwirksam sein. Hiervon ausgehend vertreten

---

1558 *Reimer*, in: Sydow, DSGVO, Art. 6 Rn. 19; in diese Richtung auch *Buchner/Petri*, in: Kühling/Buchner, DS-GVO/BDSG, Art. 6 Rn. 31, wonach ein Rückgriff auf Art. 6 Abs. 1 Satz 1 lit. b DSGVO bei nichtigen Verträgen ausscheidet.
1559 Hierzu *Hornung*, in: Hornung/Müller-Terpitz, Rechtshandbuch Social Media, Kap. 4 Rn. 81.
1560 So zu § 28 Abs. 1 Satz 1 Nr. 1 BDSG a. F. *Hornung*, in: Hornung/Müller-Terpitz, Rechtshandbuch Social Media, Kap. 4 Rn. 81; zu § 14 Abs. 1 TMG *Jandt/Roßnagel*, MMR 2011, 637, 640; *Wintermeier*, ZD 2012, 210, 212; implizit auch *Taeger*, in: Taeger/Gabel, DSGVO, Art. 8 Rn. 48.
1561 *Buchner/Kühling*, in: Kühling/Buchner, DS-GVO/BDSG, Art. 8 Rn. 29; von einer „Zweiteilung" sprechend *Heckmann/Paschke*, in: Ehmann/Selmayr, DS-GVO, Art. 8 Rn. 40.
1562 Kritisch *Albrecht/Jotzo*, Datenschutzrecht der EU, Teil 3 Rn. 70, die von einem „nationalen Flickenteppich" sprechen.
1563 In Hinblick auf soziale Netzwerken *Jandt/Roßnagel*, in: Schenk/Niemann/Reinmann/Roßnagel, Digitale Privatsphäre, S. 337.
1564 Siehe oben Kap. 4 § 13 I. 1.

Teile der Literatur, dies würde den Minderjährigenschutz auf den Kopf stellen.[1565] Dies berührt aber ebenso den Verantwortlichen, wenn dieser die Einwilligung nur für diejenigen Zwecke einholt, für die sie tatsächlich notwendig ist (und nicht etwa eine umfassende Einwilligung auch für jene Verarbeitungsvorgänge, die auf eine andere Rechtsgrundlage gestützt werden können): In einem solchen Fall könnte er auf Grundlage der Einwilligung die über das Vertragserforderliche hinausgehenden Verarbeitungsvorgänge rechtfertigen, nicht jedoch die grundlegenden, für die Vertragserfüllung erforderlichen Verarbeitungsvorgänge legitimieren. In Bezug auf soziale Netzwerke könnte dies zu dem Ergebnis führen, dass etwa die Schaltung personenbezogener Werbung auf Basis eines Interessenprofils erlaubt sein könnte,[1566] die Verarbeitung im Rahmen der bloßen Registrierung im Netzwerk aber unzulässig wäre.

b) Lediglich rechtlich vorteilhaftes Geschäft?

Nach § 107 BGB kann ein Minderjähriger grds. nur mit Einwilligung seines gesetzlichen Vertreters wirksam Rechtsgeschäfte vornehmen. In Bezug auf die Anmeldung in einem sozialen Netzwerk reicht die bloße Einwilligung in die Nutzung des Internets durch den gesetzlichen Vertreter nicht aus.[1567] Eine zivilrechtlich wirksame Einwilligung läge aber dann vor, wenn der gesetzliche Vertreter dem Minderjährigen eine Einladung in das betreffende soziale Netzwerk sendet.[1568] Einer solchen Einwilligung des gesetzlichen Vertreters bedarf es jedoch nicht, wenn es sich um ein lediglich rechtlich vorteilhaftes Geschäft für den Minderjährigen handelt. Das eingangs aufgezeigte Problem würde sich dann gar nicht stellen, da der Nutzungsvertrag stets wirksam wäre.

Somit stellt sich die Frage, ob der die Mitgliedschaft in einem sozialen Netzwerk begründenden Nutzungsvertrag ein lediglich rechtlich vorteilhaftes Geschäft für den Minderjährigen darstellt. Bei entgeltlichen Diensten ist der Nachteil aufgrund der Zahlungspflicht offenkundig.[1569] Aber auch bei unentgeltlich erbrachten Diensten ist die Nutzung als rechtlich nachteilig einzustufen, da auch die Preisgabe eigener Daten und der damit verbundene Eingriff in das informationelle Selbstbestimmungsrecht einen rechtlichen Nachteil darstellt.[1570] Bei

---

1565 So ausdrücklich *Bräutigam*, MMR 2012, 635, 638; wohl auch *Wendehorst/Graf v. Westphalen*, NJW 2016, 3745, 3747, die einen „massiven Rechtsverlust" befürchten, wenn der Minderjährige nicht einwilligen, zugleich aber einen Vertrag eingehen könnte.
1566 Zur Zulässigkeit von personenbezogener Werbung siehe unten Kap. 4 § 13 VI.
1567 *Bräutigam*, MMR 2012, 635, 638; *Bräutigam/v. Sonnleithner*, in: Hornung/Müller-Terpitz, Rechtshandbuch Social Media, Kap. 3 Rn. 101; *Jandt/Roßnagel*, MMR 2011, 637, 640; *Rockstroh*, in: Splittgerber, Rechtsfragen Social Media, Kap. 2 Rn. 263.
1568 *Bräutigam*, MMR 2012, 635, 638; *Bräutigam/v. Sonnleithner*, in: Hornung/Müller-Terpitz, Rechtshandbuch Social Media, Kap. 3 Rn. 101.
1569 *Hornung*, in: Hornung/Müller-Terpitz, Rechtshandbuch Social Media, Kap. 4 Rn. 81.
1570 *Bräutigam/v. Sonnleithner*, in: Hornung/Müller-Terpitz, Rechtshandbuch Social Media, Kap. 3 Rn. 106; *Hornung*, in: Hornung/Müller-Terpitz, Rechtshandbuch Social Media, Kap. 4 Rn. 81; *Jandt/Roßnagel*, MMR 2011, 637, 639; *Jandt/Roßnagel*, in: Schenk/Niemann/Reinmann/Roßnagel, Digitale Privatsphäre, S. 338; *Splittgerber*, in: Splittgerber, Rechtsfragen Social Media,

dem Nutzungsvertrag zwischen Nutzer und Netzwerkbetreiber handelt es sich daher regelmäßig um ein nicht lediglich rechtlich vorteilhaftes Geschäft. Die Wirksamkeit des Vertrags hängt damit – vorbehaltlich von § 110 BGB – von der zivilrechtlichen Zustimmung des gesetzlichen Vertreters ab.

c) Der „Taschengeldparagraph": § 110 BGB

Einer Zustimmung des gesetzlichen Vertreters bedarf es nicht, wenn der Minderjährige die vertragsmäßige Leistung mit Mitteln bewirkt, die ihm zu diesem Zweck oder zu freier Verfügung überlassen worden sind (§ 110 BGB). Diese Regelung findet lediglich auf beschränkt Geschäftsfähige, d.h. Personen zwischen dem siebten und 18. Lebensjahr, Anwendung. Als Mittel i.S.v. § 110 BGB kommt nicht nur Geld in Betracht, sondern jede vermögenswerte Position.[1571] Auch personenbezogene Daten stellen Vermögenswerte dar.[1572] Für eine solche

---

Kap. 3 Rn. 153; ohne nähere Begründung auch *Albrecht/Jotzo,* Datenschutzrecht der EU, Teil 3 Rn. 70. Einschränkend *Wolff,* in: Schantz/Wolff, Das neue DatenschutzR, Rn. 485, die einen Nachteil nur dann annimmt, wenn der Minderjährige sich vertraglich verpflichtet, in die weitergehende Datenverarbeitung (z. B. für Werbezwecke) einzuwilligen. Dies ist widersprüchlich, da die Einwilligung losgelöst vom Vertrag und insbesondere vor dem Hintergrund der Altersgrenzen des Art. 8 Abs. 1 DSGVO (Kap. 4 § 13 IV. 1) zu beurteilen ist, und überdies eine vertragliche Pflicht zur Einwilligung keine „freie Einwilligung" i. S. d. Datenschutzrechts darstellt (ausführlich Kap. 4 § 13 II. 1. a) bb)).
Anderes muss dann gelten, wenn der Nutzer ein komplett anonymes Profil unterhält, d. h. keinerlei personenbezogene Daten verarbeitet werden, da in diesem Fall keine Beeinträchtigung der informationellen Selbstbestimmung droht. Dies dürfte allerdings nur in den seltensten Fällen zutreffen.

1571 *Ellenberger,* in: Palandt, BGB, § 110 Rn. 3; *Schmitt,* in: MüKo-BGB, § 110 Rn. 18; *Wendtland,* in: Bamberger/Roth, BGB, § 110 Rn. 8.

1572 So jedenfalls die h. M., siehe BGHZ 133, 155 Rn. 17; *Bisges,* MMR 2017, 301 ff.; *Bräutigam,* MMR 2012, 635, 637; *Bräutigam/v. Sonnleithner,* in: Hornung/Müller-Terpitz, Rechtshandbuch Social Media, Kap. 2 Rn. 18 ff.; *Däubler,* in: Däubler/Klebe/Wedde/Weichert, BDSG, § 4a Rn. 5; *Dorschel,* in: Dorschel, Praxishandbuch Big Data, S. 246; *Dorschel/Bartsch,* in: Dorschel, Praxishandbuch Big Data, S. 233; *Fezer,* MMR 2017, 99; *Götting,* Persönlichkeitsrechte als Vermögensrechte, S. 275 f. und *Götting,* in: Götting/Lauber-Rönsberg, Aktuelle Entwicklungen im Persönlichkeitsrecht, S. 24 f.; wonach Persönlichkeitsrechte eine Doppelnatur als Vermögensrechte haben; *Specht,* Ökonomisierung der informationellen Selbstbestimmung, S. 110 f.; *Unseld,* Die Kommerzialisierung personenbezogener Daten, S. 18; *Wandtke,* MMR 2017, 6, 9; implizit *Wendehorst/Graf v. Westphalen,* NJW 2016, 3745, 3750, die im Falle der unrechtmäßigen Datennutzung eine Möglichkeit der Kondizierung eines marktkonformen Entgelts annehmen; wohl auch *Buchner,* DuD 2016, 155, 159; *Heckmann,* in: Heckmann, jurisPK-Internetrecht, Kap. 9 Rn. 533; *Heckmann,* K&R 2010, 770, 772; *Kugelmann,* DuD 2016, 566; *Moos,* K&R 2015, Beiheft 3/2015 zu Heft 9, 12, 13; *Roßnagel,* DuD 2016, 561, 562.
A.A. offenbar *Hornung,* in: Hornung/Müller-Terpitz, Rechtshandbuch Social Media, Kap. 4 Rn. 110; *Jandt/Roßnagel,* MMR 2011, 637, 640; *Jandt/Roßnagel,* in: Schenk/Niemann/Reinmann/Roßnagel, Digitale Privatsphäre, S. 338; wohl auch *Hornung/Goeble,* CR 2012, 265, 271. Unklar hingegen der Beschluss des 71. Deutschen Juristentags „Von einem Entgelt ist nur auszugehen, wenn die Datennutzung aufgrund des Datenschutzrechts nur mit Einwilligung des Betroffenen zulässig ist.", *DJT,* Beschlüsse 2016, S. 2.

Wertung spricht auch der EU-Richtlinienentwurf zu digitalen Inhalten,[1573] der in seinem Art. 3 Nr. 1 die Vertragsbewirkung durch Beibringung personenbezogener Daten der Zahlung eines Entgelts gleichstellt.

Eine direkte Anwendung von § 110 BGB auf die vermeintlich geschuldete Offenbarung von personenbezogenen Daten scheidet allerdings deshalb aus, weil dem Minderjährigen seine Daten nicht „überlassen" werden.[1574] § 110 BGB dient vor allem dem Schutz des Vermögens des Minderjährigen;[1575] dagegen entstehen die personenbezogenen Daten erst durch die Eingabe auf der Plattform des Netzwerkbetreibers.[1576]

Vereinzelt wird eine analoge Anwendung von § 110 BGB befürwortet.[1577] Begründet wird dies mit dem Erziehungscharakter der Vorschrift.[1578] Diese analoge Anwendung wird teils mit der Begründung abgelehnt, es fehle an der Überlassung von Mitteln durch den gesetzlichen Vertreter,[1579] teils, weil die Mitgliedschaft in sozialen Netzwerken weitere, nicht leicht überschaubare Risiken berge, die bei unbedachtem Umgang mit der Privatsphäre das berufliche und gesellschaftliche Fortkommen behindern könnten.[1580] Diese Kritik, die zur Zeit der Geltung des BDSG a. F., das keine starre Altersgrenze kannte, geäußert wurde, ist durchaus nachvollziehbar. Vielfach wird auch der 16- oder 17-Jährige die Tragweite seines Handelns trotz ausreichender Information nicht begreifen. Der europäische Gesetzgeber hat sich jedoch in Art. 8 Abs. 1 DSGVO für eine Altersgrenze entschieden und festgelegt, dass die Ausübung des informationellen Selbstbestimmungsrechts ab dem vollendeten 16. Lebensjahr nicht von der Einwilligung des gesetzlichen Vertreters abhängt. Vielmehr kann ab diesem Zeitpunkt allein der minderjährige Betroffene darüber disponieren. Es ergäben sich nicht zu erklärende Wertungswidersprüche, wenn der 16-jährige Minderjährige einerseits in nahezu jede beliebige Verarbeitung seiner Daten einwilligen kann, andererseits keinen unentgeltlichen Vertrag eingehen könnte, für dessen Erfül-

---

Auch das Recht auf Datenübertragbarkeit gem. Art. 20 DSGVO (siehe dazu unten Kap. 5 § 16) wird als Regulierung der Ökonomisierung personenbezogener Daten verstanden, siehe *Härting*, CR 2016, 646, 648.

1573 Vorschlag für eine Richtlinie des Europäischen Parlaments und des Rates über bestimmte vertragsrechtliche Aspekte der Bereitstellung digitaler Inhalte, COM(2015) 634 final.
1574 *Bräutigam/v. Sonnleithner*, in: Hornung/Müller-Terpitz, Rechtshandbuch Social Media, Kap. 3 Rn. 110; *Wendtland*, in: Bamberger/Roth, BGB, § 110 Rn. 11.
1575 *Schmitt*, in: MüKo-BGB, § 110 Rn. 1.
1576 *Bräutigam/v. Sonnleithner*, in: Hornung/Müller-Terpitz, Rechtshandbuch Social Media, Kap. 3 Rn. 110; *Piras/Stieglmeier*, JA 2014, 893, 896; *Wendtland*, in: Bamberger/Roth, BGB, § 110 Rn. 11; ebenso *Splittgerber*, in: Splittgerber, Rechtsfragen Social Media, Kap. 3 Rn. 153, der aus diesem Grund eine analoge Anwendung ablehnt.
1577 *Wintermeier*, ZD 2012, 210, 213.
1578 *Wintermeier*, ZD 2012, 210, 213.
1579 *Rockstroh*, in: Splittgerber, Rechtsfragen Social Media, Kap. 2 Rn. 262.
1580 *Bräutigam*, MMR 2012, 635, 638; *Bräutigam/v. Sonnleithner*, in: Hornung/Müller-Terpitz, Rechtshandbuch Social Media, Kap. 3 Rn. 110; *Wendtland*, in: Bamberger/Roth, BGB, § 110 Rn. 11; i. E. auch *Piras/Stieglmeier*, JA 2014, 893, 896; *Rockstroh*, in: Splittgerber, Rechtsfragen Social Media, Kap. 2 Rn. 262.

§ 13 Verantwortungsbereich des Netzwerkbetreibers

lung die Verarbeitung gewisser Daten erforderlich ist. Beispielsweise wäre die Eingehung eines Schenkungsversprechens mittels des Internets unter Angabe der eigenen Adresse zum Vollzug der Schenkung nicht möglich, wohingegen eine Handschenkung möglich bliebe. Der deutsche Gesetzgeber hatte bei Schaffung der §§ 105 ff. BGB im 19. Jahrhundert die Disposition über Daten nicht im Blick. Die Preisgabe eigener Daten ist aber gerade die positive Ausprägung des informationellen Selbstbestimmungsrechts.[1581] Die Beschneidung der – sowohl auf deutscher wie europäischer Ebene – grundrechtlich verbürgten Rechte des Minderjährigen konnte nicht gewollt sein.

Die Wertung des Art. 8 Abs. 1 DSGVO ist daher auf § 110 BGB zu übertragen. § 110 BGB muss auch dann (analog) Anwendung finden, wenn die Mittel ihrer Natur nach dem Minderjährigen gar nicht vom gesetzlichen Vertreter überlassen werden konnten. Vorliegend kann eine Überlassung der Mittel durch den gesetzlichen Vertreter nicht erfolgen, da der Minderjährige qua Gesetz (Art. 8 Abs. 1 DSGVO) mit Vollendung des 16. Lebensjahres alleiniger Dispositionsbefugter über die eigenen Daten wird. Wenn der Minderjährige datenschutzrechtlich einwilligen kann, so kann er auch – sofern keine weiteren rechtlichen Nachteile vorliegen – allein Verträge eingehen, die die Verarbeitung seiner Daten zwingend erfordern. Nur soweit es um entgeltliche Dienste geht, d. h. solche, deren Eingehung auch Zahlungspflichten auf Seiten des Minderjährigen begründen, ist auf §§ 107, 110 BGB (in direkter Anwendung) zu rekurrieren. Die Inanspruchnahme unentgeltlich erbrachter Leistungen im Rahmen eines sozialen Netzwerks ist somit ab Vollendung des 16. Lebensjahres ohne Zustimmung des gesetzlichen Vertreters möglich.

Darüber hinaus birgt die einheitliche Anwendung der mitgliedstaatlichen Vorschriften über die Geschäftsfähigkeit und den europarechtlichen Vorschriften über die (datenschutzrechtliche) Einwilligungsfähigkeit unter dem Gesichtspunkt der Rechtssicherheit Vorteile. Dem Verantwortlichen, für den die Einholung einer Einwilligung bei Betroffenen unter 16 Jahren ohnehin hohe Anforderungen aufstellt,[1582] wäre es kaum zumutbar, darüber hinaus im Grenzbereich zwischen der Vollendung des 16. und des 18. Lebensjahres danach zu differenzieren, ob eine zivilrechtlich wirksame Einwilligung des gesetzlichen Vertreters nach dem jeweiligen mitgliedstaatlichen Recht vorliegt. Der Netzwerkbetreiber, der sein Angebot auch für Minderjährige öffnet, muss bei Betroffenen im Alter unter 16 Jahren sowohl die datenschutzrechtliche wie auch die zivilrechtliche Zustimmung des gesetzlichen Vertreters einholen. Umgekehrt muss er sich darauf verlassen können, dass bei Betroffenen zwischen Vollendung des 16. und des 18. Lebensjahres die Erklärung allein durch den Betroffenen – sowohl in datenschutzrechtlicher, wie auch in rechtsgeschäftlicher Hinsicht – ausreicht.

---

1581 Siehe oben Kap. 4 § 10 II. 1.
1582 Ausführlich oben Kap. 4 § 13 IV. 1.

### d) Zwischenergebnis

Die Unabhängigkeit von Art. 6 Abs. 1 Satz 1 lit. a und b DSGVO wirft in der Praxis Probleme auf, da bei minderjährigen Betroffenen die Konstellation droht, dass bestimmte Datenverarbeitungsvorgänge über die Einwilligung gerechtfertigt sein können, andere – grundlegend zur Leistungserbringung erforderliche – hingegen nicht. Der Rechtfertigungstatbestand des Art. 6 Abs. 1 Satz 1 lit. b DSGVO bedarf eines wirksamen Nutzungsvertrags, dessen Wirksamkeit sich nach dem allgemeinen Vertragsrecht richtet. Für beschränkt Geschäftsfähige, etwa Minderjährige, gelten die Vorschriften der §§ 105 ff. BGB. Die Nutzung sozialer Netzwerke stellt, unabhängig davon, ob diese gegen Entgelt erfolgen soll, ein rechtlich nachteilhaftes Geschäft dar, das grundsätzlich der Zustimmung des gesetzlichen Vertreters bedarf. Eine Ausnahme hierzu stellt der sog. „Taschengeldparagraph", § 110 BGB, dar. Eine analoge Anwendung dieser Norm ist, um die Wertung des Art. 8 Abs. 1 DSGVO nicht zu unterlaufen, nur bei Personen zulässig, die das 16. Lebensjahr vollendet haben. Letztlich müssen Personen, die europarechtlich zur selbständigen Ausübung des informationellen Selbstbestimmungsrechts in Form der Disposition über eigene Daten befugt sind, auch nach den allgemeinen zivilrechtlichen Regeln dazu befugt sein, soweit dies der einzige rechtliche Nachteil wäre. Einer Zustimmung des gesetzlichen Vertreters zum Vertragsschluss bedarf es in diesen Ausnahmefällen nicht.

### 3. Die Interessenabwägung bei minderjährigen Nutzern

Sofern aufgrund der hohen Anforderungen eine Rechtfertigung nach Art. 6 Abs. 1 Satz 1 lit. a oder b DSGVO ausscheidet, stellt sich die Frage nach der Möglichkeit einer Rechtfertigung im Rahmen der Interessenabwägung. Ausweislich des Wortlauts des Art. 6 Abs. 1 Satz 1 lit. f a. E. DSGVO ist bei Minderjährigen ein anderer Maßstab als bei „normalen" Betroffenen anzulegen. Dies ist, wie bereits erläutert, beim Abwägungskriterium des Alters zu berücksichtigen.[1583] Ob der Netzwerkbetreiber das Alter berücksichtigen kann, hängt jedoch von der Frage ab, ob Nutzer und Betroffener personenidentisch sind.

Stellt ein Nutzer Daten über einen Minderjährigen ein, wird der Netzwerkbetreiber häufig nicht wissen, dass es sich beim Betroffenen um einen Minderjährigen handelt, und kann dies nicht berücksichtigen.[1584] Anders liegt es jedoch dann, wenn der minderjährige Betroffene zugleich der dateneingebende Nutzer ist. Der Verantwortliche hat zwar prinzipiell nur eine summarische Prüfung durchzuführen,[1585] wenn ihm aber weitere Umstände aus dem Nutzungsverhältnis – vorliegend das Alter – bekannt sind, hat er diese in der Interessenabwägung zu berücksichtigen. Durch die Altersangabe des Nutzers ist dem Netzwerkbetreiber dessen damit verbundene, besondere Schutzwürdigkeit bekannt.

---

1583 Siehe oben Kap. 4 § 11 IV. 2. f).
1584 Zu den Anforderungen bei Verarbeitung Daten Dritter oben Kap. 4 § 13 III. 2.
1585 Siehe oben Kap. 4 § 10 II. 3. b) cc).

Ihm liegt auch die Information vor, ob die beabsichtigte Verarbeitung von der Zustimmung des gesetzlichen Vertreters gedeckt ist.

Dies kann dazu führen, dass eine Interessenabwägung des Netzwerkbetreibers im Verhältnis zum minderjährigen Betroffenen, wenn dieser zugleich Nutzer ist, trotz gleichen Informationsgehalts zu anderen Ergebnissen führt als im Verhältnis zu minderjährigen Dritten. Beabsichtigt der Netzwerkbetreiber die Durchführung von Datenverarbeitungsvorgängen, bei denen er weiß, dass diese nach der Wertung des Art. 8 Abs. 1 DSGVO nicht der Disposition des Minderjährigen unterliegen und auch der gesetzliche Vertreter nicht zugestimmt hat, überwiegen regelmäßig die Interessen am Schutz der informationellen Selbstbestimmung des Minderjährigen. Eine Rechtfertigung nach Art. 6 Abs. 1 Satz 1 lit. f DSGVO ist bei Personenidentität von Betroffenem und Nutzer daher nur selten denkbar.

*4. Zwischenergebnis*

Die Datenverarbeitung bei Betroffenen, die das 16. Lebensjahr noch nicht vollendet haben, birgt erhebliche Probleme. Soweit die Verarbeitung auf Art. 6 Abs. 1 Satz 1 lit. a DSGVO gestützt werden soll, hat der Netzwerkbetreiber umfassende Maßnahmen zu ergreifen, um das Alter zu verifizieren und die Zustimmung des gesetzlichen Vertreters einzuholen.[1586] Diesem Erfordernis kann der Netzwerkbetreiber sich nur entziehen, indem er sein Angebot ausschließlich an Volljährige richtet. Auch die Verarbeitung zu Zwecken der Vertragserfüllung gem. Art. 6 Abs. 1 Satz 1 lit. b DSGVO wirft Probleme auf, da es zur Wirksamkeit des Vertrags zwischen Netzwerkbetreiber und minderjährigem Nutzer grds. der Zustimmung des gesetzlichen Vertreters bedarf. Nach der hier vertretenen Ansicht wird eine analoge Anwendung des § 110 BGB bei Nutzern, die das 16. Lebensjahr vollendet haben, befürwortet.[1587] Eine Interessenabwägung nach Art. 6 Abs. 1 Satz 1 lit. f DSGVO als Rechtsgrundlage der Verarbeitung scheidet gegenüber minderjährigen Nutzern regelmäßig aus.

## V. Empfehlungen

Neben den zuvor dargestellten Verarbeitungsvorgängen, die Grundfunktionen sozialer Netzwerke dienen, fallen auch weitere Vorgänge in den Verantwortungsbereich des Netzwerkbetreibers. Dies betrifft zunächst Empfehlungen des Netzwerkbetreibers, bei denen er hinsichtlich der hierfür nötigen Verknüpfungen verantwortlich ist.[1588]

Empfehlungen des Netzwerkbetreibers dienen auf Seiten des Netzwerkbetreibers der Intensivierung der Nutzung durch die registrierten Nutzer, auf Seiten des Nutzers der mittels der Mitgliedschaft angestrebten Vernetzung mit anderen

---

1586 Ausführlich oben Kap. 4 § 13 IV. 1. b) und Kap. 4 § 13 IV. 1. c).
1587 Siehe oben Kap. 4 § 13 IV. 2. c).
1588 Siehe oben Kap. 3 § 9 IV.

Nutzern des Netzwerks. Inwieweit sich hier eine Rechtfertigung der Datenverarbeitung aus Gründen der Vertragserfüllung ergeben kann, hängt maßgeblich von den konkreten Funktionen des jeweiligen sozialen Netzwerks ab, sodass sich eine pauschale Betrachtung für alle sozialen Netzwerke verbietet. Verpflichtet sich der Netzwerkbetreiber dazu, dem Nutzer derartige Empfehlungen zu unterbreiten, kann dies jedoch durch Art. 6 Abs. 1 Satz 1 lit. b DSGVO gerechtfertigt sein.

Soweit der Social-Media-Nutzungsvertrag keine Pflicht des Netzwerkbetreibers zur Durchführung derartiger Tätigkeiten vorsieht, kommt jedoch auch eine Einwilligung[1589] sowie eine Rechtfertigung nach Art. 6 Abs. 1 Satz 1 lit. f in Betracht. Der Nutzer hat ein Interesse daran, sich mit anderen zu vernetzen. Davon wird regelmäßig auch umfasst sein, auf Grundlage seines Profils Hinweise auf die Vorgänge und Aktivitäten zu erhalten, die in seinem durch das Netzwerk abgebildeten sozialen Umfeld geschehen, z. B. Informationen zu Veranstaltungen, zu Gruppen oder insbesondere zu möglichen neuen Kontakten zu erhalten. Aufgrund des Gleichlaufs von Nutzer- und Betreiberinteressen ist die Verarbeitung zu dem Zweck, den Nutzer durch Empfehlungen auf potentielle Kontakte oder andere Angebote innerhalb des sozialen Netzwerks hinzuweisen, grundsätzlich gerechtfertigt. Fraglich ist hingegen, ob der umgekehrte Fall, nämlich, dass das eigene Nutzerprofil Gegenstand eines gegenüber einem anderen Nutzer angezeigten Kontaktvorschlags wird, ebenfalls gerechtfertigt ist. Würde dies nicht zulässig sein, könnten letztlich keinem Nutzer Kontaktvorschläge unterbreitet werden. Es handelt sich demnach um das notwendige Gegenstück. Daher ist davon auszugehen, dass das Interesse, eigene Kontaktvorschläge zu erhalten, auch das Interesse, anderen als Kontaktvorschlag unterbreitet zu werden, umfasst, sodass auch dieser Datenverarbeitungsvorgang nach Art. 6 Abs. 1 Satz 1 lit. f DSGVO gerechtfertigt ist.

Die Verarbeitung ist zu Zwecken der Empfehlung jedoch dann unzulässig, wenn für das zu Empfehlungszwecken verwendete Nutzungsprofil sensible Daten verarbeitet werden, die der Betroffene nicht offensichtlich öffentlich gemacht hat. Dies ist beispielsweise der Fall, wenn der Betroffene in einer über das Netzwerk organisierten Gewerkschaftsgruppe aktiv ist, mit anderen Gewerkschaftern vernetzt ist, an entsprechenden Kundgebungen teilnimmt und ihm auf Grundlage dessen vom Netzwerkbetreiber die Teilnahme an Streiks oder ähnlichen Gewerkschaftsaktivitäten vorgeschlagen wird. Eine solche Verarbeitung sensibler Daten wäre, mangels einschlägigen Rechtfertigungstatbestands in Art. 9 Abs. 2 DSGVO, unzulässig.

---

1589 Für die Einwilligung ergeben sich hier keine Besonderheiten im Vergleich zu den bereits geschilderten Vorgängen, siehe dazu oben Kap. 4 § 13 II.

## VI. Analysen des Netzwerkbetreibers und personenbezogene Werbung

Aus Sicht des Netzwerkbetreibers stellen Analysen und die Schaltung personenbezogener Werbung einen zentralen Aspekt dar: Diese Verarbeitungsvorgänge tragen in den meisten Fällen zum (gewinnbringenden) Betrieb des sozialen Netzwerks bei.[1590] Dieses UnterKapitel befasst sich mit der Zulässigkeit von Social-Media-Analysen des Netzwerkbetreibers, einschließlich der Reichweitenanalyse für den Betrieb von Fansites und der Werbung unter Nutzung personenbezogener Daten. In diesem Bereich ist der Netzwerkbetreiber für alle Datenverarbeitungsvorgänge allein verantwortlich.[1591]

### 1. Interessenprofile und Art. 22 DSGVO

Zu den vorgenannten Zwecken wird ein Nutzungs- bzw. Interessenprofil erstellt. Schaltet der Netzwerkbetreiber personalisierte Werbung, so wird dieses darüber hinaus mit dem Profil des Nutzers verknüpft.

Der Aufbau eines solchen Profils lässt sich unschwer der Norm des Art. 4 Nr. 4 DSGVO subsumieren. Dort wird Profiling als „jede Art der automatisierten Verarbeitung personenbezogener Daten, die darin besteht, dass diese personenbezogenen Daten verwendet werden, um bestimmte persönliche Aspekte, die sich auf eine natürliche Person beziehen, [...] zu bewerten, zu analysieren oder vorherzusagen" definiert. Als Beispiele sind in Art. 4 Nr. 4 DSGVO explizit die Auswertung von persönlichen Vorlieben und Interessen genannt. Aufgegriffen wird die Definition durch Art. 22 Abs. 1 DSGVO, der die maßgebliche Regelung für das Profiling darstellen soll. Nach dieser Norm hat der Betroffene das Recht, nicht einer ausschließlich auf einer automatisierten Verarbeitung – einschließlich Profiling – beruhenden Entscheidung unterworfen zu werden, die ihm gegenüber rechtliche Wirkung entfaltet oder ihn in ähnlicher Weise erheblich beeinträchtigt. Inhaltlich entspricht sie damit dem in Art. 15 Abs. 1 DS-RL bzw. § 6a BDSG a. F. geregelten Verbot automatisierter Einzelfallentscheidungen.[1592] Da sie das Profiling als Unterfall der automatisierten Einzelfallentscheidung qualifiziert, kommt es tatbestandlich auf die (automatisierte) Entscheidung an.[1593] Beispiele hierfür sind die automatische Ablehnung eines Online-Kreditantrags oder Online-Einstellungsverfahren ohne jegliches menschliche Eingreifen.[1594] Bei der Bildung von Interessenprofilen und deren Verknüpfung mit dem Account des Nutzers liegt jedoch schon keine solche Entscheidung vor. Zurecht wird angemerkt, dass das eigentliche Profiling, das womöglich einer automatisierten

---

1590 Siehe oben Kap. 1 § 2 III. 3. b).
1591 Siehe oben Kap. 3 § 8 VI und Kap. 3 § 9 IV.
1592 *v. Lewinski*, in: Wolff/Brink, BeckOK DatenschutzR, Art. 22 Rn. 1.
1593 *Kamlah*, in: Plath, DSGVO/BDSG, Art. 22 Rn. 3; *Buchner*, in: Kühling/Buchner, DS-GVO/BDSG, Art. 22 Rn. 23; *Schulz*, in: Gola, DS-GVO, Art. 22 Rn. 12; *Taeger*, in: Taeger/Gabel, DSGVO, Art. 22 Rn. 10 f.
1594 Erwägungsgrund 71 Satz 1.

Einzelentscheidung vorausgeht, durch Art. 22 Abs. 1 DSGVO überhaupt nicht geregelt wird.[1595] Dies deckt sich mit Erwägungsgrund 72, wonach die Grundlage für die Profilbildung durch die allgemeinen Datenschutzgrundsätze erfasst werden soll. So ist Profiling zwar definiert, aber ohne spezifische Rechtsfolge und damit rein symbolisch.[1596]

Letztlich sieht die DSGVO, anders als noch das bisherige BDSG, keine gesonderten Rechtfertigungstatbestände für die Verarbeitung von Daten für Werbe- oder Analysezwecke vor.[1597] Damit richtet sich die Zulässigkeit dieser weitgehend nach allgemeinen Vorschriften.[1598] Eine Einschränkung erfährt dies in Hinblick auf Minderjährige durch Erwägungsgrund 38 Satz 2. Dieser erklärt die Verwendung personenbezogener Daten von Kindern für Werbezwecke oder für die Erstellung von Persönlichkeits- oder Nutzerprofilen unter „besonderen Schutz". Daraus kann gefolgert werden, dass Minderjährigen lediglich unpersonalisierte und kontextbezogene Werbung angezeigt werden darf, nicht jedoch segment- oder verhaltensbezogene Werbung.[1599] Die nachstehenden Ausführungen gelten daher nur in Hinblick auf Erwachsene.

## 2. Problemstellung

Die hier untersuchten Vorgänge dienen vor allem dem profitablen Betrieb des sozialen Netzwerks. Die Datenverarbeitung zum Anlegen eines Profils, welches der Schaltung personalisierter Werbung oder Social-Media-Analysen dient, kann nicht auf einen Vertrag mit dem Betroffenen gestützt werden,[1600] da diese nicht für die Vertragserfüllung erforderlich i. S. d. Art. 6 Abs. 1 Satz 1 lit. b DSGVO ist.[1601] Dies gilt für die Erhebung und Speicherung im Rahmen von Social-Media-Analysen gleichermaßen wie für die Veränderung und Verknüpfung von Nutzer- und Interessenprofil im Rahmen der personalisierten Werbung. Der Netzwerkbetreiber könnte das Netzwerk mit allen Funktionen auch ohne personalisierte Werbung oder gar komplett werbefrei betreiben.

---

[1595] *Gola,* in: Gola, DS-GVO, Art. 4 Rn. 36; *Herbst,* in: Auernhammer, DSGVO/BDSG, Art. 22 Rn. 9; *Kugelmann,* DuD 2016, 566, 569; *Schulz,* in: Gola, DS-GVO, Art. 22 Rn. 3; i. E. auch *Buchner,* in: Kühling/Buchner, DS-GVO/BDSG, Art. 22 Rn. 1; *Kamlah,* in: Plath, DSGVO/BDSG, Art. 22 Rn. 3; *Martini,* in: Paal/Pauly, DS-GVO/BDSG, Art. 22 Rn. 23; *Taeger,* in: Taeger/Gabel, DSGVO, Art. 22 Rn. 11; siehe auch *Härting,* CR 2014, 528, 534 ff. mit einem Vorschlag zu einem alternativen Regelungskonzept.
[1596] *Schantz,* NJW 2016, 1841, 1844; von einem „politischen Placebo" sprechend *Dammann,* ZD 2016, 307, 313; ähnlich *Schulz,* in: Gola, DS-GVO, Art. 22 Rn. 2, der Art. 22 Abs. 1 DS-GVO als „Ausdruck eines diffusen allgemeinen Unbehagens" betrachtet.
[1597] *Splittgerber,* in: Splittgerber, Rechtsfragen Social Media, Kap. 3 Rn. 224.
[1598] *Eckhardt/Kramer/Mester,* DuD 2013, 623, 627; *Kamlah,* in: Plath, DSGVO/BDSG, Art. 22 Rn. 9; *Kugelmann,* DuD 2016, 566, 569 f.
[1599] Zu den Formen personalisierter Werbung siehe oben Kap. 1 § 2 III. 3. b).
[1600] Zu § 28 Abs. 1 Satz 1 Nr. 1 BDSG a. F. *Schwenke,* Individualisierung und Datenschutz, S. 164.
[1601] *Albrecht/Jotzo,* Datenschutzrecht der EU, Teil 3 Rn. 44.

§ 13 Verantwortungsbereich des Netzwerkbetreibers

Als Rechtsgrundlage kommt daher insbesondere Art. 6 Abs. 1 Satz 1 lit. f DS-GVO in Betracht.[1602] Mit der Verarbeitung verfolgt der Netzwerkbetreiber seine wirtschaftlichen Interessen. Diese sind – wie jedes rechtlich anerkannte Interesse – im Rahmen einer Abwägung nach Art. 6 Abs. 1 Satz 1 lit. f DSGVO berücksichtigungsfähig.[1603] Grundsätzlich kann im Wege einer Interessenabwägung auch die Schaltung von Werbung gerechtfertigt sein.[1604] Auch die Verarbeitung von Profildaten und anderen Daten für derartige Zwecke, sofern der Betroffene diese Daten bewusst veröffentlicht hat, ist im Wege der Interessenabwägung gerechtfertigt.[1605] Bei diesen, durch den Benutzer veröffentlichten Daten ist die Wertung des Art. 9 Abs. 2 lit. e DSGVO in die Interessenabwägung des Art. 6 Abs. 1 Satz 1 lit. f DSGVO hineinzulesen.[1606] Soweit der Nutzer Daten bewusst veröffentlicht hat, ist die Nutzung dieser Daten für Social-Media-Analysen oder personalisierte Werbung nach Art. 6 Abs. 1 Satz 1 lit. f DSGVO zulässig.

Der weit überwiegende Teil der Daten, die in sozialen Netzwerken verarbeitet werden, erfüllt jedoch nicht das Kriterium der Öffentlichkeit. Dies betrifft etwa nichtöffentliche Statusupdates, Beiträge in kleinen, relativ privaten Interessengruppen, Inhalte von Nachrichten und insbesondere die bei der Nutzung des Netzwerks anfallenden Daten.[1607] In diesen Fällen überwiegt das Interesse des Betroffenen daran, dass von ihm nicht öffentlich gemachte Daten nicht in eine Profilbildung einfließen.[1608] Eine Verarbeitung zu den vorliegend untersuchten Zwecken ohne eine Einwilligung ist unzulässig.[1609] Die Einwilligung stellt demnach die einzige Möglichkeit dar, Profilbildung unter Verarbeitung von Nutzungsdaten zu betreiben[1610] und damit valide Aussagen über die Nutzerinteressen treffen und segment- oder verhaltensbasierte Werbung schalten zu können.

Typischerweise ist zur Nutzung eines sozialen Netzwerks erforderlich, bereits bei der Registrierung die Einwilligung in die Verarbeitung von Nutzungsdaten zu Zwecken der Social-Media-Analysen oder der individualisierten Werbung zu erklären.[1611] In Fällen, in denen die Nutzung des Diensts von der Erteilung

---

1602 *Kamlah,* in: Plath, DSGVO/BDSG, Art. 22 Rn. 9.
1603 Siehe oben Kap. 4 § 10 II. 3. a).
1604 *Plath,* in: Plath, DSGVO/BDSG, Art. 6 Rn. 68 ff.
1605 *Golland,* MMR 2018, 130, 133; zur Verarbeitung von allgemein zugänglichen Daten i. S. d. § 28 Abs. 1 Satz 1 Nr. 3 BDSG a. F. durch den Netzwerkbetreiber bereits *Ohrtmann/Schwiering,* NJW 2014, 2984, 2987; *Splittgerber,* in: Splittgerber, Rechtsfragen Social Media, Kap. 3 Rn. 199; *Ulbricht,* in: Dorschel, Praxishandbuch Big Data, S. 241.
1606 Siehe oben Kap. 4 § 11 II. 2. b).
1607 *Schwenke,* Individualisierung und Datenschutz, S. 164.
1608 *Golland,* MMR 2018, 130, 133 f.; *Schwenke,* Individualisierung und Datenschutz, S. 164.
1609 *Golland,* MMR 2018, 130, 134; *Schwenke,* Individualisierung und Datenschutz, S. 167; *Splittgerber,* in: Splittgerber, Rechtsfragen Social Media, Kap. 3 Rn. 210, 214; *Ulbricht,* in: Dorschel, Praxishandbuch Big Data, S. 241; ebenso zu § 15 TMG *Piltz,* Soziale Netzwerke im Internet, S. 176; i. E. auch *Kampert,* Datenschutz in sozialen Online-Netzwerken, S. 108, der allerdings im Nutzer-Betreiber-Verhältnis die Einwilligung allein für maßgeblich hält.
1610 *Splittgerber,* in: Splittgerber, Rechtsfragen Social Media, Kap. 3 Rn. 216; ebenso zu § 15 TMG *Piltz,* Soziale Netzwerke im Internet, S. 176.
1611 Siehe die Auflistung bei *Piltz,* Soziale Netzwerke im Internet, S. 137 f.

der Einwilligung abhängig gemacht wird, greift das Kopplungsverbot des Art. 7 Abs. 4 DSGVO. Die Einwilligung, die vor Nutzung des Diensts eingeholt wird, wäre unwirksam. Würde der Netzwerkbetreiber die Einwilligung dagegen einholen, ohne die Nutzung des Diensts von der Erteilung der Einwilligung abhängig zu machen, hätte der Nutzer weder Anlass noch Motivation, seine Einwilligung zu erteilen. Der Netzwerkbetreiber hätte daher erhebliche Probleme, eine wirksame Einwilligung, die individualisierte Werbung oder Social-Media-Analysen ermöglicht, einzuholen.

### 3. Ökonomische Implikationen dieses Problems

Die Einwilligung wäre also entweder unwirksam – und damit die Verarbeitung zu den hier untersuchten Zwecken unzulässig – oder würde de facto nicht erteilt werden.[1612] Dies mag bei sozialen Netzwerken, bei denen die Nutzer für die Nutzung ohnehin ein Entgelt leisten müssen, geringe Auswirkungen haben. Für Betreiber sozialer Netzwerke, die sich nicht gegen Entgelt finanzieren, sondern ein allein werbefinanziertes Geschäftsmodell verfolgen, wird die Gewinnerzielung somit erheblich erschwert, da ihnen durch Art. 7 Abs. 4 DSGVO scheinbar die Möglichkeit genommen wird, den von ihnen angebotenen Dienst zu monetarisieren;[1613] teils ist von einem Ende „datenfinanzierter" Dienste die Rede.[1614] Die Schaltung unpersonalisierter oder nur aufgrund öffentlicher Daten personalisierter Werbung bliebe zwar möglich, derartige Werbung generiert jedoch weit weniger Gewinn. Dies liegt daran, dass der Nutzer vor allem geneigt ist, auf Werbung zu klicken, die am ehesten seinen Vorlieben, Interessen und Erwartungen entspricht.[1615]

Betroffen sind hiervon nicht nur künftige Einwilligungen, sondern auch bestehende – nach BDSG a. F. womöglich wirksame – Einwilligungen existierender sozialer Netzwerke. Zwar normiert Erwägungsgrund 171 Satz 2, der die Fortgeltung alter Einwilligungen anordnet, einen gewissen „Bestandsschutz"[1616] für alte Einwilligungen, dies gilt jedoch nur, soweit die Einwilligung den Bedingungen der DSGVO entspricht. Dies ist dann nicht der Fall, wenn sie unter Verstoß gegen das Kopplungsverbot erteilt wurde.[1617] Wurde die Nutzung des Netzwerks von der Erteilung einer vor Inkrafttreten der DSGVO erteilten Einwilligung in die Verwendung von Nutzungsdaten z. B. zu Zwecken individualisierter Werbung abhängig gemacht, ist die Einwilligung gleichsam unwirksam und die Datenverarbeitung somit unzulässig.

---

1612 Auf dieses Problem hinweisend *Golland,* MMR 2018, 130, 134.
1613 *Wybitul,* BB 2016, 1077, 1081.
1614 *Dehmel/Hullen,* ZD 2013, 147, 150; *Schantz,* NJW 1841, 1845.
1615 Siehe oben Kap. 1 § 2 III. 3. b).
1616 So *Plath,* in: Plath, DSGVO/BDSG, Art. 7 Rn. 4; *Schulz,* in: Gola, DS-GVO, Art. 7 Rn. 59.
1617 So auch *Konferenz der Datenschutzbeauftragten des Bundes und der Länder,* Fortgeltung bisher erteilter Einwilligungen, S. 1; a. A. *Franck,* ZD 2017, 509, 510.

## 4. Alternativzugang als Lösung des Monetarisierungsdilemmas

Dies bedeutet jedoch nicht, dass soziale Netzwerkbetreiber künftig auf die Schaltung von auf Nutzungsdaten basierender Werbung verzichten müssen. Erwägungsgrund 42 Satz 5 führt ergänzend zu Art. 7 Abs. 4 DSGVO aus, dass die echte und freie Wahl und die Möglichkeit, die Einwilligung zu verweigern, ohne Nachteile zu erleiden, gewährleistet werden muss. Künftige Geschäftsmodelle werden sich daher am Konzept des gleichwertigen Alternativzugangs orientieren müssen. Dem Betreiber eines sozialen Netzwerks ist anzuraten, wenigstens zwei im Leistungsumfang gleichwertige Zugänge zu den Leistungen seines sozialen Netzwerks bereitzustellen, von denen wenigstens einer unabhängig von der in die Verarbeitung von Nutzungsdaten zu kommerziellen Zwecken erteilenden Einwilligung ist.

Beispielsweise könnte der Betreiber einen Zugang anbieten, bei dem der Nutzer zwar kein Geld bezahlt, aber dafür in die Verarbeitung personenbezogener Daten zum Zweck personalisierter Werbung einwilligen muss, sowie einen alternativen Zugang, bei dem die Nutzung des sozialen Netzwerks von der Zahlung eines einmaligen oder regelmäßig zu entrichtenden Entgelts abhängig gemacht wird, aber keine Einwilligung für Werbezwecke erteilt werden muss.[1618] Der erstgenannte, werbefinanzierte Zugang macht zwar die Leistung von der Einwilligung abhängig, verstößt aber nicht gegen Art. 7 Abs. 4 DSGVO, weil dem Nutzer gegen Entgelt ein gleichwertiger Zugang zu derselben Leistung eröffnet ist. Ebenfalls realisierbar – und womöglich von höherer Nutzerakzeptanz getragen – wäre auch ein Alternativzugang, der lediglich durch nicht-personenbezogene Werbung refinanziert wird.

Verlangt der Netzwerkbetreiber anstelle der Einwilligung ein Entgelt, so stellt sich die Frage, wie hoch dieses sein darf. Auf dieses Problem weist auch implizit *Härting* hin, der eine „Zwei-Klassen-Datengesellschaft" befürchtet: So würden viele Bürger ihre Daten ungebremst preisgeben, wogegen sich Bessergestellte einem solchen Datenaustausch verweigern würden, sodass der Datenschutz zu einem Instrument, das sich nur Wohlhabende leisten können, verkomme.[1619] In der Tat könnte der Netzwerkbetreiber die Nutzer durch die Erhebung von überhöhten Entgelten zur Erteilung der datenschutzrechtlichen Einwilligung drängen. Dies wäre jedoch nicht mit einer „echten und freien Wahl", wie sie in Erwägungsgrund 42 Satz 5 gefordert wird, vereinbar.[1620] Die Norm des Art. 7 Abs. 4 DSGVO weist kartellrechtliche Bezüge auf. Bei ihrer Auslegung ist daher auch das Verbot des Preis- und Konditionenmissbrauchs, wie es im Bereich des Missbrauchs einer marktbeherrschenden Stellung[1621] nach Art. 102 AEUV

---

[1618] *Golland*, MMR 2018, 130, 134; in diese Richtung auch *Albrecht/Jotzo*, Datenschutzrecht der EU, Teil 3 Rn. 40; *Krohm/Müller-Peltzer*, ZD 2017, 551, 553.
[1619] *Härting*, CR 2016, 646, 648.
[1620] *Golland*, MMR 2018, 130, 134.
[1621] Zum sachlich relevanten Markt siehe oben Kap. 4 § 13 II. 1. a) bb).

angenommen wird,[1622] zu berücksichtigen. Der Netzwerkbetreiber muss durch Preisgestaltung sicherstellen, dass der Alternativzugang aus Sicht der Marktgegenseite eine echte Alternative darstellt. Preise sind unangemessen, wenn sie in einem Missverhältnis zum wirtschaftlichen Wert der Ware oder Dienstleistung stehen.[1623] Da Untersuchungen zufolge Nutzer ihrer Privatsphäre lediglich einen relativ geringen monetären Gegenwert beimessen,[1624] dürfte dieser Preis tendenziell niedrig anzusiedeln sein.[1625] Eine Zwei-Klassen-Datengesellschaft droht daher nicht.

Das Kopplungsverbot des Art. 7 Abs. 4 DSGVO läutet zwar nicht das Ende der Ära „Daten gegen Dienstleistung" ein, forciert aber – neben diesem Geschäftsmodell – andere Lösungen. Eine solche wurde hier vorgestellt.

*5. Zwischenergebnis*

Die Bildung von Interessensprofilen und ihre Verknüpfung zu Zwecken der Monetarisierung des Netzwerks richten sich nach den allgemeinen Vorschriften über die Rechtmäßigkeit der Verarbeitung. Für diese Zwecke ist es zunächst zulässig, öffentlich gemachte Daten von volljährigen Betroffenen zu verwenden. Sind die Daten nicht vom Betroffenen veröffentlicht, bleibt als einzige Rechtsgrundlage für diese Verarbeitungsvorgänge die Einwilligung. Allerdings ist die Wirksamkeit der Einwilligung durch das Kopplungsverbot des Art. 7 Abs. 4 DS-GVO stark begrenzt. Der Netzwerkbetreiber muss a prima vista auf die Schaltung personalisierter Werbung verzichten oder darauf vertrauen, dass ihm eine Einwilligung erteilt wird, obwohl er dem Nutzer bereits die volle Funktionalität zur Verfügung gestellt hat. Beides stellt keine gangbare Option dar, sodass das Erlösmodell der Datenfinanzierung bedroht scheint. Tatsächlich gibt es aber einen rechtlich zulässigen Ausweg aus dem sich daraus ergebenden „Monetarisierungsdilemma", nämlich das Anbieten eines gleichwertigen Alternativzugangs gegen (ein geringes) Entgelt.

**VII. Schattenprofile**

Zuletzt fällt auch die Verarbeitung zum Anlegen und Aufbau von Schattenprofilen in den Verantwortungsbereich des Netzwerkbetreibers.[1626] Die Einholung ei-

---

1622 *Bahr*, in: Paschke/Berlit/Meyer, Medienrecht, 21. Abschnitt Rn. 81 f.; ausführlich *Fuchs/Möchel*, in: Immenga/Mestmäcker, EU-Wettbewerbsrecht, Art. 102 AEUV Rn. 174 ff.; zum Konditionenmissbrauch durch Betreiber sozialer Netzwerke *Telle*, WRP 2016, 814, 818 ff.
1623 Siehe etwa EuGH, Slg. 1975, 1367, 1379 – „General Motors Continental"; EuGH, Slg. 1978, 207, 305 – „United Brands"; EuGH, Slg. 1986, 3263, 3304 – „British Leyland".
1624 *Acquisti/John/Loewenstein*, J. Legal Stud. 42 (2013), 249, 260 ff.; *ENISA*, Study on monetising privacy, S. 28 ff.; *Hess/Schreiner*, DuD 2012, 105, 109.
1625 Zu den Rahmenbedingungen und Möglichkeiten der Bestimmung des Preises eines entgeltlichen Alternativzugangs *Golland*, MMR 2018, 130, 135.
1626 Siehe oben Kap. 3 § 9 IV.

§ 13 Verantwortungsbereich des Netzwerkbetreibers

ner ausdrücklichen Einwilligung erscheint hier fernliegend, da die Verarbeitung unbemerkt erfolgt. Dasselbe gilt für die konkludente Einwilligung: Diese erfordert eine eindeutige bestätigende Handlung; bloßes Schweigen oder Nichtstun ist nicht ausreichend.[1627] Auch ist nicht erkennbar, wie die umfassende nach den Artt. 13, 14 DSGVO zu erfolgende Information des Betroffenen funktionieren sollte. Die Einwilligung als Rechtsgrundlage für die hier untersuchte Datenverarbeitung scheidet aus.

Die Verarbeitung zur Durchführung eines Vertrags mit dem Betroffenen ist in der hier untersuchten Fallgruppe unter verschiedenen Gesichtspunkten problematisch. Ausweislich des Wortlauts des Art. 6 Abs. 1 Satz 1 lit. b DSGVO würde auch ein vorvertragliches Schuldverhältnis genügen, dies aber nur dann, wenn dies auf Anfrage der betroffenen Person erfolgt. Zwar ist hier „Anfrage" weit zu verstehen und keine Willenserklärung i. S. d. §§ 145 ff. BGB gefordert,[1628] die Vertragsverhandlungen müssen jedoch von dem Betroffenen initiiert werden.[1629] Dies scheidet bei Betroffenen, die niemals Nutzer des datenverarbeitenden sozialen Netzwerks werden möchten und daher nie Vertragsverhandlungen aufnehmen, aus. Fraglich ist hingegen, welche Legitimationswirkung Art. 6 Abs. 1 Satz 1 lit. b DSGVO entfaltet, wenn der Nutzer sich nach einiger Zeit zur Registrierung in dem betreffenden sozialen Netzwerk entschließt. In diesem Fall wäre bei extensiver Auslegung vertretbar, die vor der Registrierung erfolgende Datenverarbeitung im Zusammenhang mit Schattenprofilen sei eine vorvertragliche Maßnahme des Netzwerkbetreibers. Bloße einseitige Maßnahmen, von denen die andere Partei keine Kenntnis erlangt, reichen zur Annahme eines vorvertraglichen Schuldverhältnisses – unabhängig davon, ob auf die Aufnahme der Vertragsverhandlungen oder die Vertragsanbahnung abgestellt wird – jedoch nicht aus.[1630] Eine Zulässigkeit nach Art. 6 Abs. 1 Satz 1 lit. b DSGVO scheidet demnach aus.

Somit bleibt letztlich nur die Rechtfertigung nach Art. 6 Abs. 1 Satz 1 lit. f DSGVO. Ein Interesse des Nutzers, dass unbemerkt Informationen über ihn gesammelt werden, besteht nicht; vielmehr hat der Nutzer ein Interesse, dass keine Daten einer ihm unbekannten Partei preisgegeben werden. Dies gilt insbesondere angesichts der Gefahr, dass durch Cookies oder Zählpixel auch sensible Daten erhoben werden können, z. B. wenn der Nutzer bestimmte Erotikangebote oder entsprechende Online-Shops aufruft und der Netzwerkbetreiber solche Daten erhebt. Durch eine solche Erhebung und Speicherung ist die Privat- und ggf. auch Intimsphäre des Nutzers betroffen. Demgegenüber steht das Interesse des

---

1627 Siehe oben Kap. 4 § 10 II. 1. d).
1628 *Buchner/Petri*, in: Kühling/Buchner, DS-GVO/BDSG, Art. 6 Rn. 35; *Plath*, in: Plath, DSGVO/BDSG, Art. 6 Rn. 12.
1629 *Buchner/Petri*, in: Kühling/Buchner, DS-GVO/BDSG, Art. 6 Rn. 35; *Frenzel*, in: Paal/Pauly, DS-GVO/BDSG, Art. 6 Rn. 15; i. E. auch *Heberlein*, in: Ehmann/Selmayr, DS-GVO, Art. 6 Rn. 14; *Schulz*, in: Gola, DS-GVO, Art. 6 Rn. 30.
1630 Vgl. zu § 311 Abs. 2 BGB *Emmerich*, in: MüKo-BGB, § 311 Rn. 43, 47; *Grüneberg*, in: Palandt, BGB, § 311 Rn. 22 f.

Anbieters, bereits im Vorfeld der Nutzung Daten zu erhalten, die er später für Zwecke der Reichweitenanalyse, zur Schaltung personenbezogener Werbung und für Marktprognosen verwenden kann. Dabei muss gesondert Berücksichtigung finden, dass der Betroffene bei dieser „geheimen Datensammlung" nicht mit der Verarbeitung rechnen muss.[1631] Es gibt keinen größeren Eingriff in das informationelle Selbstbestimmungsrecht als die dem Betroffenen unbekannte und von ihm unbemerkte Datenverarbeitung, da er jeder Ausübungsmöglichkeit beraubt wird. So führte das BVerfG in seinem Volkszählungsurteil aus, dass mit dem Recht auf informationelle Selbstbestimmung „eine Gesellschaftsordnung und eine diese ermöglichende Rechtsordnung [...], in der Bürger nicht mehr wissen, wer was bei welcher Gelegenheit über sie weiß",[1632] nicht vereinbar wäre. Wenn schon kein Überwiegen von Interessen des Netzwerkbetreibers im Verhältnis zu registrierten Nutzern vorliegt,[1633] dann erst recht nicht, wenn der Nutzer gar nicht mit der Verwendung dieser Daten zu diesen Zwecken rechnen konnte.[1634] Damit kann die Datenverarbeitung auch nicht auf die Interessenabwägung gem. Art. 6 Abs. 1 Satz 1 lit. f DSGVO gestützt werden.

Das Anlegen von Schattenprofilen und die damit in Zusammenhang stehenden weiteren Verarbeitungsvorgänge sind daher unter allen in Betracht kommenden datenschutzrechtlichen Gesichtspunkten unzulässig.

### VIII. Zusammenfassung: Der Datenumgang durch den Betreiber des sozialen Netzwerks

Im Nutzer-Netzwerkbetreiber-Verhältnis können die durch den Nutzer eingestellten Daten in hohem Maße auf Grundlage des Nutzungsvertrags verarbeitet werden (Art. 6 Abs. 1 Satz 1 lit. b DSGVO). Dabei ist es zulässig, im Rahmen der Registrierung den echten Namen des Nutzers zu erfragen; in jedem Fall muss jedoch ein Auftreten des Nutzers unter Pseudonym gegenüber anderen Nutzern ermöglicht werden.[1635] Im Rahmen der Registrierung dürfen nur die zur Leistungserbringung notwendigen Daten erfragt werden oder Daten, bei denen die Angabe durch den Nutzer verweigert werden und der Dienst dennoch genutzt werden kann. Wird die Nutzung des Diensts von der Angabe nicht vertragsnotwendiger Daten abhängig gemacht, greift das Kopplungsverbot des Art. 7 Abs. 4 DSGVO.

Problematisch wird die Verarbeitung von Daten von Nutzern, die das 16. Lebensjahr noch nicht vollendet haben. Diese können allein weder wirksam ein-

---

1631 Vgl. Erwägungsgrund 47 Satz 4.
1632 BVerfGE 65, 1 Rn. 172.
1633 Siehe oben Kap. 4 § 13 VI. 2.
1634 So zu § 28 Abs. 1 Satz 1 Nr. 2 BDSG a.F. *Roßnagel*, ZD 2013, 562, 565; i.E. auch *Piltz*, CR 2011, 657, 661, der bereits das Interesse des Netzwerkbetreibers für nicht schützenswert erachtet.
1635 Dazu ausführlich unten Kap. 5 § 15 I.

willigen, noch wirksam einen Vertrag zur Nutzung des sozialen Netzwerks abschließen. Soweit der Anbieter kein taugliches System zur Altersverifikation und Validierung der Einwilligung bzw. Zustimmung des gesetzlichen Vertreters implementiert, darf er seine Dienste nicht an Minderjährige anbieten. Anderenfalls läuft er sehenden Auges Gefahr, Rechtsverstöße zu begehen.

Im Verhältnis zu Dritten, d. h. bei der Verarbeitung von Daten Dritter, die durch den Nutzer eingegeben wurden, ist eine summarische Interessenabwägung durchzuführen. Insoweit ergeben sich keine Besonderheiten.

Die Erstellung von Nutzerprofilen und deren Verknüpfung mit dem Account des Nutzers zu Analysezwecken oder zur Schaltung personalisierter Werbung ist, soweit sie über veröffentlichte Daten hinausgeht, nur auf Grundlage der Einwilligung zulässig. Aufgrund des Kopplungsverbots kann der Netzwerkbetreiber die Nutzung des Diensts grundsätzlich nicht von der Einwilligung in die Schaltung personenbezogener Werbung abhängig machen. Es bleibt aber möglich, personalisierte Werbung zu schalten, sofern dem Nutzer zu zumutbaren Konditionen ein Alternativzugang zu dem Dienst ermöglicht wird, bei dem auf die Schaltung personalisierter Werbung verzichtet wird. Maßgabe ist, dass der Nutzer die freie Wahl hat, ob er lieber seine Daten zu weiteren, nicht in seinem Interesse liegenden Zwecken zur Verfügung stellt („Daten gegen Dienstleistung") oder er den Dienst zu anderen Konditionen, die nicht die eine solche Einwilligung voraussetzen, nutzt.

Die Erstellung von sogenannten „Schattenprofilen" kann mangels einschlägiger Rechtsgrundlage nicht gerechtfertigt werden. Dagegen sind Empfehlungen des Netzwerkbetreibers zu weiteren Kontakten, Gruppen oder Veranstaltungen nach Art. 6 Abs. 1 Satz 1 lit. f DSGVO regelmäßig zulässig.

Verstöße des Netzwerkbetreibers gegen das Rechtmäßigkeitsprinzip können gem. Art. 83 Abs. 5 lit. a DSGVO mit Geldbußen von bis zu 4 % des weltweit erzielten Vorjahresumsatzes geahndet werden.

Kap. 4 Zulässigkeit des Datenumgangs in sozialen Netzwerken

## § 14 Die Interessenabwägung nach Art. 6 Abs. 1 Satz 1 lit. f DSGVO. Versuch einer Entscheidungsmatrix

Es konnte gezeigt werden, dass der Interessenabwägung nach Art. 6 Abs. 1 Satz 1 lit. f DSGVO eine hohe Praxisrelevanz im Bereich sozialer Netzwerke zukommt. Sowohl im Verhältnis zwischen Nutzer und betroffenem Dritten als auch im Verhältnis zwischen Fansite- oder Netzwerkbetreiber und jenem Dritten ist die Interessenabwägung regelmäßig der einzige in Betracht kommende Rechtfertigungsgrund.[1636] Werden durch den Nutzer Daten über einen Dritten eingegeben, hat sowohl der dateneingebende Nutzer wie auch der Netzwerkbetreiber seine Interessen gegen die des Betroffenen abzuwägen. Dies ist zwar in der Theorie ohne weiteres möglich, de facto aber hochkomplex. Von einigen Sonderfällen – den Kriterien ohne Wertungsmöglichkeit[1637] – abgesehen, muss der Verantwortliche sorgfältig alle für ihn erkennbaren, rechtlich geschützten Interessen des Betroffenen berücksichtigen. Datenschutz-Compliance lässt sich aufgrund dieser hohen Anforderungen und Zahl der in die Abwägung einfließenden Kriterien in der Praxis nur schwierig erreichen. Gerade anhand dieser Norm, die sich durch ihre mangelnde Bestimmtheit auszeichnet,[1638] wird die Unabdingbarkeit begründet, betriebliche Datenschutzbeauftragte zu bestellen und angemessen auszustatten.[1639]

### I. Vorschlag eines Abwägungsmodells

Der Kommissionsvorschlag sah vor, die Anwendung von Art. 6 Abs. 1 Satz 1 lit. f DSGVO für spezifische Verarbeitungssituationen durch delegierte Rechtsakte näher zu regeln; in diese Richtung ging auch der Vorschlag des Berichterstatters im Europäischen Parlament, Regelbeispiele in der Verordnung selbst vorzusehen. Trotz der Notwendigkeit der Präzisierung findet sich beides nicht im finalen Verordnungstext. In der heutigen Fassung besteht für den Europäischen Datenschutzausschuss nach Art. 70 Abs. 1 lit. e DSGVO die Möglichkeit, durch Leitlinien und Empfehlungen zur einheitlichen Anwendung der DSGVO (einschließlich der Interessenabwägung) beizutragen. Bislang hat sich der Europäische Datenschutzausschuss dieser äußerst komplexen Frage allerdings nicht angenommen.

Um einer solchen Überkomplexität des Datenschutzrechts Herr zu werden, bedarf es eines vereinfachenden Modells.[1640] Werden die in die Interessenab-

---

1636 Siehe oben Kap. 4 § 11 I, Kap. 4 § 12 und Kap. 4 § 13 III. 2.
1637 Siehe oben Kap. 4 § 11 IV. 1.
1638 *Buchner/Petri,* in: Kühling/Buchner, DS-GVO/BDSG, Art. 6 Rn. 142 f.
1639 *Frenzel,* in: Paal/Pauly, DS-GVO/BDSG, Art. 6 Rn. 27.
1640 Vgl. *Frenzel,* in: Paal/Pauly, DS-GVO/BDSG, Art. 6 Rn. 27 und *Heberlein,* in: Ehmann/Selmayr, DS-GVO, Art. 6 Rn. 33, die eine Konkretisierung der Interessenabwägung durch Leitlinien fordern.

wägung eingehenden Kriterien[1641] zusammengefasst und relativ gewichtet, so lassen sich diese in einer Entscheidungsmatrix abbilden (Abbildung 4). Die im Rahmen der vorgenannten Abwägungskriterien möglichen Szenarien sind Werten zugeordnet, deren Addition ein Ergebnis zur Rechtmäßigkeit liefert. Sofern das Ergebnis im positiven Bereich liegt, ist davon auszugehen, dass die beabsichtigte Datenverarbeitung rechtmäßig ist. Es muss ausweislich des Wortlauts des Art. 6 Abs. 1 Satz 1 lit. f DSGVO zu einem „Überwiegen" der Interessen des Betroffenen kommen, damit die Verarbeitung rechtswidrig ist. Ein Ergebnis von ±0 genügt daher, um die Datenverarbeitung zu legitimieren. Das hier vorgeschlagene Modell erhebt weder Anspruch auf vollständige Korrektheit, noch bietet es Gewähr für eine sichere Bestimmung der datenschutzrechtlichen Zulässigkeit. Vielmehr ist diesem Modell immanent, dass in bestimmten, atypischen Einzelfällen unbillige Ergebnisse auftreten können.

---

1641 Siehe oben Kap. 4 § 11 IV. 2.

Kap. 4 Zulässigkeit des Datenumgangs in sozialen Netzwerken

| Betroffene Sphäre | Person des öffentlichen Lebens | Adressat der Veröffentlichung | Kontakt zwischen Beteiligten über das Netzwerk | „Versuch der Einwilligung" / schlichte Erlaubnis | Alter des Betroffenen | |
|---|---|---|---|---|---|---|
| Sozialsphäre | ja | | | | | 2 |
| zwischen Sozial- und Privatsphäre | ja, aber betrifft sensibles Datum mit Bezug zu Tätigkeit | beschränkt auf Kontakte | ja | ja | | 1 |
| | nein | | | nein und/oder Betroffener nicht einwilligungsfähig | volljährig | 0 |
| Privatsphäre | | unbeschränkt im Netzwerk | nein | Mutmaßlicher Widerspruch | 16 – Volljährigkeit | -1 |
| zwischen Privat- und Intimsphäre | | unbeschränkt im Internet | | Verweigerung, Widerruf oder Widerspruch | < 16 | -2 |

*Abbildung 4: Entscheidungsmatrix zur Abwägung gem. Art. 6 Abs. 1 Satz 1 lit. f DSGVO*

## II. Ausgewählte Anwendungsbeispiele

Im Folgenden soll die Anwendung des vorgeschlagenen Modells anhand dreier Anwendungsfälle dargestellt werden, die bei Statusupdates in sozialen Netzwerken von hoher Typizität sind. Zum besseren Verständnis wird die Abwägung durch Verlaufsdiagramme illustriert. Die sechs in der Abwägung zu berücksichtigen Faktoren werden in den folgenden Abbildungen mit f1 bis f6 bezeichnet und auf der Y-Achse abgetragen. Die entlang der X-Achse verlaufende Linie gibt das Ergebnis der Abwägungsentscheidung nach Berücksichtigung des jeweiligen abgetragenen Faktors wieder. Das Ende des Linienverlaufs beschreibt das Endergebnis der Abwägung nach Berücksichtigung aller Faktoren einschließlich des letzten Faktors (f6).

Im ersten Beispiel veröffentlicht ein Nutzer ein Statusupdate mit dem Inhalt „Gerade mit X im Zoo!" und fügt ein entsprechendes Foto hinzu. Der Besuch eines öffentlichen Zoos ist der Sozialsphäre zuzuordnen; X ist zwischen 16 und 18 Jahren alt und keine Person des öffentlichen Lebens; die Sichtbarkeit des Statusupdates ist auf Kontakte des Nutzers beschränkt. Es besteht zwischen den beiden Kontakt über das Netzwerk; X wurde nicht um Erlaubnis gefragt. Werden alle vorgenannten Faktoren berücksichtigt, so stellt sich die Verarbeitung durch den Verfasser als rechtmäßig dar.

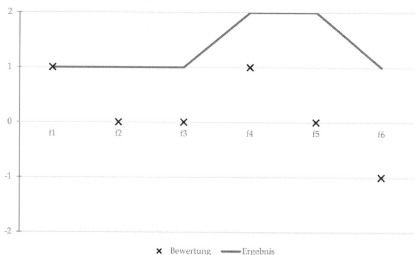

*Abbildung 5: Rechtmäßigkeit im Beispiel Nr. 1*

Das zweite Beispiel ist angelehnt an den bereits erwähnten Fall der Stacy Snyder.[1642] Der volljährige Betroffene ist verkleidet und offensichtlich alkoholisiert auf einer privaten Party. Der Gastgeber der Party, der mit dem Betroffenen in

---
[1642] Siehe Fn. 27.

Kap. 4 Zulässigkeit des Datenumgangs in sozialen Netzwerken

demselben Netzwerk aktiv ist, macht ein Foto vom Betroffenen und stellt dieses, ohne den Betroffenen zu fragen, zusammen mit zahlreichen anderen Partybildern ins Netzwerk. Eine private Party kann grundsätzlich zwischen Sozial- und Privatsphäre eingeordnet werden („Semi-Öffentlichkeit"). Der Betroffene ist keine Person des öffentlichen Lebens; eine Beschränkung auf Kontakte erfolgt nicht. Der volljährige Betroffene wurde nicht um Erlaubnis gefragt, aufgrund der Art des Fotos bzw. der unvorteilhaften Abbildung des Betroffenen ist aber anzunehmen, dass er mit der Veröffentlichung wohl nicht einverstanden gewesen wäre. Die Datenverarbeitung ist rechtswidrig.

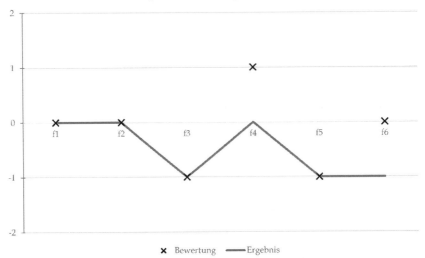

*Abbildung 6: Rechtmäßigkeit im Beispiel Nr. 2*

Im dritten Beispiel holt der Nutzer seinen 13-Jährigen Bruder vom Sport ab. Er verfasst ein Statusupdate mit dem Inhalt „Mal wieder meinen Bruder vom Fußball abholen!". Die beiden, die auch über ein Netzwerk in Kontakt stehen, machen dazu ein „Selfie", das unbeschränkt in diesem Netzwerk aufrufbar ist. Der 13-Jährigen hat sich hierzu einverstanden erklärt. Dieser sich in Sozialsphäre abspielende Vorgang betrifft eine nicht in der Öffentlichkeit stehende Person. Die schlichte Erlaubnis des 13-Jährigen kann sich für die Rechtmäßigkeit nicht positiv auswirken, da er altersbedingt nicht einwilligungsfähig ist. Der sich in Art. 6 Abs. 1 Satz 1 lit. f a. E. DSGVO niederschlagende Minderjährigenschutz führt schließlich dazu, dass die durch den Nutzer vorgenommene Datenverarbeitung als rechtswidrig zu betrachten ist.

Faktisch scheidet damit die Verarbeitung von Daten Dritter, die das 16. Lebensjahr noch nicht vollendet haben, sofern die Datenverarbeitung nicht durch ihre Erziehungsberechtigten betrieben wird, in den meisten Fällen aus. Unabhängig davon, ob die Eltern oder sonstige Personen die Daten verarbeiten, ist eine Verarbeitung von Daten Betroffener im Alter von unter 16 Jahren in jedem Fall

§ 14 Die Interessenabwägung nach Art. 6 Abs. 1 Satz 1 lit. f DSGVO. Versuch einer Entscheidungsmatrix

rechtswidrig, wenn der minderjährige Betroffene nicht in der Öffentlichkeit steht und die Daten unbegrenzt zugänglich gemacht werden. So können etwa Eltern, die Fotos ihrer Kinder unbegrenzt über ein soziales Netzwerk zugänglich machen, keine Rechtfertigung über Art. 6 Abs. 1 Satz 1 lit. f DSGVO erlangen.

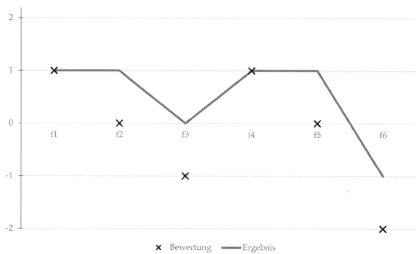

*Abbildung 7: Rechtmäßigkeit im Beispiel Nr. 3*

**Vorgehen und Hinweise**

Bei der Verarbeitung von Betroffenendaten sind eine Vielzahl von Faktoren zu beachten. Keiner Abwägung en detail bedarf es beim Vorliegen eines Kriteriums ohne Wertungsmöglichkeit, d.h. wenn die Intimsphäre des Betroffenen beeinträchtigt wird, sensible Daten einer nicht in der Öffentlichkeit stehenden Person verarbeitet werden, die Information von der Meinungsfreiheit nicht gedeckt ist oder der Betroffene die Information selbst öffentlich gemacht hat und weiterhin öffentlich bereithält.[1643] In den ersten beiden genannten Fällen ist die Verarbeitung stets unzulässig. Insofern ist dem Verantwortlichen insbesondere dazu zu raten, die Verarbeitung von intimen und sensiblen Informationen zu vermeiden. Die Verarbeitung derartiger Informationen muss aufgrund des schlechthin konstituierenden Charakters der Meinungs- und Informationsfreiheit für die Demokratie jedoch dann zulässig sein, wenn es sich um in der Öffentlichkeit stehende Personen, insbesondere Politiker, handelt und die Information mit der Wahrnehmung ihres Amtes in Verbindung steht. Art. 9 Abs. 1 DSGVO ist insoweit teleologisch zu reduzieren.

---

1643 Ausführlich zu den Kriterien ohne Wertungsmöglichkeit oben Kap. 4 § 11 IV. 1.

Sofern kein solcher Fall vorliegt, sind mehrere Faktoren zu berücksichtigen. Innerhalb dieser geht es nicht um eine rein dichotomische Entscheidung, sondern vielmehr darum, diese im Lichte der widerstreitenden Grundrechte zu bewerten, in Relation zu setzen und im Wege praktischer Konkordanz gegeneinander abzuwägen. Die dargestellte Entscheidungsmatrix vermag dem Verantwortlichen eine praktische Hilfestellung an die Hand zu geben. Er kann die einzelnen Aspekte auf der x-Achse abtragen und erhält durch Addition der Faktoren ein Ergebnis, mit dem er beurteilen kann, ob die beabsichtigte Verarbeitung rechtmäßig ist.

Die dort genannten Aspekte verschaffen dem Verantwortlichen auch einen Überblick, was er selbst unternehmen kann, um die Rechtmäßigkeit der durch ihn vorgenommenen Datenverarbeitung zu gewährleisten. Unter dem Gesichtspunkt der „best practice" kann ihm daher angeraten werden, die Zugänglichkeit der von ihm verarbeiteten Daten möglichst zu beschränken; insbesondere ist von einer netzwerkübergreifenden Veröffentlichung der Information abzuraten. Eine Verarbeitung von Daten Minderjähriger sollte unterbleiben. Ferner ist von einer Verarbeitung von Daten von Personen, die nicht mit dem Verarbeiter in Kontakt stehen, abzusehen, es sei denn, es handelt sich um Personen des öffentlichen Lebens. Soweit es praktikabel erscheint, sollte nachgefragt und berücksichtigt werden, ob der Betroffene mit der Verarbeitung einverstanden ist.

# Kap. 5 Weitere Anforderungen mit spezifischer Relevanz für soziale Netzwerke

Das letzte Kapitel der vorliegenden Untersuchung befasst sich mit drei Themenkomplexen, die besondere Relevanz im Kontext sozialer Netzwerke aufweisen und teilweise neu durch die DSGVO eingefügt wurden, teils grundlegend überarbeitet wurden. Letzteres trifft auf das Gebot der Datenminimierung zu (dazu sogleich § 15). Sofern sich der Nutzer entschließt, seine Mitgliedschaft im sozialen Netzwerk zu beenden, stellt sich die Frage, was mit seinen Daten passiert. Art. 20 DSGVO entfaltet besondere Relevanz, wenn der Nutzer sein bisheriges soziales Netzwerk verlassen und zu einem anderen Anbieter wechseln möchte (dazu unten § 16). Unabhängig davon, ob er sich zu einem Wechsel entschließt oder ob er generell sein Dasein auf derartigen Plattformen beenden möchte, stellt sich die Frage der Zulässigkeit des weiteren Datenumgangs, d.h. welche Löschpflichten und andere Obliegenheiten den Betreiber sowie andere Nutzer des bisher genutzten sozialen Netzwerks treffen (dazu unten § 17).

## § 15 Gebot der Datenminimierung

Ein Grundsatz des Datenschutzrechts ist das in Art. 5. Abs. 1 lit. c DSGVO normierte Gebot der Datenminimierung. Nach diesem muss die Datenverarbeitung auf das für die Zwecke der Verarbeitung notwendige Maß beschränkt bleiben. Terminologisch weist dieser Grundsatz gewisse Schnittmengen zum Zweckbindungsprinzip auf, jedoch geht es hierbei vielmehr um die Begrenzung der Datenverarbeitung auf ein notwendiges Minimum innerhalb des jeweiligen Zwecks.[1644] Der effektivste Weg ist die Nichterhebung von Daten.[1645] Kann die Erhebung von personenbezogenen Daten nicht gänzlich vermieden werden, sollen durch den Grundsatz der Datensparsamkeit zumindest potentielle Beeinträchtigungen des Rechts auf informationelle Selbstbestimmung minimiert werden.[1646]

Im deutschen Datenschutzrecht war der Grundsatz der Datenminimierung durch den mit „Datenvermeidung und Datensparsamkeit" betitelten § 3a BDSG a. F. integriert. Diese Norm wurde jedoch in Zeiten von sozialen Netzwerken und dem Geschäftsmodell „Daten gegen IT-Leistung" zunehmend als Relikt vergangener

---

[1644] *Frenzel*, in: Paal/Pauly, DS-GVO/BDSG, Art. 5 Rn. 34; *Herbst*, in: Kühling/Buchner, DS-GVO/BDSG, Art. 5 Rn. 57; *Kramer*, in: Auernhammer, DSGVO/BDSG, Art. 5 Rn. 20; *Plath*, in: Plath, DSGVO/BDSG, Art. 5 Rn. 10.

[1645] So zu § 3a BDSG a. F. *Gola/Klug/Körffer*, in: Gola/Schomerus, BDSG, § 3a Rn. 6; *Roßnagel/Scholz*, MMR 2000, 721; *Scholz*, in: Simitis, BDSG, § 3a Rn. 31; *Schulz*, in: Wolff/Brink, BDSG, § 3a Rn. 39; *Weichert*, in: Däubler/Klebe/Wedde/Weichert, BDSG, § 3a Rn. 3; *Zscherpe*, in: Taeger/Gabel, BDSG, § 3a Rn. 34.

[1646] *Gola/Klug/Körffer*, in: Gola/Schomerus, BDSG, § 3a Rn. 1; *Scholz*, in: Simitis, BDSG, § 3a Rn. 33; ähnlich *Weichert*, in: Däubler/Klebe/Wedde/Weichert, BDSG, § 3 Rn. 3.

Kap. 5 Weitere Anforderungen mit spezifischer Relevanz für soziale Netzwerke

Tage wahrgenommen. So wurde vertreten, der Grundsatz der Datensparsamkeit wirke im Web 2.0 „wie ein Fremdkörper".[1647] Anders als § 3a BDSG a. F., der weder konkrete Anforderungen stellte und dessen Nichteinhaltung nicht sanktioniert werden konnte,[1648] verschafft Art. 25 DSGVO diesem datenschutzrechtlichen Grundsatz Geltung, indem er konkrete Anforderungen an Technikgestaltung („Privacy by Design") und datenschutzfreundliche Vorsteinstellungen („Privacy by Default") normiert.

Im Folgenden sollen zwei für soziale Netzwerke besonders relevante Ausprägungen des Gebots der Datenminimierung, die unter dem Stichwort „Klarnamenspflicht" diskutierte Pflicht zur Ermöglichung einer anonymen/pseudonymen Nutzung sowie der Ansatz des Privacy by Default beleuchtet werden.

## I. Klarnamenspflicht

Regelmäßig wird bei der Registrierung in einem sozialen Netzwerk vom Benutzer die Angabe seines bürgerlichen Namens erfragt.[1649] Für die Anbieter von Telemedien, etwa Betreiber sozialer Netzwerke, normierte § 13 Abs. 6 TMG die Pflicht zur Ermöglichung der pseudonymen oder anonymen Nutzung, soweit dies zumutbar war.[1650] Auch § 3a BDSG a. F. normierte, dass personenbezogene Daten zu anonymisieren oder zu pseudonymisieren sind, soweit dies nach Verwendungszweck möglich und verhältnismäßig ist. Die Frage, inwieweit es datenschutzrechtlich zulässig ist, vom Nutzer zu verlangen, seinen echten Namen anzugeben, wurde unter dem Stichwort „Klarnamenspflicht" diskutiert.[1651] Gerichtlich wurde die Frage bislang nicht geklärt: Sowohl das ULD als auch der Hamburgische Datenschutzbeauftragte scheiterten mit ihren Anordnungen, Facebook die Sperrung von Nutzerkonten mit fiktiven Namen zu untersagen, da die Gerichte das deutsche Datenschutzrecht im konkreten Fall für nicht anwendbar hielten.[1652]

---

1647 *Lerch/Krause/Hotho/Roßnagel/Stumme*, MMR 2010, 454.
1648 So wurde in § 3a BDSG a. F. nach h. M. keine Verpflichtungsqualifikation gesehen, sondern vielmehr eine bloße Zielvorgabe (BT-Drucks. 16/13657, S. 17; ebenso *Gola/Klug/Körffer*, in: Gola/Schomerus, BDSG, § 3a Rn. 2; a. A. *Scholz*, in: Simitis, BDSG, § 3a Rn. 27, 57; *Weichert*, in: Däubler/Klebe/Wedde/Weichert, BDSG, § 3 Rn. 4, die konkrete Rechtspflichten hieraus ableiteten). Einigkeit bestand jedenfalls dahingehend, dass ein Verstoß gegen § 3a BDSG weder bußgeld- noch strafbewehrt war (siehe etwa *Gola/Klug/Körffer*, in: Gola/Schomerus, BDSG, § 3a Rn. 2; *Scholz*, in: Simitis, BDSG, § 3a Rn. 57; *Weichert*, in: Däubler/Klebe/Wedde/Weichert, BDSG, § 3 Rn. 4).
1649 Siehe oben Kap. 1 § 2 III. 1.
1650 § 13 Abs. 6 TMG: „Der Diensteanbieter hat die Nutzung von Telemedien und ihre Bezahlung anonym oder unter Pseudonym zu ermöglichen, soweit dies technisch möglich und zumutbar ist. Der Nutzer ist über diese Möglichkeit zu informieren."
1651 Zum Stand der Diskussion *Kluge*, DSRITB 2016, 107 ff.
1652 OVG Hamburg, NJW 2016, 3386; OVG Schleswig-Holstein, NJW 2013, 1977; siehe auch die jeweiligen Vorinstanzen VG Hamburg, K&R 2016, 290; VG Schleswig, DSB 2013, 72.

§ 15 Gebot der Datenminimierung

Auch wenn die DSGVO – im Gegensatz zu § 13 Abs. 6 TMG – keine solche, ausdrückliche normierte Pflicht enthält, ergibt sich diese mittelbar aus dem Gebot der Datenminimierung des Art. 5 Abs. 1 lit. c DSGVO, wonach die Verarbeitung auf das für die Zwecke der Verarbeitung notwendige Maß beschränkt werden muss. Von Art. 5 Abs. 1 lit. c DSGVO ist daher die Pflicht umfasst, eine pseudonyme Nutzung sozialer Netzwerke zu ermöglichen, soweit nicht Klarnamen für die Diensterbringung erforderlich sind.[1653] Auch aus einer Gesamtschau der Artt. 6, 25, 32, 40 und 89 sowie der Erwägungsgründe 28, 29 und 78 ergibt sich die Pflicht, wann immer es möglich ist, personenbezogene Daten zu pseudonymisieren. Während § 13 Abs. 6 TMG auf das Kriterium der Zumutbarkeit abstellte, setzt die Regelung des Art. 5 Abs. 1 lit. c DSGVO die „Erforderlichkeit" der Verarbeitung für den jeweiligen Zweck voraus.[1654] Es handelt sich dabei jedoch nicht um eine Verpflichtung auf das absolute Minimum, sondern auf eine verhältnismäßige Handhabung der Daten.[1655] Im Ergebnis läuft dies auf eine Prüfung der Zumutbarkeit wie nach dem – nicht mehr anwendbaren[1656] – § 13 Abs. 6 TMG hinaus. Ob die Ermöglichung der anonymen oder pseudonymen Nutzung für den Netzwerkbetreiber zumutbar ist, war unter Geltung des § 13 Abs. 6 TMG umstritten.[1657] Zutreffend ist hier zunächst zwischen dem Nutzer-Netzwerkbetreiber-Verhältnis und dem Verhältnis des Nutzers zu anderen Nutzern desselben sozialen Netzwerks zu differenzieren.[1658]

Die Zulässigkeit einer Klarnamenspflicht kann sich bereits aus dem vom Netzwerkbetreiber verfolgten Geschäftsmodell[1659] ergeben. Hier ist zwischen entgeltlichen und unentgeltlichen Diensten zu differenzieren: Die Angabe eines echten Namens ist nicht erforderlich, um beim Nutzer interessenbezogene Werbung zu schalten;[1660] dasselbe gilt für Social-Media-Analysen. Eine Klarnamenspflicht ist bei unentgeltlichen Diensten jedenfalls nicht aufgrund des

---

1653 Zu § 3a BDSG a. F. bereits *Scholz*, in: Simitis, BDSG, § 3a Rn. 50a.
1654 Siehe die Nachweise in Fn. 1644.
1655 *Plath,* in: Plath, DSGVO/BDSG, Art. 5 Rn. 10.
1656 Siehe oben Kap. 1 § 3 III. 3. c).
1657 Für die Zumutbarkeit *Konferenz der Datenschutzbeauftragten,* Orientierungshilfe Soziale Netzwerke, S. 19; *Konferenz der Datenschutzbeauftragten des Bundes und der Länder,* Datenschutz bei sozialen Netzwerken jetzt verwirklichen, S. 1; *Konferenz der Datenschutzbeauftragten des Bundes und der Länder,* Beschluss Datenschutz in sozialen Netzwerken, S. 2; *Niemann/Scholz,* in: Peters/Kersten/Wolfenstetter, Innovativer Datenschutz, S. 117 f.; *Schnabel/Freund,* CR 2010, 718, 720 f.; *Stadler,* ZD 2011, 57, 59; *Ziebarth,* ZD 2013, 375, 377; wohl auch *Buchner,* DuD 2015, 402, 405; dagegen *Bender,* K&R 2013, 218, 219.; differenzierend *Hornung,* in: Hornung/Müller-Terpitz, Rechtshandbuch Social Media, Kap. 4 Rn. 94; *Splittgerber,* in: Splittgerber, Rechtsfragen Social Media, Kap. 3 Rn. 36 f.; widersprüchlich *Spindler/Nink,* in: Spindler/Schuster, Recht der elektronischen Medien, § 13 TMG Rn. 22, 27.
1658 Vgl. *Hornung,* in: Hornung/Müller-Terpitz, Rechtshandbuch Social Media, Kap. 4 Rn. 94; *Kluge,* K&R 2017, 230, 233; *Lorenz,* VuR 2014, 83, 87 ff.; *Richter,* MMR 2014, 517, 519; *Spindler/Nink,* in: Spindler/Schuster, Recht der elektronischen Medien, § 13 TMG Rn. 22; *Splittgerber,* in: Splittgerber, Rechtsfragen Social Media, Kap. 3 Rn. 37.
1659 Zu den Geschäftsmodellen siehe oben Kap. 1 § 2 III. 3. b).
1660 *Ziebarth,* ZD 2013, 375, 377.

Kap. 5 Weitere Anforderungen mit spezifischer Relevanz für soziale Netzwerke

Geschäftsmodells erforderlich.[1661] Dagegen kann sie bei entgeltlichen sozialen Netzwerken erforderlich sein, um Abrechnungen durchzuführen und etwaige Fehlbeträge effektiv eintreiben zu können.[1662] Bei Freemium-Diensten ist eine Abfrage des echten Namens jedenfalls solange nicht erforderlich, wie der Nutzer keine entgeltlichen Leistungen innerhalb des sozialen Netzwerks in Anspruch nehmen möchte. Unabhängig vom Geschäftsmodell besteht jedoch ein Interesse des Netzwerkbetreibers daran, die Nutzer zu identifizieren, um eigene Haftungsrisiken zu vermeiden.[1663] Denn kann der Betreiber seine Nutzer nicht identifizieren, so kann er im Falle von Persönlichkeitsrechtsverletzungen den Betroffenen oder Strafverfolgungsbehörden auch nicht den Namen des Verletzers mitteilen, sodass das Verfolgen von Rechtsverletzungen unbillig erschwert würde.[1664] Selbiges gilt im Bereich der Urheberrechtsverletzungen. Hier ist denkbar, dass der Netzwerkbetreiber bei Urheberrechtsverletzungen durch Nutzer auf Auskunft oder als sog. „Störer" in Anspruch genommen wird.[1665] Auch der EuGH nimmt implizit eine Zulässigkeit der Nutzeridentifizierung an: Im Kontext der Haftung für offene WLAN sieht das Gericht eine Verschlüsselung als zulässige Maßnahme an, da die zur Nutzung eines solchen WLAN erforderliche Identifizierung die Nutzer des Anschlusses abschrecken könne, Rechte Dritter zu verletzen.[1666] Eine Pflicht zur Ermöglichung der pseudonymen Nutzung gegenüber dem Netzwerkbetreiber ist diesem mit Blick auf eigene Haftungsrisiken unzumutbar. Es ist daher zulässig, wenn der Netzwerkbetreiber bei der Registrierung die Angabe des echten Namens vom Nutzer verlangt. Dem Netzwerkbetreiber bleibt jedoch unbenommen, auf die Erfragung des Klarnamens zu verzichten.

Davon zu unterscheiden ist die Pflicht zur Ermöglichung der pseudonymen Nutzung gegenüber anderen Nutzern desselben Netzwerks. Zur Nutzung des Netzwerks ist das Auftreten unter echtem Namen nicht zwingend erforderlich, sondern allenfalls – wie dargelegt – gegenüber dem Netzwerkbetreiber. Zudem ist das Recht, gegenüber Dritten und in der Öffentlichkeit unter einem Pseudonym aufzutreten, Teil des informationellen Selbstbestimmungsrechts.[1667] Eine Pflicht, alle Aktionen in einem sozialen Netzwerk unter Angabe des echten Namens vorzunehmen und für (unbekannte) Dritte unter echtem Namen auffindbar zu sein, verstößt hingegen gegen die schutzwürdigen Interessen des Be-

---

1661 So wohl *Niemann/Scholz,* in: Peters/Kersten/Wolfenstetter, Innovativer Datenschutz, S. 117 f., die bei kostenlosen Diensten grds. eine Unzumutbarkeit der pseudonymen Nutzung verneinen.
1662 *Lorenz,* VuR 2014, 83, 88.
1663 *Hornung,* in: Hornung/Müller-Terpitz, Rechtshandbuch Social Media, Kap. 4 Rn. 94.
1664 *Spindler,* Persönlichkeitsschutz im Internet, S. 120; *Spindler/Nink,* in: Spindler/Schuster, Recht der elektronischen Medien, § 13 TMG Rn. 22; ähnlich *Lorenz,* VuR 2014, 83, 89 („Meinungsfreiheit und der Datenschutz dürfen nicht dazu dienen, die Möglichkeit der effektiven Rechtsverfolgung zu beschneiden").
1665 Siehe etwa BGHZ 200, 76 – „BearShare"; BGH, NJW 2013, 3245 Rn. 30 – „File-Hosting-Dienst"; BGH, NJW 2013, 1441 – „Morpheus"; BGHZ 194, 339 – „Alone in the Dark"; siehe im Übrigen zur Störerhaftung im Datenschutzrecht oben Kap. 3 § 6 IV.
1666 EuGH, BB 2016, 2446 Rn. 96.
1667 Siehe oben Kap. 4 § 11 III.

troffen. Dem Netzwerkbetreiber ist daher zumutbar, dass Nutzer gegenüber anderen Nutzern unter einem Pseudonym auftreten können. Soweit die Angabe eines Pseudonyms nicht ermöglicht wird, stellt dies einen Verstoß gegen den Grundsatz der Datenminimierung aus Art. 5 Abs. 1 lit. c DSGVO dar. Darüber hinaus verstößt die durch den Netzwerkbetreiber erzwungene Offenlegung des Klarnamens gegenüber Dritten gegen Art. 6 Abs. 1 DSGVO, da sie weder zur Vertragserfüllung erforderlich ist, noch auf überwiegende Interessen des Netzwerkbetreibers oder Dritten gestützt werden kann.[1668] Der Anbieter ist daher dazu verpflichtet, Nutzern zu ermöglichen, anstelle ihres echten Namens einen fiktionalen Namen, unter dem im Netzwerk gehandelt und welcher anderen Nutzern angezeigt wird, anzugeben.

Vereinzelt wird vertreten, es sei zwischen beruflichen und berufsbezogenen Netzwerken zu differenzieren.[1669] Berufsbezogene soziale Netzwerke setzten auf die Reputation der Nutzer[1670] und seien vernünftigerweise nur bei Offenlegung der Identität nutzbar.[1671] In der Tat mag es Sinn ergeben, bestimmte Netzwerke unter Klarnamen zu nutzen, insbesondere, weil die eigene Auffindbarkeit gewinnbringend ist oder die Selbstdarstellung in diesem Netzwerk besonders positiv erfolgt. Jedoch gibt es keine Pflicht, ein Netzwerk „vernünftig" zu nutzen. Der Nutzer kann selbst entscheiden, durch welche Preisgabe von Daten er für die Funktionalität in seinem Sinne sorgen kann.[1672] Kommt er zu dem Schluss, es sei aus seiner Sicht zweckdienlicher, das berufsbezogene Netzwerk unter einem Pseudonym zu nutzen, so ist ihm dies – mit allen Vor- und Nachteilen – durch den Netzwerkbetreiber zu gewähren.[1673]

## II. Privacy by Default

Der Datenschutz durch Technikgestaltung („Privacy by Design") und datenschutzfreundliche Voreinstellungen („Privacy by Default") wird durch Art. 25 DSGVO normiert. Die Vorschrift wird zu den Kernelementen und Innovationsträgern der DSGVO gezählt.[1674] Während dessen Abs. 1 Privacy by Design

---

1668 Dem Nutzer ist unbenommen, freiwillig unter echtem Namen aufzutreten, was er regelmäßig tun wird, beispielsweise um von „Offline-Kontakten" gefunden zu werden. In diesem Fall ist die Verarbeitung Namensangabe nach Art. 6 Abs. 1 Satz 1 lit. b DSGVO gerechtfertigt, siehe oben Kap. 4 § 13 I. 1.
1669 *Hornung,* in: Hornung/Müller-Terpitz, Rechtshandbuch Social Media, Kap. 4 Rn. 94; *Splittgerber,* in: Splittgerber, Rechtsfragen Social Media, Kap. 3 Rn. 36.
1670 *Hornung,* in: Hornung/Müller-Terpitz, Rechtshandbuch Social Media, Kap. 4 Rn. 94.
1671 *Splittgerber,* in: Splittgerber, Rechtsfragen Social Media, Kap. 3 Rn. 36.
1672 *Niemann/Scholz,* in: Peters/Kersten/Wolfenstetter, Innovativer Datenschutz, S. 118.
1673 So i. E. auch *Niemann/Scholz,* in: Peters/Kersten/Wolfenstetter, Innovativer Datenschutz, S. 118; *Richter,* MMR 2014, 517, 519; *Spindler/Nink,* in: Spindler/Schuster, Recht der elektronischen Medien, § 13 TMG Rn. 22.
1674 *Martini,* in: Paal/Pauly, DS-GVO/BDSG, Art. 25 Rn. 8.

Kap. 5 Weitere Anforderungen mit spezifischer Relevanz für soziale Netzwerke

normiert,[1675] findet sich der – vereinzelt als Teilaspekt von Privacy by Design betrachtete[1676] – Ansatz des Privacy by Default in Art. 25 Abs. 2 DSGVO. Diese Ausprägung des Gebots der Datenminimierung[1677] hat besondere Relevanz im Rahmen sozialer Netzwerke, da die Nutzer bei den von Ihnen eingestellten Inhalten häufig über Sichtbarkeit bzw. Reichweite disponieren können.[1678] Nach Art. 25 Abs. 2 Satz 1 DSGVO hat der Datenverarbeiter angemessene Maßnahmen zu treffen, durch die sichergestellt wird, dass durch Voreinstellungen nicht mehr Daten verarbeitet werden als für den spezifischen Zweck der Datenverarbeitung erforderlich ist.[1679] Der Terminus „datenschutzfreundlich" ist insoweit irritierend, als dass der Verarbeiter ohnehin zur Einhaltung der datenschutzrechtlichen Bestimmungen verpflichtet ist, es aus dessen Sicht daher nur die Unterscheidung zwischen datenschutzkonform und nicht-datenschutzkonform geben kann.

*1. Nudging als behavioristische Ausgangsthese*

Die Grundlagen der Überlegung, den Verantwortlichen auf bestimmte Voreinstellungen zu verpflichten, entstammen dem verhaltensökonomischen Ansatz des Nudging. Nudges sind Methoden, das Verhalten von Menschen zu beeinflussen, ohne dabei auf Verbote und Gebote zurückgreifen zu müssen.[1680] Das Phänomen der „Status quo bias" bezeichnet den Umstand, dass Menschen eine Tendenz dazu haben, an ihrer gegenwärtigen Situation selbst dann festzuhalten, wenn dies nicht förderlich für sie ist.[1681] So ändert nur etwa jeder zehnte Nutzer eines sozialen Netzwerks seine Datenschutzeinstellungen seit Bestehen seines Profils.[1682] Die Trägheit der Nutzer veranlasste Diensteanbieter in der Vergangenheit, Voreinstellungen an der Maxime des Eigennutzes zu auszurichten, d. h.

---

1675 Der Regelungsgehalt der Vorschrift ist indes gering: Der einzige Unterschied zwischen Art. 25 Abs. 1 DSGVO und dem auffallend ähnlich formulierten Art. 32 DSGVO besteht darin, dass ersterer den Verantwortlichen nicht nur für den Zeitraum der Verarbeitung zu technisch-organisatorischen Maßnahmen verpflichtet, sondern auch dazu, solche vor Beginn der Verarbeitung – bei Festlegung der Mittel – umzusetzen. Die Vorschrift soll wohl einen datenschutzrechtlichen Präventivschutz etablieren (vgl. Erwägungsgrund 78). Die DSGVO setzt aber in sachlicher Hinsicht die Verarbeitung personenbezogener Daten voraus (siehe oben Kap. 2 § 4) und findet für den Zeitraum vor der Verarbeitung keine Anwendung. Soweit die Vorschrift über Art. 32 DSGVO hinausreicht, ist sie daher nicht anwendbar. Inhaltlich weist Art. 25 Abs. 1 DSGVO letztlich auf die Pflicht zur Einhaltung der Vorschriften der DSGVO, insbesondere Art. 32 DSGVO, hin. In dieser Hinsicht ist die Vorschrift obsolet, da der Verantwortliche hierzu ohnehin verpflichtet ist; so auch *Piltz,* K&R 2016, 709, 710.
1676 *Niemann/Scholz,* in: Peters/Kersten/Wolfenstetter, Innovativer Datenschutz, S. 114; *Spindler,* DB 2016, 937, 942.
1677 *Heberlein,* in: Ehmann/Selmayr, DS-GVO, Art. 5 Rn. 23; *Voigt,* in: Taeger/Gabel, DSGVO, Art. 25 Rn. 29.
1678 Siehe oben Kap. 1 § 2 III. 1.
1679 Nach dem ursprünglichen Wortlaut war der Verantwortliche nur „grundsätzlich" dazu verpflichtet, derartige Maßnahmen zu treffen. Dieses Wort wurde durch das Corrigendum vom 19.04.2018 (Ratsdokument 8088/18) ersatzlos entfernt.
1680 *Thaler/Sunstein,* Nudge, S. 6.
1681 *Thaler/Sunstein,* Nudge, S. 55.
1682 So für das Netzwerk studiVZ *Schulz,* DuD 2012, 262, 267.

solche zu implementieren, welche möglichst viele personenbezogene Daten hervorbringen.[1683]

Voreinstellungen sind unvermeidbar, da festgelegt werden muss, was mit denjenigen passiert, die sich nicht entscheiden.[1684] Umso bedeutsamer erscheint dies angesichts des Umstands, dass die Netzwerkbetreiber selbst – zum Teil deutlich – steuernd darauf einwirken, welche Inhalte hier eingetragen werden.[1685] Auch für den Bereich der sozialen Netzwerke wurden verschiedene Nudges diskutiert.[1686] Ein Nudge sollte bestenfalls so gestaltet sein, dass er den Willen fördert, ohne die Freiheit des Individuums zu beeinträchtigen.[1687] Ein solches Nudging versucht die DSGVO mit der Verpflichtung auf datenschutzfreundliche Voreinstellungen auszulösen.[1688] So will auch Art. 25 Abs. 2 DSGVO keine Einstellungen den Nutzern aufzwingen, die diese selbst bewusst anders getroffen haben.[1689]

## 2. Privatsphäreeinstellungen in sozialen Netzwerken

Bereits im Jahre 2009 forderten Art.-29-Datenschutzgruppe und Europäische Kommission zur Einführung datenschutzfreundlicher Voreinstellungen auf.[1690] Auch in Deutschland gibt es zahlreiche Befürworter.[1691] Datenschutzfreundliche Voreinstellungen können dafür sorgen, dass der Nutzer eines sozialen Netzwerks sich der konkreten Datenverwendung bewusst wird und weitreichende Datenverarbeitungen nur nach expliziter Freigabe durch den Nutzer erfolgen.[1692] Ausgehend vom Nudging-Ansatz sollten die Datenschutzeinstellungen so vorkon-

---

1683 *Baumgartner/Gausling,* ZD 2017, 308, 312; *Martini,* in: Paal/Pauly, DS-GVO/BDSG, Art. 25 Rn. 46.
1684 *Sunstein,* Nudging, S. 4; *Thaler/Sunstein,* Nudge, S. 123.
1685 *Karg/Fahl,* K&R 2011, 453, 455; siehe auch oben Kap. 3 § 7 II. 2.
1686 Siehe die Vorschläge in *Wang/Leon/Acquisti/Cranor/Forget/Sadeh,* in: ACM SIGCHI, CHI '14 Proceedings, S. 2369 ff.; *Wang/Leon/Scott/Chen/Acquisti/Cranor,* in: IW3C2, WWW '13 Proceedings, S. 764 ff.
1687 *Sunstein,* Nudging, S. 2; *Thaler/Sunstein,* Nudge, S. 15.
1688 *Martini,* in: Paal/Pauly, DS-GVO/BDSG, Art. 25 Rn. 46a.
1689 *Martini,* in: Paal/Pauly, DS-GVO/BDSG, Art. 25 Rn. 46d.
1690 *Art.-29-Datenschutzgruppe,* WP 163, S. 8, 15; *Europäische Kommission,* Safer Social Networking Principles, S. 7.
1691 *BfDI,* Privacy by Design, S. 1; *Caspar,* DuD 2013, 767, 771; Fünfter Zwischenbericht der Enquete-Kommission „Internet und digitale Gesellschaft", BT-Drucks. 17/1899, S. 46; *Gennen/Kremer,* ITRB 2011, 59, 63; *Heckmann,* NJW 2012, 2631, 2634; *Hornung,* ZD 2011, 51, 52 ff.; *Hornung/Goeble,* CR 2012, 265, 273; *Konferenz der Datenschutzbeauftragten des Bundes und der Länder,* Datenschutzrecht für das 21. Jahrhundert, S. 25; *Kampert,* Datenschutz in sozialen Online-Netzwerken, S. 194 ff.; *Niemann/Scholz,* in: Peters/Kersten/Wolfenstetter, Innovativer Datenschutz, S. 114 f., 135 ff.; *Reimer,* DuD 2009, 624; *Rost/Bock,* DuD 2011, 30, 31; *Spindler,* Persönlichkeitsschutz im Internet, S. 121; *vzbv,* Auf die Voreinstellung kommt es an, S. 2 f.
1692 *Hornung,* in: Hornung/Müller-Terpitz, Rechtshandbuch Social Media, Kap. 4 Rn. 91; *Niemann/Scholz,* in: Peters/Kersten/Wolfenstetter, Innovativer Datenschutz, S. 136.

Kap. 5 Weitere Anforderungen mit spezifischer Relevanz für soziale Netzwerke

figuriert sein, wie es sich ein Großteil der Nutzer in Kenntnis aller Umstände, insbesondere der Risiken, selbst einstellen würde.

Angesichts der Tatsache, dass die unfreiwillige Preisgabe eigener Daten in sozialen Netzwerken ein verbreitetes Risiko darstellt,[1693] ist dies nach derzeitigem Stand nicht der Fall. In vielen sozialen Netzwerken sind die Privatsphäreeinstellungen so vorkonfiguriert, dass alle Informationen für alle Internetnutzer sichtbar sind; die Deaktivierung derartiger Funktionen gestaltet sich mitunter mühsam.[1694] Ein aktuelles Beispiel ist die kaum auffindbare Opt-Out-Möglichkeit, die WhatsApp seinen Nutzern einräumt, eine Übermittlung der Mobilfunknummer an Facebook zu verhindern.[1695]

Soziale Netzwerke bieten damit ausgezeichnete Rahmenbedingungen für eine Realisierung von Privacy by Default.[1696] Wird der Nutzer nicht tätig, so kann er davon ausgehen, dass seine Privatsphäre intakt bleibt.[1697] Mit dem Ansatz des Privacy by Default werden daher insbesondere Nutzer unterstützt, die nicht über die erforderlichen Kenntnisse, kognitiven Fähigkeiten oder zeitlichen Ressourcen verfügen, die einschlägigen Maßnahmen zum Schutz der eigenen und insbesondere der fremden informationellen Selbstbestimmung zu treffen.

### 3. Pflichten aus Art. 25 Abs. 2 DSGVO

Durch Art. 25 Abs. 2 Satz 1 DSGVO findet Privacy by Default erstmals Eingang in geltendes Recht. Nach dem – rein deklaratorischen – Art. 25 Abs. 2 Satz 2 DSGVO soll dies für Menge der Daten, Umfang ihrer Verarbeitung, Speicherfrist und Zugänglichkeit gelten. Art. 25 Abs. 2 Satz 3 DSGVO spezifiziert die Pflicht aus Satz 1, indem klargestellt wird, dass die zu treffenden Maßnahmen insbesondere sicherstellen müssen, dass personenbezogene Daten durch Voreinstellungen nicht einer unbestimmten Zahl von natürlichen Personen zugänglich gemacht werden. Damit konkretisiert der Europäische Gesetzgeber den ersten Satz speziell für den Betrieb sozialer Netzwerke.[1698] Der in Art. 25 Abs. 2 DSGVO normierte Ansatz des Privacy by Default bleibt jedoch weithin bei einer

---

1693 Siehe oben Kap. 1 § 2 IV. 2. a).
1694 *vzbv*, Auf die Voreinstellung kommt es an, S. 4; *Wang/Leon/Acquisti/Cranor/Forget/Sadeh*, in: ACM SIGCHI, CHI '14 Proceedings, S. 2371.
1695 Siehe https://heise.de/-3305717 (Stand: 9/2018).
1696 So ausdrücklich *Niemann/Scholz*, in: Peters/Kersten/Wolfenstetter, Innovativer Datenschutz, S. 135.
1697 *ENISA*, Privacy and Data Protection by Design, S. 11.
1698 *Baumgartner*, in: Ehmann/Selmayr, DS-GVO, Art. 25 Rn. 20; *Brüggemann*, in: Auernhammer, DSGVO/BDSG, Art. 25 Rn. 14; *Hartung*, in: Kühling/Buchner, DS-GVO/BDSG, Art. 25 Rn. 26; *Martini*, in: Paal/Pauly, DS-GVO/BDSG, Art. 25 Rn. 52; *Nolte/Werkmeister*, in: Gola, DS-GVO, Art. 25 Rn. 31; *Piltz*, K&R 2016, 709, 711; *Plath*, in: Plath, DSGVO/BDSG, Art. 25 Rn. 22; mit dem Beispiel der unfreiwilligen Einladung zu einer „Facebook-Party" (zu diesem Phänomen siehe oben Kap. 1 § 2 IV. 2. a)); zum Kommissionsentwurf bereits *Scholz*, in: Simitis, BDSG, § 3a Rn. 18a.

vagen Aussage; konkrete Vorgaben werden vermieden.[1699] Auch unter welchen Bedingungen der Betroffene – vorliegend der Nutzer des sozialen Netzwerks – diese Voreinstellungen ändern darf, wird nicht geregelt.[1700]

Zum Schutz des Nutzers wäre wünschenswert, würde bei den Voreinstellungen auf die Grundfunktionalitäten des Dienstes abgestellt werden, d. h. die Standardeinstellungen sollten so gewählt sein, dass nur solche Daten verarbeitet werden, die notwendig sind, damit das soziale Netzwerk der Nutzererwartung entsprechend genutzt werden kann.[1701] Dies entspricht inhaltlich dem nicht umgesetzten § 13a Abs. 1 TMG-E[1702], der eine Pflicht für Anbieter sozialer Netzwerke vorsah, die Sicherheitseinstellungen[1703] auf der höchsten Sicherheitsstufe gemäß dem Stand der Technik voreinzustellen.[1704] Beispielsweise könnte die Auffindbarkeit von Suchmaschinen ausgeschlossen, die Sichtbarkeit von Profil- und Statusdaten auf den eigenen Freundeskreis begrenzt und die Verwertung von Fotos oder biometrischen Merkmalen von der ausdrücklichen Freigabe des Nutzers abhängig gemacht werden.[1705]

Einzig Art. 25 Abs. 2 Satz 3 DSGVO, der die unbeabsichtigte Veröffentlichung als Anwendungsfall nennt, schafft klare Vorgaben. So trifft den Netzwerkbetreiber jedenfalls die Pflicht, durch Privatsphäreeinstellungen vorzusehen, dass Daten nicht unversehens unbeschränkt zugänglich gemacht werden. In der Grundeinstellung muss daher die Sichtbarkeit der Nutzerdetails auf der Profilseite wie auch die Sichtbarkeit von Statusupdates so eingestellt sein, dass nicht beliebige netzwerkinterne Dritte oder gar externe Dritte Einsicht nehmen können. Eine Standardeinstellung „Öffentlich" ist damit unzulässig.[1706]

Besondere Beachtung verdient insoweit auch die Gruppe der Minderjährigen: Von ihrer Unerfahrenheit ist nicht nur der Umgang mit eigenen Daten betroffen, sondern auch und insbesondere der Umgang mit fremden Daten. Da das Datenschutzrecht bei der Verantwortlichkeit von Nutzern keine Altersgrenze kennt[1707]

---

1699 *Pohl*, PinG 2017, 85, 89; in Bezug auf Art. 23 des Kommissionsentwurfs auch *Härting*, BB 2012, 459, 460; *Hornung/Sädtler*, CR 2012, 638, 644; *Niemann/Scholz,* in: Peters/Kersten/Wolfenstetter, Innovativer Datenschutz, S. 139 f.; *Scholz*, in: Simitis, BDSG, § 3a Rn. 18a.
1700 *Niemann/Scholz,* in: Peters/Kersten/Wolfenstetter, Innovativer Datenschutz, S. 139; *Scholz*, in: Simitis, BDSG, § 3a Rn. 18a.
1701 *Niemann/Scholz,* in: Peters/Kersten/Wolfenstetter, Innovativer Datenschutz, S. 136.
1702 Gesetzesentwurf des Bundesrates, Entwurf eines … Gesetzes zur Änderung des Telemediengesetzes (TMG), BT-Drucks. 17/6765, S. 6.
1703 Mit „Sicherheitseinstellungen" waren Privatsphäreeinstellungen gemeint, vgl. die Begründung zu § 13a TMG-E, BT-Drucks. 17/6765, S. 10.
1704 BT-Drucks. 17/6765, S. 6.
1705 *Niemann/Scholz,* in: Peters/Kersten/Wolfenstetter, Innovativer Datenschutz, S. 136.
1706 Weitergehend *Baumgartner,* in: Ehmann/Selmayr, DS-GVO, Art. 25 Rn. 20, der aus der Norm folgert, dass die Default-Einstellungen so zu treffen sind, die Inhalte standardmäßig nicht mit anderen Nutzern geteilt werden; ähnlich Art. 25 Abs. 2 Satz 3 DSGVO eine Pflicht zur Voreinstellung auf den „kleinstmöglichen Empfängerkreis" – d. h. i. E. niemanden – herleitend *Baumgartner/Gausling,* ZD 2017, 308, 312; *Brüggemann,* in: Auernhammer, DSGVO/BDSG, Art. 25 Rn. 14; *Nolte/Werkmeister,* in: Gola, DS-GVO, Art. 25 Rn. 31.
1707 Siehe oben Kap. 3 § 6.

Kap. 5 Weitere Anforderungen mit spezifischer Relevanz für soziale Netzwerke

und daher auch Bußgelder gegen Minderjährige bei unrechtmäßiger Datenverarbeitung durch diese drohen, könnte der leichtfertige Umgang mit personenbezogenen Daten nicht nur nachteilig für den Betroffenen, sondern auch kostspielig für den Nutzer werden. Zwar macht die DSGVO keine Vorgaben in Hinblick auf die Veränderbarkeit der Voreinstellungen durch den Betroffenen oder eine Beschränkung seiner Wahlmöglichkeiten.[1708] Allerdings sollte Minderjährigen mit Blick auf ihre besondere Schutzwürdigkeit und ihre eingeschränkten Fähigkeiten, die Risiken für die informationelle Selbstbestimmung für sich selbst und Dritte abzuwägen, die Einstellung „Öffentlich" überhaupt nicht zur Verfügung stehen.[1709]

### III. Zwischenergebnis

Eine Klarnamenspflicht ist, soweit sie lediglich zur Offenlegung der Identität gegenüber dem Netzwerkbetreiber verpflichtet, zulässig. Eine anonyme oder pseudonyme Nutzung kann diesem in Hinblick auf eigene Haftungsrisiken nicht zugemutet werden. Dagegen hat der Netzwerkbetreiber zu ermöglichen, dass Nutzer innerhalb seines Netzwerkes unter einem Pseudonym auftreten können. Ermöglicht er dies nicht, so stellt dies einen Verstoß gegen Art. 5 Abs. 1 lit. c DSGVO dar. Gleichwohl mag es Gründe geben, soziale Netzwerke unter echtem Namen zu nutzen. Dies steht, als Ausdruck seines informationellen Selbstbestimmungsrechts, zur freien Disposition des Nutzers. Soweit eine Nutzung unter Klarnamen nicht durch den Netzwerkbetreiber forciert wird, stehen dem keine datenschutzrechtlichen Bedenken entgegen.

Teilweise wurde kritisiert, der normative Charakter des Art. 25 DSGVO bliebe hinter dem des § 3a BDSG a. F. zurück.[1710] Zumindest hinsichtlich des Art. 25 Abs. 2 DSGVO ist dies unzutreffend.[1711] Dieser verpflichtet den Netzwerkbetreiber zur Etablierung datenschutzfreundlicher Voreinstellungen zum Schutz vor unbeabsichtigter Veröffentlichung. Der Netzwerkbetreiber muss bei durch den Nutzer eingegebenen Informationen sicherstellen, dass eine unbeabsichtigte Veröffentlichung ausgeschlossen wird, indem die Privatsphäreeinstellungen standardmäßig so konfiguriert sind, dass eine Einsehbarkeit über die eigenen Kontakte hinaus nicht möglich ist. Verstöße gegen Art. 25 DSGVO können nach Art. 83 Abs. 4 lit. a DSGVO mit Geldbußen i. H. v. bis zu 2 % des Vorjahresumsatzes oder, im Falle von natürlichen Personen, bis zu 10 Mio. Euro geahndet werden.

---

[1708] *Brüggemann,* in: Auernhammer, DSGVO/BDSG, Art. 25 Rn. 15; *Hartung,* in: Kühling/Buchner, DS-GVO/BDSG, Art. 25 Rn. 26.
[1709] In diese Richtung auch *Niemann/Scholz,* in: Peters/Kersten/Wolfenstetter, Innovativer Datenschutz, S. 136, wonach die Grundeinstellung bei Minderjährigen „besonders eng gefasst werden sollen"; vgl. auch § 13a Abs. 1 Satz 5 TMG-E, BT-Drucks. 17/6765, S. 10.
[1710] So zu Art. 23 des Kommissionsentwurfs: *Niemann/Scholz,* in: Peters/Kersten/Wolfenstetter, Innovativer Datenschutz, S. 139 f.; *Scholz,* in: Simitis, BDSG, § 3a Rn. 18a.
[1711] Anderes mag für den weitgehend obsoleten Art. 25 Abs. 1 DSGVO gelten, siehe Fn. 1675.

# § 16 Datenübertragbarkeit

Ein Recht auf Datenübertragbarkeit soll Art. 20 Abs. 1 DSGVO gewähren. Nach dieser Norm hat ein Betroffener das Recht, die ihn betreffenden personenbezogenen Daten, die er einem Verantwortlichen bereitgestellt hat, in einem strukturierten, gängigen und maschinenlesbaren Format zu erhalten und diese Daten einer anderen Stelle ohne Behinderung durch den Verantwortlichen zu übermitteln. Art. 20 Abs. 2 DSGVO erweitert die Norm um einen Direktübertragungsanspruch der Daten an den neuen Verantwortlichen, soweit dies technisch realisierbar ist.

Die Norm wird gemeinhin als Möglichkeit gesehen, bei sozialen Netzwerken eingerichtete Nutzerprofile zu migrieren und dadurch sogenannte „Lock-in-Effekte"[1712] zu verhindern.[1713] Nach Erwägungsgrund 68 Satz 9 soll die Ausübung dieses Rechts nicht zugleich das „Recht auf Löschung" (Art. 17 DSGVO) berühren. Im Übertragungsverlangen liegt auch keine Kündigung des Nutzungsvertrags durch den Nutzer.[1714] Der Nutzer kann demnach die Herausgabe seiner Daten in einem strukturierten, gängigen und maschinenlesbaren Format oder die Migration seiner Daten zu einer anderen Stelle verlangen und dennoch Mitglied des bisher genutzten Netzwerks bleiben.

## I. Umfang der zu übermittelnden Daten

Fragen drängen sich jedoch aufgrund des Umstands auf, dass es in Verarbeitungskontexten wie sozialen Netzwerken mehr Regel als Ausnahme ist, dass Daten mehrere Betroffene haben. Der Datensatz, der alle Daten eines Betroffenen enthält, enthält zugleich auch eine Vielzahl von Daten Dritter. Die – in der datenschutzrechtlichen Literatur diskutierte – Frage lautet: Kann der Nutzer Herausgabe aller ihn betreffenden Daten verlangen, einschließlich derer, die weitere Personen betreffen, oder kann er lediglich die Daten verlangen, die ihn

---

[1712] Dies bezeichnet technisch-funktionale Kundenbindungen, bei der die Produkt- oder Servicekomponenten nur von einem Anbieter bezogen werden können, sodass dem Kunden wegen entstehender Wechselkosten und sonstiger Wechselbarrieren ein Wechsel erschwert wird, siehe *Meffert/Pohlkamp/Böckermann,* in: Georgi/Hadwich, Management von Kundenbeziehungen, S. 14.

[1713] *Albrecht/Jotzo,* Datenschutzrecht der EU, Teil 4 Rn. 19; *Art.-29-Datenschutzgruppe,* WP 242, S. 5; *Brüggemann,* DSRITB 2017, 1; *Brüggemann,* K&R 2018, 1; *Jülicher/Röttgen/v. Schönfeld,* ZD 2016, 358, 361; *Herbst,* in: Kühling/Buchner, DS-GVO/BDSG, Art. 20 Rn. 2; *Kamann/Braun,* in: Ehmann/Selmayr, DS-GVO, Art. 20 Rn. 3; *Kamlah,* in: Plath, DSGVO/BDSG, Art. 20 Rn. 1; *Munz,* in: Taeger/Gabel, DSGVO, Art. 20 Rn. 5; *Paal,* in: Paal/Pauly, DS-GVO/BDSG, Art. 20 Rn. 6; *Schantz,* NJW 2016, 1841, 1845; *Schürmann,* in: Auernhammer, DSGVO/BDSG, Art. 17 Rn. 4; *Sperlich,* DuD 2017, 377; *Strubel,* ZD 2017, 355; ebenso zu Art. 18 des Kommissionsentwurfs *Hornung,* ZD 2012, 99, 103; *Hornung/Sädtler,* CR 2012, 638, 641.

[1714] *Jülicher/Röttgen/v. Schönfeld,* ZD 2016, 358, 360; allgemeiner *Art.-29-Datenschutzgruppe,* WP 242, S. 7 („data subject can continue to use and benefit from the data controller's service").

allein betreffen, mit der Folge, dass ihm nicht alle ihn betreffenden Daten ausgehändigt werden?

Art. 20 Abs. 4 DSGVO normiert insoweit, dass die Ausübung des Rechts nach Abs. 1[1715] die Rechte und Freiheiten anderer Personen nicht beeinträchtigen darf. Hiervon ausgehend wird vertreten, dieses Recht liefe leer, wenn es nicht die Übertragung von Daten einschließen würde, die auch Dritte betreffen, sodass auch Daten Dritter umfasst sein müssten.[1716] Folge dieser Ansicht wäre, dass sich der Umfang der zu übertragenden Daten danach richtet, inwieweit eine Rechtsgrundlage die Übermittlung der drittbezogenen Daten an den Anspruchsinhaber oder an andere Verantwortliche legitimiert. Nach der Gegenansicht können Daten mit Drittbezug per se nicht in der Dispositionsbefugnis desjenigen stehen, der seine Rechte nach Art. 20 DSGVO ausüben möchte. Die Geltendmachung der Rechte aus Art. 20 DSGVO wäre damit auf personenbezogene Daten ohne Drittbezug beschränkt.[1717] Erwägungsgrund 68 Satz 8 führt in Ergänzung zu Art. 20 Abs. 4 DSGVO aus, dass das Recht auf Empfang der Daten, sofern ein bestimmter Satz personenbezogener Daten mehr als eine betroffene Person tangiert, die Grundrechte und Grundfreiheiten der anderen betroffenen Personen nach der DSGVO unberührt lassen soll. In dem Moment, in dem der Netzwerkbetreiber dem Nutzer jedoch fremde Daten herausgäbe, wäre das informationelle Selbstbestimmungsrecht eines Dritten beeinträchtigt, sodass letztere Ansicht vorzugswürdig ist. Soweit personenbezogene Daten anderer Personen betroffen sind, dürfen diese daher grundsätzlich nicht herausgegeben werden, sei es an den Betroffenen selbst oder – im Fall der Direktmigration gem. Art. 20 Abs. 2 DSGVO – an andere Verantwortliche.

Art. 20 Abs. 1 DSGVO schränkt die Anwendbarkeit auf diejenigen Daten ein, die den Betroffenen selbst betreffen, die dem Verantwortlichen vom Betroffenen bereitgestellt wurden, deren Verarbeitung auf einer Einwilligung oder einem Vertrag beruht und die mittels automatisierter Verfahren verarbeitet werden. Das „Betreffen" ist weit zu verstehen und soll auch Daten erfassen, die in Hinblick auf mehrere Personen personenbezogen sind; die mit diesem Verständnis verbundene Reichweite der Norm soll – wie aufgezeigt – durch Art. 20 Abs. 4 DSGVO begrenzt werden.[1718] Für das „Bereitstellen" reicht jede Form der Bereit-

---

1715 Ursprünglich verwies die deutsche Sprachfassung der DSGVO auf Absatz 2. Hierbei handelte es sich um ein Redaktionsversehen, das durch das Corrigendum vom 19.04.2018 (Ratsdokument 8088/18) geändert wurde.
1716 *Art.-29-Datenschutzgruppe,* WP 242, S. 11; *Herbst,* in: Kühling/Buchner, DS-GVO/BDSG, Art. 20 Rn. 18; *Kamann/Braun,* in: Ehmann/Selmayr, DS-GVO, Art. 20 Rn. 34; *Munz,* in: Taeger/Gabel, DSGVO, Art. 20 Rn. 54; *Schantz,* NJW 2016, 1841, 1845; *v. Lewinski,* in: Wolff/Brink, BeckOK DatenschutzR, Art. 20 Rn. 95, 98; wohl auch *Brüggemann,* DSRITB 2017, 1, 7.
1717 Vertreten von *Brüggemann,* K&R 2018, 1, 4; *Kamlah,* in: Plath, DSGVO/BDSG, Art. 20 Rn. 5; *Piltz,* in: Gola, DS-GVO, Art. 20 Rn. 39 f.; *Schürmann,* in: Auernhammer, DS-GVO, Art. 17 Rn. 24 f., 37; i. E. auch *Jülicher/Röttgen/v. Schönfeld,* ZD 2016, 358, 361.
1718 *Art.-29-Datenschutzgruppe,* WP 242, S. 9; *Herbst,* in: Kühling/Buchner, DS-GVO/BDSG, Art. 20 Rn. 10; *Kamann/Braun,* in: Ehmann/Selmayr, DS-GVO, Art. 20 Rn. 15 ff.; *Munz,* in: Taeger/Gabel, DSGVO, Art. 20 Rn. 23.

stellung aus; einer Offenlegung i. S. d. Art. 4 Nr. 2 DSGVO bedarf es nicht.[1719] Erfasst werden hiervon alle Daten, die dem Verantwortlichen mit Bewusstsein des Betroffenen zur Verfügung gestellt wurden.[1720] Das Kriterium der Verarbeitung „mittels automatisierter Verfahren" ist bei Internetdiensten stets erfüllt.[1721]

In Bezug auf die Rechtsgrundlage der Verarbeitung stellt sich die Frage, ob auch die Daten des Nutzers erfasst sind, die der Verantwortliche durch Dritte erlangt hat. Das Extrembeispiel wäre die Registrierung und der Betrieb eines Profils unter der Identität einer anderen, real existierenden Person[1722] mit Kenntnis des Betroffenen. Der Netzwerkbetreiber verarbeitet diese Daten u. U. auf Grundlage eines Vertrags mit dem Dritten; gegenüber dem betroffenen Anspruchsinhaber steht einzig die Interessenabwägung zur Verfügung. Mit Blick auf soziale Netzwerke scheinen vor allem die Fälle relevant, in denen andere Nutzer Informationen dem Netzwerkbetreiber übermitteln, indem sie drittbezogene Statusupdates veröffentlichen oder kommentieren.[1723] Nach hier vertretener Ansicht ist eine solche Ausweitung des Rechts auf Datenübertragbarkeit abzulehnen. Der Netzwerkbetreiber kann faktisch keine Daten herausgeben, die zwar den Nutzer betreffen, bei denen die Verbindung aber nicht für Außenstehende erkennbar ist. Bei einem Statusupdate „Bin mit X im Zoo" dürfte es schwierig sein, eine Verbindung zu X herzustellen, wenn zwischen den Nutzern kein Kontakt über das Netzwerk besteht. Zudem wohnt diesen Daten stets das Interaktionsdatum inne, der Nutzer stehe mit dem Dritten in Kontakt, sodass diese Daten Drittbezug haben und nicht ohne Beeinträchtigung des informationellen Selbstbestimmungsrechts des Dritten herausgegeben werden könnten. Das Recht aus Art. 20 Abs. 1 DSGVO findet daher eine zweite Grenze darin, dass nur diejenigen Daten umfasst sind, die unmittelbar vom Nutzer stammen. Daten, die dem Netzwerkbetreiber von Dritten bereitgestellt wurden, sind nicht umfasst.[1724] Art. 20 Abs. 1 lit. a DSGVO setzt nicht nur voraus, dass die Verarbeitung auf einer Einwilligung

---

1719 *Kamlah,* in: Plath, DSGVO/BDSG, Art. 20 Rn. 6; *Jülicher/Röttgen/v. Schönfeld,* ZD 2016, 358, 359.
1720 Siehe etwa *Art.-29-Datenschutzgruppe,* WP 242, S. 10; *Brüggemann,* K&R 2018, 1, 2; *Herbst,* in: Kühling/Buchner, DSGVO/BDSG, Art. 20 Rn. 11; *Kamann/Braun,* in: Ehmann/Selmayr, DS-GVO, Art. 20 Rn. 13; *Piltz,* in: Gola, DS-GVO, Art. 20 Rn. 15; *Schürmann,* in: Auernhammer, DSGVO/BDSG, Art. 17 Rn. 17.
  Umstritten hingegen ist, ob auch Daten erfasst sind, die der Verantwortliche über den Betroffenen im Rahmen der Nutzung des Diensts durch den Betroffenen aufgezeichnet hat (z. B. Suchverläufe); dafür *Art.-29-Datenschutzgruppe,* WP 242, S. 10; eine solche Erweiterung ablehnend *Brüggemann,* K&R 2018, 1, 2 f.; *Piltz,* in: Gola, DS-GVO, Art. 20 Rn. 15; *Schürmann,* in: Auernhammer, DSGVO/BDSG, Art. 17 Rn. 17; ausführlich *Strubel,* ZD 2017, 355, 357 ff.; offen gelassen von *Kamann/Braun,* in: Ehmann/Selmayr, DS-GVO, Art. 20 Rn. 13; *v. Lewinski,* in: Wolff/Brink, BeckOK DatenschutzR, Art. 20 Rn. 45; mit ausführlicher Darstellung des Streitstandes *Munz,* in: Taeger/Gabel, DSGVO, Art. 20 Rn. 26 ff., der vorschlägt, Daten von vornherein in übertragbare und nicht-übertragbare Daten zu kategorisieren.
1721 *Herbst,* in: Kühling/Buchner, DSGVO/BDSG, Art. 20 Rn. 13.
1722 Vgl. zum Identitätsmissbrauch oben Kap. 3 § 7 I. 2. b) cc) (3).
1723 Siehe ausführlich oben Kap. 4 § 13 III.
1724 I.E. auch *Brüggemann,* DSRITB 2017, 1, 4; *Härting,* DSGVO, Rn. 729, *Munz,* in: Taeger/Gabel, DSGVO, Art. 20 Rn. 26; *Paal,* in: Paal/Pauly, DS-GVO/BDSG, Art. 20 Rn. 17; *Veil,* in:

oder einem Vertrag beruht, sondern auch, dass Einwilligender bzw. Vertragspartei und Anspruchsinhaber personenidentisch sind.[1725] So sind beispielsweise Fotos, die der Nutzer hochgeladen hat und die ihn mit anderen Personen zeigen, wegen Art. 20 Abs. 4 DSGVO von dem Recht auf Datenübertragbarkeit nicht erfasst. Ebenso wenig sind aber Fotos, die den Nutzer zeigen, aber von einer anderen Person hochgeladen wurden, nicht erfasst, da hier Vertragspartei und Anspruchsinhaber auseinanderfallen, die Datenverarbeitung insofern allenfalls auf Art. 6 Abs. 1 Satz 1 lit. f DSGVO gestützt werden kann. Die These, dass der Umfang der übermittelbaren Daten davon abhängt, ob bei diesen ein etwaiger Drittbezug eliminiert werden kann,[1726] ist zwar korrekt, verkennt jedoch, dass Art. 20 DSGVO keine Pflicht des Verantwortlichen vorsieht, den Drittbezug zu eliminieren. Vielmehr kann sich der Netzwerkbetreiber darauf beschränken, die den Nutzer betreffenden Daten zu übermitteln.

Im Ergebnis läuft dies darauf hinaus, dass der Anspruch im Bereich sozialer Netzwerke lediglich die Daten des betroffenen Nutzers umfasst, die er im Rahmen seiner Registrierung angibt, einen Teil[1727] der Daten, mit denen er sein Profil ausfüllt und welche persönlichen Einstellungen er in dem sozialen Netzwerk vornimmt. Der Großteil seiner Daten, etwa Statusupdates und andere Interaktionen, wären von dem Recht auf Datenportabilität nicht erfasst.

## II. Technische Realisierbarkeit

Das Recht auf direkte Datenmigration nach Art. 20 Abs. 2 DSGVO steht explizit unter dem Einwand der technischen Realisierbarkeit. Um das Recht auf direkte Migration überhaupt ausüben zu können, ist ein einheitliches Datenformat erforderlich, mit dem Daten aus der Datenbank des einen Netzwerkbetreibers in die Datenbank des neuen Netzwerkbetreibers importiert werden können. Rechtsgrundlage für die Direktübermittlung ist Art. 6 Abs. 1 Satz 1 lit. c DSGVO, da die Übermittlung zur Erfüllung einer dem Verantwortlichen obliegenden rechtlichen Verpflichtung nach Art. 20 Abs. 2 DSGVO erforderlich ist.[1728] Erwägungsgrund 68 Satz 2 sieht vor, dass Verantwortliche dazu aufgefordert werden sollten, interoperable Formate zu entwickeln, die die Datenübertragbarkeit ermöglichen.

---

Gierschmann/Schlender/Stentzel/Veil, DS-GVO, Art. 20 Rn. 92 f.; a. A., jedoch ohne nähere Begründung, *Jülicher/Röttgen/v. Schönfeld,* ZD 2016, 358, 359.

1725 So ausdrücklich *Schürmann,* in: Auernhammer, DSGVO/BDSG, Art. 17 Rn. 11; implizit auch Art.-29-Datenschutzgruppe, WP 242, S. 8; a. A. *Brüggemann,* K&R 2018, 1.
1726 *Jülicher/Röttgen/v. Schönfeld,* ZD 2016, 358, 361 f.
1727 Bestimmte soziale Netzwerke lassen zu, im Profil Verbindungen zu anderen Personen anzugeben, etwa „Bruder von Y". Diese Daten wären wegen des Drittbezugs nicht vom Anspruch auf Datenübertragbarkeit erfasst.
1728 *Piltz,* in: Gola, DS-GVO, Art. 20 Rn. 30; *v. Lewinski,* in: Wolff/Brink, BeckOK DatenschutzR, Art. 20 Rn. 56.

Eine derartige Verpflichtung fehlt jedoch im Normtext.[1729] Tatsächlich wird aufgrund des genutzten Datenbanksystems, der technischen Ausgestaltung des sozialen Netzwerks und der unterschiedlichen Eingabe- und Konfigurationsmöglichkeiten eine direkte Migration, wie sie Art. 20 Abs. 2 DSGVO vorsieht, an der Grenze der technischen Machbarkeit scheitern.[1730] Darüber hinaus wäre eine solche auch nicht im Interesse des datenabgebenden Netzwerkbetreibers, ist ihm doch gerade an der Bindung des Nutzers gelegen.[1731] Es ist daher nicht davon auszugehen, dass ein die Interoperabilität herstellendes Format freiwillig entwickelt wird. Angesichts des Umstands, dass sich die direkte Datenmigration nicht auf Verantwortliche gleicher oder ähnlicher Branchen beschränkt, sondern z. B. auch die Übertragung der Daten vom sozialen Netzwerk an die Krankenkasse, das Kreditinstitut oder die Betriebskantine erfasst, erscheint die Entwicklung eines solchen Formats noch fernliegender.

Den Einwand mangelnder technischer Realisierbarkeit sieht das Recht nach Art. 20 Abs. 1 DSGVO nicht vor. Adressat der Pflicht ist jedoch nur der Datenexporteur; eine korrespondierende Pflicht des Datenimporteurs, entsprechende Daten anzunehmen, besteht nicht.[1732] Darüber hinaus würde eine solche „Datenannahmepflicht" in einen Kontraktionszwang münden und wäre für den die Daten annehmenden Verantwortlichen technisch regelmäßig nicht realisierbar, da dieser sich dann darauf einrichten müsste, Formate eines jeden (auch ihm unbekannten) Verantwortlichen verarbeiten zu können. Soweit der Nutzer lediglich Herausgabe nach Art. 20 Abs. 1 DSGVO verlangt, erscheint die Übertragung an den Nutzer zwar technisch realisierbar, aber ob der Nutzer diese Daten weiterverwenden kann, ist fraglich, schließlich weiß der Verantwortliche nicht, wozu der Nutzer die Daten weiterverwenden will.[1733] Zudem dürfte der anschließende Import beim neuen Anbieter, wie erläutert, letztlich an der Inkompatibilität der Datenbanken scheitern. Anreize, den Datenimport zu erleichtern, werden ebenfalls nicht geschaffen: Das Recht auf Datenübertragbarkeit normiert zwar einen Anspruch auf Übertragung, jedoch keinen Anspruch auf Empfang. Die Herausgabe der Daten nach Art. 20 Abs. 1 DSGVO ist in ihrer eigentlichen Kon-

---

1729 *Brüggemann,* DSRITB 2017, 1, 7; *Munz,* in: Taeger/Gabel, DSGVO, Art. 20 Rn. 39; *Piltz,* in: Gola, DS-GVO, Art. 20 Rn. 22; dies bereits beim Kommissionsentwurf kritisierend *Kipker/Voskamp,* DuD 2012, 737, 740. Auch die Ausführungen der *Art.-29-Datenschutzgruppe* münden lediglich in einem offenen Wunsch: „WP29 strongly encourages cooperation between industry stakeholders and trade associations to work together on a common set of interoperable standards and formats […]" (*Art.-29-Datenschutzgruppe,* WP 242, S. 18).
1730 I. E. auch *Kipker/Voskamp,* DuD 2012, 737, 740 f.
1731 Allgemein *Brüggemann,* K&R 2018, 1, 4.
1732 So jedenfalls die h. M., siehe *Brüggemann,* K&R 2018, 1, 5; *Brüggemann,* DSRITB 2017, 1, 10 f.; *Herbst,* in: Kamann/Braun, in: Ehmann/Selmayr, DS-GVO, Art. 20 Rn. 31; *Munz,* in: Taeger/Gabel, DSGVO, Art. 20 Rn. 44; *v. Lewinski,* in: Wolff/Brink, BeckOK DatenschutzR, Art. 20 Rn. 57; a. A. *Piltz,* in: Gola, DS-GVO, Art. 20 Rn. 29, wonach sich eine solche Pflicht aus dem Wortlaut („erwirken") ergeben soll.
1733 Zum ähnlichen Art. 15 Abs. 2a des Parlamentsentwurfs bereits *Bräutigam/Schmidt-Wudy,* CR 2015, 56, 59 f.

zeption – nämlich die Migration zu einem neuen Verantwortlichen zu ermöglichen – quasi nutzlos.

Faktisch erschöpft sich daher das Recht auf Datenübertragbarkeit in einer Herausgabe einer Übersicht der durch den Nutzer eingestellten Daten in einem strukturierten, gängigen und maschinenlesbaren Format mit Ausnahme jener Daten, die einen Drittbezug aufweisen. Der Sache nach stellt dies lediglich einen Herausgabeanspruch dar, der das Recht auf Auskunft gem. Art. 15 DSGVO ergänzt.

### III. Zwischenergebnis

Das Recht auf Datenübertragbarkeit gilt als Novum des europäischen Datenschutzrechts. Art. 20 DSGVO kennzeichnet jedoch vor allem eine erhebliche Unbestimmtheit. Zunächst sind von diesem Recht lediglich Daten ohne Drittbezug erfasst, die vom Betroffenen selbst eingegeben wurden. Ferner lässt sich ohne die Pflicht, ein kompatibles Format zu entwickeln, welches Datenexport und -import vereinheitlicht, eine Datenmigration technisch de facto nicht realisieren. Das Recht auf Datenübertragbarkeit läuft infolgedessen schlicht leer und entpuppt sich so als Herausgabeanspruch[1734] des Betroffenen ohne erkennbaren Mehrwert. Zugleich ist die Verletzung dieser Norm in erheblichem Maße sanktionsbedroht: Ein Verstoß kann gem. Art. 83 Abs. 5 lit. b DSGVO mit einem Bußgeld i. H. v. bis zu 20 Mio. Euro oder – bei Unternehmen – bis zu 4 % des weltweiten Vorjahresumsatzes geahndet werden.

---

[1734] So auch *Piltz,* in: Gola, DS-GVO, Art. 20 Rn. 9.

# § 17 Datenlöschung

Der Betroffene hat insbesondere dann, wenn er das soziale Netzwerk dauerhaft verlassen will, ein Interesse daran, dass seine im Netzwerk gespeicherten Daten gelöscht werden. Er mag auch im Szenario des Umzugs zu einem anderen sozialen Netzwerk ein Interesse an der Löschung beim zuvor genutzten Netzwerk haben. Art. 20 Abs. 3 DSGVO legt insoweit fest, dass die Ausübung des Rechts auf Datenmigration die Löschung nach Art. 17 DSGVO unberührt lässt. Eine parallele Nutzung mehrerer sozialer Netzwerke nach Ausübung der sich aus Art. 20 Abs. 1, 2 DSGVO ergebenden Rechte bleibt demnach möglich.

## I. Die Löschpflicht nach Art. 17 Abs. 1 DSGVO

In Art. 17 DSGVO normierte der Europäische Gesetzgeber ein „Recht auf Vergessenwerden", welches durch das große Diskussionen auslösende[1735] Google-Urteil des EuGH[1736] scheinbar vorweggenommen wurde. Geistiger Urvater dieses Rechts ist *Mayer-Schönberger*, der vertrat, Vergessen sei erforderlich, um dem Einzelnen seine Freiheit zurückzugeben, und der daher eine Überführung des Vergessens in die digitale Welt proklamierte.[1737] Seine Idee eines „digitalen Radiergummis", respektive eines Verfallsdatums für Informationen,[1738] fand auch in der datenschutzrechtlichen Literatur Anklang,[1739] ist in Art. 17 DSGVO jedoch nicht enthalten.[1740] Inhaltlich handelt es sich bei Art. 17 Abs. 1 DSGVO um nichts anderes als die altbekannte Löschpflicht, welche bereits in Art. 12 lit. b DS-RL wie auch in § 35 Abs. 2 BDSG a. F. verankert war.[1741] Diesen Irritationen nahm sich auch der Gesetzgeber an, indem die Überschrift von Art. 17 DSGVO in der finalen Fassung der DSGVO um „Recht auf Löschung" ergänzte.

Die „Löschungsansprüche" des Art. 17 Abs. 1 DSGVO – etwa das Vorliegen einer unrechtmäßigen Verarbeitung gem. Art. 17 Abs. 1 lit. d DSGVO – sind nach

---

[1735] Siehe etwa *Arning/Moos/Schefzig*, CR 2014, 447; *Beyvers/Herbrich*, ZD 2014, 558; *Boehme-Neßler*, NVwZ 2014, 825; *Hoeren*, EWiR 2014, 517; *Karg*, ZD 2014, 359; *Kramer*, DSB 2014, 125; *Kühling*, EuZW 2014, 527; *Lang*, K&R 2014, 449; *Nolte*, NJW 2014, 2238; *Orthwein/Rücker*, DuD 2014, 613, 617; *Petersdorff-Campen*, ZUM 2014, 570 f.; *Schubert*, NJ 2014, 381; *Spindler*, JZ 2014, 981; *Ziebarth*, ZD 2014, 394.
[1736] Siehe oben Kap. 2 § 5 II. 2.
[1737] *Mayer-Schönberger*, Delete, S. 14 ff.
[1738] *Mayer-Schönberger*, Delete, S. 171 ff.
[1739] Siehe etwa *Hornung/Hofmann*, JZ 2013, 163, 170; *Kodde*, ZD 2013, 115, 118; *Konferenz der Datenschutzbeauftragten des Bundes und der Länder*, Datenschutzrecht für das 21. Jahrhundert, S. 25; *Konferenz der Datenschutzbeauftragten des Bundes und der Länder*, Orientierungshilfe Soziale Netzwerke, S. 28 f.; *Spiecker gen. Döhmann*, KritV 2014, 28, 40 f.; *Splittgerber*, in: Splittgerber, Rechtsfragen Social Media, Kap. 3 Rn. 148.
[1740] *Meents/Hinzpeter*, in: Taeger/Gabel, DSGVO, Art. 17 Rn. 6; *Schantz*, NJW 2016, 1841, 1845.
[1741] *Gstrein*, ZD 2012, 424, 427; *Koreng/Feldmann*, ZD 2012, 311, 312; zum Kommissionsentwurf *Buchholtz*, AöR 140 (2015), 121, 134; *Buchholtz*, ZD 2015, 570, 572; *Nebel/Richter*, ZD 2012, 407, 413; i. E. auch *Hennemann*, PinG 2016, 176, 177; ausführlich zur Rechtslage vor Inkrafttreten der DSGVO *Nolte*, ZRP 2011, 236, 238 ff.

dem Wortlaut primär an die Ausübung des Löschungsverlangens durch den Betroffenen geknüpft.[1742] Damit unterscheiden sie sich von der Formulierung der Löschpflicht im damaligen BDSG. Art. 17 Abs. 1 DSGVO formuliert nicht eindeutig, ob der Verantwortliche die Daten löschen muss, wenn zwar ein Tatbestand der Art. 17 Abs. 1 lit. a bis f DSGVO erfüllt ist, der Betroffene jedoch nicht die Löschung verlangt. Eine Löschpflicht ohne Anspruchsausübung durch den Betroffenen soll hier allerdings aus dem Grundsatz der Speicherbegrenzung (Art. 5 Abs. 1 lit. e DSGVO) folgen.[1743] Tatsächlich folgt dies aber bereits aus den in Art. 5 Abs. 1 lit. b und c DSGVO niedergelegten Grundsätzen der Datenminimierung sowie der Zweckbindung.[1744] Ein eigener Anwendungsbereich des Gebots der Speicherbegrenzung nach Art. 5 Abs. 1 lit. e DSGVO ist nicht ersichtlich. Jedenfalls ist festzuhalten, dass die Pflicht zur Löschung nicht von der Ausübung des Löschverlangens durch den Betroffenen abhängt.[1745] Vielmehr hat der Verantwortliche selbständig und laufend zu prüfen, ob eine Löschverpflichtung besteht.[1746] Erklären lässt sich die irritierende Formulierung des Art. 17 Abs. 1 DSGVO – ebenso wie die Stellung der Norm im dritten Kapitel der DSGVO – nur so, dass der Gesetzgeber die Löschpflicht als Recht des Betroffenen betonen wollte.

Zentraler Tatbestand der Löschungspflicht ist das Vorliegen einer unrechtmäßigen Verarbeitung i. S. d. Art. 17 Abs. 1 lit. d DSGVO. Hierbei handelt es sich um eine Generalklausel,[1747] in der wesentliche Teile der übrigen Tatbestände aufgehen. So liegt etwa stets dann, wenn eine Einwilligung widerrufen wurde und die Verarbeitung auf keine andere Rechtsgrundlage gestützt werden kann (ein Fall des Art. 17 Abs. 1 lit. b DSGVO) immer auch eine unrechtmäßige Verarbeitung i. S. d. Art. 17 Abs. 1 lit. d DSGVO vor.

---

1742 *Gstrein,* ZD 2012, 424, 427; *Koreng/Feldmann,* ZD 2012, 311, 312.
1743 *Kamlah,* in: Plath, DSGVO/BDSG, Art. 17 Rn. 6; *Peuker,* in: Sydow, DSGVO, Art. 17 Rn. 43.
1744 *Keppeler/Berning,* ZD 2017, 314, 315; Zum Kommissionsentwurf auch *Hornung/Hofmann,* JZ 2013, 163, 166.
1745 *Hennemann,* PinG 2016, 176, 178; *Kamann/Braun,* in: Ehmann/Selmayr, DS-GVO, Art. 17 Rn. 33; *Keppeler/Berning,* ZD 2017, 314, 315; *Paal,* in: Paal/Pauly, DS-GVO/BDSG, Art. 17 Rn. 7; *Peuker,* in: Sydow, DSGVO, Art. 17 Rn. 43; zum Kommissionsentwurf *Hornung/Hofmann,* JZ 2013, 163, 166; wohl auch *Stollhoff,* in: Auernhammer, DSGVO, Art. 17 Rn. 3; a. A. *Kamlah,* in: Plath, DSGVO/BDSG, Art. 17 DSGVO Rn. 5; *Nolte/Werkmeister,* in: Gola, DS-GVO, Art. 17 Rn. 9, wonach die Löschpflicht erst mit Geltendmachung des Löschanspruchs entsteht; zum Kommissionsentwurf auch *Kipker/Voskamp,* DuD 2012, 737, 741; *Kodde,* ZD 2013, 115, 117; unklar *Meents/Hinzpeter,* in: Taeger/Gabel, DSGVO, Art. 17 Rn. 22, 30, die einerseits eine Antragsunabhängigkeit der Löschpflicht attestieren, andererseits „in jedem Fall" einen Antrag des Betroffenen fordern; differenzierend *Herbst,* in: Kühling/Buchner, in: DS-GVO, Art. 17 Rn. 9 ff., der in den Fällen des Art. 17 Abs. 1 lit. a und f DSGVO einen Antrag auf Löschung des Betroffenen fordert.
1746 *Meents/Hinzpeter,* in: Taeger/Gabel, DSGVO, Art. 17 Rn. 83 ff.; *Paal,* in: Paal/Pauly, DS-GVO/BDSG, Art. 17 Rn. 20; *Peuker,* in: Sydow, DSGVO, Art. 17 Rn. 44.
1747 *Kamlah,* in: Plath, DSGVO/BDSG, Art. 17 Rn. 12; von einem „Auffangtatbestand" sprechen *Kamann/Braun,* in: Ehmann/Selmayr, DS-GVO, Art. 17 Rn. 19.

Die Löschung hat ausweislich des Wortlauts „unverzüglich"[1748] zu erfolgen. Als „unverzügliche" Löschung soll – vorbehaltlich besonderer Fälle – ein Tätigwerden innerhalb von zwei Wochen ausreichen.[1749] Die absoluten zeitlichen Obergrenzen ergeben sich aus den allgemeinen Regeln der DSGVO.[1750]

## II. Löschung bei mehreren Betroffenen

In Bezug auf Daten mit mehreren Betroffenen stellt sich die Frage, wie weit die Löschpflicht reicht. Der Umstand, dass Daten mehr als einen Betroffenen haben, ist bei Datenverarbeitungen mit einer Vielzahl von Beteiligten mehr Regelfall als Ausnahme.[1751] Denkbar sind etwa fremde Kommentare zu eigenen Statusupdates oder Statusupdates oder Kommentare des Nutzers, andere Nutzer erwähnen. Zur Erläuterung soll ein bereits erwähntes Beispiel dienen: Ein Nutzer veröffentlicht mit Einverständnis des volljährigen X ein Statusupdate mit dem Inhalt „Gerade mit X im Zoo!" und fügt ein entsprechendes Foto hinzu. Die Verarbeitung durch den Verfasser ist – vor dem Verlassen des Netzwerks durch X – rechtmäßig.[1752]

Verlässt nun X oder der das Statusupdate verfassende Nutzer das Netzwerk, stellt sich die Frage, ob der Netzwerkbetreiber verpflichtet ist, dieses Statusupdate zu löschen, schließlich stellt es u. U. im Verhältnis zu dem jeweils anderen Betroffenen eine Verarbeitung zu Zwecken der Vertragserfüllung dar.[1753] Da die Löschung gem. Art. 4 Nr. 2 DSGVO ein Verarbeitungsvorgang ist, steht auch sie unter dem Verbot mit Erlaubnisvorbehalt. Es kann daher die Situation entstehen, dass der Betreiber des sozialen Netzwerks gegenüber dem einen Betroffenen zur Löschung, gegenüber dem anderen Betroffenen zur (weiteren) Speicherung verpflichtet wäre. Eine lediglich auf den einen, das Netzwerk verlassenden Betroffenen bezogene Anonymisierung könnte hier Abhilfe schaffen, so könnte etwa das o. g. Statusupdate in „Gerade mit im Zoo!" geändert werden. Dies ist zwar bei einem in Reintext verfassten Statusupdate möglich, scheidet aber bei Medien wie Fotos aus, da nicht ersichtlich ist, wie der Netzwerkbetreiber dabei eine automatische Anonymisierung vornehmen soll.[1754]

---

1748 Kritisch zur Formulierung *Kamlah,* in: Plath, DSGVO/BDSG, Art. 17 Rn. 4, wonach die Löschung bei Vorliegen der entsprechenden Voraussetzungen ohnehin unverzüglich erfolgen muss.
1749 *Paal,* in: Paal/Pauly, DS-GVO/BDSG, Art. 17 Rn. 31.
1750 Grundsätzlich beträgt die Frist einen Monat, wobei eine Verlängerung um bis zu zwei weitere Monate möglich ist (Art. 12 Abs. 3 Satz 1 und 2 DSGVO).
1751 Siehe oben Kap. 2 § 4 III.
1752 Siehe oben Kap. 4 § 14 II, Beispiel Nr. 1 sowie Abb. 5.
1753 Vgl. Kap. 4 § 13 III.
1754 Einen allgemeinen Einwand fehlender Verhältnismäßigkeit bestimmter Löschmaßnahmen sieht Art. 17 DSGVO jedoch nicht vor, vgl. *Kamann/Braun,* in: Ehmann/Selmayr, DS-GVO, Art. 17 Rn. 39; *Stollhoff,* in: Auernhammer, DSGVO/BDSG, Art. 17 Rn. 4.

### Kap. 5 Weitere Anforderungen mit spezifischer Relevanz für soziale Netzwerke

Hier ist danach zu differenzieren, welcher der Beteiligten das Netzwerk verlässt. Verlässt der das Statusupdate verfassende Nutzer das Netzwerk, so kann der Netzwerkbetreiber die Verarbeitung gegenüber dem verantwortlichen Nutzer nicht mehr darauf stützen, dass die Verarbeitung einem Vertrag mit dem Betroffenen dient, da durch Beendigung des Nutzungsverhältnisses ein Zweckfortfall eingetreten ist. Die Beendigung der Nutzung des Netzwerks stellt zugleich eine Einstellung der Ausübung der Kommunikationsgrundrechte des Verfassers dar. Die weitere Speicherung und Offenlegung des Netzwerkbetreibers dient daher weder eigenen Kommunikationsgrundrechten, noch denen des Verfassers. Daher kann der Netzwerkbetreiber die Verarbeitung gegenüber dem anderen Betroffenen auch nicht auf eine Interessenabwägung nach Art. 6 Abs. 1 Satz 1 lit. f DSGVO stützen. Jede weitere Verarbeitung von Inhalten ist gegenüber beiden Betroffenen rechtswidrig, sodass der Netzwerkbetreiber dann, wenn der verfassende Nutzer seine Mitgliedschaft beendet, sämtliche von ihm verfassten Daten löschen muss.

Verlässt hingegen nicht der Verfasser, sondern der andere von der Verarbeitung Betroffene das Netzwerk, so lässt sich die Verarbeitung in Hinblick auf diesen sowohl aus Sicht des Nutzers wie auch aus Sicht des Netzwerkbetreibers regelmäßig nur auf eine Interessenabwägung stützen.[1755] Allerdings ist die Verarbeitungssituation nach dem Verlassen des Netzwerks eine andere als vor dem Verlassen des Netzwerks. Ein Kontakt über das Netzwerk zwischen datenverarbeitendem Nutzer und Betroffenem (f4)[1756] liegt nicht mehr vor, wenn der Betroffene nicht mehr im Netzwerk ist. Auch kann die Verarbeitung nicht mehr auf eine schlichte Erlaubnis (f5)[1757] gestützt werden. Regelmäßig dürfte der Nutzer kein Interesse haben, dass seine Daten weiterhin in einem Netzwerk, in dem er nicht länger vertreten sein möchte, verarbeitet werden. Andererseits ginge es zu weit, dem Betroffenen pauschal einen (mutmaßlichen) Widerspruch zu unterstellen, wenn er zuvor sein Einverständnis mit der Verarbeitung erklärt hat. Daher spricht viel dafür, in dem Fall, in dem der Nutzer kein Einverständnis erklärt hat, diese Wertung auch nach Verlassen des Netzwerks beizubehalten, wenn der Nutzer jedoch sein Einverständnis erklärt hat, das Kriterium neutral zu werten. Die Veränderung dieser beiden Faktoren führt zu einer Neubewertung im Rahmen der vorzunehmenden Interessenabwägung nach Art. 6 Abs. 1 Satz 1 lit. f DSGVO (vgl. Abb. 8).

Überwiegen ex post die Interessen des Verarbeiters weiterhin, so ist die Verarbeitung weiterhin rechtmäßig. Ergibt sich im Rahmen der Neubewertung ein Überwiegen der entgegenstehenden Interessen des Betroffenen, so ist die weitere Verarbeitung rechtswidrig und eine Pflicht zur Löschung besteht. Die Neubewertung muss nicht, kann jedoch dazu führen, dass eine vormals rechtmäßige Datenverarbeitung aufgrund der veränderten Rahmenbedingungen als rechts-

---

1755 Siehe oben Kap. 4 § 11 IV. 3 und Kap. 4 § 13 III. 2.
1756 Zu diesem Kriterium siehe oben Kap. 4 § 11 IV. 2. d).
1757 Zu diesem Kriterium siehe oben Kap. 4 § 11 IV. 2. e).

widrig einzustufen ist. So verhält es sich in dem erwähnten Beispiel „Gerade mit X im Zoo!": Verlässt der X das soziale Netzwerk, führt die Neubewertung infolge der veränderten Faktors f4 zu einem negativen Ergebnis (siehe Abb. 8). Nunmehr überwiegen die der Verarbeitung entgegenstehenden Interessen, sodass die Datenverarbeitung rechtswidrig und das Datum zu löschen ist.

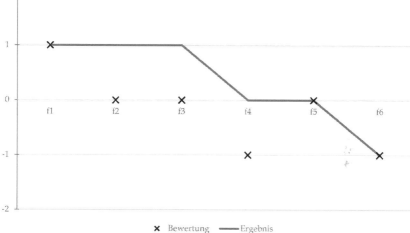

*Abbildung 8: Rechtmäßigkeit im Beispiel Nr. 1 ab dem Zeitpunkt des Verlassens des Netzwerks durch X*

Dem steht auch nicht Art. 17 Abs. 3 lit. a DSGVO entgegen. Diese Vorschrift, bei der es sich um eine Konkretisierung der nach Art. 6 Abs. 1 Satz 1 lit. f DSGVO vorzunehmenden Interessenabwägung handelt,[1758] erklärt Art. 17 Abs. 1, 2 DSGVO für unanwendbar, wenn die Kommunikationsgrundrechte des Verantwortlichen überwiegen. In diesem Fall wäre der Verantwortliche nicht zur Löschung verpflichtet. Hat die Interessenabwägung nach Art. 6 Abs. 1 Satz 1 lit. f DSGVO zum Ergebnis, dass die Verarbeitung mangels überwiegender Kommunikationsgrundrechte unzulässig ist, so hat auch die Abwägung nach Art. 17 Abs. 3 lit. a DSGVO zum Ergebnis, dass die Kommunikationsgrundrechte nicht überwiegen. Art. 17 Abs. 3 lit. a DSGVO findet dann keine Anwendung. Für den Anwendungsbereich von Art. 17 Abs. 3 lit. a DSGVO bedeutet dies, dass die Vorschrift nur relevant ist, soweit die Verarbeitung nicht auf Art. 6 Abs. 1 Satz 1 lit. f DSGVO gestützt werden kann.

Im Ergebnis hängt das Bestehen einer Löschpflicht des Netzwerkbetreibers zuvorderst davon ab, welcher Nutzer das Netzwerk verlässt. Verlässt der Nutzer das Netzwerk, der die Information eingegeben hat, ist die Information zwingend zu löschen. Verlässt der andere Betroffene – also der, gegenüber dem die Verar-

---

1758 Siehe oben Kap. 4 § 10 II. 3. c).

beitung auf eine Interessenabwägung nach Art. 6 Abs. 1 Satz 1 lit. f DSGVO gestützt wird – das Netzwerk, ist eine Neubewertung der Interessen vorzunehmen. Die Neubewertung kann zum Ergebnis haben, dass die Verarbeitung weiterhin rechtmäßig ist, kann aber auch dazu führen, dass die Datenverarbeitung nunmehr rechtswidrig ist und die Daten zu löschen sind.

### III. Informationspflicht des Verantwortlichen („Recht auf Vergessenwerden")

Als von besonderer Relevanz bei einer Vielzahl von Beteiligten könnte sich Art. 17 Abs. 2 DSGVO herausstellen. Diese Vorschrift, welche offenbar darauf abzielt, dem Internet und seinem „unendlichen Gedächtnis" Herr zu werden, ist das eigentliche Novum in Art. 17 DSGVO. Sie verpflichtet den Verantwortlichen, im Fall des Öffentlichmachens und bei Bestehen einer Löschpflicht nach Abs. 1 unter Berücksichtigung der verfügbaren Technologie und der Implementierungskosten angemessene Maßnahmen zu treffen, um für die Datenverarbeitung Verantwortliche, die diese personenbezogenen Daten verarbeiten, darüber zu informieren, dass eine betroffene Person von ihnen die Löschung aller Links zu diesen personenbezogenen Daten oder von Kopien oder Replikationen dieser personenbezogenen Daten verlangt hat. Es ist keine eigenständige Löschverpflichtung, sondern lediglich eine Informationspflicht des Verantwortlichen.[1759] Art. 12 lit. c DS-RL wie auch § 35 Abs. 7 BDSG a. F. sahen bereits eine ähnliche Pflicht vor, die in der datenschutzrechtlichen Literatur wie auch in der Praxis kaum wahrgenommen wurde. Aufgrund der zahlreichen unbestimmten Rechtsbegriffe in Art. 17 Abs. 2 DSGVO sind Einzelheiten dieser Pflicht unklar.[1760]

Durch ihren Verweis auf Abs. 1 greift die Informationspflicht bereits dann, wenn nur der Verantwortliche zur Löschung verpflichtet ist. Die Norm unterstellt somit einen Willen des Betroffenen, auch Links, Kopien und Replikationen der personenbezogenen Daten – freilich ohne den Unterschied zwischen den beiden letztgenannten Begriffen zu erläutern – löschen lassen zu wollen. Dass der Betroffene womöglich das Datum gar nicht aus der Welt schaffen, sondern nur bestimmte Verantwortliche von der Verarbeitung ausschließen will, bleibt unbeachtet. Allerdings wird offenbar vom Gesetzgeber vorausgesetzt, dass der Information weiterer Verantwortlicher ein explizites Verlangen des Betroffenen vorausgegangen ist („Löschung [...] verlangt hat"). Daher ist Art. 17 Abs. 2 DS-

---

[1759] *Kamann/Braun*, in: Ehmann/Selmayr, DS-GVO, Art. 17 Rn. 47; *Piltz*, K&R 2016, 629, 632; zum Kommissionsentwurf *Hornung*, ZD 2012, 99, 103; *Hornung/Hofmann*, JZ 2013, 163, 167; *Jandt/Kieselmann/Wacker*, DuD 2013, 235, 237; *Spiecker gen. Döhmann*, KritV 2014, 28, 31 f.

[1760] *Hennemann*, PinG 2016, 176, 178; *Kamlah*, in: Plath, DSGVO/BDSG, Art. 17 Rn. 15; zum Kommissionsentwurf *Jandt/Kieselmann/Wacker*, DuD 2013, 235, 238.

GVO dahingehend auszulegen, dass der Betroffene seinen Willen, dass andere über die Datenlöschung informiert werden, artikulieren muss.[1761]

## 1. Öffentlich gemachte Daten

Die Informationspflicht des Art. 17 Abs. 2 DSGVO greift nur im Falle öffentlich gemachter Daten ein. Was mit „öffentlich gemacht" gemeint ist, ergibt sich nicht aus dem Gesetz.[1762] Denkbar wäre, an den in Art. 4 Nr. 2 DSGVO verwendeten Begriff der „Offenlegung" anzuknüpfen.[1763] Alternativ bietet sich eine Parallelwertung zu den „öffentlich gemachten" Daten i. S. v. Art. 9 Abs. 2 lit. e DSGVO an.[1764] Letzteres ist vorzugswürdig. Eine Informationspflicht hinsichtlich aller Daten, bei denen eine Offenlegung stattgefunden hat, würde zu einer umfassenden Protokollpflicht sämtlicher Zugriffe führen (die ihrerseits ggf. rechtfertigungsbedürftig wäre) und droht den Verantwortlichen zu überfordern. Zudem würde es den Betroffenenschutz nicht erkennbar verbessern, da die Daten, die zwar offengelegt, aber nicht öffentlich zugänglich sind, auch nicht durch eine Vielzahl weiterer Beteiligter abgerufen werden können, insbesondere nicht durch Suchmaschinen indexiert werden können.

Es ist ferner für die Information anderer Verantwortlicher irrelevant, ob die Daten noch immer öffentlich zugänglich sind. Wenn etwa der Verantwortliche personenbezogene Daten veröffentlicht hat, dieser sich später aber dazu entschließt, die Sichtbarkeit derart zu beschränken, dass die Daten nicht mehr öffentlich zugänglich sind, muss die Informationspflicht dennoch greifen. Zweck der Norm ist gerade den Betroffenen davor zu schützen, dass seine personenbezogenen Daten zeitlich unbeschränkt auffindbar sind. Diese Gefahr droht unabhängig davon, ob die Daten nur vorübergehend öffentlich zugänglich waren. Der Zweck wäre konterkariert, würde dem Betroffenen der Schutz durch Art. 17 Abs. 2 DS-GVO in den Fällen verwehrt werden, in denen der zunächst freimütig Veröffentlichende „zur Besinnung" gekommen ist und selbst Maßnahmen ergreift, die Verbreitung durch Veränderung der Sichtbarkeit einzuschränken.

Dies wirft die Frage auf, wer Adressat der Pflicht ist. Aus der Anknüpfung an das Öffentlichmachen (und nicht etwa die Offenlegung i. S. d. Art. 4 Nr. 2 DSGVO) folgt zugleich, dass nicht der offenlegende Verarbeiter Adressat der Informationspflicht ist, sondern derjenige, der das Öffentlichmachen vornimmt. Dies ist typischerweise nicht der Netzwerkbetreiber, sodass die Informationspflicht

---

1761 *Herbst*, in: Kühling/Buchner, DS-GVO/BDSG, Art. 17 Rn. 52; *Meents/Hinzpeter*, in: Taeger/Gabel, DSGVO, Art. 17 Rn. 103; *Nolte/Werkmeister*, in: Gola, DS-GVO, Art. 17 Rn. 38; *Peuker*, in: Sydow, DSGVO, Art. 17 Rn. 50; i. E. auch *Hennemann*, PinG 2016, 176, 178.
1762 Für eine Anknüpfung an § 19a UrhG *Stollhoff*, in: Auernhammer, DSGVO/BDSG, Art. 17 Rn. 16.
1763 Siehe dazu oben Kap. 3 § 7 I. 2. a).
1764 Siehe dazu oben Kap. 4 § 10 III. 3. c); in diese Richtung auch *Paal*, in Paal/Pauly, DS-GVO/BDSG, Art. 17 Rn. 33.

auf ihn keine Anwendung findet.[1765] Veröffentlichender und somit Adressat der Informationspflicht ist vielmehr der einzelne Nutzer.[1766] Dieser kann sich im Fall des Öffentlichmachens nicht auf die Privilegierung des Art. 2 Abs. 2 lit. c DSGVO berufen, da er durch das Veröffentlichen nicht mehr unter das Haushaltsprivileg fällt.[1767] Die Informationspflicht trifft daher im Kontext sozialer Netzwerke nur den einzelnen Nutzer, der Daten über Dritte eingibt und die Sichtbarkeit nicht hinreichend beschränkt.

### 2. Angemessenheit der Maßnahmen

Da Art. 17 Abs. 2 DSGVO zur Information jedes Verantwortlichen verpflichtet, wäre dem Grunde nach etwa auch die Situation erfasst, in der der Verantwortliche eine Information veröffentlicht und ein ihm unbekannter Dritter diese Information zu beruflichen Zwecken auf einem USB-Stick speichert. Auch bei Screenshots von der Website oder schlicht beim Abfotografieren der Information mit einer Fotokamera werden die Daten unbemerkt verarbeitet. Strenggenommen könnte jeder nicht rein private Aufruf der Website erfasst sein, da schon beim Öffnen einer Website Kopien der Daten im Browser-Cache angelegt werden. Letztlich ist der Kreis der Empfänger potentiell grenzenlos.[1768] Die Möglichkeiten des Verantwortlichen, von der Verarbeitung durch Dritte Kenntnis zu nehmen, sind jedoch stark beschränkt.[1769] Die von Art. 17 Abs. 2 DSGVO vorausgesetzte Veröffentlichung bringt es gerade mit sich, dass der Verantwortliche die (alleinige) Kontrolle über die veröffentlichten Daten aufgibt und potentiell jedem die Verarbeitung ermöglicht.

Ausreichend ist jedoch das Treffen von „angemessenen" Maßnahmen, wobei die Angemessenheit ausweislich des Wortlauts unter Berücksichtigung der verfügbaren Technologie und der Implementierungskosten zu bestimmen ist. Die Informationspflicht findet daher ihre Grenzen jedenfalls dort, wo es technisch unmöglich ist, festzustellen, wer die von der Löschung betroffenen Daten ebenfalls verarbeitet hat.[1770] Während dies außerhalb des Netzwerks geradezu undenkbar erscheint, hätte zumindest der Netzwerkbetreiber die Möglichkeiten, technisch identische Informationen innerhalb des Netzwerks aufzufinden und

---

1765 *Hornung/Hofmann*, JZ 2013, 163, 167 f.; *Kipker/Voskamp*, DuD 2013, 737, 741 f.
1766 *Hornung/Hofmann*, JZ 2013, 163, 168; *Kipker/Voskamp*, DuD 2013, 737, 741; in diese Richtung auch *Meents/Hinzpeter*, in: Taeger/Gabel, DSGVO, Art. 17 Rn. 102, die allerdings davon ausgehen, dass Netzwerkbetreiber und veröffentlichender Nutzer gemeinsam Verantwortliche sind.
1767 Siehe oben Kap. 2 § 4 IV. 2. b) bb).
1768 *Paal*, in: Paal/Pauly, DS-GVO/BDSG, Art. 17 Rn. 36; *Spindler*, DB 2016, 937, 945.
1769 *Kipker/Voskamp*, DuD 2012, 737, 742; ähnlich *Kamann/Braun*, in: Ehmann/Selmayr, DS-GVO, Art. 17 Rn. 53; *Peuker*, in: Sydow, DSGVO, Art. 17 Rn. 52.
1770 So i. E. auch *Herbst*, in: Kühling/Buchner, DS-GVO/BDSG, Art. 17 Rn. 53; a.A. zum Kommissionsentwurf *Buchholtz*, AöR 140 (2015), 121, 136, die – entgegen des eindeutigen Wortlauts – eine globale Löschung fordert. So soll beispielsweise der Betreiber eines sozialen Netzwerks dazu verpflichtet sein, dafür zu sorgen, dass ein Beitrag „von allen fremden Webseiten entfernt wird, die ihn ungefragt übernommen haben".

Verantwortliche entsprechend zu notifizieren. Dies beträfe innerhalb des sozialen Netzwerks weiterverbreitete Inhalte oder Inhalte, mit denen anderweitig innerhalb des Netzwerks interagiert wurde,[1771] und ließe sich etwa – unabhängig davon, ob es sich um eine verschriftlichte Information oder eine Bilddatei handelt – durch Hashwerte realisieren. Das Zumutbare wird hier jedoch seine Grenze im technisch Realisierbaren finden. Schreibt der Nutzer X beispielsweise „Ich war heute beim Augenarzt" und verfasst Y ein neues Statusupdate mit dem Inhalt „X war heute beim Augenarzt", so mag die Information semantisch identisch sein, der Hashwert der Information ist jedoch infolge kleinster Änderungen, hier die die Ersetzung von „Ich" durch „X", ein völlig anderer.[1772] Die Notifizierungspflicht scheitert bei Informationen, die inhaltsgleich, aber technisch unterschiedlich sind, am Kriterium der Angemessenheit. Auch wenn zahlreiche Lösungsansätze für entsprechende Löschungsroutinen existieren,[1773] ist ein echter „Anspruch auf Vergessenwerden" im offenen Internet technisch nicht zu realisieren.[1774] Aber auch die Implementierung derartiger Hash-Funktionen erscheint gegenüber dem einzelnen Nutzer als Adressat der Löschpflicht unangemessen, da diesem derartige technische Möglichkeiten nicht zur Verfügung stehen. Dies könnte allenfalls der Netzwerkbetreiber, der jedoch nicht Adressat der Pflicht ist.[1775] Die Informationspflicht läuft damit weitgehend leer.[1776]

Dies kann jedoch nur soweit gelten, wie die Maßnahmen die Grenze der Angemessenheit überschreiten. Auch manuelle Maßnahmen sind nicht zwingend unangemessen.[1777] Wenn der verantwortliche Nutzer tatsächlich Kenntnis von der Verarbeitung durch Dritte erhält, besteht die Notifizierungspflicht. Veröffentlicht der Nutzer beispielsweise ein datenschutzrechtlich unzulässiges Statusupdate, das einen Dritten betrifft, und ist er infolgedessen zur Löschung verpflichtet, so ist ihm zumutbar, alle Personen, die zwischen Veröffentlichung und Löschung auf dieses Statusupdate reagiert haben (z. B. durch Kommentar oder durch vereinfachte Nutzerreaktion) darauf hinzuweisen, dass der Betroffene Löschung des Datums verlangt habe. Da Nutzer sozialer Netzwerke zu einem Großteil ihrer dort gepflegten Kontakte auch außerhalb des Netzwerks Kontakt halten,[1778] erscheint es auch nicht fernliegend, dass der Nutzer Kenntnis von der

---

1771 *Hornung/Hofmann*, JZ 2013, 166, 169.
1772 Anschaulich illustriert bei *Kaulartz*, CR 2016, 474, 475.
1773 *Federrath/Fuchs/Herrmann/Maier/Scheuer/Wagner*, DuD 2011, 403, 404 ff.; *Jandt/Kieselmann/Wacker*, DuD 2013, 235, 238 ff.; *Kalabis/Selzer*, DuD 2012, 670, 671 ff.; *Kieselmann/Kopal/Wacker*, DuD 2015, 31, 33 ff.; eine hardwarebasierte Lösung des Problems vorschlagend *Gerling/Gerling*, DuD 2013, 445, 446.
1774 *Federrath/Fuchs/Herrmann/Maier/Scheuer/Wagner*, DuD 2011, 403, 407; *Jandt/Kieselmann/Wacker*, DuD 2013, 235, 238; Kalabis/Selzer, DuD 2012, 675; *Kieselmann/Kopal/Wacker*, DuD 2015, 31, 32; *Kipker/Voskamp*, DuD 2012, 737, 742; Nolte, ZRP 2011, 236, 238.
1775 Siehe oben Kap. 5 § 17 III. 1.
1776 I.E. auch *Hornung/Hofmann*, JZ 2013, 166, 168; *Kipker/Voskamp*, DuD 2012, 737, 742.
1777 So implizit *Kamann/Braun*, in: Ehmann/Selmayr, DS-GVO, Art. 17 Rn. 53; *Nolte/Werkmeister*, in: Gola, DS-GVO, Art. 17 Rn. 40.
1778 Ausführlich oben Kap. 1 § 2 IV.

Verarbeitung durch andere Nutzer erlangt und bei eigener rechtswidriger Verarbeitung diese auf das Löschungsverlangen hinweisen muss. Ferner scheint es angemessen, eine stichprobenartige Prüfung der Indexierung des Datums durch Suchmaschinen und Archivierungsdienste[1779] vorzunehmen und dann ggf. entsprechende Dienste zu notifizieren.[1780]

Darüber hinaus weiß derjenige Nutzer, der ein Datum im sozialen Netzwerk veröffentlicht, dass dieses Datum zwingend auch durch den Netzwerkbetreiber verarbeitet wird. Er ist daher aus Art. 17 Abs. 2 DSGVO auch dazu verpflichtet, den Netzwerkbetreiber zu informieren. Wenn sodann der Netzwerkbetreiber weiß, dass der Betroffene die Löschung der Daten verlangt hat, ist dessen entgegenstehendes Interesse als offensichtlich zu werten.[1781] Der Netzwerkbetreiber, der sich zuvor auf eine summarische Prüfung der Interessen beschränken konnte,[1782] hat nun Anhaltspunkte, dass auch die durch ihn vorgenommene Datenverarbeitung rechtswidrig sein könnte und hat eine dezidierte Interessenabwägung durchzuführen und die Rechtmäßigkeit der Verarbeitung neu zu bewerten. Die Verarbeitung durch den Netzwerkbetreiber wird dabei im Regelfall als unrechtmäßig zu qualifizieren sein, da die weitere Verarbeitung, nachdem der Verfasser seine Verarbeitung eingestellt hat, nicht mehr den Kommunikationsgrundrechten des Verfassers dient. Somit kann auch der Netzwerkbetreiber mittelbar – infolge der Information durch den zur Löschung Verpflichteten – zur Löschung gem. Art. 17 Abs. 1 DSGVO verpflichtet sein. In diesen Fällen führt die Information durch den Nutzer zu einer nachgelagerten umfassenden Löschpflicht des Netzwerkbetreibers.

*3. Adressaten der Information*

Nach dem Wortlaut wären als Adressaten der zu übermittelnden Informationen nur andere Verantwortliche („Drittverantwortliche") erfasst. Der löschverpflichtete Verantwortliche müsste daher vor Notifizierung eine Prüfung eines jeden Empfängers durchführen, ob dieser Verantwortlicher ist, einschließlich der Frage, ob dessen Verarbeitungsvorgänge überhaupt unter die Bestimmungen der DSGVO fallen. Selbst wenn der zur Löschung verpflichtete Verantwortliche sämtliche Empfänger bestimmen könnte, wäre eine solche Prüfung, die etwa untersucht, ob ein Dritter die Daten zu privaten oder zu beruflichen Zwecken verarbeitet, faktisch nicht möglich. Er müsste zur Umsetzung der Pflicht weitere Informationen über die Umstände der Verarbeitung des zu löschenden Datums einholen, was wiederum rechtfertigungsbedürftig wäre.

---

1779 Z. B. die Wayback-Machine, abrufbar unter https://archive.org (Stand: 9/2018).
1780 Für eine Information von Suchmaschinen auch *Hornung/Hofmann*, JZ 2013, 163, 168 f.
1781 *Jandt/Kieselmann/Wacker*, DuD 2013, 235, 238.
1782 Siehe oben Kap. 4 § 13 III. 2.

Mit Blick auf den Betroffenenschutz ist eine allgemeine Informationspflicht scheinbar vorzugswürdig.[1783] Eine weiträumige Information aller (potentiellen) Empfänger des Datums droht jedoch den sog. „Streisand-Effekt"[1784] auszulösen, sodass letztlich dem Verlangen des Nutzers nicht abgeholfen wird.[1785] So liegt auf der Hand, dass etwa eine weiträumige Kundgabe, Nutzer X habe verlangt, das Datum „X hat Aids" löschen zu lassen, das informationelle Selbstbestimmungsrecht des X erheblich beeinträchtigt. Zudem ist auch die Information, dass der Betroffene Löschung verlangt hat, eine (neue) Information über den Betroffenen, die sich ihrerseits an den Grundsätzen des Datenschutzes, insbesondere dem Rechtmäßigkeitsprinzip,[1786] messen lassen muss.

Während die zur Umsetzung der Informationspflicht erforderliche Übermittlung gem. Art. 6 Abs. 1 Satz 1 lit. c DSGVO rechtmäßig ist, kann die Information weiterer Akteure – etwa vermeintliche Empfänger oder private Empfänger, die nicht Verantwortlicher sind – nicht darauf gestützt werden. Auch andere Rechtsgrundlagen, die dies legitimieren können, sind nicht ersichtlich. Ein überschießender Vollzug der Informationspflicht verstößt somit gegen den in Art. 5 Abs. 1 lit. a i.V.m. Art. 6 Abs. 1 DSGVO normierten Rechtmäßigkeitsgrundsatz. Eine solche rechtswidrige Übermittlung würde ihrerseits erneut Lösch- und Informationspflichten nach Art. 17 Abs. 1, 2 DSGVO auslösen, die wiederum denselben, bereits erläutern Mängeln und Risiken unterliegen.

## IV. Zwischenergebnis

Ebenso wie das Recht auf Datenübertragbarkeit gilt auch das „Recht auf Vergessenwerden" als datenschutzrechtliches Novum. Die in Art. 17 Abs. 1 DSGVO verankerte Löschpflicht bringt jedoch, abgesehen von einigen systematischen Unklarheiten, nichts Neues. Demgegenüber wirft der Versuch, mit dem in Art. 17 Abs. 2 DSGVO normierten „Recht auf Vergessenwerden" dem gebetsmühlenartig wiederholten „Das Internet vergisst nichts!"[1787] entgegenzutreten, erhebliche Probleme auf.

---

1783 Für eine – über den Wortlaut des Art. 17 Abs. 2 DSGVO hinausgehende – Information sämtlicher Empfänger *Meents/Hinzpeter*, in: Taeger/Gabel, DSGVO, Art. 17 Rn. 105, zum Kommissionsentwurf bereits *Hornung/Hofmann*, JZ 2013, 163, 167.

1784 Dies bezeichnet das Phänomen, wonach der Versuch, eine unliebsame Information zu unterdrücken oder entfernen zu lassen, öffentliche Aufmerksamkeit nach sich zieht und dadurch das Gegenteil erreicht wird, siehe *Fülbier*, in: Splittgerber, Rechtsfragen Social Media, Kap. 6 Rn. 85; *Leupold*, MR-Int 2014, 3 Fn. 23.

1785 I.E. auch *Spiecker gen. Döhmann*, KritV 2014, 28, 32 („Aufmerksamkeit ist indes kontraproduktiv").

1786 Dazu ausführlich oben Kap. 4.

1787 Siehe etwa *Alexander*, K&R 2016, 301; *Boehme-Neßler*, NVwZ 2014, 825; *Boehme-Neßler*, K&R 2016, 637, 641; *Ernst*, NJW 2009, 1320, 1321; *Federrath/Fuchs/Herrmann/Maier/Scheuer/Wagner*, DuD 2011, 403; *Giesen*, CR 2012, 550, 553; *Gimmler*, DuD 2012, 110, 111; *Jandt/Kieselmann/Wacker*, DuD 2013, 235; *Jandt/Roßnagel*, MMR 2011, 637; *Kipker/Voskamp*, DuD 2012, 737, 742; *Kramer*, DSB 2014, 125; *Lapp*, ITRB 2011, 282, 286; *Leupold*,

Dies betrifft zunächst den Adressaten der Pflicht, welcher der Nutzer ist. Der datenverarbeitende Nutzer kann jedoch, von einigen herausgearbeiteten Fällen abgesehen, selten herausfinden, wer die Daten verarbeitet. Der Umsetzung der Informationspflicht sind zudem durch technische Hindernisse und crossmediale Verarbeitungen Grenzen gesetzt, sodass nahezu sämtliche denkbaren Maßnahmen technisch nicht realisierbar sind oder den vertretbaren Aufwand übersteigen. In der Gesamtschau ist die Umsetzung der Informationspflicht in nahezu allen Fällen äußerst problematisch.[1788] Hauptsächlicher Anwendungsbereich im Kontext sozialer Netzwerke wird insoweit die vom verantwortlichen Nutzer vorzunehmende Information der interagierenden Nutzer sowie des Netzwerkbetreibers sein. Hierdurch kann ggf. eine nachgelagerte Löschpflicht des Informierten ausgelöst werden.

Verstöße gegen Art. 17 DSGVO sind, ebenso wie Verstöße gegen Art. 20 DS-GVO, gem. Art. 83 Abs. 5 lit. b DSGVO mit einem Bußgeld i. H. v. bis zu 20 Mio. Euro oder bis zu 4 % des Vorjahresumsatzes bedroht. Auch diesbezüglich wirft die Informationspflicht des Art. 17 Abs. 2 DSGVO erhebliche Probleme auf: Informiert der zur Löschung verpflichtete Datenverarbeiter nicht in ausreichendem Maße andere Beteiligte, droht erwähntes Bußgeld. Informiert der Datenverarbeiter zu viele andere Stellen (etwa, weil er einen anderen Verarbeiter irrtümlich für einen Verantwortlichen hält), stellt die Information eine unrechtmäßige Verarbeitung dar, die in gleicher Höhe gem. Art. 83 Abs. 5 lit. a DSGVO bußgeldbewehrt ist. Die Umsetzung der Informationspflicht ist letztlich ein Vabanquespiel, bei dem der Verantwortliche darauf angewiesen ist, dass die Datenschutzaufsichtsbehörden Einsicht mit seinem Dilemma haben.

---

MR-Int 2014, 3; *Nolte,* ZRP 2011, 236; *Ohly,* AfP 2011, 428, 430; *Ott,* MMR 2009, 158; *Spiecker gen. Döhmann,* KritV 2014, 28, 36; *Worms/Gusy,* DuD 2012, 92, 93.

1788 So zum Kommissionsentwurf *Hornung/Hofmann,* JZ 2013, 163, 169; i. E. auch *Kipker/Voskamp,* DuD 2013, 737, 742.

# Kap. 6 Zusammenfassung der Ergebnisse und Ausblick

Die Datenschutz-Grundverordnung löst die unter Geltung des alten BDSG, des TKG und des TMG in Web 2.0-Konstellationen verworrene Rechtslage weitgehend auf. DS-RL und auch ihre nationale Umsetzung durch das BDSG a. F. wurden von der DSGVO abgelöst, die nunmehr durch ein neues BDSG flankiert wird.[1789] Während die §§ 91 ff. TKG im Rahmen sozialer Netzwerke (weiterhin) auf Verbindungsdaten bei der Nachrichtenübertragung Anwendung finden, können die §§ 11 ff. TMG – jedenfalls im hier betrachteten Bereich – nicht mehr angewendet werden.[1790]

Der Anwendungsbereich der DSGVO ist denkbar weit. Da in sozialen Netzwerken zahlreiche Daten Personenbezug aufweisen, fällt nahezu jeder Datenumgang von Nutzern, Betreibern von Fansites und Netzwerkbetreibern grundsätzlich in den sachlichen Anwendungsbereich der DSGVO.[1791] Sofern sich Nutzer nicht den umfangreichen, durch die DSGVO statuierten Anforderungen aussetzen möchten, müssen sie entweder auf die Verarbeitung personenbezogener Daten Dritter verzichten oder ihre Verarbeitung am sog. „Haushaltsprivileg" ausrichten, d. h. beruflich-unternehmerische Tätigkeiten meiden und die Sichtbarkeit der von ihnen verarbeiteten Daten hinreichend beschränken.[1792] Dies setzt vor allem – aus Fremd- wie aus Selbstschutzgründen – voraus, Fremde nicht leichter Hand als Kontakte hinzuzufügen.

Räumlich findet die DSGVO zunächst Anwendung auf die Verarbeitung durch Nutzer mit Wohnsitz in der EU sowie auf die durch Fansite- und Netzwerkbetreiber, die die Datenverarbeitung im Rahmen einer Niederlassung in der EU betreiben, wobei dies infolge der flexiblen Konzeption des Niederlassungsbegriffs weit auszulegen ist.[1793] Darüber hinaus verschafft die Einführung des Marktortprinzips der DSGVO für Betreiber überregional ausgerichteter sozialer Netzwerke und Fansites quasi globale Geltung, sofern diese sich an EU-Bürger richten.[1794] Eine Rechtswahl ist nicht möglich.[1795] Der Standort eines Unternehmens spielt vor allem für die Bestimmung der federführenden Behörde eine Rolle, ist jedoch für das anwendbare Datenschutzrecht von untergeordneter Bedeutung. Damit räumt die DSGVO an dieser Stelle erhebliche Streitigkeiten aus dem Weg.

Innerhalb ihres jeweiligen Verantwortungsbereichs haben Nutzer, Fansite-Betreiber und Netzwerkbetreiber alle datenschutzrechtlichen Pflichten, die ihnen

---

1789 Vgl. oben Kap. 1 § 3 II.
1790 Vgl. oben Kap. 1 § 3 III.
1791 Vgl. oben Kap. 2 § 4 III.
1792 Vgl. oben Kap. 2 § 4 IV.
1793 Vgl. oben Kap. 2 § 5 II.
1794 Vgl. oben Kap. 2 § 5 III.
1795 Vgl. oben Kap. 2 § 5 IV.

## Kap. 6 Zusammenfassung der Ergebnisse und Ausblick

durch die DSGVO auferlegt werden, zu erfüllen.[1796] Die jeweiligen Verantwortungsbereiche konnten detailliert abgegrenzt und aufgezeigt werden.[1797] Hinsichtlich der Annahme einer gemeinsamen Verantwortlichkeit ist restriktiv zu verfahren;[1798] auch eine Auftragsverarbeitung ist zwischen den verschiedenen Akteuren in sozialen Netzwerken nicht gegeben.[1799] Herauszustellen ist in diesem Themenkomplex insbesondere, dass in bestimmten Konstellationen ein Beteiligter auch für die Verarbeitung von Daten, die ein anderer eingegeben hat, verantwortlich sein kann.[1800] Ausgenommen von jeglicher datenschutzrechtlicher Verantwortung ist lediglich die Verarbeitung von Daten über die eigene Person, die Offenlegung an den Betroffenen sowie der Vorgang der Aggregierung.[1801]

Zentrale datenschutzrechtliche Anforderung ist die Gewährleistung der Rechtmäßigkeit der Verarbeitung. Hierbei stellt sich die Verarbeitung von Daten Dritter – unabhängig davon, ob diese im Rahmen von Statusupdates, Kommentaren oder in Nachrichten erfolgt – in mehreren Aspekten als problematisch heraus. So hat der private Nutzer kaum Möglichkeit, die Verarbeitung im Wege der Einwilligung oder der Vertragserfüllung zu rechtfertigen, sondern muss unter der Berücksichtigung einer Vielzahl von Faktoren die eigenen Kommunikationsgrundrechte gegen die berechtigten Interessen des Betroffenen abwägen.[1802] Bei der Abwägung ist auf die Perspektive des jeweiligen Verantwortlichen abzustellen.[1803] Das Erfordernis der Abwägung gilt dem Grunde nach auch dann, wenn der Nutzer lediglich als administrierender Nutzer – etwa, wenn er über die Zwecke der Datenverarbeitung durch die Verwaltung eines Statusupdates, einer Gruppe oder einer Veranstaltung entscheidet – für die Verarbeitung verantwortlich ist. In diesen Fällen kann er sich bei der Verarbeitung der von einem Dritten eingegebenen Inhalte grds. auf eine summarische Prüfung beschränken; erst mit Kenntnis von Umständen, die die Unrechtmäßigkeit der Verarbeitung nahelegen, trifft jedoch auch ihn eine Pflicht zur ausführlichen, einzelfallspezifischen Abwägung der Interessen.[1804] Eine Abwägung en detail ist jedoch immer dann obsolet, wenn Daten verarbeitet werden, die der Betroffene bewusst öffentlich gemacht hat oder wenn von der Verarbeitung intime Informationen oder sensible Daten betroffen sind, da diese Umstände stets zur Rechtmäßigkeit bzw. Unrechtmäßigkeit der Verarbeitung führen.[1805] Die Sensibilität eines Datums ist mit

---

1796 Vgl. oben Kap. 3 § 7 bis Kap. 3 § 9.
1797 Siehe die Übersichten bei Kap. 3 § 7 VI, Kap. 3 § 8 VI und Kap. 3 § 9 IV.
1798 Vgl. oben Kap. 3 § 6 II.
1799 Vgl. oben Kap. 3 § 6 III.
1800 Dies betrifft häufig den Netzwerkbetreiber, aber auch – etwa bei Kommentaren – Nutzer untereinander, siehe dazu oben Kap. 3 § 7 IV .
1801 Siehe oben Kap. 3 § 7 I. 4. c) und Kap. 3 § 8 V. 1. b).
1802 Vgl. oben Kap. 4 § 11 I; zu den Abwägungskriterien siehe oben Kap. 4 § 11 IV.
1803 Siehe oben Kap. 4 § 10 II. 3. b) cc).
1804 Vgl. oben Kap. 4 § 11 V. 3.
1805 Zu den Kriterien ohne Wertungsmöglichkeit siehe oben Kap. 4 § 11 IV. 1; zum Öffentlichmachen durch den Betroffenen siehe oben Kap. 4 § 10 III. 3. c).

Blick auf das Datum selbst wie auch auf den jeweiligen Verarbeitungskontext zu bestimmen.[1806]

Im Verantwortungsbereich des Fansite-Betreibers stellen sich grds. dieselben Fragen wie im Bereich des Nutzers. Besondere Schwierigkeiten entstehen dadurch, dass die Verarbeitung fremder personenbezogener Daten aufgrund der Öffentlichkeit der Verarbeitung regelmäßig unzulässig ist.[1807]

Die Situation des Betreibers eines sozialen Netzwerks ist eine andere: Dieser kann im Verhältnis zum Nutzer einen Großteil seiner Datenverarbeitungsvorgänge als zur Vertragserfüllung erforderliche Verarbeitungen rechtfertigen.[1808] Hinsichtlich der Verarbeitung von Daten betroffener Dritter – unabhängig davon, ob auch diese Mitglied im Netzwerk sind – ist der Rückgriff auf die Interessenabwägung erforderlich.[1809] Besondere Schwierigkeiten in allen Beziehungen bereitet die Verarbeitung von Daten Minderjähriger. Hervorzuheben ist dabei vor allem das Verhältnis zwischen minderjährigem Nutzer und Netzwerkbetreiber.[1810] Aufgrund der hohen Anforderungen an die Einwilligung eines Minderjährigen muss der Netzwerkbetreiber entweder ein wirksames Altersverifikationssystem in sein Angebot integrieren – was die Nutzbarkeit für Volljährige einschränkt – oder sein Netzwerk vor dem Zugriff durch Minderjährige schützen.[1811] Auch die Verarbeitung zur Erfüllung von Vertragszwecken ist aufgrund der beschränkten Geschäftsfähigkeit Minderjähriger problematisch. Hier kann allerdings das Problem, dass der Nutzungsvertrag nicht lediglich rechtlich vorteilhaft ist, durch eine (analoge) Anwendung des § 110 BGB in bestimmten Fällen überwunden und die Voraussetzung eines wirksamen Vertrages auch bei fehlender Zustimmung des gesetzlichen Vertreters erfüllt werden.[1812]

Empfehlungen zu neuen Gruppen, Veranstaltungen oder Kontakten, die der Netzwerkbetreiber seinen Nutzern unterbreitet, können grds. auf die Interessenabwägung gestützt werden.[1813] Allerdings bieten weder die Verarbeitung zur Vertragserfüllung noch die Interessenabwägung eine taugliche Rechtsgrundlage zur Rechtfertigung von Analysen zu Markt- und Meinungsforschungszwecken oder für die Anzeige personalisierter Werbung: Derartige Verarbeitungsvorgänge, die der Monetarisierung des Diensts dienen und die Erstellung von Persönlichkeitsprofilen voraussetzen, dürfen, soweit sie nicht allein auf offensichtlich durch den Betroffenen öffentlich gemachten Daten beruhen, nur auf Grundlage der Einwilligung erfolgen.[1814] Im Falle von minderjährigen Nutzern ist die Ver-

---

1806 Vgl. oben Kap. 4 § 10 III. 2. d).
1807 Vgl. oben Kap. 4 § 12 I bis Kap. 4 § 12 III.
1808 Vgl. oben Kap. 4 § 13 I bis Kap. 4 § 13 III. 1.
1809 Vgl. oben Kap. 4 § 13 III. 2.
1810 Vgl. oben Kap. 4 § 13 IV.
1811 Vgl. oben Kap. 4 § 13 IV. 1. e).
1812 Vgl. oben Kap. 4 § 13 IV. 2. d).
1813 Vgl. oben Kap. 4 § 13 V.
1814 Vgl. oben Kap. 4 § 13 VI.

arbeitung zu den vorgenannten Zwecken nicht zulässig.[1815] Aber auch gegenüber volljährigen Nutzern ist die Einholung einer wirksamen Einwilligung aufgrund der hohen Anforderungen, insbesondere aufgrund des grundlegend novellierten, in Art. 7 Abs. 4 DSGVO geregelten Kopplungsverbots,[1816] schwierig. Um dieses Dilemma aufzulösen und einen profitablen Betrieb einer datenschutzkonformen, aber (auch) unentgeltlich nutzbaren Plattform zu ermöglichen, wurde das Konzept des gleichwertigen Alternativzugangs erarbeitet.[1817] Dagegen ist die Verarbeitung im Zusammenhang mit sog. „Schattenprofilen", unabhängig vom Alter des Betroffenen, stets unzulässig.[1818]

Im Nutzer-Betroffenen-Verhältnis wie auch im Verhältnis von Fansite-Betreiber und Netzwerkbetreiber zu einem betroffenen Dritten stellt Art. 6 Abs. 1 Satz 1 lit. f DSGVO den zentralen Rechtfertigungstatbestand dar. Zur Erleichterung dieser Interessenabwägung wurde ein Entscheidungsmodell entwickelt, welches eine praktische Hilfestellung bei der Abwägung bietet.[1819]

Betreiber sozialer Netzwerke haben ferner das Recht, den (echten) Namen ihrer Nutzer zu erfahren, zugleich aber die Pflicht, zu gewährleisten, dass diese unter Pseudonym gegenüber anderen Beteiligten im Netzwerk auftreten können.[1820] Komplett neu ist der Ansatz des „Privacy by Default". Auch wenn die Norm recht vage bleibt, lässt sich aus dieser zumindest die Pflicht ableiten, Voreinstellungen für Nutzer so zu konzipieren, dass Daten nicht automatisch einer unbestimmten Zahl an Personen zugänglich gemacht werden.[1821] Dagegen sind die Neuerungen des Rechts auf Datenübertragbarkeit sowie des vielzitierten „Rechts auf Vergessenwerden", die eine klare Intention zur Regulierung sozialer Netzwerke erkennen lassen, eindeutig zu unbestimmt. Infolgedessen handelt es sich beim Recht auf Datenübertragbarkeit im Ergebnis um einen zweiten Auskunftsanspruch.[1822] Beim „Recht auf Vergessenwerden" handelt es sich den altbekannten Löschungsanspruch, der jedoch mit einem Annex – die Pflicht zur Information anderer Verantwortlicher – einhergeht. Die Erfüllung dieser Pflicht, ohne Datenschutzverstöße zu begehen, ist schlicht unmöglich.[1823]

Nach alldem ist zu konstatieren, dass der virtuelle Raum keine „Gebietsreform von Sodom und Gomorrha"[1824] ist, sondern – im Positiven wie im Negativen – das, was die verschiedenen Akteure daraus machen. Die DSGVO ist mit dem Anspruch angetreten, die Verfehlungen der DS-RL und die Missstände, die sich

---

1815 Vgl. oben Kap. 4 § 13 VI. 1.
1816 Zur Anwendung des Kopplungsverbots auf Betreiber sozialer Netzwerke siehe oben Kap. 4 § 13 II. 1. a).
1817 Siehe oben Kap. 4 § 13 VI. 4.
1818 Vgl. oben Kap. 4 § 13 VII.
1819 Zur Entscheidungsmatrix siehe oben Kap. 4 § 14.
1820 Vgl. oben Kap. 5 § 15 I.
1821 Vgl. oben Kap. 5 § 15 II.
1822 Vgl. oben Kap. 5 § 16.
1823 Vgl. oben Kap. 5 § 17.
1824 *Heckmann*, K&R 2010, 770, 771.

aus unterschiedlichen Umsetzungen und deren Anwendung ergaben, zu beseitigen. Erfreulich ist, dass ein (weitgehend) einheitliches Datenschutzrecht für die gesamte EU geschaffen wurde. Datenschutz stellt nunmehr keine Frage des Standorts dar, sodass sich die Akteure in sozialen Netzwerken – insbesondere Netzwerkbetreiber – nicht durch geschickte Standortwahl einen Vorteil verschaffen können. Ein datenschutzrechtliches „race to the bottom" wird dadurch verhindert.

Letztlich handelt es sich bei der DSGVO nicht um „die größte Katastrophe des 21. Jahrhunderts"[1825], aber auch nicht um den von Apologeten der Datenschutzreform gepriesenen „gelungenen legislativen Durchbruch" und „Goldstandard"[1826]. Es macht sich bemerkbar, dass zahlreiche Akteure mit verschiedenen Standpunkten im Jahre dauernden Schaffungsprozess beteiligt waren. Manche Regelungen finden sich mehrfach, andere hingegen sind zu unbestimmt oder haben keinen Regelungsgehalt, einige Regelungen werden vermisst. In der deutschen Fassung kommen vereinzelte redaktionelle Fehler hinzu. Zum Teil lassen sich diese Defizite, wie in Bezug auf soziale Netzwerke gezeigt werden konnte, durch Auslegung des Normtexts schließen. Allerdings bieten die Unklarheiten der DSGVO genug Ansatzpunkte, verschiedene Auffassungen zu bestimmten Rechtsfragen zu vertreten. Insbesondere die Regelungen zu Minderjährigen, aber auch der Bereich des Profiling und die in Artt. 17, 20 DSGVO geregelten Pflichten des Verantwortlichen bedürfen einer Konkretisierung. Bis dahin wird sich der EuGH, der sich in den vergangenen Jahren mehr denn je mit datenschutzrechtlichen Vorlagefragen konfrontiert sah, auch in Zukunft regelmäßig mit solchen beschäftigen müssen.

Trotz dieser Regelungsdefizite ist die DSGVO gewappnet für den Datenschutz in sozialen Netzwerken. Zwar wird die DSGVO an den meisten Stellen nicht konkreter als die DS-RL oder das BDSG a.F., aber mit dem vorliegenden legislativen Rahmen sind die Grenzen zwischen zulässigem und unzulässigem Datenumgang weitgehend abgesteckt. Betreiber sozialer Netzwerke, Fansite-Betreiber und Nutzer, die Datenschutzverstöße begehen, müssen Sanktionen der Datenschutzaufsichtsbehörden fürchten. So ist etwa bei einem Verstoß gegen den Rechtmäßigkeitsgrundsatz die Verarbeitung der Daten zu unterbinden; darüber hinaus droht – je nach Verstoß – die Verhängung eines Bußgelds von bis zu 20 Mio. Euro oder, wenn es sich bei dem Verantwortlichen um ein Unternehmen handelt, von bis zu 4% des weltweit erzielten Vorjahresumsatzes.[1827] Bei den heutigen Global Playern, wie sie sich auch im Bereich von sozialen Netzwerken etablieren konnten, sind prinzipiell Bußgelder in Milliardenhöhe denkbar.

Auf Seiten der Nutzer kann eine Schärfung des Bewusstseins für Privatsphäre sowie eine Aufklärung über die Folgen des sorglosen Umgangs mit eigenen und fremden personenbezogenen Daten zum datenschutzkonformen Verhalten bei-

---
1825 So *Hoeren,* siehe https://heise.de/-3190299 (Stand: 9/2018).
1826 So der Berichterstatter *Albrecht,* CR 2016, 88, 89ff.
1827 Vgl. oben Kap. 4 § 10 IV.

tragen. Das Datenschutzrecht muss sich allerdings auf die Repression und das Setzen von Anreizen beschränken. So entfaltet die DSGVO ihre abschreckende Wirkung nur, wenn Sanktionsdefizite wie unter der Geltung des bisherigen BDSG vermieden werden und die Datenschutzaufsichtsbehörden umfassend von ihren Befugnissen Gebrauch machen. Sofern eine effektive und einheitliche Sanktion von Datenschutzverstößen in der Praxis gelingt, ist Datenschutz kein „zahnloser Tiger" mehr, sondern erhält den Stellenwert, den er – als Grundrecht aller EU-Bürger – verdient. Ob dies so eintritt, vermag jedoch nur die Zeit zu zeigen.

# Literaturverzeichnis

*Abel, Ralf B.,* Europäische Datenschutz-Verordnung – ein „Super-BDSG" für den Kontinent?, in: DSB 2012, S. 8-10.

*Achtruth, Björn,* Der rechtliche Schutz bei der Nutzung von Social Networks, Münster 2014 (zit.: *Achtruth,* Nutzung von Social Networks).

*Acquisti, Alessandro/John, Leslie K./Loewenstein, George,* What Is Privacy Worth?, in: J. Legal Stud. 42 (2013), S. 249-274.

*Albrecht, Jan Philipp,* Das neue EU-Datenschutzrecht – von der Richtlinie zur Verordnung. Überblick und Hintergründe zum finalen Text für die Datenschutz-Grundverordnung der EU nach der Einigung im Trilog, in: CR 2016, S. 88-98.

*Albrecht, Jan Philipp/Janson, Nils J.,* Datenschutz und Meinungsfreiheit nach der Datenschutzgrundverordnung. Warum die EU-Mitgliedstaaten beim Ausfüllen von DSGVO-Öffnungsklauseln an europäische Grundrechte gebunden sind – am Beispiel von Art. 85 DSGVO, in: CR 2016, S. 500-509.

*Albrecht, Jan Philipp/Jotzo, Florian,* Das neue Datenschutzrecht der EU. Grundlagen, Gesetzgebungsverfahren, Synopse, Baden-Baden 2017 (zit.: *Albrecht/Jotzo,* Datenschutzrecht der EU).

*Alexander, Christian,* Digitaler Nachlass als Rechtsproblem? Überlegungen aus persönlichkeitsrechtlicher, datenschutzrechtlicher und vertragsrechtlicher Sicht, in: K&R 2016, S. 301-307.

*Alich, Stefan/Nolte, Georg,* Zur datenschutzrechtlichen Verantwortlichkeit (außereuropäischer) Hostprovider für Drittinhalte, in: CR 2011, S. 741-745.

*Altenhain, Karsten/Heitkamp, Ansgar,* Altersverifikation mittels des elektronischen Personalausweises, in: K&R 2009, S. 619-625.

*Arbeitsgruppe des AK I „Staatsrecht und Verwaltung",* Ergebnisbericht der Arbeitsgruppe des AK I „Staatsrecht und Verwaltung" zum Datenschutz in Sozialen Netzwerken vom 4. April 2012, abrufbar unter https://www.datenschutzzentrum.de/uploads/internet/20120404-AG-SozNetzw-AK-I-IMK.pdf (Stand: 9/2018; zit.: *AK I „Staatsrecht und Verwaltung",* Ergebnisbericht zum Datenschutz in sozialen Netzwerken).

*Arbeitskreise Technik und Medien der Konferenz der Datenschutzbeauftragten des Bundes und der Länder sowie der Arbeitsgruppe Internationaler Datenverkehr des Düsseldorfer Kreises,* Orientierungshilfe – Cloud Computing, Version 2.0, Stand 09.10.2014, abrufbar unter https://www.bfdi.bund.de/DE/Infothek/Orientierungshilfen/Artikel/OHCloudComputing.pdf (Stand: 9/2018; zit.: *Konferenz der Datenschutzbeauftragten des Bundes und der Länder,* Orientierungshilfe Cloud Computing).

*Arning, Marian/Forgó, Nikolaus/Krügel, Tina,* Datenschutzrechtliche Aspekte der Forschung mit genetischen Daten, in: DuD 2006, S. 700-705.

*Arning, Marian/Moos, Flemming,* Big Data bei verhaltensbezogener Online-Werbung. Programmatic Buying und Real Time Advertising, in: ZD 2014, S. 242-248.

*Arning, Marian/Moos, Flemming,* Location Based Advertising. Datenschutzkonforme Verwendung von Ortsdaten bei verhaltensbezogener Online-Werbung, in: ZD 2014, S. 126-133.

*Arning, Marian/Moos, Flemming/Schefzig, Jens,* Vergiss(,) Europa! Ein Kommentar zu EuGH, Urt. v. 13.5.2014 – Rs. C-131/12 – Google/Mario Costeja Gonzalez, CR 2014, 460, in: CR 2014, S. 447-456.

*Artikel-29-Datenschutzgruppe,* Working Paper 56, Arbeitspapier über die Frage der internationalen Anwendbarkeit des EU-Datenschutzrechts bei der Verarbeitung personenbezogener

## Literaturverzeichnis

Daten im Internet durch Websites außerhalb der EU, 30.05.2002, abrufbar unter https://cnpd.public.lu/content/dam/cnpd/de/publications/groupe-art29/wp056_de.pdf (Stand: 9/2018; zit.: *Art.-29-Datenschutzgruppe*, WP 56).

*Artikel-29-Datenschutzgruppe*, Working Paper 115, Stellungnahme 5/2005 der Gruppe 29 zur Nutzung von Standortdaten für die Bereitstellung von Diensten mit Zusatznutzen, 25.11.2005, abrufbar unter https://www.bfdi.bund.de/SharedDocs/Publikationen/DokumenteArt29Gruppe_EDSA/Stellungnahmen/WP115_Opinion52005LocationData.html (Stand: 9/2018; zit.: *Art.-29-Datenschutzgruppe*, WP 115).

*Artikel-29-Datenschutzgruppe*, Working Paper 136, Stellungnahme 4/2007 zum Begriff „personenbezogene Daten", 20.06.2007, abrufbar unter https://www.bfdi.bund.de/SharedDocs/Publikationen/DokumenteArt29Gruppe_EDSA/Stellungnahmen/WP136_Opinion42007ConceptPersonalData.html (Stand: 9/2018; zit.: *Art.-29-Datenschutzgruppe*, WP 136).

*Artikel-29-Datenschutzgruppe*, Working Paper 163, Stellungnahme 5/2009 zur Nutzung sozialer Online-Netzwerke, 12.06.2009, abrufbar unter https://www.bfdi.bund.de/SharedDocs/Publikationen/DokumenteArt29Gruppe_EDSA/Stellungnahmen/WP162_Opinion52009OnlineSocialNetworking.html (Stand: 9/2018; zit.: *Art.-29-Datenschutzgruppe*, WP 163).

*Artikel-29-Datenschutzgruppe*, Working Paper 168, Die Zukunft des Datenschutzes. Gemeinsamer Beitrag zu der Konsultation der Europäischen Kommission zu dem Rechtsrahmen für das Grundrecht auf den Schutz der personenbezogenen Daten, 01.09.2009, abrufbar unter https://www.bfdi.bund.de/SharedDocs/Publikationen/EU/Art29Gruppe/WP168_de.html (Stand: 9/2018; zit.: *Art.-29-Datenschutzgruppe*, WP 168).

*Artikel-29-Datenschutzgruppe*, Working Paper 169, Stellungnahme 1/2010 zu den Begriffen „für die Verarbeitung Verantwortlicher" und „Auftragsverarbeiter", 16.02.2010, abrufbar unter https://www.bfdi.bund.de/SharedDocs/Publikationen/DokumenteArt29Gruppe_EDSA/Stellungnahmen/WP169_Opinion12010ConceptsControllerProcessor.html (Stand: 9/2018; zit.: *Art.-29-Datenschutzgruppe*, WP 168).

*Artikel-29-Datenschutzgruppe*, Working Paper 171, Stellungnahme 2/2010 zur Werbung auf Basis von Behavioural Targeting, 22.06.2010, abrufbar unter https://www.bfdi.bund.de/SharedDocs/Publikationen/DokumenteArt29Gruppe_EDSA/Stellungnahmen/WP171_Opinion22010OnlineBehaviouralAdvertising.html (Stand: 9/2018; zit.: *Art.-29-Datenschutzgruppe*, WP 171).

*Artikel-29-Datenschutzgruppe*, Working Paper 179, Stellungnahme 8/2010 zum anwendbaren Recht, 16.12.2010, abrufbar unter https://www.bfdi.bund.de/SharedDocs/Publikationen/DokumenteArt29Gruppe_EDSA/Stellungnahmen/WP179Opinion8210ApplicableLaw.html (Stand: 9/2018; zit.: *Art.-29-Datenschutzgruppe*, WP 171).

*Artikel-29-Datenschutzgruppe*, Working Paper 218, Statement on the role of a risk-based approach in data protection legal frameworks, 30.04.2014, abrufbar unter http://ec.europa.eu/justice/data-protection/article-29/documentation/opinion-recommendation/files/2014/wp218_en.pdf (Stand: 9/2018, zit.: *Art.-29-Datenschutzgruppe*, WP 218).

*Artikel-29-Datenschutzgruppe*, Working Paper 242 rev.01, Guidelines on the right to data portability, 05.04.2017, abrufbar unter http://ec.europa.eu/newsroom/document.cfm?doc_id=44099 (Stand: 9/2018, zit.: *Art.-29-Datenschutzgruppe*, WP 242).

*Artikel-29-Datenschutzgruppe*, Working Paper 259 rev.01, Guidelines on consent under Regulation 2016/679, 10.04.2018, abrufbar unter https://ec.europa.eu/newsroom/article29/document.cfm?action=display&doc_id=51030 (Stand: 9/2018; zit.: *Art.-29-Datenschutzgruppe*, WP 259).

*Ashkar, Daniel,* Durchsetzung und Sanktionierung des Datenschutzrechts nach den Entwürfen der Datenschutz-Grundverordnung, in: DuD 2015, S. 796-800.

*Auernhammer, Herbert* (Begr.), DSGVO/BDSG. Datenschutz-Grundverordnung, Bundesdatenschutzgesetz und Nebengesetze. Kommentar, hrsg. v. Eßer, Martin/Kramer, Philipp/v. Lewinski, Kai, 5. Aufl., Köln 2017 (zit.: *Bearbeiter,* in: Auernhammer, DSGVO/BDSG).

*Auer-Reinsdorff, Astrid/Conrad, Isabell* (Hrsg.), Handbuch IT- und Datenschutzrecht, 2. Aufl., München 2016 (zit.: *Autor,* in: Auer-Reinsdorff/Conrad, IT- und Datenschutzrecht).

*Bala, Christian/Müller, Klaus,* Der gläserne Verbraucher: Konsum und Überwachung, in: Bala, Christian/Müller, Klaus (Hrsg.), Der gläserne Verbraucher. Wird Datenschutz zum Verbraucherschutz?, Düsseldorf 2014, S. 11-40 (zit.: *Bala/Müller,* in: Bala/Müller, Der gläserne Verbraucher).

*Bamberger, Heinz Georg/Roth, Herbert* (Hrsg.), Kommentar zum Bürgerlichen Gesetzbuch. Band 1: §§ 1 – 610, CISG, 3. Aufl., München 2012 (zit.: *Bearbeiter,* in: Bamberger/Roth, BGB)

*Baran, Paul,* On Distributed Communication: I. Introduction to Distributed Communication Networks, August 1964, abrufbar unter http://www.rand.org/content/dam/rand/pubs/research_memoranda/2006/RM3420.pdf (Stand: 9/2018; zit.: *Baran,* On Distributed Communication).

*Baston-Vogt, Marion,* Der sachliche Schutzbereich des zivilrechtlichen allgemeinen Persönlichkeitsrechts, Tübingen 1997 (zit.: *Baston-Vogt,* Der sachliche Schutzbereich des APR).

*Bauer, Stephan,* Personalisierte Werbung auf Social Community-Websites. Datenschutzrechtliche Zulässigkeit der Verwendung von Bestandsdaten und Nutzungsprofilen, in: MMR 2008, S. 435-438.

*Bauman, Zygmunt,* Leben als Konsum, Hamburg 2009 (zit.: *Bauman,* Leben als Konsum).

*Baumbach, Adolf/Hopt, Klaus J.* (Hrsg.), Handelsgesetzbuch mit GmbH & Co., Handelsklauseln, Bank- und Börsenrecht, Transportrecht (ohne Seerecht), 36. Aufl., München 2014 (zit.: *Bearbeiter,* in: Baumbach/Hopt, HGB).

*Baumgartner, Ulrich/Gausling, Tina,* Datenschutz durch Technikgestaltung und datenschutzfreundliche Voreinstellungen. Was Unternehmen jetzt nach der DS-GVO beachten müssen, in: ZD 2017, S. 308-313.

*Bäumler, Helmut,* Das Recht auf Anonymität, in: Bäumler, Helmut/von Mutius, Albert (Hrsg.), Anonymität im Internet. Grundlagen, Methoden und Tools zur Realisierung eines Grundrechts, Braunschweig/Wiesbaden 2003, S. 1-11 (zit.: *Bäumler,* in: Bäumler/v. Mutius, Anonymität im Internet).

*Bäumler, Helmut,* Der Konkurrenz einen Schritt voraus, in: Bäumler, Helmut/von Mutius, Albert (Hrsg.), Datenschutz als Wettbewerbsvorteil. Privacy sells: Mit modernen Datenschutzkomponenten Erfolg beim Kunden, Braunschweig/Wiesbaden 2002, S. 1-12 (zit.: *Bäumler,* in: Bäumler/v. Mutius, Datenschutz als Wettbewerbsvorteil).

*Bayerisches Landesamt für Datenschutzaufsicht,* „Auftragsdatenverarbeitung ohne richtigen Vertrag kann teuer werden", Pressemitteilung vom 20.08.2015, abrufbar unter https://www.lda.bayern.de/media/pm2015_11.pdf (Stand: 9/2018; zit.: *BayLDA,* Pressemitteilung „Auftragsdatenverarbeitung ohne richtigen Vertrag").

*Bayerisches Landesamt für Datenschutzaufsicht,* „Kundendaten beim Unternehmensverkauf - ein Datenschutzproblem", Pressemitteilung vom 30.07.2015, abrufbar unter https://www.lda.bayern.de/media/pm2015_10.pdf (Stand: 9/2018; zit.: *BayLDA,* Pressemitteilung „Kundendaten beim Unternehmensverkauf").

Literaturverzeichnis

*Beater, Axel,* Persönlichkeitsschutz Minderjähriger und mediale Berichterstattung, in: JZ 2013, S. 111-120.
*Bender, Gunnar,* Informationelle Selbstbestimmung in sozialen Netzwerken, in: K&R 2013, S. 218-220.
*Benecke, Alexander/Wagner, Julian,* Öffnungsklauseln in der Datenschutz-Grundverordnung und das deutsche BDSG – Grenzen und Gestaltungsspielräume für ein nationales Datenschutzrecht, DVBl 2016, S. 600-608.
*Bergmann, Lutz/Möhrle, Roland/Herb, Armin,* Datenschutzrecht. Kommentar zum Bundesdatenschutzgesetz, den Datenschutzgesetzen der Länder und zum Bereichsspezifischen Datenschutz, Loseblatt, 50. EL, Stuttgart 2016 (zit.: *Bergmann/Möhrle/Herb,* BDSG).
*Bergt, Matthias,* Die Bestimmbarkeit als Grundproblem des Datenschutzrechts. Überblick über den Theorienstreit und Lösungsvorschlag, in: ZD 2015, S. 365-371.
*Bergt, Matthias,* Sanktionierung von Verstößen gegen die Datenschutz-Grundverordnung, in: DuD 2017, S. 555-561.
*Bergt, Matthias,* Verhaltensregeln als Mittel zur Beseitigung der Rechtsunsicherheit in der Datenschutz-Grundverordnung. Wie ein Unternehmen mit nur einer Maßnahme EU-weit Datenschutz-Compliance erreichen kann, in: CR 2016, S. 670-678.
*Berliner Beauftragte für Datenschutz und Informationsfreiheit,* Tätigkeitsbericht 2002, in: Abgeordnetenhaus Berlin, Drucks. 15/1757 (zit.: *BlnDSB,* Tätigkeitsbericht 2002).
*Beyvers, Eva,* Anmerkung zu EuGH, Urt. v. 1.10.2015 – C-230/14, in: EuZW 2015, S. 916-917.
*Beyvers, Eva/Herbrich, Tilman,* Das Niederlassungsprinzip im Datenschutzrecht – am Beispiel von Facebook. Der neue Ansatz des EuGH und die Rechtsfolgen, in: ZD 2014, S. 558-562.
*Bisges, Marcel, Personendaten,* Wertzuordnung und Ökonomie. Kein Vergütungsanspruch Betroffener für die Nutzung von Personendaten, in: MMR 2017, S. 301-306.
*BITKOM e. V.,* BITKOM-Leitfaden „Cloud Computing – Evolution in der Technik, Revolution im Business", abrufbar unter https://www.bitkom.org/Publikationen/2009/Leitfaden/Leitfaden-Cloud-Computing/090921-BITKOM-Leitfaden-CloudComputing-Web.pdf (Stand: 9/2018; zit.: *BITKOM,* Leitfaden Cloud Computing).
*BITKOM e. V.,* Jung und vernetzt. Kinder und Jugendliche in der digitalen Gesellschaft, abrufbar unter https://www.bitkom.org/Publikationen/2014/Studien/Jung-und-vernetzt-Kinder-und-Jugendliche-in-der-digitalen-Gesellschaft/BITKOM-Studie-Jung-und-vernetzt-2014.pdf (Stand: 9/2018; zit.: *BITKOM,* Jung und vernetzt).
*BITKOM e. V.,* Soziale Netzwerke 2013. Dritte, erweiterte Studie. Eine repräsentative Untersuchung zur Nutzung sozialer Netzwerke im Internet, 31.10.2013, abrufbar unter https://www.bitkom.org/sites/default/files/file/import/SozialeNetzwerke-2013.pdf (Stand: 9/2018; zit.: *BITKOM,* Soziale Netzwerke 2013).
*BITKOM e. V.,* Social-Media-Trends 2018, 27.02.2018, abrufbar unter https://www.bitkom.org/sites/default/files/pdf/Presse/Anhaenge-an-PIs/2018/180227-Bitkom-PK-Charts-Social-Media-Trends-2.pdf (Stand: 9/2018; zit.: *BITKOM,* Social-Media-Trends 2018).
*Bizer, Johann,* Das Recht auf Anonymität in der Zange gesetzlicher Identifizierungspflichten, in: Bäumler, Helmut/von Mutius, Albert (Hrsg.), Anonymität im Internet. Grundlagen, Methoden und Tools zur Realisierung eines Grundrechts, Braunschweig/Wiesbaden 2003, S. 78-94 (zit.: *Bizer,* in: Bäumler/v. Mutius, Anonymität im Internet).
*Boehme-Neßler, Volker,* Das Rating von Menschen. Onlinebewertungsportale und Grundrechte, in: K&R 2016, S. 637-644.

*Boehme-Neßler, Volker,* Das Recht auf Vergessenwerden – Ein neues Internet-Grundrecht im Europäischen Recht, in: NVwZ 2014, S. 825-830.

*Boos, Carina/Kroschwald, Steffen/Wicker, Magda,* Datenschutz bei Cloud Computing zwischen TKG, TMG und BDSG, in: ZD 2013, S. 205-209.

*Borges, Georg* (Hrsg.), Rechtsfragen der Internet-Auktion, 2. Aufl., Baden-Baden 2014 (zit.: *Autor,* in: Borges, Rechtsfragen der Internet-Auktion).

*Borges, Georg,* Die Haftung des Internetanschlussinhabers für Urheberrechtsverletzungen durch Dritte, in: NJW 2014, S. 2305-2310.

*Borges, Georg,* Haftung für Identitätsmissbrauch im Online-Banking, in: NJW 2012, S. 2385-2389.

*Borges, Georg,* Pflichten und Haftung beim Betrieb privater WLAN, in: NJW 2010, S. 2624-2627.

*Borges, Georg,* Rechtsfragen der Haftung im Zusammenhang mit dem elektronischen Identitätsnachweis, Baden-Baden 2011 (zit.: *Borges,* Rechtsfragen des elektronischen Identitätsnachweises).

*Borges, Georg,* Verträge im elektronischen Geschäftsverkehr. Vertragsabschluss, Beweis, Form, Lokalisierung, anwendbares Recht, 2. Aufl., München 2008 (zit.: *Borges,* Verträge im elektronischen Geschäftsverkehr).

*Borges, Georg/Adler, Sascha,* Datenschutz und Cloud Computing aus Verbrauchersicht, in: Bala, Christian/Müller, Klaus (Hrsg.), Der gläserne Verbraucher. Wird Datenschutz zum Verbraucherschutz?, Düsseldorf 2014, S. 57-82 (zit.: *Borges/Adler,* in: Bala/Müller, Der gläserne Verbraucher.

*Borges, Georg/Brennscheidt, Kirstin,* Rechtsfragen des Cloud Computing – ein Zwischenbericht, in: Borges, Georg/Schwenk, Jörg (Hrsg.), Daten- und Identitätsschutz in Cloud Computing, E-Government und E-Commerce, Berlin/Heidelberg 2012, S. 43-78 (zit.: *Borges/Brennscheidt,* in: Borges/Schwenk, Daten- und Identitätsschutz im Cloud Computing).

*Borges, Georg/Meents, Jan Geert* (Hrsg.), Cloud Computing. Rechtshandbuch, München 2016 (zit.: *Autor,* in: Borges/Meents, Cloud Computing).

*Borges, Georg/Schwenk, Jörg/Stuckenberg, Carl-Friedrich/Wegener, Christoph,* Identitätsdiebstahl und Identitätsmissbrauch im Internet. Rechtliche und technische Aspekte, Berlin/Heidelberg 2011 (zit.: *Borges/Schwenk/Stuckenberg/Wegener,* Identitätsdiebstahl und Identitätsmissbrauch).

*Born, Christian,* Schadensersatz bei Datenschutzverstößen. Ein ökonomisches Instrument des Datenschutzes und seine präventive Wirkung, Hamburg 2001 (zit.: *Born,* Schadensersatz bei Datenschutzverstößen).

*Born, Raphael,* Die Verarbeitung öffentlich zugänglicher Daten nach EU-DSGVO, in: DS-RITB 2017, S. 13-27.

*Boyd, Danah M./Ellison, Nicole B.,* Social Network Sites: Definition, History, and Scholarship, in: JCMC 13 (2008), S. 210-230.

*Brandenburg, Anne/Leuthner, Christian,* Local Commerce – Verbindung von eCommerce mit stationärem Handel. Rechtliche Betrachtung des Einsatzes aktueller Technologien, in: ZD 2014, S. 617-621.

*Bräutigam, Peter,* Das Nutzungsverhältnis bei sozialen Netzwerken. Zivilrechtlicher Austausch von IT-Leistung gegen personenbezogene Daten, in: MMR 2012, S. 635-641.

*Bräutigam, Peter/Schmidt-Wudy, Florian,* Das geplante Auskunfts- und Herausgaberecht des Betroffenen nach Art. 15 der EU-Datenschutzgrundverordnung. Ein Diskussionsbeitrag zum anstehenden Trilog der EU- Gesetzgebungsorgane, in: CR 2015, S. 56-63.

Literaturverzeichnis

*Brennscheidt, Kirstin,* Cloud Computing und Datenschutz, Baden-Baden 2013 (zit.: *Brennscheidt,* Cloud Computing).
*Breyer, Patrick,* Personenbezug von IP-Adressen. Internetnutzung und Datenschutz, in: ZD 2014, S. 400-405.
*Brink, Stefan/Eckhardt, Jens,* Wann ist ein Datum ein personenbezogenes Datum? Anwendungsbereich des Datenschutzrechts, in: ZD 2015, S. 205-212.
*Brüggemann, Sebastian,* Das Recht auf Datenportabilität, in: DSRITB 2017, S. 1-12.
*Brüggemann, Sebastian,* Das Recht auf Datenportabilität. Die neue Macht des Datensubjekts und worauf Unternehmen sich einstellen müssen, in: K&R 2018, S. 1-5.
*Brühann, Ulf,* Die Veröffentlichung personenbezogener Daten im Internet als Datenschutzproblem. Zur Rechtsprechung des Europäischen Gerichtshofs, in: DuD 2004, S. 201-209.
*Brunst, Phillip W.,* Anonymität im Internet – rechtliche und tatsächliche Rahmenbedingungen. Zum Spannungsfeld zwischen einem Recht auf Anonymität und den Möglichkeiten zur Identifizierung und Strafverfolgung, Berlin 2009 (zit.: *Brunst,* Anonymität im Internet).
*Buchholtz, Gabriele,* Das „Recht auf Vergessen" im Internet – eine Herausforderung für den demokratischen Rechtsstaat, in: AöR 140 (2015), S. 121-153.
*Buchholtz, Gabriele,* Das „Recht auf Vergessen" im Internet. Vorschläge für ein neues Schutzkonzept, in: ZD 2015, S. 570-576.
*Buchner, Benedikt,* Grundsätze und Rechtmäßigkeit der Datenverarbeitung unter der DS-GVO, in: DuD 2016, S. 155-161.
*Buchner, Benedikt,* Inhaltsdaten, in: DuD 2012, S. 767.
*Buchner, Benedikt,* Message to Facebook, in: DuD 2015, S. 402-405.
*Bundesamt für Sicherheit in der Informationstechnik,* Eckpunktepapier „Sicherheitsempfehlungen für Cloud Computing Anbieter – Mindestanforderungen in der Informationssicherheit", abrufbar unter https://www.bsi.bund.de/SharedDocs/Downloads/DE/BSI/Publikationen/Broschueren/Eckpunktepapier-Sicherheitsempfehlungen-CloudComputing-Anbieter.pdf (Stand: 9/2018; zit.: *BSI,* Eckpunktepapier Cloud Computing).
*Busemann, Katrin/Tippelt, Florian,* Second Screen: Parallelnutzung von Fernsehen und Internet, in: Media Perspektiven 2014, S. 408-416.

*Calliess, Christian/Ruffert, Matthias,* EUV/AEUV mit Europäischer Grundrechtecharta. Kommentar, 5. Aufl., München 2016 (zit.: *Bearbeiter,* in: Calliess/Ruffert, EUV/AEUV).
*Calmbach, Marc/Borgstedt, Silke/Borchard, Inga/Thomas, Peter Martin/Flaig, Berthold Bodo* (Hrsg.), Wie ticken Jugendliche 2016? Lebenswelten von Jugendlichen im Alter von 14 bis 17 Jahren in Deutschland. SINUS-Jugendstudie u18 (zit.: *Calmbach/Borgstedt/Borchard/Thomas/Flaig,* Wie ticken Jugendliche 2016?).
*Canaris, Claus-Wilhelm,* Die Vertrauenshaftung im deutschen Privatrecht, 2. Aufl., München 1981 (zit.: *Canaris,* Vertrauenshaftung).
*Caspar, Johannes,* Das aufsichtsbehördliche Verfahren nach der EU-Datenschutz-Grundverordnung. Defizite und Alternativregelungen, in: ZD 2012, S. 555-558.
*Caspar, Johannes,* Die Bedeutung der Einwilligung für den Datenschutz in sozialen Netzwerken, abrufbar unter https://www.datenschutz-hamburg.de/uploads/media/Johannes_Caspar_-_Die_Bedeutung_der_Einwilligung.pdf (Stand: 9/2018; zit.: *Caspar,* Die Bedeutung der Einwilligung).
*Caspar, Johannes,* Soziale Netzwerke – Endstation informationelle Selbstbestimmung? Ein Bericht aus der Behördenpraxis, in: DuD 2013, S. 767-771.

*Chmelík, Tomáš*, Social Network Sites – Soziale Netzwerke. Verantwortlichkeit für nutzergenerierte Inhalte unter besonderer Berücksichtigung der Störerhaftung, Baden-Baden 2016 (zit.: *Chmelík*, Social Network Sites).

*Chou, Hui-Tzu Grace/Edge, Nicholas*, "They Are Happier and Having Better Lives than I Am": The Impact of Using Facebook on Perceptions of Others' Lives, in: Cyberpsychology, Behavior, and Social Networking 15 (2012), S. 117-121.

*Culmsee, Thorsten*, Postmortaler Datenschutz und postmortale Datennutzung, in: DSRITB 2013, S. 413-428.

*Dammann, Ulrich*, Erfolge und Defizite der EU-Datenschutzgrundverordnung. Erwarteter Fortschritt, Schwächen und überraschende Innovationen, in: ZD 2016, S. 307-314.

*Dammann, Ulrich*, Internationaler Datenschutz. Zur Auslegung des § 1 Abs. 5 BDSG, in: RDV 2002, S. 70-77.

*Dammann, Ulrich/Simitis, Spiros*, EG-Datenschutzrichtlinie. Kommentar, Baden-Baden 1997 (zit.: *Dammann/Simitis*, EG-Datenschutzrichtlinie).

*Data Protection Commissioner*, Facebook Ireland Ltd – Report of Audit, 21.12.2011, abrufbar unter https://dataprotection.ie/documents/facebook%20report/final%20report/report.pdf (Stand: 9/2018; zit.: *Data Protection Commissioner Ireland*, Facebook Ireland Ltd – Report of Audit, 2011).

*Däubler, Wolfgang/Klebe, Thomas/Wedde, Peter/Weichert, Thilo* (Hrsg.), Bundesdatenschutzgesetz. Kompaktkommentar zum BDSG, 5. Auflage, Frankfurt am Main 2016 (zit.: Bearbeiter, in: Däubler/Klebe/Wedde/Weichert, BDSG).

*Dehmel, Susanne/Hullen, Nils*, Auf dem Weg zu einem zukunftsfähigen Datenschutz in Europa? Konkrete Auswirkungen der DS-GVO auf Wirtschaft, Unternehmen und Verbraucher, in: ZD 2013, S. 147-153.

*Denninger, Erhard*, Anonymität – Erscheinungsformen und verfassungsrechtliche Fundierung, in: Bäumler, Helmut/von Mutius, Albert (Hrsg.), Anonymität im Internet. Grundlagen, Methoden und Tools zur Realisierung eines Grundrechts, Braunschweig/Wiesbaden 2003, S. 41-51 (zit.: *Denninger*, in: Bäumler/v. Mutius, Anonymität im Internet).

*Derleder, Peter/Knops, Kai-Oliver/Bamberger, Georg* (Hrsg.), Handbuch zum deutschen und europäischen Bankrecht, 2. Aufl., Berlin/Heidelberg 2009 (zit.: *Autor*, in: Derleder/Knops/Bamberger, Bankrecht-Handbuch).

*Deutscher Juristentag e. V.*, 71. Deutscher Juristentag Essen 2016. Beschlüsse, abrufbar unter http://www.djt.de/fileadmin/downloads/71/Beschluesse_gesamt.pdf (Stand: 9/2018; zit.: DJT, Beschlüsse 2016).

*Die Bundesbeauftragte für den Datenschutz und die Informationsfreiheit*, Privacy by Design, 06.07.2010, in: Identity in the Information Society, abrufbar unter http://www.bfdi.bund.de/SharedDocs/Publikationen/%22PrivacyByDesign%22.pdf (Stand: 9/2018; zit.: *BfDI*, Privacy by Design).

*Die Landesbeauftragte für den Datenschutz und für das Recht auf Akteneinsicht Brandenburg*, Tätigkeitsbericht 2014/2015 – 18. Tätigkeitsbericht – Tätigkeitsbericht der Landesbeauftragten für den Datenschutz und für das Recht auf Akteneinsicht zum 31. Dezember 2015, abrufbar unter http://www.lda.brandenburg.de/media_fast/4055/TB_18.pdf (Stand: 9/2018; zit.: *LDA Brandenburg*, Tätigkeitsbericht 2014/2015).

*Diener, Ed*, Subjective Well-Being, in: Psychological Bulletin 95 (1984), S. 542-575.

*Dieterich, Thomas*, Rechtsdurchsetzungsmöglichkeiten der DS-GVO. Einheitlicher Rechtsrahmen führt nicht zwangsläufig zu einheitlicher Rechtsanwendung, in: ZD 2016, S. 260-266.

## Literaturverzeichnis

*Dorschel, Joachim* (Hrsg.), Praxishandbuch Big Data. Wirtschaft – Recht – Technik, Wiesbaden 2015 (zit.: *Autor,* in: Dorschel, Praxishandbuch Big Data).
*Dovas, Maria-Urania,* Joint Controllership – Möglichkeiten oder Risiken der Datennutzung? Regelung der gemeinsamen datenschutzrechtlichen Verantwortlichkeit in der DS-GVO, in: ZD 2016, S. 512-516.
*Dreier, Horst* (Hrsg.), Grundgesetz. Kommentar, Band I: Präambel, Artikel 1-19, 3. Aufl., Tübingen 2013 (zit.: *Bearbeiter,* in: Dreier, GG).
*Dreier, Thomas/Schulze, Gernot* (Hrsg.), UrhG. Urheberrechtsgesetz, Urheberrechtswahrnehmungsgesetz, Kunsturhebergesetz. Kommentar, 5. Aufl., München 2015 (zit.: *Bearbeiter,* in: Dreier/Schulze, UrhG).

*Eckhardt, Jens,* Anwendungsbereich des Datenschutzrechts – Geklärt durch den EuGH? Der europarechtliche Grundsatz des Personenbezugs, in: CR 2016, S. 786-790.
*Eckhardt, Jens,* EU-DatenschutzVO – Ein Schreckgespenst oder Fortschritt?, in: CR 2012, S. 195-203.
*Eckhardt, Jens,* IP-Adresse als personenbezogenes Datum – neues Öl ins Feuer. Personenbezug im Datenschutzrecht – Grenzen der Bestimmbarkeit am Beispiel der IP-Adresse, in: CR 2011, S. 339-344.
*Eckhardt, Jens/Kramer, Rudi,* EU-DSGVO – Diskussionspunkte aus der Praxis, in: DuD 2013, S. 287-294.
*Eckhardt, Jens/Kramer, Rudi/Mester, Britta Alexandra,* Auswirkungen der geplanten EU-DSGVO auf den deutschen Datenschutz, in: DuD 2013, S. 623-629.
*Ehmann, Eugen/Helfrich, Marcus,* EG-Datenschutzrichtlinie. Kurzkommentar, Köln 1999 (zit.: *Ehmann/Helfrich,* EG-Datenschutzrichtlinie).
*Ehmann, Eugen/Selmayr, Martin* (Hrsg.), Datenschutz-Grundverordnung. Kommentar, 2. Aufl., München 2018 (zit.: *Bearbeiter,* in: Ehmann/Selmayr, DS-GVO).
*Engeler, Malte,* Das überschätzte Kopplungsverbot. Die Bedeutung des Art. 7 Abs. 4 DS-GVO in Vertragsverhältnissen, in: ZD 2018, S. 55-62.
*Epping, Volker/Hillgruber, Christian* (Hrsg.), Grundgesetz. Kommentar, 2. Aufl., München 2013 (zit.: *Bearbeiter,* in: Epping/Hillgruber, GG).
*Erbs, Georg/Kohlhaas, Max* (Begr.), Strafrechtliche Nebengesetze mit Straf- und Bußgeldvorschriften des Wirtschafts- und Verwaltungsrechts, hrsg. v. Häberle, Loseblatt, 209. EL, München 2016 (zit.: *Bearbeiter,* in: Erbs/Kohlhaas, Strafrechtliche Nebengesetze).
*Erd, Rainer,* Datenschutzrechtliche Probleme sozialer Netzwerke, NVwZ 2011, S. 19-22.
*Erd, Rainer,* Soziale Netzwerke und Datenschutz – am Beispiel Facebook, in: Taeger, Jürgen (Hrsg.), Digitale Evolution – Herausforderungen für das Informations- und Medienrecht. DSRITB 2010, S. 253-266.
*Eriksen, Thomas Hylland,* Die Tyrannei des Augenblicks. Die Balance finden zwischen Schnelllebigkeit und Langsamkeit, Freiburg/Wien/Basel 2002 (zit.: *Eriksen,* Die Tyrannei des Augenblicks).
*Ernst, Stefan,* Die Einwilligung nach der Datenschutzgrundverordnung. Anmerkungen zur Definition nach Art. 4 Nr. 11 DS-GVO, in: ZD 2017, S. 110-114.
*Ernst, Stefan,* Recht kurios im Internet – Virtuell gestohlene Phönixschuhe, Cyber-Mobbing und noch viel mehr, in: NJW 2009, S. 1320-1322.
*Ernst, Stefan,* Social Networks und Arbeitnehmer-Datenschutz, in: NJW 2011, S. 1712-1713.
*Ernst, Stefan,* Social Plugins: Der „Like-Button" als datenschutzrechtliches Problem, in: NJOZ 2010, S. 1917-1919.

*Europäische Kommission,* Safer Social Networking Principles for the EU, abrufbar unter https://ec.europa.eu/digital-single-market/sites/digital-agenda/files/sn_principles.pdf (Stand: 9/2018; zit.: *Europäische Kommission,* Safer Social Networking Principles).

*European Union Agency for Network and Information Security,* Position Paper No. 1. Security Issues and Recommendations for Online Social Networks, October 2007, abrufbar unter https://www.enisa.europa.eu/publications/archive/security-issues-and-recommendations-for-online-social-networks (Stand: 9/2018; zit.: *ENISA,* Recommendations for Online Social Networks).

*European Union Agency for Network and Information Security,* Privacy and Data Protection by Design – from policy to engineering, December 2014, abrufbar unter https://www.enisa.europa.eu/publications/privacy-and-data-protection-by-design (Stand: 9/2018; zit.: *ENISA,* Privacy and Data Protection by Design).

*European Union Agency for Network and Information Security,* Study on data collection and storage in the EU, abrufbar unter https://www.enisa.europa.eu/publications/data-collection (Stand: 9/2018; zit.: *ENISA,* Study on data collection and storage in the EU).

*European Union Agency for Network and Information Security,* Study on monetising privacy. An economic model for pricing personal information, abrufbar unter https://www.enisa.europa.eu/publications/monetising-privacy (Stand: 9/2018; zit.: *ENISA,* Study on monetising privacy).

*Faust, Sebastian/Spittka, Jan/Wybitul, Tim,* Milliardenbußgelder nach der DS-GVO? Ein Überblick über die neuen Sanktionen bei Verstößen gegen den Datenschutz, in: ZD 2016, S. 120-125.

*Federrath, Hannes/Fuchs, Karl-Peter/Herrmann, Dominik/Maier, Daniel/Scheuer, Florian/Wagner, Kai,* Grenzen des „digitalen Radiergummis", in: DuD 2011, S. 403-407.

*Ferrari, Franco/Kieninger, Eva-Maria/Mankowski, Peter/Otte, Kasten/Saenger, Ingo/Schulze, Götz/Staudinger, Ansgar* (Hrsg.), Internationales Vertragsrecht. Rom I-VO, CISG, CMR, FactÜ. Kommentar, 2. Aufl., München 2012 (zit.: *Bearbeiter,* in: Ferrari/Kieninger/Mankowski u. a., Internationales Vertragsrecht).

*Fezer, Karl-Heinz,* Dateneigentum der Bürger. Ein originäres Immaterialgüterrecht sui generis an verhaltensgenerierten Informationsdaten der Bürger, in: MMR 2017, S. 99-105.

*Föhlisch, Carsten/Pilous, Madeleine,* Der Facebook Like-Button – datenschutzkonform nutzbar? Analyse und Risikoeinschätzung des „Gefällt mir"-Buttons auf Webseiten, in: MMR 2015, S. 631-636.

*Forgó, Nikolaus/Helfrich, Marcus/Schneider, Jochen,* Betrieblicher Datenschutz. Rechtshandbuch, 2. Aufl., München 2016 (zit.: *Autor,* in: Forgó/Helfrich/Schneider, Betrieblicher Datenschutz).

*Forgó, Nikolaus/Krügel, Tina,* Der Personenbezug von Geodaten. Cui bono, wenn alles bestimmbar ist?, in: MMR 2010, S. 17-23.

*Forst, Gerrit,* Bewerberauswahl über soziale Netzwerke im Internet?, in: NZA 2010, S. 427-433.

*Fox, Dirk,* Social Engineering, in: DuD 2013, S. 318.

*Fox, Dirk,* Social Networks, in: DuD 2009, S. 53.

*Franck, Lorenz,* Das System der Betroffenenrechte nach der Datenschutz-Grundverordnung (DS-GVO), in: RDV 2016, S. 111-119.

*Franzen, Axel,* Does the Internet make us lonely?, in: ESR 16 (2000), S. 427-438.

*Franzen, Martin,* Der Vorschlag für eine EU-Datenschutz-Grundverordnung und der Arbeitnehmerdatenschutz, in: DuD 2012, S. 322-326.

Literaturverzeichnis

*Fraunhofer Institut für Sichere Informationstechnologie (SIT)*, Privatsphärenschutz in Soziale-Netzwerke-Plattformen, abrufbar unter http://testlab.sit.fraunhofer.de/downloads/ Publications/Fraunhofer_SIT_Poller_Privatsphaereschutz_in_Soziale-Netzwerke-Plattformen.pdf (Stand: 9/2018; zit.: *Fraunhofer SIT*, Privatsphärenschutz).

*Funke, Michael/Wittmann, Jörn*, Cloud Computing – ein klassischer Fall der Auftragsdatenverarbeitung? Anforderungen an die Verantwortliche Stelle, in: ZD 2013, S. 221-228.

*Gaul, Björn/Koehler, Lisa-Marie*, Mitarbeiterdaten in der Computer Cloud: Datenschutzrechtliche Grenzen des Outsourcing, in: BB 2011, S. 2229-2236.

*Gennen, Klaus/Kremer, Sascha*, Social Networks und der Datenschutz. Datenschutzrelevante Funktionalitäten und deren Vereinbarkeit mit dem deutschen Recht, in: ITRB 2011, S. 59-63.

*Geppert, Martin/Schütz, Raimund* (Hrsg.), Beck'scher TKG-Kommentar, 4. Aufl., München 2013 (zit.: *Bearbeiter*, in: Geppert/Schütz, TKG).

*Gerling, Sebastian/Gerling, Rainer W.*, Wie realistisch ist ein „Recht auf Vergessenwerden"?, in: DuD 2013, S. 445-446.

*Gersdorf, Hubertus/Paal, Boris M.* (Hrsg.), Informations- und Medienrecht. GRC, EMRK, GG, RStV, BGB, IFG, VIG, GWB, TKG, TMG. Kommentar, München 2014 (zit.: *Bearbeiter*, in: Gersdorf/Paal, Informations- und Medienrecht).

*Gierschmann, Sibylle*, Was „bringt" deutschen Unternehmen die DS-GVO? Mehr Pflichten, aber die Rechtsunsicherheit bleibt, in: ZD 2016, S. 51-55.

*Gierschmann, Sybille/Säugling, Markus* (Hrsg.), Systematischer Praxiskommentar Datenschutzrecht. Datenschutz aus Unternehmenssicht, Köln 2014 (zit.: *Bearbeiter*, in: Gierschmann/Säugling, BDSG).

*Gierschmann, Sybille/Schlender, Katharina/Stentzel, Rainer/Veil, Winfried* (Hrsg.), Datenschutz-Grundverordnung, Köln 2018 (zit.: *Bearbeiter*, in: Gierschmann/Schlender/Stentzel/Veil, DS-GVO).

*Giesen, Thomas*, Euphorie ist kein Prinzip des Rechtsstaats, in: Stiftung Datenschutz (Hrsg.), Informationelle Selbstbestimmung in der Zukunft, Berlin 2016, S. 23-48 (zit.: *Giesen*, in: Stiftung Datenschutz, Informationelle Selbstbestimmung in der Zukunft).

*Giesen, Thomas*, Imperiale und totalitäre Züge des Kommissionsentwurfs für eine europäische Datenschutzverordnung. Eine grundsätzliche Betrachtung zur Regelungskompetenz der EU für den Datenschutz, in: CR 2012, S. 550-556.

*Gimmler, Roland*, Medienkompetenz und Datenschutzkompetenz in der Schule, in: DuD 2012, S. 110-116.

*Giurgiu, Andra*, Die Modernisierung des europäischen Datenschutzrechts – Was Unternehmen erwartet, in: CCZ 2012, S. 226-229.

*Gola, Peter*, Beschäftigtendatenschutz und EU-Datenschutz-Grundverordnung, in: EuZW 2012, S. 332-336.

*Gola, Peter*, Neues Recht – neue Fragen: Einige aktuelle Interpretationsfragen zur DSGVO. Zur Relevanz von in der Rechtsnorm sich nicht wiederfindenden Erwägungsgründen, in: K&R 2017, S. 145-149.

*Gola, Peter* (Hrsg.), Datenschutz-Grundverordnung. Kommentar, 2. Aufl., München 2018 (zit.: *Bearbeiter*, in: Gola, DS-GVO).

*Gola, Peter/Lepperhoff, Niels*, Reichweite des Haushalts- und Familienprivilegs bei der Datenverarbeitung. Aufnahme und Umfang der Ausnahmeregelung in der DS-GVO, in: ZD 2016, S. 9-12.

*Gola, Peter/Piltz, Carlo,* Die Datenschutz-Haftung nach geltendem und zukünftigem Recht – ein vergleichender Ausblick auf Art. 77 DSGVO, in: RDV 2015, S. 279-285.

*Gola, Peter/Schomerus, Rudolf (Hrsg.),* Bundesdatenschutzgesetz. Kommentar, 12. Auflage, München 2015 (zit.: Bearbeiter, in: Gola/Schomerus, BDSG).

*Gola, Peter/Schulz, Sebastian,* DS-GVO – Neue Vorgaben für den Datenschutz bei Kindern? Überlegungen zur einwilligungsbasierten Verarbeitung von personenbezogenen Daten Minderjähriger, in: ZD 2013, S. 475-481.

*Gola, Peter/Schulz, Sebastian,* Listenprivileg, Drittinteresse, Zweckbindung. Anmerkungen zum postalischen Direktmarketing in den Entwürfen für eine EU-Datenschutzgrundverordnung, in: K&R 2015, S. 609-615.

*Gola, Peter/Wronka, Georg,* Handbuch Arbeitnehmerdatenschutz. Rechtsfragen und Handlungshilfen, 6. Aufl., Heidelberg/München/Landsberg/Frechen/Hamburg 2013 (zit.: Gola/Wronka, Arbeitnehmerdatenschutz).

*Golland, Alexander,* Das Kopplungsverbot in der Datenschutz-Grundverordnung. Anwendungsbereich, ökonomische Auswirkungen auf Web-2.0-Dienste und Lösungsvorschlag, in: MMR 2018, S. 130-135.

*Golland, Alexander,* Das neue kirchliche Datenschutzrecht – Herausforderungen für Unternehmen der Privatwirtschaft, in: DSB 2018, S. 179-181.

*Golland, Alexander,* Datenschutz durch modulare Zertifizierung: Trusted Cloud-Pilotprojekt bringt neuen Ansatz, in: DSB 2014, S. 213-215.

*Golland, Alexander,* Der räumliche Anwendungsbereich der DS-GVO, in: DuD 2018, S. 351-357.

*Golland, Alexander,* Ein Überblick: Umsetzung der Datenschutz-Grundverordnung, in: Baum, Michael/Golland, Alexander/Hamminger, Alexander/Olbertz, Klaus (Hrsg.), Das neue Datenschutzrecht in der Praxis des Steuerberaters, Herne 2018, S. 8-14 (zit.: *Golland,* in: Baum/Golland/Hamminger/Olbertz, Das neue Datenschutzrecht).

*Golland, Alexander,* Einführung in das kirchliche Datenschutzrecht, in: Golland, Alexander/Koglin, Olaf (Hrsg.), Kirchliches Datenschutzrecht. Datenschutz-Grundverordnung, Datenschutzvorschriften der Kirchen in Deutschland und Durchführungsverordnungen, North Charleston (South Carolina) 2018, S. 9-12 (zit.: *Golland,* in: Golland/Koglin, Kirchliches Datenschutzrecht).

*Golland, Alexander,* Gemeinsame Verantwortlichkeit in mehrstufigen Verarbeitungsszenarien. Zugleich Anmerkung zu EuGH, Urt. v. 5.6.2018 (C-210/16), in: K&R 2018, S. 433-438.

*Golland, Alexander,* Reformation 2.0 – Anpassung des kirchlichen Datenschutzrechts an die Anforderungen der Datenschutz-Grundverordnung, in: RDV 2018, S. 8-13.

*Golland, Alexander,* Umsetzung der Datenschutz-Grundverordnung – Neue Herausforderungen für Unternehmen, BBK 2018, S. 35-39.

*Golland, Alexander/Kriegesmann, Torben,* Der Schutz virtueller Identitäten durch die DS-GVO, in: PinG 2017, S. 45-50.

*Götting, Horst-Peter,* Persönlichkeitsrechte als Vermögensrechte, Tübingen 1995 (zit.: *Götting,* Persönlichkeitsrechte als Vermögensrechte).

*Götting, Horst-Peter,* Perspektiven der Kommerzialisierung des Persönlichkeitsrechts, in: Götting, Horst-Peter/Lauber-Rönsberg, Anne (Hrsg.), Aktuelle Entwicklungen im Persönlichkeitsrecht, Baden-Baden 2010, S. 11-26 (zit.: *Götting,* in: Götting/Lauber-Rönsberg, Aktuelle Entwicklungen im Persönlichkeitsrecht).

*Götz, Christopher,* Grenzüberschreitende Datenübermittlung im Konzern. Zulässigkeit nach BDSG und Entwurf der DS-GVO, in: DuD 2013, S. 631-637.

# Literaturverzeichnis

*Grabenwarter, Christoph* (Hrsg.), Europäischer Grundrechtsschutz, Baden-Baden 2014 (zit.: *Autor*, in: Grabenwarter, Europäischer Grundrechtsschutz).

*Grabitz, Eberhard/Hilf, Meinhard/Nettesheim, Martin* (Hrsg.), Das Recht der Europäischen Union, Loseblatt, 58. EL, München 2016 (zit.: *Bearbeiter*, in: Grabitz/Hilf/Nettesheim, Recht der EU).

*Granovetter, Mark S.*, The Strengh of Weak Ties, AJS 78 (1973), S. 1360-1380.

*Granovetter, Mark S.*, The Strength of Weak Ties: A Network Theory Revisited, in: *Marsden, Peter V./Lin, Nan* (Hrsg.), Social Structure and Network Analysis, Beverly Hills/London/New Delhi 1982, S. 105-130 (zit.: *Granovetter*, in: Marsden/Lin, Social Structure and Network Analysis).

*Gray, Joseph Patrick*, A Corrected Ethnographic Atlas, in: World Cultures Journal 10 (1999), Nr. 1, S. 24-85.

*Grützmacher, Malte*, Datenschutz und Outsourcing. Auftragsdatenverarbeitung oder Funktionsübertragung?, in: ITRB 2007, S. 183-187.

*Gstrein, Oskar Josef*, Die umfassende Verfügungsbefugnis über die eigenen Daten. Das „Recht auf Vergessenwerden" und seine konkrete Umsetzbarkeit, in: ZD 2012, S. 424-428.

*Haase, Martin Sebastian*, Datenschutzrechtliche Fragen des Personenbezugs. Eine Untersuchung des Anwendungsbereiches des deutschen Datenschutzrechts und seiner europarechtlichen Bezüge, Tübingen 2015 (zit.: *Haase*, Datenschutzrechtliche Fragen des Personenbezugs).

*Hahn, Werner/Vesting, Thomas* (Hrsg.), Beck'scher Kommentar Rundfunkrecht. Rundfunkstaatsvertrag, Jugendmedienschutz-Staatsvertrag, Rundfunkgebührenstaatsvertrag, Rundfunkbeitragstaatsvertrag, Rundfunkfinananzierungsstaatsvertrag, 3. Aufl., München 2012 (zit.: *Bearbeiter*, in: Hahn/Vesting, Rundfunkrecht).

*Haider, Julia*, Facebook – Eine Nutzertypologie: Persönlichkeit und Motive der User, Hamburg 2012 (zit.: *Haider*, Facebook – Eine Nutzertypologie).

*Härting, Niko*, „Dateneigentum" – Schutz durch Immaterialgüterrecht? Was sich aus dem Verständnis von Software für den zivilrechtlichen Umgang mit Daten gewinnen lässt, in: CR 2016, S. 646-649.

*Härting, Niko*, Anonymität und Pseudonymität im Datenschutzrecht, in: NJW 2013, S. 2065-2071.

*Härting, Niko*, Datenschutz-Grundverordnung. Anwendungsbereich, Verbotsprinzip, Einwilligung, in: ITRB 2016, S. 36-40.

*Härting, Niko*, Datenschutz-Grundverordnung. Das neue Datenschutzrecht in der betrieblichen Praxis, Köln 2016 (zit.: *Härting*, DSGVO).

*Härting, Niko*, Datenschutz in Europa – Plädoyer für einen Neubeginn. Zehn „Navigationsempfehlungen", damit das EU-Datenschutzrecht internettauglich und effektiv wird, in: ITRB 2016, S. 306-312.

*Härting, Niko*, Kommentar zu Schleswig-Holsteinisches VG: Datenschutzrechtliche Untersagung von Facebook-Fanpage rechtswidrig, in: K&R 2013, 828.

*Härting, Niko*, Profiling: Vorschläge für eine intelligente Regulierung. Was aus der Zweistufigkeit des Profiling für die Regelung des nicht-öffentlichen Datenschutzbereichs folgt, in: CR 2014, S. 528-536.

*Härting, Niko*, Starke Behörden, schwaches Recht - der neue EU-Datenschutzentwurf, in: BB 2012, S. 459-466.

*Härting, Niko/Schätzle, Daniel*, Rechtsverletzungen in Social Networks, in: ITRB 2010, S. 39-42.

*Härting, Niko/Schneider*, Jochen, Das Ende des Datenschutzes – es lebe die Privatsphäre. Eine Rückbesinnung auf die Kern-Anliegen des Privatsphärenschutzes, in: CR 2015, S. 819-827.

*Heckmann, Dirk* (Hrsg.), juris-Praxiskommentar Internetrecht, 4. Aufl., Saarbrücken 2014 (zit.: *Bearbeiter*, in: Heckmann, jurisPK-Internetrecht).

*Heckmann, Dirk*, Öffentliche Privatheit – Der Schutz der Schwächeren im Internet, in: K&R 2010, S. 770-777.

*Heckmann, Dirk*, Persönlichkeitsschutz im Internet. Anonymität der IT-Nutzung und permanente Datenverknüpfung als Herausforderungen für Ehrschutz und Profilschutz, in: NJW 2012, S. 2631-2635.

*Heinemann, Daniela/Heinemann, Manuel J.*, Postmortaler Datenschutz, in: DuD 2013, S. 242-245.

*Helberger, Natali/van Hoboken, Joris*, Little Brother Is Tagging You – Legal and Policy Implications of Amateur Data Controllers, in: CRi 2010, S. 101-109.

*Helbing, Thomas*, Big Data und der datenschutzrechtliche Grundsatz der Zweckbindung, in: K&R 2015, S. 145-150.

*Heller, Christian*, Post-Privacy. Prima leben ohne Privatsphäre, München 2011 (zit.: *Heller*, Post-Privacy.)

*Hense, Ansgar*, Europäisierung des Religionsverfassungsrechts und kirchlicher Datenschutz, in: BRJ 2018, S. 37-42.

*Herrmann, Joachim*, Modernisierung des Datenschutzrechts – ausschließlich eine europäische Aufgabe?, in: ZD 2012, S. 49-50.

*Hess, Thomas/Schreiner, Michel*, Ökonomie der Privatsphäre. Eine Annäherung aus drei Perspektiven, in: DuD 2012, S. 105-109.

*Hilber, Marc* (Hrsg.), Handbuch Cloud Computing, Köln 2014 (zit.: *Autor*, in: Hilber, Cloud Computing).

*Hilbert, Martin/López, Priscila*, The World's Technological Capacity to Store, Communicate, and Compute Information, in: Science 60 (2011), S. 60-65.

*Hoeren, Thomas/Sieber, Ulrich/Holznagel, Bernd* (Hrsg.), Handbuch Multimedia-Recht. Rechtsfragen des elektronischen Geschäftsverkehrs, Loseblatt, 43. EL, München 2016 (zit.: *Bearbeiter*, in: Hoeren/Sieber/Holznagel, Multimedia-Recht).

*Hoffmann, Christian/Schulz, Sönke E./Brackmann, Franziska*, Die öffentliche Verwaltung in den sozialen Medien? Zulässigkeit behördlicher Facebook-Fanseiten, in: ZD 2013, S. 122-126.

*Hofmann, Johanna M./Johannes, Paul C.*, DS-GVO: Anleitung zur autonomen Auslegung des Personenbezugs. Begriffsklärung der entscheidenden Frage des sachlichen Anwendungsbereichs, in: ZD 2017, S. 221-226.

*Hoofnagle, Chris Jay*, Post Privacy's Paternalism, in: Dix, Alexander/Franßen, Gregor/Kloepfer, Michael/Schaar, Peter/Schoch, Friedrich/Deutsche Gesellschaft für Informationsfreiheit (Hrsg.), Informationsfreiheit und Informationsrecht. Jahrbuch 2011, Berlin 2012, S. 19-22 (zit.: *Hoofnagle*, in: Dix/Franßen/Kloepfer/Schaar/Schoch/dgif, Informationsfreiheit und Informationsrecht 2011).

*Hornung, Gerrit*, Datenschutz durch Technik in Europa – Die Reform der Richtlinie als Chance für ein modernes Datenschutzrecht, in: ZD 2011, S. 51-56.

*Hornung, Gerrit*, Eine Datenschutz-Grundverordnung für Europa? - Licht und Schatten im Kommissionsentwurf vom 25.1.2012, in: ZD 2012, S. 99-106.

Literaturverzeichnis

*Hornung, Gerrit/Goeble, Thilo,* „Data Ownership" im vernetzten Automobil. Die rechtliche Analyse des wirtschaftlichen Werts von Automobildaten und ihr Beitrag zum besseren Verständnis der Informationsordnung, in: CR 2015, S. 265-273.
*Hornung, Gerrit/Hofmann, Kai,* Ein „Recht auf Vergessenwerden"? Anspruch und Wirklichkeit eines neuen Datenschutzrechts, in: JZ 2013, S. 163-170.
*Hornung, Gerrit/Müller-Terpitz,* Ralf (Hrsg.), Rechtshandbuch Social Media, Berlin/Heidelberg 2015 (zit.: *Autor,* in: Hornung/Müller-Terpitz, Rechtshandbuch Social Media).
*Hornung, Gerrit/Sädtler, Stephan,* Europas Wolken. Die Auswirkungen des Entwurfs für eine Datenschutz-Grundverordnung auf das Cloud Computing, in: CR 2012, S. 638-645.
*Hubmann, Heinrich,* Das Persönlichkeitsrecht, 2. Aufl., Köln/Graz 1967 (zit.: *Hubmann,* Das Persönlichkeitsrecht).

*Immenga, Ulrich/Mestmäcker, Ernst-Joachim* (Hrsg.), Wettbewerbsrecht. Kommentar zum Europäischen Kartellrecht, Band 1: EU/Teil 1, 5. Aufl., München 2012 (zit.: *Bearbeiter,* in: Immenga/Mestmäcker, EU-Wettbewerbsrecht).
*Institut für Informations- Telekommunikations- und Medienrecht* (Hrsg.), Tagungsbericht „Informationsrecht. Geschichte und Zukunft einer neuen Disziplin", 2008, abrufbar unter http://www.uni-muenster.de/Jura.itm/hoeren/legacy/forschung/tagungsberichtgreifswald. pdf (Stand: 9/2018; zit.: *ITM,* Tagungsbericht Informationsrecht).
*International Data Corporation,* IDC iView „The Digital Universe Decade – Are You Ready?", Mai 2010, abrufbar unter http://germany.emc.com/collateral/analyst-reports/idc-digital-universe-are-you-ready.pdf (Stand: 9/2018; zit.: *IDC,* The Digital Universe Decade).
*Interrogare,* Studienreihe „Mobile Barometer". Veröffentlichungen Mobile Barometer I bis V, abrufbar unter https://www.interrogare.de/media/pdf/Downloads/Studienreihe_Mobile_Barometer_Juni_2014.pdf (zit.: *Interrogare,* Mobile Barometer).

*Jandt, Silke,* Das neue TMG - Nachbesserungsbedarf für den Datenschutz im Mehrpersonenverhältnis, in: MMR 2006, S. 652-657.
*Jandt, Silke,* Grenzenloser Mobile Commerce. Schutzwirkung und Durchsetzbarkeit datenschutzrechtlicher Ansprüche gegenüber ausländischen Diensteanbietern, in: DuD 2008, S. 664-669.
*Jandt, Silke/Kieselmann, Olga/Wacker, Arno,* Recht auf Vergessen im Internet. Diskrepanz zwischen rechtlicher Zielsetzung und technischer Realisierbarkeit?, in: DuD 2013, S. 235-241.
*Jandt, Silke/Roßnagel, Alexander,* Datenschutz in Social Networks. Kollektive Verantwortlichkeit für die Datenverarbeitung, in: ZD 2011, S. 160-166.
*Jandt, Silke/Roßnagel, Alexander,* Rechtsgutachten zum Datenschutz und zu Persönlichkeitsrechten im Social Web, insbesondere von Social Networking-Sites, in: Schenk, Michael/Niemann, Julia/Reinmann, Gabi/Roßnagel, Alexander (Hrsg.), Digitale Privatsphäre. Heranwachsende und Datenschutz auf Sozialen Netzwerkplattformen, Berlin 2012, S. 307-396 (zit.: *Jandt/Roßnagel,* in: Schenk/Niemann/Reinmann/Roßnagel, Digitale Privatsphäre).
*Jandt, Silke/Roßnagel, Alexander,* Social Networks für Kinder und Jugendliche. Besteht ein ausreichender Datenschutz?, in: MMR 2011, S. 637-642.
*Jarass, Hans D.,* Charta der Grundrechte der Europäischen Union unter Einbeziehung der vom EuGH entwickelten Grundrechte, der Grundrechtsregelungen der Verträge und der EMRK. Kommentar, 2. Aufl., München 2013 (zit.: *Jarass,* GRCh).

*Jaspers, Andreas*, Die EU-Datenschutz-Grundverordnung. Auswirkungen der EU-Datenschutz-Grundverordnung auf die Datenschutzorganisation des Unternehmens, in: DuD 2012, S. 571-575.

*Joachim, Katharina*, Besonders schutzbedürftige Personengruppen. Einordnung gruppenspezifischer Schutzbedürftigkeit in der DS-GVO, in: ZD 2017, S. 414-418.

*Jotzo, Florian*, Der Schutz personenbezogener Daten in der Cloud, Baden-Baden 2013 (zit.: *Jotzo*, Der Schutz personenbezogener Daten in der Cloud).

*Jotzo, Florian*, Gilt deutsches Datenschutzrecht auch für Google, Facebook & Co. bei grenzüberschreitendem Datenverkehr?, in: MMR 2009, S. 232-237.

*Jülicher, Tim/Röttgen, Charlotte/von Schönfeld, Max*, Das Recht auf Datenübertragbarkeit. Ein datenschutzrechtliches Novum, in: ZD 2016, S. 358-362.

*Kalabis, Lukas/Selzer, Annika*, Das Recht auf Vergessenwerden nach der geplanten EU-Verordnung. Umsetzungsmöglichkeiten im Internet, in: DuD 2012, S. 670-675.

*Kamp, Melke/Rost, Martin*, Kritik an der Einwilligung. Ein Zwischenruf zu einer fiktiven Rechtsgrundlage in asymmetrischen Machtverhältnissen, in: DuD 2013, S. 80-84.

*Kampert, David*, Datenschutz in sozialen Online-Netzwerken de lege lata und de lege ferenda, Hamburg 2016 (zit.: *Kampert*, Datenschutz in sozialen Online-Netzwerken).

*Karg, Moritz*, Anmerkung zu EuGH, 1.10.2015 - C-230/14: Anwendbares nationales Datenschutzrecht und Zuständigkeit der Aufsichtsbehörden – Weltimmo, in: ZD 2015, S. 584-585.

*Karg, Moritz*, Anmerkung zu EuGH, 13.5.2014 - C-131/12: Löschungsanspruch gegen Google – „Recht auf Vergessen" – Google Spain und Google, in: ZD 2014, S. 359-361.

*Karg, Moritz*, Anonymität, Pseudonyme und Personenbezug revisited? in: DuD 2015, S. 520-526.

*Karg, Moritz*, Anwendbares Datenschutzrecht bei Internet-Diensteanbietern – TMG und BDSG vs. Konzernstrukturen?, in: ZD 2013, S. 371-375.

*Karg, Moritz*, Die Rechtsfigur des personenbezogenen Datums. Ein Anachronismus des Datenschutzes?, in: ZD 2012, S. 255-260.

*Karg, Moritz*, Die Renaissance des Verbotsprinzips im Datenschutz, in: DuD 2013, S. 75-79.

*Karg, Moritz/Fahl, Constantin*, Rechtsgrundlagen für den Datenschutz in sozialen Netzwerken, in: K&R 2011, S. 453-458.

*Karg, Moritz/Thomsen, Sven*, Tracking und Analyse durch Facebook. Das Ende der Unschuld, in: DuD 2012, S. 729-736.

*Kartheuser, Ingemar*, Anmerkung zu EuGH v. 19.10.2016 Rs. C-582/14, in: ITRB 2016, S. 267-268.

*Kartheuser, Ingemar*, Anwendbares Datenschutzrecht bei Verkauf von Immobilien im Internet, in: ITRB 2016, S. 2-3.

*Kartheuser, Ingemar/Klar, Manuel*, Wirksamkeitskontrolle von Einwilligungen auf Webseiten. Anwendbares Recht und inhaltliche Anforderungen im Rahmen gerichtlicher Überprüfungen, in: ZD 2014, S. 500-505.

*Kartheuser, Ingemar/Schmitt, Florian*, Der Niederlassungsbegriff und seine praktischen Auswirkungen. Anwendbarkeit des Datenschutzrechts eines Mitgliedstaats auf ausländische EU-Gesellschaften, in: ZD 2016, S. 155-159.

*Kaulartz, Markus*, Die Blockchain-Technologie. Hintergründe zur Distributed Ledger Technology und zu Blockchains, in: CR 2016, S. 474-480.

*Keppeler, Lutz Martin*, „Objektive Theorie" des Personenbezugs und „berechtigtes Interesse" als Untergang der Rechtssicherheit? Eine Analyse der Schlussanträge des Generalanwalts

## Literaturverzeichnis

in der Rechtssache C-582/14 (Speicherung dynamischer IP-Adressen), in: CR 2016, S. 360-367.

*Keppeler, Lutz Martin,* Was bleibt vom TMG-Datenschutz nach der DS-GVO? Lösung und Schaffung von Abgrenzungsproblemen im Multimedia-Datenschutz, in: MMR 2015, S. 779-783.

*Keppeler, Lutz Martin/Berning, Wilhelm,* Technische und rechtliche Probleme bei der Umsetzung der DS-GVO-Löschpflichten. Anforderungen an Löschkonzepte und Datenbankstrukturen, in: ZD 2017, S. 314-319.

*Kieselmann, Olga/Kopal, Nils/Wacker, Arno,* „Löschen" im Internet. Ein neuer Ansatz für die technische Unterstützung des Rechts auf Löschen, in: DuD 2015, S. 31-36.

*Kilian, Wolfgang/Heussen, Benno* (Hrsg.), Computerrechts-Handbuch. Informationstechnologie in der Rechts- und Wirtschaftspraxis, Loseblatt, 32. EL, München 2013 (zit.: *Autor,* in: Kilian/Heussen, Computerrechts-Handbuch).

*Kipker, Dennis-Kenji/Voskamp, Friederike,* Datenschutz in sozialen Netzwerken nach der Datenschutzgrundverordnung, in: DuD 2012, S. 737-742.

*Kirchberg-Lennartz, Barbara/Weber, Jürgen,* Ist die IP-Adresse ein personenbezogenes Datum?, in: DuD 2010, S. 479-481.

*Kirchhof, Ferdinand,* Nationale Grundrechte und Unionsgrundrechte. Die Wiederkehr der Frage eines Anwendungsvorrangs unter anderer Perspektive, in: NVwZ 2014, S. 1537-1541.

*Kirchner, Christian,* Big Data Money, in: Capital 2016, Heft 4, S. 120-127.

*Klar, Manuel,* Räumliche Anwendbarkeit des (europäischen) Datenschutzrechts. Ein Vergleich am Beispiel von Satelliten-, Luft- und Panoramastraßenaufnahmen, in: ZD 2013, S. 109-115.

*Klein, Florian,* Personenbilder im Spannungsfeld von Datenschutzgrundverordnung und Kunsturhebergesetz, Frankfurt am Main/Bern/Brüssel/New York/Oxford/Warschau/Wien 2017 (zit.: *Klein,* Personenbilder im Spannungsfeld von DSGVO/KUG).

*Klingebiel, Marian,* Rechtsprobleme des Web 2.0. Blogs, Wikis und Videoportale, Hamburg 2015 (zit.: *Klingebiel,* Rechtsprobleme des Web 2.0).

*Klotz, Marius,* Google und Facebook im Kontext von Art. 102 AEUV – Missbrauch von Marktmacht auf unentgeltlichen Nutzermärkten, in: WuW 2016, S. 58-67.

*Kluge, Steffen,* Klarnamenspflicht bei Facebook – Rechtliche Grenzen und Möglichkeiten, in: DSRITB 2016, S. 107-119.

*Kluge, Steffen,* Klarnamenspflicht bei Facebook – Rechtliche Grenzen und Möglichkeiten, in: K&R 2017, S. 230-236.

*Kneidinger, Bernadette,* Facebook und Co. Eine soziologische Analyse von Interaktionsformen in Online Social Networks, Wiesbaden 2010 (zit.: Kneidinger, Facebook und Co.).

*Knopp, Michael,* Pseudonym – Grauzone zwischen Anonymisierung und Personenbezug, in: DuD 2015, S. 527-530.

*Koch, Frank A.,* Schutz der Persönlichkeitsrechte im Internet: Problemlage. Grundlagen des Persönlichkeitsrechts und allgemeine Gefährdungen im Internet, in: ITRB 2011, 128-133.

*Kodde, Claudia,* Die „Pflicht zu Vergessen". „Recht auf Vergessenwerden" und Löschung in BDSG und DS-GVO, in: ZD 2013, S. 115-118.

*Kompetenzzentrum Trusted Cloud, Pilotprojekt „Datenschutz-Zertifizierung für Cloud-Dienste"* (Hrsg.), Arbeitspapier – Schutzklassen in der Datenschutz-Zertifizierung, Nr. 9, abrufbar unter http://tcdp.de/data/pdf/09_Arbeitspapier_Schutzklassen-in-der-Datenschutz-Zertifizierung.pdf (Stand: 9/2018; zit.: *Kompetenzzentrum Trusted Cloud,* Arbeitspapier Nr. 9).

*Konferenz der Datenschutzbeauftragten des Bundes und der Länder*, Orientierungshilfe „Soziale Netzwerke", Version 1.1, Stand 14.03.2013 (zit.: *Konferenz der Datenschutzbeauftragten des Bundes und der Länder*, Orientierungshilfe Soziale Netzwerke).
*Konferenz der Datenschutzbeauftragten des Bundes und der Länder*, Ein modernes Datenschutzrecht für das 21. Jahrhundert. Eckpunkte. Verabschiedet von der Konferenz der Datenschutzbeauftragten des Bundes und der Länder am 18. März 2010, abrufbar unter https://www.bfdi.bund.de/SharedDocs/Publikationen/Allgemein/79DSKEckpunktepapierBroschuere.pdf (Stand: 9/2018; zit.: *Konferenz der Datenschutzbeauftragten des Bundes und der Länder*, Datenschutzrecht für das 21. Jahrhundert).
*Konferenz der Datenschutzbeauftragten des Bundes und der Länder*, Beschluss der obersten Aufsichtsbehörden für den Datenschutz im nicht-öffentlichen Bereich (Düsseldorfer Kreis am 08. Dezember 2011). Datenschutz in sozialen Netzwerken, https://www.bfdi.bund.de/SharedDocs/Publikationen/Entschliessungssammlung/DuesseldorferKreis/08122011DSInSozialenNetzwerken.html (Stand: 9/2018; zit.: *Konferenz der Datenschutzbeauftragten des Bundes und der Länder*, Beschluss Datenschutz in sozialen Netzwerken).
*Konferenz der Datenschutzbeauftragten des Bundes und der Länder*, Positionspapier der Konferenz der Datenschutzbeauftragten des Bundes und der Länder vom 26. August 2015. Datenschutzrechtliche Kernpunkte für die Trilogverhandlungen zur Datenschutz-Grundverordnung, abrufbar unter https://www.bfdi.bund.de/SharedDocs/Publikationen/Entschliessungssammlung/DSBundLaender/20150826_Verbesserung%20DSGrundverordnung.pdf (Stand: 9/2018; zit.: *Konferenz der Datenschutzbeauftragten des Bundes und der Länder*, Datenschutzrechtliche Kernpunkte für die Trilogverhandlungen zur DSGVO).
*Konferenz der Datenschutzbeauftragten des Bundes und der Länder*, Entschließung der 82. Konferenz „Datenschutz bei sozialen Netzwerken jetzt verwirklichen!", abrufbar unter https://www.datenschutz-bayern.de/dsbk-ent/DSK_82-Nutzerdaten.pdf (Stand: 9/2018, zit.: *Konferenz der Datenschutzbeauftragten des Bundes und der Länder*, Datenschutz bei sozialen Netzwerken jetzt verwirklichen).
*Konferenz der Datenschutzbeauftragten des Bundes und der Länder*, Beschluss der obersten Aufsichtsbehörden für den Datenschutz im nicht-öffentlichen Bereich (Düsseldorfer Kreis am 24./25. November 2010). Minderjährige in sozialen Netzwerken besser schützen, abrufbar unter http://www.bfdi.bund.de/SharedDocs/Publikationen/Entschliessungssammlung/DuesseldorferKreis/24112010-MinderjaehrigeInSozialenNetzwerken.pdf (Stand: 9/2018; zit.: *Konferenz der Datenschutzbeauftragten des Bundes und der Länder*, Minderjährige in sozialen Netzwerken).
*Konferenz der Datenschutzbeauftragten des Bundes und der Länder*, Beschluss der Aufsichtsbehörden für den Datenschutz im nicht-öffentlichen Bereich (Düsseldorfer Kreis am 13./14. September 2016). Fortgeltung bisher erteilter Einwilligungen unter der Datenschutz-Grundverordnung, abrufbar unter https://www.bfdi.bund.de/SharedDocs/Publikationen/Entschliessungssammlung/DuesseldorferKreis/FortgeltungBisherErteilterEinwilligungen.pdf (Stand: 9/2018; zit.: *Konferenz der Datenschutzbeauftragten des Bundes und der Länder*, Fortgeltung bisher erteilter Einwilligungen).
*Konferenz der unabhängigen Datenschutzbehörden des Bundes und der Länder und des Verbandes der Automobilindustrie (VDA)*, Datenschutzrechtliche Aspekte bei der Nutzung vernetzter und nicht vernetzter Kraftfahrzeuge, Gemeinsame Erklärung vom 26.01.2016, abrufbar unter http://www.bfdi.bund.de/SharedDocs/Publikationen/Entschliessungssammlung/DSBundLaender/ErklaerungDSKVDAVernetzteKfz.pdf (Stand 9/2018; zit.: *Konferenz der Datenschutzbeauftragten des Bundes und der Länder*, Datenschutz bei der Nutzung vernetzter und nicht vernetzter Fahrzeuge).

Literaturverzeichnis

*Koreng, Ansgar/Feldmann, Thorsten*, Das „Recht auf Vergessen". Überlegungen zum Konflikt zwischen Datenschutz und Meinungsfreiheit, in: ZD 2012, S. 311-315.

*Koreng, Ansgar/Feldmann, Thorsten*, Das „Recht auf Vergessenwerden". Überlegungen zum Konflikt zwischen Datenschutz und Meinungsfreiheit, in: ZD 2012, S. 311-315.

*Kort, Michael*, Soziale Netzwerke und Beschäftigtendatenschutz, in: DuD 2012, S. 722-728.

*Kramer, Adam D. I./Guillory, Jamie E./Hancock, Jeffrey T.*, Experimental evidence of massive-scale emotional contagion through social networks, in: PNAS 111 (2014), S. 8788-8790.

*Kramer, Philipp*, „Licht und Schatten" im künftigen EU-Datenschutzrecht, in: DSB 2012, S. 57-60.

*Kramer, Philipp*, Google-Urteil: Europäischer Gerichtshof „überholt" Entwurf der Datenschutz-Grundverordnung, in: DSB 2014, S. 125.

*Kramer, Philipp*, Verbot mit Erlaubnisvorbehalt zeitgemäß? Anmerkung zu Weicherts „Wider das Verbot mit Erlaubnisvorbehalt im Datenschutz?", in: DuD 2013, S. 380-382.

*Krebs, David/Lange, Christian*, Datenschutzrechtliche Verantwortlichkeit in sozialen Netzwerken. Zugleich Anmerkung zu OVG Schleswig-Holstein, Urt. v. 4.9.2014 – 4 LB 20/13 – Facebook-Fanpage, in: ITRB 2014, S. 278-281.

*Kreitmair, Martin*, Social Web 2.0. Sicherer Umgang mit sozialen Netzwerken, Hamburg 2012 (zit.: *Kreitmair*, Social Web 2.0).

*Kremer, Sascha*, Connected Car – intelligente Kfz, intelligente Verkehrssysteme, intelligenter Datenschutz?, in: RDV 2014, S. 240-252.

*Kremer, Sascha*, Datenschutz bei der Entwicklung und Nutzung von Apps für Smart Devices, in: CR 2012, S. 438-446.

*Kremer, Sascha/Buchalik, Barbara*, Zum anwendbaren Datenschutzrecht im internationalen Geschäftsverkehr. Internationales Privatrecht und rechtliche Vorgaben in Deutschland in der Korrektur von LG Berlin, Urt. v. 30.4.2013 – 15 O 92/12, CR 2013, 402 ff., in: CR 2013, S. 789-794.

*Kring, Markus/Marosi, Johannes*, Ein Elefant im Porzellanladen – Der EuGH zu Personenbezug und berechtigtem Interesse. Zugleich Kommentar zu EuGH, Urteil vom 19. 10. 2016 – C-582/14, K&R 2016, 811 ff., in: K&R 2016, S. 773-776.

*Krohm, Niclas/Müller-Peltzer, Philipp*, (Fehlende) Privilegierung der Auftragsverarbeitung unter der Datenschutz-Grundverordnung?, in: RDV 2016, S. 307-312.

*Krohm, Niclas/Müller-Peltzer, Philipp*, Auswirkungen des Kopplungsverbots auf die Praxistauglichkeit der Einwilligung. Das Aus für das Modell „Service gegen Daten"?, in: ZD 2017, S. 551-556.

*Kroschwald, Steffen*, Informationelle Selbstbestimmung in der Cloud. Datenschutzrechtliche Bewertung und Gestaltung des Cloud Computing aus dem Blickwinkel des Mittelstands, Wiesbaden 2016 (zit.: *Kroschwald*, Informationelle Selbstbestimmung in der Cloud).

*Kroschwald, Steffen*, Kollektive Verantwortung für den Datenschutz in der Cloud. Datenschutzrechtliche Folgen einer geteilten Verantwortlichkeit beim Cloud Computing, in: ZD 2013, S. 388-394.

*Kroschwald, Steffen*, Verschlüsseltes Cloud Computing – Auswirkung der Kryptografie auf den Personenbezug in der Cloud, ZD 2014, S. 75-80.

*Kross, Ethan/Verduyn, Philippe/Demiralp, Emre/Park, Jiyoung/Lee, David Seungjae/Lin, Natalie/Shablack, Holly/Jonides, John/Ybarra, Oscar*, Facebook Use Predicts Declines in Subjective Well-Being in Young Adults, in: PLOS ONE 8 (2013), 8.

*Krügel, Tina*, Das personenbezogene Datum nach der DS-GVO. Mehr Klarheit und Rechtssicherheit?, in: ZD 2017, S. 455-460.

*Krügel, Tina/Pfeiffenbring, Julia/Pieper, Fritz-Ulli,* „Social Sharing" via Twitter und Datennutzung durch Dritte: Drum prüfe, wer sich ewig bindet?, in: K&R 2014, S. 699-703.

*Krüger, Stefan/Maucher, Svenja-Ariane,* Ist die IP-Adresse wirklich ein personenbezogenes Datum? - Ein falscher Trend mit großen Auswirkungen auf die Praxis, in: MMR 2011, S. 433-439.

*Kugelmann, Dieter,* Datenfinanzierte Internetangebote. Regelungs- und Schutzmechanismen der DSGVO, in: DuD 2016, S. 566-570.

*Kühling Jürgen,* Rückkehr des Rechts: Verpflichtung von „Google & Co." zu Datenschutz, in: EuZW 2014, S. 527-532.

*Kühling, Jürgen/Buchner, Benedikt* (Hrsg.), Datenschutz-Grundverordnung/Bundesdatenschutzgesetz. Kommentar, 2. Aufl., München 2018 (zit.: *Bearbeiter,* in: Kühling/Buchner, DS-GVO/BDSG).

*Kühling, Jürgen/Klar, Manuel,* Unsicherheitsfaktor Datenschutzrecht – Das Beispiel des Personenbezugs und der Anonymität, in: NJW 2013, S. 3611-3617.

*Kühling, Jürgen/Martini, Mario,* Die Datenschutz-Grundverordnung: Revolution oder Evolution im europäischen und deutschen Datenschutzrecht?, in: EuZW 2016, S. 448-454.

*Kühling, Jürgen/Seidel, Christian/Sivridis, Anastasios,* Datenschutzrecht, 3. Aufl., Heidelberg 2015 (zit.: Kühling/Seidel/Sivridis, Datenschutzrecht).

*Lachenmann, Matthias,* Datenübermittlung im Konzern, Edewecht 2016.

*Lang, Markus,* Google Search und das „Recht auf Vergessenwerden". Zugleich Kommentar zu EuGH, Urteil vom 13.5.2014 - C-131/12, K&R 2014, 502 ff., in: K&R 2014, S. 449-452.

*Lang, Markus,* Reform des EU-Datenschutzrechts. Einheitliche Regelungen mit hohem Datenschutzniveau geplant, in: K&R 2012, S. 145-151.

*Lapp, Thomas,* Soziale Medien im Spiegel des Rechts. Zusammenfassung und Fortführung der Beiträge in ITRB 1/2011 bis 7/2011, in: ITRB 2011, S. 282-286.

*Lardschneider, Michael,* Social Engineering. Eine außergewöhnliche aber höchst effiziente Security Awareness Maßnahme, in: DuD 2008, S. 574-578.

*Lauber-Rönsberg, Anne,* Internetveröffentlichungen und Medienprivileg. Verhältnis zwischen datenschutz- und medienzivilrechtlichem Persönlichkeitsschutz, in: ZD 2014, S. 177-182.

*Leible, Stefan/Müller, Michael,* Die Bedeutung von Websites für die internationale Zuständigkeit in Verbrauchersachen, in: NJW 2011, S. 495-497.

*Lepperhoff, Niels/Petersdorf, Björn/Thursch, Sabine,* Datenschutzverstöße und Vollzugsdefizite. Ergebnisse des Datenschutzbarometers 2011, in: DuD 2012, S. 195-199.

*Lepperhoff, Niels/Petersdorf, Björn/Thursch, Sabine,* Datenschutzverstöße im Internet, in: DuD 2013, S. 301-306.

*Lerch, Hana/Krause, Beate/Hotho, Andreas/Roßnagel, Alexander/Stumme, Gerd,* Social Bookmarking-Systeme – die unerkannten Datensammler. Ungewollte personenbezogene Datenverarbeitung?, in: MMR 2010, S. 454-458.

*Leucker, Franziska,* Die zehn Märchen der Datenschutzreform, in: PinG 2015, S. 195-202.

*Leupold, Andreas,* Google und der Streisand-Effekt: Das Internet vergisst nicht, in: MR-Int 2014, S. 3-6.

*Leupold, Andreas/Glossner, Silke* (Hrsg.), Münchener Anwaltshandbuch IT-Recht, 3. Aufl., München 2013 (zit.: *Autor,* in: Leupold/Glossner, Anwaltshandbuch IT-Recht).

*Leven, Ingo/Schneekloth, Ulrich,* Freizeit und Internet: Zwischen klassischem „Offline" und neuem Sozialraum, in: Shell Deutschland Holding (Hrsg.), Jugend 2015. 17. Shell

XLIII

# Literaturverzeichnis

Jugendstudie, Frankfurt am Main 2015, S. 111-152 (zit.: *Leven/Schneekloth*, in: Shell Deutschland, Jugend 2015).

*Levenson, Jessica C./Shensa, Ariel/Sidani, Jaime E./Colditz, Jason B./Primack, Brian A.*, The association between social media use and sleep disturbance among young adults, in: PM 85 (2016), S. 36-41.

*Lichtnecker, Florian*, Die Werbung in sozialen Netzwerken und mögliche hierbei auftretende Probleme, in: GRUR 2013, S. 135-140.

*Liesching, Marc/Schuster, Susanne*, Jugendschutzrecht mit JuSchG, JMStV, StGB und RStV. Kommentar, 5. Aufl., München 2011 (zit.: *Liesching/Schuster*, Jugendschutzrecht).

*Lin, Liu yi/Sidani, Jaime E./Shensa, Ariel/Radovic, Ana/Miller, Elizabeth/Colditz, Jason B./ Hoffman, Beth L./Giles, Leila M./Primack, Brian A.*, Association between Social Media Use and Depression among U.S. young Adults, in: Depression and Anxiety 33 (2016), S. 323-331.

*Lissner, Britta Iris*, Auftragsdatenverarbeitung nach der DSGVO – was kommt, was bleibt?, in: DSRITB 2016, S. 401-416.

*Lönnqvist, Jan-Erik/große Deters, Fenne*, Facebook friends, subjective well-being, social support, and personality, Computers in Human Behavior 55 (2016), S. 113-120.

*Lorenz, Bernd*, Anonymität im Internet? – Zur Abgrenzung von Diensteanbietern und Nutzern, in: VuR 2014, S. 83-90.

*Lorenz, Bernd*, Einwilligungserklärungen im Fotorecht, in: K&R 2016, S. 450-456.

*Lüdemann, Volker/Wenzel, Daniel*, Zur Funktionsfähigkeit der Datenschutzaufsicht in Deutschland, in: RDV 2015, S. 285-293.

*Luhmann, Niklas*, Die Realität der Massenmedien, 4. Aufl., Wiesbaden 2009 (zit.: *Luhmann*, Die Realität der Massenmedien).

*Lutz, Stefan*, Identifizierung von Urheberrechtsverletzern. Zulässigkeit der Ermittlung von IP-Adressen durch Anti-Piracy Firmen, in: DuD 2012, S. 584-590.

*Machill, Marcel/Beiler, Markus/Krüger, Uwe*, Das neue Gesicht der Öffentlichkeit. Wie Facebook und andere soziale Netzwerke die Meinungsbildung verändern, Düsseldorf 2013 (zit.: *Machill/Beiler/Krüger*, Das neue Gesicht der Öffentlichkeit).

*Maier, Natalie/Ossoinig, Verena*, Rechtsfragen und praktische Tipps bei der Ortung durch Smartphone-Apps, in: VuR 2015, S. 330-337.

*Maisch, Michael Marc*, Informationelle Selbstbestimmung in Netzwerken. Rechtsrahmen, Gefährdungslagen und Schutzkonzepte am Beispiel von Cloud Computing und Facebook, Berlin 2015 (zit.: *Maisch*, Informationelle Selbstbestimmung in Netzwerken).

*Maisch, Michael Marc/Seidl, Alexander*, Cloud Government: Rechtliche Herausforderungen beim Cloud Computing in der öffentlichen Verwaltung, in: VBlBW 2012, S. 7-12.

*Mallmann, Otto*, Zielfunktionen des Datenschutzes, Frankfurt am Main 1977.

*Mantz, Reto*, Störerhaftung für Datenschutzverstöße Dritter – Sperre durch DS-RL und DS-GVO?, in: ZD 2014, S. 62-66.

*Marosi, Johannes*, Mehrstufige Anbieterverhältnisse im Datenschutz: letzte Station Unionsrecht? Zugleich Kommentar zu BVerwG, Beschl. v. 25.2.2016 – 1 C 28.14, K&R 2016, 437 ff. (in diesem Heft), in: K&R 2016, S. 389-392.

*Marosi, Johannes*, One (smart) Size fits all? – Das (Datenschutz-)TMG heute – und morgen?, in: DSRITB 2016, S. 435-451.

*Marsden, Peter/Lin, Nan (Hrsg.)*, Social structure and network analysis, London 1982 (zit.: *Bearbeiter*, in: Marsden/Lin, Social structure and network analysis).

*Martini, Mario,* Der digitale Nachlass und die Herausforderung postmortalen Persönlichkeitsschutzes im Internet, in: JZ 2012, S. 1145-1155.

*Martini, Mario/Fritzsche, Saskia,* Mitverantwortung in sozialen Netzwerken. Facebook-Fanpage-Betreiber in der datenschutzrechtlichen Grauzone, in: NVwZ-Extra 2015, Nr. 21, S. 1-16.

*Masing, Johannes,* Herausforderungen des Datenschutzes, in: NJW 2012, S. 2305-2311.

*Maunz, Theodor/Dürig, Günter* (Begr.), Grundgesetz. Kommentar, Loseblatt, 77. EL, München 2016 (zit.: *Bearbeiter,* in: Maunz/Dürig, GG).

*Mayer-Schönberger, Viktor,* Delete. The Virtue of Forgetting in the Digital Age, Princeton/Oxford 2009 (zit.: *Mayer-Schönberger,* Delete).

*Meffert, Heribert/Pohlkamp, André/Böckermann, Florian,* Wettbewerbsperspektiven des Kundenmanagements im Spannungsfeld wissenschaftlicher Erkenntnisse und praktischer Exzellenz, in: Georgi, Dominik/Hadwich, Karsten (Hrsg.), Management von Kundenbeziehungen. Perspektiven – Analysen – Strategien – Instrumente, Wiesbaden 2010, S. 3-26 (zit.: *Meffert/Pohlkamp/Böckermann,* in: Georgi/Hadwich, Management von Kundenbeziehungen).

*Menzel, Hans-Joachim,* Datenschutzrechtliche Einwilligungen. Plädoyer für eine Rückkehr zur Selbstbestimmung, in: DuD 2008, S. 400-408.

*Meyer, Julia,* Identität und virtuelle Identität natürlicher Personen im Internet, Baden-Baden 2011 (zit.: *Meyer,* Identität und virtuelle Identität).

*Meyer, Jürgen* (Hrsg.), Charta der Grundrechte der Europäischen Union, 4. Aufl., Baden-Baden 2014 (zit.: *Bearbeiter,* in: Meyer, GRCh).

*Meyer, Sebastian,* Facebook: Freundefinder und AGB rechtswidrig, in: K&R 2012, S. 309-311.

*Meyerdierks, Per,* Sind IP-Adressen personenbezogene Daten?, in: MMR 2009, S. 8-13.

*Michl, Walther,* Das Verhältnis zwischen Art. 7 und Art. 8 GRCh – zur Bestimmung der Grundlage des Datenschutzgrundrechts im EU-Recht, in: DuD 2017, S. 349-353.

*Möhrke-Sobolewski, Christine/Klas, Benedikt,* Zur Gestaltung des Minderjährigendatenschutzes in digitalen Informationsdiensten, in: K&R 2016, S. 373-378.

*Monreal, Manfred,* „Der für die Verarbeitung Verantwortliche" – das unbekannte Wesen des deutschen Datenschutzrechts. Mögliche Konsequenzen aus einem deutschen Missverständnis, in: ZD 2014, S. 611-616.

*Monreal, Manfred,* Die Geheimnisse der Auftragsverarbeitung, in: PinG 2017, S. 216-226.

*Moos, Flemming,* „Geht nicht" gibt es nicht: Datennutzung als rechtliche Gestaltungsaufgabe, in: K&R 2015, Beihefter 3/2015 zu Heft 9, S. 12-16.

*Moos, Flemming,* Datenschutzrecht schnell erfasst, Berlin/Heidelberg 2006 (zit.: *Moos,* Datenschutzrecht).

*Moos, Flemming,* Die Entwicklung des Datenschutzrechts im Jahr 2007, in: K&R 2008, S. 137-145.

*Moos, Flemming,* Die Entwicklung des Datenschutzrechts im Jahr 2016, in: K&R 2017, S. 566-574.

*Moos, Flemming,* Share this – geteilte oder gemeinsame Verantwortung für Datenschutzkonformität in sozialen Netzwerken, in: ITRB 2012, S. 226-229.

*Moos, Flemming,* Unzulässiger Handel mit Persönlichkeitsprofilen? Erstellung und Vermarktung kommerzieller Datenbanken mit Personenbezug, in: MMR 2006, S. 718-723.

*Moos, Flemming,* Weniger ist mehr – ein Plädoyer für gesetzgeberische Zurückhaltung bei nationalen Begleitgesetzen zur DSGVO, in: K&R 2016, Heft 10, I.

## Literaturverzeichnis

*Moser-Knierim, Antonie,* „Facebook-Login" – datenschutzkonformer Einsatz möglich? – Einsatz von Social Plug-ins bei Authentifizierungsdiensten, in: ZD 2013, S. 263-266.

*Müller, Edda,* Datenschutz als Verbraucherschutz, in: Bäumler, Helmut/von Mutius, Albert (Hrsg.), Datenschutz als Wettbewerbsvorteil. Privacy sells: Mit modernen Datenschutzkomponenten Erfolg beim Kunden, Braunschweig/Wiesbaden 2002, S. 20-26 (zit.: *Bäumler,* in: Bäumler/v. Mutius, Datenschutz als Wettbewerbsvorteil).

*Müller-Broich, Jan D.,* Telemediengesetz, Baden-Baden 2012 (zit.: *Müller-Broich,* TMG).

*Müller-Riemenschneider, Severin/Specht, Louisa,* Share oder Like? – Zur Reichweite der Einwilligung bei der Einbindung von Facebook-Buttons, in: K&R 2014, S. 77-80.

Münchener Kommentar zum BGB, Band 1. §§ 1-240 BGB, ProstG, AGG, hrsg. v. Säcker, Franz Jürgen/Rixecker, Roland/Oetker, Hartmut/Limperg, Bettina, 7. Aufl., München 2015 (zit.: *Bearbeiter,* in: MüKo-BGB).

Münchener Kommentar zum Bürgerlichen Gesetzbuch, Band 10. Internationales Privatrecht, Europäisches Kollisionsrecht, Einführungsgesetz zum Bürgerlichen Gesetzbuche (Art. 1-24), hrsg. v. von Hein, Jan, 6. Aufl., München 2015 (zit.: *Bearbeiter,* in: MüKo-BGB).

*Murdock, George Peter,* Ethnographic Atlas: A Summary, in: Ethnology 6 (1967), Nr. 2, S. 109-236.

*Myers, David G.,* Psychologie, 3. Aufl., Berlin/Heidelberg 2014 (zit.: *Myers,* Psychologie).

*Nebel, Maxi/Richter, Philipp,* Datenschutz bei Internetdiensten nach der DS-GVO. Vergleich der deutschen Rechtslage mit dem Kommissionsentwurf, in: ZD 2012, S. 407-413.

*Neun, Andreas/Lubitzsch, Katharina,* EU-Datenschutz-Grundverordnung – Behördenvollzug und Sanktionen, in: BB 2017, S. 1538-1544.

*Niemann, Fabian/Hennrich, Thorsten,* Kontrollen in den Wolken? Auftragsdatenverarbeitung in Zeiten des Cloud Computings, in: CR 2010, S. 686-692.

*Niemann, Fabian/Paul, Jörg-Alexander,* Bewölkt oder wolkenlos – rechtliche Herausforderungen des Cloud Computings, in: K&R 2009, S. 444-452.

*Niemann, Fabian/Scholz, Philip,* Privacy by Design und Privacy by Default – Wege zu einem funktionierenden Datenschutz in Sozialen Netzwerken, in: Peters, Falk/Kersten, Heinrich/Wolfenstetter, Klaus-Dieter (Hrsg.), Innovativer Datenschutz, Berlin 2012, S. 109-145 (zit.: *Niemann/Scholz,* in: Falk/Kersten/Wolfenstetter, Innovativer Datenschutz).

*Niemann, Julia/Schenk, Michael,* Empirische Forschung: Privatheit und Öffentlichkeit auf Sozialen Netzwerkplattformen, in: Schenk, Michael/Niemann, Julia/Reinmann, Gabi/Roßnagel, Alexander (Hrsg.), Digitale Privatsphäre. Heranwachsende und Datenschutz auf Sozialen Netzwerkplattformen, Berlin 2012, S. 13-68 (zit.: *Niemann/Schenk,* in: Schenk/Niemann/Reinmann/Roßnagel, Digitale Privatsphäre).

*Niemann, Julia/Schenk, Michael,* Privatsphäre und Selbstoffenbarung auf Sozialen Netzwerkplattformen: Eine Einführung, in: Schenk, Michael/Niemann, Julia/Reinmann, Gabi/Roßnagel, Alexander (Hrsg.), Digitale Privatsphäre. Heranwachsende und Datenschutz auf Sozialen Netzwerkplattformen, Berlin 2012, S. 70-306 (zit.: *Niemann/Schenk,* in: Schenk/Niemann/Reinmann/Roßnagel, Digitale Privatsphäre).

*Nink, Judith,* Anmerkung zu EuGH: Speicherung dynamischer IP-Adressen durch Mediendienst-Anbieter, in: CR 2016, S. 794-795.

*Nink, Judith/Pohle, Jan,* Die Bestimmbarkeit des Personenbezugs. Von der IP-Adresse zum Anwendungsbereich der Datenschutzgesetze, in: MMR 2015, S. 563-567.

*Nolte, Norbert,* Das Recht zum Vergessenwerden – mehr als nur ein Hype?, in: NJW 2014, S. 2238-2242.

*Nolte, Norbert,* Zum Recht auf Vergessen im Internet. Von digitalen Radiergummis und anderen Instrumenten, in: ZRP 2011, S. 236-240.

*Oberwetter, Christian,* Soziale Netzwerke im Fadenkreuz des Arbeitsrechts, in: NJW 2011, S. 417-421.

*Ohly, Ansgar,* Verändert das Internet unsere Vorstellung von Persönlichkeit und Persönlichkeitsrecht?, in: AfP 2011, S. 428-438.

*Ohrtmann, Jan-Peter/Schwiering, Sebastian,* Big Data und Datenschutz – Rechtliche Herausforderungen und Lösungsansätze, in: NJW 2014, S. 2984-2990.

*Organisation for Economic Co-operation and Development,* Working Party on the Information Economy. Participative web: user-created content, DSTI/ICCP/IE(2006)7/FINAL, 12.07.2007, abrufbar unter http://www.oecd.org/sti/38393115.pdf (Stand 9/2018; zit.: *OECD,* Participative web: user-created content).

*Organisation for Economic Co-operation and Development,* Working Party on the Information Economy. Government at a Glance 2015 (zit.: *OECD,* Government at a Glance 2015).

*Orthwein, Matthias/Rücker, Katrin Anna,* Kann Europa von Kalifornien Datenschutz lernen? Data Breach, Do Not Track und das Recht auf Vergessen im Gesetzgebungsvergleich, in: DuD 2014, S. 613-618.

*Ott, Stephan,* Das Internet vergisst nicht – Rechtsschutz für Suchobjekte?, in: MMR 2009, S. 158-163.

*Paal, Boris P.,* Immaterialgüter, Internetmonopole und Kartellrecht, in: GRUR 2013, S. 873-881.

*Paal, Boris P./Pauly, Daniel A.* (Hrsg.), Datenschutz-Grundverordnung/Bundesdatenschutzgesetz, 2. Aufl., München 2018 (zit.: *Bearbeiter,* in: Paal/Pauly, DS-GVO/BDSG).

*Pahlen-Brandt, Ingrid,* Datenschutz braucht scharfe Instrumente. Beitrag zur Diskussion um „personenbezogene Daten", in: DuD 2008, S. 34-40.

*Pahlen-Brandt, Ingrid,* Zur Personenbezogenheit von IP-Adressen, in: K&R 2008, S. 288-291.

*Palandt, Otto* (Begr.), Bürgerliches Gesetzbuch mit Nebengesetzen, insbesondere mit Einführungsgesetz (Auszug) einschließlich Rom I-, Rom II- und Rom III-Verordnungen sowie dem Haager Unterhaltsprotokoll, Allgemeines Gleichbehandlungsgesetz (Auszug), Wohn- und Betreuungsvertragsgesetz, BGB- Informationspflichten-Verordnung, Unterlassungsklagengesetz, Produkthaftungsgesetz, Erbbaurechtsgesetz, Wohnungseigentumsgesetz, Versorgungsausgleichsgesetz, Lebenspartnerschaftsgesetz, Gewaltschutzgesetz, 75. Aufl., München 2016 (zit.: *Bearbeiter,* in: Palandt, BGB).

Paschke; Marian/Berlit, Wolfgang/Meyer, Claus (Hrsg.), Gesamtes Medienrecht. Hamburger Kommentar, 2. Aufl., Baden-Baden 2012 (zit.: *Autor,* in: Paschke/Berlit/Meyer, Medienrecht).

*Pauly, Daniel A./Ritzer, Christoph/Geppert, Nadine,* Gilt europäisches Datenschutzrecht auch für Neiderlassungen ohne Datenverarbeitung? Weitreichende Folgen für internationale Konzerne, in: ZD 2013, S. 423-426.

*Petersdorff-Campen, Thomas von,* Anmerkung zu EuGH, Urteil vom 13. Mai 2014 – C-131/12, in: ZUM 2014, S. 570-572.

*Petri, Thomas,* Auftragsdatenverarbeitung – heute und morgen. Reformüberlegungen zur Neuordnung des Europäischen Datenschutzrechts, in: ZD 2015, S. 305-309.

*Petri, Thomas,* Datenschutzrechtliche Verantwortlichkeit im Internet. Überblick und Bewertung der aktuellen Rechtsprechung, in: ZD 2015, S. 103-106.

*Pfeiffer, Annette*, Amtliche Statistik und Soziale Medien. Soziale Medien sind auch Informationskanäle, in: König, Christian/Stahl, Matthias/Wiegand, Erich (Hrsg.), Soziale Medien. Gegenstand und Instrument der Marktforschung, Wiesbaden 2014, S. 127-136 (zit.: *Pfeiffer*, in: König/Stahl/Wiegand, Soziale Medien).

*Piltz, Carlo*, Anmerkung zu LG Berlin, Urteil vom 06.03.2012 (16 O 551/10; CR 2012, 270), in: CR 2012, S. 274-275.

*Piltz, Carlo*, Der Like-Button von Facebook. Aus datenschutzrechtlicher Sicht: „gefällt mir nicht", in: CR 2011, S. 657-664.

*Piltz, Carlo*, Der räumliche Anwendungsbereich europäischen Datenschutzrechts. Nach geltendem und zukünftigem Recht, in: K&R 2013, S. 292-297.

*Piltz, Carlo*, Die Datenschutz-Grundverordnung. Teil 1: Anwendungsbereich, Definitionen und Grundlagen der Datenverarbeitung, in: K&R 2016, S. 557-567.

*Piltz, Carlo*, Die Datenschutz-Grundverordnung. Teil 2: Rechte der Betroffenen und korrespondierende Pflichten des Verantwortlichen, in: K&R 2016, S. 629-636.

*Piltz, Carlo*, Die Datenschutz-Grundverordnung. Teil 3: Rechte und Pflichten des Verantwortlichen und Auftragsverarbeiters, in: K&R 2016, S. 711-717.

*Piltz, Carlo*, Die Datenschutz-Grundverordnung. Teil 4: Internationale Datentransfers und Aufsichtsbehörden, in: K&R 2016, S. 777-784.

*Piltz, Carlo*, Die Datenschutz-Grundverordnung. Teil 5: Internationale Zusammenarbeit, Rechtsbehelfe und Sanktionen, in: K&R 2017, S. 85-93.

*Piltz, Carlo*, Nach dem Google-Urteil des EuGH: Analyse und Folgen für das Datenschutzrecht, in: K&R 2014, S. 566-570.

*Piltz, Carlo*, Rechtswahlfreiheit im Datenschutzrecht? „Diese Erklärung unterliegt deutschem Recht", in: K&R 2012, S. 640-645.

*Piltz, Carlo*, Soziale Netzwerk im Internet – Eine Gefahr für das Persönlichkeitsrecht?, Frankfurt am Main 2013 (zit.: *Piltz*, Soziale Netzwerke im Internet).

*Piltz, Carlo*, Störerhaftung im Datenschutzrecht?, in: K&R 2014, S. 80-85.

*Pindyck, Robert/Rubinfeld, Daniel*, Mikroökonomie, 7. Aufl., München.

*Piras, Gabriella/Stieglmeier, Henry*, § 110 BGB im Zeichen der Zeit, in: JA 2014, S. 893-896.

*Plath, Kai-Uwe* (Hrsg.), DSGVO/BDSG. Kommentar zu DSGVO, BDSG und den Datenschutzbestimmungen des TMG und TKG, 3. Auflage, Köln 2018 (zit.: *Bearbeiter*, in: Plath, DSGVO/BDSG).

*Pohl, Dirk*, Durchsetzungsdefizite der DSGVO? Der schmale Grat zwischen Flexibilität und Unbestimmtheit, in: PinG 2017, S. 85-91.

*Polenz, Sven*, Die Datenverarbeitung durch und via Facebook auf dem Prüfstand, in: VuR 2012, S. 207-213.

*Pollmann, Maren/Kipker, Dennis-Kenji*, Informierte Einwilligung in der Online-Welt, in: DuD 2016, S. 378-381.

*Pötzl, Norbert f.*, Anarchie im Netz. Einfallstor in die Privatsphäre, in: Spiegel Special 3/2007, S. 52-58.

*Prantl, Heribert*, Weltweiter Datenschutz und zukünftiger Schutz der Grundrechte, in: DuD 2016, S. 347-353.

*PricewaterhouseCoopers* (Hrsg.), Bereit für Social Media? Das Social-Media-Barometer, Oktober 2012, abrufbar unter https://www.tns-emnid.com/studien/pdf/studie_social_media_barometer.pdf (Stand: 9/2018; zit.: *PwC*, Bereit für Social Media?).

*Ramonet, Ignacio,* Die Kommunikationsfalle. Macht und Mythen der Medien, Zürich 1999 (zit.: *Ramonet,* Die Kommunikationsfalle).

*Rauda, Christian,* Gemeinsamkeiten von US Children Online Privacy Protection Act (COPPA) und DS-GVO. Zustimmungserfordernis der Eltern zur Verarbeitung von Daten Minderjähriger, in: MMR 2017, S. 15-19.

*Redeker, Helmut,* IT-Recht, 5. Aufl., München 2012 (zit.: *Redeker,* IT-Recht).

*Reding, Viviane,* Sieben Grundbausteine der europäischen Datenschutzreform, in: ZD 2012, S. 195-198.

*Reichert, Ramón,* Die Macht der Vielen. Über den neuen Kult der digitalen Vernetzung, Bielefeld 2013 (zit.: *Reichert,* Die Macht der Vielen).

*Reimer, Helmut,* Einheitliches Datenschutzrecht in Europa durch Verordnung?, in: DuD 2012, S. 139-140

*Reimer, Helmut,* Soziale Netzwerke und europäischer Datenschutz, in: DuD 2009, S. 624.

*Rempe, Christoph,* Marktmachtmissbrauch durch Datenschutzverstöße, in: K&R 2017, S. 149-153.

*Richter, Alexander/Koch, Michael,* Funktionen von Social-Networking-Diensten, in: Bichler, Martin/Hess, Thomas/Krcmar, Helmut/Lechner, Ulrike/Matthes, Florian/Picot, Arnold/ Speitkamp, Benjamin/Wolf, Petra (Hrsg.), Multikonferenz Wirtschaftsinformatik, MKWI 2008, München, 26.2.2008 - 28.2.2008, Proceedings, Berlin 2008, S. 1239-1250 (zit.: *Richter/Koch,* in: Bichler et al., Multikonferenz Wirtschaftsinformatik 2008).

*Richter, Frederick,* Datenumgangskompetenz. Souveränität beim sicheren Umgang braucht Wissensvermittlung, in: DuD 2014, S. 367-369.

*Richter, Philipp,* Big Data, Statistik und die Datenschutz-Grundverordnung, in: DuD 2016, S. 581-586.

*Richter, Philipp,* Datenschutz zwecklos? – Das Prinzip der Zweckbindung im Ratsentwurf der DSGVO, in: DuD 2015, S. 735-740.

*Richter, Philipp,* Ein anonymes Impressum? Profile in sozialen Netzwerken zwischen Anbieterkennzeichnung und Datenschutz, in: MMR 2014, S. 517-521.

*Riesenhuber, Karl,* Die Einwilligung des Arbeitnehmers im Datenschutzrecht, RdA 2011, S. 257-265.

*Rogosch, Patricia Maria,* Die Einwilligung im Datenschutzrecht, Baden-Baden 2013 (zit.: *Rogosch,* Die Einwilligung im Datenschutzrecht).

*Ronellenfitsch, Michael,* Fortentwicklung des Datenschutzes. Die Pläne der Europäischen Kommission, in: DuD 2012, S. 561-563.

*Roßnagel, Alexander* (Hrsg.), Beck'scher Kommentar zum Recht der Telemediendienste, München 2013 (zit. *Bearbeiter,* in: Roßnagel, TMG).

*Roßnagel, Alexander* (Hrsg.), Europäische Datenschutz-Grundverordnung. Vorrang des Unionsrechts – Anwendbarkeit des nationalen Rechts, Baden-Baden 2017 (zit.: *Autor,* in: Roßnagel, Europäische Datenschutz-Grundverordnung).

*Roßnagel, Alexander* (Hrsg.), Handbuch Datenschutzrecht. Die neuen Grundlagen für Wirtschaft und Verwaltung (zit.: *Autor,* in: Roßnagel, Handbuch Datenschutzrecht).

*Roßnagel, Alexander,* Big Data – Small Privacy? Konzeptionelle Herausforderungen für das Datenschutzrecht, in: ZD 2013, S. 562-566.

*Roßnagel, Alexander,* Datenschutz in einem informatisierten Alltag, Berlin 2007 (zit.: *Roßnagel,* Datenschutz in einem informatisierten Alltag).

*Roßnagel, Alexander,* Gesetzgebung im Rahmen der Datenschutz-Grundverordnung. Aufgaben und Spielräume des deutschen Gesetzgebers?, in: DuD 2017, S. 277-281.

# Literaturverzeichnis

*Roßnagel, Alexander,* Modernisierung des Datenschutzrechts. Gutachten im Auftrag des Bundesministeriums des Innern, hrsg. v. Bundesministerium des Innern, Berlin 2001 (zit.: *Roßnagel,* Modernisierung des Datenschutzrechts).

*Roßnagel, Alexander,* Selbst- oder Fremdbestimmung – Die Zukunft des Datenschutzes, in: Roßnagel, Alexander/Sommerlatte, Tom/Winand, Udo (Hrsg.), Digitale Visionen. Zur Gestaltung allgegenwärtiger Informationstechnologien, Berlin/Heidelberg/New York 2008, S. 123-163 (zit.: *Roßnagel,* in: Roßnagel/Sommerlatte/Winand, Digitale Visionen)

*Roßnagel, Alexander,* Wie zukunftsfähig ist die Datenschutz-Grundverordnung? Welche Antworten bietet sie für die neuen Herausforderungen des Datenschutzrechts?, in: DuD 2016, S. 561-565.

*Roßnagel, Alexander/Banzhaf, Jürgen/Grimm, Rüdiger* (Hrsg.), Datenschutz im Electronic Commerce. Technik – Recht – Praxis, Frankfurt am Main 2003 (zit.: *Autor,* in: Roßnagel/Banzhaf/Grimm, Datenschutz im eCommerce).

*Roßnagel, Alexander/Nebel, Maxi/Richter, Philipp,* Was bleibt vom Europäischen Datenschutzrecht? Überlegungen zum Ratsentwurf der DS-GVO, in: ZD 2015, S. 455-460.

*Roßnagel, Alexander/Richter, Philipp/Nebel, Maxi,* Besserer Internetdatenschutz für Europa. Vorschläge zur Spezifizierung der DS-GVO, in: ZD 2013, S. 103-108.

*Roßnagel, Alexander/Scholz, Philip,* Datenschutz durch Anonymität und Pseudonymität. Rechtsfolgen der Verwendung anonymer und pseudonymer Daten, in: MMR 2000, S. 721-731.

*Rost, Martin/Bock, Kirsten,* Privacy By Design und die Neuen Schutzziele. Grundsätze, Ziele und Anforderungen, in: DuD 2011, S. 30-35.

*Rothmann, Robert/Buchner, Benedikt,* Der typische Facebook-Nutzer zwischen Recht und Realität. Zugleich eine Anmerkung zu LG Berlin v. 16.01.2018, in: DuD 2018, S. 342-346.

*Rüdiger, Thomas-Gabriel,* Cybergrooming in virtuellen Welten – Chancen für Sexualtäter?, in: DP 2012, Heft 2, S. 29-36.

*Ruppel, Karl-Ludwig,* Persönlichkeitsrechte an Daten? Deliktsrechtlicher Datenschutz nach § 823 Abs. 1 BGB zwischen informationeller Selbstbestimmung, Rechtsgüterschutz und Eingriffstypisierung, Würzburg 2001 (zit.: *Ruppel,* Persönlichkeitsrechte an Daten).

*Säcker, Franz Jürgen* (Hrsg.), Telekommunikationsgesetz, 3. Aufl., Frankfurt am Main 2013 (zit.: *Bearbeiter,* in: Säcker, TKG).

*Saeltzer, Gerhard,* Sind diese Daten personenbezogen oder nicht? Wie der Personenbezug von Daten, auch biometrischen, sich fundiert prüfen lässt…, in: DuD 2004, S. 218-227.

*Sagioglou, Christina/Greitemeyer, Tobias,* Facebook's emotional consequences: Why Facebook causes a decrease in mood and why people still use it, in: Computers in Human Behavior 35 (2014), S. 359-363.

*Schaar, Peter,* Datenschutzrechtliche Einwilligung im Internet, in: MMR 2001, S. 644-648.

*Schaffland, Hans-Jürgen/Wiltfang, Noeme,* Bundesdatenschutzgesetz, Loseblatt, Stand: April 2016, München 2016 (zit.: *Schaffland/Wiltfang,* BDSG).

*Schantz, Peter,* Die Datenschutz-Grundverordnung – Beginn einer neuen Zeitrechnung im Datenschutzrecht, in: NJW 2016, S. 1841-1847.

*Schantz, Peter/Wolff, Heinrich Amadeus,* Das neue Datenschutzrecht. Datenschutz-Grundverordnung und Bundesdatenschutzgesetz in der Praxis, München 2017 (zit.: *Bearbeiter,* in: Schantz/Wolff, Das neue DatenschutzR).

*Scheben, Barbara/Klos, Christian,* Analyse von Chatprotokollen und E-Mails – Was ist erlaubt? Was ist verwertbar?, in: CCZ 2013, S. 88-93.

*Scheffler, Hartmut,* Soziale Medien. Einführung in das Thema aus Sicht der Marktforschung, in: König, Christian/Stahl, Matthias/Wiegand, Erich (Hrsg.), Soziale Medien. Gegenstand und Instrument der Marktforschung, Wiesbaden 2014, S. 13-28 (zit.: *Scheffler,* in: König/Stahl/Wiegand, Soziale Medien).

*Schefzig, Jens,* Big Data = Personal Data? Der Personenbezug von Daten bei Big-Data-Analysen, in: K&R 2014, S. 772-778.

*Schild, Hans-Hermann/Tinnefeld, Marie-Theres,* Datenverarbeitung im internationalen Konzern. Eine Betrachtung im Lichte des Einsatzes von SAP, in: DuD 2011, 629-633.

*Schleipfer, Stefan,* Datenschutzkonformes Webtracking nach Wegfall des TMG. Was bringen die DS-GVO und die ePrivacy-Verordnung?, in: ZD 2017, S. 460-466.

*Schmidt, Jan-Hinrik,* Persönliche Öffentlichkeiten und politische Kommunikation im Social Web, in: Ziegler, Béatrice/Wälti, Nicole (Hrsg.): Wahl-Probleme der Demokratie, Zürich 2012, S. 137-147 (zit.: *Schmidt,* in: Ziegler/Wälti, Wahl-Probleme der Demokratie).

*Schnabel, Christoph/Freund, Bernhard,* „Ach wie gut, dass niemand weiß ..." – Selbstdatenschutz bei der Nutzung von Telemedienangeboten, in: CR 2010, S. 718-721.

*Schneider, Jochen,* Datenschutz-Grundverordnung. Überlegungen zu einer Neugestaltung des Datenschutzrechts, in: ITRB 2012, S. 180-186.

*Schneider, Jochen,* Hemmnis für einen modernen Datenschutz: Das Verbotsprinzip. Modernisierung des BDSG mit einem neuen Ansatz – und mit 12 Thesen zu einem Stufenmodell, in: AnwBl 2011, S. 233-239.

*Schneider, Jochen,* Rechtsfragen von Social Networks. Einführung zur Beitragsreihe, in: ITRB 2011, S. 10-11.

*Schneider, Jochen,* Schließt Art. 9 DS-GVO die Zulässigkeit der Verarbeitung bei Big Data aus? Überlegungen, wie weit die Untersagung bei besonderen Datenkategorien reicht, in: ZD 2017, S. 303-308.

*Schneider, Jochen/Härting, Niko,* Warum wir ein neues BDSG brauchen - Kritischer Beitrag zum BDSG und dessen Defiziten, in: ZD 2011, S. 63-68.

*Schneider, Jochen/Härting, Niko,* Wird der Datenschutz nun endlich internettauglich? Warum der Entwurf einer Datenschutz-Grundverordnung enttäuscht, in: ZD 2012, S. 199-203.

*Schneider, Mathias,* WhatsApp & Co. – Dilemma um anwendbare Datenschutzregeln. Problemstellung und Handlungsbedarf bei Smartphone-Messengern, in: ZD 2014, S. 231-237.

*Schneider/Härting,* Datenschutz in Europa – Plädoyer für einen Neubeginn. Zehn „Navigationsempfehlungen", damit das EU-Datenschutzrecht internettauglich und effektiv wird, in: CR 2014, S. 306-312.

*Scholz, Philip,* Datenschutz beim Internet-Einkauf. Gefährdungen – Anforderungen – Gestaltungen, Baden-Baden 2003 (zit.: *Scholz,* Datenschutz beim Internet-Einkauf).

*Schubert, Karin,* Anmerkung zu EuGH, Urteil vom 13.5.2014 – C-131/12. Datenlöschungsanspruch gegenüber Suchmaschinen – „Recht auf Vergessenwerden", in: NJ 2014, S. 381.

*Schucan, Jürg,* Datenbanken und Persönlichkeitsschutz, Zürich 1977.

*Schultze-Melling, Jyn,* Ein Datenschutzrecht für Europa – eine schöne Utopie oder irgendwann ein gelungenes europäisches Experiment?, in: ZD 2012, S. 97-98.

*Schulz, Andreas D.,* Nutzung und Datenschutzpraxis im studiVZ. Eine Untersuchung zum Selbstdatenschutz, in: DuD 2012, S. 262-269.

*Schulz, Carsten/Rosenkranz, Timo,* Cloud Computing – Bedarfsorientierte Nutzung von IT-Ressourcen, in: ITRB 2009, S. 232-236.

*Schulz, Sönke E.,* Cloud Computing in der öffentlichen Verwaltung. Chancen – Risiken – Modelle, in: MMR 2010, S. 75-80.

## Literaturverzeichnis

*Schüßler, Lennart,* Facebook und der wilde Westen – Soziale Netzwerke und Datenschutz, in: DSRITB 2010, S. 233-252.

*Schütze, Bernd/Spyra, Gerald,* DS-GVO - Was ändert sich im Gesundheitswesen?, in: RDV 2016, S. 285-294.

*Schwartmann, Rolf/Jaspers, Andreas/Thüsing, Gregor/Kugelmann, Dieter* (Hrsg.), Datenschutz-Grundverordnung/Bundesdatenschutzgesetz, Heidelberg 2018 (zit.: *Bearbeiter,* in: Schwartmann/Jaspers/Thüsing/Kugelmann, DS-GVO/BDSG).

*Schwartmann, Rolf/Ohr, Sara,* Recht der sozialen Medien, Heidelberg 2015 (zit.: *Schwartmann/Ohr,* Recht der sozialen Medien).

*Schwenke, Matthias Christoph,* Individualisierung und Datenschutz. Rechtskonformer Umgang mit personenbezogenen Daten im Kontext der Individualisierung, Wiesbaden 2006 (zit. *Schwenke,* Individualisierung und Datenschutz).

*Seemann, Michael,* Das neue Spiel – Strategien für die Welt, Freiburg 2014 (zit.: *Seemann,* Das neue Spiel).

*Shils, Edward,* Privacy: Its Constitution and Vicissitudes, in: L&CP 31 (1966), Nr. 2, S. 281-306.

*Simitis, Spiros (Hrsg.),* Bundesdatenschutzgesetz, 8. Auflage, Baden-Baden 2015 (zit.: Bearbeiter, in: Simitis, BDSG).

*Simitis, Spiros,* „Sensitive Daten" – Zur Geschichte und Wirkung einer Fiktion, in: Brem, Ernst/Druey, Jean N./Kramer, Ernst A./Schwander, Ivo (Hrsg.), Festschrift zum 65. Geburtstag von Mario M. Pedrazzini, Bern 1990, S. 469-494 (zit.: *Simitis,* in: Brem/Druey/Kramer/Schwander, FS Pedrazzini).

*Sperlich, Tim,* Das Recht auf Datenübertragbarkeit, in: DuD 2017, S. 377.

*Specht, Louisa,* Konsequenzen der Ökonomisierung informationeller Selbstbestimmung: Die zivilrechtliche Erfassung des Datenhandels, Köln 2012 (zit.: *Specht,* Ökonomisierung informationeller Selbstbestimmung).

*Spiecker gen. Döhmann, Indra,* Datenschutzrechtliche Fragen und Antworten in Bezug auf Panorama-Abbildungen im Internet. Google Street View und die Aussichten, in: CR 2010, S. 311-318.

*Spiecker gen. Döhmann, Indra,* Die Durchsetzung datenschutzrechtlicher Mindestanforderungen bei Facebook und anderen sozialen Netzwerken. Überlegungen zu Vollzugsdefiziten im Datenschutzrecht, in: K&R 2012, S. 717-725.

*Spiecker gen. Döhmann, Indra,* Kommunikation als Herausforderung: Neue Wege für Datenschutz. Für Masseneingriffe bei sozialen Netzwerken im Internet reicht Stiftung Datenschutz nicht, in: AnwBl 2011, S. 256-258.

*Spiecker gen. Döhmann,* Steuerung im Datenschutzrecht – Ein Recht auf Vergessen wider Vollzugsdefizite und Typisierung?, in: KritV 2014, S. 28-43.

*Spindler, Gerald,* Die neue EU-Datenschutz-Grundverordnung, in: DB 2016, S. 937-947.

*Spindler, Gerald,* Durchbruch für ein Recht auf Vergessen(werden)? – Die Entscheidung des EuGH in Sachen Google Spain und ihre Auswirkungen auf das Datenschutz- und Zivilrecht, in: JZ 2014, S. 981-991.

*Spindler, Gerald,* Gutachten F zum 69. Deutschen Juristentag. Persönlichkeitsschutz im Internet – Anforderungen und Grenzen einer Regulierung, München 2012.

*Spindler, Gerald/Schuster, Fabian* (Hrsg.), Recht der elektronischen Medien. Kommentar, 3. Aufl., München 2015 (zit.: *Bearbeiter,* in: Spindler/Schuster, Recht der elektronischen Medien).

*Spittka, Jan,* „Informationsrecht – Geschichte und Zukunft einer neuen Disziplin", in: MMR 2008, Heft 7, XXX-XXXI.

*Spittka, Jan/Wybitul, Tim,* Anmerkung zu EuGH, Urteil vom 1.10.2015 – C-230/14, in: NJW 2015, S. 3640-3641.

*Splittgerber, Andreas (Hrsg.),* Praxishandbuch Rechtsfragen Social Media, Berlin/Boston 2014 (zit.: *Autor,* in: Splittgerber, Rechtsfragen Social Media).

*Splittgerber, Andreas/Rockstroh, Sebastian,* Sicher durch die Cloud navigieren – Vertragsgestaltung beim Cloud Computing, in: BB 2011, S. 2179-2185.

*Stadler, Thomas,* Verstoßen Facebook und Google Plus gegen deutsches Recht? - Ausschluss von Pseudonymen auf Social-Media-Plattformen, in: ZD 2011, S. 57-59.

*Stegbauer, Christian,* Beziehungsnetzwerke im Internet, in: Weyer, Johannes (Hrsg.), Soziale Netzwerke: Konzepte und Methoden der sozialwissenschaftlichen Netzwerkforschung, 2. Aufl., München 2011, S. 249-274 (zit.: *Stegbauer,* in: Weyer, Soziale Netzwerke).

*Stegbauer, Christian,* Weak und Strong Ties. Freundschaft aus netzwerktheoretischer Perspektive, in: Stegbauer, Christian (Hrsg.), Netzwerkanalyse und Netzwerktheorie. Ein neues Paradigma in den Sozialwissenschaften, 2. Auflage, Wiesbaden 2010, S. 105-120 (zit.: *Stegbauer,* in: Stegbauer, Netzwerkanalyse und Netzwerktheorie).

*Stiemerling, Oliver/Hartung, Jürgen,* Datenschutz und Verschlüsselung. Wie belastbar ist Verschlüsselung gegenüber dem Anwendungsbereich des Datenschutzrechts?, in: CR 2012, S. 60-68.

*Stiemerling, Oliver/Lachenmann, Matthias,* Erhebung personenbezogener Daten beim Aufruf von Webseiten. Notwendige Informationen in Datenschutzerklärungen, in: ZD 2014, S. 133-136.

*Streinz, Rudolf* (Hrsg.), EUV/AEUV. Vertrag über die Europäische Union und Vertrag über die Arbeitsweise der Europäischen Union, 2. Aufl., München 2012 (zit.: *Bearbeiter,* in: Streinz, EUV/AEUV).

*Strubel, Michael,* Anwendungsbereich des Rechts auf Datenübertragbarkeit. Auslegung des Art. 20 DS-GVO unter Berücksichtigung der Guidelines der Art. 29-Datenschutzgruppe, in: ZD 2017, S. 355-361.

*Sunstein, Cass R.,* Nudging: A Very Short Guide, Preliminary draft, 22.09.2014, abrufbar unter https://dash.harvard.edu/bitstream/handle/1/16205305/shortguide9_22.pdf?sequence=4 (Stand: 9/2018; zit.: *Sunstein,* Nudging).

*Supp, Barbara,* Das Fest. Ortstermin: Wie sich die CDU im norddeutschen Dorf Hasloh auf die eventuelle Invasion der Facebook-Menschen vorbereitet, in: Spiegel 30/2011, S. 55.

*Sutschet, Holger,* Auftragsdatenverarbeitung und Funktionsübertragung, in: RDV 2004, S. 97-104.

*Sydow, Gernot* (Hrsg.), Europäische Datenschutz-Grundverordnung. Handkommentar, 2. Aufl., Baden-Baden 2018 (zit.: *Bearbeiter,* in: Sydow, DSGVO).

*Taeger, Jürgen,* Datenschutzrecht. Einführung, 2. Aufl., Frankfurt am Main 2013 (zit.: *Taeger,* Datenschutzrecht).

*Taeger, Jürgen/Gabel, Detlef* (Hrsg.), BDSG und Datenschutzvorschriften des TKG und TMG, 2. Aufl., Frankfurt am Main 2013 (zit.: *Bearbeiter,* in: Taeger/Gabel, BDSG).

*Taeger, Jürgen/Gabel, Detlef* (Hrsg.), EU-DSGVO und BDSG 2018, 3. Aufl., Frankfurt am Main 2019 (zit.: *Bearbeiter,* in: Taeger/Gabel, DSGVO).

*Tanenbaum, Andrew S./Wetherall, David J.,* Computer Networks, 5. Aufl., New Jersey 2010 (zit.: *Tanenbaum/Wetherall,* Computer Networks).

*Telle, Sebastian,* Konditionenmissbrauch durch Ausplünderung von Plattform-Nutzerdaten. Kartellrechtliche Bewertung des Vorwurfs exzessiver Datenerhebung durch Online-

Literaturverzeichnis

Plattformen aus Anlass der Ermittlungen des Bundeskartellamts gegenüber Facebook, in: WRP 2016, S. 814-820.
*Thaler, Richard H./Sunstein, Cass R.,* Nudge. Wie man kluge Entscheidungen anstößt, 2. Auflage, Berlin 2009 (zit.: *Thaler/Sunstein,* Nudge).
*Tinnefeld, Marie-Theres/Conrad, Isabell,* Die selbstbestimmte Einwilligung im europäischen Recht. Voraussetzungen und Probleme, in: ZD 2018, S. 391-398.
*Tscherwinka, Ralf,* Soziale Medien – Gegenstand und Instrument der Forschung. Rechtliche Aspekte, in: König, Christian/Stahl, Matthias/Wiegand, Erich (Hrsg.), Soziale Medien. Gegenstand und Instrument der Forschung, Wiesbaden 2014, S. 195-238 (zit.: *Tscherwinka,* in: König/Stahl/Wiegand, Soziale Medien).

*Unabhängiges Zentrum für Landesdatenschutz Schleswig-Holstein,* Datenschutzrechtliche Bewertung der Reichweitenanalyse durch Facebook, 19.08.2011, abrufbar unter https://www.datenschutzzentrum.de/facebook/ (Stand: 9/2018; zit.: *ULD,* Reichweitenanalyse durch Facebook).
*Unabhängiges Zentrum für Landesdatenschutz Schleswig-Holstein,* Soziale Netzwerke: Wo hört der Spaß auf? Fragen und Antworten zu Facebook & Co., Juni 2012, abrufbar unter https://www.datenschutzzentrum.de/artikel/572-Soziale-Netzwerke-Wo-hoert-der-Spass-auf.html (Stand: 9/2018; zit.: *ULD,* Soziale Netzwerke).
*Unabhängiges Zentrum für Landesdatenschutz Schleswig-Holstein,* Wer ist datenschutzrechtlich verantwortlich für Facebook-Fanpages und Social-Plugins?, 30.09.2011, abrufbar unter https://www.datenschutzzentrum.de/facebook/ (Stand: 9/2018; zit.: *ULD,* Facebook-Fanpages und Social-Plugins).
*Unseld, Florian,* Die Kommerzialisierung personenbezogener Daten, München 2010 (zit.: *Unseld,* Die Kommerzialisierung personenbezogener Daten).

*van Eimeren, Birgit/Frees, Beate,* Ergebnisse der ARD/ZDF-Onlinestudie 2013. Rasanter Anstieg des Internetkonsums – Onliner fast drei Stunden täglich im Netz, in: Media Perspektiven 2013, S. 358-372.
*van Eimeren, Birgit/Frees, Beate,* Rasanter Anstieg des Internetkonsums – Onliner fast drei Stunden täglich im Netz, in: Media Perspektiven 2013, S. 358-372.
*Veil, Winfried,* Einwilligung oder berechtigtes Interesse? – Datenverarbeitung zwischen Skylla und Charybdis, in: NJW 2018, S. 3337-3344.
*Veil, Winfried,* DS-GVO: Risikobasierter Ansatz statt rigides Verbotsprinzip. Eine erste Bestandsaufnahme, in: ZD 2015, S. 347-353.
*Venzke, Sven,* Social Media Marketing. Eine datenschutzrechtliche Orientierungshilfe, in: DuD 2011, S. 387-393.
*Venzke-Caprarese, Sven,* Social Media Monitoring. Analyse und Profiling ohne Grenzen?, in: DuD 2013, S. 775-779.
*Verbraucherzentrale Bundesverband e. V. (Hrsg.),* Auf die Voreinstellung kommt es an. Mehr Datenschutz – weniger Stress, 04.10.2011, abrufbar unter https://www.vzbv.de/dokument/auf-die-voreinstellung-kommt-es (Stand: 9/2018; zit.: *vzbv,* Auf die Voreinstellung kommt es an).
*Voigt, Dennis/Skistims, Hendrik,* BB-Kommentar „Aus Gründen der Rechtsklarheit und der Rechtssicherheit sollte der Gesetzgeber die datenschutzrechtlichen Regelungen im TMG aufheben", in: BB 2016, S. 2834.
*Voigt, Paul,* Internationale Anwendbarkeit des deutschen Datenschutzrechts. Eine Darstellung anhand verschiedener Fallgruppen, in: ZD 2014, S. 15-21.

*Voigt, Paul,* Konzerninterner Datentransfer. Praxisanleitung zur Schaffung eines Konzernprivilegs, in: CR 2017, S. 428-433.

*Voigt, Paul/Alich, Stefan,* Facebook-Like-Button und Co. – Datenschutzrechtliche Verantwortlichkeit der Webseitenbetreiber, in: NJW 2011, S. 3241-3544.

*Vollmer, Randolph,* Die soziale Gravitation von Familie und Beruf, in: Hondrich, Karl Otto/Vollmer, Randolph (Hrsg.), Bedürfnisse im Wandel. Theorie, Zeitdiagnose, Forschungsergebnisse, Opladen 1983, S. 124-152 (zit.: *Vollmer,* in: Hondrich/Vollmer, Bedürfnisse im Wandel).

*von der Groeben, Hans/Schwarze, Jürgen/Hatje, Armin* (Hrsg.), Europäisches Unionsrecht. Vertrag über die Europäische Union, Vertrag über die Arbeitsweise der Europäischen Union, Charta der Grundrechte der Europäischen Union, 7. Aufl., Baden-Baden 2015 (zit.: *Bearbeiter,* in: von der Groeben/Schwarze/Hatje, Europäisches Unionsrecht).

*von Grafenstein, Maximilian,* Das Zweckbindungsprinzip zwischen Innovationsoffenheit und Rechtssicherheit. Zur mangelnden Differenzierung der Rechtsgüterbetroffenheit in der Datenschutzgrund-VO, in: DuD 2015, S. 789-795.

*von Holleben, Kevin Max/Knaut, Johannes,* Die Zukunft der Auftragsverarbeitung – Privilegierung, Haftung, Sanktion und Datenübermittlung mit Auslandsbezug unter der DSGVO, in: CR 2017, S. 299-306.

*von Staudinger, Julius* (Begr.), BGB, Buch 1. Allgemeiner Teil, §§ 90-124; §§ 130-133 (Allgemeiner Teil 3), 14. Aufl., Berlin 2012 (zit.: *Bearbeiter,* in: Staudinger, BGB).

*von Staudinger, Julius* (Begr.), BGB, Buch 2. Buch 2: Recht der Schuldverhältnisse, §§ 823 A-D (Unerlaubte Handlungen 1 - Rechtsgüter und Rechte; Persönlichkeitsrecht; Gewerbebetrieb), Berlin 2017 (zit.: *Bearbeiter,* in: Staudinger, BGB).

*von Zimmermann, Georg,* Die Einwilligung im Internet, Berlin 2014.

*Voskamp, Friederike/Kipker, Dennis-Kenji,* Virtueller Pranger Internet. „Shitstorm" und „Cybermobbing" als Bühne für die Meinungsfreiheit? – Providerpflichten nach der BGH-Rechtsprechung, in: DuD 2013, S. 787-790.

*Vulin, Danica,* Ist das deutsche datenschutzrechtliche Schriftformerfordernis zu viel des Guten? Überlegungen zur Umsetzung der europäischen Vorgaben im BDSG, in: ZD 2012, S. 414-418.

*Wagner, Edgar,* Datenschutz als Bildungsauftrag, in: DuD 2012, S. 83-87.

*Wampfler, Philippe,* Facebook, Blogs und Wikis in der Schule. Ein Social-Media-Leitfaden, Göttingen 2013 (zit.: *Wampfler,* Facebook, Blogs und Wikis).

*Wandtke, Artur-Axel,* Ökonomischer Wert von persönlichen Daten. Diskussion des „Warencharakters" von Daten persönlichkeits- und urheberrechtlicher Sicht, in: MMR 2017, S. 6-12.

*Wandtke, Artur-Axel/Bullinger, Winfried,* UrhR. Praxiskommentar zum Urheberrecht, 4. Aufl., München 2014 (zit.: *Bearbeiter,* in: Wandtke/Bullinger, UrhG).

*Wang, Yang/Leon, Pedro Giovanni/Acquisti, Alessandro/Cranor, Lorrie Faith/Forget, Alain/Sadeh, Norman,* A Field Trial of Privacy Nudges for Facebook, in: Association for Computing Machinery, Special Interest Group on Computer-Human Interaction (Hrsg.), CHI ‚14. Proceedings of the SIGCHI Conference on Human Factors in Computing Systems, New York 2014, S. 2367-2376 (zit.: *Wang/Leon/Acquisti/Cranor/Forget/Sadeh,* in: ACM SIGCHI, CHI '14 Proceedings).

*Wang, Yang/Leon, Pedro Giovanni/Scott, Kevin/Chen, Xiaoxuan/Acquisti, Alessandro/Cranor, Lorrie Faith,* Privacy Nudges for Social Media: An Exploratory Facebook Study, in: International World Wide Web Conference Committee (Hrsg.), WWW ‚13 Companion

Literaturverzeichnis

Proceedings of the 22nd International Conference on World Wide Web, S. 763-770 (zit.: *Wang/Leon/Scott/Chen/Acquisti/Cranor*, in: IW3C2, WWW '13 Proceedings).
*Warren, Samuel D./Brandeis, Louis D.*, Das Recht auf Privatheit – The Right to Privacy, in: DuD 2012, S. 755-766.
*Warren, Samuel D./Brandeis, Louis D.*, The Right to Privacy, in: HarvLRev 4 (1890), Nr. 5, S. 193-219.
*Wasserman, Stanley/Faust, Katherine*, Social Network Analysis. Methods and Applications, Cambridge 1994 (zit.: *Wasserman/Faust*, Social Network Analysis).
*Weichert, Thilo*, Big Data und Datenschutz. Chancen und Risiken einer neuen Form der Datenanalyse, in: ZD 2013, S. 251-259.
*Weichert, Thilo*, Cloud Computing und Datenschutz, in: DuD 2010, S. 679-687.
*Weichert, Thilo*, Datenschutz bei Internetveröffentlichungen, in: VuR 2009, S. 323-330.
*Weichert, Thilo*, Datenschutzverstoß als Geschäftsmodell – der Fall Facebook, in: DuD 2012, S. 716-721.
*Weichert, Thilo*, Der Personenbezug von Geodaten, in: DuD 2007, S. 113-119.
*Weichert, Thilo*, Geodaten – datenschutzrechtliche Erfahrungen, Erwartungen und Empfehlungen, in: DuD 2009, S. 347-352.
*Weichert, Thilo*, Informationstechnische Arbeitsteilung und datenschutzrechtliche Verantwortung. Plädoyer für eine Mitverantwortlichkeit bei der Verarbeitung von Nutzungsdaten, in: ZD 2014, S. 605-610.
*Wendehorst, Christiane/Graf von Westphalen, Friedrich*, Das Verhältnis zwischen Datenschutz-Grundverordnung und AGB-Recht, in: NJW 2016, S. 3745-3750.
*Werkmeister, Christoph/Brandt, Elena*, Datenschutzrechtliche Herausforderungen für Big Data, in: CR 2016, S. 233-238.
*Wieczorek, Mirko*, Der räumliche Anwendungsbereich der EU-Datenschutz-Grundverordnung, in: DuD 2013, S. 644-649.
*Wiedmann, Daniel/Jäger, Tobias*, Bundeskartellamt gegen Facebook: Marktmachtmissbrauch durch Datenschutzverstöße?, in: K&R 2016, S. 217-220.
*Wintermeier, Martin*, Inanspruchnahme sozialer Netzwerke durch Minderjährige. Datenschutz aus dem Blickwinkel des Vertragsrechts, in: ZD 2012, S. 210-214.
*Wissenschaftlicher Dienst des Deutschen Bundestages,* Ausarbeitung WD 3 – 3000 – 306/11 neu, Die Verletzung datenschutzrechtlicher Bestimmungen durch sogenannte Facebook Fanpages und Social-Plugins. Zum Arbeitspapier des Unabhängigen Landeszentrums für Datenschutz Schleswig-Holstein, aktualisierte Fassung vom 07.10.2011, abrufbar unter https://www.datenschutzzentrum.de/facebook/ (Stand: 9/2018; zit.: *Wissenschaftlicher Dienst des Deutschen Bundestages*, Die Verletzung datenschutzrechtlicher Bestimmungen durch Facebook-Fanpages und Social-Plugins).
*Wissenschaftlicher Dienst des Schleswig-Holsteinischen Landtags*, Umdruck 17/2988, „Facebook-Kampagne" des ULD, abrufbar unter http://www.landtag.ltsh.de/infothek/wahl17/umdrucke/2900/umdruck-17-2988.pdf (Stand: 9/2018; zit.: *Wissenschaftlicher Dienst des Schleswig-Holsteinischen Landtags*, Umdruck 17/2988).
*Wittig, Petra*, Die datenschutzrechtliche Problematik der Anfertigung von Persönlichkeitsprofilen zu Marketingzwecken, in: RDV 2000, S. 59-62.
*Wolff, Heinrich Amadeus/Brink, Stefan* (Hrsg.), Datenschutzrecht in Bund und Ländern. Kommentar, München 2013 (zit.: *Bearbeiter*, in: Wolff/Brink, BDSG).
*Wolff, Heinrich Amadeus/Brink, Stefan* (Hrsg.), Beck'scher Online-Kommentar Datenschutzrecht, 25. Edition, Stand: 01.08.2018, München 2018 (zit.: *Bearbeiter*, in: Wolff/Brink, BeckOK DatenschutzR).

*Worms, Christoph/Gusy, Christoph,* Verfassung und Datenschutz. Das Private und das Öffentliche in der Rechtsordnung, in: DuD 2012, S. 92-99.
*Wybitul, Tim* (Hrsg.), EU-Datenschutz-Grundverordnung, Frankfurt am Main 2017 (zit.: *Bearbeiter,* in: Wybitul, EU-DS-GVO).
*Wybitul, Tim,* EU-Datenschutz-Grundverordnung in der Praxis – Was ändert sich durch das neue Datenschutzrecht?, in: BB 2016, S. 1077-1081.
*Wybitul, Tim/Böhm, Wolf-Tassilo,* Freier Wille auch im Arbeitsverhältnis? Einwilligungen als Mittel zum Umgang mit Beschäftigtendaten, in: BB 2015, S. 2101-2105.
*Wybitul, Tim/Fladung, Armin,* EU-Datenschutz-Grundverordnung - Überblick und arbeitsrechtliche Betrachtung des Entwurfs, in: BB 2012, S. 509-515.
*Wybitul, Tim/Rauer, Nils,* EU-Datenschutz-Grundverordnung und Beschäftigtenschutz. Was bedeuten die Regelungen für Unternehmen und Arbeitgeber in Deutschland?, in: ZD 2012, S. 160-164.

*Yildirim, Nuriye,* Datenschutz im Electronic Government. Risiken, Anforderungen und Gestaltungsmöglichkeiten für ein datenschutzgerechtes und rechtsverbindliches eGovernment, Wiesbaden 2004 (zit.: *Yildirim,* Datenschutz im eGovernment).

*Zeidler, Simon Alexander/Brüggemann, Sebastian,* Die Zukunft personalisierter Werbung im Internet, in: CR 2014, S. 248-257.
*Ziebarth, Wolfgang,* Das Datum als Geisel. Klarnamenspflicht und Nutzeraussperrung bei Facebook, in: ZD 2013, S. 375-379.
*Ziebarth, Wolfgang,* Google als Geheimnishüter? Verantwortlichkeit der Suchmaschinenbetreiber nach dem EuGH-Urteil, in: ZD 2014, S. 394-399.
*Ziebarth, Lennart/Elsaß, Lennart,* Neue Maßstäbe für die Rechtmäßigkeit der Nutzung von Personenbildnissen in der Unternehmenskommunikation?, in: ZUM 2018, S. 578-585.

# Lebenslauf

**Persönliche Angaben**

Name                  Alexander Golland

Geburtsdatum/-ort    20. Januar 1988, Oberhausen

**Berufserfahrung**

| | |
|---|---|
| seit 10/2018 | PricewaterhouseCoopers Legal AG Rechtsanwaltsgesellschaft, Düsseldorf<br>*Rechtsanwalt / Senior Associate* |
| 7/2016 bis 8/2018 | Juristischer Vorbereitungsdienst, Oberlandesgericht Hamm, Stationen u. a.:<br>Deutsche Botschaft, Washington, D.C.<br>PricewaterhouseCoopersLegal AG Rechtsanwaltsgesellschaft, Düsseldorf<br>Europäische Kommission, Brüssel<br>*Rechtsreferendar* |
| 6/2015 bis 4/2016 | Hogan Lovells International LLP, Düsseldorf<br>*Wissenschaftlicher Mitarbeiter* |
| 2/2014 bis 5/2015 | Arbeitsgruppe Identitätsschutz im Internet e. V. (a-i3), Bochum<br>*Geschäftsführer* |
| 6/2013 bis 5/2015 | Lehrstuhl für Bürgerliches Recht, deutsches und internationales Wirtschaftsrecht, insb. IT-Recht, Ruhr-Universität Bochum<br>*Wissenschaftlicher Mitarbeiter* |
| 5/2010 bis 5/2013 | Lehrstuhl für Bürgerliches Recht, deutsches und internationales Wirtschaftsrecht, insb. IT-Recht, Ruhr Universität Bochum<br>Dekanat der Juristischen Fakultät, Ruhr-Universität Bochum<br>*Studentische Hilfskraft* |

**Ausbildung**

| | |
|---|---|
| 4/2014 bis 7/2018 | Promotionsstudium an der Ruhr-Universität Bochum |
| 10/2008 bis 3/2014 | Studium der Rechtswissenschaften an der Ruhr-Universität Bochum |